闽文化通论

何绵山 著

图书在版编目(CIP)数据

闽文化通论/何绵山著. —北京：北京大学出版社，2016.2
ISBN 978-7-301-26742-4

Ⅰ.①闽… Ⅱ.①何… Ⅲ.①文化史-福建省 Ⅳ.①K295.7

中国版本图书馆 CIP 数据核字(2016)第 001071 号

书　　　名	闽文化通论 MINWENHUA TONGLUN
著作责任者	何绵山　著
责任编辑	田　炜
标准书号	ISBN 978-7-301-26742-4
出版发行	北京大学出版社
地　　　址	北京市海淀区成府路 205 号　100871
网　　　址	http://www.pup.cn　新浪微博：@北京大学出版社
电子邮箱	编辑部 wsz@pup.cn　总编室 zpup@pup.cn
新浪微博	@北京大学出版社
电　　　话	邮购部 62752015　发行部 62750672　编辑部 62750577
印　刷　者	河北博文科技印务有限公司
经　销　者	新华书店 965 毫米×1300 毫米　16 开本　26.75 印张　466 千字 2016 年 2 月第 1 版　2025 年 3 月第 10 次印刷
定　　　价	68.00 元

未经许可，不得以任何方式复制或抄袭本书之部分或全部内容。
版权所有，侵权必究
举报电话：010-62752024　电子信箱：fd@pup.pku.edu.cn
图书如有印装质量问题，请与出版部联系，电话：010-62756370

目 录

第一章 闽文化的源流和特点 (1)
- 第一节 闽文化的历程 (1)
- 第二节 闽文化源流 (16)
- 第三节 闽文化的特点 (36)

第二章 哲学 (53)
- 第一节 福建最大的哲学学派——闽学 (53)
- 第二节 朱子对孔子的继承与发展 (62)

第三章 史学 (72)
- 第一节 闽籍史学家著述特点 (72)
- 第二节 福建地方文献 (75)
- 第三节 福建金石与福建早期历史资料 (81)
- 第四节 福建史学兴盛的原因 (96)

第四章 文学 (98)
- 第一节 福建文学的发展 (98)
- 第二节 闽文化与福建文学 (127)
- 第三节 福建民间文学 (133)

第五章 艺术 (175)
- 第一节 福建音乐 (175)
- 第二节 福建舞蹈 (185)
- 第三节 福建戏曲 (195)
- 第四节 福建绘画 (209)

第六章 工艺 (220)

  第一节 福建年画 (220)
  第二节 福建木偶头 (221)
  第三节 福建剪纸 (222)
  第四节 福建陶瓷 (223)
  第五节 福建石雕 (225)
  第六节 福建木雕 (231)

第七章 宗教 (232)

  第一节 福建佛教 (232)
  第二节 福建道教 (248)
  第三节 福建天主教 (264)
  第四节 福建基督教 (277)
  第五节 福建伊斯兰教 (283)

第八章 民俗 (291)

  第一节 福建民俗的多元化 (291)
  第二节 福建民间信仰与禁忌 (311)
  第三节 福建游艺与饮食民俗 (316)

第九章 教育 (322)

  第一节 福建教育发展和特点 (322)
  第二节 福建书院教育 (327)

第十章 建筑 (334)

  第一节 城市与城堡 (334)
  第二节 福建民居 (339)
  第三节 福建土楼 (347)
  第四节 福建寺观 (354)
  第五节 福建古塔 (360)

第十一章 经济 (365)

  第一节 福建海外贸易 (365)
  第二节 闽台贸易长期互通 (382)
  第三节 始终活跃着庞大的商人队伍 (384)

第四节　福建集市贸易的繁荣 ………………………………（388）
　　第五节　福建区域经济 …………………………………………（390）
第十二章　科技 ………………………………………………………（398）
　　第一节　闽籍著名科学家 ………………………………………（398）
　　第二节　福建造船技术 …………………………………………（401）
　　第三节　福建桥梁建造 …………………………………………（405）
　　第四节　福建雕版印刷 …………………………………………（411）
主要参考书目 …………………………………………………………（416）
后记 ……………………………………………………………………（422）

第一章
闽文化的源流和特点

第一节 闽文化的历程

一、远古及商周时期的闽文化

据考古学家推断,远古人类进入福建境内大约在早期智人阶段,即距今约20万年前。① 人类早期进入福建地域大概有三条路线,即:从江西东部入闽北、由浙江沿海岸入闽东、由广东沿海滨丘陵地带北进闽南。其第一、二条线路,必然受阻于福建重重山脉和滔滔闽江,而第三条线路,却能畅通无阻,并在漳州地区安营扎寨。② 台湾省台南县左镇菜寮溪曾发现与北京"山顶洞人"时间大体相同的"左镇人"的人类化石,当时台湾与福建连为一体,有专家推断,"左镇人"是途经福建闽南进入台湾的大陆人类。从目前考古发现的实物来看,福建的最早居民,为距今约1万年的晚期智人"清流人""东山人""漳州人"。1988年,清流县沙芜乡狐狸洞前后发现了六枚牙齿化石,代表四个人类个体,称为"清流人"。1987年,在东山县发现了古人类肱骨化石,称为"东山人"。1990年,在漳州市北郊发现了古人类胫骨化石,称为"漳州人"。

远古及商周时期闽地文化,可从以下三个方面来认识:

(一)古文化遗址遗物。

福建古文化遗存有代表性的如:

1. 漳州旧石器、新石器、商周时代文化。漳州旧石器时代文化遗址,即漳州市北郊的莲花池山和竹林山,为1989年兴建公路时发现,并从原生层中采集到旧石器时代的石制品27件,其中出自莲花池山的有23件,出自竹林山的有4件,分为石核、石片、砍斫器和刮削器四种。漳州新石器时代文化遗址,包

---

① 尤玉柱主编:《漳州史前文化》,福建人民出版社1991年版,第157页。
② 尤玉柱:《东山海域人类遗骨和哺乳动物化石的发现》,《福建文博》1998年第1期。

括漳州市郊的覆船山、龙海的万宝山、漳浦的香山、东山的大帽山和诏安的腊州山等。其遗物多为陶片、石器、石片、兽骨、贝壳等。从中可以看到当时生活在这里的居民有着丰富的物质生活和精神生活。可推知大约在距今 7000—3000 多年这个时期里,有一部分原始居民在这里生息。由于自然的原因,他们通常选择能避风的海湾地区,在依山面海的小岛或小丘作为聚落居址,过着狩猎、捕鱼、捞贝和采集的生活。① 漳州商周时代文化遗址,据专家考证,目前全区共发现 274 处,主要分布在河流两岸的山冈、台地和缓坡上,以及滨海台地,小岛顶部和河流入海处的三角洲地区,遗物主要有石器、陶器、青铜器三大类。②

2. 平潭壳丘头文化。其遗址在福建最大岛——平潭县平原乡南垅村壳丘头,为新石器时代文化遗址,距今 5500—6000 年以上。其出土的生产工具,主要是石器和骨器,如打制石器,磨光的石锛、石斧和骨箭镞、骨匕,以及大量贝壳和兽骨,可看出当时以渔猎为主。出土的陶器以手制夹砂陶为主,多为圆底器形,有釜、罐类和豆、盘、碗与纺轮等。

3. 闽侯县石山文化。其遗址在闽侯县甘蔗镇,为新石器时代晚期文化遗址,距今 5000 多年。共出土陶、石、骨、玉、牙、贝等 6 类 33 种,近千件文化遗物。其生产工具,以磨制石器为主,其中石锛为多,还有石镰、石镞、骨镞和陶网坠等。陶器以釜为多,其次是豆、罐、杯、碗、壶、簋等。有专家据其出土的遗物,推断当时人们生活情景是:有比较发达的原始农业、渔业、狩猎和牧畜业,有了纺织业和缝纫技术。③ 据考古学家统计,远古及商周时期福建古文化遗址还有:闽江下游及东部沿海地区,如闽侯庄边山、白沙溪头、黄土仑;福州新店浮村、福清东张等;闽江上游及西北山地地区,如浦城石排下、政和铁山、南平漳湖坂、明溪南山塔下等;汀江流域及闽西山地地区,如:武平、龙岩、连城、长汀等地;九龙江、晋江流域及闽南沿海地区,如:泉州狮子山、东山坑北、漳浦湄力水库、金门岛富有墩等。④ 从以上遗址可看出,新石器时代福建居民的聚集与江、海、山地关系密切,当时福建居民的足迹已遍及闽江、汀江、九江龙、晋江、沿海及有关山地。

(二) 福建远古及商周时期的原始艺术。主要为散落在各地的石刻,其中华安仙字潭岩画最有代表性。仙字潭位于华安县沙建乡苦田村,岩画刻在九龙江支流——汰溪北岸的岩壁上,目前已发现的图像有 50 多个,年代说法不

---

① 尤玉柱主编:《漳州史前文化》,福建人民出版社 1991 年版,第 40、88 页。
② 同上书,第 99 页。
③ 朱维幹:《福建史稿》,福建教育出版社 1985 年版,第 5—6 页。
④ 林公务:《福建史前文化遗存概论》,《福建文博》1990 年增刊。

一,按刻制手法、附近出土的砺石等推测,一般认为可能是商末西周前后所刻。仙字潭岩画早在1000多年前就被发现,但目前对其基本内容仍看法不一,有认为是记载部落战争的记功石刻,有认为是宗教性娱神刻画。尤玉柱等考古学家认为,华安仙字潭石刻是古代居民们经过艺术夸张浓缩并符号化了的一种原始图画,其基本内容是表现氏族部落祭祀娱神的舞蹈场面。专家们进一步指出:"水患和蛟螭吞食人畜成为威胁人类生命安全的大敌,生活在仙字潭附近一带的居民,为了表达他们战胜灾难的强烈欲望,祈求一种超自然力量,从而创作一系列娱神图画是很自然的事。他们刻画出或踞、或立、或奔、或舞的氏族男女,祈求神灵的庇护,应是生活在华安仙字潭附近一带先民的生活写真。"[①]除了仙字潭石刻外,盖山林、曾五岳、林蔡等专家在漳州附近的华安县、龙海县、南靖县、漳浦县、云霄县、诏安县等地还发现了31处岩画,构成一条延绵数百公里的弧形岩画分布带,其题材多样,如蹄印岩画、月亮岩画、蛇岩画、小圆穴岩画、手印岩画、人脚印岩画、符号岩画等。[②] 此外,永定县大埔虎坑、明溪县万寿岩、南平城平崇福里仙书岩、光泽县昂山、顺昌县仙字岩、福州魁岐、福清县鹿角山、永泰县罗汉寺仙岩、仙游县石所山等,据记载都存留有各类图像文字。近几年漳浦县佛昙镇大坑村大荟山西面发现了商周时期六组画面极为原始、神秘的岩画,专家们认为,这批岩画是我国东南沿海地区最重要的岩画之一,反映了东南沿海地区居民对于生殖、图腾和星象的崇拜意识。对于研究我国原始人类的宗教史、美术史和聚落形态等有重大意义。

(三)武夷山悬棺葬。武夷山的悬棺葬分布在武夷山九曲溪两岸的悬崖绝壁上,或置于高耸岩峰的洞穴内,一般距地面六七十米。1500年前,曾有史籍谓武夷"半岩,有悬棺数千"。清《武夷山志》统计尚存十六。据1979年8月有关部门的调查,目前尚存的悬棺遗迹为:大王峰升真洞、兜鍪峰、直武洞、白云岩、大藏峰金鸡洞与鸡窠岩、换骨岩、鼓子峰、白岩、幔亭峰北洞穴、玉女峰北侧裂隙、仙馆岩东壁、鸣鹤峰仙机洞、观音岩北壁洞、霞滨岩东壁等,约20余处,但保存完好的已不多了。1978年9月,福建省博物馆考察队从白岩高出地面51米的洞穴内取下一具完整的悬棺。通过考察,得知该船棺距今3445(±150)年,其纺织品残片有大麻、苴麻、丝、棉布四种质料。麻织品工艺水平略高于商代中期;丝织品为家蚕丝,接近商代同期丝织品水平;棉丝织是我国目前所发现的年代最早的棉布实物资料。由此可看出,当时先民已有了高超的纺织水平。悬棺为船形,可看出当时先民生活在溪河山谷之间,与舟船结下

---

① 尤玉柱主编:《漳州史前文化》,福建人民出版社1991年版,第147页。
② 同上书,第152页。

不解之缘,死者入葬时,削棺为船,让死者在幽冥中继续使用。

这一时期生活在闽地的先民,被《周礼·禹贡》称为"七闽",有认为指闽地的七个小国,有认为指闽地七个种族。公元前334年,七闽北部的越国被楚国击败,越国瓦解,部分越人来到福建,与闽人结合,合称闽越人。

二、秦汉时期闽文化

据《史记·东越列传》载:"闽越王无诸及越东海王摇者,其先皆越王勾践之后也……秦已并天下,皆废为君长,以其地为闽中郡。"这是福建历史上第一次正式列入中华民族统一版图,但秦设闽中郡后,势力并没有进入福建。汉初,无诸为闽越王,建都城于福州。1996年10月29日,欧潭生、黄荣春等专家对福州新店村古城进行了考察,通过对西城墙中段的发掘,得知其一期城墙始建于战国晚期至汉初,二期城墙补筑于汉初,宽达23米,并出土了战国晚期或秦朝的绳纹红砖和汉初绳纹灰砖、板瓦等残件。在中区的遗迹中,出土了汉初方格纹、水波纹、弦纹、席纹、绳纹陶片上千片,其中可复原的有四件:两件方格纹大陶瓮、一件灰色硬陶盒、一件黄色硬陶杯。考古专家们认为新店古城是无诸任闽越王时所筑,即闽越王城,也称中城。当时,福州是福建的政治、经济中心。

闽越国前后存在了92年,后因余善反叛,被汉武帝所灭。为了彻底征服闽越人,汉武帝采取迁其民、墟其地的政策,将部分人口集中地区的闽越人迁徙到江淮。但随后散居故土的闽越人又逐渐聚集,自立治县。同时,北方南下的汉族人民也与日俱增,汉族和闽越族开始杂居混合,并开始融合。这一时期出土的陶制器皿,如鼎、豆、壶、罐等,已有浓厚的中原文化特征。

关于闽越国文化,目前可查阅到的史籍记载极少,但不断出土的文物,极大丰富了人们对闽越国文化的认识,其中最有代表性的应为武夷山汉城遗址的发掘。汉城遗址发掘于1958年,近几年又有新的进展和发现。古汉城的面积为48万平方米,南北长850米,东、西、北三面被崇阳溪环绕。城墙为夯土版筑,周长2896米,至今完好无缺,是我国江南发现年代最早、保存最完整的古城遗址。其建造时间,有认为是汉武帝迁移闽越人之前建造的,有认为是迁移后散居故土的闽越人聚集后所建,但从遗址规模和发掘中遍地瓦砾、处处炭遗和烧痕的情形看,应是迁移前建造的。古汉城遗址的发掘,填补了秦汉时期福建文化的空白。例如:(一)建筑业。古汉城的建筑风格独特,特点有五:(1)因地制宜,城市面积虽似长方形,但并不规则,而是充分利用自然地势,将城墙筑在山脊之上,高台建筑利用山坡,排水系统利用沟谷;(2)宫室为干栏式建筑,即用矮柱将整座房屋架起,下部空敞部分往往作为饲养牲畜和堆积杂物之所,上层前为廊及晒台,后为堂屋与卧室;(3)路面铺鹅卵石;(4)方砖和土砖被广泛应用;(5)独特的排水、用水设计。(二)制陶业。出土的陶器,可分为炊煮器、储容器、日用器等,具体有:釜、大釜、甑、鼎、提梁盉、盘口盆、三足盆、瓮、鼓形罐、折沿盆、钵形盆、钵、盅、盂、碟、瓿、匏壶、提筒、圈足盆、盒、圈足盒、杯形盒、圈足罐、三足罐、大缸、香薰、器盖、支座、纺轮、网坠等31种,其制法有轮制、模制等,纹饰以简单的弦纹、水波纹和方格纹为主要装饰纹样。有的器物纹样单一,有的器物则有两种以上的纹饰相组合,装饰手法可归纳为压印、旋压、刻画、镂孔、附加等数种。① 从这些器物可看出当时闽越人在制陶工艺各个方面与整个东南地区水平是一致的。(三)冶铁业。汉城出土的铁农具有凹字形镬、方形直銎镬、臿、镰;铁工具有斧、锤、凿、锯、环首刀、小刀削、铁环、曲形铁条;铁兵器则有长短铁矛、弓、刀、剑、匕首、镞;日用杂器为釜底、支架、圈、叉形器、钩形器等。② 汉城遗址中还发现冶铁作坊区,可见当时冶铁业已有一定规模。

闽越文化的兴起和发展经历了秦汉时期,其最兴盛期应为战国晚期至东汉初年。长期从事闽越文化研究的林忠干先生从考古学的角度,认为闽越文化的历史内涵和特点体现在建筑、陶器、墓葬三个方面。其建筑特点为:城邑建设一般选择在山陵上,临近溪流和开阔地,布局上因地制宜;城邑规模不算大,但多有宫殿、宗庙和仓廪,带有强烈的军事堡垒色彩。其陶器特点是:造型奇特,形制大多与广州西汉前期墓葬出土的"南越式"一致;装饰手法基本分为拍印和刻画两种,制作以羼细沙的泥质灰硬陶为主。其墓葬习俗为:墓葬形制一般是长方形竖穴土坑,有不使用棺椁或使用棺椁两种;随葬品一种以闽越式陶器为主,一种以汉式仿铜陶礼器为主。③

三、魏晋南朝时期闽文化

魏晋南朝时期闽文化最显著的特点,就是北方汉人大批入闽,经过长期交融,中原文化与闽越文化融为一体,先进的中原文化开始占主导地位,闽越文化的影响逐渐衰微而最终成为历史遗存。

从东汉末年起,北方汉人开始大批入闽,其主要构成者包括避乱入闽者、随军入闽者、逃户、流散者及罪犯、农民起义军余部、仕宦入闽者等。福建现已发现近千座魏晋南朝时期的墓葬,可为中原人士入闽的印证。如1986年12

---

① 陈子文:《崇安城村汉城的制陶工艺》,《福建文博》1991年第1—2期。
② 杨琮:《崇安县城村汉城北岗遗址考古发掘的新收获》,《福建文博》1988年第1期。
③ 林忠干:《从考古发现看秦汉闽越文化的历史特点》,《福建文博》1987年第1期。

月于建瓯阳泽村发现的东晋咸和六年(331)墓葬,从其出土的钵、碗、盅及墓的形制可看出墓主为中原入闽的士族地主。20世纪90年代发掘的将乐永吉五座墓葬,其中三座有"太原廿一年""太元廿一年""太和四年"铭文砖,纪年砖号有"宁康""元嘉"等,可见墓主与中原关系密切。1982年在建瓯小桥出土的永和三年(347)古墓,出土瓷器中双唇口罐为北方墓葬常见的随葬品,推断死者应为北方南下入闽的士族。1986年4月在浦城县莲塘乡吕处坞村七坊山发现的六座晋代古墓,从其出土墓砖铭文及埋葬习俗等看出:"浦城一带是西晋永嘉之乱后中原士族较早迁徙、居留的地区,他们带来的中原文化传统和习俗在这里得到继续。"① 松溪、政和、霞浦、闽侯、建瓯等地发现的这一时期的猪圈、鸭笼、谷仓、谷斗、水井、狗圈,也都带有浓厚的中原文化特征。②

中原北方汉人大批入闽,使福建人口增加。永安三年(260)福建设建安郡,郡下有九个县。晋代分为建安、晋安两郡,建安郡治所在建瓯,下有七县,晋安郡治所在福州,下有八县。南朝时,晋安郡析出南安郡。中原先进生产技能、生产管理经验和文化知识的传入,大大推动了福建经济文化的发展。

魏晋南朝时期福建造船业发达。三国时期孙吴把福建当作造船基地,在福建设立典船校尉,在今霞浦县设立温麻船屯,负责督造船只。其造船工场规模大、种类多、设备好,使福建成为当时的造船中心。晋代后期,民间造船取代官府造船。南朝时,福建已能制造远洋木船,驶往印度和南洋。当时陶瓷制造业也有很大发展。魏晋南朝时期福建陶瓷以青瓷为主,各个时期造型特点鲜明,如西晋的扁圆矮墩,东晋的肥壮浑圆,南朝前期的高大圆鼓,南朝后期的趋向椭圆。③ 一些精心制作的艺术品表明福建青瓷已在中国青瓷史上占有重要地位。福建的纺织业也有了发展,麻葛织品质量得以提高。

佛教于西晋之际传入福建。西晋太康三年(282),晋安郡太守严高在郡北无诸旧城(即今福州市)建造绍因寺(后改乾元),这是见诸文字记载的福建第一个寺院。寺名绍因,有"继承"意义,可能在此之前福州已有佛寺。西晋太康九年(288),南安九日山建造了延福寺,为福建省见诸文字记载的第二座佛寺。建于太康年间的还有侯官(今闽县)的药山寺、灵塔寺、欧宁(今建瓯)的林泉寺。元康年间,建阳有广福灵耀院。东晋时,建阳有广福水陆院,光泽有回龙寺。南朝时期,福建佛教有进一步的发展。宋大明至南齐永明年间,在20多年的时间里,福建就建成五寺,即侯官明空寺、妙果寺、长溪(今霞浦)建

---

① 福建省博物馆:《浦城吕处坞会窑古墓群清理简报》,《福建文博》1991年第1—2期。
② 林存琪:《福建六朝青瓷略谈》,《福建文博》1993年第1—2期。
③ 同上。

善寺、延福寺、松溪资福寺。此时佛教已由闽中向闽北、闽东传播。南梁时,福建佛教又有发展,全省共建佛寺28所,并开始建塔,福建尼庵的建立也由此开始,闽县(今福州)的法林尼寺,建于梁大通元年(527),正如《三山志·寺观》记载:"闽中尼寺自此始。"隋朝时福建建寺30座。陈永定二年(558),莆田郑生创建了广化寺前身——金仙院。同年,印度僧人拘那罗陀到泉州,挂锡延福寺三年,翻译佛经,由此拉开福建译经的序幕。虽然史籍对这一时期佛教在福建的情况没有更多记载,但已出土的文物中有大量是用于佛事的灯盏、博山炉、莲瓣碗、烛台等,由此可看出当时佛教盛行。

四、隋唐闽文化

隋唐时期大量外来人口进入福建,他们或随军入闽,或避乱入闽或仕宦入闽,推动了福建人口的持续增长。许多出土的墓葬,印证了北方人口南迁的历史,如根据1966年2月在永春金峰山发掘的初唐时期墓群的出土文物,专家推测:"金峰山墓群可能是隋末唐初中原宦贵衍派南迁晋江流域,寓居桃林场(今永春)的家族墓地。"① 唐开元二十一年(733),从福州、建州各取一字,名为福建经略使(军区长官职),这是福建名称的第一次出现。唐代相继设置福、建、泉、漳、汀五州,至代宗大历六年(771)正式设立福建观察使为地方最高长官,形成颇具规模的行省雏形。

隋唐闽文化的主要特点,表现在以下三个方面。

兴学热推动了科举业。这一时期教育发展与官员的支持是分不开的。唐宗室李椅任福建观察使时,鼓励兴办学府,并鼓励闽人入学,常衮任福建观察使时,也设乡校,请名师教闽人。漳州刺史陈元光认为兴办学校与创建州政府一样重要,其子陈珦创办了州学;建州刺史陆长源也注重办学,劝人入学。② 教育的发展,推动了科举,据刘海峰教授统计,唐代福建进士56人,虽然与中原相比并不太多,但为宋代以后福建文化的繁荣开辟了道路。

佛教有较大发展。隋开皇九年(589),莆田金仙院升寺,由浙江天台山国清寺无际禅师任寺主,他数十年如一日地修持《法华经》,大弘天台祖业,剃度僧徒百人,授三归弟子万众,是传天台宗的一代名僧。唐代全省新增寺院735所,但发展不平衡。如福州地区有300所,德宁地区有108所,南平地区有204所,泉州地区有27所,三明地区有55所。可见主要在闽中、闽东、闽北,闽南也趋于兴盛。唐代佛教传入福建有多种渠道,如仅三明地区就有远方僧人到

---

① 林存琪:《福建永春金峰山唐墓》,《福建文博》1983年第1期。
② 何绵山:《浅谈福建教育兴盛的原因》,《教育评论》1994年第6期。

此隐居修行而进行传播、从江西各寺庙传入、由广东经汀州传入、由闽中传入等,因此既有整体性,又有独立性。唐代福建高僧辈出,一些高僧如怀海、希远、灵祐、慧海等都在中国佛教史上占有举足轻重的地位。唐代福建名刹林立,一些在全国,乃至东南亚享有盛名的寺院,大都建于唐代,如建于唐建中四年(783)的福州鼓山涌泉寺、建于唐咸通八年(867)的福州怡山西禅寺、建于唐乾宁元年(894)的福州金鸡山地藏寺、建于唐咸通十一年(870)的闽侯雪峰山崇圣寺、建于唐中和元年(881)的莆田囊山慈寿寺、建于唐长庆二年(822)的泉州开元寺、建于唐玄宗开元二十五年(737)的漳州丹霞山南山寺等。①《三山志·寺观》称当时造寺,"殚穷土木,宪写宫省,极天下之侈矣"。可见这些寺院规模宏伟,富丽堂皇。

制瓷业、纺织业、造船业等相继得以发展。制瓷业大部分在闽北和沿海一带,具有鲜明的时代特点,如1988年浦城县南部石陂镇梨岭朱塘窑村后山出土了一座唐代窑址,其器物"青灰较为粗糙的窑质、拙朴的造型与简练刻画阴纹、浑厚的釉汁、叠烧的技法特征,均具有唐代风格,明显地表现出产品除了本地工艺外还包含吸收继承唐越窑之技术的历史关系"②。纺织业以泉州为代表,据《新唐书·地理志》载,当时泉州土贡有绵、丝、蕉、葛等,其中绵二百匹。造船业以福州、泉州为中心,天宝年间,泉州等地制造了一批高大华丽的大海船,其长十八丈,次面宽四丈二尺许,底宽二丈,为尖圆形,银镶舱舷十五格,可贮货品二至四万担。当时东渡日本的僧人都设法到福建购买这种海船。

五、五代闽国文化

五代十国之一的闽国,为王潮、王审知所建,首府为福州。盛时辖境为福州、建州、汀州、泉州、漳州,约为今福建省全境。光启元年(885)光州固始人王潮、王审邽、王审知兄弟在福建南安发动兵变自立,次年攻占泉州,福建观察史陈岩表王潮为泉州刺史。景福二年(893)王氏兄弟攻入福州,旋又先后占据汀州、建州、漳州。唐朝先后封王潮为福建观察史、威武军节度使。乾宁四年(897)王潮卒,王审知继位。唐朝于天祐元年(904)封王审知为琅琊王,开平三年(909)后梁太祖朱晃又封王审知为闽王。后唐同光三年(925)王审知卒后,闽传五主为:嗣王王延翰在位不足1年,惠宗王昶在位3年,景宗王曦在位6年,天德帝王延政在位3年。如从897年继位算起,到925年卒,王审知共在位28年;如从907年算起,到945年南唐灭王延政,王氏政权存在时间共

---

① 何绵山:《佛教在福建》,《人海灯》总第5期。
② 赵洪亲、林长程、陈寅龙:《福建浦城唐代窑址的调查》,《福建文博》1990年第1期。

39年;如从897年王审知任威武军节度使算起,至945年,王氏政权存在时间共48年;如从893年王氏兄弟占据福州算起,至945年,王氏政权存在时间共52年。

王审知在位是闽国的黄金时代。王审知采取保境息民的立国方针,对外称臣纳贡于中原朝廷,对内则勤修政事,致力于发展经济,在拓展水陆交通、扩大内外贸易、鼓励农业生产、大力发展手工业和商业等方面做出了很大贡献。王审知极为重视文化教育,注意延揽人才,曾组织大批知识分子搜集缮写各家遗书,如《琅琊郡王德政碑》所论:"次第签题,森罗卷轴","尝以学校之设,足为教化之源","又拓四门学以教闽中秀士",以致教育较为普及,府有府学,县有县学,乡僻村间设有私塾。当时中原四分五裂,战乱不断,而闽国却成为安定的绿洲,堪称"世外桃源"。因此,地僻一隅的闽国文化盛极一时。

闽国文化的最大特点有三:一是文学兴盛;二是佛教繁荣;三是沟通海外。

五代闽国,福建"佛法独盛于其时"(《鼓山志》卷七《艺文碑序》)。王审知全力扶持佛教。光化三年(900),王审知在福州乾元寺开坛,度僧2000人。天复二年(902),他在福州开元寺建戒坛,度僧3000人。天祐三年(906),他在福州开元寺铸丈六高铜佛像一座、丈三尺高菩萨二座;越年,又设20万人斋于开元寺,号曰"无遮"。同光元年(923),为庆祝后唐庄宗李存勖灭梁,王审知建太平寺,铸释迦弥勒像,又作金银字四藏经。王审知还特地命令浮海运木料到泉州建造仁寿塔(西塔)。除王审知外,闽国王氏家族的其他人对佛教也极为热衷。王审知子王延钧于天成三年(928)在福州开元寺开坛,度僧2万人。940年7月,王曦度僧万人,连偏远的顺昌县亦有百余受度。其侄王延彬在出任泉州刺史的16年中,优礼僧人,大造佛寺,对泉州佛教发展起了极大的促进作用。王氏据闽时共新增了大量寺院,连经济开发还处于萌芽状态的孤岛厦门,也由僧清浩建造了第一座寺院——泗洲院。南宋人黄幹在《勉斋集》卷三十七中记道:"王氏入闽,崇奉释氏尤甚,故闽中塔庙之盛甲于天下。"当时福建僧人猛增,据《三山志》载,仅福州一府的僧尼就达6万多人,福州鼓山涌泉寺、怡山长庆寺、闽侯雪峰崇圣寺的僧人多达一两千人。一时高僧云集,不仅义存被朝廷赐号"真觉大师",甚至连偏远的建宁溪源东霞禅院也培养出僧人到江西黎川寿昌寺任方丈。王氏在经济上对佛教也大力支持,如福州鼓山涌泉寺,王审知所施膳僧之田多至8.4万亩。《宋史·食货志》载:"初,闽以福建六郡之田分三等;膏腴者给僧寺、道院,中下者给土著、流寓。"以法定的方式,使寺院占有肥沃的土地。当时一些贵族和富豪也舍田入寺。莆田、仙游两县许多大姓争施财产,造佛舍为香火院,多至500余区。闽国佛教的兴盛,吸收了众多的参学者,使闽中成为天下禅客辐辏之地。

王审知积极开拓海外交通,发展海外贸易,促进与东南亚的来往。王审知制定了优待外商的政策,鼓励自由贸易,并开辟了福州外港甘棠港,极力扩大海外贸易,并在福州港置有榷货务,专门管理舶货征榷事务,使泉州从原来的中转港口变为直接对外贸易的主要港口。闽国对外贸有着积极意义:与海外官方频繁直接往来,表明闽国对外贸已具有前所未有的独立自主权;统治者的直接参与和倡导,有利于自由贸易氛围的形成;促使对外贸易的扩大,以补内陆贸易不畅通之缺;从事海外贸易的人有的成为海外移民;出现宫廷向海外订货的事例。① 当时,闽国北与新罗(今朝鲜半岛),南与南洋群岛以及印度、三佛齐和阿拉伯等国家和地区,都有使者和商旅往来。舶来品如象牙、犀角、珍珠、香料等应有尽有。一些出土文物对当时的情况作了很好的印证。如1965年2月在福州北郊新店莲花峰南麓东宝山发掘的闽国第三主王延钧妻刘华墓,内有孔雀蓝釉瓶,据专家考证,应为波斯产品,是通过波斯人或经过阿拉伯商人输入闽国的。②

六、宋代闽文化

北宋时期福建路行政区划,有福、建、泉、漳、汀、南剑六州,邵武、兴化二军。南宋时期设一府、五州、二军,皆为同一级行政机构,共八个,故福建号称"八闽"。由于北方汉人持续入闽,以及福建在隋唐及五代闽国时未受大的灾祸,再加上宋室南渡,政治中心转向东南,故宋代福建经济飞跃、文化发达,正如张守《毗陵集》卷六载:"惟昔瓯越险远之地,为今东南全盛之邦。"福建进士北宋时期2503人,南宋时期3482人,居于全国之首。北宋元丰时,福建户数居全国第八位;南宋嘉定时,福建的户数仅次于江西和两浙,居第三位。福建人位居宰辅之职的有18人,名列全国第三;在《宋史》的《道学》《儒林》中列传的福建人有17人,位居全国之首。在闽文化史上,宋代福建文化最为兴盛,其主要特点有以下四个方面:

闽学的产生和发展。北宋仁宗时期为闽学发展的萌芽阶段,一批闽地学者注重对儒家经典进行研究,不重训诂重义理,提倡儒家道德,宣扬儒家"尽天知性"之说,强调儒家伦理纲常,重视个人的道德修养,并热衷于授徒讲学。北宋末与南宋初是闽学的创始阶段,二程洛学入闽,在福建得以很好的传播和阐发。南宋绍兴至淳熙年间,是朱熹思想形成时期,也是闽学发展成熟时期。朱熹对北宋以来的理学思潮进行了一次全面总结,建立了一个客观唯心主义

---

① 郑寿岩:《王审知与福建对外贸易》(未刊稿)。
② 陈存洗:《福州刘华墓出土的孔雀蓝釉瓶的来源问题》,《福建文博》1984年第1期。

思想体系。闽学的产生和发展在中国文化史上产生了极为深远的影响,它不但属于福建、属于中国,也属于世界。①

佛教极为兴盛。宋代福建佛教更加兴旺,其寺院之多为全国之冠。两宋时福建共新建寺院1493座,《八闽通志》卷七十五《寺观》称福建寺院"至于宋极矣!名胜地多为所占,绀宇琳宫,罗布郡邑"。仅福州府,庆历(1041—1048)中有寺1625座,绍兴(1131—1162)中有寺1523座。这些寺院不仅占好地,也建得富丽堂皇,正如《三山志·寺观》载:"祠庐塔庙,雕绘藻饰。真侯王居。"宋代吴潜在《许国公奏议》卷二《奏论计亩官会一贯有九害》中叹云:"寺观所在不同,湖南不如江西,江西不如两浙,两浙不如闽中。"寺院经济发达,占据许多良田,正如时人韩元吉在《南涧甲乙稿》卷十五《建宁开元禅戒坛记》中所云:"闽之八州,以一水分上下,其下四郡良田大山多在佛寺。"许多达官文人都喜欢在寺院中设立自己的读书处,以便攻读之余和高僧谈古论今,吟诵作诗。南宋名相李纲在绍兴元年(1131)曾为邵武同乡宋禅师在泰宁建的寺庙作《瑞光丹霞禅院记》。两宋时期福建僧尼之多,亦为全国之首。由于僧尼的人数过多,以致很多人为能出家当僧尼和住持而公然行贿。福州东禅院僧冲真在城东报国寺举行法会,《三山志·土俗》卷载:"斋僧尼等至一万余人,探阄分施衣、巾、扇、药之属。"至南宋建炎四年(1130)止,这种每年一次的大型法会共举行了49次。当时出现不少出家的女性,南宋建炎四年,福州新尼在怀安景星尼院受戒,一次达398人之多。宋代谢泌在《长乐集总序》中写道:"潮田种稻重收谷,山路逢人半是僧,城里三山千簇寺,夜间七塔万枝灯。"连闽清这样的小县,宋代最盛时亦有僧尼260人,宋朝皇帝还为闽清白云寺御书"白云山"三字,以竖碑寺前。僧尼人数在闽南一带也发展迅速,正如《宋会要辑稿·道释》所载:"至道元年(995)六月……是岁太宗阅泉州僧籍已度数万籍,未度者犹四千余。"皇帝为之惊骇。据《泉州府志》记载,仅泉州市区,就有"僧侣六千",以致朱熹称泉州:"此地古称佛国,满街都是圣人。"

刻书业为全国三大中心之一。宋代福建刻书的特点有四,一是地域广泛,其分布地点不但有各州府、军所在地,也有偏僻小县,几乎无处不刻书;其中尤以福州地区和建阳地区刻书最盛,成为全国刻书中心。二是量大,如北宋时期福州雕版印刷的两部《大藏经》和一部《道藏》,总数达1.8万余卷,是另外两个刻书中心浙江和四川所无法比拟的。南宋叶梦得在《石林燕语》中言:"福建本几遍天下。"可见福建刻书量之多。三是所刻内容广泛,有较流行的经史百家名著和诗文集、史书节本和诗文选本、时文科举应试之书、字书、韵书、类

---

① 何绵山:《论闽学》,《鹅湖月刊》(台湾)1996年第2期。

书、农医杂书等民间日常参考实用之书等。四是编纂形式时有创新,如字体多样,最早使用黑口与书耳、经注合刊等。①

海上交通和贸易日趋繁荣。由于福建人多地少,海岸线绵长,长期有人从事海上贸易,宋代在泉州设市舶司,泉州港逐渐成为全国最大商港,与世界上40余国都有往来。据中外关系史专家谢必震先生考证,以泉州为起点的交通航线,有六条之多,如:泉州至占城,泉州至三佛齐、阇婆、渤泥等地,泉州经马六甲海峡至印度、波斯湾,泉州经南海、三佛齐入波斯湾,泉州至菲律宾古国麻逸、三屿等地,泉州至高丽、日本。②

七、元代闽文化

元朝至元十七年(1280),在福建设福建行书省,虽然这是福建历史上第一次设省,但同时在福建还设立了泉州、隆兴两个行省,所以还不能代表整个福建省。后福建境内设八个路,归浙江行中书省管辖。至正十六年(1356)成立福建省。元代福建一些重要城市保存相对完好,如掌握泉州军政大权的蒲寿庚弃宋降元,使泉州港不但不因战乱而受创,反而继南宋后走向极盛。元初福建因重兵入境,农村人口锐减,田园抛荒,生产力受到很大摧残。元朝统治者在南方实行分封宗王国戚政策,分封福建的共计有九个宗王、两个公主及驸马和一个千户,由于实行分封食道,又加重了百姓负担。但随着元朝对福建统治的巩固,统治者也采取了一些有效措施来促进福建发展。如兴学立教,重视水利建设,发展农业、手工业和商业。元代的福建文化主要表现在以下三个方面:

闽学凭借天时地利得以发展。元代统治者大力褒奖朱熹学说,朱熹的《四书集注》被朝廷定为科场试士的内容,由于当官要由经科举,科举需要朱子学,因此福建涌现出许多研究、继承闽学的人才,他们都从不同方面进一步丰富和发展了闽学。福建再次成为文人士子的理学朝圣之地。

海外贸易的兴盛。元朝积极鼓励海外贸易,泉州港在元代继续得以发展,泉州为元代四大海舶建造基地之一,海上贸易空前繁荣。元代统治者对市舶司的设置几经变动,但泉州市舶司均没有被废或合并,可见元朝统治者对泉州港的重视。与泉州进行贸易的国家和地区,从南宋时的50多个增加到100多个,③到至元末年以后,泉州港被誉为世界最大港口之一。意大利旅行家马

---

① 谢水顺、李珽:《福建古代刻书》,福建人民出版社1997年版,第161—162页。
② 林金水主编:《福建对外文化交流史》,福建人民出版社1997年版,第34—36页。
③ 李玉昆:《泉州海外交通史略》,厦门大学出版社1995年版,第94页。

可·波罗1291年从泉州港启航,他描述当时泉港为:"刺桐(泉州)是世界上最大港口之一,大批商人云集这里,货物堆积如山。"①1345年来泉州的摩洛哥旅行家伊本·白图泰也说:"该城的港口是世界大港之一,甚至是最大的港口。我看到港内停有大艚克约百艘,小船多得无数。"②

伊斯兰教和天主教等外来宗教的发展。元代许多穆斯林从海上丝绸之路直接涌入泉州,在泉州修建了多座清真寺,元顺帝至正十年(1350)泉州吴鉴撰《重修清真寺碑记》载:"今泉州造礼拜寺,增为六七。"元代泉州由于伊斯兰教过于兴盛,以致不少汉人被融合而皈依伊斯兰教。据泉州《荣山李氏族谱》载:"色目人来据闽者,惟我泉州为最。……然其间有真色目人者,有伪色目人者,有从妻为色目人者,有从母为色目人者,习其异俗。""其伪色目人",即指汉人皈信伊斯兰教者。当时不仅泉州,闽中、闽北也出现许多伊斯兰教徒。如福州发现卒于元代的伊斯兰教徒墓碑,福州市安泰桥的万寿院,于元至正年间始归伊斯兰教,改造为清真寺。可见当时福州的伊斯兰教徒也有一定人数。邵武城区迎春坊乌龙井巷后也曾建造了一座清真寺。③ 天主教于元代传入泉州,元代中国天主教仅有两个教区,其中一个在泉州(另一个在北京)。天主教在泉州修建了许多教堂,泉州当时有许多信仰天主教的西方人士居住,至今还保留有许多天主教的遗物和遗址。④

八、明代闽文化

明代洪武元年(1368),福建全省八路改为福州、建宁、延平、邵武、兴化、泉州、漳州、汀州八府。成化九年(1473),恢复被废为县的福宁州,直隶于布政司,合计"八府一州"。明代福建的造船业、印刷业、制瓷业等在全国继续保持领先地位。教育继元代中落后,又进入一个昌盛时期;虽然王阳明学说的出现冲击了朱子学说,但闽学在福建不但长盛不衰,还有创造性的发展。⑤ 在充满希望的14世纪,福建如果能凭借长期发展起来的工商经济机制,凭借其特有的沿海地理条件,应该在全国最早崛起。王世懋在《闽部疏》中记述了明代福建商品经济的情况:"凡福之细丝,漳之纱绢,泉之蓝、福延之铁、福漳之桔、福兴之荔枝、泉漳之糖、顺昌之纸,无日不走分水岭及浦城小关,下吴越如流

---

① 陈开俊等译:《马可·波罗游记》,福建科技出版社1981年版,第192页。
② 马金鹏译:《伊本·白图泰游记》,宁夏人民出版社1985年版,第55页。
③ 何绵山:《伊斯兰教在福州传播特点》,《中国穆斯林》1996年第2期;《福建伊斯兰教探论》,《回族研究》1992年第2期。
④ 何绵山:《论天主教在福建的传播》,《海交史研究》1997年第2期。
⑤ 何绵山:《浅谈闽学》,《朱子研究》1996年第1期。

水,其航大海而去者尤不可计,皆衣被天下。"但明代统治者志在铲除东南沿海已有的城市经济基础,再加上倭祸严重,明代统治者多次在福建沿海实施严厉的海禁,规定濒海百姓不得擅自下海与番国买卖,违者正犯处以极刑,家人戍边充军,并强迫沿海一些岛屿居民内迁大陆。200年的海禁,极大遏制了福建的发展。

民间走私贸易是明代闽文化一大特点。走私的中心是漳州龙海的月港。其因独特的地理条件,逐渐成为东南沿海最大的走私贸易港口。民间海商用多种方式隐蔽走私,参与走私者与日俱增,大小商船穿梭月港,该地一时成为闽南的一大都会,被誉为"小苏杭"。隆庆元年(1567)后朝廷被迫开放洋市,月港贸易更加繁荣,与交趾、占城、吕宋、朝鲜、日本、琉球等47个国家和地区有贸易往来。在外贸进出口商品中,输出量远远多于输入量,其中手工产品和土特产的输出量占较大比例。月港出现的意义不仅是它成为与福州港、泉州港、厦门港并称的福建古代四大外贸商港之一,还在于它是适应商品经济而出现的,它一改以往官府对海贸的垄断,成为民间经营的、带有反封建束缚的自由贸易性质,并已具有资本主义雇佣关系的经营方式。它对福建社会文化的影响,是相当深远的。

中西文化的冲撞,是明代闽文化的另一特色。福建长期受海外文化的影响,处于全国中西文化对抗的前沿。特别是天主教,分别于明天启五年(1625)、明天启五年至明末、明末这三个阶段在福建传播,时而顺利,时而受挫。先是"三山论学",即艾儒略与叶向高在福州关于中西文化的接触与对话;最后因天主教教义与中国正统儒家思想的矛盾冲突,文人和僧人联合反教,著文"辟邪"。这在中国思想文化史上也产生了深远的影响。

九、清及近代闽文化

清代在福建设置闽浙总督和福建巡抚。清初省下辖有福州、兴化、泉州、漳州、延平、建宁、邵武、汀州八府。康熙二十三年(1684)增设台湾府。至光绪十二年(1886),才分出台湾府设省。至清末,有九府二州、五十八县、六厅。清初朝廷为断绝沿海人民与郑成功的联系,在福建沿海进行海禁,不准本地商船运货出海,后又下诏大规模迁界,凡沿海地区内迁30里,给沿海人民带来巨大灾难,到处是凋敝惨象,往日沿海繁荣如过眼烟云。后来虽允复界,但又实行闭关政策,沿海一带仍然恢复缓慢。至清政府统一台湾后,才准许商民出海贸易,福建对外贸易转至以厦门为中心,漳州、泉州为两翼。航船到东南亚的最多,冬去夏回。

清代福建教育制度发达,学风鼎盛,各府百分之七十左右的书院,各县大部分书院都是新修建的。据不完整统计,清代福建书院约300余所。清代福建出现全省性书院,如鳌峰、凤池、正谊、致用四大书院,清末出现了官办的全闽大学堂、洋务派办的船政学堂、外国教会办的教会学校等。教育的兴盛,推动了其他方面文化的发展:如清代福建理学更加兴盛,乾隆皇帝曾称福建为理学之乡,福建一些著名书院如鳌峰书院等,培养了大批理学人才,诸如《濂洛关闽书》等几十种闽学著作风行一时。乾嘉时代,汉学几成一尊之局,但福建理学仍愈趋兴盛,并有发展。清代福建研习理学卓有成就者人数众多。清代福建还兴起了修纂地方志热潮,现在可查阅到的地方志大多是清代编纂的。以省总志为例,清至民国有代表性的如:康熙二十三年(1684)郑开极等人修纂的《福建通志》(64卷)、乾隆二年(1737)谢道承等人编纂的《福建通志》(78卷)、乾隆三十三年(1768)沈廷芳等人主撰的《福建续志》(92卷)、道光年间陈寿祺等人修纂的《福建通志》、民国时期陈衍等人修纂的《福建通志》等。①

近代侯官文化的出现,可以说是中国文化史上的奇迹,但至今尚未有人对此进行过探讨,即:地处一隅,远离全国政治文化中心的弹丸之地侯官,在极短的时间里崛起一批杰出人物,如:林则徐、沈葆桢、林昌彝、严复、林纾、郭柏苍、刘步蟾、林永升、叶祖珪、萨镇冰、陈衍、方声洞、陈宝琛、林觉民、林旭等。令人惊叹的是这些杰出人物门类齐全,有政治家、军事家、教育家、文学家、外交家、思想家、翻译家,几乎囊括了各个领域,故有"晚清风流出侯官"之说。正是这些人物,在中国近代文化史上演出了一幕幕精彩纷呈的活剧。可以毫不夸张地说,如果没有崛起于侯官的这些人物,整个近代中国将黯然失色。近代侯官文化的内涵十分丰富,如强烈的爱国主义精神,对真理的不懈追求,渴望通过变革使祖国强大等。这些影响的产生主要通过以下几个方面:(1)师生关系。近代侯官文化之所以能造就了一大批杰出人物,与师生相授有很大关系,其爱国思想一脉相承,如林则徐和林昌彝等都就读于鳌峰书院,林昌彝又为林则徐次女林普晴和沈葆桢的老师。沈葆桢是严复在马尾船政学堂五年的恩师,也是林则徐的女婿,对严复思想的形成及生活道路产生了极大影响。(2)同学关系。沈葆桢开办船政学堂时,开始只收福州人,选派出洋留学的第一、二届毕业生,也多为侯官人。其中与严复一起出国留学者如林永升、刘步蟾、叶祖珪、林泰曾、萨镇冰、蒋超英等,都为侯官人。(3)外出任职后仍与侯官及侯官人士保持极为密切的关系。如严复担任天津水师学堂总教习时,注意录取侯官子弟。1898年海军统领叶祖珪巡视沿海炮台回闽时,严复托其在福州代选

---

① 何绵山:《漫述福建历代文献》,《福建省图书馆学刊》1997年第1期。

30名15岁左右的侯官子弟,以备考水师学堂,结果这30名子弟全被录用。①

第二节 闽文化源流

闽文化的形成经过了漫长的时间,其过程是极为复杂的。从总体上看,它的形成与以下几个方面有着极为密切的关系。

一、古越文化的遗风

古越族是我国南方少数民族的总称,福建的土著居民是古越族的一个分支,称为闽越人。对于闽越的内涵,有认为是族名,有认为是国名,也有认为既是族名也是国名。笔者认为如称为"闽越人",似可将其都包括在内。对闽越人的界定,目前有多种看法,有代表性的如:有认为闽和越不是同一民族,闽是福建的土著,越是由会稽南来的客族②;有认为闽越是一个民族,而不是由闽和越两种文化合成③;有认为闽越是古代越人的一支,主要分布在浙江南部和福建的大部分地区④;有认为闽越是南方少数民族(总称"百越")在秦汉时的称呼⑤;有认为闽越是战国初年败于楚的越国(于越族)的一部分王室贵胄和臣民,退入浙南及福建地区,与当地的土著越人的结合⑥。但无论闽越是由什么成分构成,其古越族成分是大家公认的。从时间上看,是否可认为闽越人是生活在春秋战国至汉武帝时代的福建土著先民。一般认为,闽越人体质强壮,身体较矮,面短,须发少,鼻形广,眼睛圆大,有双重眼睑。这与中原汉人是不一样的。

闽越文化,即闽越人创造的文化。闽越文化的内容,只能从一些史籍的零星记载和考古发现中获得。虽然闽越文化在汉以后已逐渐融于来自北方的汉文化之中,但其特有的文化也对福建文化产生了深远的影响,至今还不同程度地被保存。

闽越文化中的蛇崇拜至今仍在某些区域存在。闽越人以蛇为图腾,《说文解字》云:"闽,东南越,蛇种。从虫,门声。"这里的"蛇种"就是"蛇族",即

---

① 何绵山:《近代侯官文化与严复》,《近代史研究》1995年第4期。
② 朱维幹、陈元煦:《闽越的建国及北迁》,《百越民族史论集》,中国社会科学出版社1992年版。
③ 陈国强、周立方:《闽越族历史发展及其文化特征》,《闽文化源流与近代福建文化变迁》,海峡文艺出版社1999年版。
④ 卢兆荫:《关于闽越历史的若干问题》,《〈冶城历史与福州城市考古〉论文选》,海风出版社1999年版。
⑤ 郑学檬、袁冰凌:《福建文化传统的形成与特色》,《东南文化》1990年第3期。
⑥ 杨琮:《闽越国文化》,福建人民出版社1998年版,第14页。

信仰蛇神的氏族。"闽"字的造字是从虫,门声。"虫"字通"蛇"解,即家门供奉蛇的氏族。闽越人以蛇为图腾,是因为祖先生活在湿温的丘陵山区,溪谷江河纵横交错,许多蛇类繁衍滋生其中,对闽越人的生命和生产造成极大威胁。《太平广记》引《宣室志》云:"泉州之南,有山焉,峻起壁立,下有潭,水深不可测,周十余亩。中有蛟螭常为人患,人有误近,或牛马就而饮者,辄为吞食,泉人苦之有年矣。"因此人们在近山的岩石上刻画蛇形以祈求神灵的保护,并建庙供奉,希望能借助于祈祷来企求好的结果。这种崇拜延续至今,到今天福建还有不少地方保留着蛇王庙,如闽西长汀县西门外的蛇王宫、长汀县平原里溪边的蛇腾寺、福清和莆田等地的蛇王庙等。越人崇拜蛇在不少史书中都有记载,《吴越春秋·勾践阴谋外传》载:"天生神木一双,………状类龙蛇。"越国以蛇为标志,在大门上立有木蛇,《吴越春秋·阖闾内传》载:"越在东南,故立蛇门以制敌国。……越在已地,其位蛇也,故南大门上有木蛇,北向首内,示越属于吴也。"宋代王象之《舆地纪胜》称:"旧经:闽越地即古东瓯,今建州亦其地,皆蛇种。"近年陆续出土的闽越旧址中,也可看到闽越人崇拜蛇的实物。如武夷山城村闽越国故城址出土的瓦当中,一种极富地方特色的瓦当图案上有蛇的纹样①。一些在闽地出土的春秋末期的陶器,可发现有蛇形的印记。福州冶山西北麓钱塘巷北省建行营业大楼工地闽越遗址出土的板瓦内戳印有蛇的象形文字。②

　　闽越文化中的蛇崇拜,对后世产生了深远的影响:第一,许多古书记载了蛇显灵的神异,如《八闽通志·祠庙·闽县》记在闽县重建闽王庙时:"建楹之日,有青红二蛇蜿蜒香几间累日,既升梁又是见其两端举首北向,移时即隐。仪曹陈王王进奉二王像入庙,二蛇又现。庙成,俞向将临奠前夕,梦有神人青色来谢迁祠者。及祀事毕,而青蛇忽现左王之前,而神之容色一如所梦,瞻叹久之,因祷右王曰:愿赐降临。"第二,流传着许多与蛇有关的故事。这类故事大多讲蛇会给人带来幸福,但人往往对蛇的神力认识不足,以致后悔莫及。有代表性的如《蛇郎君》,主要讲述一位老人摘了蛇郎的花,回家对三个女儿说,她们要有一个嫁给蛇郎,否则他就要被蛇郎吃掉。大姐、二姐都不肯,只有三妹愿意嫁给蛇郎。老人去探望三女儿,回来带有金条。大姐听说三妹家是金柱银厅,来到三妹家,趁机将三妹害死,自己扮为三妹。死去的三妹变成小鸟化身来抚慰蛇郎并惩罚坏心肠的大姐。蛇郎去见一位聪明妹子,听她诉说悲

---

① 杨琮:《闽越国文化》,福建人民出版社1998年版,第433页。
② 欧潭生:《闽越王无诸的冶城在福州新店》,《〈冶城历史与福州城市考古〉论文选》,海风出版社1999年版。

苦遭遇,原来她就是三妹的化身。蛇郎采花给三妹并一同回家,大姐已变成厕所旁的一株大麻竹。① 故事中,蛇郎不仅神力无边,还成为扬善除恶的化身。这个故事在长汀、屏南、周宁、柘荣、寿宁、永泰、惠安、永春、诏安、南靖、厦门等多个县市流传。第三,一些崇蛇的习俗保存至今。有代表性的如南平樟湖板的崇蛇习俗至今还极为隆重,每年六月下旬村民四出捕蛇,七月七日那天组成浩浩荡荡的迎蛇队伍,前有旗幡拓展,鼓乐开道,紧接着是蛇王菩萨舆驾,后面跟着几百人,每人手里都拿着蛇,或挂在脖子上,或抓在手里,或胯在肩上,最后将蛇送到蛇王庙前的闽江放生。平和县三平寺与漳浦交界一带的村民,一直把蛇尊为"侍者公",把蛇当作"神明"加以顶礼膜拜,蛇与人同床更是司空见惯。笔者到三平寺考察时,据当地人介绍,如能看到蛇则是吉祥的象征,如看不到蛇,则要燃上一炷香,祈祷蛇的出现。第四,一些区域至今还保存着一些与蛇有关的岩画。如位于漳浦大荟山的岩画中,有一岩画为一长游蛇形,上有四个圆窝穴。② 再如华安草仔山岩画为两条图案,长者代表一条母蛇,短者和半椭圆形代表幼蛇和蛇蛋。华安蕉林花岗石刻有蛇形图,或似两条交叉的蛇,一个蛇蛋,一条刚刚破壳而出的幼蛇;或似一条盘曲的小蛇;或似绊结在一起的两条蛇;或似首尾相连的蛇;或似结群游动的蛇群。诏安溪口村的一块孤石上,刻有两组蛇产卵的图像。③ 第五,以蛇形装饰人体。闽越人"文身"的习俗与崇蛇有关。高诱注《淮南子》:"文身,刻画其体,内墨其中,为蛟龙之状,以入木,蛟龙不害也,故曰以象鳞虫。"此处蛟龙指蛇,即在身上刺上蛇的花纹,借此希望能避害免祸。明代顾岕《海槎余录》称:"男女周年,即文其身;不然,则上世祖宗不认为子孙也。"至清代,福州一些沿江农妇仍以蛇形物为装饰品,清施鸿保《闽杂记》载:福州农妇"多带银簪,长五寸许,作蛇昂首之状,插于髻中,俗名蛇簪。或云许叔重《说文》云,闽,大蛇也,其人名蛇种。簪作蛇形,乃不忘其始之义耳。"第六,有的地方长期保存有崇拜蛇的蛇王庙,有的地方至今还对蛇有敬畏心理。如前些年福州近郊闽侯县某村放电影《白蛇传》时,因涉及蛇的内容,受到村民抵制而被迫取消放映。④ 福建至今许多地方存留有崇祀蛇神的蛇王庙、蛇王宫。如闽西长汀县西门外的蛇王宫,长汀县平原里溪边的蛇腾寺,福清和莆田等地的蛇王庙等,而南平、西芹,长汀罗汉岭,闽侯洋里等地的蛇王庙至今香火甚旺。

闽越文化对鬼神的崇拜,长期左右着福建人的精神世界和日常生活。闽

---

① 季仲主编:《中国民间故事集成·福建卷》,中国ISBN中心1998年版,第607—610页。
② 王文径:《漳浦历代碑刻》,漳浦县博物馆1994年12月印,第2页。
③ 邱荣洲主编:《福建古代史》,北京广播学院出版社1995年版,第41页。
④ 林蔚文:《越人对蛇的崇拜源流考略》,《民间文学论坛》1986年第6期,第7页。

越人认为难以预测和把握的现象是鬼神在起作用,于是希望鬼神能保佑自己。史料中有许多闽越人崇鬼神的记载,如《史记·封禅书》载:"是时既灭两越,越人勇之,乃言'越人俗鬼,而其祠皆见鬼,数有效。昔东瓯王敬鬼,寿百六十岁。后世怠慢,故衰耗'。乃令越巫立越祝祠,安立无坛,亦祠天神上帝百鬼,而以鸡卜。上信之,越祠鸡卜始用。"其越巫、越祝,都是沟通鬼神与人之间的媒介。据考古专家在武夷山城村闽越遗址考察,发现其北岗宗庙遗填旁坐落的一近长方形的坛,正是闽越人祭祀祖先以及"天神上帝百鬼"的祭坛①。闽越人信鬼神重巫祝之风对福建产生了深远的影响,福建长期鬼神的崇拜之风盛行,巫祝大行其道。历史上许多典籍均有记载。如《宋史·地理志》称福建:"信鬼神祠,重浮屠之风。"《图经》称福州人"病者好巫。"宋古田县令陈昌期在《学记》中称:"邑人贵巫尚鬼。"《闽书》称古田、闽清等县"笃于事鬼",陈淳《北溪集》称漳州"俗尚注祀,多以他邦非鬼立庙。"《闽书》称尤溪"有巫师之传,习为符咒"。福州崇瘟鬼,官府禁而不止,《福州府志》称:"俗称瘟鬼曰大帝,设像五,皆狰狞可畏。过其前者,屏息不敢谛视。又传五月五日为神生日,前后月余,演剧各庙,无虚日。或疫气流染,则社民争出金钱,延巫祈祷。康熙三十九年,知府迟维城毁其庙,民再祀者罪之。卒未逾时,而庙貌巍然,且增至十余外。闽中多淫祀,此其尤甚者。"明代张岳在《惠安县志》中称惠安"俗务鬼,信礼祥小数。穷乡无医药,病则祷于神"。陈宓《惠民局记》则称惠安"俗信巫尚鬼"。《长泰县志》称长泰"畏法惧讼,信鬼尚巫"。《平和县志》称平和"重亲尚鬼"。《武平县志》称武平"病不服药而崇鬼"。近人胡朴安在其《中华全国风俗志》(下编)《闽人信鬼风俗记》中,对闽人崇鬼神重巫师的习俗有过生动描述,他认为:"中国人迷信鬼神,崇拜偶像,各地皆有此风不足为奇。惟闽人佞鬼,想入非非,有出寻常意料之外者,其种种动作,皆是令人绝倒。"根据书中描述,闽人信鬼风俗如:(1)将神道分等级,高级神道出门乘轿,中级以下则步行于街路之中;长爷虽为下等阶段层,但闽人诸事长爷,因此闽人生子,往往拜长爷为干爷。(2)闽省赛会,神与神相遇时,低一级神要向高一级神请安、问候,神不能言语,借香头言语。有时香头竟借神权发威报私仇。有甲乙二人,甲为贵神香头,乙为长爷神脚,因二人平时有隙,甲竟发令将乙棍责四十。(3)普度时,必沿门募集经费。虽至贫者,也要设法筹款。因有谚:"普度不出钱,瘟病在眼前。普度不出力,矮爷要来接。"(4)出海时,必有隆重仪式。如神道用乾坤袋拘捕疫鬼收入桶中,道中如有人触此桶,必于疫。(5)花会以鬼卜来定孤注。(6)有卖鬼卜为业者。闽人家家有神象,多或二

---

① 杨琮:《闽越国文化》,福建人民出版社1998年版,第448页。

十余尊少亦七八尊,皆供于厅堂。(7)闽人有病,必以打猍为最要之事。找猍者为赤身裤,辫发披乱,在病前自表其附身神道之尊号,向病家问讯。崇鬼神的习俗,一直延续下来。不少福建人认为"头上三尺有神明","宁可信其有,不可信其无",如闽南有赎魂、引魂之风气,由巫婆替病家叫魂,凡有病人,往往通过自诩能沟通神与人之间对话的乩脚来除病。还有通过巫婆寻找已逝亲人的"找神""观三姑"等风气。泉州市区道教文化研究会自1990年开始对泉州旧城厢的铺境庙宇、祀神进行调查,编印的《泉州市区寺庙录》中,收有各种寺庙600余座,祀神200余尊。在较为僻远地区,崇鬼神信巫祝之风更盛,如明代著名文学家冯梦龙在《寿宁待志》中载:"俗信巫不信医,每病必召巫师迎神,邻人竟以锣鼓相助,谓之打尫,犹云驱祟。"至今,寿宁这种"召巫师迎神"的风俗仍然盛行。有的内容已成为一个群体性祈福消灾仪式,其内容之复杂,形式之多样,已非原始早期的简单动作可比。民俗宗教研究学者叶明生先生对此做过完整的调查,并在其论文《寿宁县下房村的元宵会与〈请婆神过关〉》一文中有过精彩描述①,此不赘述。

　　闽越文化对福建艺术也产生了一定的影响。从今天残存的闽越时期舞蹈的一些遗迹来看,舞姿丰富多彩。如华安仙字潭的五组石刻,有专家认为与舞蹈有关。第一组似为舞蹈者构成的群体场面,舞者大多平抬双臂,肘部微垂,两腿叉开蹲下。第二组左边是个舞蹈者,正在欢腾跳跃进,右边是三个舞人。第三组也是表现舞蹈,舞姿相类似,其中二名男性有尾饰,右侧是一个较小的舞人,第四组只有一个舞人,舞姿与上相同。第五组(之一)上是一名舞者和一个人的画像,下部也是一个舞者。五组(之二)为一个舞者②。闽南最有代表性的舞蹈为"拍胸舞",口唱民调,双手拍击自身即可起舞。拍胸人拍得兴起时,真是如疾似醉,得意忘形,观者无不为之感染。当地男子大多会跳,至少也会拍两下。"拍胸舞"种类繁多,主要有迎神赛会或喜庆节日举行"踩街"活动时的《踩街拍胸》,庆贺活动中自娱的《拍胸乐》,卖艺以讨口饭吃的《乞丐拍胸》,喝酒时即兴起舞的《酒后拍胸》。据专家考查,《拍胸舞》源于闽越祭礼舞蹈,这是因早期"拍胸舞"大多出现在迎神赛会和丧仪表演中,这与闽越人的祭祀有关。演出者头饰的形状和制作方法,"是将一条红布与稻草混合编在一起,于前头绞出一条长长的、向上、向前翘起,似蛇头一样的尖顶,且又必使所杂入的红布条恰好在蛇头中间露出,似蛇之吐信,其蛇形状更趋逼真"③。

---

① 叶明生:《寿宁县下房村的元宵会与〈请婆神过关〉》,《民俗曲艺》(台湾)第90期,1994年7月。
② 何绵山:《八闽文化》,辽宁教育出版社1998年版,第378—379页。
③ 蔡湘江:《〈拍胸舞〉探源》,《泉南文化》1994年第1期,第68页。

这与闽越人崇拜蛇、以蛇为图腾的特点相吻合。流传于建阳一带的《求雨》，为村民祈天求雨时所跳的一种祭祀舞蹈。先是由赤膊者手执木棍，在锣鼓声中，以鸟雀跳步形式双脚齐跳，然后不断变换位置。之后，由四人用竹竿撑开三丈长土织青布，称为"青龙"；中间为舞队人员，最后由四人用竹竿撑开三丈长白土布，称为"白龙"。有专家认为，"这些舞蹈都可能是古闽越族人民的传世之作"①。闽越文化对福建音乐的影响，可追踪到越人斗龙舟的习俗。据《越绝书》表明，越王勾践于五月五日操练水师，后终于灭吴，所以五月五日的龙舟竞赛与此有关。越人之俗传入福建后，龙舟竞渡在福建长盛不衰。由此产生了龙舟竞渡时所唱的《龙船歌》《献江歌》《辞江歌》等。据专家考查，流传于闽江下游多县的《采莲歌》，并非下湖采莲，"采莲二字来自泉州市方言的筅尘（音 cǐng tún），意在拂去尘埃。当地民间借'采莲'以寄托驱邪除恶，保庇平安。采莲过程除唱采莲歌二首外，并唱《唆啰连》。'唆啰连'的由来，据考证，舟船在百越语中叫 su lì（须虑）……端午节原系古越族图腾祭祀的节日，除供大量祭品外，还划龙舟竞赛以娱神。比赛时，群呼'须虑来呀'，这就是'唆啰连'的由来"②。闽越崇鬼神的习俗，除了对福建民风产生深远影响外，对福建民间音乐也有影响。如流行于建瓯市每年五月初五的驱傩活动，为闽越之遗风，正如明嘉靖年间（1522—1566）印的《建宁府志·社俗》载："端午……城市有送神者，尤古之傩也。"其过程所唱舟歌之《歌头》《歌尾》，雄壮有力。

闽越文化中的习俗，至今或多或少还遗存于福建民间。虽经多种文化的融合、碰撞，闽越文化的鲜明特点逐渐褪去，但若认真考辨，还是可寻找其内在传承。如闽南古俗男婴到周岁时，要在婴孩左额处留下头发，以便将来结小发髻，并在左耳挂上鸡心形银耳环，一直至结婚时，才能剃下头上的左髻辫及取下左耳环。此俗至民国而渐弛。有学者认为，由此"可以推知古闽越人之遗俗，如做十六岁亦属古闽越人'成丁礼'之遗留一样，穿单耳孔而戴耳环"③。闽越人有悬棺葬的习俗，闽赣武夷山地区是悬棺葬的发源地，这种丧葬以亲缘为纽带，其习俗被长期保存，因为任何民族对葬式都是不会轻易改变的。福建武夷山一带闽越人的悬棺葬至少始于春秋战国时代，但这些悬棺并不是每具均有骨骸，有些空棺是为同族死者准备的，这是因为血缘氏族社会的族葬要将同族葬于一处。这种葬俗至今仍在某些地方流行。如武夷山脉松溪县花桥乡

---

① 李联明主编：《中国民族民间舞蹈集成·福建卷》，中国 ISBN 中心 1996 年版，第 2 页。
② 同上书，第 17 页。
③ 刘浩然：《闽南侨乡风情录》，香港闽南人出版有限公司 1998 年版，第 359 页。

狮子崖险峻陡峭,其山崖裂隙中有深达100多米的"万棺洞",历代存放在那里的棺柩达百具,层层叠架在洞里,下层年代古远者已陆续腐朽,上层的棺柩则有些是当世放进的。① 今闽南惠东尚有出嫁的新娘长住娘家的风俗。即惠东妇女在婚后三天就要回娘家长住,只有逢年过节及农忙时才到夫家住几天,一年总共时间不过六七天,而这几天到夫家也是要天黑后才到,且头戴黑布下垂遮面,到熄灯后才去头布。所以有的甚至结婚多年的夫妻互相还不认识。如有的女子与自己丈夫好一些或者多去夫家一两次,女伴就会讥笑她或羞与之为伍。惠东妇女必须在娘家住到怀孕生孩子时,才能回到夫家安定住下。住娘家多的两三年以至于十几二十年。当地人称长住娘家的媳妇为"不欠债的",称住夫家的为"欠债的"。② 虽然专家认为造成这种风俗的原因有多种,但都与闽越文化有关,或是闽越人的独特文化现象。虽然闽越人在汉代以后渐为中原汉人所融合,但在某些地区因某些特殊历史原因及社会条件,某一民族消失了,但其某一习俗仍可扎根传于新住民族中,此俗当属此例。③ 另有认为当时汉武帝派兵攻入闽越地,闽越男人或被杀死,或被迁江淮,汉兵强取闽越女为妻,因被强迫而非出自愿,只好头巾罩面入至夫家,而不愿让其认出真面目,甚至集体自杀以示不屈。因父母被杀,本身又被掳,"男死女不降",长住娘家不入夫家,被迫进夫家也不肯亲近。如果"不忍不降",就被姐妹同伴笑其无骨气。这是延续两千多年长住娘家风俗之缘由。④

闽越文化的流播,使福建存有许多与闽越王有关的祠庙。据明代黄仲昭《八闽通志·祠庙》载,在福州府有代表性的如福州善溪冲济广应灵显孚佑王庙,祀闽越王郢第三子,世称白马三郎。福州府城南武烈英护镇闽王庙,祀闽越王无诸。福州府城南的闽越王祖庙,祀闽越王。福州府冶之西的明德赞福王庙,缘因闽越王郢州西大路,畚土成丘,后人即其地立庙祀之,累封至明德赞福王。此外,外地尚有不少祠庙为闽越王的行祠。有代表性的如:瓯宁县南紫芝下坊的南台二王庙,为闽越王无诸的行祠;瓯宁县城北禾义里的武毅王祠,亦为无诸行祠。因其将号公,甚著灵响,民祷之辄应。浦城县清湖粤王庙,祀闽越(故称东粤)王余善,余善曾拓江之浦筑城以居,后为繇王居股所杀,民为立庙。泰宁县西城步保的闽越王行祠,宋咸淳间建,以祀无诸。福宁州四十都的白马三郎庙,祀闽越王郢第三子。这些祀庙经历代维修加封,香火兴盛。《八闽通志》中有不少关于其兴建灵异的记载,如记"武烈英护镇闽王庙"的历

---

① 何绵山、邱守杰主编:《福建经济与文化》,中国戏剧出版社1996年版,第2页。
② 何绵山:《八闽文化》,辽宁教育出版社1998年版,第263页。
③ 施宣圆等主编:《千古之谜——中国文化史500疑案》,中州古籍出版社1991年版,第566页。
④ 刘浩然:《闽南侨乡风情录》,香港闽南人出版有限公司1998年版,第359页。

史时称:汉高祖五年(前202)时,封无诸为闽越王,即在此地立庙;汉武帝时,闽越国亡祀废。唐大中十年(856)始建祠;五代唐长兴元年(930)复追封为闽粤王(案:王审知已于925年去世,此记有误),宋因之,号显对武勇王,庙左右二王,相传为王二将,熙宁(1068—1077)中,民兵出戍熙河,二王现云端,大战获捷。政和(1111—1117)间,复戍桂府,征蛮之际,二王复现,降大雹黄蜂以退蛮兵。宣和二年(1120),提刑俞向自建康领兵南下御敌,黄蜂数万随舟蔽江,居民认为神兵之助,大建新祠宅,建楹之日,有青红二小蛇蜿蜒香几间多日。六年(1124),被封为镇闽王,二王左封灵应侯,右封显应侯,建炎四年(1130),王加封"武列",灵应侯封为"广惠",显应候加"嘉泽"。绍兴三十一年(1161),胶西之役,舟师祷告于神,战以克捷,王加封"英护",夫人封"赞灵",左侯加"协威",右侯加"翊忠"。明代洪武十年(1377),布政使叶茂率僚佐祷雨祠下,即获嘉应,因具其灵迹达于中书,下礼官议,从神故封,称曰汉闽越王之神。由以上可得知,此庙因多次显灵,故多次加封,甚至其左右二将也被加封。据今人考察,目前仍有许多与闽越王有关的庙宇,如据1990年统计,仅在福州郊区主祀闽越王无诸及无诸三子白马三郎的庙宇就有23座。[①] 这几年还在陆续增加,如新店左村村口百余米处即建有白马三郎庙一座,为1995年村民所立,每逢正月十五村民就将其塑像抬出绕境巡游祈平安。[②] 据闽侯县博物馆张发平先生介绍,闽侯县至今尚遗存奉祀闽越王无诸的祠庙,如上街镇后山村的"闽越王祠",洋里乡仙洋村的"闽越王庙",荆溪镇永丰村的"闽越王庙",港头坛边村的"闽越王无诸庙",上街镇厚美村的"大王庙",及南通、白沙、大湖等乡镇的闽越王庙。[③] 据闽清县博物馆林跃先生介绍,闽清至今遗留有供奉闽越王的庙,如坂东镇朱厝村的"汉闽越王庙",占地约400平方米,宫中有闽越王塑像,常年香火不断。唐边村的"凤凰境"是为供奉闽越王而建,修祠记事碑上记云:"这里为汉闽越王无诸属地。"奉迎越闽王的活动已成为不可或缺的习俗。"凡供奉闽越王的宫庙,在正月初八的晚上要进行'闹宫'。这时各家各户将经过装点的素菜荤食端来拜祭大王,整个晚上锣鼓喧闹,鞭炮齐鸣,还兼唱演戏,缅怀闽越王的丰功伟绩。正月初九将大王塑像抬上轿,请出宫,举行环乡游迎活动,游迎队伍人数多达数百人。他们每经

---

① 林国清:《1990年福州郊区宫观坛庙一览表》,《福州道教文化研究》,福州市文物管理委员会等编印。
② 徐心希:《冶、东冶、侯官与闽越二王二都》,《〈冶城历史与福州城市考古〉论文选》,海风出版社1999年版,第80页。
③ 张发平:《闽侯闽越王祠》,《〈冶城历史与福州城市考古〉论文选》,海风出版社1999年版,第142页。

过乡民家门,这家人应燃放鞭炮,表示欢迎、景仰之情,同时祈盼大王保佑来年风调雨顺,丰衣足食。这样游迎数日,遍及本乡及邻而后回宫。"①

经过多种文化的长期碰撞融合,闽越人逐渐和来自中原的汉人交融,但也有因特殊环境、特殊条件而多少保持了闽越人的特点,较有代表性的如疍民、高山族、畲族。先说疍民。疍民即水上居民,他们以舟为家,随处漂泊。疍民也称游艇子、白水郎、泊水、蜓、蟹蛋。福州疍民,被称为曲蹄、科题等。疍民的来源,有蛮夷互说、闽越说、汉族说等,考其各个方面,疍民与闽越文化关系密切,或就是闽越人的后代。第一,从图腾崇拜上看,疍民与闽越人有相同处,疍民和闽越人都以蛇为图腾,《峒溪纤志》称:"其人(案:指疍民)皆蛇种,故祭祀皆祭蛇神。"《兴宁县志》载:疍民"所奉蛋家宫肖神像旁为蛇,每五月五日享神而载之竞渡以为礼。"《天下郡利病书》引《潮州志》称:疍民"以南蛮为蛇种,观其疍家神官像可知。"《赤雅》称:"蛋人神宫,画蛇以祭,自云龙种。"第二,从生活习俗上看,疍民和闽越人都喜欢依水而居,习于水斗,善于用舟,有"文身断发"的习惯。光绪《侯官乡土志》(卷五)称:"疍人以舟为居";《广东新语》称:"疍家昔称为龙户者,以其入水,辄绣面文身。"第三,从民间传说看,疍民为当时的闽越人,后汉人南迁,土著闽越人多被杀害,存余的便下海潜逃,在水中讨生活,不敢上岸,便成为疍民,而未逃走的妇女被汉人占为妻奴。每逢春节时,在水中讨生活的疍民上岸贺年讨糍时,岸上已成为汉人妇的闽越人,便把裹有金银的粿赠给亲人,并在粿的皮面上点红为记。年代一久,亲疏难分,粿里便不再裹金银,但疍民春节上岸讨糍的习惯延续至今。再说高山族。高山族与闽越人的关系,主要从其蛇图腾与文身习俗中可看出。在一些高山族中常以祖堂为首,挂设蛇相,祭祀时,即将于祖堂中央。②所以有专家学者认为:"作为百越族后裔的高山族,保留蛇图腾崇拜的材料是最丰富的。"③高山族的文身习俗也很普遍,"其文身图案以几何图形为主,也有人头状、蛇形纹等,这些都和蛇有关"④。最后再说畲族。畲族与闽越人的关系,目前存在不同看法。有代表性的意见有两种,一种观点认为今天的畲族就是古闽越族的后裔,其原因是"闽越族在福建各地主人地位之被替代,也不是同时发生的。例如,闽北、闽东是中原移民入闽的首达地区。汉武帝迁移闽越人以处江淮,应首指闽北、闽东地区的闽越人,故他们由统治地位转为少数民族的时间较

---

① 林跃先:《闽清的闽越王史迹》,《〈冶城历史与福州城市考古〉论文选》,海风出版社1999年版,第144页。
② 叶国庆、辛土成:《住居我国大陆和台湾的古闽越族》,《厦门大学学报》1980年第4期。
③ 陈国强、田富达、林瑶棋、周立方:《高山族史研究》,中国人类学学会编印,1999年,第77页。
④ 同上书,第78页。

早,三国时建安郡的门立是其标志。至于闽南、闽西的闽越人,则至唐初设郡才完全沦为少数民族地位。……转入少数民族的闽越族被称为'蛮僚'、'峒蛮',而不再称为闽越人了。至宋代,普遍称之为'畲民'"①。另一种观点认为福建畲族是外来的,并非由越族形成,其原因"一、越族崇拜蛇鸟图腾与畲族崇拜'盘瓠'图腾不同,二、在闽东,畲族历史只能追溯到明代中叶,在漳浦、龙海一带也只能追溯到唐代前后,而这些地方都早有土著遗物——石锛和印纹陶的发现……从器物纹饰看,它显然不属于畲族,故福建畲族是外来的,与土著居民——闽越长期居住在福建不同,应该严加区别。"②畲族居住地是否不会有蛇图腾?有学者考察了华安蛇形石刻的草仔山后,指出:"蛇形石刻的草仔山附近有三畲尖山,以前是畲族的居住地,现在只有少数村庄,以前风尚是椎髻左衽,刀耕火种,欢喜山居,迁徙不定。《龙溪县志》(乾隆版)记:'穷山之有蓝雷之族焉,不知所始,如蓝雷,无土著,随山迁徙而种谷,三年土瘠辄弃去,去则种竹偿之,无征税,无服役,以故俗呼之曰"客",两家自为婚娶,朔望衣冠揖,然不读书,语言不通,不与世往来。'按畲民自称'山客',闽南话'畲'与'蛇'同音。蛇形石刻是他们的祖先所刻。根据有关文献,一般图腾柱、图腾木片石块都是安置在村口,或山洞门口,目的在于招呼同宗,警告外族或便于祭祀。这蛇形石刻正好设置于村口,呈135度仰角,百步以外一目了然。而这石刻大有使人入目和善的感觉。母蛇腹部粗大,正昂首顾它的后代,蛇身和蛇蛋接触部分,肌肉有明显收缩感,表示正在抚摩里边有幼蛇颤动的蛇蛋,充分表现盼望子孙后代兴旺发达的美好愿望。母蛇腹上方乃是蛋壳。上方的幼蛇,头特别大,身呈形,是幼蛇刚出生的特点。逼真活现,栩栩如生。"③

二、中原文化的传入

中原文化传入闽地的方式,主要以多次大量移民为主要途径,历史上中原移民进入闽地有代表性的如:

东汉末年人口南迁。汉昭帝始元二年(前85)设福建为冶县(今福州),属会稽郡。东汉时期,光武帝建武二年(26)在福州设"侯官都尉",作为驻在福建地区的边防军指挥机构。到献帝建安年间,福建人口渐有增加,增设了南平、汉兴(今浦城)、建平(今建阳)、建安(今建瓯)4县,属会稽郡南部都尉,原

---

① 郑学檬、袁冰凌:《福建文化传统的形成与特色》,《东南文化》1990年第3期。
② 陈国强、周立方:《闽越族历史发展及共文化特征》,《闽文化源流与近代福建文化变迁》,海峡文艺出版社1999年版,第15页。
③ 青新、丹桔:《华安蛇形石刻——闽越族蛇图腾的见证》,《民间文学探讨》第六期,中国民间文艺家协会福建分会编,1989年。

冶县也于建安元年(196)改名侯官县。这时期,由于黄巾和董卓之乱,中原出现了人民南迁的第一次高潮,有大量中原人迁入闽北,导致闽北人口的增加和设县,除前述南平、汉兴、建平、建安4县外,还于三国吴永安三年(260)设昭武县(今邵武市)和将乐县。这时福建复设郡为建安郡,统属福建各县。

西晋末年八姓入闽。晋惠帝时由于贾后乱政,发生了"八王之乱",混战达16年之久,天灾连年不断,瘟疫流行,导致匈奴、羯族等侵入中原,永嘉四年(310)晋都洛阳为羯族首领刘曜攻陷,纵兵焚掠,官民及士大夫大量南逃,史称"永嘉南渡",福建出现了中原人口迁入的高潮。中原迁入者主要有林、黄、陈、郑、詹、邱、何、胡等8姓,这8姓多为中州的簪缨世胄,有较高的文化素养,他们在携眷南逃时,都带着自己的宗族、部曲、宾客等,大大增加了福建地方人口,使福建人口增加了1倍以上。

唐代陈元光开发漳州。河南光州固始人陈政于唐总章二年(669)率府兵3600多人进入漳州,年仅十三岁的陈元光也随父进漳,二十一岁时承袭父职,定居漳州。当时入闽军民有58姓7600人,均留住在福建漳州地区,并大力开发漳州,使漳州改变了昔日满目榛狂的荒凉状况,促进了地方社会的迅速发展,因而陈元光被尊称为"开漳圣王"。①

唐末五代王审知治闽。唐僖宗光启元年(885),黄巢义军王绪占河南光州,光州固始人王审知与兄王潮、王审邽带固始5000乡民从义军入闽。王潮率军攻占泉州,任泉州刺史,昭宗大顺二年(891)攻入福州。王潮死后,王审知被唐廷任命为威武军节度使、福建观察使。梁开平三年(909),梁太祖封王审知为闽王,闽正式建立。王氏兄弟入闽,带来了众多的中原人,计有王、陈、李、张、吴、蔡、杨、郑、谢、郭、曾、廖、庄、苏、何、高、林、詹、黄、赖等34姓,这些人分布在福州地区及闽中、闽南、闽东北。王审知治闽其间,节俭自处,选任良吏,省刑惜费,轻徭薄赋,与民休息。注意兴修水利、发展农业、兴办学校、发展海上贸易,使福建经济、文化得以很快发展。王审知为治理福建做出了卓越贡献,使福建在中原动乱之际成为东南的富裕之地。王审知也因治闽业绩显著,被尊称为"开闽王"。

北宋南迁。宋室南渡前后,北方百姓为避战乱,再次出现南迁浪潮,大批人扶老携幼入闽,使福建地方人口激增。

各种文献也都有中原移民迁移入闽的记载。如台湾学者许明镇根据方志、族谱等文献进行研究考证后,于《台湾源流》第45期发表了《台湾百家姓固始探源》,得出台湾前100大姓(1978年之调查排序),"大多来自福建、源于

---

① 也有学者对"八姓入闽"和"陈政入漳"有不同看法,笔者对此已有专文探讨,此不赘。

唐代光州固始"的结论,即"中原文化,福建沉淀;福建文化,台湾呈现"。

许明镇的研究表明:第一,闽台百家姓祖先来自中原,其中66姓祖先来自河南光州固始,另有刘、江、锺、游、梁、翁、范、邓、温、卓等10姓则泛指来自河南光州或中原。第二,闽台百家姓祖先最早入闽的,是汉武帝时许州许濙,奉命讨平闽越,其子15人分镇闽地。西汉末,方纮避乱歙州,子孙传衍江南各地,其后是西晋永嘉之乱8姓(一说13姓)南渡入闽,为丘、郑、何、胡、林、陈、黄、詹、锺、邓、曹、卓、巫等姓。其后是唐初随陈政、陈元光入闽,有陈、张、李、王、蔡、许、郑、郭、洪、廖、徐、苏、江、何、罗、高、潘、施、沈、余、赵、卢、颜、戴、邓、曹、薛、丁、蒋、唐、姚、石、欧、欧阳、汤、邹、钟、柳、钱等姓。又其后唐末随王潮、王审知入闽的,有张、王、刘、杨、谢、郭、曾、赖、周、庄、高、詹、柯、杜、董、涂、严等姓。又其后南宋时,有曹、侯等姓迁入闽。元末有蓝、程等姓迁入闽。第三,以上迁入闽者多为官宦望族,或军将军佐,或举族举家而迁入,或单身入闽。第四,以上迁入闽时间,有晋永嘉乱时,唐高宗总章二年陈政、陈元光奉命率军入闽之时,唐末王潮、王审知率军入闽之时,其他如南宋末、元末。可知迁闽者多为避战乱或随军。

除了这几次大规模入闽外,在历朝历代,都有中原人士陆续入闽定居。早期这些入闽者大多为逃亡或流放者,后期多为驻闽将士、赴闽仕宦者、为避乱而投亲靠友者。唐五代时河南固始来投奔王审知的,多不胜数。这四次大移民和陆续进入的大量移民,都不同程度地带来了中原的先进文化,加快了福建的开发和进步。从中原迁入福建者,多居于沿海较为平坦之地。到了南宋,沿海平地几乎开发殆尽,于是后来者只好迁住山区。于是有"福佬人"和"客家人"之称。"福佬"为福建老居户,"客家"为新迁入之户。其实都是从中原迁来的,故闽南人又称"河洛人"。虽然迁入有时间迟早的差别,但都带来了相对先进的中原文化和生产知识技术。他们在新的自然地理环境中,顺应自然地理条件谋生存发展,形成了"福佬人"和"客家人"大同而小异的文化习俗和谋生、发展的手段和途径。而原先的闽族人也渐渐为迁来的中原先进文化所融合而同化。

此外,名士南下和闽人北游也或多或少地带来了中原文化。从唐德宗年间常衮任福建观察使起至明清,大批中原名士或慕名前来投奔,或为闽地秀丽山水而至,或前来授课讲学,他们虽然没有在闽定居,有的在闽时间也并不长,却为闭塞的福建吹进了新鲜的空气,活跃启发了闽地学术文化。宋南渡之后,大批北方名流蜂拥而至,一时成了风气。此外,唐中期之后,闽人开始中进士第,由此纷纷北上,受到中原文化的熏陶,他们宦游归里时带回了中原文化。还有不少闽人北上访学,也将中原文化带回闽地。如理学开创者周敦颐、张载、程颢、程颐、邵雍等都在北方中原一带,不少闽人投奔其门下,深受其影响。崇安人游酢、将乐人杨时亦受业于二程,曾有"立雪程门"的故事。他们返回闽地后大力传播理学,后被朱熹改造发扬为"闽学"。泉州人谭峭是唐五代的大哲学家,南唐沈汾《续仙传》称:他到北方"经终南,待太白、太行、王屋、嵩、华、泰、岳,迤逦游历名山"。谭峭提出以虚、气、化范畴为核心的哲学,为宋明理学家从不同方面所吸取和效法,成为唐宋哲学发展中一个承上启下的中间环节。

由于中原移民大量进入福建,所以闽方言保留了大量的古汉语,因此被学术界称为"语言的活化石"。这些"活化石",对汉语古音的构拟,古籍的训释,汉语史的研究都具有重要的意义,如闽方言中仍完整地保留着中古汉语的入声,当写旧体诗词分不清哪些字是仄声,用闽方言一读,音节短促不能拉长尾声的便是入声,入声属于仄声。再如词汇,许多古籍中可以看到的基本词汇,一直被闽方言继续沿用下来,只是读音发生变化而已。如"筷子"叫"箸","儿子"叫"囝","蛋"叫"卵","锅"叫"鼎","夜晚"叫"冥","剪"叫"铰","脱"叫"褪","晒"叫"曝","跑"叫"走"等等。

三、宗教文化的传播

佛教、道教、天主教、基督教、伊斯兰教等五大宗教在福建有着悠久的历史和广泛的影响。

佛教在三国时期传入福建,至今已有1700多年的历史。福建佛教无论寺庙数和僧尼数都居全国汉族地区前位。福建佛教自唐五代后,虽然发展不平衡,但从全省范围上看,至近代持久不衰。福建历史上高僧辈出,历代高僧著述宏富,据不完全统计,目前可查到的有著作留下的高僧约百余人,著作近350部。各种佛教宗派都不同程度在福建传播过,在福建影响最大、最为流行的是禅宗。唐代马祖道一禅师入建阳,是闽地禅宗的开端。当时中国佛教宗派林立,主要有盛于北方的"渐悟"派和盛于南方的"顿悟"派两支,故有"南顿北渐"之说。唐中期因寺院经济与国家利益矛盾日深,皇帝发布诏令,废除佛教,当时全国被迫还俗的僧尼约26万人之多。福建虽有所波及,如莆田寺院被毁不少,但福建毕竟远离政治中心,山高皇帝远,佛教一直很兴盛。"顿悟"到唐末能衍为五宗,与福建有极大的关系。在中国佛教史上,福建在编撰、翻刻、收藏、流通佛典方面,有着特殊的贡献。福建寺院藏有大量佛经。因福建地理偏僻,各种动乱不如中原频繁,一些佛典得以珍藏至今。福建寺院刻经历史悠久。宋代福州东禅等觉寺所刻《崇宁藏》和开元寺所刻《毗卢藏》,是中国历史上最早的两部寺刻大藏经。福建僧教育兴盛,闻名遐迩的闽南佛学院历史悠久,在中国佛教教育史上有着重要地位。福建经国务院批准的全国汉族地区佛教重点寺庙有14座,约占全国汉族地区重点寺庙的10%,它们分别是:福州鼓山涌泉寺、福州怡山西禅寺(长庆寺)、福州金鸡山地藏寺、福州瑞峰林阳寺、闽侯雪峰崇圣寺、福清黄檗山万福寺(黄檗寺)、厦门南普陀寺、宁德支提山华藏寺、莆田南山广化寺、莆田梅峰光孝寺、莆田囊山慈寿寺、泉州开元寺、晋江龙山寺、漳州南山寺。

　　道教传入福建时间约在东汉时期。西汉时,浦城子期山、福州九仙山、南平衍仙山等都有道士在修炼。唐代时福建出现了道坛庙观和职业道士,福州著名的道士有张林、符契元等人。五代时,王审知敬重道士,不少道士握有大权。宋代福建道教发展很快,不少道士屡受朝廷赏赐,新建道观如雨后春笋,著名的如福州真庆观、延平元妙观、莆田元妙观、闽县崇禧观、沙县宜福观、松溪文昌观等。泉州清源山上巨型石刻李老君像,高约一丈五六,具有很高的艺术价值,由此可看出当年道教的兴盛。宋元之际江西兴起"净明忠孝道",注意符箓禁咒驱邪御瘟等道术,从事服炼斋醮、作仙度人,福建亦由此出现炼养、符箓两派。前者代表人物如泉州龙兴观道士吴崇岳、长汀人王中兴、崇安人杨万大等。后者代表人物如漳州天庆观道士邱允、沙县人谢祜、长汀人梁野等。到明代,道教被取消"天师"称号,福建出现正一道和全真道。清代因乾隆宣布黄教为"国教",道教被认为是汉人的宗教,所以开始衰落。但在福建,民间祈祷斋醮之事及服饵丹道之术仍旧流行,并逐渐成为民间习俗。福建道派繁多,唐宋元时期流行于福建的重要道派有十余种,从道教职能上看,宋代福建有炼养派和符箓派,明清福建道教主要为全真道和正一道。道教在福建的兴盛和发展,与闽越遗风有关。由于生存条件恶劣,早期闽越人普遍信巫好祀,这种媚鬼崇神恐妖的心理,不断被沿袭,许多人"宁可信其有,不可信其无"。福建的道教极具包容性,道教在福建传播过程中,汲取了佛教、儒教和民间宗教(民间信仰)中的许多内容,加以糅合改造,这种现象在全国其他地方不多见。其主要表现形式如:理论混为一谈、寺观合融、在打醮拜忏等表演活动中杂混。福建道教法事名目繁多,科仪完整,早期福建道教许多法事至今被长期保留,甚至成为生活节令不可或缺的内容。福建道教与台湾道教同源同流,福建南部移民入台湾开发,将家乡宫庙香火带入台湾,所供奉的神灵为两地共有。东南亚的闽籍先民对家乡的神祇特别虔诚,视为他们在海外生存、发展的保护神,在建立庙宇时,总要冠上故乡的地名或祖庙的名称,并经常回到故乡祖庙进香。道教在福建的产生与名山有关,武夷山被称为道教三十六小洞天之中的第十六洞天,霍童山被称为道教三十六小洞天的第一洞天,闽东的太姥山、闽南的清源山、福州的于山等,都与道教关系密切。福建现存著名道教宫观,有福州的九仙观、裴仙宫,福清石竹山道观,泉州元妙观,武夷山桃源洞道观,莆田东岳观等。

天主教早在元代就传入福建泉州,是全国天主教最早传播最早的省份之一。公元1313年,泉州成立了刺桐教区,为当时全国仅有的两个教区之一,负责包括杭州、扬州等通商口岸在内的东南教务。现存于泉州海外交通史博物馆中的元代十字架墓碑石中,有5方是元代泉州天主教方济各会传教士墓葬的遗物。明代,通晓中国传统文化的意大利耶稣会士艾儒略到福建传教,因善于将其教义与中国传统习惯相结合,因此传教顺利,他还将西方国家先进的地理学、数学、天文学、医学、绘画及哲学、典章制度在福建广为传播,使福建较早受到西方学术思想的吹拂和浸染。天主教在福建的传播,一方面使不少士大夫受洗入教,另一方面也导致一些士大夫的反对和责难,使福建成为中西方文化冲撞的觞滥。明末,传统文人和僧人联合反教,纷纷著文"辟邪",由漳州人黄贞将其汇编为《破邪集》。清初,福安人罗文藻成为历史上第一位中国籍主教,在官方规定外国传教士不得传教的年代,罗文藻成为全国唯一能公开传教的天主教神职人员。1696年福建正式成立天主教福建教区。天主教在福建传播中,创办了许多学校、修道院、医院、仁慈堂等,出版了许多中文书刊,其中大多为宗教类,留下许多珍贵实物,明代以来至近数十年,陆续在泉州发现的一批基督教墓碑石,可印证、纠正并进一步丰富天主教传教史的研究。福建天主教现有教堂400多座,全省教会划分为福州、厦门、闽东、闽北4个教区,教堂有福州泛船浦天主堂,长乐城关天主堂,厦门鼓浪屿天主堂,漳州东坂后天主堂,龙海岭东天主堂,福安城关天主堂、穆阳天主堂,宁德三都澳天主堂、城关天主堂、岚口天主堂,邵武东门天主堂,建瓯腊子坪天主堂,上杭城关天主堂等。

基督教传入福建的时间约在1840年前后。1842年2月,美国归正会传教士雅裨理率先到福建厦门传教,其后有8个差会先后进入福建传教,先后形成的宗派共有14个,其中由西差会传入的有8个:英伦敦会、美部会(美公理会)、英行会、美归正教会、美以美会、英长老会、基督复临安息日会、孟那浸信会;由中国基督徒自己创设后传入福建的有3个:中国耶稣教自立会、真耶稣教会、恩典院;在福建由本省信徒建立的有3个:基督徒聚会处、耶稣圣神教会、圣耶稣教会。1848年,厦门建立第一座教堂新街礼拜堂,新中国成立前被中华基督教会全国总会称为"中华第一堂"。福建基督教各种教会林立,这些教会形成自己庞大的网络,层层控制渗透。基督教传教士在福建传教过程中,做过一些有利于社会发展的宣教活动,如反对缠足陋习、反对抽吸鸦片等。基督教在福建创办各类社会慈善机构,如创办了大量的医院,以此辅助传教。基督教创办大量报刊,出版大量书籍,并促进了闽南白话字的产生。闽南白话字在中国拼音文字发展史上占有重要地位,它为创制汉语拼音方案、解决汉语拼音文字的同音词问题等提供了借鉴和经验。基督教在福建创办了大量的学校,以其创办时间早、数量多、对平民敞开大门、种类多等特点在福建产生了一定影响,培养出一批有水平的学生。1927 年,中国基督教长老总会联合伦敦会和公理会,组成中华基督教会全国总会。在福建的英伦敦会、美部会(美公理会)、美归正教会、英长老会分别更名为中华基督教会闽南大会、中华基督教会闽中大会和中华基督教会闽北大会,1956 年 11 月又正式合并成立中华基督教会福建大会;1941 年美以美会改称中华基督教卫理公会。福建基督教现有教堂 1700 多座,较有影响的基督教堂如:福州花巷堂、铺前堂、天安堂、苍霞堂、福清城关堂、莆田城关堂、南平梅山堂、晋江安海金升堂、泉州南街礼拜堂、厦门三一堂、新区堂、新街堂等。

伊斯兰教在唐代就传入泉州,当时有不少阿拉伯、波斯穆斯林商人进入泉州,以后有部分定居下来。宋代,许多海外来的穆斯林在当地娶妻生子,代代相传。穆斯林为了满足自己过宗教生活的需要,开始建造清真寺。元代,泉州成为世界贸易大港,穆斯林在泉州有很大发展,又修建了许多清真寺。明代,穆斯林开始在邵武发展;清代,由于泉州港的衰落,海外穆斯林已不再来,而福建地处东南一隅,与内地穆斯林联系也多不方便,所以不如宋元时期兴盛。福建穆斯林来源广泛,除了宋元时代从海上丝绸之路直接进入以外,还有由北方南下经商的,外省来福建任职的,受聘为阿訇、投亲、居官等种种原因从全国各地来的。因多次迁移,福建穆斯林居住分散,除极少数地方外,只见大分散,难见小集中。福建保存了大量有关伊斯兰教在福建传播的文字记载,如:文献资料、宗族家谱、石刻文字等,是研究中国穆斯林的第一手资料。福建所保存的伊斯兰建筑,极具文物价值,是研究伊斯兰教在中国传播的珍贵实物。福建有代表性的清真寺如:泉州清净寺、福州清真寺、晋江陈埭清真寺、邵武清真寺、厦门清真寺等。

除了以上五大宗教的影响外,福建的地方宗教也有很大的影响,最有名的是"三一教"。这是将儒、释、道三教合而为一的教派,由明代正德、嘉靖、万历年间福建莆田林兆恩创建的。林兆恩认为儒、释、道本为一体,但后世的继承者不懂其本源,妄分三教,越走越邪。倡三教合一的本质是将儒家的纲常伦理与道教的修持功夫及佛教的涅槃理论合而为一,三者缺一不可。所以他认为儒教为立本,道教为入门,佛教为极则。三一教在福建立足后,曾向外省扩展过,清代中晚期曾发展到台湾地区及新加坡一带。摩尼教是公元 3 世纪中叶波斯人摩尼创立的宗教,在唐代武宗会昌年间由呼禄法师传入泉州,元代在泉州十分盛行。明代后,逐渐被其他宗教融合。元代在晋江建造的摩尼草庵是国内仅存的摩尼教遗迹,庵中的摩尼光佛被首届世界摩尼教学术讨论会作为会徽图案。福建的民间信仰也颇为兴盛,其中最著名的是天上圣母、临水夫人、保生大帝这三"神"。这三尊神原型都是人,后被逐渐演化为神,赋予类人而又超人的"神"力,再借以护佑人们自身。民间信仰虽带有区域性,但其因有旺盛的生命力而持久不衰,对闽文化产生了深远的影响。

四、海外文化的冲击

福建东临大海,良港棋布,有占全国五分之一长的海岸线,因此早在南朝,就与海外有联系。海外文化的冲击主要通过国际贸易、外商定居闽地、闽人越洋后归里等途径。早在五代王审知治闽时,福建与海外的商业贸易往来就比较广泛,东起新罗,中经南洋群岛,西至阿拉伯地区都与福建建立了初步的贸易关系。北宋时,泉州成为国际贸易港,被称为"涨海声中万国商",与三十六个岛国有贸易关系。福建商人由泉州出发前往海外,一般一年往返,远的二年往返,用五色缑绢和建本书籍,与海外交换所需之物。到了南宋和元代,泉州发展为世界第一商港,明代统治者厉行海禁二百年之久,但位于龙海的月港依然帆樯如栉,海外客商汇聚,成为全国最大的走私港。明隆庆元年(1567)取消海禁,月港每年孟夏之后,数百艘商船远洋四海。到明万历年间,月港的国际贸易更为繁荣。由于国际贸易的繁华,许多外商定居闽地。特别在宋元两代,数量极多的印度人、波斯人、阿拉伯人、欧洲人为世界贸易大港泉州所吸引,定居当地而不返,被人称为番客,娶本地妇女所生的孩子,叫作半南番。他们将本国的风俗民情信仰融汇在当地居民之中,日久天长,海外文化便与当地文化水乳交融地渗透在一起。与外商定居闽地一样,也有不少闽人定居海外,宋元之后,逐渐增多,几乎遍及日本、朝鲜和整个东南亚。《明史·吕宋传》载:明代数万闽人出海后"往往久居不返,至长子孙"。17世纪前后,东南亚的福建华人已在50万人以上。时至今日,旅居世界各地的闽籍华人华侨约1088万人,福建已超越广东成为全国第一侨乡。

这些华侨大多与家乡保持程度不同的联系,并时时有不少人回乡里探亲,带来了形态各异的海外文化。

20世纪90年代以来,闽人在海外的迁移中心已从东南亚移至美国,其中以福州市所辖的马尾区、福清市、长乐市、连江县人迁移美国纽约最有代表性,影响力日盛。其新移民总数之多,以致美国有人惊呼:"美国又新添了两个州,一个是温州,一个是福州。"福州也流传着"世界怕美国,美国怕长乐"之说,还有人戏称"纽约已成为福州的殖民地"。福州侨民急速增加,其中有亲属移民、职业移民、留学生学成就业以及时隐时现的偷渡客。若干年前的偷渡客经过等待,寻求到机缘后成为合法移民,再申请家属成为合法的亲属移民,虽然旷日费时,只要耐心等候最后多能如愿。纽约福州人主要集中居住在著名的三大华埠(曼哈顿的唐人街、皇后区的法拉盛、布碌仑的八大道),也有部分居住在大纽约地区或外州,纽约的福州侨团已从原有的20多个激增至今天的300多个,长乐村委会领导一个不少地"三代同堂"齐聚纽约的现象已屡见不鲜,美国纽约许多地方更是烙上鲜明的福州色彩(如纽约的"福州街"已取代原街"东百老汇街")。福州人已成为美国华埠最大的华人移民群体;"福州人在纽约"是中国当代人口迁移的重要现象,因为在中国人口迁移史上,无论"闯关东""走西口""填四川""下南洋""过台湾",都远不如当代福州人"拼美国"悲壮精彩,"福州人在纽约"的拼搏历程,无须任何艺术加工,只要如实记下,都是那么精彩纷呈,让人实难释怀。福建赴美的新移民,来自乡镇者占绝大多数,他们在地少人多的家乡就以勤劳著称,来到美国有了赚取较高收入的机会,更是全力拼搏,无怨苦累,一心想着早日汇款回家还去债务,改善亲人的生活。一旦事业有成或有一定发展,便会互相商议,一步一步,帮助家乡建设,"山河远隔思闽月,萍水相逢话乡情"这副1942年福建同乡会成立时的对联,已道出闽侨和家乡的深情厚谊。多年来只要家乡有需要,闽侨就会汇款支持。如长乐市猴屿乡新建一座文化宫时,一声号召,美东侨胞个个解囊,不到600人的猴屿华侨捐款率超过百分之九十,很短时间内捐款已超过百万元,一位侨胞捐出3万美元,却不愿具名。凡家乡各级领导赴美参观访问时,纽约是必到的大城市,闽侨社团也是必定造访的。福建华侨乡土观念重,思乡殷切。大凡家乡有一位亲友到来,都会口头传讯,争相聚拢听听乡音,何况家乡父母官专程拜望! 家乡来人多由闽侨社团设宴接待,组织有关人员到会,陪同参观,尽力满足来访者的需求,献出他们多年在美国积累的经验心得,给予来访者十分宝贵的帮助。他们也定期组团飞回福建投资办厂,开创公司,促进家乡经济发展,并把福建产品引入美国,打开销售市场。美国的福建侨领倡导"新福州精神",勇于开拓,勤俭为本,积极引导闽侨回乡投资。福建侨胞对家乡的另一件贡献是侨汇。只要在节日假日到华埠东百老汇走走,总可以看到银行大门内外排队等候汇款的人群长龙直排到大马路上,成为这个大都市的一大奇景。有一年,长乐、福清中国银行美元告急,临时紧急从省行调拨美元,以支付接连不断的美元汇款。闽侨每年的美汇都是一个庞大的数字。

五、与台湾文化的交融

台湾人有百分之八十祖籍福建,由于闽台地缘相近,血缘相亲,法缘相循,文缘相承,商缘相连,因此人们往往将闽台文化同划为一个文化区。但从另一个方面看,由于特殊的历史背景、地理环境和社会经济条件,台湾文化与福建文化,还是有一些差异,这就是台湾文化的独特性。必须看到,既然是交融,除了闽文化对台湾文化产生了深刻和恒久的影响外(这是主要的),台湾文化也对闽文化产生了影响。

闽台长期互派官员加强了两地交流。清代规定本省人不得在本省为官,即使不同省而离原籍在500里以内者,也必须回避,直系亲属在同一个省当官,儿、孙要回避父、祖,只有教官和武官可用本省人,但也需隔府。台湾多为漳州、泉州移民,因地方方言相同便于沟通等原因,有关训导、教谕等教官往往首先考虑从漳、泉选调。如乾隆三十九年(1774),福建巡抚余文仪、学政汪新奏称:"至所称台湾府学训导及台湾、凤山、诸罗、新化等四县教谕、训导缺出,先尽漳、泉七学调缺内拣调;不敷,再于通省教职内拣调。"[①]此建议得到吏部的议准和乾隆的同意,因此有大量台湾人到闽地任职。特别是科举的兴起进一步密切了闽台关系。台湾士子为贡生后,往往到福建任训导,有的或升为教谕,台湾的士子中举后,往往被派到福建任教谕,由此进一步促进了闽台两地的教育文化交流。台湾赴福建任职者分布很广,足迹几乎遍及沿海及山区各地,带来了台湾的本土文化,有的还撰文介绍台湾的风土人情。

台湾本土艺术输入福建。最有代表性的如台湾的"歌仔戏"输入福建。在台湾十八个地方戏曲中,歌仔戏是唯一产生于本土的剧种,它发祥于台湾宜兰县,源自闽南的锦歌,经过台湾艺人不断加工、提高,终于成为完整的大戏,后又由台湾传入闽南,成为福建五大剧种之一的芗剧,至今已有400多个传统剧目,受到漳州、厦门观众的喜爱。

访祖探亲。闽籍台湾人返回闽地探亲时,带来了台湾的风俗民情。以饮食文化为例,每当夏季来临时,闽南街头常有人挑卖一种叫石花的食品,形同冰冻的藕粉膏,它是由薛荔藤汁制成,凉爽可口,已成为闽南人解渴消暑的佳品。薛荔性清凉,原产于台湾嘉义山中,由祖籍同安的居民发现制作,后由台湾的福建移民回乡探亲访友时传到福建。

经济贸易。台湾与福建早就有经贸往来,台湾历史上最早的郊行为北郊、南郊、港郊,其中南郊主要负责将货物配运至闽南。台湾商人不仅将货运至闽南,还带来了台湾商人做生意的方式和生活习俗。

---

① 张本政主编:《〈清实录〉台湾史资料专辑》,福建人民出版社1993年版,第254页。

六、邻域文化的渗透

福建北连浙江,南接广东,西临江西,这几个邻域的文化长期对福建渗透,特别在周边地区产生了很大影响。

从历史沿革上看,福建在唐以前称作"七闽",其活动范围除了福建全境外,还北涉浙江温州,南入广东潮州,西接江西余干。春秋时期的越国为楚所亡后,遗民纷纷进入浙江南部与福建境内。秦始皇时期设置闽中郡,这是福建历史上第一个区域建置,其辖地北部仍达浙江温、台、处三府,西部接江西铅山。汉代刘邦设闽越国,其辖地仍跨有赣东、浙东、粤东潮梅等地区。三国时,占据江浙的孙权把福建作为东吴的后方基地,置建安郡。唐玄宗时,取福州、建州各一字名为福建经略使,从此有了福建的名称。从历史上看,福建有不少辖地曾是今天邻省的辖地,因此与这些邻域关系始终很密切。

从交通往来上看,唐中期之后,闽人与外界接触逐渐频繁,因应试、为宦、从商、访学等原因北上外出者增多,浙、赣为外出的必经之路。宋代,建州著名的分水关路由江西抵浙江,然后再北上,因此邻域文人来往较多,如黄升深受姜白石的影响,李虚己常与婿晏殊唱酬。明代闽地与江淮流域的交通也很发达,或由建阳往邵武入赣,或由浦城入浙,或由崇安入赣、浙。频繁便利的往来,促进了周边文化的渗透。

从人口迁移上看,邻省长期陆续向闽地迁移人口,至明清达到高潮,如江西、浙江有许多农民迁移至闽北山区,为开发山区做出贡献。正如郑丽生《闽广记》卷六载:"延建诸邑深山中,每有客籍贫民,盖茅而居,或治畲田,或种菇,或烧松明,或烧炭,或煽铁,或造纸,或陶埴,因为地利,聚散无常,大抵江西上饶、玉山及浙江之庆元,之和之人为多。"他们带来了邻省文化,如道光《建阳县志》卷二载:"土著人民效尤垦种者亦复不少,岁加稠密,连岗互嶂。"当地人逐步"效尤"垦种经济作物,邻省移民人口起了重大作用。

从经济贸易上看,福建与周边毗邻地区的贸易一直极为频繁,如明人何乔远在《闽书》卷三八载:"建宁土地膏腴,专有鱼稻、油漆、竹布之利,以通商贾;邻于建昌藩邸,习尚移染,故其俗奢。"可见建宁与江西建昌府之间的密切关系。此外一些边远的小县,也常与毗邻展开经济活动。如泰宁朱口牛会,就是每年秋季举行的跨省大型牛会,江西、浙江等周围几省数十个县的牛都被赶往此地交易,远近闻名。

从互派官吏上看,闽人热衷科举,不少人被派往浙、赣任职,亦有不少浙、赣官吏在福建供职,促进了文化的互相渗透。

第三节 闽文化的特点

一、闽文化的多元性

(一) 闽文化多元性特征

碎状性。闽文化呈一种地域性的碎状割据的文化形态,其如闽中三山文化、莆仙妈祖文化、闽东畲族文化、闽西客家文化、闽南侨台文化、闽北理学文化等争奇斗艳,平分秋色。

难融性。闽地民俗各异、风气相左。比如莆田一直视读书习儒为首要之事,正如胡朴安《中华全国风俗志》载:"诗书礼乐为八闽之甲,莆之科目,肇于唐,盛于宋,又盛于明,每科与试者,视闽居半。"而与莆田相邻的福清却以贾为业,何乔远《闽书》载:"福清背山面海,多潟卤,有海舶之利。其人刚劲尚气,多行贾于四方,以其财饶他邑。"

双向性。这种双向性是由于福建地僻东南一隅,濒海多山,既开放又封闭而造成的。武夷山的静穆清幽、刺桐港的富庶繁华孕育出福建文化的双向性:质朴务实又灵敏洒脱、尊重传统又勇于开拓、留恋乡土又热衷外出。这种双向性可合可分,有很大的适应性和可塑性。

不平衡性。这种因山、海造成的不平衡比比皆是。在经济上,如闽东、闽西、闽北一些山区经济发展缓慢,甚至连餬口都成问题;而另一些地区,如福清、晋江等却能领风气之先,往往在经济旋涡起于青蘋之末时就卷进去。特别是一些海外文化特征较为明显的地方,如晋江陈埭镇的居民有不少是海外来泉州的伊斯兰生意人的后代,他们商品意识极浓,沿绵至今。这种不平衡还表现在人才发展上。福建人才不是在各区域同步发展,杰出人物最早集中在闽北山区,如朱熹等;后又集中在闽南泉州等地,近代却几乎都崛起于福州的侯官和闽县(这两个县于1912年合并为闽侯县,属辖福州)。

(二) 闽文化多元性的具体表现

闽地各区域都具有各自的特点,差异鲜明。徐晓望主编的《福建思想文化史纲》将闽文化分为闽东、闽南、闽西、闽北、莆仙五个文化区,认为闽北文化为典型的山林文化,闽南文化为典型的海洋文化,闽东文化为典型的综合型文化,闽西客家文化为典型的移民文化,莆仙文化为科举文化的模范区域。倪健中主编的《人文中国》将闽文化分为闽东、闽南、闽西、闽北四个文化区,认为其差异极大,如闽东的求稳怕乱,闽西的宗亲内聚,闽南的过番出洋,闽北的安贫乐道。李如龙《福建方言与福建文化的类型区》将闽文化分闽东的江营文化、闽南的海播文化、闽北的山耕文化、闽西的移垦文化。笔者主编的《福建经济与文化》将闽文化分为六大文化区,即:福州文化区、莆仙文化区、闽南文化区、闽西文化区、闽北文化区、闽东文化区,每一文化区的精神文化都有其鲜明特点:如福州人的便宜行事,莆仙人的精明省俭,闽南人的热情豪爽,闽西人的纯朴好客,闽北人的安分吃苦,闽东人的勤勉笃厚。但各个文化区再细分,也有不少区别。如闽南指厦门、漳州、泉州三个市,这三个市文化有很大差异。即使是泉州市,沿海的晋江、石狮,与永春、安溪、南安也仍有明显的差别。

各文化区域人的性格特点千差万别。山东人的豪爽,上海人的精明,浙江人的机灵……福建人以什么特点著称呢？杨东平在《城市季风》中援引韩国一家刊物对福建人的评价:"福建人特别小气。下雨时带两把伞,自己用一把,卖一把。"这其实不能代表福建人的性格,福建人性格的差异十分鲜明,如果是闽南人,或许干脆把自己要用的伞也送人,交个朋友,今后也多一条路。如果是福州人,或许多带几把伞,能赚则赚,又不是坑蒙拐骗,何乐不为？如果是闽北人,或许只带一把自己用,认为卖人太俗气,送人没必要,自己有的用就行了。在打品牌做广告投入方面,各个区域的人也有不同看法,如闽南石狮人认为做广告非常有必要,在电视台长期打广告,广告形象是凶猛动物——狼。而且不止一只,是前奔后窜的七匹狼,让人有"与狼共舞,方显出英雄本色"之感。这种广告并没有点明是什么商品,但"七匹狼"成为著名商标后,服装可以是七匹狼,香烟也可以是七匹狼。如果福州人,可能要算一下这广告要投入多少钱,能不能把本钱赚回来,决不干冒险的事。如果是闽西人,或许没有这个气魄,但可以拿自己的产品与别人联营,用自己资源(如香烟)打"七匹狼"商标,这样似乎更保险。福州与莆田交界,但福州人与莆田人的性格大不相同。如福州女子往往爱当家,爱把夫家东西拿回娘家,对丈夫管束特别严。故福州有"老婆打麻将,丈夫煮点心";"老婆睡懒觉,丈夫倒马桶"之说。有一则笑话或许能表达出福州妻子对丈夫的管束:一对夫妻家中被小偷光顾后,在外地的妻子在电话中急切地问丈夫钱有没有被偷,丈夫回答:"你藏的钱,我找了十年都找不到,小偷怎么可能一下就找到？"据考福州男人很能干活,煮小菜手艺不错,可谓须眉不让巾帼。而莆田女子则特别勤劳节俭,用自己的全部精力和智慧维护家庭,可谓任怨任劳,终身不悔。她们没有更多的奢望,也从来不想管丈夫,丈夫则放下饭碗就出门,从来不管那些婆婆妈妈的小事,认为男子汉赚钱养家是理所当然的事。所以福州女的嫁给莆田男的,一般双方家长都会有所顾虑。莆田男的认为女方既然嫁到夫家了,就要把夫家搞好,哪有把东西拿回娘家之理？而福州女的认为娘家是自己的依靠,在夫家有什么事摆不平往往回娘家搬救兵。福建文化的差异使福建民歌所表现的价值取向和思想观念也相差甚大,由此反映出人的性格的不同。如永泰人注重节俭,重节流轻开源,其《勤俭谣》:"人要勤,人要俭,酒肉朋友哪个亲?粗衣淡饭安良贱,手里无钱都厌贱!听我歌,有主见,有钱常想没钱难。赚来都从血汗炼,若要富裕要省俭。"邵武人乐贫安道,其《胜似朱门万户侯》:"愿得禾黄仓中满,家中有粮心也宽。全家饱守田园乐,胜似朱门万户侯。"石狮人不甘心困守家园,勇于闯荡海外,《送别歌》:"双手接来茶一杯,过番赚钱人就回。野花好看我不爱,一心只爱家中花。"福州人推崇忍字,认为一切皆可忍,其《忍字歌》列举历史以"忍"字当头的贤士,说明万事皆要忍。

方言极为复杂。在我国八大汉语方言中,福建方言就占了三种,如果加上省界交叉地区,仅福建境内流行的就有汉语七大方言,真可以说是全国汉语方言的缩影。而其复杂性还在于同一方言区,如闽南方言区中的厦门话、龙岩话、大田话、尤溪话之间也有很大的差异。令人惊异的是有的县同时说几种不同的方言,如大田县通行着闽南话、大田话、永安话、客家话;尤溪县通行着闽南话、尤溪话、闽东话。而连城县、清流县等竟然没有本县通用方言。更令人不可思议的是,有的地方过了一座山、一条河就不能通话,这种现象在全国是罕见的。由于福建方言庞杂,一方面对交流带来不便,另一方面也使福建方言文化更加丰富多彩。据报载,闽南石狮代表在北方参加某贸易洽谈会时致辞:"欢迎大家到石狮市去投资贸易",由于方言作祟,却讲成欢迎大家"去CCC偷鸡摸鸭",与会代表听不明白,还夸石狮代表很幽默。一位不谙莆田方言的领导到莆田某村巡查,村干部用带莆田腔的普通话介绍:"过去村里没有人野蛮,精神文明工作不好搞;现在野蛮的人多了,精神文明工作好搞了。"原来他把"养鳗"讲成了"野蛮"。这类例事不胜枚举。故有"天不怕,地不怕,就怕福建人讲官话"之说。

民间信仰的神灵众多。有的同一县内,每个乡、每个村都有自己特定的神灵为保护神,抬神出游一般不能越出本地界。如旧时泉州就奉有100多尊神灵,以致福建民间创造的神灵数量惊人,充斥天上、人间和地府。这是因为闽地多区域的人大都"宁可信其有,不可信其无",并讲究实用,今天拜这个神,但如果没有立竿见影的效果,马上又换另一个神来拜。

民俗民风不同。福建历来有"十里不同风,一乡有一俗"之说,它形象地说明了福建民俗的差异。这种差异不是指福建某一区域前后民俗变更、替换的频率(恰恰相反,福建某一区域民俗往往因传承性极强而前后变化不大),而是指同个区域对同一民俗事象的不同表现。如对一些传统的节日,福建不同区域的表现是有很大差别的。由于民俗不同,各地认识不同,民间谚语也有许多完全相左,仅以男女婚嫁年龄的谚语为例,如上杭谚语:"女大五,赛老母;女大三,抱金砖。"福州谚语:"男大三,门前立旗杆;女大三,井水会吊干。"龙海谚语:"茶要喝厚,某(指妻子)要娶老",认为妻子比丈夫大有好处。武夷山谚语:"夫大妻,大五不大六。"龙岩谚语"宁嫁老头,不嫁瘦猴。"武夷山谚语:"女人四十一枝花,男人五十成专家。"再以男女婚嫁相貌为例,华安谚语:"阔嘴查埔(查埔:男方)吃四方,阔嘴查某(查某:女方)吃嫁妆。"福鼎谚语:"男人嘴阔吃天仓,女人嘴阔辅丈夫。"罗源谚语:"男人嘴阔食天饭,女人嘴阔食嫁妆。"福建歌谣集中体现了这个特点。如整个婚俗,福建各地的过程不一样,闽北光泽的《结婚仪式歌》(系列)的内容与闽南南安的《嫁娶歌》的内容大不一样,具体以拜堂为例,将乐的《拜堂歌》主要拜天地祖宗:"一拜天地日月长,二拜香火祖先堂,从今夫妻交拜后,夫唱妇随永安康。一拜天,天神所生,二拜地,地神所养,三拜东室宫,富贵似石崇,四拜两山母,长寿如彭祖。"福州晋安区的《拜堂唱诗》一不拜祖先,二不拜父母,却表达了对婚后美好顺达生活的憧憬:"手翻(开)轿门,五子登科,福寿双全,七子八婿,连生贵子,五代同堂,连中三元,脚踏过门限,三元及第,养仔做知县,揭盖揭的高,新人吃鸡底,起厝连买田,明年做娘奶,揭盖揭的起,新郎官吃鸡鬃,家伙喷喷起,荣华共富贵,揭盖揭的中,新人吃鸡腹,四代两公孙,明年就大腹,新郎官吃分肠下,新郎官吃鸡肠白宝,明年做郎罢,来年做太老。"再如同是建房仪式民歌,其内容也不一样,永安《建房仪式歌》分"掀梁布""竖柱""上梁""做灶""入宅""点灯"等内容,长泰《上梁入宅歌》分"做梁歌""包梁歌""奉梁酒歌""请梁歌""上梁歌""入宅歌"等内容,周宁《建房中梁令诗》分"伐梁木""做梁木""开伞上梁""点蜡烛""接中梁""红酒祭梁""鸡祭梁""猪头祭""谷袋压梁""红布挂梁""起梁""安中梁"等。

各种艺术难以交融,始终保持鲜明的地方色彩。福建的戏曲不像其他省市那样,有一种或几种为全省人民普遍接受的戏曲,如北京的京剧,浙江的越剧,安徽的黄梅戏,河南的豫剧,四川的川剧,云南的滇剧,西藏的藏剧,甘肃的陇剧等,在福建上演的剧种有29个,但没有一个剧种能在全省流行,更没有一个剧种能代表福建。其中最有影响的有闽剧、莆仙戏、梨园戏、高甲戏、芗剧五大剧种,流行的地区也很有限。这五大剧演出的范围如果变换,即使演技再精湛,也是不可能取得好效果。再如舞蹈,主要用形体动作表达感情,它虽不用唱,不存在方言障碍,但也难流行,如闽南最著名的拍胸舞,很难在闽北找到知音。因为这与区域差异等有关。闽南人性格粗犷豪爽,拍胸舞极符合闽南人表达、宣泄感情的方式;而闽北是理学的故乡,讲究克己谦恭,不可想象闽北人会赤裸上身沿街拍打。而闽北的采茶灯舞细腻,规范性强,其独特的采茶步轻盈细碎,当然也不可能在闽南流行。福建民歌难以在全省流传,其原因也是很明显的。正是因为福建各类艺术难以交融,所以福建各类艺术更加绚丽多姿。

(三)造成闽文化多元性的原因

地理环境因素。福建依山傍海,既是"东南山国",又是"闽水泱泱",高山急流把福建分隔成几片自然区域,各区域内又由于山脉河流走向,再被划分为若干个闭塞的小区,因此难以交流、沟通。武夷山的静穆清幽与刺桐港的富庶繁华似很不协调:封闭的山区经济发展缓慢,有时连糊口都成问题,而沿海一带却能常领风气之先,甚至走在全国之前。

构成闽文化的成分极为复杂。闽文化的形成与闽越文化的遗风、中原文化的传入、宗教文化的传播、海外文化的冲击关系密切,而其中各种影响因素本身也异常复杂,并不都是集中在某个局部,因此闽文化不会长期在某区域发展,其发展中心容易转移。如秦汉闽越文化、唐代漳州文化、五代闽国文化、宋代建州文化、元代泉州文化、明代月港文化、晚清侯官文化等都曾各领风骚。因此谁也垄断不了谁,谁也取代不了谁。

缺少坚强的内核。中原文化延伸到福建后不同程度地受到闽地文化的影响,无法形成坚强内核。虽然中原文化一次又一次地进入福建,时间之长久、内容之丰富,是全国其他边远省份所罕见的。但由于中原文化分期分批进入,且闽地又较封闭,中原文化进入后又被隔绝,因此显示出寄居性质,难以一统闽地文化。

二、闽文化的延伸性

由于福建地僻一隅,人多地少,因此向外延伸,以求发展,成为闽地(特别沿海地区)的传统,故有"门字里面是条虫,跳出门外便成龙"之说。闽人的延伸性,主要有三个方面:一是向省外延伸。闽人向省外延伸,无论长城内外、大江南北;不管是热闹的城市,还是偏僻的乡村,都可看到福建人的身影,不少人还成为全国各个领域中的出类拔萃者。二是向台湾延伸。闽南移民中有句俗语:"第一好过番,第二好过台湾。"经过长期移民,台湾有80%人祖籍福建,福建移民成为台湾居民的主体。三是向海外延伸。据中国大陆人口普查数字,中国大陆旅居海外的华侨总数逾3000万人,其中福建即高达1080万人,超越广东,成为中国第一大侨乡。福建省华侨总数约占全省人口的三分之一,可说每三名福建人就有一人生活在海外。闽文化在海外延伸,古代、近代以东南亚最有代表性,当代则以美国最有代表性。

(一)闽文化向东南亚延伸

东南亚,即指印度尼西亚、马来西亚、新加坡、菲律宾、泰国、越南、缅甸、文莱等国。闽文化向东南亚延伸,其特点是多方面的。

迁移原因复杂。诸如:(1)东南亚与福建地理靠近。许多南洋群岛资源富厚,尚未大模开发,且与福建闽南沿海可直接通航,在地理上有着得天独厚的条件。(2)福建对外贸易兴盛。南亚各国渴望得到中国的商品,福建商人凭借发达的航海业与东南亚诸国进行贸易活动,有时久居不返,成为移民。(3)福建人稠地狭。福建闽南一带至元代开始就因过速增长的人口而使许多劳动者无可耕之田,如泉州的《泉南歌》所记:"泉州人稠谷瘠,虽欲就耕无地辟。"因此促使许多劳动者只好到海外去求生存。(4)避难出走。一是因宗派斗争而败(特别是在闽南一带),在当地无法生存,只好出走南洋;二是逃避战乱,如元末,泉州亦思巴奚兵叛乱,泉州一带贫民纷纷逃往菲律宾等地;三是因对统治者不满而出走,如抗清失败后,许多郑成功部将逃亡越南、柬埔寨、泰国、缅甸等地,自称"明乡人";四是逃避统治者"迁海禁令"造成的祸害。清初,统治者下"迁海禁令",福建沿海地区有19个县、5904顷田园被划在界外,沿海人民住屋被夷平,庄稼被拔,强壮者即逃往南洋群岛谋生。(5)出征。如元代军队曾由泉州后渚港出征爪哇,后有部分病者留爪哇居住,其中有许多闽人。(6)招募。如田县曾于19世纪初由黄乃裳组织三批人前往砂罗越诗巫开拓"新福州",由林称美组织一批前往马来西亚垦荒。

历史悠久,时间持续不断。福建大规模开发在唐代,而早在东汉至三国时期,就有泉州人到东南亚经商并移居东南亚诸国。唐代一些福建人移居东南亚诸岛,如菲律宾礼智省于唐高宗显庆六年(661)立有南安人郑国希之墓。据蔡永兼《西山杂志》载,唐开元八年(720),晋江已有水手定居南洋。宋代,闽南一带大批商人赴东南亚经商,有的就定居当地不归,如据庄为玑《汶莱国泉州宋墓考释》载,1972年汶莱(即文莱)穆斯林公墓发现一块南宋景定五年(1264)时立的墓碑,从中可知死者为泉州人。① 据洪迈《夷坚志》第28卷载,泉州人王元懋曾随商船赴占城(越南中部),后娶国王女儿为妻,侨居占城十年。宋代安南(越南)大乱,定居于越南的晋江安海人李公蕴和陈日照先后创建安南李氏王朝和陈氏王朝,成为越南的最高统治者。元代泉州为世界大港,泉州与东南亚一些岛国有定期船舶通往,不少泉州人流寓东南亚各国。正如马欢在《瀛涯胜览》中载:"昔泉之吴宅,发舶稍众,百有余人,到彼贸易,暨毕,死者十之八九,间存一二。"②明代福建出现多次移民浪潮,嘉靖年间闽南许多家族相继往东南亚,如南安石井许多族人往暹罗,永春沽山陈氏家族往吕宋

---

① 庄为玑:《论莱田泉州宋墓考释》,《南洋问题研究》1991年第1期。
② 李玉昆:《泉州海外交通史略》,厦门大学出版社1995年版,第151页。

等。明代后期,从1571年起至16世纪末,大量福建人涌入菲律宾,如1605年有18艘帆船载运移民5000人赴菲律宾,1606年又有25艘帆船载运移民6533人到菲律宾。正如《明史》卷323《吕宋传》记载,明代"闽人以其地近且饶富,商贩至数万人,往往久居不返,至长子孙"。至清康熙年间,福建又出现向东南亚移民的浪潮,闽南一带由亲属、同乡相约赴东南亚谋生的日益增多。"据见诸史记载的不完全统计,到鸦片战争爆发前夕,整个东南亚地区的华侨总数达100万人以上,除暹罗、真腊、安南外,仍以祖籍福建的华侨占多数。"[①]如仅据晋江侨乡族谱记载,可查的就有2143人前往东南亚谋生。

迁出地与迁入地较为集中。福建向东南亚延伸的地点主要在闽南,闽西的龙岩、永定,闽中的福清、莆田、仙游,闽东的古田、屏南,闽北则极少有外迁。而迁入地也较为集中,如闽南"晋江人主要迁往菲律宾、印尼和马来西亚,南安主要迁往菲律宾、马来西亚、印尼和越南、缅甸,惠安人主要迁往菲律宾、马来西亚和菲律宾,同安人主要迁往马来西亚、越南和印尼,安溪人主要迁往印尼、马来西亚和缅甸,泉州人主要迁往菲律宾,永春人主要迁往马来西亚和菲律宾,德化人主要迁往马来西亚"[②]。闽西的龙岩人主要迁往马来西亚、印度尼西亚;永定人主要迁往新加坡、马来西亚、印度尼西亚、缅甸。[③] 闽中的福清人主要迁往印度尼西亚、新加坡、马来西亚,[④]莆田人主要迁往新加坡、马来西亚、印度尼西亚;仙游人主要迁往印度尼西亚。闽东的古田人主要迁往马来西亚、泰国、新加坡,屏南人主要迁往马来西亚。[⑤] 在迁入过程中,有许多人经过多次迁移,如古田在泰国、新加坡的华侨,大多由马来西亚迁移来。这种迁出地与迁入地较为集中的现象,与亲缘、血缘、地缘关系有着密切的关系,这不仅使侨居东南亚的福建人更有凝聚力,也密切了与迁出地的联系。

各类社团组织繁多。闽人的宗族观念极强,因此在侨居国往往同族、同宗、同乡聚居一处,有事互相关照。因此,侨居东南亚一带的闽人以同宗、同族为凝聚力的社团繁多,其主要如:(1) 文教社团。如古田人在马来西亚成立砂罗越诗潮吟社、成邦江象棋公会、诗巫象棋会;闽南人在新加坡成立的新加坡湘灵音乐社(研究南音);缅甸的闽南文娱社等。(2) 同乡社团。仅马来西亚就有漳州会、莆仙同乡会、马六甲州漳州会馆、福州会馆等。再以福清为例,在印尼的有旅印(尼)侨团泗水玉融公会,在新加坡的有福清会馆,在马来西亚

---

① 杨力、叶小敦《东南亚的福建人》,福建人民出版社1993年版,第26页。
② 朱国宏:《中国的海外移民》,复旦大学出版社1994年版,第112页。
③ 龙岩地区地方志编纂委员会编:《龙岩地区志》(下),上海人民出版社1992年版,第1092页。
④ 曹于恩、何爱先、林茂铨编纂:《福清市志》,厦门大学出版社1994年版,第943页。
⑤ 宁德地区侨务办公室编:《宁德地区华侨志》,油印本,第26—27页。

的有新山福清会馆、曼绒福清公会等。以龙岩为例,如有:缅甸龙岩同乡会,印尼绵兰龙岩同乡会,马来西亚亚庇龙岩会馆、泰国曼谷龙岩会馆、新加坡龙岩会馆、大马龙岩会馆联总会。(3)宗亲社会。宗亲社团以宗祠为凝聚点,不拘地域,如新加坡华族宗亲会组织姓氏有102个,分别有279个姓氏宗亲会,如福州洪氏公会、福州义序黄氏公会等。(4)经济社团。如新加坡各行业经济社团多达370多个。(5)福利社团。如马来西亚诗巫光远慈善社,泰国三山慈善院等。众多的社团在各个方面都发挥了作用,如举办公益事业,调解纠纷,帮助家乡举办公益事业,以集体名义与当地政府交涉,加强与其他侨团联系等。一些社团还附设有互助福利机构,如棉兰龙岩同乡会附设有"新罗公司",新加坡永定会馆设有"互助会",为华侨办了实事。许多社团还定期举办春秋祭祀,有的还成立了相应的组织,如槟城永定同乡会的"大伯公祭委会"、新加坡的"曾邱公会"等。

创办报刊。侨居在东南亚的闽人创办了大量报刊,促进了报业的繁荣和竞争。闽人在东南亚创办报刊的特点,一是时间早,东南亚许多国家最早的华文报纸大都是由福建人创办的,如新加坡的《叻报》、印尼爪哇的《爪哇公报》、马来西亚的《槟城新报》、菲律宾的《华报》等。二是种类多,如印尼中文报刊兴盛时有31家,菲律宾中文报刊兴盛时也高达二十余种。三是发展不平衡。如二战后,马来西亚曾一度创办十余种中文报刊,但都寿命不长,有的只出版几个月就停刊,最长的也只有两三年就停刊。

兴办教育。无论居住在东南亚哪个国家的福建人,都极为重视兴办教育,主要方法是:(1)积极参与创办华文学校。如印尼福建籍华人就先后参与创办过十余所华文学校,二战前夕,菲律宾华文学校多达120所,其中大部分为福建华侨所办。马来西亚的福建华侨曾创办过用闽南语教学的学校。(2)形式多。如新加坡闽籍侨商先后创办过华文学校有普通中学、师范学校、女校、工商补习学校、南洋大学等。

随着闽人对东南亚的延伸,闽文化也在东南亚传播,对东南亚文化产生了深远影响。

闽地习俗在东南亚各国传承。如在印尼,至今保存许多闽南的岁时习俗。据钟海澄介绍,印尼苏地除夕时,家家户户都要煮与闽南的"嫩饼菜"差不多的圆形"薄饼菜",并给孩子"过年钱"。发过"过年钱"后,便在门外烧火囤,以期来年平安;接着便是"守岁",到鸡啼头遍时,争先恐后点头炷香,新年第一顿饭是煮线面、鸡蛋,意为添寿。正月初一至十五,由华侨总会组织狮队舞狮,清明节时苏门华侨家家户户煮"薄饼菜",带祭品纸钱上山扫墓,最后献纸钱,整个过程与闽南大致相同,端午节时与闽南一样"结粽",苏门华侨华人比闽南更讲究,用糯米、虾仁、栗子、香菇等包粽。七月则整个月都有"普度日"。此外,一些富有闽南特色的习俗,如上元节的"游鼓仔灯"和"听香",七夕节的"乞巧",拜"东施姑"等习俗,在印尼也被得到传承和保存。① 移民将闽地的民间信仰带到了东南亚。福建民间信仰多而且庞杂,福建华侨移居东南亚时,把家乡的神明带到居住地,一方面是为生存而求得心理安慰,另一方面表现了对故国家园的眷恋。华侨经济的发展,他们总认为定是神明庇佑的结果。福建一些著名的民间信仰在东南亚有极大影响。如马来西亚共建有天后宫35座,每年农历三月二十三日都举行隆重的活动。惠安青山王张悃一直被泉州人视为盖世英雄,东南亚许多公会会馆里都建有青山王庙,许多私人住宅也供奉青山王神,如马来西亚柔佛州西北的麻坡为惠安人聚居处,其惠安公会楼下前厅即供奉青山王。泉州通淮关岳庙的香火远播东南亚,仅菲律宾就有几十座。安溪清水祖师庙宇遍布印尼、新加坡、马来西亚、菲律宾、越南等地。南安诗山郭圣王信仰也在东南亚盛行,新加坡、马来西亚、印尼、缅甸、泰国、菲律宾都建有供奉郭圣王的凤山寺。凡是迁出地有的民间信仰,几乎都可在东南亚诸国找到香火。

闽南方言传入东南亚后,使汉字与闽南方言得以在东南亚传播和使用,由此对东南亚一些国家的语言产生了一定的影响。如闽南方言在菲律宾的应用,对菲律宾的他加禄语产生一定影响。"菲律宾语言学家马努厄尔在《他加禄语中的汉语成分》一书中,曾列出381个来源于汉语,主要是闽南语的他加禄词汇。这些词汇就是把闽南语吸收过去而成为他加禄语的词汇,而且这些词汇大都与经济生活有关。"②例如:Miaswa(面线),其读音与闽南话的"面线"相同,显然源于闽南话。"他加禄语法之所以借用闽南方言,主要是由于闽南人移居菲律宾同时,也随身携带许多日用品和食物到移居地。这些东西菲人不曾有过,所以菲人根本没有反映这些事物的相关词语。于是,当地人民借用闽南方言对这些东西称号,加以流动和使用,约定俗成,便成为当地的语言。"③此外,印尼语和马来语中存在大量闽南语借词,印尼语(马来语)中吸收的汉语词汇是以闽南语发音,以印尼语(马来语)字母拼成。所以有人从8本印尼语和马来语词典中,查出汉语借词511个,其中闽南方言借词至少有450个。④ 闽南方言的传入使汉化马来语产生,它使用大量的闽南语借词,这是按

---

① 陈国强主编:《福建侨乡民俗》,厦门大学出版社1994年版,第204—209页。
② 陈伟明:《十六至十八世纪闽南华侨在菲律宾的经济开发与历史贡献》,《海交史研究》1997年第1期。
③ 吴凤斌主编:《东南亚华侨通史》,福建人民出版社1994年版,第478页。
④ 吴凤斌主编:《东南亚华侨通史》,福建人民出版社1994年版,第474页。

汉语语音或闽南语发音改造过的马来词语,也可称之为中华—马来语。由于数百位祖籍闽南的华人作家创办了大量中华—马来语报刊,并把大量中文译为中华—马来语,所以它对官方的印尼语产生了一定影响。

南音在东南亚传播,丰富了闽籍华人的文化生活。南音随闽南移民而进入东南亚,已广泛地渗入东南亚华侨生活中,南音在东南亚传播的特点如下:(1)社团多。有人说,"凡有闽南籍侨胞聚居处,就有南音社团组织",①如菲律宾有南音乐团20多个,马来西亚也有南音社团10余个。(2)经常开展活动。新加坡湘灵乐社每年在天福宫举行三次南音演唱会。近十年来,先后于新加坡、菲律宾、马来西亚和中国台湾举办过四次东南亚南音大会奏,参加乐社一次比一次多,使民间分散的南音活动成为东南亚的区域活动。(3)出现了一些高水平的乐社。如新加坡湘灵乐社曾为驻新各国使节演出,并参加有31个国家参与的在英国北威尔士的"国际传统乐比赛",团体、独唱、合唱分别获第四、第三、第四名。(4)研究、编辑、出版了有关南音的资料。如菲律宾金兰郎君社、国风郎君社分别影印出版了《南音指谱全集》《南音锦曲选集》,新加坡丁马城编辑了《南管精华大全》《实吻周报》,出版了《发扬"南音"》特辑。这些工作为进步推广南音提供了条件。

福建地方戏在东南亚也有着广泛影响。(1)五大福建戏方戏都多次到东南亚演出过。如自从明代至近代,高甲戏的三金合班、福金兴班、福兴荣班、福和兴班、吕宋班、福庆城班、建成兴班、金福兴班、新福顺班,梨园戏的双珠凤班、新女班,歌仔戏的双凤珠班、新女班,莆仙戏的柴星楼班、双赛乐班、得月楼班、赛凤凰班,闽剧的群芳女班、上天仙班、新赛乐班等,都多次赴东南亚诸国演出。(2)在东南亚诸国流布广泛。如高甲戏主要流布菲律宾、马来西亚、新加坡、印度尼西亚、泰国等国;梨园戏主要流布菲律宾、泰国、新加坡等国;歌仔戏主要流布菲律宾、新加坡、泰国、印度尼西亚等国;闽剧主要流布印度尼西亚、新加坡、马来西亚、缅甸等国;莆仙戏主要流布在泰国、新加坡等国。日本学者田仲成一曾对新加坡莆仙华人扮演的莆仙戏作过调查,并有详细记载:公演从七月初三开始,连续3天,每天演出15至20场。全剧为70场,内容极其琐细,并在白天演出,与日场相配合,夜场共演4场。②

(二)闽文化向美国延伸

20世纪80年代及90年代,福州市所辖的马尾区、长乐市、福清市、连江县的许多乡镇人口以不同渠道持续不断进入纽约。其中有亲属移民、职业移

---

① 孙星群:《千古绝唱——福建南音探究》,海峡文艺出版社1996年版,第218页。
② 田仲成一:《中国的宗族与戏剧》,上海古籍出版社1992年版,第403—418页。

民、留学生学成就业以及时隐时现的偷渡客。特别近几年，大量的依亲合法移民使纽约的福州人急遽增加。据美国不同方面的统计和推测，改革开放前在美国的福州籍华侨华人仅3万人，目前已超过100多万人。若干年前的偷渡客经过等待，寻求到机缘后成为合法移民，再申请家属成为合法的亲属移民，虽然费时，只要耐心等候最后多能如愿。随着人数的增加，影响日盛，纽约有关人士对福州新移民频频示好的现象已屡见不鲜。仅以2014年春节为例，在福州人社团支持下当选的新纽约市长白思豪，2月8日带领全家人到福州人聚集的法拉盛参加华人春节游行，向新移民喊出"纽约就是你们的家"的保证，并将此日定为"纽约市法拉盛农历新年日"，还许诺第二年将其定为纽约市公立学校公定假日。纽约布碌仑区的区长亚当斯于2014年2月10日在参加春节晚会时宣布，将建造八大道牌楼作为新年礼物赠送给福州人社区。

如今的纽约曼哈顿华埠的东百老汇路，已成为名副其实的福州街。满街中文招牌林立，福建摊店密集，福州小吃店、福州味中味、福建人开的杂货铺、礼品店、照相馆，再加上满街不绝于耳的福州话使人恍惚回到了福州东街口。遇到节庆假日，外地福建人赶来华埠的银行汇款回家大摆长龙，而每逢周一上午，外州中餐馆较有余暇，各推举一人代表前来华埠东百老汇办事，如代买电话卡、找有关社团联系杂事，还有一项甚为重要的急事——翻译。不少餐馆老板不谙英文，收到卫生局、税务所等单位通知来信，急于译成中文，以便及早回复以免因误期而遭受大笔罚款。身在异乡地处外州僻隅的闽侨，需要以电话和亲友联系，每人每月多时需要买两张以上电话卡，所以每月隔周推举的"代表"，均肩负大家各种委托。一般选在餐馆生意较清闲的星期一。这一天东百老汇人群熙攘，人声鼎沸，常常挤得水泄不通，更具特色的是福州话此起彼伏，从店内到街上，从街头至街尾，连最道地的乡音，极少听闻的、只可意会的难以言传的村里俗语都能听到。一些年轻人感叹：在福州要讲普通话，来到美国要讲福州话！

在福建新移民上百个各种名称的同乡会中，福建同乡会最具代表性。当年一些福建新移民曾集资买下东百老汇路125号七层大厦，作为美东福建同乡会的永久资产。有了固定宽敞的会址，经常就有福建新移民来到大楼底层谈天看报饮茶，互通当前社会信息，传递家乡最近新闻，特别是有人讲述故乡某一条公路兴建、某一个水利工程完工、某所学校大楼建成剪彩，说者眉飞色舞，听者屏息静气，杂以哄笑打诨，在这全世界第一大都市的繁华街道上，竟然听到大楼里传出最地道的区域性福州方言，不免令人惊奇。为了培养下一代，他们设立教育基金，奖励闽籍子女中优秀勤奋的大中专学生；他们组织多人前往北京参加有三千多人与会的世界福州十邑同乡恳亲大会；每当在美同胞发生劫难,他们积极组织法律支援,并捐款慰问,这种扶危解困的精神使受难家属深为感动;为丰富新移民休闲生活,他们热心筹办乒乓球、足球比赛,前者是祖国在世界体育比赛中的强项,夺取过最多的金牌,后者是祖国收视率最高的球类竞赛。远在美国的闽侨活动也常常透露出祖国的乡土的气息。他们还和当地医院合作,宣传保健知识,在感冒、花粉病流行季节为乡亲注射疫苗,并惠及附近其他居民,获得社区好评;为欢度春节他们联合各侨团举办老人宴,同时组织表演班子为老年乡亲表演闽剧、杂技、歌舞等节目。

　　福建人早期在美国主要的谋生技能和几十年前老华侨大致相同,一靠餐馆业,二靠成衣业。近年来,世界各地竞相向美国输入各式各样的成衣,本地制衣厂深受影响,华埠的制衣厂更是一蹶不振,技术熟练的好手,也难以得到一份固定工作,大批新来的男女青年便先后投入中国餐馆业。中式餐馆可大可小,大者可以是可摆上百桌千人庆宴的大酒楼,小者可以是几人经营的小饭馆,以至夫妻档小外卖店。一般情况是新移民先到朋友同乡餐馆打工,从洗碗扫地到端盘打杂,苦干二三年,稍有积蓄再和人另起炉灶,自行开店,再容另一批新移民来打工。在餐馆打工拿很低的工资,干很长时间的活,难得有休假日,但技能要求不高,英语也可逐步学习,一进店即可解决吃住,对一个言语不通,身无分文的新移民,不失为一个暂时落脚的好去处。如今已成为餐馆老板、公司经理的老华侨,当初大都是这样奋斗过来的。大纽约地区中餐馆越开越多,几近饱和,于是向外州和小乡镇发展,哪里餐馆需要人手,通过电话将信息汇集至中心城市的各种同乡会和职业介绍所,而打工者早已将自己资料和要求登记在册,任君选择,各自敲定,再以电话通知对方届时到站接工,这边便可跳上巴士上路了。各种社团既可作为中间媒介,又要辅导新来者简单必要的英语、乘车路线等。日积月累,福建餐馆已遍及美国各州、市,形成有"中国人的地方就有中餐馆,有中餐馆就必有福建人打工"的现象。中餐馆开多了,口味大同小异,营业收入自然会减少。为了招徕顾客,有人吸收别国餐食特色,开起了墨西哥式快餐,也有的中餐馆加添了韩国菜、日本菜、马来西亚菜,使中餐馆生意从冷清转为红火。在纽约这样世界各族裔汇聚的大都市卖不同口味饮食,就会吸引不同的食客。除了遍布各地的快餐店、小餐馆外,也有名声响的大酒楼,如怡东、金台,可供上千人同时进膳,一次晚宴营业额可达数万元。自助餐业中,东王朝首屈一指,它菜点齐全、质量上乘,能提供意想不到的时令菜,摆出暌违已久的土特产,抬眼望去,美食世界丰富多样,令顾客手托瓷盘,不知从何下手。这些大门庭的餐馆业又都有分号数家,有的已开设到新泽西州、康涅狄格州,成为集团型的大企业。

　　除了多数人赖以生存的餐饮业,近年来也出现专营进口杂货的批发商,如龙胜行，从福建进口龙岩老酒、福州螃蟹酱、虾油、香菇等等，批发给越来越多的餐馆业，供应华人家庭烹饪需要的调味品。龙胜行已拥有十万尺货仓，年进口货柜两千个，两千多种产品，行销全美国及加拿大，顾客早已不局限于华人，日本人、泰国人、韩国人、印尼、菲律宾、马来西亚等亚裔都是龙胜行的常客，年营业额达到数千万美元。新居民的增加，餐饮业的发展，为闽侨开辟了新的服务行业，如礼品店。凡适龄青年结婚都要买金银首饰珠宝玉器礼品，金店一家又一家开张。有熟人要回福建，自己忙于营生一时不能回去，但给家人亲友带些美国货是少不了的，花旗参、深海鱼油、多种维生素带到家乡很受欢迎，礼品店也就应运而生。再如"花铺"，据一家花店店东估计，每月从外州到华埠结婚的福州乡亲在140对上下，每对亲人都要戴花捧花披婚纱，还要将录像寄回去，这样才能真正证明儿女是隆重地按家乡习俗结婚了。因此花店生意一直红火。

其他谋生之路有地产经纪、保险业、旅行社、药行、印刷店，同时售卖相框书画用品兼裱糊的画廊、厨具、家具公司、律师楼、会计师楼、针灸师、中医师等，公司大小不拘，行店规模迥异，生意也都起落伸缩、灵活多变，最终是能者居上。喜宴上需用的喜乐歌舞甚至催生了一个榕城歌舞剧院，福州东街肖治安骨科医院也赫然出现在华埠大街上。聚集的福州人多了，最具福州特色风情的行道也随福州人植根在这异国他乡。

福建新移民对美国社会做出了多方面贡献：

通过繁荣餐饮业而展示出经济实力。由于福建人接踵到来，美国城乡餐饮业愈加蓬勃多样，不但满足了华人的饮食习惯，也使其他族裔大快朵颐。中餐馆里时常听到讲英语、西班牙语、东南亚各种语言、拉丁语的食客，吃得谈笑风生，偶尔还夹杂一句中文。众多的中式外卖店更是工薪值勤人员赖以果腹的上好选择。如像环保人员、修路工人、清洁工及值勤警察进出中式外卖店，经济方便，实惠可口。而自助餐的翘楚东王朝的发展更为这个世界大都市的餐饮业增添一份光彩。东王朝自助餐在规模和气派上可谓在全市独树一帜。它不限于自助餐，还有广式饮茶、特色小吃、点心、各式烧烤，可容纳1200人同时用餐，成为举办大型聚会的理想场所。纽约汇集了大量不同族裔的消费者，东王朝除了中国菜，还有日本菜、韩国菜、意大利菜、美国菜，外加甜点水果，真是目不暇接，来者总可找到自己喜欢的菜肴，并尝试异国风味。自助餐厅前后开了不少家，但东王朝兴旺发达名声远扬。它开创的满汉全席2888美元一席，销售非常好，说明只要东西好不愁没顾客，甚至在"9·11"大灾难后，也未受到大影响。它不仅在纽约开分店，还远到波士顿地区创办了一个全美最大的自助餐厅。福建人在美国餐饮业的发展，已成为地域经济中一股不可忽视的经济势力,并逐渐引起各方注目,纽约最主要的报纸《纽约时报》为此在2003年初发表专题报道。报道中惊叹:十年来一波又一波的福建乡下人来到纽约。他们群居纽约,当彼此挤得无处安身,工作难求,就逐渐走向外州。一些福建老乡拿出吃苦耐劳的打拼精神向外发展,北上到波士顿南下弗吉尼亚,西至田纳西,一位福建移民或有些夸张地说:"到处都有中餐馆,美国人靠我们吃饭。"一般是先由一二位年轻人去外州打工,一年半载熟悉情况后,再集资买个餐馆,举家迁去。经营上路后,小店发展为大店,大店再开分店。

提供充沛的劳动力。大批年轻力壮的福建侨民的到来,为美国这个大市场增添了活力。餐馆之外,劳力转向蔬果种植、经营长短运输、装修建筑行业等,而这些年轻闽侨急于挣钱寄回家,不计较劳动条件和生活环境,愿意拿低工资,延长劳动时间,勤奋刻苦,安分守法,多以工作地点为家,容易管理,易为雇主接纳。在一个讲究生活享受提倡高消费的社会,不断输入这样低廉的劳动力,自然会促使各行各业持续发展,带来全社会经济繁荣。

逐渐成为推动社区进步的一股力量。闽侨增多后,纷纷组建成社团,与外界接触活动增多,当社会发生重大事变也能贡献力量。如恐怖分子劫机撞毁世贸大厦造成近三千人死亡的"9·11"事件,福建各侨团纷纷表态声讨恐怖分子、支持救灾,又踊跃捐献,短期内募得近四万元送往消防队等单位,慰问死难家属,又如发生与华人有关的暴力事件,华人受到伤害而判决不公,赔偿不足,福建社团也会上街游行表达不满,要求重判,增加赔偿金。涉及社区商业区的扩大,道路改建,环境改良等,福建社团也都是热心参与积极促成。福建社团声名远播,为各界首脑所重视。为肯定表彰福建侨胞,纽约州州长特意颁发"杰出亚裔奖"给闽侨侨领刘文善、郑忠高。各级行政领导及参众议员选举,不再忽略闽侨区,多安排专门时间亲自拜会。宣讲政治经济方针,强调重视华人利益,提出改善社区的具体办法,请华人投票支持。闽侨已形成一种不容忽视的社会力量,必然会影响施政方向,促使社会发展更臻合理。

福建新移民将家乡的文化风俗带到了美国,具体如:

将家乡信仰移植美国。福建人将家乡本地神明移植美国,也是福建新移民寄托乡思、祈求平安的常见方法。福建新移民来美喘息稍定后,为了共同的心理需求,往往把家乡供奉神明的宫庙堂馆缩小比例后合力在纽约兴建,以便可以随时进香祈福。这些供奉家乡神明的福建人,有不辞辛劳的打工者,多是祈求时来运转、早日发财;有商海沉浮的经商者,多是祈求投资对路、经营顺利;有为家人申请依亲移民者,多是祈求移民局顺利批准、亲属早日团聚;有已在美国立足者,认为是家乡神明的庇护,必须前来还愿。一些已安下家的福州人则将福州家乡的一些宗教民俗活动(如小孩"过关煞")带到美国,希望能在异国他乡按家乡习惯延续这些活动。家乡神灵在纽约受到的供奉和热捧，使福建独有的宗教文化在异国他乡得以传播，不仅延续传承了福建民俗，丰富了节庆，也慰藉了福建新移民的心灵，增强了海外华侨华人的凝聚力。

结婚礼仪震惊纽约。20世纪90年代初在出国浪潮推动下来美的未婚青年人，至21世纪初已是当婚大龄青年，他们有的经过多年打工磨练，有的与人合伙从事商业活动，都多少有一些积蓄，年龄已到三十上下，千里外的父母以信、电话不断催促结婚，而华埠东百老汇就成为他们理想的结婚场所。这里有大酒楼，可摆下如同家乡婚宴那样的上百桌酒席，有鲜花婚纱店可以把新郎新娘装扮得像家乡新人一样，更有金银玉器首饰铺，供新人选择，供送礼亲属购买，东百老汇大街上经常可以看到奔波采购的成双成对办喜事青年。他们要提前预订摆喜筵的大酒楼，才能确定结婚日子，发出喜帖，报告双方家长，而酒楼的席位往往要提前两三个月才能订到想要的日期。有了确定的日期、地点，新人就开始散发喜帖，至亲好友要由新郎亲自送到手上，其他乡亲及居住外地者，也要由新人用电话告知，同时寄出喜帖，遵守家乡的礼俗。如果一双新人都在外州打工，就要请在市区的好友在东百老汇街上代发喜帖，这时候讲福州话是最必要、最恰当的，它表达出珍贵的乡音乡情，暖人心腑，成为一种无从替代的享受。有时，街上也会出现身穿崭新西服手捧鲜花的新郎和一袭洁白拖地婚纱头戴精美花饰的新娘手挽手走出照相店走向大酒楼的情景，这往往会引来超龄青年及已在筹办婚事的未来新人的羡慕目光。大酒楼每桌酒席五六百元，加上鲜花、婚纱婚照、录像等，为办喜事花一万五千元是绝不可少的。来这样的酒楼吃喜酒，只要是年龄比新人大的来宾，都要按家乡礼仪，在婚礼进行中被司仪点到接受新郎新娘叩拜时，就要送给新娘一只金手环或金项链，至少也要金戒指以示庆贺表达祝福，而这些镜头都要现场一一拍摄下来，随后将这些婚礼现场的录像带寄回家乡，让父母眼见为实，父母必然喜滋滋地邀请亲朋好友一看再看，共同享受儿女婚姻大事的热闹情景。如果缺少这些满堂酒宴，不见女儿手上、颈上金闪闪的首饰，少了婚纱鲜花，就会被认为女儿不明不白地跟人走了。这一套如同家乡一般的结婚礼仪出现在家乡人面前，全村就证实谁家的女儿结婚了。纽约的喜酒办得绝对精美，热闹堂皇礼数周到。今后想念儿女，仍可拿出纽约寄来的录像带一遍又一遍地看。来美几十年的老闽侨，即使天天穿西装说英语，但讲到结婚，也认为要按家乡礼仪来操办。大洋对岸的福州家乡结婚礼俗，推动了纽约东百老汇的繁荣，这是90年代以来华埠的另一新景象。

按家乡习俗坐月子。中外生活习惯差异很大，在妇女分娩这件事上，更表现得水火不容。一位闽侨妇女在纽约医院分娩后，想喝水，护士拿来一大杯冰水,闽侨妇女摇头,又端来冰淇淋,闽侨妇女要喝开水,护士很讶异,而闽侨妇女很吃惊:刚分娩怎好喝冰水吃冰淇淋!福建人认为妇女分娩后不仅不能喝冰水,还不能吹风受寒,但医院里冷气开得那么大,闽侨妇女分娩后讲究卧床休息,饮食要按规定分为禁忌的、滋补的,而美加医院休息几天即可正常上班,餐饮随意。为避免这种尴尬,闽侨妇女分娩后多由婆婆妈妈照料坐月子,有的丈夫自告奋勇照顾太太坐月子,但一知半解,加上不谙家事,又兼婴儿啼哭,常常手忙脚乱,太太不得不起床帮忙。于是出现了坐月子中心,产妇婴儿有专人照顾,提供全套餐点,花费自然不少。福建侨民把家乡坐月子习俗全套搬来美国时,大多事前议妥,安排长辈——婆婆、妈妈、姑姑、姨姨来照应,万一长辈因故不能来,也会商请同乡中有经验的妇女来操办,产妇紧需食品要提早储备、定购。什么时候吃猪肝、猪腰,什么时喝老母鸡汤、进补品,等于安排一个月食谱。亲属都计算日期准备好贵重礼品,来吃满月酒时送给满月的婴儿。添丁家庭与服侍坐月子的妇女,往往由此添加一份情谊,关系更趋密切。这种坐月子活动如同方言、近邻、同乡关系,形成闽侨的认同感,使福建侨胞形成愈加坚固团结的一个社团。

节日尽显福建特色的文化活动。闽侨的文艺活动主要在中国的重要节日里进行。如春节、中秋节、国庆节,他们照家乡风俗,精选人马组成龙灯队、舞狮队,敲锣打鼓上街游行,那翻腾的游龙,那扑跳的雄狮会引来异域众多族裔围观,不少碧眼金发的青年跃跃欲试,盼望自己也能加入一显身手。这些节日活动举办了一年又一年,影响越来越大,终于得到州、市领导的赞赏,州长宣布春节为法定中国纪念节日,以肯定华裔用慈善和博爱精神服务社区的努力。纽约三大华埠在首先法拉盛地区举办中国农历初一游行,春节期间以花车和民俗表演吸引上万群众观赏,披挂彩带的皇后区区长担任游行队伍总指挥,随行的有侨团领袖、市长代表、联邦和州议员,福建各侨团均积极参与,尽力表现家乡风情民俗,欢腾的醒狮和二百尺长的巨龙环绕全场带起高潮,叠罗汉功夫更是博得阵阵欢呼,赢得红包和掌声。2015年2月22日农历大年初四,在福建新移民为主体的纽约曼哈顿华埠,进行了第16届新春花车大游行,由18辆花车和150个机构团体组成前所未有的庞大阵容进行,从喜士打街和勿街交口出发,一路穿大街走小巷,吸引约50万人观看。

开展极具福建特色的民俗文化活动。华人社区近几年增添了许多福州移民,他们依靠亲友乡人的帮助,很快购置了房产,或相邻而居,或距离一条半条街,靠步行即可串门,互相来往照应不致在异域显得孤单落寞。乡亲常常聚集,到了春节,就你呼我应地展开家乡民俗文化活动。当图书馆举办欢庆春节活动时,大家踊跃参与,如家乡的花灯制作,春联制作,剪纸艺术,制作丝花、折纸等,能者当场动手表演,爱好者四周围观。活动场次众多,还有民俗等艺文展,图画示范;另有表演节目如太极拳、演唱、中国民族乐团的庆新春的乐曲演奏,专场播放中国年录影,介绍中国年以及与春节相关的习俗文化,食品公司甚至会提供各种年节食品供民众免费品尝,银行发放吉祥红包,这种多姿多彩的热闹气氛,使福建乡亲觉得不亚于在家乡欢度春节。为满足侨胞们的渴望,闽侨领导积极组织挑选人才,排练出大型家乡戏《春草闯堂》和《四品门第》,这些漂洋过海的侨民把充满浓浓乡音乡土风情的家乡地方戏带到了纽约唐人街,引起中外人士的惊诧和由衷的好评。

风味小吃风靡美国。旅居海外多年的闽侨常怀念他们儿时在家乡吃的芥菜粥、阿焕鸭面、木金肉丸、鼎鼎肉松以及虾酥、蛎饼、鼎边糊等风味小吃,他们每次回到家乡总要去一一品尝。但长年在外,家乡的味道不能常常品到。于是酒楼庆筵也会出现精致美味的肉丸、鱼丸,而相继开张专营小吃的饭店更是鸭面粥羹具备,蛎饼鼎边齐呈,使得那些远处外州乡间打工的闽侨,每次来到华埠,便争先恐后地奔向小吃店,品味家乡各式小吃,以饱口福。专营小吃的味中味在福州南街几起几落,来到华埠东百老汇大道,虽说店面很小又居于地下层,却是生意兴隆人进人出,声名远扬了。福州风味小吃是闽文化中极具特色的饮食文化,它把祖国、家乡与海外侨胞紧紧联系在一起,随着闽侨人数增加,福州风味小吃店也越开越多,每个小小店门,都透露出浓浓乡音深深乡情,显示出八闽文化独有的色彩风情。从格兰街、包里街到东百老汇大道等,街头随处可见福州鱼丸、肉燕、礼饼、肉包及扁肉等福州风味食品,而小吃店里更有锅边糊、花蛤锅边、福州捞化、上排线面、海蛎煎饼等深受福州移民欢迎的家乡风味小吃。这些独具地方特色的食品,在华人社区十分畅销。外地来的华裔多在路边小摊吃上几碗,以解"乡愁",邻近的人则大包小包地买回家与全家人共享。而制作这些风味小吃的从业者就是本社区的小商贩,他们因陋就简,租屋设厂,有些独特的加工工具,则是远从万里外的福州带去的,组装形成以手工为主的加工厂,依靠自身技术先产出馒头、肉包、甜糕、肉燕、鱼滑等福州风味食品。不少人是与人合伙在晚上加班生产,白天分头外出销售。随着移民的增加,福州餐馆外迁,福州风味小吃也流向纽约以外的州、市、县,常见福州乡亲见面时,互道在某个偏僻乡镇居然出现道地的鱼丸、蛎饼等福州小吃。他们露出惊奇之色,也深感欣慰之情。

第二章
哲　学

第一节　福建最大的哲学学派——闽学

一、闽学的发展

对于闽学,有多种不同的解释,如:(1)闽学即朱熹学说。朱熹是闽学集大成者,朱熹与闽学关系极为密切,但闽学与朱熹学说并不完全相同,因为闽学不限于朱熹一个人的思想。早在朱熹之前,闽学就开始酝酿并初步形成;即使是在朱熹生活的南宋,闽学也还包括朱熹门人的思想;且元明清时期,一些闽学家在捍卫朱熹学说基础上又有许多新发展。(2)闽学即理学。广义的理学,泛指以讨论天道性命问题为中心的整个哲学思潮,包括各种不同学派,以宋代为例,就有周敦颐的"濂学"、邵雍的"象数学"、张载的"关学"、二程的"洛学"、司马光的"朔学"、陆九渊兄弟的"江西之学",而"闽学"只是宋代诸学派之一。狭义的理学,是指"程朱理学","二程"与"闽学"的不同显而易见,朱熹学不能等同闽学。(3)闽学是与濂学、洛学、关学相并列的一个流派。明代宋濂、薛瑄及清代蒋垣都将濂、洛、关、闽并论。这种说法的缺陷是将"闽学"凝固在宋代,而实际宋代以后闽学又有新发展。如要并论,那么明代王守仁的"阳明学"(或称王学)等,岂不也可并列?(4)闽学即闽中之学。这种说法太笼统,福建历史上闽中之学包括文史哲等学,而闽学仅指理学。什么是闽学呢?简而言之,闽学应该包括以下几个特点:(1)从地域上看,闽学产生、发展于闽地,其研究者皆为闽人;(2)从时间上看,闽学萌芽、产生于北宋,至南宋朱熹为集大成者,在朱熹门人及许多忠于朱熹学说的闽人努力下,闽学在元明清不但兴盛,而且有新的发展;(3)从哲学学派上看,闽学即福建理学,其思想核心是天理论,为中国后期封建社会理学思潮的主要代表;(4)从影响上看,闽学曾由地域性上升为全国性并成为中国后期封建社会的正宗思想。

北宋仁宗时期是闽学的萌芽阶段。一批闽地学者注重对儒家经典研究，不重训诂重义理，提倡儒家道统，宣扬儒家"尽天知性"之说，强调儒家伦理纲常，重视个人的道德修养，并热衷于授徒讲学。代表人物如陈襄、郑穆、陈烈、周希孟等"闽中四先生"及刘彝、黄晞、章望之等耆儒。在"闽中四先生"中，陈襄最为重要。陈襄（1017—1080），字述古，福州侯官（今闽侯）古灵人，曾任浦城等地方官多年，注重办学，曾劝县中富人出资建筑学舍三百楹，自己也常为诸生讲学，并作《劝学》，劝使年轻人就学。其施政多效古人所为，平日以讲求民间利病为要务。其殁后，书箧中皆满纸小字书写有关人民疾苦之事。陈襄主张以仁义治天下，用封建伦理纲常来规范人们行为。《宋元学案·刘胡诸儒学案》中说："闽中自古灵先生倡道，其后游（酢）、杨（时）、胡（安国）三子得程氏之传。"可见陈襄是闽中最早推行理学的先驱。郑穆（1022—1092），字闳中，侯官人，《宋元学案·古灵四先生学案》称其"深造于道，心仁气正，勇于为义，文博而庄"；其言行以圣人为法，进退容止依《礼经》。刘彝（1022—1091），字执中，闽县（今福州市）人。据《三山志·公廨二·庙学》载，熙宁二年（1069），神宗问刘彝：胡瑗与王安石哪个文章好？刘彝回答：胡瑗以道德仁义教东南学生，而从王安石学的则准备考试进士。圣人的道理，有体、有用、有文。凡是君臣、父子、仁义、礼乐历久而不变的叫作体；诗书、史传、子集能流传后世做参考的叫作文；治理天下，使恩德普及人民的叫作用。国家历朝取士，不注重体和用，但注重浮华的文章，所以风俗浅薄。胡瑗在宝元、明道年间（1038—1040），明体用之学，所教授的学生，有两千余人。现在学者能懂得体用是政教之本，都是胡瑗的功绩。胡瑗是中国理学发端时期著名的"宋初三先生"之一，刘彝为胡瑗高足，其重道德而轻科举、重儒家性理之学而排斥词章之学，与胡瑗是一脉相承的。黄晞（？—1057），字景微，自号聱隅子，建安（今建瓯）人（按：《四库全书总目》言黄晞为蜀人，实误。《玉壶清话》《闽书》《宋元学案》《八闽通志》皆以黄为闽人）。一生无职无官，以潜心于儒学著称。精研《春秋》《周易》，曾说："左氏凡例，得圣人之微；郑康成象数，极天地之蕴。"（《聱隅子·生学篇》）理学"宋初三先生"之一的石介闻其名，欲聘其讲学，固辞不就。其"书中言论不诡于正，体裁文句皆规抚扬雄法言。王应麟《玉海》直著为儒家，似可无愧也"（《四库全书总目》）。其《聱隅子》阐发圣人道义之隐微和古今治理之得失，在道德修养上强调学与行，认为人的仁义礼智等道德品质，都是后天形成的。章望之（1021—1062年在位为官），字表民，浦城人。多次辞官不任，钻研学术，长于议论。推崇孟轲性善说，提倡儒家之学，认为仁义礼智皆出于性，强调"养心治性"等。

北宋末与南宋初是闽学的创始阶段。二程洛学入闽，在福建得以很好的传播和阐发。这一阶段是洛学到闽学发展中不可缺少的中间环节。其代表人物如"南剑三先生"杨时、罗从彦、李侗。杨时(1053—1135),字行可,后改字中立,号龟山,将乐人。杨时29岁时和游酢往河南颍昌拜程颢为师,学业突出,成为程颢最得意的门生。杨时离开颍昌时,程颢出门相送,谓"吾道南矣!"41岁时,又与游酢往洛阳拜程颐为师,有程门立雪的故事。杨时继承发展了二程"理"的最高范畴,认为:"天下万物,理一分殊,知其理一,所以为仁,知其分殊,所以为义,权其分之轻重,无铢分之差,则精矣。"(《宋儒杨文靖公集》卷二十《答胡康侯其一》)他认为天下万殊之物,都是由一理之本派生出来的,而这一理之本又规定了万物之所以是殊异的。杨时提倡由诚意正心,推之以"平天下"的内外合一之学,强调人心、道心、天理、人欲的区别。杨时在二程和朱熹之间起了承前启后、继往开来的作用。罗从彦(1072—1134),字仲素,人称豫章先生,南剑沙县(今沙县)人。他是杨时直传弟子,在杨门弟子一千多人中,最被杨时所器重。他以儒家"仁"学为本,直接继承二程以"穷理"为主的学说和杨时"致知必先格物"的"理一分殊"说,创造了富有自己个性的静中观理的主静说,主张穷理、无欲、行"理之所必然"。他建立了以抨击封建政治弊端和维护封建纲常名教为主的理论体系,主张"朝廷立法不可不严,有司行法不可不恕"(《罗豫章先生集》)。他强调在上位者进行道德修养和严格要求自己的必然性,认为:"士之立身要以名节忠义为本。"(同上)。李侗(1093—1163),字愿中,南剑州剑浦(今南平市)人。李侗是罗从彦的学生,又是朱熹的老师。他教朱熹看圣贤言语,使其顿悟异学之失,于道日进。他主张默坐澄心以体验"未发"以前气象,并强调"天理论","其语论道,必以明天理、正人心、崇节义,励廉耻为先"(《李延平集》卷四《李先生行状》)。"南剑三先生"对促进闽学思想的成熟,起了重要作用。"二程之学,龟山得之而南传之豫章罗氏,罗氏传之延平李氏,李氏传之朱氏,此一派也。"(真德秀《真文忠公读书记》卷引)说出其传承关系。除此之外,游酢、刘勉之、刘子翚等或在传播二程之说中起重要作用,或与朱熹关系极为密切。游酢(1053—1123),字定夫,号广平,建阳人。游酢于宋熙宁五年(1072)开始听程颢讲授理学,元丰四年(1081)将29岁的杨时引荐给程颢,因此游酢从学程颢要比杨时早十年。游酢传播"二程"理学主要功绩在于将程颢平时言行记录整理成《明道先生语录》,朱熹整理的《程氏遗书》《伊洛渊源》等书时,都采用了游酢整理的史料。刘勉之(1092—1149),字致中,号草堂,崇安县人。以乡贡入太学。时伊洛之学不传,刘勉之和胡宪每在深夜待同舍生睡熟后,暗暗抄写默读。后离太学拜杨时为师,常在武夷山与刘子翚等人论道讲学。朱松临终时托以后事,并教儿子朱熹对刘勉之以老师称。刘勉之对朱熹耐心教育,将爱女嫁于朱熹。

刘子翚(1101—1147),字彦冲,号病翁,崇安县人。曾以主管冲佑观名义隐居五夫屏山下讲学传道,深研《周易》十七年,与朱松来往密切,并收朱熹为学生。

南宋绍兴至淳熙年间,是朱熹思想体系形成时期,也是闽学发展成熟阶段。朱熹(1130—1200),字元晦,号晦庵,他继承、发展了二程思想,对北宋以来的理学思潮进行了一次全面总结,建立了一个客观唯心主义的思想体系,集诸儒之大成。朱熹发挥了"理一分殊"说,指出"万物皆有此理,理皆同出一原,但所居之位不同,则其理之用不一"(《朱子语录》卷十八)。认为总合天地万物的理,只是一个理,分开来,每个事物都各自有一个理,然千差万殊的事物都是那个理一的体现。朱熹的理,有多方面含义:理是先于自然现象和社会现象的形而上者,理是事物的规律,理是伦理道德的基本准则。朱熹第一次系统地论述了理气关系,认为任何事物都有理有气,但理是"本",众理之全体,便是太极,人人有一太极,物物有一太极,太极散在万物,如月亮印在万川。朱熹不讲天命而讲理,全面系统地把封建的道德、政治包括在"理"之内,使闽学比汉以后历代儒学思想都高出一筹,成为哲学化的政治学和道德学。朱熹提出了系统的格物致知说和知行学说,建立起完整的人性学说和有关修养方法学说。有资料可查的朱熹门人为511人,其中闽籍学者对闽学贡献最大的有:蔡元定(1135—1198),字季通,建阳县人,由于他对闽学有重要贡献,人称他为"闽学干城"。朱熹疏释《四书》,撰写《通鉴纲目》《近思录》等,多由蔡元定往复参订。《易学启蒙》也是元定起稿,朱熹改定的。人称蔡元定学问"多寓于文公集中"。其《皇极经世指要》,为闽学中象数学的代表作。黄幹(1152—1221),字直卿,号勉斋,长乐人,黄幹是朱熹的女婿,25岁起至朱熹卒,始终从朱熹学。他对朱熹学说有所发展,丰富了闽学的内容。朱熹偏重于理论论证,黄幹则强调理的应用,黄幹还编有《晦庵先生语录》四十六卷等。南宋末黄震言:"朱熹门下人材虽多,而能真得师传,为有体有用之学者,当推黄幹。"(《黄氏日钞》)陈淳(1158—1223),字安卿,漳州龙溪北溪人,人称北溪先生。陈淳忠于朱学,并有发展。他认为天是理和气的统一,论证了理不离气的思想,发挥了朱熹的心性学说。真德秀(1178—1235),字景元,后改希元,浦城人,为朱熹的再传弟子。真德秀恪守朱熹学说,且有所发展。他强调理不离气,理在事中,但又承认仁义礼智之理先于事物而存在,主张把道德原则贯彻到实际行动和具体措施中去。

元代靠天时地利,闽学进一步发展。一方面元代统治者大力褒奖朱熹学说,另一方面福建涌现出许多研究、继承闽学的人才,他们都从不同方面进一步丰富和阐发了闽学。其代表人物如:熊禾(1247—1312),字位辛,建阳人。

他于武夷山中读书讲学,毕生致力于精研和传播闽学。他将朱熹章句集注"四书"和孔子整理"六经"并列,视为不朽功业,并认为朱熹是孔子第二。他对朱熹学说有深刻的理解,揭示了其本质:"周东迁而夫子出,宋南渡而文公生。世运升降之会,天必拟大圣大贤以当之,三纲五常之道所寄也。"(《考亭书院记》)他立志要像黄榦那样阐发朱熹的学说,其一生著述活动,主要用朱熹的学说观点注释儒家经典。元人许衡称"其真才实学,著书立言实有功于文公也"(《熊勿轩集序》)。陈普(1253—1325),字尚德,宁德人。他是朱熹三传弟子,一生以专心致志于朱熹学说为己任,精通朱熹性命义理之学,主要从事讲学和著述,他认为理是世界万物的本原,理通过阴阳二气产生世界上形形色色、千差万别的事物。黄镇成(1286—1351),字元镇,生于光泽县,后定居于邵武。于邵武城南筑"南田耘舍",全心著述,为当时有影响的理学家,其《中庸章旨》《性理发蒙》等为时人所推崇。吴海(1322—1387),自号鲁客,闽县人。一生从事授徒与著述,他以朱熹学说为治学根据,后人称其学说为纯正的朱熹之说,是朱熹的真正继承者。清人蔡衍锟指出:"先生(吴海)平昔所学者周程张朱之道,故凡一言一行无非出于大中至正。……闽学之倡也始于龟山(杨时),其盛也集于朱子,其末也振于西山(真德秀)……向非有先生(吴海)之辟邪崇正,傺然挺出于绝续之间,何以继已往而启将来哉?"(《闻过斋集序》)

明代,由于统治者的提倡和推崇,朱熹学说在全国曾极为盛行,嘉靖初年出现王阳明学说后,朱熹学说开始由盛趋衰。但闽学在福建不但长盛不衰,还有创造性的发展。闽学者们不为外界异端所惑,坚持以朱熹学说为正宗。其著名人物如:陈真晟(1411—1473),字晦德,号剩夫,生于镇海卫(今漳浦),迁于龙岩。他把朱熹学说概括为治心之学,认为:"不可不先得朱子之心,欲求朱子之心,岂有外于《大学或问》,所详居敬穷理之工夫乎?"(《陈剩夫文集·上当道书》)《大学或问》是朱熹所著,故清人张伯行说:"陈剩夫先生……得程朱正学之奥。"(《正谊堂文集·陈剩夫文集序》)蔡清(1452—1508),字介夫,号虚斋,晋江人。他在与明代初期心学派的论战中逐步形成了自己的体系,他全力捍卫朱熹学说,其理学代作《四书蒙引》,凡"合于文公者取之,异者斥之,使人观朱注玲珑透彻,以归圣贤本旨"(《蔡虚斋文集》附录)。清人蔡廷魁评曰:"文庄公崛起于明,远寻坠绪。殚毕生精力,著《易》《四书蒙引》,阐孔孟之微言,发明濂洛关闽之正学,刊学宫而布天下,至今学士文人确守其说毋变。钩深括奥,振落抉衰,文庄公讵非紫阳(朱熹)功臣哉?"(《蔡文庄公集序》)林希元(1482—1507),字茂贞,号次崖,同安人。他的《易经四书存疑》《林次崖文集》等,皆为研究理学名著。他把太极看成比理更根本的东西,提出自己的言论,以朱熹学说为宗并有发展。黄道周(1585—1646),字幼平,漳浦人。他以朱熹理学为旨归,对王学和朱学进行调和,是著名的儒学大师。

清代福建理学更为盛行,乾隆皇帝曾称福建为理学之乡;福建一些诸如鳌峰书院等著名书院,培养了大批理学人才;几十种诸如《濂洛关闽书》等闽学著作风行一时。乾嘉时代,汉学几成一尊之局,但福建理学不但愈趋兴盛,并有发展。"至天下之士宗闽学焉"(清陈庚焕《惕园初稿·拟重修福州文庙碑》),可见闽学在全国的影响。清代福建研习理学,并卓有成就者人数众多,在闽地的如童能灵、郑文炳、陈绰、蔡日光、林赞龙、金荣镐、阴承方等,由于他们的努力,理学在福建达到了前所未有地全面深入传播。此外,福建一些著名的理学家,还借外出为官等机会,将福建理学传遍全国,如龚景瀚、李光地、蔡世远、兰鼎元、吴应麟、雷铉、孟超然、陈庚焕等。

二、闽学的特点

闽学在长期的发展过程中,形成了自己的特点。

闽学从其产生到终结,始终是呈动态,是不断发展的。闽学虽然是以朱熹理学思想及其学派的确立为主要标志,但它不是凝固的、静止的、一成不变的,而是不断发展的。朱熹殁后,福建理学家并没有把朱熹学说当作教条死守,并不只囿于对已有的学说阐发和证明,而是进一步发展了朱熹的学说,在许多方面有创新和深化,由此进一步拓展了闽学,使其更能适应时代的要求,也从各个方面丰富了闽学的内涵,完善和充实了朱熹学说的范畴。"问渠哪得清如许?为有源头活水来。"这也正是闽学一直长盛不衰、保持活力的主要原因。闽学的发展主要表现在六个方面:(1)补充。如蔡元定提出"数即理,理即数,在天为五行,在地为五行,在人为五常"(《西山集·答江功书》)。他认为理为阴、阳二气,阴阳中又有阴阳,以至无穷。补充了朱熹关于理生气、气生万物的逻辑结构中的若干环节。(2)发挥。如黄榦在体用问题上,发挥了朱熹之说,指出:"所以为阴阳者,亦不出乎二也。""非其本体之二,何以使末流无往不二哉?"(《黄勉斋先生文集·复杨仁志》)他认为道之体不是一,而是二。真德秀发挥了朱熹的心性说,把内外体用之学变成"成己成物"之学,主张以成己为体,成物为用。熊禾在阐述朱熹言论思想时,发挥了朱熹的主敬说,指出:"敬者贯万事统万理而为万物之主宰者也。"(《敬斋铭箴跋》)他还发挥了朱熹求实思想,指出:"余壮而读书颇识《大学》知行之要,益求实事,不竞虚文。"(《谢贡举启》)(3)改动。如蔡清曾指出朱熹著作的失误之处,并把朱熹的"理先气后"改为"理气一致",他指出:"尽六合皆气也。理则是此气之理耳。先儒必先有理而后有气及理生气之说,愚实有未所详。"(《太极图解》)他认为朱熹关于理先气后及理生气的说法是不妥当的,应该是理气合一,无有先后。朱熹用"人心惟危,道心惟微,惟精惟一,允执厥中"释儒家道统,蔡清则对这"十六字诀"作了自己的独到解释,还引进了"格物致知""诚意正心"等。再如在知行关系上,林希元不同意朱熹的先知后行,提出了行先后知。清代福建理学家雷鋐曾指出:"即尊朱子之学者,亦有以知止合听讼为一节,以为格物不待补云云。"(《经笥堂文钞》)不少福建理学家认为朱熹的观点不一定都对,一些与朱熹言行相违背的不一定都是异端。(4)超出。如朱熹把太极当作理之极致,陈淳则把太极当作一物,产生天地万物之物。在理气关系上,朱熹把气作为产生世界万物的中间环节,陈淳却认为理在气中,理通过气体现,把理和气合而为一了。再如,朱熹提出"存天理,灭人欲",林希元却指出"以己之所欲度乎人,知人之所欲同乎我"(《罗子号推吾说》)。认为人之有欲,为人之常情,这就超出了朱熹一筹。(5)创新。全祖望曾评曰:"蔡氏父子兄弟祖孙,皆为朱学干城。而文正(蔡沈)之《皇极》,又自为一家。"(《宋元学案·九峰学案》)其"自为一家",即指蔡沈与朱熹学说相悖。虽然蔡沈为"朱学干城",但却有自己的观点。如朱熹主张天即理,一向认为体用一源、理物一致,蔡沈却主张理要限制在数的范围之内,要理物分开、体用割裂。童能灵用天人合一观点论说伦常纪纲,亦为发前人所未发。(6)总结。陈真晟把程朱理学的本质总结为治心之学,对朱熹学说作了进一步的发展。不少福建理学家对朱熹学说的重要范畴做了探讨和总结,为闽学开拓了新的思想境界。

包容性。闽学善于采纳各家之长而加以融会贯通,并允许多种派别存在,这对构造自己庞大思想体系是极为有益的,这也正是闽学比汉以后历代儒学思想都高出一筹的原因。其包容性,主要表现在三个方面:(1)善于吸收理学中各种不同派别的观点。宋代理学学派繁多,各个学派之间既有相同之处,又互相区别。闽学采纳了周敦颐的"濂学"、邵雍的"象数学"、张载的"关学"、二程"洛学"中之精华,并加以阐述发挥和改造。闽学在以朱熹为核心的鼎盛时期,与其他学派有着广泛的交流。如胡氏父子(胡安国、胡宏)和张栻创立的湖湘学派、吕祖谦创立的浙东婺学学派、陈亮创立的永康学派、薛季宣等创立的永嘉学派、陆九渊创立的象山学派等,与闽学学派都有密切往来。(2)善于汲取佛道中的精华。特别是佛教与闽学关系极为密切。福建早期理学家就有信佛的传统。如游酢曾经谒开福宁禅师,乞指明心要,"后博阅释典,谛信不疑"(清元贤《建州弘释录》)。虽然朱熹最终弃释归儒,但佛教对他的影响是极深的,他的许多思想,都直接脱胎于佛教。闽学中的代表人物与佛教关系也极为密切。如刘子翚对佛教有精深研究,对朱熹也产生了直接影响,"其《刘屏山集》诗,往往多禅语。……先生常语文公曰:'吾少官莆田,以疾病时接佛老之徒,闻其所谓清净寂灭者,而心悦之。比归读儒书,而后知吾道之大,其体用之全,乃如此'。故文公讲学,初亦由禅入。"(清王渔洋《池北偶谈》)即使后来反对佛教的李侗,也曾受到佛教极深影响,他曾言:"圣学未有见处。在佛学中,有绝嗜欲,捐想念,即无往以生心者,特相以游。"(《李延平集》卷四《李先生行状》)由于受佛教影响过深,所以他在反佛教的同时,又用僧侣主义来禁锢人们的心灵。可见佛教对他的影响,是不以他的意志为转移的。真德秀平时喜读佛经,通其旨趣,并以解说儒典,多有创见,最后冠带端坐而逝。道教文化与闽学关系也极为密切,许多闽学学者采撷道教哲学,汇入自己思想体系中。(3)包容各种学派。闽学中派别众多,各有自己的学说、师承和书院,因而形成各自不同的特点和学风。由此互相促进,丰富拓展了闽学的领域。仅宋代,郭毓麟在其"论宋代福建理学"中,认为有十二派,即:杨时的"一元派"、胡安国的"致知派"、陈瓘与胡寅的"主心派"、罗从彦的"义理派"、李侗的"心气合一派"、胡宏的"心性派"、朱熹的"穷理致知派"、蔡元定的"数理派"、蔡沈的"范数派"、黄榦的"一本派"、陈淳的"道理派"、真德秀的"象理派"等。今人一般认为,闽学中较重要学派如陈淳、黄榦为闽学正统派,蔡元定、蔡沈为闽学象数派,真德秀、林光朝、林亦之、陈藻、林希逸等为闽学中心学派,陈旅、陈茂烈、林希元、陈第等为闽学折中派,黄镇成、林兆恩等为闽学三教合一派,王春复、杨应诏、林俊等为闽学经世致用派和主气派。

注重节义,勤政爱民。闽学学者大都能身体力行儒家的义理,有强烈的务实精神和事业心,他们注重自身道德修养,讲究清正廉洁。闽学学者注重节义,一直有着优良的传统。早期闽学代表人物杨时拒割三镇,反对议和;罗从彦积极主张抗金,大力提倡名节忠义和廉耻等道德风尚;李侗"其语治道,必以明天理、正人心、崇节义、励廉耻为先"(《朱文公集》卷九七)。早期闽学较强的民族精神对闽学的发展产生了深远的影响,如南宋黄榦、蔡清、陈淳、真德秀等都注重民族气节,坚决反对屈膝求和,主张抗金。元朝熊禾、吴海入元不仕,不为异族服务;陈普亦誓不为元官,元朝三使辟官为闽省教授,他坚拒不诏;明代黄道周被捕不屈而死等,皆具有爱国热情和崇高的民族气节。清代刘存仁、陈庆镛等都希望国家昌盛,反对侵略。闽学学者中有不少从政者,如朱熹可考的闽籍门人172个中,曾从政为官者达67人,他们大都勤政爱民,政绩卓著。朱熹不是关闭在书斋里的学者,他关注国家民族兴亡,关心民间疾苦,强调当官要廉洁奉公,认为:"官无大小,凡事只是一个公字,若公时做得来也精彩。"(《朱子语类》卷一一二)朱熹抨击那些不关心民间疾苦、不管是非曲直的昏官,"当官者,大小上下,以不见吏民,不治事得策。曲直在前,只不理会,……风俗如此,可畏!可畏!"(《朱文语类》卷一〇八)朱熹从政生涯中,政绩显著。真德秀为官常用"廉仁公勤"四字督察和勉励部下,他曾设立惠民仓、社仓、慈幼仓和置义田等,于政事优勤。"或劝啬养精神。德秀谓:无以惠民,仅有政平讼理,事当勉耳。"(《泉州府志》本传)明代周瑛为官多年,能秉公办事,他指出:"以理处物是谓之义,以心处理是谓之利。……求仁惟公为近。惟公之至,斯理之尽。"(《翠渠诗文集·抚州府正义堂铭》)他认为,为官办事要公,公即理,即仁、义。明代蔡清对自己提出的做官原则是:"一身之利无谋也,而利天下则谋之;一时之利无谋也,而利万世者则谋之。"(《艾庵密箴》)他能关心民间疾苦,政绩受到时人称颂。清代兰鼎元为官清廉,办案迅速,出巡所辖各地皆体察民间疾苦,纠正冤案,人称包公复生。雷鋐为官时提出:"爱民生即所以为国计,不可分为两途。"(《经笥堂文钞·与周抚军书》)认为做官要依理而行,克己爱民。

  勤于著述,并轻训诂重义理。闽学学者大都学习刻苦,常以"咬得菜根,则百事可做"(《谢上蔡语录》卷十)自勉,刻苦治学,故学问渊博,著述宏富。除朱熹是公认的百科全书式的人物外,其他一些著名的闽学家也大都著作等身。仅以南宋为例,如黄幹著有《周易系辞传解》《论语注语问答通释》等十余种书,蔡元定撰有《皇极经解》《大衍详说》等六种书,蔡沈撰有《洪范皇极》《至书》等四种书;陈淳撰有《中庸大学讲义》《四书性理字义》等十余种书;真德秀撰有《大学衍义》《心经》等近二十种书。元明清的熊禾、陈普、陈真晟、周瑛、蔡清、陈琛、林希元、陈第、黄道周、李光地、蔡世远、兰鼎元、雷鋐、孟超然等著名闽学家,人人著作等身。闽学家撰有极为浩繁的著作,也是闽学能从闽地走向全国乃至世界的主要原因之一。值得注意的是,闽学家们都继承了朱熹重义理、轻训诂的治学方法,不注重烦琐的文字训诂和名物的考证,而是通过注释来阐述书中义理,实际上是通过注释来表达作者的理学思想,有时为了更好地表达自己思想,在注释经书时并不完全拘泥于原作,正如《四库全书总目提要》经部总叙曰:"凡经师旧说,俱排斥以为不足信。"还必须提到的是,闽学家们浩瀚的著作中不仅仅局限于理学,对其他一些领也多有涉及。仅以乐理为例,蔡元定、童能灵、李光地等,都有精要的论述,在中国乐理史上占有重要位置。

  注重收徒讲学,热衷于教育。除了朱熹本身是个大教育家外,著名的闽学学者大都有收徒讲学的经历,有的长期乐此不疲,由此形成一种传统。如黄幹为官时白天忙于公务,晚上则讲学未缀。朱熹高弟门人陈淳曾长期从事讲学。熊禾是元代著名的教育家,曾筑洪源书堂、武夷书堂,主持建阳鳌峰书院。陈普一生专门从事讲学。吴海一生也以授徒为业。蔡清一生热爱教育,讲学不辍。陈琛积极从事教育,32岁时设讲席于泉州学宫,后又结庐紫帽峰下授徒,门人遍全国。陈紫峰设学宫，开讲所，立意教学。林希元重视教育，认为"人才之成否在学校"(《赠龙岩学博贺君奖励序》)，且教育思想有一定特色。蔡世远曾接替其父主讲数百年来以传授朱子学而著名的福州鳌峰书院，听者恒千百人。童能灵曾在冠豸山下讲学，并应邀主讲于漳州芝山书院。孟超然曾主讲于福州鳌峰书院。闽学学者对教育的热爱，诲人不倦，对闽学的传播也起了积极作用。

深远的影响。在中国历史上，还没有任何一个学派像闽学这样产生过如此深远的影响：作为闽学核心的朱熹学说其理论价值被统治者认识后，逐渐成为控制整个国家社会意识形态的官方哲学，成为政治、法律、道德、艺术、教育等上层建筑各个领域的指导原则。南宋末朝廷开始褒奖朱熹学说，整个元朝更是朱学天下，考试必须由朱熹所定"四书"出题，立论不能超过朱熹《四书章句集注》的范围。明代比元代更加提倡、推崇朱熹学说，考试仍以朱熹学说为主要内容。清代统治者认为朱熹学说是最好的思想武器，因此仍沿用元明以朱熹所定"四书"及其注释为国家考试和学校教育基本课本。有人把孔孟称为第一期儒学，把宋明理学称为新儒学。可以毫不夸张地说，没有闽学，就没有理学；没有理学，就没有新儒学。佛学东渐后，有的国家曾把它立为国教，可见其影响力之大。佛、道、儒在我国长期共存，有时佛学盛极一时(如唐代)，似有要一统天下之趋势，但由于闽学及时为儒学注进了新内容，由此给中华民族带来了强大的民族凝聚力，使中华民族最终以儒学而不是以佛道为凝聚点。其讲求"立意""修身"，以求达到"内圣外王""治国平天下"，强调人的社会责任感、历史使命感、民族感等，是有积极意义的。闽学还传入日本、朝鲜、越南、新加坡等东南亚国家，并和这些国家的社会现实相结合，产生了日本朱子学、朝鲜退溪学等，成为十四世纪后东方文化的主流。闽学还传入欧美，近年来西方研究朱熹之说极为活跃，开过多次研讨会，使之成为世界性学说。因此，闽学不仅属于福建、属于中国，也属于世界。

第二节　朱子对孔子的继承与发展

一、朱子对孔子的推崇和评价

"东周出孔子，南宋出朱子。中国古文化，泰山与武夷。"孔子和朱子，是中国古文化的两座丰碑。朱子是闽学的代表人物，朱子思想与孔子思想有直接的渊源关系。弄清朱子是怎样继承和发展孔子的学说，是研究闽学发展的重要课题。过去人们在研究孔子与朱子关系时，往往仅从《四书集注》《朱子语类》中探讨朱子对孔子《论语》的研究,而忽略了从《朱熹集》中挖掘考察朱孔之间的关系。在《四书集注》《朱子语类》中,朱子直接对《论语》进行诠释,并由此阐发了自己的思想,固然是研究孔朱渊源关系的重要依据,但《四书集注》主要为注解,可读性不强。《朱子语类》为门人弟子记录朱子言论而成,前后颇有自相矛盾之处。《朱熹集》则为朱子亲手撰写,可信度胜于《朱子语类》,其形式有诗词、封事、奏劄、奏状、申请、辞免、书、记、祭文、祝文、跋、题记、箴、铭、序、赞、碑、行状、公移等,广博和可读性都超出《四书集注》。虽然《朱熹集》中极少有专章论及孔子,但翻检全书124卷(其中《朱熹集》100卷,《朱熹集续集》11卷,《朱熹别集》8卷,《朱熹遗集》3卷,《朱熹外集》2卷)可见,涉及孔子的就有600多处,大量对孔子的看法和研究夹在有关论述中。因此,研读《朱熹集》中朱子对孔子的论述,对于进一步弄清朱子对孔子的继承和发展,揭示其渊源关系,无疑是有益的。

朱子自幼就精研孔子之书,在《朱熹集》中他多次谈到平时所阅之书:"非孔子、子思、孟、程之书不列于前,是夜览观,穷其指趣而反诸身,以求天理之所在。"[1]他正是通过研读圣人之书来对照反省自己,借此求索道理。

朱子尊重圣人孔子,无论房屋上梁、书院开学、走马赴任、刊刻四经、精舍告成等,都要先写文呈告孔子,以示端重。如《经史阁上梁告先圣文》:"惟先圣先师启迪众志,畀以有成。"[2]《白鹿洞成告先圣文》:"将率同志讲学其间,意庶几乎先圣先师之传,用以答扬太宗皇帝之光训。鼓箧之始,敢率宾佐合师生,恭脩释菜之礼,以见于先圣。"[3]《白鹿洞成告先师文》:"惟公发扬圣蕴,垂教无穷。"[4]《漳州谒先圣文》:"莅事之始,载见祠廷。永念平生,怛焉内疚。"[5]《刊四经成告先圣文》:"对稽本末,皆有明验。私窃以为不当引之以冠本经圣言之上,是以不量鄙浅,辄加绪正,刊刻布流,以晓当世。"[6]《沧洲精舍告先圣文》:"集厥大成,允属元圣。述古垂训,万世作程。"[7]以上片语,可看出朱子对孔子的尊敬和推崇。朱子在许多诗中,也直接表达了对孔子的仰慕,如"我亦惭仲子,独未忘轻裘。"[8]"终怜贤屈惜往日,亦念圣孔悲徂川?"[9]

---

[1] 郭齐、尹波点校:《朱熹集》卷二四,四川教育出版社1996年版,第1037页。
[2] 郭齐、尹波点校:《朱熹集》卷八六,第4422页。
[3] 同上书,第4427页。
[4] 同上书,第4428页。
[5] 同上书,第4439页。
[6] 同上书,第4440页。
[7] 同上书,第4446页。
[8] 郭齐、尹波点校:《朱熹集》卷二,第119页。
[9] 郭齐、尹波点校:《朱熹集》卷四,第188页。

朱子对孔子各个方面都做出了高度评价。如认为孔子虽未得高位,但其著六经对后世影响之大,不亚于出将入仕:"至于孔子集厥大成,然进而不得其位以施之天下,故退而笔之以为六经,以示后世之为天下国家者。"①朱子认为治国之策亦由孔子学说而出,掌握其精华,可应当世无穷之变。对于孔子对当朝大儒的影响,朱子认为:"至于我朝,天运开泰,于是河南程颢及其弟颐始得孔、孟以来不传之绪,而其所以开示学者,则于此篇之旨深致意焉。"②朱子认为:"孔子之言万世不可易矣。"③

朱子对孔子学问十分敬仰,推崇孔子心平气和、持之以恒的为学方法。他认为:"今人但见孔子问礼问官,无所不学,便道学问只是如此。却不知得他合下是甚次第大底本领,方有功夫到此。若只将自家此等小小见识而学养子而后嫁,岂不惧哉!"④这是朱子以过来人体会孔子做学问之甘苦,可谓深得孔子治学三昧。朱子对孔子治学融会贯通、互为表里十分赞赏,以此告诫后人不可治此废彼:"孔子删《诗》、定《书》、系《周易》、作《春秋》,而其徒又述其言以为《论语》,其言反复证明,相为表里,未闻其以此而废彼也。"⑤朱子认为,孔子和老子可并称为圣人,司马迁列孔子于世家而以老子与韩非子同传,是有其指意的。对如何学孔子,朱子认为关键在自己的悟性,如朱子对苏辙所说的"学老子则乱天下,学孔子则治天下"亦不以为然,认为要具体分析,学老子未必就乱天下,学孔子未必就治天下:"学孔子者所得亦有浅深,有过无过,未可概论。"不可一概而论。朱子认为:"孔子循循善诱,诲人不倦,入德之途坦然明白。而曰常苦其无所从入,则其未尝一日从事于此,不得其门而入可知矣。"⑥

朱子始终推崇孔子为正统,并将孔子与尧、舜等并列,他认为:"知尧、舜、孔、孟所传之正,然后知异端之为害也深,而息邪距诐之功大矣。"⑦极力排斥孔子以外的学说。朱子认为孔子所以为圣贤,"必有超然无一毫意必固我之私者以为本,然后有以应事物之变而无穷"⑧。朱子对孔子的言论有着深刻了解,言为心身,孔子许多言论是他真情实感的流露,朱子指出:"自'孔子谓季氏八佾舞于庭'至'季氏旅泰山'五段,皆圣人欲救天理于将灭,故其言哀痛激

---

① 郭齐、尹波点校:《朱熹集》卷一一,第441页。
② 郭齐、尹波点校:《朱熹集》卷一五,第537页。
③ 郭齐、尹波点校:《朱熹集》卷二六,第1563页。
④ 郭齐、尹波点校:《朱熹集》卷五六,第2829页。
⑤ 郭齐、尹波点校:《朱熹集》卷七二,第3755页。
⑥ 郭齐、尹波点校:《朱熹集》卷七二,第3768页。
⑦ 同上书,第3857页。
⑧ 郭齐、尹波点校:《朱熹集》卷二八,第1721页。

切,与《春秋》同意。"①

总之,朱子认为孔子是一位治学有方、学问渊博、对后世影响最为广泛的圣人。朱子认为孔子不但继承了尧、舜以来相传的道统,在思想学术上的功绩还超过了尧、舜。

二、朱子对孔子思想的阐述、发展和创新

仁是孔子最早提出的,是孔子思想的核心,孔子学说也被称为"仁学"。朱子对此进了大量的论述,大大扩展了其内涵,借此进一步深化了孔子思想体系中的仁,将其发展为完整的世界观,使有形的、物质的自然界成为抽象的、道德的实体,并将封建道德系统化、固定化。针对有人将仁解析为气象浅迫,朱子指出:"为仁固是须当明善,然仁字主意不如此,所以孔子每以仁、智对言之也。"②对于仁的理解,朱子认为应是:"人能克己之私,以穷天理,至于一旦脱然,私意剥落,则廓然之体无复一毫之蔽,而天下之理远近精粗,随所扩充,无不通达。"③朱子理解孔子的"天下归仁",正是此意。而孔子教人求仁的目的,正是为了隐恶扬善,这也是天地生物之心。④ 朱子推崇孔子克己复礼以求仁的观点,认为"昔者颜子问仁于孔子,而孔子以'一日克己复礼,天下归仁'告之。其于用力于仁之要,可谓一言而举矣"⑤。朱子认为,孔子的仁是要实施仁政,而并非仅指当个仁人:"孔子许管仲以仁,正以其功言之耳,非以管仲为仁人也。若其无功,又何得为仁乎?"⑥朱子认为,孔子的仁,就是天理,人所以灭天理,是因为人欲所胜。所以仁的目的还是要克己去私,这样天理自复。⑦只要克去己私,复乎天理,"则此心之体无不在,而此心之用无不行也"⑧。怎样实施仁?是难还是易呢?朱子援引孔子"仁远乎哉?我欲仁,斯仁至矣。""为之难,言之得无乎?"指出"孔子不以易启人之忽心,亦不以难启人之怠心"。⑨ 实施仁的关键在于你的决心,只要有决心,则有可能达到,但如有畏难情绪,则永远与仁无缘。后人对孔子所言的仁有不同解释,如有认为"刚毅木讷近仁",有认为"仁者,所以肖天地之机要"等,朱子指出:"孔门求仁功夫只

---

① 郭齐、尹波点校:《朱熹集》卷四一,第1915页。
② 郭齐、尹波点校:《朱熹集》卷三一,第1316页。
③ 郭齐、尹波点校:《朱熹集》卷三二,第1378页。
④ 郭齐、尹波点校:《朱熹集》卷三五,第1528页。
⑤ 郭齐、尹波点校:《朱熹集》卷七七,第4037页。
⑥ 郭齐、尹波点校:《朱熹集》卷四一,第1902页。
⑦ 同上书,第1904页。
⑧ 郭齐、尹波点校:《朱熹集》卷六七,第3543页。
⑨ 郭齐、尹波点校:《朱熹集》卷四一,第1932页。

是如此著实说,未有后来许多玄妙也。"①朱子还指出要了解仁的含义,只能阅读《论语》。当时有许多学人想与朱子探讨仁的含义,朱子直言不愿坐谈,而要以孔子、程子所示求仁之方来体验,通过长期实践,才能知其味,他认为:"去人欲,存天理,且据所见去之存之。功夫既深,则所谓似天理而实人欲者次第可见。"②朱子推崇孔子求仁为先之道,并对仁作了进一步阐述,他认为:"孔氏教人求仁为先。窃谓仁,人心也。克己之私而循天理,则本心之仁得矣。"③朱子认为仁必须尽力去求,去实践,反对仅由贤人发指示凭自己"觉知"即可求仁。他在《答胡伯逢》中援引孔子之例对这种不愿付出代价的所谓"觉知者自得于仁"进行了批驳:"如此则'觉'字之所指者已深,非用力于仁之久,不足以得之,不应无故而先能自觉,却于既觉之后方始有地以施功也。观孔子所以告门弟子,莫非用力于仁之实事,而无一言如来谕所云,'指示其方,使之自得'者。"④朱子还批驳那种自己不通却以"不知其仁"来搪塞的说法。他再援引孔子教人之例,指出只有到了全无私心的境地,才称得上仁:"孔门教人,先要学者知此道理,便就身上著实践履。到得全无私心,深是天理处,方唤作仁。"⑤朱子对当时学者对孔子对仁的解释常表示不同看法,显示了朱子的独到见解,如对孔子"巧言令色鲜矣仁",游酢解释鲜为少而屈以求,朱子认为:"孔子之意,正指人为巧言令色之时其心已不存耳。若能自反,则岂不足以为仁?"⑥时有"欲为仁必先识仁之体"之说,朱子对此大为疑虑,援引孔子为例,指出:"观孔子答门人问为仁者多矣,不过以求仁之方告之,使之从事于此而自得焉尔,初不必使先识仁体也。"⑦朱子高度称赞孔子将求仁作为首要目标的观点,认为如其不然,将失去方寸,更不能审度自己言行,他指出:"此孔门之学所以必求仁为先,盖此万里之原、万事之本,且要先识认得,先存养得,方有下手立脚处尔。"⑧朱子认为,孔子的仁与孟子的仁是有区别的,孔子的仁是以智对仁,更宜思之,不似孟子以义对仁,孔子之仁更为广大深全。朱子对孔门"求仁得仁""杀身成仁"等做出自己的阐述,认为其核心都是围绕克去己私之心,故才能"让国而逃,谏伐而饿为能不失乎此心也!""以欲甚于生、恶甚于

---

① 郭齐、尹波点校:《朱熹集》卷四三,第2030页。
② 郭齐、尹波点校:《朱熹集》卷四五,第2152页。
③ 同上书,第2161页。
④ 郭齐、尹波点校:《朱熹集》卷四六,第2248页。
⑤ 郭齐、尹波点校:《朱熹集》卷四七,第2308页。
⑥ 郭齐、尹波点校:《朱熹集》卷五二,第2572页。
⑦ 郭齐、尹波点校:《朱熹集》卷七三,第3865页。
⑧ 郭齐、尹波点校:《朱熹集》卷五九,第3019页。

死为能不害乎此心也。"①

"克己复礼"是孔子学说的重要内容,也有学者认为它不仅是仁的补充和说明,更是与仁融为一体,二者密不可分。应为"克己复礼为仁",克己是前提条件,复礼并不是最终的目的,仁才是最终的目的。朱子对此进行了多方面的阐述和诠析。朱子认为:"孔子所以有克己复礼之云,皆所以正吾此心而为天下万事之本也。此心既正,则视明听聪,周旋中礼而身无不正。是以所行无过不及而能执其中,虽以天下之大,而无一人不归吾之仁者。"②朱子以孔子的"克己复礼"规范人们行动的准则,他认为,心正则天下正,心不正则天下不正,要想心正,当克己复礼,这是治天下之根本。朱子认为,"克己复礼"是孔子对舜、禹"惟精惟一,允执厥中"的发展,是千圣相传心法之要,"其所以极夫天理之全而察乎人欲之尽者,可谓兼其本末巨细而举之矣"③。两汉以来,只要不是庸主,必致力于此道。朱子把"克己复礼"当作每日必须遵守的原则。他认为"此是日用第一亲切工夫,精粗隐显,一时穿透。尧舜所谓'惟精惟一',孔子所谓'克己复礼',便是此事"④。朱子多次将一些处世观念与孔子"克己复礼"相对照,力图使之更符合孔子的规范。他认为:"抑所谓反身自认、存真合体者,以孔子'克己复礼'、孟子'勿忘勿助'之说验之,则亦未免失之急迫,而反与道为二。大抵天人初无间隔,而人以私意自为障碍,故孔孟教人,使之克尽己私,即天理不期复而自复。惟日用之间所以用力循循有序,不凌不躐,则至于日至之时,廓然贯通,天人之际不待认而合矣。"⑤怎样才能做到真正的克己? 其内容是什么? 朱子认为,一切要有法度规矩,"如孔子之告颜渊,以非礼勿视、听、言、动为克己之目,亦可见矣。若自无措足之地,而欲搜罗抉剔于思虑隐微之中,以求所谓人欲之难克者而克之,则亦代斲代张,没世穷年而不能有以立矣"⑥。

忠、孝、信、义是孔子思想学说的核心组成部分,朱子曾说:"观孔门之教,则其所从言之者至为卑近,不过孝弟忠信、持守诵习之间。"⑦朱子对其有过不同程度的阐述诠析。

关于忠。孔子认为事君为忠,事父为孝。在《论语·颜渊》中,孔子回答齐景公的问政时语:"君君,臣臣,父父,子子。"忠既泛指尽己之力以事人,也

---

① 郭齐、尹波点校:《朱熹集》卷六七,第 3543 页。
② 郭齐、尹波点校:《朱熹集》卷一一,第 462 页。
③ 郭齐、尹波点校:《朱熹集》卷一四,第 541 页。
④ 郭齐、尹波点校:《朱熹集》卷三五,第 1560 页。
⑤ 郭齐、尹波点校:《朱熹集》卷三八,第 1733 页。
⑥ 郭齐、尹波点校:《朱熹集》卷四六,第 2237 页。
⑦ 郭齐、尹波点校:《朱熹集》卷六二,第 3226 页。

被限定于臣民方面。朱子认为孔子所言的"忠""信"是做人的根本,而许多人仅得其皮毛。他指出:"世固有忠信而不知道者,如孔子所称忠信而不好学者,伊川所讥笃学力行而不知道者是也。"①

关于孝。孔子认为孝是指子女对父母的尊与养,并对孝有过系统的论述。朱子对孔子的论述做出了自己的解释,如《论语·学而》载:"子曰:'父在,观其志;父没,观其行;三年无改于父之道,可谓孝矣。'"孔子认为能继承父志,接续父业,是最大的孝。朱子认为要对其父所行之道进行分析,:"有君子之道,有小人之道,三年无改于父所行君子之道可也,若其所行小人之道,其亦三年无改乎?适所以重父于不义,孝子果如是乎?"②《孝经》是儒学经典中篇幅最短而又影响最大的一部著作,司马迁在《史记·仲尼弟子列传》中认为《孝经》是孔子门人曾参所作,而思想原于孔子。朱子在《孝经刊误》中,较为全面系统地分析了孔子关于孝的观点和论述,基本上用引一段孔子的话分析一段的方法,共分15节进行分析。如第一段即对所谓"天子之孝""诸侯之孝""士之孝""庶人之孝"等进行了分析。在分析过程中,虽不时对《孝经》提出疑问和考辨,但也借此提出了自己对《孝经》的看法。③ 朱子在《示俗》一文中,对《孝经》之"庶人之孝"进行了解释:"《孝经》云:'用天之道,因地之利,谨身节用,以养父母,此庶人之孝也'。以上《孝经·庶人》章正文五句,系先圣至圣文宣王所说。奉劝民间逐日持诵,依此经解说,早晚思惟,常切遵守,不须更念佛号佛经,无益于身,枉费力也。"朱子认为:能行这四句,才是孝顺。即使父母不存,也应如此,才能保证父母产业,不至破坏,才是孝顺。如果父母生存不能奉养,父母亡殁不能保守,便是不孝。不孝之人,天所不容,地所不载,幽为鬼神所责,明为官法所诛,不可不深诫。④

关于信。信即诚,言不虚妄。在孔子思想体系中,信既是个人品德修养,又是立国治政的根本。朱子强调要以诚为本"孔氏之门虽所学者有浅深,然皆以诚实不欺为主。子曰:'由,诲汝,知之乎?知之为知之,不知为不知,是知也'。教之以诚也。若未得谓得,未证谓证,是谓自欺。如此人者,其本已差,安可与入道。樊迟问智,孔子既告之矣,又质之子复,反复不知,已不敢以不知为知也。"⑤朱子认为,"所谓信者,是个真实无妄底道理"⑥。

---

① 郭齐、尹波点校:《朱熹集》卷三四,第1497页。
② 郭齐、尹波点校:《朱熹集》卷五二,第2620页。
③ 郭齐、尹波点校:《朱熹集》卷六六,第3458—3467页。
④ 郭齐、尹波点校:《朱熹集》卷九九,第5058页。
⑤ 郭齐、尹波点校:《朱熹集》卷四一,第1914页。
⑥ 郭齐、尹波点校:《朱熹集》卷七四,第3896页。

关于义。义在孔子思想体系中常与仁并列。朱子认为,关于义与仁:"若论体用,亦有两说。盖以仁存于心而义形于外言之,则曰仁,人心也;义,人路也,而以仁义相为体用。若以仁对恻隐,义对羞恶而言,则就其一理之中,又以未发已发相为体用。"①朱子认为,这不是孔子所言仁之外添一个义字,义已包含在孔子所说的仁之中。

朱子还论述了孔子与易的关系。据司马迁《史记·孔子世家》载:"孔子晚而喜《易》,序《彖》《系》《象》《说卦》《文言》,读《易》,韦编三绝。曰:'假我数年,若是,我于《易》则彬彬矣。'"孔子通过对易的解析,表达了自己的观点。朱子对此有系统的论述。据邵氏介绍,《易》有两种,一种是先天的伏羲所画;一种是后天的文王所演,即今之《周易》。朱子分析了两者之间关系,他认为:"孔子既因文王之《易》以作传,则其所论固当专以文王之《易》为主。……若只欲知今《易》书文义,则但求之文王之经、孔子之传足矣。两者初不相妨,而亦不可以相杂。"②朱子对诸儒将《易》割裂臆说不满,推崇孔子对《易》的研究,他指出:"文王、孔子皆以《乾》为西北之卦,《艮》为东北之卦,顾虽未能洞晓其所以然,然经有明文,不可移易,则已审矣。"③孔子高度重视《易》的作用,朱熹对孔子的观点很为赞赏,他认为:"然伏羲、神农见《易》《大传》,乃孔圣之言,而八卦列于六经,为万世文字之祖。"④朱子认为,对《易》的研究,要懂得其变化,"若如文王、孔子之说,则纵横曲直,反复相生,无所不可。要在看得活络,无所拘泥,则无不通耳"⑤。朱子还指出:"孔子作《彖》《象》于六爻之前,《小象》系逐爻之下,惟《乾》悉属之于后者,让也。"⑥对于文王在《易》中本意,及孔子对《易》阐述,朱子认为其意是一样的:"至孔子作《彖传》《文言》,始以《乾》《坤》为四德,而诸卦自如其旧。二圣人之意非有不同,盖各是发明一理耳。今学者且当虚心玩味,各随本文之意而体会之,其不同处自不相妨,不可遽以己意横作主张,必欲挽而同之,以长私意,增衍说,终日驰骛于虚词浮辨之间,而于存养省察日用之功反有所损而无所益也。"⑦朱子认为圣人或作《易》或析《易》,虽说目的不同,但可互相补充,并不矛盾。朱子指出:"伏羲画卦,以写阴阳之变化;文王、周公作彖、爻辞,以断天下之疑;孔子作彖、象,以推明

---

① 郭齐、尹波点校:《朱熹集》卷七四,第3897页。
② 郭齐、尹波点校:《朱熹集》卷三八,第1683页。
③ 同上书,第1702页。
④ 郭齐、尹波点校:《朱熹集》卷四八,第2334页。
⑤ 郭齐、尹波点校:《朱熹集》卷五四,第2731页。
⑥ 郭齐、尹波点校:《朱熹集》卷六六,第3474页。
⑦ 郭齐、尹波点校:《朱熹集》卷五六,第2817页。

事物当然之理。然爻画既具而三者已备乎其中,前圣后圣互相发明耳。"①朱子还将孔子的之《易》与伏羲之《易》,文王、周公之《易》进行比较,总结出其各自的特点,指出:"以孔子《易》观之,则卦名者,时也,事也,物也。初、二、三、四、五,上者位也,而初上又或为始末之义。九、六者,人之才也。处某事,居某时,用某物,其才位适其所当则吉,不然则凶。"②朱子认为:"伏羲作《易》,自一画以下,文王演《易》,自'乾元'以下,皆未尝言太极也,而孔子言之。孔子赞《易》,自太极以下,未尝言无极也,而周子言之。"③

在《朱熹集》中,朱子还对孔子许多有影响的观点和活动进行了评述。

朱子对《论语》进行了多方面评论,如朱子认为《论语》中含有对仁的解说,但并没有直接说破,而孟子才间有说破。故朱子特录《论语》之言以解释。朱子认为,《论语》代表了孔子的主要观点,故其虽为七十子门人纂录而成,但今未有人以为非孔子自作而不读。朱子对有人认为《论语》或出于曾子及其门人的说法进行了驳斥。针对有人认为《论语》非口耳可传授,故要学佛而后知其内容,朱子指出:"熹谓《论语》固非口耳所可传授,然其间自有下工夫处,不待学佛而后知也。学佛而后知,则所谓《论语》者,乃佛氏之《论语》,而非孔氏之《论语》矣。"④朱子认为《论语》是直说日用眼前事,话语虽浅,却无穿凿之处。而《诗经》《周易》,则被后人穿凿,不见原来之意。朱子认为,要学好《论语》,就要全面把握,不可断章取义:"《论语》与诗人之意,所指各异,当玩绎其上下文意以求之,不可只如此摘出一两字看也。"⑤朱子认为,学《论语》要得其实质,真正用心体会:"倾与二三子从事于《论语》之书,凡二十篇之说者,二三子尽观之矣。虽未能究其义如其文,然不可谓未尝用意于此也。"⑥朱子对《论语》的研究状况很熟悉,他曾指出古今《论语》训义见录者有十四家,大都宗程氏。朱子还为《〈论语〉纂训》作序,认为其书"不合于圣人者寡矣,因为之序"⑦。朱子还编有《论语要义》一书,并对此书寄予厚望:"盖以为学者之读是书,其文义名物之详,当求之注疏,有不可略者。若其要义,则于此其庶几焉。学者第熟读而深思之,优游涵泳,久而不舍,必将有以自得于此。"⑧朱子还根据儿童学习特点,编了一本便于儿童学习的《〈论语〉训蒙口义》,目的"盖

---

① 郭齐、尹波点校:《朱熹集》卷五九,第 3007 页。
② 郭齐、尹波点校:《朱熹集》卷五九,第 3009 页。
③ 郭齐、尹波点校:《朱熹集》卷三六,第 1574 页。
④ 郭齐、尹波点校:《朱熹集》卷四三,第 2024 页。
⑤ 郭齐、尹波点校:《朱熹集》卷五二,第 2619 页。
⑥ 郭齐、尹波点校:《朱熹集》卷七四,第 3800 页。
⑦ 郭齐、尹波点校:《朱熹集》卷七五,第 3921 页。
⑧ 同上书,第 3924 页。

将藏之家塾,俾儿辈学焉,非敢为他人发也"①。朱子曾博采有代表性的九家对《论语》《孟子》的注释,编成《〈语孟〉集义》,他高度评价《论语》所表现的丰富多姿的内容:"抑尝论之,《论语》之言无所不包,而其所以示人者,莫非操存涵养之要。"②朱子对《论语》的许多观点进行了注释和解析,也借此表达了他自己的思想。

此外,《朱熹集》中,朱子对孔子的天命观、道学观、法制观、德育观、自然观等都有或多或少的论述和评价。限于篇幅,此就不再赘述了。

---

① 郭齐、尹波点校:《朱熹集》卷七五,第3925页。
② 同上书,第3944页。

第三章
史　学

第一节　闽籍史学家著述特点

福建虽然至唐才开始开发,但至宋后,史学人才层出不穷,许多闽籍史学作者著作在中国史学发展上占有相当重要的地位。其主要特点有以下三个方面。

一、著述面广泛,各种体制无所不包

《四库全书总目》史部将史学体例分为九大类,闽籍史学人才的著作几乎全部涵盖。编年类有:宋代崇安人胡宏的《皇王大纪》(八十卷),宋代建阳人熊克的《中兴小纪》(四十卷),宋代莆田人陈均的《宋九朝编年备要》(三十卷),宋代崇安人江贽的《少微通鉴节要》(五十卷),明代诏安人吴朴的《龙飞纪略》(八卷),明代晋江人黄光升的《昭代典则》(二十八卷)等。纪事本末类有:宋代建安人袁枢的《通鉴纪事本末》(四十二卷),清代蓝鼎元的《平台纪》(十一卷)等。别史类有:宋代莆田人郑樵的《通志》(二百卷),明代莆田人柯维骐的《宋史新编》(二百卷),明代泉州人李贽的《藏书》(六十八卷)、《续藏书》(二十七卷),明代仙游人唐大章的《书系》(十六卷)等。杂史类有:宋代邵武人李纲的《建炎时政记》(三卷),明代建安人杨荣的《后北征记》(一卷),明代晋江人俞大猷的《洗海近事》(二卷),明代惠安人李恺的《处苗近事》(一卷),明代莆田人郭应聘的《西南纪事》(六卷),明代自题曰"闽人"黄俣卿的《倭患考原》(二卷)等。诏令奏议类有:宋代仙游人陈次升的《谠论集》(五卷),宋代李纲的《李忠定奏议》(六十九卷),明代莆田人黄起龙的《留垣奏议》(四卷)等。传记类有:宋代朱熹的《伊洛渊源录》(十四卷)、《名臣言行录》(前集十卷、后集十四卷、续集八卷、别集二十六卷、外集十七卷),清代安溪人李清馥的《闽中理学渊源考》(九十二卷),明代晋江人徐𬭎的《精忠类

编》(八卷),明代漳浦人蔡保祯的《孝纪》(十六卷),明代莆田人宋端仪的《考亭渊源录》(二十四卷),明代莆田人林塾的《拾遗书》(一卷),明代瓯宁人李默的《建宁人物传》(四卷),明代闽县人徐𤊹的《榕阴新检》(八卷),明代侯官人陈鸣鹤的《东越文苑》(六卷)等。史钞类有:明代莆田人方澜的《读书漫笔》(十八卷),明代长乐人谢肇淛的《史觿》(十七卷),明代古田人余文龙的《史蛮》(二十五卷),明代德化人文德翼的《宋史存》(二卷),明代晋江人俞文龙的《史异》(十七卷),清代晋江人陈允锡的《史纬》(三百三十卷)等。地理类有:宋代建阳人祝穆的《方舆胜览》(七十卷),明代莆田人姚虞的《岭海舆图》(一卷),明代人谢肇淛的《滇略》(十卷),明代侯官人曹学佺的《蜀中广记》(一百零八卷)、《舆地名胜志》(一百九十三卷)、《蜀中名胜记》(三十卷),明代龙溪人张燮的《东西洋考》(十二卷),明代怀安人廖世昭的《志略》(十六卷),清代晋江人潘鼎珪的《安南纪游》(一卷)等。目录类有:清代侯官人林侗的《来斋金石考》(三卷)。史评类有:宋代晋江人吕夏卿的《唐书直笔》(四卷),宋代晋江人吕中的《大事记讲义》(二十三卷),宋代崇安人胡寅的《读史管见》(三十二卷),明代南平人赵弼的《雪航肤见》(十卷),清代晋江人黄鹏扬的《读史吟评》(一卷),清代邵武人施鸿的《澄景堂史测》(十四卷)等。

二、体例上突破创新,开一代风气

如宋代郑樵的《通志》,是以人物为中心的纪传体通史,体例仿照《史记》而有所创新。《通志》发挥了通史作用,从司马迁到郑樵,中间经过一千二百多年,史学著作不少,但仅有断代史和杂史,郑樵《通志》以其通和博的特点,发挥了通史的作用。全书五百多万字,其"总序"和"二十略"是全书的精华。郑樵编著《通志》,大部分精力都用在二十略上。其略就是一般史书里的志。《氏族略》《都邑略》《昆虫草木略》是对刘知几增三志主张的发展。《六书略》《七音略》也是创造。《艺文略》《校雠略》《图谱略》《金石略》对正史《艺文志》有所创新。除礼、器服、选举、刑等略外,其余各略也有新意。以《艺文略》为例,首先是著录了图书 10912 部、110972 卷,这个数目是空前的,基本做到了"纪百代之有无";更重要的是"处多有术",建立了新的分类体系,"虽多而治",给编制全国综合性古今图书系统目录开辟了广阔的道路。《通志》的体系和编纂方法对后代史学产生了较大影响,如清代乾隆年间曾仿照《通志》,修撰了《续通志》《清通志》,以后形成了所谓"九通"体系专著。袁枢的《通鉴纪事本末》融纪传、编年而为一,创造了一种新的史学编纂体例——纪事本末体,它克服了编年体和纪传体"首尾难稽"的缺点,并能做到"文省于纪传,事豁于编年",这在史书体裁上是一大进步。在其影响下,明清时期产生了 13

种纪事本末体史籍,形成了历史编纂学方面的一大流派,为我国史籍体系的多样性、连续性特点增加了新的内容。朱熹、李幼武的《宋名臣言行录》(其中朱熹撰前集十卷、后集十四卷)是一部重要传记资料,其主要贡献是首创一种以人系事、注明出处的编次方法,作者将所收各人大致按生平排列,先以两三行文字做概括介绍,如字号、里贯、时代、官职、谥法等,然后录其主要事迹言行。尤其是所录诸条,逐次注明出处,不但一人始末事迹可以概括了解,且可根据书中提示材料作进一步搜集研究,极为方便。这种编纂方法,对后世传记资料的收集编纂产生了深远影响。何乔远的《名山藏》共109卷,分类叙述各类人物,是明代私家纂述的一部纪传体明史。其特点是多取自当时流传的野史、笔记、遗闻,有些取材是正史家视而不见的,如《方技记》实际上为科学技术家列传;《货殖记》记述了江南大地主发家情况,以及明季手工业和商业情况;《王享记》除了记述外国及西域诸地情况外,还收有海西女真和建州女真的有关材料,可谓别开生面。何秋涛的《朔方备乘》是清代研究西北史地的重要著作,书中不仅把前人对东北、新疆、蒙古的史地研究成果熔为一炉,而且把研究范围扩大到域外史地。作者在体裁上的独创,是将历史地理的研究与边疆地区各民族的历史、习俗、源流等方面结合起来,集纪传、编年、纪事本末、考订、注释为一体,综合立体地反映这一领域研究成果。陈梦雷主持的《古今图书集成》,是中国现存完整的一部类书,共一万卷,它在许多方面都有创见:在分类上,其详细程度超过以前所有类书;在编排上,系统而且全面。它还打破了类书以分类介绍史事为主的范例,很多部门都有列传,具有近代化百科全书的优点。

三、提出新颖的史学思想和卓越的史识

如郑樵提出著书要独出心裁,创立凡例,成就一家之言;编纂史事要统一体例,要重视核实索象、区分类例和考镜源流等较为科学的治史观,表现了严谨的学风。袁枢认为治史应"有补治道",寓道于史,要在史学发展史上有所创新,"成一家之言"。朱熹把"理"—元论从哲学领域引入史学领域,使其史学具有哲学思辨性,试图建立"天理"与"史事"统一的史学体系,提出明正统、斥篡贼、立纲常,扶名教等史学观,对封建社会后期产生了深远的影响。李贽将其离经叛道思想引进史学研究中,提出不以孔子的是非为是非的历史标准,反对"践迹""执一"的历史保守观,主张与"与世推移"的历史发展观,其《藏书》《续藏书》《史纲评要》等史学著作,表现出力主解放,不囿传统的史学观。

福建有不少著名人物,虽然不专门从事史学著作编写,但由于他们著作中或记录了当时的材料,或集佚了有关史料,所以也引起史学家的关注,其著作

在史学界也占有一定地位。如南宋末年爱国诗人郑思肖的《心史》如实记述了南宋灭亡、蒙古兴起及元代初年的一些史事，因受理学家影响，认为"天地万化，悉自此心出"，因名其书为《心史》。由于南宋遗民手笔的一些史料多经元人窜改，《心史》则得以保持其原来面目，再加上所记皆亲身见闻，故其史料价值更是弥足珍贵。明代南安人郑鸿逵是明末抗清的武将，但其《及春堂集》却涉及了许多南明的史实，为研究南明历史的重要资料。明代惠安人王忠孝参与郑成功军国大事的策划，并随郑经入台，其《王忠孝公全集》涉及与郑成功等书札多封，为研究郑氏抗清的珍贵史料。明代晋江人黄景昉的《国史唯疑》，通记历朝人物遗事，后半卷专记闽事，可补史传不足。其《宧梦录》追记万历四十三年至崇祯十六年间近 30 年朝政见闻，有助于研究明末历史。明代长乐人谢杰曾册封琉球，其《虔台倭纂》记载了当时倭寇对我国东南沿海的骚扰和军民的抗倭斗争，是研究明代抗倭斗争的重要史料。宋代宁化人郑文宝的《南唐近事》泛记南唐李昪、李璟、李煜三世 40 年间事，半为史实故迹实录，半为异闻琐事随记，由于作者为南唐旧臣，故可供研究南唐史者参考。明代松溪人魏濬的《西事珥》《峤南琐记》，均为研究粤西云贵少数民族风俗的重要资料。明代长乐人谢肇淛的《五杂俎》（十六卷）记录了明代政治、经济、社会、文化等方面材料，是研究明末社会的重要史料。

第二节　福建地方文献

一、福建地方志

福建地方文献极为丰富，以地方志为例，据有关专家统计，目前可以看到的福建志书(不包括专志)超过 300 种，保存至今最古老的福建方志，是宋代的《三山志》《仙溪志》《临汀志》。《三山志》因是宋淳熙九年(1182)成书，故也称《淳熙三山志》，为泉州人梁克家主修，陈傅良参与编撰。"三山"是福州的别称，五代时，福州曾一度升为长乐郡，故又名《长乐志》。原书 40 卷，后人增订 2 卷，现为 42 卷。编者采择北宋庆历三年(1043)林世程纂修的福州志资料，并增入庆历三年至淳熙九年共计 139 年的史事，分为地理、公廨、版籍、财赋、兵防、秩官、人物、寺观、土俗九大类，记载当时福州所辖闽县、侯官、怀安、长乐、福清、永福、闽清、连江、罗源、长溪、古田、宁德 12 县的历史、自然、社会、人文各方面情况，为传世的南宋方志佳作。《四库全书总目》评说："其志主于记录掌故，而不在夸耀乡贤、侈陈名胜，固亦核实之道，自成志乘之一体。"《仙溪志》为泉州人黄岩孙于宝祐五年(1257)编修而成，共 15 卷。仙溪即仙游县。此志卷一为叙县物产,包括星土局势、道里、乡里、官廨、仓库、县郭、坊表、市镇、宸翰、学校、学田、祀田、社稷、风俗、户口、财赋、夏税、产盐、秋税、货殖、果实、花、草、木、竹、禽、兽、水族、药品;卷二为令佐题名、进士题名,包括知县、县丞、主簿、尉;卷三为衣冠盛事,包括仙释、祠庙、祠堂、冢墓;卷四为人物,包括唐、五代、宋人物。此志横排门类,纵贯古今,内容丰富。元代曾有人重订镂版,后版散卷遗,现仅存抄本四卷。《临汀志》为赵与沐于开庆元年(1259)编撰,共15卷,临汀是宋代汀州的别称。引志序称以《嘉定赤城志》为例,先郡后县,分门别类记载当地建置沿革、至到、城池、坊里、圩市、桥梁、风俗、形胜、户口、税赋、土产、山川、亭馆、祠庙、寺观、坛遗、廨舍、仓场、库务、邮驿、学校、贡院、营寨、古迹、郡县官题名、名宦、进士题名、武将、遗逸、正烈、仙佛、道释、丛录。此志横排纵叙,临汀古今人、事、物等,皆有详尽记载,是一部研究宋以前闽西社会的珍贵史料。原本已佚,幸《永乐大典》中有收录而得以流传。

  明代可考的福建方志约230种,幸存至今的有80种,其中最著名的总志为《八闽通志》和《闽书》。《八闽通志》为莆田黄仲昭所编纂,始修于明成化乙巳(1485),成于弘治己酉(1489),刊行于弘治庚戌(1490)。明代福建省共辖八个府,故名《八闽通志》,这是现存的第一部福建全省性的地方志。全志共87卷,载有地理、食货、秋官、学校、选举、坛遗、祠庙、恤政、人物、宫室、寺观、丘墓、古迹、祥异、词翰、拾遗等。内容以所属郡县志为资料,加以增补、考订、删次而成,以事分类,共十八;各类之下再分细目,共四十二,层次分明,统属得法,载述也较详备,正如《四库全书总目》所言:"此书于舆记之中较为详整。"是研究福建及府、州、县地方史的重要史志。黄仲昭还编纂了《邵武府志》《兴化府志》《南平县志》等。《闽书》为晋江人何乔远所编纂,始修于明万历四十年至四十四年(1612—1616),崇祯元年(1628)至二年又进行补定,刊印时间为崇祯元年三月至崇祯四年五月间。《闽书》是一部著名的明代福建省志,其价值主要在四个方面:第一,保存了不少明以前罕见的史料。正如《四库全书总目》所评:"闽自唐林谞有《闽中记》,宋庆历中林世程重修之,历南宋及元,皆无总志。明成化间,莆田人黄仲昭始为《八闽通志》,王应山复为《闽大记》《闽都记》《全闽记略》,皆草创未备。乔远乃荟萃郡邑各志,参考前代记载,以成是书。"《闽书》保存了许多有关福建地方史以及中国古代政治、经济、军事、文化、中外关系等诸多方面的罕见记载,有些是其他志书所没有的,如伊斯兰教传入我国的时间与途径,摩尼教创始人摩尼的生卒年及该教东渐中国的时间等,都为独家记载。第二,以较为先进的史学观统摄全书。何乔远曾长期生活在深受海外文化影响的历史名城泉州,受到资本主义萌芽的影响,思想较为进步开放,将其史学家的敏锐视觉和时代精神熔铸于书中。如他在《闽书·方伎志》中认为:"予志方伎焉,艺之精者,未始不圣也。"公开把医生、艺人、工匠与圣贤等量齐观,表现出不同一般的史识。第三,在标题和分类上有创新,表现出作者勇于突破传统的探索精神。书分二十二志,并标有独特的标题,其如:一、分野志;二、方域志;三、建置志;四、风俗志;五、版籍志;六、扦圉志;七、前帝志;八、君长志;九、文莅志;十、武军志;十一、英旧志;十二、方伎志;十三、方外志;十四、宦寺志;十五、闺阁志;十六、岛夷志;十七、灵祀志;十八、祥异志;十九、崔苇志;二十、南产志;二十一、蓄德志;二十二、我私志。第四,是现存最早而卷帙又最多的地方志。全书154卷,荟萃福建八郡一洲五十七县志。因它的前期资料工作已由各府县完成,这为作者提供了较好的基础,使其资料丰富全面,记述翔实周密。

明代福建地方府县志著名的如:《闽都记》(三十三卷),侯官人王应山编撰。书以坊市为经,山川、寺院、宅墓、古迹为纬,书前有汉、唐、晋、梁、宋、明各代城池图。卷一简述福州沿革历史,后各卷详细介绍福州府各属县的坊巷。《福州府志》(七十六卷),喻政主修,林烃、谢肇淛纂。此书体例完善,书目得当,涉及大量明代福州经济、文化情况,颇具史料价值。《寿宁待志》,苏州府长洲县人冯梦龙任福建寿宁知县时所撰,所以不名县志而称待志,是作者寓"宁逊焉而待之"的自谦之词。作者用第一人称写法,除记载寿宁县的历史、地理、政治、经济及风土人文外,大量篇幅为作者宦游福建时施政治活动与政治思想的实录。此书的特点和价值,今人林英、陈煜奎在福建人民出版社1983年出版的《寿宁待志》"前言"中认为有五:(1)尊重客观事实,尊重历史发展;(2)借志立传,志传交辉;(3)据事直书,无所讳忌;(4)采风问俗,考察入微;(5)核实"旧志",订正讹误。此外,一些县志在编纂上采用了一些新方法,如在书前绘列乡贤图像,但也有后人对此不以为然,《四库全书总目》(卷七三)评建阳人黄璿纂修的《建阳县志》:"卷首于舆图之外,增以先贤画象十二。传刻失真,殆可不必。"评曾任崇安训导的天台人李让所撰《崇安县志》:"卷首列诸儒图像,自胡安国以下凡十六人,皆具眉目,不可别为某某。仅以题识辨姓名,不知何取,与《建阳县志》所绘同一鄙陋也。"

清至民国,福建总志有五部,各具特点。第一部为康熙二十三年(1684)郑开极等人修纂的《福建通志》(六十四卷),虽然影响不大,但毕竟是《闽书》后的第一部福建总志,为下面总志的编撰起了桥梁作用。第二部为乾隆二年(1787)谢道承等人编纂的《福建通志》(七十八卷),其最大的特点,一是根据当时旧制沿革已发生的变化现实。《四库全书总目》卷六八评:"取旧制之烦芜未当者,删汰冗文,别增新事。其疆制度,悉以现行者为断。"二是增加了许多旧志未载的内容，"如沿海岛澳诸图，旧志所不载者，皆为详绘补入，足资考镜，于体例亦颇有当焉"（同上）。第三部为乾隆三十三年（1768）沈廷芳等人主撰的《福建续志》（九十二卷），其特点是断代志，所载内容自乾隆二年（1737）至三十二年（1758）止。第四部为道光年间陈寿祺等人修纂的《福建通志》，志稿初成400卷，后由魏敬中主纂，增删为278卷，于同治十年（1871）刻印成《重纂福建通志》，虽比原来少四分之一强，但质量显然较原稿提高不少。第五部为民国时期陈衍等人修纂的《福建通志》，也称《福建新通志》，由民国五年（1916）起创，至民国二十七年（1938）才续成全书，总计611卷。由于卷帙过于浩繁，因而内容芜杂，有些记载难免考订不精，校雠不当。但此志在保存资料方面，是功不可没的。

清代福建地方府县志中著名的如：《宁化县志》（七卷），李元仲纂，康熙二十三年（1864）刻本。此志以土地、人民、政事为纲，纲下按事类分目，为五十目，横排纵写，于一邑古今人、事、物诸大端，每一目均有概述，提纲挈领。在记载上亦有特色，如诗人不独设艺文志，各附本事之后附，或本人传中。土产记载赅博，采选精详。值得称道的是作者敢言利弊损益，美恶盛衰，故此志历来甚得好评，如乾隆《长汀县志序》称："西蜀《武功志》修自康对山，闽之《宁化志》修自李元仲，海内俱称善。"《汀州府志》（四十五卷），曾曰瑛等修，李绂等纂，乾隆十七年（1752）修，同治六年（1880）刊印。李绂为当时修志名家，故此志体例、内容、笔法多合志体，为当时志书佳构。纵观此志，主要特点有三：一是对旧志中遗漏、差讹之处，均一一为之补缀、厘正，使之更加完备、充实；二是考订精到，力戒浮华虚妄，凡涉虚谈者，皆不采录；三是务求实用，如详载入清以来当地田赋、户役诸端等。《罗源县志》（三十卷），林春溥总纂，道光九年（1829）刊刻，分建置沿革志、疆域志、山川志、海防志、津梁志、物产志等目，记录五代至道光年间所发生的自然、社会等方面事件，其特点是详记山、海环境及其资源，具有较高的参考价值。《福州府志》（七十六卷），徐景熹修，鲁曾煜纂，乾隆十九年（1754）刊刻。该志的特点是详述乾隆前百余年名物制度，所征引之处，俱记书目，或有按语，对所疑之处，予以辩明，山川、水流、海防无不备载。《闽县乡土志》（八卷），朱景星修，郑祖庚撰，现有光绪三十二年（1906）铅印本，内容分为三大部分：（1）历史部分。主要记载闽县历史演变及当地名人贤者；（2）地理部分。主要记载乡土之道里、建置及本地先贤祠庙、遗迹等；（3）格致部分。主要记载物产、日用所需等。书中所记述的光绪末年闽县茶业、木业、纸业、鸦片、洋货等商品进口情况，对于研究近代经济史颇有资料价值。

地方志中的专志，指专门记录某一项或主要某项内容志的志书，如山志、水志、寺庙、道观、书院、人物、艺文等。福建专志的主要特色有二多。第一,寺庙志多。这与福建佛教长期兴盛不衰有关。其较影响的有:《鼓山志》共有4种,如明代长乐人谢肇淛、徐𤊹编撰的十二卷本,明万历年间(1573—1620)刊印;明代鼓山住持元贤重修的十二卷本,明崇祯年间(1628—1644)刊印;清代黄任于乾隆二十六年(1761)修纂,十五卷本;清陈祚康续修三卷等。其中元贤修撰的较有特色,《四库全书总目》卷七六评论说:"名为山志,实则为寺志耳。其凡例有云,兹山知名海内者,实以人重,非以形胜重也。"《方广岩志》(四卷),明代谢肇淛撰,内容为:本纪,以记方广岩;外纪,以记旁近岩壑;别纪,以记方广外岩壑,尚有诗文辑,搜集前人诗文。《四库全书总目》对此颇不以为然,卷七七中指出:"然本纪之名,史家以载帝王事迹,用之山水,殊乖体例。"《太姥山志》(一卷),明代鄞县人史起钦撰,书成于万历二十三年(1595),前列图,后列记序及题咏之作。《四库全书总目》评论说:"然山以岩壑寺宇为主,法当分门编载。"《雪峰志》(十卷),明代徐𤊹撰,林弘衍参订,凡有关山中名胜、寺宇、物产、僧侣和历代题咏等文献,皆录无遗。《黄檗山志》(八卷),清顺治九年(1652),隐元禅师在圆悟、通容禅师和居士林伯春、僧行玑所纂辑旧志基础上重修,道光三年(1823),住山僧清馥、道遑再次重修。志分山水、寺、僧、法、塔、外护、释诗偈等八个部分。内容丰富,资料翔实,文字隽永可诵,是研究黄檗寺的珍贵史料。第二,山水名胜志多。如:《九鲤湖志》(六卷),明代莆田人黄天全撰,书成于明万历年间。《四库全书总目》卷七六认为,此书:"分为山水、建置、梦验、艺文四门。梦验者,以九鲤湖祠乃闽人祈梦处也。"《武夷九曲志》(十六卷),清代王复礼撰,康熙五十七年完稿。《四库全书总目》第七六评论说:"前卷既以诗文分入山水,而后卷又列艺文一门,体例颇杂。"《西湖志》(二十四卷),何振岱撰,1914年成书,内容分水利、名胜、山水、渠浦、祠庙、寺观、园亭、古迹、人物、冢墓、碑碣、艺文、志余、外纪等,所涉内容几乎无所不包,虽有些地方流于琐微,但有助于人们了解当时的福州西湖。

二、福建其他地方文献

除了方志外,福建的其他地方文献也十分丰富,其中主要有以下几种:

(一)对地方史料的考订。如明代陈鸣鹤的《闽中考》(一卷),将唐代《闽中记》与宋代《三山志》互为参照,对福州山川古迹进行考订,如考东冶非东治,泉山非泉州清源山等,颇有见地。《四库全书总目》对此书校核评价甚高,称其"颇精核"。

(二)对本地地理风物民俗的记载。如《闽部疏》(一卷),明代王世懋所撰,约成书于万历十三年(1585)。书对福建八郡的山河形势、名胜古迹、气候、人物、都邑、物产等均有详细记载,但以福州府事为主,《四库全书总目》卷七七称此书为作者"记其身所阅历者也"。《泉南杂志》(二卷),明代浙江嘉兴人陈懋仁撰,《四库全书总目》卷七七称此书"其所载山川、古迹、禽鱼、花木以及郡县事实,颇为详具。……下卷则多记其在泉所施设之事,皆得诸身历者"。《长溪琐语》(一卷)明谢肇淛撰,《四库全书总目》卷七七称:"是书杂载山川、名胜及人物、故事,间及神怪。"《闽中录》(八卷),侯官人郑杰撰,清光绪十八年(1892)刊本。该书搜采乡邦掌故,内容为:闽历代沿革考、王潮别传、访闽王墓记事、福建金石、福建物产、闽人著述等,保存了许多闽中文献。《闽小纪》(四卷),清代河南祥符人周亮工在闽任职时所撰,内容为福建的物产、风土、人情、工艺、文化、人物和掌故逸事,为研究福建地方史有价值材料。

（三）对当时所发生事件的记载。如《三山论学记》,明代传教士艾儒略撰,清道光二十七年(1847)刻本。此书为意大利天主教耶稣传教士艾儒略于天启七年(1627)初夏与叶向高析疑问难之作,为研究天主教传闽的珍贵文献。《闽中诸公赠诗》,明代晋江大学堂辑,影印标本,书中为明万历至崇祯年间(1573—1644),福建权贵硕儒七十一人赠艾儒略诗,计84首,为研究福建明代末期社会状况的史料。《甲寅遗事》,著者不详,仅存抄本,专述清康熙十三年(1674)耿精忠在福州反清活动经过,并附录耿精忠在福州所罢诸官,及其七子、十三孙姓名,多为他书所未见。

（四）对所见所闻之事的记载。如:《莆变纪事》(一卷),明代莆田人余飏撰,记明末清廷施行沿海迁界之策,莆中濒海人民流离失所,起而抗清的情况。作者曾身历其境,亲眼目睹当时情景,故所记较为可信。《闽中摭闻》(十二卷),明代晋江人陈云程撰,记闽中各县胜迹、人物轶闻逸事等,所记为作者亲见之事,较为可信。《闽琐记》(一卷),清代江苏溧阳人彭光斗在福建任职时所撰,主要记载作者见闻,一些内容为其他笔记所未载,如录有福建巡抚赵某严禁妇女殉节告示等。

（五）对历代有关闽地史料、遗闻、逸事的辑录。如:《莆阳文献》(十三卷),明代莆田人郑岳辑,明万历四十四年(1616)刊本,全书辑录莆田、仙游二县自梁、陈迄明著作诗文,为莆阳文化保存了许多史料。《竹间十日话》(六卷本),清代侯官人郭柏苍辑撰,光绪年间刊本,全书辑录历代文献上有关全闽的遗闻逸事,结合自己游历全闽时见闻所编撰,可补史料之阙。

第三节　福建金石与福建早期历史资料

一、福建金石的种类

金石,中国自古就有这个名称。《吕氏春秋·求人》云:"故功绩铭乎金石。"高诱注云:"金,钟鼎也;石,丰碑也。"所谓钟鼎,即铭刻有文字的古铜器;石,则是刻有文字的碑碣。铜器、碑碣上所刻的文字多为歌功颂德的。《史记·秦始皇本纪》:"群臣相与诵皇帝功德,刻于金石,以为表经。"但也有用来记事的。后来,不仅统治阶级用金石来纪功颂德、记事,官吏、士人以及一般百姓,也用以铭志军功、德政,或记叙死者世系生平,或叙述建筑物的沿革和兴修,或记事、纪游。但是钟鼎之类,比较贵重,多为统治者用之,而官吏、士人及平民百姓则几乎都是用石。"金石是中国一种主要载体,在印刷术未发明之前,甚至印刷术发明之后,都是历史与社会记载的重要工具,在中国的学术史形成一个庞大的知识系统。这个知识系统超出现代考古学的范畴,由于金石与历史、社会发展间密切的关联,使得金石的记载内容随着历史与社会的发展而有不同的面貌。因此,金、石记载所呈现出的是与社会、历史更加紧密的结合性,所能反映的社会与历史面貌更多样。"[①]

福建金石,据不完全统计,数量相当多,但钟鼎之类很少,最早的是萧梁之时的福州定光塔鼎。其后,从唐代到明代,钟鼎不过数十件,其中有两件还是铁铸的。福建钟鼎数量如此之少,大约有三个原因:一是福建开发较晚,在萧梁之前尚没有出现钟鼎文化,不像中原地区,早在西周之时,钟鼎文化即已盛行。二是由于开发较晚,铸造钟鼎的技术出现得也较晚,中原先进的铸造技术和方法传入也甚晚。三是福建缺少铸造钟鼎的主要原料铜矿石,所以有的以铁代铜。福建金石,大量的是石碑、石碣之类。主要的原因:一是福建先民早在旧石器时代就能够用手工打造生产和生活用具,随着打造的工具和技术的发展,打造石碑石碣,并在碑碣上凿刻文字自然不难。二是福建是丘陵地区,随处都有可以凿刻文字的岩石和打造碑碣的石料。三是接受中原流传已久的碑碣文化的影响。福建碑碣,已知的最早出现的是东晋废帝太和二年(367)闽县(今福州市)的《光孝观于山碑记》,此碑宽一尺多,长一尺五六寸,刻文九行,碑文为谶语,多不可解。碑曾失没已久,明代末年有人在于山麓淘井时发现。此后,福建碑碣渐多,两宋时期臻于极盛,洋洋大观,蔚成福建碑碣文化。

[①] 耿慧玲:《从金石学探索史学方法中的坐标观念》,《止善》(台湾)第九期(2010年12月)。

此文化一直延续到元、明、清以至近代。据陈衍主纂的《福建通志·金石志》载,福建金石的种类主要包括以下内容。

(一) 福建"金"的种类

1. 钟。在金类中,钟最多,有铜、铁之别,多属于寺、院、庙、观,钟上镌有题识、款识、铭等文字。例如:唐长溪(今霞浦)双岩院钟款:"龙纪元年造,舍入东熟文殊院。"此款识说明铸造钟之年与舍入何所。"龙纪"为唐昭宗年号。宋开宝六年厦门荐福院钟题识:"弟子前清溪令兼检校工部尚书兼御史大夫林仁著及家室郑二十三娘同发心愿,为考妣二亲并自身合家男女铸大钟壹口,庶假良因资考妣超生界,兼期果保自身福寿延长。开宝六年岁次癸酉三月九日题记,永镇荐福院供养。"此题识说明铸钟之人的官衔、姓名,铸钟的目的及钟置于何处。"开宝"为宋太祖年号。据《福建通志·金石志》载,福建钟有十三口,其中铁钟二口,余为铜钟。

2. 鼎。福建唯一之鼎,为梁代所铸的福州定光塔鼎,鼎有识语:"诸天及人,无由见鼎,地摇三日,天雨四花,土田三变,今古同时,屠人握闽,雨衣三拜。梁天监四年书。"此识语为谶语,据《闽书》云:"《皇朝闽中考》:相传宦闽中者,上宦之日必从城西门入,入南门必火。嘉靖十三年,四明屠侨来为左伯,入南门,居一月,雷震万岁寺塔,火,侨诣寺拜火,天雨,侨急以雨衣藉地,拜至三,塔鼎坠地,鼎有款识。""天监"为梁武帝年号。

3. 炉。一在仙游。仙游师子炉题识:"弟子盐铁出使巡官主福建院事检校尚书礼部郎中赐紫金鱼袋王延翰,奉为大王及国夫人铸造师子香炉壹口,舍入保福院,永充供养。天祐四年九月四日题。"此题识说明铸炉者为王延翰,以及铸炉的原因。"天祐"为唐哀帝年号。一在邵武。大乾祠香炉铭,铭文中说明为宋孝宗淳熙五年(1178)知邵武军赵师龙,为禁止械斗恶俗,收集民间所藏凶器而铸造。

4. 铜牌。五代时吴田山墓铜牌篆文,文曰:"佳城今已开,虽开不葬埋。漆灯犹未灭,留待沈彬来。"此文亦为谶语。宋太宗太平兴国间惠安铜牌文,文曰:"开我基者立惠安,安葬我身者祀青山。"此文也属谶语,据《闽书》云:宋太平兴国间,惠安令崔某移古县于今县,开基得此铜牌。

5. 铜板。宋英宗治平四年(1067)汀州郡守周公约进献朝廷铜板二片,文曰:"天下太平。"

6. 金龙玉简囯。简以银造,四周以龙为饰。宋理宗嘉熙元年(1237)御制,投于武夷大王峰,用以祈求皇嗣,遏制外患。

7. 银塔。福州开元寺银塔题识:"宋元丰癸亥正月初一日立,刺史刘瑾。""元丰癸亥"为宋神宗元丰六年(1083)。

8. 铜、铁钱。五代：王审知铸"开元通宝"铜钱、"开元通宝"铁钱、"开元通宝闽"大铁钱。王璘铸"龙启通宝"钱。王延钧铸"永和通宝"钱。王曦铸"永隆通宝"铜钱、"永隆"铁钱、"永隆通宝闽"铁钱。王延政铸"天德通宝"、"天德重宝"铁钱。明代："洪武通宝十福"（"洪武"说明是明太祖洪武年间铸造。"十"是当十钱用，"福"说明此品铸于闽省），"洪武通宝福"，"二福"（"二"当二钱，"福"表示闽中所铸），"五福"（"五"当五钱）。隆武通宝户、"隆武通宝工"（"隆武"说明是唐王在福州即位所铸，此钱背有一星，钱有二品，一背文"户"字，一背文"工"字）。清代：耿精忠钱三品："裕民通宝""裕民通宝一分""裕民通宝壹钱"。

（二）福建"石"的种类

1. 石刻与题字。凡字题刻于岩石者，皆属此类。唐明皇封祀石刻：刻于天宝七年(748)，在武夷山换骨岩上，文曰："大唐天宝七载，岁在戊子，七月封名山大川，登仕郎颜行之记。"此是唐明皇遣使者祭海内名山大川所刻。石敢当石刻：刻于唐代宗大历五年(770)，在莆田，文曰："石敢当，镇百鬼，压灾殃，官吏福，百姓康，风教盛，礼乐张。唐大历五年四月十日，县令郑押。"此为镇邪祈福之石刻。李阳冰书般若台：文曰："般若台，大唐大历七年著作郎兼监察御史李贡造，李阳冰书，住持僧惠摄。"后五字正书，前廿四字篆书。在福州乌石山华严岩顶，笔法淳劲，周亮工以为人间至宝。永福（今永泰）二都两石刻：一刻"三生石"，一刻"遗照台"。欧阳永叔书，不著年月。莆田有蔡襄刻石二段："仰止。君谟。""千峰倒影。君谟。"此二段石刻亦不著年月。邵武石岐山有张栻于宋高宗绍兴初题字，文曰："礼义廉耻。"张栻以绍兴九年(1139)知福州。仙游附凤岩小夹漈题字，篆书"小夹漈"三字，为郑樵所书，亦不著年月。福州越山宋高宗赵构御书"环峰亭""越山吉祥"。福州南台石刻"古南台"，隶书，为赵汝愚手笔，在钓龙台上。赵汝愚曾两度知福州。福州朱熹石刻题字多处，如：方山石刻"怡山良石神仙所居"；鼓山石刻"天风海涛"；凤丘山题字"凤丘""鹤林"；鼓山喝水岩桥下"寿"字（高二丈余）；乌石山先贤石室题字；"石室清隐。晦翁。"此外尚有"天光云影""耕云钓月"等题字。除乌石山题字署名外，皆无署名及日月。福建石刻题字甚多，难以一一列举，仅举以上为例。

2. 题名。多为游览山川胜迹题名姓于石。有一人题名者，例如莆田棠坡山题名："淳熙癸卯中冬朱元晦登。"此题名者为朱熹，时为宋孝宗淳熙十年(1183)十一月。福州乌石山天章台题名："陈休斋曾来。淳熙丙申秋。"此题名者为陈知柔，知福州；时为宋孝宗淳熙三年(1176)秋天。有二人以上题名者，例如福清瑞岩俞寿翁等题名："临川俞寿翁同温陵陈谦之视旱，因登瑞岩之巅,俯沧海,穷幽趣。虽俄顷,已有潇洒出尘之想。岩僧酌泉烹茶,使人徘徊胜概,颇动烟霞泉石之念。淳熙十一年重阳后二日。"此题名记题名者及同游者籍贯、名姓、登岩原因、登岩游览的经过及感受,后署年月。南安九日山司马伋等题名:"淳熙十年,岁在昭阳单阏,闰月廿有四日,郡守司马伋同典宗赵子涛、提舶林劭、统军韩俊,以遗舶祈风于延福寺通远善利广福祠下,修故事也。遍览胜概,少憩于怀远堂,待潮泛舟而归。"此题名先点明时间,次记题名者及同来者官职、姓名及登山原因,后叙游览及憩息等事。鼓山灵源洞李纲等题名:"昭武李纲伯纪,邀华阳王仲薿丰甫、建溪吴岩夫民瞻、临川陈安节巽达、淮海周灵运元仲,游鼓山灵源洞,丰甫之子升叔,伯纪之弟经叔、易纶,季言甥张津子知同来。绍兴元年五月二日。"此题名记游灵源洞者籍贯、姓名、字及同来之人,末署年月日。

3. 诗刻。题诗刻于岩石者,谓之诗刻。例如:宋高宗绍兴十年(1140)连江炉峰诗刻:"偃覆岩下石,岁寒傲霜雪。深根蟠茯苓,千古饱风月。绍兴十年僧天石镌。"此为一首五言绝诗,诗后署时间和镌此诗者。赵文昌诗刻:"城绕青山市绕河,市声南北际山阿。云来云去三晡雨,霜后霜前两熟禾。东郭农人报丰稔,西皋老子亦婆娑。肩舆到处皆名刹,时与高人醉踏歌。"此诗刻在福州乌石山,并署时间为元朝大德二年(1298),题诗人赵文昌。诗中描写了福州城貌、农业生产和丰收的情景。诗刻以武夷六曲响声岩朱熹的《九曲櫂歌》为最长,七绝共十首,未署年月。

4. 碑碣。用石加工成长方形者称为碑,用以镌刻文字,作为纪念物或标记,也用以刻文告。碣是用石加工成圜首形或形在方圆之间,上小下大者,碑与碣往往连称为碑碣,用以纪事颂德,也用作纪念或标志。其类型主要有以下13种:

第一,标志性碑碣。墓碑、墓碣用于标志埋葬之所,主要镌刻墓主人的姓名,或在姓名之前加官衔、封谥,或只书其官衔,封谥和姓而不书名。例如,福州灵隐山方金紫墓碣:"故赠金紫光禄大夫方公之墓,眉山苏轼书,嗣孙方琪立。"福州大嘉山李忠定公墓碣:"后宋开国丞相李公之墓。"此两墓碣均不书年月,后者为李纲墓碣,不署题碣者姓名。也有墓碣既作标志,又介绍墓主人世系和生前事迹。例如,福州刘奕墓碣:"宋故朝奉郎尚书屯田员外郎通判润州军事兼管内堤堰桥道劝农事上骑都尉借绯刘君墓碣文。"此墓碣为蔡襄撰书,在墓碣之后并有文介绍刘奕卒葬年月、妻室、子嗣及其生前事迹。神道碑、墓表也是标志性的碑碣。墓表与墓碑是异名而同物,神道碑是立在墓道上的标志性碑碣。墓表与神道碑所载之文,也是介绍和颂扬死者的生前德行、事迹。例如:朱熹所撰的《西山先生李公墓表》《黄中美神道碑》,前表颂扬李郁德行,后碑颂扬黄中美的政治胆识和气节。

第二,纪念性碑碣。此种碑碣是为有功德者而立的,碑文主要颂扬死者生前立功立德事迹,以为纪念。例如:唐代宗大历十二年(777)福州建立的李成公去思碑,碑文为常州刺史独孤及撰,文中颂扬福建观察处置防御使李椅在闽治政,特别是兴办教育的业绩。此碑立于李椅逝世后三年,立碑是为表示对其思念,故名"去思碑"。又如:唐哀帝天祐三年(906)福州建立的王审知治闽德政碑,碑文为王倜所撰,文中表纪念之意。

第三,文告性碑碣。此种碑碣是镌刻政府文告宣布于众。例如蔡襄任福州知州时建立两碑:一为《戒山头斋会》碑,一为《教民十六事》碑。前碑针对丧家卖田典屋置办山头斋会的恶俗,宣布严禁置办山头斋会,否则罪在家长,并禁止僧院参与置办斋会。后碑是针对公私种种弊端宣示教民十六件事。

第四,记叙性碑记。此种刻于碑上的记叙文,按其文题可分为以下十二个细类:一是山川岩潭碑记。此类碑记一般应以记叙描写山川岩洞景物为主,但遍览唐咸通九年(868)之《支提山记》、宋宝祐四年(1256)之《演山剑潭碑记》、宋咸淳二年(1266)之《豪山碑记》、宋熙宁十年(1077)之《虎头岩记》等,皆不然。二是寺院庙观碑记。此类碑记多为记叙兴建之由,或兴废、复建之事。例如唐武则天垂拱二年(686)漳浦《威烈庙记》:"公姓陈,讳元光。永隆元年盗攻潮州,公击贼,降之。公请泉潮之间创置一州。垂拱二年,遂敕置漳州,委公镇抚。入久之,蛮贼啸聚,公讨之,战殁,因庙食于漳。"记中叙述建庙奉祀陈元光之由,其中也说明漳州设州之始。三是祠的碑记。多为先贤祠记,如宋高宗建炎四年(1130)杨时撰之沙县《陈忠肃公祠记》、宋孝宗隆兴元年(1163)朱熹撰之建宁《游先生祠堂记》等皆属此类。陈忠肃公即陈瓘,沙县人,曾官翰林承旨,因反对奸相蔡京兄弟而三次遭贬。游先生指游酢,建阳人,与杨时同是二程高足,程门立雪典故即指其二人。游曾官御史,后退居讲学著书。四是学校、书院碑记。蔡襄的《福州修庙学记》、张读的《重建泉州州学记》、李弥逊的《连江移庙学记》、胡寅的《重建建宁府儒学记》、张致远的《南剑州重建州学记》、朱熹的《南剑州尤溪县学记》等,都叙述各学宇兴建或移建、重修之事,其间论述了教育兴学的重要,指陈了当时为学之失,提出了教育应着重以德化人。五是亭楼堂台阁碑记。亭楼台堂阁多是附属性的建筑物,附属于名胜、园林等处。唐德宗贞元九年(793)欧阳詹作《席相六曹新都堂记》,记叙当时泉州刺史府署新建司功、司仓、司户、司法、司兵、司田六曹办事的都堂之事,六曹是附属于府署的机构。欧阳詹又有泉州《二公亭记》《北楼记》,前记叙建亭于泉州东湖,以纪念姜某在泉的惠政;后记叙修复泉州城北候楼之事。六是坛、场碑记。坛,指社稷坛。唐大中年间福建观察使杨倡迁社稷坛，有《闽迁新社记》，叙述新坛的规模和迁建的目的。宋理宗时浦城社稷坛年久失修，嘉熙二年(1238)邑令陈昉重建，作《社稷坛记》，林埜书；记中叙述重建后之规模和建社稷坛的意义。场之碑记有《毬场记》《桃林场碑记》《祈雨道场碑记》等，如《毬场记》叙述开辟毬场之事，并描写球场周边的景物。七是建修路、府、县碑记。此类碑记有元惠宗至正二十年(1360)福建廉访使贡师泰撰的《重修福州路记》、后周世宗显德三年(956)詹敦仁撰的《初建安溪县记》、明神宗万历三年(1575)翰林院学士康大和撰的《重建兴化府治记》等。八是湖、港波碑记。此类为水陂利工程碑记。清乾隆十三年(1748)福建巡抚潘思榘撰《重浚福州西湖碑记》，记述乾隆十三年重浚西湖之事，文中回溯了西湖开凿和历代浚修的情况。西湖为晋太康间太守严高所凿，周围20余里。并在城的东北凿东湖，主要是为吞吐诸水和潮汐，灌溉田亩，兼收鱼虾航运之利。九是桥梁碑记。以蔡襄所撰《万安渡石桥记》最为著名。宋仁宗至和元年(1054)蔡襄以枢密直学士起居舍人再知福州，徙知泉州，倡建万安桥（即洛阳桥），桥成，撰记。此碑记不仅为写实之作，而且文书笔并精千古。《皇宋书录》评云："蔡公《万安桥记》大字刻石最佳，字径一尺，气压中兴摩崖。"十是常平仓、社仓碑记。汉宣帝时，于过郡筑粮仓，谷贱时以较高的价格收购贮藏，谷贵时减价粜出，称为常平仓。以后历代也以"调节粮价，备荒赈恤"为名，常设此种粮仓。南宋乾道四年(1168)闽北大饥，盗起浦城，得官仓粟赈济，才得安定。于是朱熹建议仿效常平仓之法，建社仓于乡村，订立条约，专人管理，以备饥荒。宋孝宗淳熙元年(1174)作《建宁府崇安县五夫社仓记》，即记述此事。在朱之前，宋仁宗庆历三年(1043)蔡襄撰《长泰县常平仓记》，叙述长泰县建立常平仓之事。从这两篇碑记，可以知道当时常平仓、社仓的一些情况。十一是盐政碑记。此类碑记主要有宋孝宗乾道三年(1167)朱熹撰的《转运司蠲免盐钱记》和明代王慎中撰的泉州《盐政刻石记》。前记虽述朝廷蠲免福建道所属州县历年逋负盐课之事，但也揭露了当时盐政之弊：地方官员私自增加盐课之额，加重人民负担，而又累年积欠国家盐课缗钱九十余万。后记则揭露了明代地方为查禁走私，不按法而放任侦捕之兵，对挑担卖盐的百姓随意逮捕，不知法的百姓不是用钱贿赂侦捕之兵，就是放弃盐担逃走。使挑担卖盐者，不能像贩卖疏果谷粟者一样做买卖，又使奸商乘机抬高盐价，从而造成了制盐者、卖盐者和居民的痛苦。十二是佛塔碑记。唐昭宗天祐元年王审知造报恩定光多宝塔于福州，黄滔作碑记，题为《大唐福州报恩定光多宝塔碑记》。记中说王审知造塔是为了报答母恩，塔名的取义是"以斯塔取如来之嘉号，号之曰'定光'；以其感珠之现，侔于自地之涌，故联之于多宝；本于孝思荐勖，故冠之以报恩"。

第五，碑铭。铭刻于碑版或器物上，有称扬功德的，有申鉴戒的。铭多为四字一句，隔句押韵，有的铭前面有序文。序文记事，文后以铭颂物或申诫。主要有颂扬性碑铭和申诫性碑铭两种。

其中颂扬性碑铭有以下七个细类：一是山、崖碑铭。铭刻于山或崖之上，用以颂赞功德。二是堂、室碑铭。宋绍兴时叶凤撰的邵武《吏隐堂铭》，此铭有铭无文，铭中颂赞吏隐堂周围自然景观，用以称扬堂之主人。三是寺、祠、观碑铭。明神宗万历十四年(1586)谢肇淛撰的《重建罗山法海禅寺碑铭》，铭前有文叙法海禅寺兴废，颂扬高圻舍业重建该寺。四是禅师碑铭。后梁太祖开平二年(908)黄滔撰的《福州雪峰山故真觉大师碑铭》，铭前有序文，叙五代时高僧义存生平。五是塔铭。这里塔铭有佛塔、骨塔两种。佛塔即浮屠，骨塔为僧火化后藏骨灰之塔。其佛塔，如唐德宗贞元十五年(799)庚承宣撰福州石塔寺之《无垢净光塔铭》，前有序文叙述福建观察使柳冕倡建此塔为德宗皇帝祝寿，德宗赐名为"贞元无垢净光塔"。文后有铭。其骨塔，主要为高僧藏骨之塔。唐德宗天复三年(903)福州《难提塔铭》，刻石者为王审知。前有文，后有铭。六是桥碑铭。明神宗万历四十一年(1613)有《梅屿吕公桥碑铭》，此铭是为备兵使者吕纯如而作。七是墓志铭。既记死者世系生平及生卒年月、子嗣等，又加以铭，故谓墓志铭。

申诫性碑铭有代表性的如《瓯粤铭》。宋高宗建炎四年(1130)闽北范汝为起义，朝廷先是派遣统制官李捧进剿，李轻进而败。接着朝廷遣官招抚。绍兴元年(1131)范汝为再次占据建城反宋，破邵武，进犯南平，朝廷派遣韩世忠以步骑三万水陆并进，打败范汝为，并遣偏师扫荡其根据地。范汝为起义之原因，当时认为是一其地民尚气而好斗，不知逆顺之势；二是其俗生子仅留一二，余悉溺之，故因果报应。李纲为此作《瓯粤铭》劝诫其地其民革去恶俗。铭末云："咨尔瓯民，自今以往，爱育子孙，尊君亲上。焚尔甲胄，折尔戈兵。服勤耒耜，以保尔生。孝慈以忠，砥砺名节。勒名山阿，敢告耆耋。"这是站在统治阶级立场上作申诫，没有正确指出农民起义的根本原因。

第六，碑志。碑志亦用于记事，如塔志、墓志、圹志等。志与铭不同之处是志有文而无铭。

塔志。后唐明宗长兴元年(930)《故安国宗一大师塔志》(在福州)，记宗一大师籍贯、俗姓、何时何地出家与受戒、受戒后所住之处、所得封赐，以及圆寂时间、年龄、葬地。元泰定帝泰定三年(1326)泉州清源山《石门和尚塔志》，全文曰：泰定丙寅岁，檀越主明威将军万户孙公施财，伏为慈明广昭禅师石门和尚造塔。癸酉五月十五日示寂，全身入塔。住山徒弟僧契因谨志。此塔志与前一塔志所记不同，仅记造塔时间，造塔者姓名、身份，石门和尚示寂时间、入塔情况及作志者之名。

墓志与圹志。墓志、圹志与墓志铭的区别是只有记事而无"铭"。作于宋宁宗嘉定三年(1210)的《黄氏圹志》(在浦城),记述黄裳家世、官历、卒历、享年、妻室、子嗣等。志与记有所区别,志专用于记述地方、史乘、山水、寺庙、塔、墓等。如通志、山志、塔志、墓志等。

第七,石器。一是石盆、盂等。此类石器多为善男信女舍财而造,并舍入寺以祈愿者。例如:宋神宗元丰六年(1083)漳州开元寺石盆,盆有题识:"当院朱全为考妣及自身舍钱置造,元丰六年癸亥。"宋高宗绍兴二十六年(1156)福州杜坞墩石盂,有题字:"黄将仕舍,绍兴丙子。"二是石槽。多为寺中香积厨用物,故多为寺僧所造。例如:福州升山寺石槽,题字云:"宣和甲辰当寺僧师达等化缘造。"宣和甲辰为宋徽宗宣和六年(1124)。福州开元寺铁佛殿石槽,题识云:"僧有余等十人回何宅法事钱七贯,蕨山弟子倪先与室王四娘舍五贯,劝愿僧以慈拾二贯,霖化二贯,同造石槽及栈尾涧,永镇厨下结缘,大观二年五月日题。"这是僧俗共同舍造,以结佛缘,大观二年(1108)为宋徽宗年号。三是石炉、石庐。此类石器亦为善男信女舍财祈愿而造入寺。例如:宋神宗元丰八年(1085)福州南涧寺架炉,题识云:"弟子王胜与室中陈六娘同发心,各为所生父母舍财入南涧寺架庐一造,兼栽松竹,永为林样所翼微勋,愿延景福,宋元丰乙丑岁季冬十四日谨题。"四是石甑。福州长庆寺石甑(在香积厨内),题识云:"宋绍定六年住持孤峰募造。"宋绍定六年(1233)为宋理宗年号。五是井及井栏。宋徽宗大观年间尤溪通驷井题字:"通驷井。"在尤溪县治西通驷坊,井甚甘洌。六是石砧盆。在福州,其题识云:"宝祐丙辰,金义造。"从题识可知,此砧盆为宋理宗宝祐四年(1244)所造。造者为金义。七是棋局石。在同安小嶝屿,石为方形,周二尺许,雕琢为棋局,中镌有题字:"万机分子路,一局笑颜回。"为宋末同安人邱葵(字吉甫)手笔。邱居屿中杜门励学,自号钓鱼翁。

第八,石额。石额,即石匾。额有门额、横额。福州乌石山华严院额,华严院在华严岩之侧,唐中宗嗣圣元年(684)敕建,院额有楷书"敕华严院"四字。福州双松亭石额,"双松亭"三字为蔡襄隶书。福州文山坊额,"文山"二字为宋郡守黄裳所书。莆田南山郑祠有石额"南山樾荫"四字,为宋文天祥于理宗宝祐四年(1256)书。额左有"宝祐四年为南湖郑先生书。后学文天祥。"莆田涵江书院额"涵江书院"四字,为景定四年(1263)理宗御书。

第九,经幢。经幢是我国佛教一种最重要的刻石。用石凿成圆柱或棱柱,一般为八角形,高三四尺,柱上有盖,下有基座。底、头部及幢的各面刻有佛或佛龛,遍刻经咒,以《密经》及《尊胜陀罗尼》经为最多。福建经幢皆刻《尊胜陀罗尼》。例如：造于唐宣宗大中八年（854）的泉州尊胜陀罗尼经幢，造于唐懿宗咸通四年（863）的龙溪开元寺尊胜陀罗尼经幢，造于宋太宗淳化元年（990）的泉州承天寺陀罗尼经幢，造于宋仁宗天圣三年（1025）的晋江承天寺陀罗尼经幢，造于宋仁宗天圣三年的南安桃源宫尊胜陀罗尼经幢，造于宋徽宗政和四年（1114）的长溪佛顶尊胜陀罗尼经幢等。

第十，像赞。像赞是对人物像的赞颂。宋英宗治平元年（1064）欧阳修撰、蔡襄书的《韩中令像赞》（在泉州），是为韩琦之父韩国华像的赞颂。韩国华于宋真宗景德中为泉南郡守，韩琦即于此时出生泉州，泉州人引以为荣，故为韩国华绘像，欧阳修作赞一首曰："气刚而毅，望之可畏。色粹而仁，近之可亲。有愠于中，必见于外。庶几彷佛，写之图绘。惟其盛德，不可形容。公德之丰，后世之隆。谁为公子，丞相卫公。"泉州还有《韩忠献王像赞》，韩驹作。"韩忠献王"即韩琦，为北宋名臣，曾与范仲淹共守西北边防，外敌不敢侵犯。宋钦宗靖康元年，金人侵入河北，至相州传孝寺，见其画像，下马罗拜，秋毫不犯而去。韩驹闻其事，得其画像，作赞曰："盖世之名，格天之绩。谤之奚损，誉之奚益。王蠋虽久，威憺群敌。有闻馀风，内不心扬。往时契丹，来觇其子。蠢兹女真，亦拜松梓。帝赫斯怒，戎事方起。愿持世图，以靖边垒。"

第十一，图刻。邵武有《周子太极图》《东坡雪堂图》二刻石。此二刻石在邵武明伦堂东斋。周子，即北宋著名理学家周敦颐。

第十二，御札诏书、御题。福州越山有宋乾道三年（1167）御书"环峰亭""越山吉祥"。莆田陈氏二忠祠内有宋孝宗于淳熙十二年（1185）赐陈俊卿御札。陈俊卿，莆田人，累官至宰辅。御札为陈俊卿告老还乡生辰日特赐。额有篆书"皇帝御书"四字，书曰："卿垂车梓里，谅多燕适。春言旧弼，渴想良深。诞序将临，耆艾可庆。赐卿金器香茶，至可领也。式彰异数，往续茂龄。其益保颐，以昌寿祉，故兹亲札，宜体至怀。"御札之后有陈俊卿谢恩之章。建阳县云谷西南崖山麓有宋理宗御书"西山"二大字。云谷为朱熹读书之处，宝祐三年（1255）敕建西山书院，塑朱熹与蔡元定对榻讲道像，赐御书"西山"。建阳芦峰有理宗御书"芦峰"二字。仙游麦斜岩有元世祖题"樵谷山"三字。此御书系赐莆田人林璧卿。林号樵谷，精易象之学，世祖欲授以官，力辟归隐，学者称节隐先生。泉州府学有元大德十一年（1307）武宗加封大成至圣文宣王诏书。额为篆书"皇帝诏书"四字，诏内盛称孔子之圣，并宣加封之意，文长不录。

第十三，石砚。真西山砚，砚之左足有隶书"共极堂"三字，此砚在浦城，真西山，即南宋大理学家真德秀。谢文节砚，谢文节即谢枋得，宋末举兵抗元，失败后隐于建阳市中卖卜，石砚为其卖卜时用砚。后被迫入都，不屈绝食殉节。郑渔仲砚,郑渔仲即南宋著名史学家郑樵。砚背有行书"夹漈草堂"四字,左足有篆文"郑樵记"三字。黄石斋断碑砚,黄石斋即黄道周,砚有"道周"二字,右方有铭:"身可污,心不辱,藏三年,化碧玉"十二字。宁化李世熊旧藏绿端砚、小绿端砚、紫端砚,砚皆有铭。永泰姬岩环翠楼林鹿原校书砚,此砚为著名制砚师吴门顾大家所制。福清余甸有风字砚、竹节砚、阴阳砚、海涛砚等,砚皆有铭。余甸为康熙四十五年(1706)进士,官至顺天府丞。永泰黄莘田,自号十砚翁,其砚亦皆有铭。例如其井砚,有铭二段:"一八五八,飞泉仰流。""猗天冻而哦环堵兮,嚼寒于肺府;唯鼠须其修绠兮,晨不以汲古。"落款"莘田任"。

以上分类,每类仅举一二例,或数例说明,由于篇幅有限,不能一一列陈。特别是石刻、题字、题名、碑记等数量甚多,更难逐一列出。

二、福建金石特点

福建金石金少石多,金主要是钟,鼎只有梁代福州之定光塔鼎,尊、敦、爵、簠、彝极少见,有者则似乎皆来自外省。而钟之中,铜钟为数不多,有以铁铸钟,以铁铸钱。这说明青铜文化在福建相当薄弱,不成气候。

福建金石出现甚晚,新、旧石器时代的石器几乎都是出土于近现代,夏、商、周等时代几乎没有金石出现。最早出现的是晋代政和护国寺的铜钟,而石碑最早的是晋太和二年的福州光孝观于山碑记。

福建之金,历代铸造的甚少,从晋到明,年代可考者,晋1件,萧梁1件,隋1件,唐五代4件,宋15件,明4件。而石刻、石碑之类,却在唐以后大量出现,金之数量无法与之相比。

福建石刻、石上题字题名、诗刻及碑记,于晚唐、五代始盛,至两宋而大盛,此后渐少。两宋时期的石刻、题字、题名等,以处所论,几乎占了一半。其数量可谓洋洋大观。其中以题名最多,达120处左右。

福建碑刻中,据不完全统计,诗刻约有120处,碑记约有150篇。诗刻均在名山胜景之处,为诗人游览抒发吟兴之作。而碑记内容较为广泛,涉及政治、经济、社会、宗教等方面,作者多为官宦或有名望的士人。

福建石刻、题字、题名,主要集中在名山大川及名胜地之处。福州鼓山、于山、乌石山,南安九日山,长汀苍玉洞,泉州清源山以及武夷山,都是石刻、题字、题名最为集中的地方。这些地方的胜景吸引了许多官宦、诗人、文人或旅游者,他们游览之余,随兴留刻、留题、留诗,将自己的踪迹随着石刻、题字、题名、诗刻等也留在游览之处,作为永久的纪念。

福建金石以地区论,主要集中在福州、泉州,其次为闽北、莆田、汀州、漳州。这些地区在福建历史上开发较早,而且为地区的政治、经济和人文的中心。而闽东和今之三明地区则甚少,闽东地区只有数处而已。

福建金石有相当数量与宗教有关。与道教庙、观有关者近30处,与佛教寺、院有关者更多,塔之碑记、碑铭有十多篇,其中有佛塔和比丘塔的,此外尚有经幢十多处。而石器盆、槽、炉、甑等,也是善男信女舍造入寺或寺僧所造的。

福建金石不少是与教育相关的。碑记之中,有许多是有关文庙和州、府、县学的,还有记述武夷书院、泉山书院、勉斋书院、武夷精舍等的碑记。这些碑记或为地方官员撰写,或记述地方官员倡建、倡修庙、学之事。

福建金石之中属生活用器者甚少,石器只有石盆一、石炉二、石甑一、棋局石一,而石井、石井栏也不超过10个。金属用器更寥寥无几。

造成福建金石这些特点的原因,可从以下五个方面考察：

从历史来看,福建虽从旧石器时代就有先民居住生活,然而从那时至秦汉以至三国,福建的历史始终是一个未能解开的谜。既缺乏文献的记载,又缺少出土文物的明证。在这段漫长的历史中,中原地区已由石器时代,经历青铜时代到铁器时代,遗留了不少的金石文物,而且随着时代的进展,不断出土。然而福建却未见遗留,现代出土者也甚少。无诸建国于闽,然而不久由于余善叛汉,汉武帝遣军入闽,悉移福建之民于江淮,使福建之地为之一空。在这场战争浩劫中,福建大地上的金石无疑也遭到严重的毁坏。福建自晋末中原八姓移来之后,始逐渐恢复生气,人口增加。中原文化的传入,社会的稳定和经济的增长,促进了福建文化的发展。故从《福建通志·金石志》来看,福建从晋代开始,始有金石的记载。从晋到隋唐以至两宋,福建地处东南一隅,很少受到大规模战争的破坏,社会相对稳定,经济文化稳步发展,从隋唐逐渐增多,而到两宋则极盛,因而遗留下了金石。

从地理来看,福建处于东南丘陵地带,山多石多,而矿藏特别是铜矿甚少。福建历史上封闭的环境和封闭的社会,也阻碍了青铜文化和青铜器主要原材料的传入,这是福建历史上青铜器少之又少的一个根本原因。由于缺乏铜,故闽王王审知铸造开元通宝,以铁代铜,王曦、王延政铸永隆通宝、大德通宝,亦以铁代铜,称为铁钱。福建既然缺少铜,而秦汉时期铁文化已取代了青铜文化,铸铁盛行,铁价贱而铜贵,因而福建铜钟很少,故用铁代铜作为铸钟、铸炉等主要原材料。相对而言,福建山多石多,石材就地可取,只要雇工凿取磨刻,便可成碣成碑;著名山川景观一般都有巨崖大石,可以雇工凿刻留字、题名或留诗、镌记,而福建又不乏精巧石匠。这些都使福建具有产生大量碑碣得天独厚的条件。

从人文来看,自唐代李椅、常衮先后为福建观察使,大力兴办教育之后,福建地方官员都重视兴建文庙、府学、县学以及书院,使福建成了海滨邹鲁,人才辈出,风雅之士所在多有。他们或留字、题名、题诗于名山胜景,或为寺院庙观作记立碑,或为某人某事铭之于石。其著名者,唐五代有欧阳詹、黄滔等人,在两宋有蔡襄、李纲、陈瓘、郑樵、杨时、刘子翚、朱熹、刘克庄等人。其留题者以蔡襄、朱熹为最多,蔡襄为北宋名臣,又是著名的书法大家;朱熹则是著名的理学大师,又是大教育家大学问家。他们的留题自然成为不朽之作。唐宋福建高级地方官员多博学文雅之士,他们公余游览名胜多有留题、题名或作记刻石。如曾知福州的曾巩、程师孟、张徽、柯述、孟庚、程迈、叶梦得、王望之、梁克家、赵汝愚、黄裳等人,其中不少人还兼福建安抚使;又如曾知泉州的蒋长生、陈康伯、王十朋、司马伋、真德秀、倪思、颜颐仲等人;知汀州的萧佐、章仲宁、苏公才等人。由于福建人才辈出,许多有名望者常与当时著名人物交往,这些著名人物虽没有来过福建,却也给福建留下题刻或作记。例如唐代著名书法家柳公权书福州九峰镇国禅院额,著名书法家李阳冰书福州乌石山般若台篆书,宋代名臣、文豪欧阳修书永福二都"三生石""遗照台",撰《韩中令赞》。故晚唐五代为福建金石初盛时期,而两宋成为福建金石鼎盛的时期。

从宗教来看,唐代是中国道、佛并行的时代,福建不免受影响。虽然唐武宗一度排佛,但其后佛教反而盛行,王审知治闽,崇佛是其特色之一,兴建佛寺之多为福建空前绝后。北宋福建仍袭遗风,寺院和僧人之多毫不逊色。故福州有"道旁逢人半是僧"之说,泉州有"此地古称佛国,满街皆是圣人"之说。宗教气氛之浓,也造成了宗教碑碣之盛。光是与佛教相关的碑记、碑铭、经幢就难以计数,而与道教有关的也毫不逊色。佛道的盛行,使许多或舍财入寺以求赎罪或赐福,或舍金造石盆、石盂、香炉等祈为父母延寿或求平安,这样又相应地增加了带有宗教色彩的金石。

从政治经济来看,自唐五代到宋,是封建社会经济比较繁荣的时期,政治环境相对宽松。虽然唐末朝政紊乱,割据混战,但福建偏处东南,受其影响较少,而王审知治闽不参与割据混战,政治上有所作为,使福建社会比较稳定,成为中原人民的避乱之所。北宋建国之后,维持了100多年的太平景象,对文人采取优惠政策,对宗教也颇为宽容。这样的大环境使文人、官宦,能够优游山川,往来寺庙,随意题字、题名、题诗、作记,刻之于石,传之于世,据不完全统计,此时期题字、题名、题诗者多达400处左右。

三、福建金石对福建历史文化的认识价值

福建金石是历史的遗留,又是历史的见证。它是福建文化的重要组成部

分。在历史的长河中,许多金石经战争浩劫、风雨消磨及人为摧残,或已消失无存,或已漫灭残缺,余留至今的弥足珍贵。其所以珍贵者,是金石具有其他东西所不具有的价值。其对福建历史文化重要的认识价值可从以下几个方面考量:

第一,从福建金石情况,可以认识到福建在晋代之前的历史还有大片的空白。这促使人们去探讨研究,填补诸多空白,建构一个完整的福建历史。

第二,从福建金石情况,可以认识福建历史上社会的某些情况。例如从朱熹的《转运司蠲免盐钱记》中可以看出当时盐政之弊,人民深受其害,既承受了重课的负担,又不时受到侦捕之兵的追捕。从李纲的《瓯粤铭》中,可以看出南宋之时范汝为起义,官军与义军作战,人民遭受杀戮之惨状。从朱熹的《建宁府崇安县五夫社仓记》中,可以看到旱灾之时人民饥饿,不得不揭竿而起。从蔡襄的《教民十六事碑》中,可以了解当时福州存在着官吏下级打索关节、索贿受贿、擅入人家搜检税物、擅行科取、敛掠人户钱物以中饱私囊等情况。这些都说明了北宋福建地方政治社会存在着腐败黑暗的一面。

第三,从福建金石情况,可以看到北宋时福州的一些不良风俗。如从蔡襄的《戒山头斋会碑》和《教民十六事碑》中,可以知道当时福州丧葬人家,都要在山头办斋会,无论何人都可以参与斋会吃喝,而丧葬人家贫穷者不得不变卖田产置办斋会;当时民间还有私造钱钞、赌钱、争斗等,造成社会不安的情况。

第四,从一些兴建和修建寺院庙宇佛塔的碑记中,可以看到寺院庙宇建筑的雄伟、结构装饰的华丽,特别是一些碑记还反映了王氏兄弟治闽时期,崇佛的情况。这种奢侈挥霍无疑是政治之失。宋真宗景德二年(1005)知古田的李堪撰《古田庙学记》就对此进行抨击:"重以王审知复暴突其国,唯嗜欲于浮屠氏。暨淫觋妖言,极绮藻瑰靓之姿。致讹黔首破业,养子叛亲爱,走空门,朋左道,夥不逾发。"奢侈崇佛造成了人民破产和伦理颓丧的恶果。但从建筑的角度来看,当时已达到了相当高的水平。

第五,从一些碑记中,可以看到一些府县建城的情况,有助于人们了解当时府县城垣的规模和结构。例如黄滔的《灵山塑北方毗沙门天王碑》,其中一段叙述了王审知筑福州城垣的情况:"谨稽我公之筑城也,恢守地养民之本,隆暂劳永逸之策,其名举一而生三法阳数也,曰大城焉,南月城焉,北月城焉。周围二十六里四千八百丈,基凿于地十有五尺,杵土胎石而上,上高二十尺,厚十有七尺,外甃以砖凡一千五百万片,上架以屋,其屋曰廊,其大城之廊也一千八百有十间。自廊突而出之为敌楼,楼之层者二十有三,又角立之楼六,其二者层复层焉,比栏杆钩连,参差焕赫。而廊之若干步一铺,又各以鼓而司更焉,凡三十六,谓之更铺。其四面之门八,其南曰福安门,福安之东曰清平门,西曰清远门,其北曰安善门,安善之东曰通远门,其东曰通津门,通津之北曰济川门,其西曰善化门,皆铁扇铜扃,开阳阖阴。门之上仍揭以楼三间,两挟两噜修廊,双面远碧。门之左右又引而出之为之亭,两间一厦。又匪楼之门九曰暗门焉,又水门三,其二树桹筛波,卸帆入舟,鸣舣柳浦,回环一郭,堤诸万户,注之以堰二,渡之以桥九,镜莹虹横,交舫走蹄,斯大城之制也。"从中可以知道当时福州城的大概规模结构,认识建筑设计之精巧。

第六,从许多题字、题名和碑记中,可以知道晋代以来福建主要的自然景区和旅游胜地,认识福建自古以来的自然之美。福建主要的自然景区和旅游胜地有福州鼓山、于山、乌石山、越王山、卧龙山,南安的九日山,泉州的清源山,汀州的苍玉洞以及武夷山。这些名胜多在著名城市或外省入闽要冲之处,易为人们所发现,也便于游览,因而游览者较多。而靠近这些城市的自然景观,也常为游览者所涉足,如福州邻近之永泰高盖山、方广岩、姬岩。当时一些发展较晚、交通闭塞之地,虽有胜景却未被发现或涉足者甚少,例如泰宁的金湖、连城的冠豸山罕见有题字、题名者,闽东的太姥山、支提山也寥寥无几。由此可见,自然景观之发现与开发跟交通状况关系密切。

第七,从许多碑记来看,福建自唐宋以来,上自路州,下至府县,不少地方官都相当重视教育建设,兴建文庙、府学、县学,而书院之设在宋尤多,使福建从被讥为蛮荒贫瘠而被誉为海滨邹鲁,从缺少人文而变为人才济济,从贫瘠之地而成为东南富裕之区。教育收效之大,那些重视且努力建设教育事业的地方官员是功不可没的,故不少碑记都称颂了他们在教育上的业绩。由此认识教育对于移风易俗,培育人才,改变地方政治、经济、文化的重要性;从而也认识到地方官员重视不重视教育,是地方教育能否发展的一个重要因素。

第八,有部分碑及碑记叙述或赞扬了一些官员在福建留下的惠政,也有些碑记颂扬了本省先贤的业绩、道德和风节,如《王审知德政碑》《李成公去思碑》等属于前者,后者则有《陈肃公祠记》《游先生祠堂记》《李公祠记》等。由此可见,凡是对人民做了好事,或给人民树立了做人的模范,人民是不会忘记他们的。做官应有人本的思想,要给人民造福,要为人民树立好的风范。即使去位之后,甚至去世十年、百年之后,依然会赢得人民的怀念。

第九,从一些修建水利工程的碑记中,可以知道水利乃农田之命脉,凡是关心民情而有作为的地方官员,都视水利为治政的重要措施。福州西湖之屡次修浚,莆田木兰陂之修建,连江东湖之浚修等等,其主要目的都在灌溉农田或防止海潮侵田。这些水利工程都在历史上为发展农业生产发挥了作用。至于有些桥梁工程,则在便利人民交通往来方面发挥了相当重要的作用。例如《万安桥记》记述建造万安桥(洛阳桥)之事,可谓是在海水上造桥之首创,体现了福建人民的勇气和智慧。这些主持水利、桥梁工程的官员,正是发挥了人民的勇气和智慧,给人民留下了惠政。

第十,题字、题名刻石或碑碣是书法与雕刻的艺术品,碑铭、碑记则是诗文与书法、雕刻三结合的艺术品。许多题字、题名和碑碣是当时名人之手笔;而许多碑铭、碑记,则是当时著名诗人、文学作家和书法家共同创造,并经过名工精雕细刻而成的。每一件石物都耗费了创造者的心血和工力。这是它们之所以流传百年千载而不毁的主要原因。这些不能再生的艺术精品,现代人有责任有义务保护它们。

第十一,有些题字、题名或碑刻,是镌刻在高危的悬崖峭壁之上难以攀登立足之处,然而石匠却能把字等摹刻得惟妙惟肖,不仅形似,而且深得书法之妙,其勇气之大,其技艺之高,令今人难以想象。例如著名的福州乌石山般若台篆书,后代许多人想拓其字,都知难而退。这不能不让人惊叹福建古代刻石匠之冒险精神和高超的镌刻技艺。

第十二,特别需要指出的是后唐出帝开运元年(944)福州龙德外汤院有蕃书二碑、方塔五级。据《三山志》云:"侯官龙德外汤院地方,燠泉气如琉璃,能熟蹲鸥。天德二年占城国王遣其相金氏啰哩来道里时遍体疮疥,访而沐之即痊,舍五千缗创亭其上,陈庄记之。有蕃书二碑,方塔五级。"可惜不见陈庄之记,但据此可知,早在五代之时,福建即已与海外诸国交通往来。

第十三,可借鉴历史宝贵经验,明晓治政应以人为本,把人民利益、为民造福作为治政的基本措施,为民除弊兴利者总是受到人民的称颂和思念。蔡襄知福州时,不仅立《戒山头斋会碑》《教民十六事碑》以除弊,而且立《太平圣惠方后序碑》于福州虎节门内,碑中列民用药方6096副,称为太平圣惠方,既以指导人民治病,又以禁止庸医误民。其知泉州,则主持兴建万安桥,以方便人民往来。这些惠政,使其常受当时和后代人民称颂和思念。王审知治闽,虽有稳定社会、发展经济和兴办教育之功,但其崇佛之弊,给人民造成烦扰,故又遭到了抨击。水利乃农业之命脉,发展农业水利是不可或缺的。福州原是水资源丰盛之地。曾凿有西湖、东湖、南湖,后二湖早已淤没,西湖则面积日益缩小,已失农田灌溉之利,也使城中内河积淤而失去水运之便,生态环境也失去平衡。历史上正反两面的经验,也可供今日借鉴。

金石有如此之历史认识和借鉴之价值,然而由于时久日远,历史上许多金石或已消失,或已残缺,或已落入私人之手,今天福建究竟还有多少珍贵的金石,必须及早作一全面的调查落实,善加保护或修复,不要让历史上已造成的损失再继续下去,这是我们义不容辞的责任。

第四节　福建史学兴盛的原因

　　福建史学兴盛的原因，除了刻书业发达、重科举、读书蔚然成风、教育普及等原因外，还在于福建地处一隅，战乱较少波及，书籍保存相对完好，不少闽人以藏书为乐，使史学家有书可查。如郑樵曾就读于藏书家方渐的"富文阁"藏书室。

　　宋代福建藏书家多集中在闽中和闽北。闽中以莆田为多，闽北以建安、崇安、邵武、建阳、顺昌等为多，这与闽北印刷业繁荣和理学兴盛有关。以闽北为例，如瓯宁（今建瓯）人吴秘，家中藏有闽中地志，有《吴氏家藏书目》二卷。顺昌人余良弼，曾聚书几万卷，二子均受业于朱熹。邵武人李东，家藏书甚多，曾进书一百六十二卷，皆为御府中缺遗。崇安人胡安国，置书数千卷。建安人黄晞，虽因家贫而衣不蔽体，得钱辄买书，聚书数千卷。崇安人詹缃，筑"涌翠亭"，聚书数千卷，日咏其间。宋代不少藏书家的书籍为家族世传。由于读书蔚然成风，家族对书籍倍加爱护，代代相传。如莆田人方渐，平生无十金之产，却积书数千卷，传至后裔方于宝，聚书万卷。仙游人郑侨，极好藏书，陈振孙曾传录其书，其子郑寅收其书，至数万卷，撰《郑氏书目》（七卷）。好学之风对藏书也有很大影响。如同安人石起宗，好学不倦，所有收入皆购书，言藏书千卷，胜良田万顷。闽县人朱倬最嗜书，家藏书数万卷，皆亲自校雠。漳浦人吴与虽官卑家微，却一生喜读书，家藏书二万卷，《直斋书录解题》称"《吴氏书目》一卷，漳浦吴与可权家藏。"闽县人陈长方极喜读书，因家贫不能置书，手抄数千卷书藏之。仙游人郑可复，性俭朴，惟喜古书，钱皆以购书，亲自编录，晚年积至数千卷。仙游人傅楫专用经史自娱，聚书至万卷。莆田人林霆聚图书数千卷，皆自校雠。

　　明代福建藏书家喜欢筑楼藏书，并多给书室取名，一时成为风气。如闽县人邓原岳生平嗜好藏书，将藏书室名"西楼"。晋江人丁自申博购异书，为官视事外，藏书室曰"希邺堂"。晋江人丘有岩喜藏书，家居筑"木未亭"，吟啸其中。漳浦人吴瑁将自己藏书室名"西爽堂"。安溪人李懋桧博购群籍，连楹作楼储之，室名"半航楼"。松溪人陈圣镕，聚经书子史六千卷，建楼而藏。长乐高棅得闽县周玄数千卷书，创"王元宇楼"藏书，只开一窗，以见天日。莆田人林铭凡藏书万卷，室名"北村别墅"。晋江人黄居中藏书六万余卷，室名"千顷堂"。建阳人熊宗立，藏书多种，室名"种德堂""中和堂"。明代福建不少藏书家还自校藏书，自编书目。如永定人陈上陛，家藏书甚多，多为亲自校雠。福清人林春元收集谢翱、郑思肖藏书，室名"述古堂"，并著《述古堂书目》二卷。

闽县人徐𤊹家中藏书五万三千卷,撰有《红雨楼家藏书目》四卷、《汗竹斋藏书目》等,室名"红雨楼""汗竹巢"等。连江人陈第,家藏书万卷,室名"世善堂",编有《世善堂书目》。

　　清代福建藏书家人数剧增,藏书者或以此为乐,如侯官人冯缙一赴礼闱,即不复出,家藏书万卷,日以自乐。诏安人张绳武历任书院讲习,将所得束金,尽购书籍,聚数千卷而自乐。或因研究而藏书,如闽县叶大庄喜考据,藏书甚富。侯官人沈覲平,淡于为官,以研究目录学为乐,藏有多种秘本异书。或在为官时即喜聚书,后归里筑室为乐,如侯官人张亨嘉,将数十年廉俸皆以购书。晋江人黄宗汉,为官时日搜秘籍,官归时以数万卷压装。或因教学需要,如闽县何则贤偕诸兄弟创福州蒙塾、福清族塾,广搜典籍,积书至五万卷。侯官人杨浚,历主漳州丹霞、紫阳等书院,设书肆于会城,借收善本,聚书七万卷。闽县赵在田,曾主玉屏书院、凤池书院,聚书万余卷。或对乡邦文献的热爱,如侯官人郭柏苍,筑"沁泉山馆",藏书六万卷于其间,多为闽中文献。

第四章
文　学

第一节　福建文学的发展

一、五代闽国文学

五代十国之一的闽国，为王潮、王审知所建，首府为福州。盛时辖境为福州、建州、汀州、泉州、漳州，约为今福建省全境。王审知在位是闽国的黄金时代。王审知采取保境息民的立国方针，对外称臣纳贡于中原朝廷，对内则勤修政事，致力于发展经济，在拓展水陆交通、扩大内外贸易、鼓励农业生产、大力发展手工业和商业等方面做出了很大贡献。王审知极为重视文化教育，注意延揽人才，曾组织大批知识分子搜集缮写各家遗书，如《琅琊郡王德政碑》所论："次第签题，森罗卷轴"，"尝以学校之设，足为教化之源"。"又拓四门学以教闽中秀士"，以致教育较为普及，府有府学，县有县学，乡僻村间设有私塾。当时中原四分五裂，战乱不断，而闽国却成为安定的绿洲，堪称"世外桃源"，闽国文化盛极一时。

（一）闽国较多文人加入文学创作的行列

文学兴盛是闽国文化的主要特点之一。闽国文学兴盛的标志，是有较多文人加入文学创作的行列。主要表现为：

王族成员。其诗作皆收入《全五代诗》。如王审知孙王继鹏《批叶翘谏书纸尾》写道"春色曾看紫陌头，乱红飞尽不禁愁。人情自厌芳华歇，一叶随风落御沟"。据《全五代诗》卷七十五转引《五国故事》载，王审知弟王延彬"雅能诗，辞人禅客谒见，多为所屈"。王延彬《春日寓感》云："两衙前后讼堂清，软锦披袍拥鼻行。雨后绿苔侵履迹，春深红杏锁莺声。因携久酝松醪酒，自煮新抽竹笋羹。也解为诗也为政，侬家何似谢宣城。"描述了官宦之余对生活的感受，表现了一种怡然自得的心情。

外地宦游流寓闽地的文人。五代时期,中原动乱,福建地处东南一隅,在王审知治理时期较为安定。不少中原文人相继入闽,促进了闽地文学的发展。进入闽地的著名文人如:韩偓,字致尧(一作致光),小字冬郎,京兆万年(今西安市)人,擢进士第,官兵部侍郎,为唐室忠臣。因憎恶朱温,经湖南、江西入闽,自汀州入永春,至南安,再经永安、沙县、尤溪、南平到邵武,再掉头,一直住在南安。韩偓一心思念恢复唐室,故既不上福州,也不闻闽国政事,闽王也不勉强。韩偓于后梁龙德三年(923)卒于南安丰州东郊。其诗收入《全五代诗》,共345首,入闽前较多为抒写时尚的绮靡之作,入闽后诗风为之一变,写出不少伤时忧世和慷慨愤激的作品。崔道融,荆州(今湖北江陵)人,自号东瓯散人,累官右补阙,因不事朱梁,入闽后依王审知,与王滔善,卒于闽。《全五代诗》存其诗79首,除律诗一首外,余皆绝句。诗风清丽通畅,冲淡娴雅,语言朴素自然,不假雕琢。刘山甫,彭城人,王审知入闽时任威武军节度判官,终殿中侍御史,著有《金溪闲谈》十二卷。詹敦仁,字君泽,河南固始人,初隐居仙游植德山下,曾为清溪(今安溪)令,后隐居佛耳山。据《全唐诗话》《五代诗话》载,中原入闽文人还有:王滁、李绚、王标、夏侯淑、王拯、杨承休、杨赞图、王倜、归傅懿、郑璘、郑戬、陈谊、黄子稜等。

在闽国任官职的闽地文人。有代表性的如:黄滔,字文江,莆田人,唐昭宗乾宁二年(895)进士,昭宗光化年间(898—900)除国子四门博士,因朱全忠篡唐,愤而归闽。昭宗天复元年(901),王审知主闽,表请朝廷授滔为监察御史里行,充威武军(今福州)节度推官。当时入闽中原文人聚集黄滔门下,使其无形中成为当时福建文坛盟主。著有《泉山秀句集》。《全五代诗》收其诗201首,《全唐文》收其文集四卷。据《五代诗话》卷六载:"洪迈序滔文赡蔚典则,策扶教化,诗清淳丰润,若与人对语,郁郁有贞元、长庆风。"徐寅,字梦昭,莆田人,曾为王审知礼聘入幕,官秘书省正字。《全五代诗》收其诗266首,更长于赋,《全唐文》《唐文拾遗》各收其赋一卷,《四库全书总目》称其赋"句雕字琢,不出当时程试之格,而刻意锻练,时多秀句。"黄璞,字德温,莆田人,为王审知幕府,有《闽川名士传》等。翁承赞,字文饶,福清人,曾为闽相,著有《昼锦诗集》48首,《全唐诗》卷703编其诗为一卷。郑良士,字君梦,仙游人,屡举进士不第,唐昭宗景福二年(892)献诗五百首,授国子四门学士。后梁贞明元年(901)王审知辟为左散骑常侍,有《白岩集》《中垒集》。徐昌图,莆田人,初仕闽,陈洪进归宋,命昌图奉表入汴,宋太祖命为国子博士,累迁殿中丞,好作词,惜多散佚。

(二)闽国的诗歌创作

闽国时居闽地文人所创作的诗歌,因作者不同而内容较为丰富。主要有以下六个方面：

对闽地秀丽山水的描绘。不少闽地文人，对故乡山水有一种特殊的亲切感，徜徉于清幽的山水中，使他们忘却了世俗的烦恼，写出了许多赞美大自然的诗篇。仅以仙游九鲤湖为例，如徐寅《春入鲤湖》："到来峭壁白云齐，载酒春游渡九溪。铁嶂有楼霾欲堕，石门无锁呼还迷。湖头鲤去轰雷在，树杪猿啼落日低。回首浮生真幻梦，何如此处傍幽栖。"诗人春日游九鲤湖，被湖光山色所陶醉，流连忘返，萌生了隐居此处之念。郑良士的《游九鲤湖》开头写道："仄径倾岩不可通，湖岚林霭共溟蒙。九溪瀑影飞花外，万树春声细雨中。"对九鲤湖地形和瀑布作了形象描绘。陈乘的《游九鲤湖》全诗为："汗漫乘春至，林峦雾雨生。洞苔黏屐重，岩雪溅衣轻。窟宅分三岛，烟霞接五城。却怜饶药物，欲辨不知名。"写出了九鲤湖的环境和诗人的感受。

抒发内心的感慨。面对世态的变化，诗人往往抑制不住内心感情，发出慨叹。如韩偓入闽地后，想到中原战乱，写下了不少感叹诗。丙寅秋（906）在福州所作《向隅》："守道得途迟，中兼遇乱离。刚肠成绕指，元发转垂丝。客路少安处，病床无稳时。弟兄消息绝，独敛向隅眉。"表现出一种孤寂的心境。其《安贫》写于作者晚年在南安时的内心感慨，表现了作者希望有所作为，但现实却使他无可作为，只好归结为自甘安贫等复杂思想，结尾："举世可能无默识，未知谁拟试齐竽。"由此发出质问：世上怎么没有人将选拔人才默记于心，谁会像齐湣王听竽那样认真拔人才呢？表现了无可奈何的感慨，满腔愤懑化为一声叹息。作者题作"安贫"，其实是不甘安贫，希望有所作为，但现实却是无法有所作为，只能自甘安贫。其《伤乱》云："故国几年犹战斗，异乡终日见旌旗。交亲流落身羸病，谁在谁亡两不知。"表达了乱离之苦。其《春尽》："惜春连日醉昏昏，醒后衣裳见酒痕。细水浮花归别涧，断云含雨入孤村。人闲易有芳时恨，地迥难招自古魂。惭愧流莺相厚意，清晨犹为到西园。"作者借"春尽"抒怀，由惜春引出身世之感、家国之悲，一层深似一层地抒发，使全诗沉挚动人。

寄赠唱和。这类诗在闽国文人诗作中占有一定比例。如韩偓于丙寅年（936）作于福州的《赠吴颠尊师》，徐寅的《赠黄校书先辈璞闲居》《温陵残腊书怀寄崔尚书》、黄滔的《寄林宽》《送翁员外承赞》，林宽的《送李员外之建州》等，都颇有特色。

对闽地现实社会的描写。这类诗在流寓入闽的诗人中较为突出，如韩偓《自沙县抵龙溪县，值泉州军过后，村落皆空，因有一绝》："水自潺湲日自斜，尽无鸡犬有鸣鸦。千村万落如寒食，不见人烟空见花。"如实地描写了从沙县到龙溪沿途所见闽北农村荒凉萧条景象，也表达了作者对泉州军的不满。

咏物诗。这类诗大都借咏物表达诗人内心的感情,如韩偓辛未年(911)于南安县所作《火蛾》:"阳光不照临,积阴生此类。非无惜死心,奈有贼明意。粉穿红焰焦,翅扑兰膏沸。为尔一伤嗟,自弃非天弃。"借火蛾的遭遇,表达了心中不平之气。其于已年(909)写的《寒食日沙县雨中看蔷薇》"通体全无力,酡颜不自持。绿疏微露刺,红密欲藏枝"。以拟人手法写雨中蔷薇,别有情趣。其于福州所写《荔枝三首》以"应是仙人金掌露,结成冰入茜罗囊"作法,表示了对荔枝的赞叹。徐寅所作大量的咏物诗,涉及之广,可谓无所不包。如《咏笔》《咏扇》《咏灯》《梅花》《菊花》《松》《柳》《竹》《苔》《萍》《蒲》《草》《鹤》《鹰》《鹊》《燕》《蝉》《萤》《猿》等,一些诗句比喻新颖,形象地描绘出所咏之物,如《蕉叶》:"绿绮新裁织女机,摆风摇日影离披。只应青帝行春罢,闲倚东墙卓翠旗。"

与佛教有关的诗。五代闽国佛教盛行,诗人留下大量与佛教有关的诗篇。其内容为:(1) 对僧人生活的描绘。如韩偓的《僧影》:"山色依然僧已亡,竹间疏磬隔残阳。智灯已来余空尽,犹逢光明照十方。"传达出一种江山依旧而人事已非的怳然若世之感。(2) 与僧人的赠答。如王继勋的《赠和龙妙空禅师》,韩偓的《寄禅师》《寄僧》《与僧》,徐寅的《寄僧寓题》,黄滔的《送僧归北岩寺》《送僧》;郑良士《寄富洋院禅者》等。(3) 浏览寺庙的题记。如徐寅《题僧壁》《寺中偶题》《题福州天王阁》,刘乙《题建造寺》等。(4) 闽国僧人的诗偈。如慧稜的《口占》,常雅的《胥山伍相庙》,文炬的《偈》,清豁的《归山吟》,耽章的《辞南平钟王召》等。

(三) 闽国的词创作

闽国时居闽地文人创作的词,收入《全唐五代词》有 19 首,其代表性词人如陈金凤、韩偓、徐昌图等。

陈金凤为福清人,善歌舞,通音律,王审知召为才人,其子延钧封为淑妃,闽惠宗龙启元年(934)封为皇后。陈金凤曾创作《乐游曲》二首,其一:"龙舟摇曳东复东,采莲湖上红更红。波淡淡,水溶溶,奴隔荷花路不通。"其二:"西湖南湖斗彩舟,青蒲紫蓼满中洲。波渺渺,水悠悠,长奉君王万岁游。"据徐𤋮《金凤外传》称:"二月上巳闽主延钧脩禊桑溪,金凤偕后宫新衣文锦,列坐水次,流觞娱畅,沉麝之气,达于远近。途中丝竹管弦,更番迭奏。端阳日造彩舫数十于西湖,每舫载宫女二十余人,衣短衣鼓楫争先,延钧御大龙舟以观。金凤作《乐游曲》,使宫女同声歌之,人士绮绔,夹岸杂沓如市。"[①]《历朝名媛诗

---

① 张璋、黄畲编:《全唐五代词》,上海古籍出版社 1986 年版,第 509—510 页。

词》卷十二称:"不言怨而怨自在,善于用笔,伸缩如意。"①谢章铤在《赌棋山庄集词话》卷六中称:"按《乐游曲》,诸家选词概不收录。然其音节与张志和《渔歌子》极相类,是个绝妙词者。红友《词律》据以为谱,真不为无见也。《天籁轩词谱》收及辽萧后《回心院词》,而独置此曲不登,是殆一时失检耳。"②徐荣在《词律笺榷》卷一称:"《词律》谓《乐游曲》与《渔歌子》'松江蟹舍'相近,想其腔则各异,杜氏校勘记谓疑即《渔歌子》。余按所谓《渔歌子》者,谓张志和《渔父》也。《渔父》之调,张志和词乙、已成四体,而其句平易近似近体诗,此则两首皆用古诗句为之。若仅以'龙舟摇曳'一首比'松江蟹舍'犹可譬诸近体诗之有拗句,无如其更有一首绝难与《渔父》相比者,故拙谱一似古体诗也。"③

韩偓《忆眠时》其一:"忆眠时,春梦困腾腾。辗转不能起,玉钗垂枕棱。"其二:"忆行时,背手接金雀。敛笑慢回头,步转栏杆角。"其三:"忆去时,向月迟迟行。强语戏同伴,图郎闻笑声。"《生查子》其一:"侍女动妆奁,故故惊人睡,那知本未眠,背面偷垂泪。懒卸凤凰钗,羞入鸳鸯被。时复见残灯,和烟坠金穗。"沈雄在《柳塘词话》卷三称:"'时复见残灯,和烟坠金穗',如此结构方为含情无限。"④陈廷焯在《闲情集》卷一称此词:"柔情密意。"⑤震钧在《香奁集发微》中称此词作者:"一腔热血,寂寞无聊,惟以眼泪洗面而已。"⑥其二:"秋雨五更头,桐竹鸣骚屑。却似残春间,断送花时节。空楼雁一声,远屏灯半灭。绣被拥娇寒,眉山正愁绝。"贺裳在《皱水轩词筌》将此词与他词对比时称:"凡写迷离之况者,止须述景。如'小窗斜日到芭蕉'、'半林斜月疏钟后',不言愁而愁自见。因思韩致尧:'空楼雁一声,远屏灯半灭。'已足色悲凉,何必又赘'眉山正愁绝'耶?"⑦《浣溪沙》其一:"拢鬓新收玉步摇,背灯初解绣裙腰,枕寒衾冷异香焦。深院下关春寂寂,落花和雨夜迢迢。恨情残醉却无聊。"陈廷焯在《闲情集》卷一称此词:"上下阕结句微嫌并头,然五代人多犯此弊。"⑧其二:"宿醉离愁慢髻鬟,六铢衣薄惹轻寒,慵红闷翠掩青鸾。罗袜况兼金菡萏,雪肌仍是玉琅玕。骨香腰细见沉檀。"沈际飞在《草堂诗余别集》卷一

---

① 张璋、黄畲编:《全唐五代词》,上海古籍出版社1986年版,第509页。
② 同上。
③ 同上。
④ 同上书,第512页。
⑤ 同上。
⑥ 同上。
⑦ 同上书,第513页。
⑧ 同上书,第514页。

中称此词:"慵红闷翠,易安之祖。"①丁绍仪在《听秋声馆词话》卷一中评道:"韩致尧遭唐末造,力不能挥戈挽日,一腔忠愤无所泄,不得已托之闺房儿女。世徒以香奁目之,盖未深究厥旨耳。"②《谪仙怨》其一:"春楼处子倾城,金陵狎客多情。朝云暮雨会合,罗袜绣被逢迎。华山梧桐相覆,蛮江荳蔻连生。幽欢不尽告别,秋河怅望平明。"其二:"一灯前雨落夜,三月尽草青时。半寒半暖正好,花开花谢相思。惆怅空教梦见,懊恼多成酒悲。红袖不干谁会,揉损联娟澹眉。"其三:"此间青草更远,不惟空绕汀州。那里朝日才出,还应先照西楼。忆泪因成恨泪,梦游常续心游。桃源洞口来否,绛节霓旌久留。"韩偓的词作中不乏感情深远的句子,如《玉合》:"开缄不见新书迹,带粉犹残旧泪痕。"《金陵》:"彩笺丽句今已矣,罗袜金莲何寂寥。"《木兰花》:"娇娆意态不胜春,愿倚郎肩永相著。"

徐昌图《木兰花》:"沉檀烟起盘红雾,一箭霜风吹绣户。汉宫花面学梅妆,谢女雪诗裁柳絮。长垂夹幕孤鸾舞,旋炙银笙双凤语。红窗酒病嚼寒冰,冰损相思无梦处。"杨慎在《词品》卷二称此词:"缛丽可爱。"③李廷机在《草堂诗余评林》称:"以梅妆柳絮二女人之事,包含冬景,可谓善形容者。旋炙银笙见寒之极处,酒消致寒冰,又见寂寞无兴意。"④沈际飞在《草堂诗余正集》卷一中称此词:"寒气如逼,末意出入。"⑤其《临江仙》:"饮散离亭西去,浮生常恨飘蓬。回头烟柳渐重重。淡云孤雁远,寒日暮天红。今夜画船何处,潮平淮月朦胧。酒醒人静奈愁浓。残灯孤枕梦,轻浪五更风。"《词谱》卷十称:"此词前后段第一、二句,俱六字两句,较张(泌)词减一字,两结俱五字两句,较张词添一字。宋晏几道、陈师道、陆游、史达祖、高观国、赵长卿、元詹正诸词俱本此填。"⑥俞陛云在《五代词选释》中称此词:"状水窗风景宛然,千载后犹想见客中情昧也。"⑦其《河传》:"秋光满目,风清露白,莲红水绿。何处梦回,弄珠拾翠盈盈,倚兰桡,眉黛蹙。采莲调稳,吴侣声相续,倚棹吴江曲。鹭起暮天,几双交颈鸳鸯,入芦花,深处宿。"《词谱》卷十一称:"按徐昌图宋太祖时人,在柳永之前。柳永淮岸向晚词,前段第五、六句,后段第四、五句,句法皆即本词填也。至前后段第五句俱不押韵。黄庭坚词及《梅苑》无名氏词,皆宗之。但两

---

① 张璋、黄畬编:《全唐五代词》,上海古籍出版社1986年版,第514页。
② 同上。
③ 同上书,第519页。
④ 同上。
⑤ 同上。
⑥ 同上。
⑦ 同上。

句俱不押韵,则为正体。或前段不押,或后段不押,则为变体耳。"①徐昌图作为五代与宋初之交的词人,其作品应有其独特的地位。

(四) 闽国的散文

闽国文人所写的散文,内容较为丰富,形式多样,其有代表性作家的如:

陈黯,为流寓入闽作家,晚年隐居同安,其代表作如《送王棨序》,对王棨的赋作了评价,"辅文(王棨)早岁业儒,而深于词赋,其体物讽调,与相如杨雄之流,异代同工也。"其《御暴说》指出行刑法之重要性:"权倖如之何能御也?曰:'刑法',曰:'彼秦汉其弛刑法耶,何赵高王莽之肆暴而不能御哉?',曰:'彼秦之高汉之莽得肆其暴者,皆由刑法之不明也。'"其《本猫说》叹猫之后代不搏而有食,故捕鼠本领退化,以致"反与鼠同为盗"。其《答问谏者》对"直谏不君之君者"表示了由衷的赞叹。其《辩谋》将古代的圣贤不为已谋与近世利禄熏天者进行比较,作者赞叹道:"夫古圣贤未始无谋,而不求利于身也。不求利于身,而利自及也。何以明之? 尧舜有大宝之位,不传于子而传于他人,是为天下之谋得其君也。大禹疏凿横流,过其门而不顾啼婴,是为天下之人谋出其溺也。后稷勤耕,播植百谷,是为天下之人谋粒其食也。其谋信何如哉? ……近世之谋则不然,小者不过于谋衣食,大者不过于谋禄位。督之利天下者或未见谋。"其《诘凤》《华心》《禹谟》《拜狱言》亦表达了作者对历史人物的褒贬和自己的爱憎。

黄滔的散文内容庞杂、形式多样。最主要的有以下几种:(1) 表现当时佛教的兴盛。有代表性的如《泉州开元寺佛殿碑记》,文章全面描述当时泉州开元寺的盛况,并对此寺的来历作了记载。为后人研究开元寺的珍贵文献。其《大唐福州报恩定光多宝塔碑记》,在近三千字的篇幅中,详细地介绍了报恩定光多宝塔建造的经过和缘由,并涉及当时福州许多佛教史实,为研究闽国佛教的重要文献。《龟洋灵感禅院东塔和尚碑》,生动地描绘了慧忠和尚的一生,还是龟洋寺重建碑铭中唯一一篇完整尚存下来的珍贵文献。(2) 书、启、序、赞、祭等。这类文体占黄滔散文一大部分。其书如《与杨状头书》《与王雄书》《答陈磻隐论诗书》《与罗隐郎中书》,大都借书表达了自己的政治见解和文学主张。其启如《薛推先辈启》《刑部郑郎中启》《南海韦尚书启》《谢试官启》《卢员外浔启》《侯博士圭启》《与蒋先辈启》《与杨状头赞图启》《代郑郎中上兴道郑相启》《代郑郎中上静恭庐相启》《代陈益蜀谢崔侍郎启》《西川高相启》《与蒋先辈启》《与沈侍御启》《段先辈启》《工部陆侍郎启》《翰林恭舍人启》《贺杨侍郎启》《薛舍人启》《赵员外启》等,这类短札式的书信用词华丽,

---

① 张璋、黄畲编:《全唐五代词》,上海古籍出版社1986年版,第520页。

大多为奉迎之作。其价值有二：一是可考察出黄滔的社会交往；二是可看出当时文人的学术取向。其序如《颖川陈先生集序》，对陈黯生平作了详细描述，认为：其"与同郡（指泉州）王肱、萧枢，同邑林颢、漳浦赫连韬，福州陈蕆、陈发、詹雄同时，而名价相上下。……先生之文，词不尚奇，切于理也，意不偶立，重师古也。其诗篇词赋檄，皆精而切，故于官试尤工。"其一部分赞如《龙伯国人赞》《一品写真赞》等。其祭，一部分代闽王所写，如《祭钱塘秦国太夫人》《祭南海南平王》等，大多为所祭者歌功颂德，用辞典雅。另一部分为作者所熟悉者作祭，代表作如《祭崔补阙》，对崔道融的命运发出深切慨叹，文中不乏"闽中三月，烟光秀绝。脂辖赴阙，鲲凤嘈赞，其犹南清魂断，北梁涕咽"等佳句。（3）杂文。黄滔散文创作中，最有成就的要算这类小短文。这类文章往往更贴近社会，折射出社会现实。代表作如《巫比》，从人们为什么喜听巫言不爱听士言的现实说起，通过层层设问和问答，指出不听忠言听谗言的危害。最后叹道："呜呼！设直士世用之如邪巫，鲠辞国纳之如簧言，则有国有家者，何逮乎患？"其《吴楚二医》，以治病喻治国，表达了该帮什么样国家和不该帮什么样国家的态度，批评比干和李斯，指出："比干知殷之不救而救之，仍药之以九窍。李斯目秦之救而不救，卒鸩之二世。"最后提醒统治者："殷之亡也，疾之甚矣；秦之亡也，医之罪也。后之有国有家者，得不慎乎医？"

杰出的记、志、铭散文。代表作家和代表作，如：詹敦仁，其代表作为《清隐堂记》。康宗王继鹏和清源节度使留从效都曾要詹敦仁出任官吏，詹屡坚持不受，后隐居佛耳山。这篇散文是他心境的最好写照。其《初建安溪县记》详细记录了安溪的地形物产，叙述了安溪建县的原委和经过，极具文献价值。王瞻的《高盖名山院记》用笔工整典雅，简洁明快；林同颖的《坚牢塔记》，记载了建塔的过程，由此可看出当时佛教的兴旺。五代陈岩为闽地举足轻重人物，他曾占据福州多年，王潮、王审知攻下泉州后，他表奏王潮为泉州刺史；黄璞《观察使检校司徒兼御史大夫陈岩墓志》，介绍了陈岩的生平及其子女，为研究陈岩的珍贵文献。

（五）闽国的赋创作

唐律赋至五代别开生面，一些表现某种特定生活经历的抒情之作被引进律赋的领域，使律赋与科举功令相脱节。五代律赋家辈出，而五代闽国文人如王棨、黄滔、徐寅等占有重要位置。下面就以上三人做一简要评析。

王棨所著赋，收入《全唐文》卷七六九，共为46篇，是存赋最多，也是创作表现特写生活经历的抒情赋最多的作家。王棨不把律赋当作获取功名的手段，而是用以抒发自己感慨，使赋成为一种不受约束的文体。其《松柏有心赋》云："彼木虽众，何心可持。惟松柏其生矣。禀坚贞而有之，所以固节千岁,凝芳四射。"借松柏表现自己的志向。《跬步千里赋》云:"彼道虽远,惟人可行。积一时之跬步,臻千里之遥程,亦如尘至微而结成山岳,川不息而流作沧瀛。"表达一种锲而不舍的精神。《贫赋》云:"有宏节先生,栖迟上京,每入樵苏之给长甘藜藿之羹。或载渴从载饥,未尝挫念,虽无衣而无褐,终自怡情。其居也,满榻凝尘,侵阶碧草。衡门度日以常掩,环堵终年而不扫。荒凉三径,重开蒋诩之踪,寂寞一瓢,深味颜回之道。先生迹似苹泛,家如磬悬,且何道而自若?复何心而宴然?先生曰:子不闻蜀郡长卿,汉朝东郭,器虽涤以无愧,履任穿而自乐,盖以顺理居常,冥心处约。"作者极为推崇这种君子固穷却能安贫乐道的境界。一些咏物咏景赋也得生动活泼,毫无板滞之感,如《珠尘赋》《鱼龙石赋》《烛笼子赋》《琉璃窗赋》《沈碑赋》《芙蓉峰赋》《曲江池赋》《水城赋》等。最有名的要数《江南春赋》,作者并不仅只局限于江南春色,而是既写历史,又写现实,将二者有机地结合起来。

黄滔所著赋,收入《全唐文》卷八二二,共为22篇,内容广泛,不独追求对工精巧,而是隐透出作者的情感。如《送君南浦》劈头就是"南浦风烟,伤心渺然,春山历历,春草绵绵,那堪送行客。"一下子把读者带进一种凄凉的环境。《陈皇后因赋复宠赋》云:"琼楼寂寂,空高于明月和风;瑶草萋萋,莫辗于金舆玉辂",读来悲凉至极。作者还借赋表达了自己对人生的见解,如《知白守黑赋》云:"圣人所以立言于彼,垂训于后,将令学者,得韬光用晦之机,不使来人,有衒实矜华之丑。"黄滔最为著名的赋为《馆娃宫赋》,作者写道:"吴王殁地兮,吴国芜城;故宫莫问兮故事难名。门外已飞其玉弩,座中才委其金觥。舞榭歌台,朝为宫而暮为沼;英风霸业,古人失而今人惊。"正是通过这种兴废之叹,要统治者以夫差为鉴,"彼雕墙峻宇之君,宜鉴邱墟于茂草"。《馆娃宫赋》所以被称为是一篇好赋文,"好就好在以赋的形式总结了历史教训,说出了很多人要说的话。"①

徐寅所著赋,《全唐文》卷八三〇收有28篇,《唐文拾遗》卷四十五收有21篇。绝大部分为律赋。因其赋在当时名重一时,竟有人私刻其赋。其《斩蛇赋》《御沟水》《人生几何》三赋,曾为渤海国所重。代表作如《寒赋》,以帝王之"寒"与战士之"寒"、农夫之"寒"、儒者之"寒"相对比,表现了对人民疾苦的了解和同情,其写农夫的云:"荷锸田里,劳乎农事。草荒而耒耜无力,地冷而心将悴。赋役斯迫,锄耰何利!冻体斯露,疏襄莫庇。东皋孰悯其耕耘?北阙但争其禄位。今则元律将结,元冬已继。此农者之寒焉,大王曷知其忧愧。"可见,作者对农民的生活有着深刻的体察。《过骊山赋》表面上描述了秦

---

① 霍旭东、赵呈元、阿芷主编:《历代辞赋鉴赏辞典》,安徽文艺出版社1992年版,第798页。

王朝时"贵蝼蚁于人命,法豺狼于帝德","家有子兮谁得孝,国有臣兮孰效忠"的状况,实则借此反映当时混战频繁的社会现实。徐寅还常借赋来表达自己的治国主张,如《均田赋》认为实行均田就可以消除贫富不均,使人民生活安定,天下太平。徐寅还借赋抒发自己清高不愿从俗的情感,如《涧底松赋》,借赞喻涧底松"翠锁山椒,心凌碧霄,生风而虎豺吟啸,拂衣而龙蛇动摇",表达高傲不屈的气概;《隐居以求其志赋》表达作者隐居的愿望。

(六) 闽国的文学理论

五代闽国的文学理论,以黄滔、徐寅为代表。

黄滔的文学理论思想,大都嵌夹在他的诗、文、中。其诗如《省试一一吹竽》,作者从一一吹竽联系到文学创作,认为文学创作也要"个个吹",既要注重对每个作家的考察,也要对作品一一考察,这样才能宫商有别,分出高低。其文最有代表性的如《答陈磻隐论诗书》,黄滔通过此文表示了以下:(1) 诗歌应刺上化下,文声相应。(2) 衡量诗歌的主要方面在于其内容而不在题材。(3) 评价了六朝和唐代诗歌。黄滔对六朝诗歌评价不高,但高度评价了唐李白、杜甫、元稹、白居易的诗,认为他们诗"信若沧溟无际华狱于天然"。其主要原因,正是因为他们的诗长于讽刺。

徐寅《雅道机要》是五代闽国最为重要的诗学理论著作。其内容前半部分为"明门户差别""明联句深浅""明势含升降""明体裁变通",实为对《风骚旨格》的阐发。其他部分则叙述了诗歌中的"意"和"象"、律诗各联和字句锤炼、诗歌的通变和分剖、诗与禅等。其有代表性的观点,如在"明体裁变通"中,认为诗如"人之体象",形神丰备,而风骨不外露。在"明意包内外"中认为"内外之意,诗之最密也。苟失其辙,则如人之去足,如车之去轮,何以行之哉?"在"叙搜觅意"中认为意象的创造,区别于物象的描写,不应是先有"意"而去找一个"象"来对应,情感意象是意与象交融契合而生。《雅道机要》较多接受了皎然的《诗式》的论诗方法,也与当时社会现实有关。如讲诗为"儒中之禅也,一言契道,万古咸知",是皎然以禅悟诗之法在五代闽国诗论中的延续,也表现了当时文人好禅理的风气,这也与闽国佛教盛行分不开。这种观点对严羽《沧浪诗话》中的"妙悟"说乃至清代王渔洋的"神韵"语等,亦有一定影响。①

五代时期,中原板荡、战乱不断,而"世外桃源"的闽国成为安定的绿洲,闽国文学也盛极一时,无论诗、词、文、赋、文学理论,都出现了一批极具特点的代表作和代表作家,不同程度地为宋代文学的兴盛打下了基础。

---

① 何绵山:《五代闽国文学探论》,《文史哲》1997年第6期。

二、宋代福建文学

宋代是福建文学的黄金时期,主要标志是:第一,作者众多。这个时期福建进士及第者 6755 人。他们是福建文学创作的基本队伍。这支庞大的创作队伍,不仅在福建是空前的,即使在全国也是罕见的。第二,作品众多。以词而言,至今可考的将近 2000 篇。诗作则更多。第三,闽籍诗人作家队伍的庞大,淹没了来闽流寓游宦的外籍作家。第四,出现了不少在全国具有声望的诗人,如杨亿、蔡襄、柳永、李纲、张元幹、刘子翚、刘克庄、严羽、郑思肖、谢翱等。

(一) 宋代福建的诗歌创作

宋代文学首先是诗歌。宋初诗歌主要来自五代入宋的诗人,如杨徽之、郑文宝等。从杨亿之后,诗人辈出。杨亿以其文坛领袖的地位,倡导西昆体以矫正宋初平淡乏味、平白浅俗的诗风,令诗人闻风而从,使诗体为之一变。虽遭诟病,但功不可没。宋诗从一味平白浅俗走向风格多元的发展道路。南宋刘克庄以其才华,成为继承陆游爱国主义传统的重要诗人。有宋一代,福建诗人著名者有蔡襄、李纲、张元幹、刘子翚、黄公度、王迈等。其内容主要如:

1. 描写山水景物。杨徽之、郑文宝的山水景物诗,以独到的意境取胜。杨徽之的《汉阳晚泊》:"傍桥吟望汉阳城,山遍楼台彻上层。犬吠竹篱沽酒客,鹤随苔岸洗衣僧。疏钟未彻闻寒漏,斜月初沉见远灯。夜静邻船问行计,晓帆相与向巴陵。"意境真实而饶有情趣。他的许多描写景物的诗句,也广为人们称赏和传诵。如"偶题岸石云生笔,闲绕庭松露湿衣。"(《僧舍》)"新霜染枫叶,皓月借芦花。"(《湘江舟行》)"春归万年树,月满九重城。"(《元夜》)"开尽黄花秋色老,落残桐叶雨声寒。"(《宿东林》)赵文宝亦善于描摹山川景物,如"百草千花路,斜风细雨天。"(《郊居》)其后的惠崇、谢伯初等也善于描摹景物。惠崇"白浪分吴国,青山隔楚天。"(《送程至》)"落潮鸣下岸,飞雨暗中峰。"(《瓜州亭子》)"地遥群马小,天阔一雕平。"(《塞上送人》)不仅意境博大,而且气势雄浑。谢伯初"园林换叶梅初熟,池馆无人燕学飞。""自种黄花添野景,旋移高竹听秋声。"都饶有唐人神韵。其他如曾公亮《宿甘露寺》、方惟深《舟下建溪》等,描摹景色都爽朗明丽。北宋末年和南宋,由于外患频仍,国家残破,诗人笔下缺少悠然的情趣,描写的景物中不免带有忧伤的情绪。如陈居仁《西湖感旧》:"苏公堤畔采莲船,蘸碧楼台动管弦。山色湖光宛如昔,心情不似十年前。"王迈《飞翼楼》:"亭前一望海东流,更有雄楼在上头。燕子飞来云漠漠,鸥夷仙去水悠悠。神交故国三千里,目断中原四百州。日暮片云栖古树,昔人留与后人愁。"宋亡以后,这种忧伤更变为深沉的哀痛。如郑思肖《春日偶成》:"晓来怕上最高楼,春尽时光只似秋。草木荒寒生意涩,风腥雨腻一天愁。"谢翱《秋夜词》："愁生山外山,恨杀树边树。隔断秋月明,不使共一处。"在诗人眼中,客观的景物已经不是美丽可爱,一片萧瑟,风腥雨腻,更引起了诗人的愁与恨。

2. 赠别怀人。这是中国诗歌的永恒主题之一。谢伯初《寄欧阳永叔谪夷陵》一诗,尤其受人称赏:"江流无险似瞿塘,满峡猿声断旅肠。万里可堪人谪宦,经年应合鬓成霜。长官衫色江波绿,学士文章蜀锦张。异域化为儒雅俗,远民争识校雠郎。才如梦得翻为累,情似安仁久悼亡。下国难留金马客,新诗传与竹枝娘。典辞悬待修青史,谏草当来集皂囊。莫谓明时暂迁谪,便将缨足濯沧浪。"诗中有同情、有赞扬、有规劝、有期待,内涵丰富,十分贴切,清婉动人。王维《阳关曲》早已脍炙人口,陈刚中《阳关词》却反其意而为之:"客舍休悲柳色新,东西南北一般春。若知四海皆兄弟,何处相逢非故人?"立意新颖,没有离愁,只有劝勉,别具一格。黄公度《分水岭》:"呜咽流泉万仞峰,断肠从此各西东。谁知不作多时别,依旧相逢沧海中。"虽有离愁,但充满着重聚的期待,感情跌宕,委婉有致。但也有直抒胸臆的,如谢翱《西台哭所思》:"残年哭知己,白日上荒台。泪落吴江水,随潮到海回。故衣犹染碧,后土不怜才。未老山中客,惟应赋八哀。"作者哭祭西台,怀念他的战友民族英雄文天祥,沉痛地抒发了内心的感情,感人至深。

3. 描写爱情。有宋一代,理学之风甚盛。崇天理灭情欲使许多诗人怯于言情。但情乃人的本性,诗人总不免发之于诗。如杨亿《无题》诗:"露冷星翻月上弦,九枝银烛照金钿。应知韩掾偷香夜,犹记潘郎掷果年。天上明月虽可望,苑中高柳未经眠。鸟啼人散青楼晓,堂下轻风转荚钱。"写一对情人偷期幽会的情景,只惜相聚不长。诗人运用李商隐的手法,借几个典故,写得扑朔迷离。而严羽却借用民歌的手法,大胆地表露了一个女子的相思:"君子如白日,愿得垂末光。妾心如萤火,安得久照郎?""船在下江口,逆风不得上。结束作男儿,与郎牵百丈。""朝亦出门啼,暮亦出门啼。蛛网挡风里,摇思无定时。"(《懊侬歌》)表现女子对爱情炽热的追求。谢翱《春闺词》却从另一角度描写闺妇的慵懒梳妆,无所排遣,只好看看床头的梦书,以表现闺怨。陈渊《寄内》写对月相思,既诉说久别之苦,又以自己"于今半世人,升斗亦未遂",对贤惠的妻子表达深深的歉意。

4. 反映社会现实。北宋中叶,社会阶级矛盾日益突出,诗人不能不把笔端触及现实中一些重要问题。著名词人柳永写了一首《鬻海歌》,痛切地陈述盐民生产和生活的艰难辛苦,抨击了官府的残酷剥削,提出了"甲兵净洗征输辍"的主张,是一篇为民请命的诗歌。一代名臣蔡襄的代表作《鄞阳行》,描写水灾后农民无以果腹的悲惨境遇,揭露官府借机进行剥削和勒索。景祐年间,范仲淹上《百官图》,揭露结党营私的政治弊端,要求改革,遭到宰相吕夷简的报复,范仲淹、余靖、尹洙、欧阳修相继贬谪。谏官高若讷不但不援救,反加指责。蔡襄忍无可忍,写了下《四贤一不肖》的长诗,颂扬范、余等人的正直,严责高若讷的错误。诗中义正词严,正邪泾渭,褒贬分明,显示了诗人的正直和勇气,也可见当时政治斗争的激烈。陈烈《题灯》和王迈《元宵观灯》两诗,都揭露了地方官吏强迫民间出钱张灯供其观赏的恶劣行径,大声疾呼要珍惜民脂民膏。邓肃《花石诗》,则对当时人民深恶痛绝的花石纲进行揭露和讽刺,提出废止花石纲以安定人民的要求。刘子翚《汴京纪事》,写出当年汴京君臣腐化享乐、醉生梦死的场面,揭示了北宋亡国的惨痛教训,清新凄婉,令人感慨,不减唐人气韵。

5. 抒发爱国情怀。北宋末年至整个南宋时期,由于金、元先后入侵,民族矛盾上升为主要矛盾,国家和民族的存亡成为全民头等的大事。诗人也以自己的诗歌投入反侵略斗争,抒发爱国情怀。李纲是宣和七年(1125)冬天汴京保卫战的组织者和指挥者,又是南宋初年的宰相。他的一些诗歌如《胡笳十八拍》《西风行》《述怀》等,都抨击了妥协投降派,表达了对国家命运的深切忧虑,力主奋起自强,坚决抵抗入侵之敌。张元幹目睹北宋灭亡和南宋初期逃跑避敌的现实,也以《丙午春京城围解口号》《感事四首》《建炎感事》等诗,总结了和与战的正反经验,指出"议和其祸胎,割地亦覆辙",屈膝求和,只能自取灭亡。刘子翚在《靖康改元四十韵》中,概括了靖康元年汴京保卫战情况,也指出"横磨非嗜杀,下策且和番"。他还写下了《望京谣》《怨女曲》《四不忍》《防江行》《书事》《偶书》等诗,或抒发对国事的忧伤,或讴歌抗敌的将士,或痛斥敌人的残暴,或指责误国的奸臣,或表示对苦难人民的同情,一再表示自己"忧国意如惔","未忘天下忧","忧时亦有枕戈心","何当矍铄渡何去,一洗塞北烟当空。"这类诗歌几乎成了当时诗人不可缺少的主题,不胜枚举。

(二) 宋代福建的词创作

宋初福建词人的作品仅有杨亿《少年游》和蔡襄《好事近》两篇。其后柳永以其天才崛起词坛,拓展描绘城市风物、咏史羁情旅思等题材,创制长调以扩大词的内容,改革词的语言以增强其活力,采取"叙铺展衍"的写法以描情状物,成为词坛改革的巨手。其词风一扫晚唐五代词人雕刻板滞的习气,之后秦少游的婉约,贺方回和周美成的艳冶,无不受其影响。他的成就,对于北宋初期词风的转变起了开山的作用。而他的作品更是风靡一时,广为流传。张元幹生当靖康前后,首先以词反映当时政治斗争和民族斗争的现实,唱出悲壮慷慨的声情,使两宋之词的内容、风格都为之一变,为创作爱国词篇开创了道

路。刘克庄继承豪健作风,成为辛派健将。陈人杰、陈德武等继之于后,使豪健之词直到南宋亡时依然不衰。福建宋词的主要内容有:

1. 抒写羁情旅思。这类主题以柳永抒写最多,也最为有名。《雨霖铃·寒蝉凄切》《八声甘州·对潇潇暮雨洒江天》《夜半乐·冻云黯淡天气》《满江红·暮雨初收》《倾杯·鹜落霜洲》,都是以羁旅之景抒发羁情旅思,真实细腻动人。例如"执手相看泪眼,竟无语凝噎。念去去、千里烟波,暮霭沉沉楚天阔。""今宵酒醒何处?杨柳岸、晓风残月。""不忍登高临远,望故乡渺邈,归思难收。叹年来踪迹,何事苦淹留?想佳人,妆楼凝望,误几回、天际识归舟。"全以白描手法写出,情景交融,深为人们所激赏。张元幹《满江红·春水迷天》一词,在写旅况"漂泊"之时,更抒发了对家乡闺妇的思念:"寒犹在,衾偏薄。肠欲断,愁难着。倚篷窗无寐,引杯独酌。寒食清明都过尽,最怜轻负年时约。想小楼终日望归舟,人如削。"既表示自己的歉意,也表示对闺妇的体贴,细腻入微,见出相爱之深。

2. 描绘秀丽山水。福建山清水秀,有许多美丽的天然景物,成了许多词人喜爱欣赏和吟咏的对象。留元刚《满江红·泛舟武夷》写泛舟九曲的情景:趁着清风,放舟沿流而下,看山观瀑,联想有关的神话传说,别有无穷的乐趣。福州是八闽的最大都会,城内的西湖、横山阁等名胜,也都展现在词人的笔下。赵汝愚驻节福建,重浚西湖,进一步扩大了西湖面积。词人林兴为此写了三首《水调歌头》,写出西湖四山环翠,万顷浮绿,十里云锦,冰鉴晴岚,既是游览胜地,也灌溉了万顷农田。李纲、李弥逊等词人,几次游览福州横山阁,都留下了辞章。张元幹、黄裳等来到南平,游览双溪阁和延平阁等名胜,也对景吟词。如严仁《归朝欢·南剑双溪楼》云:"飞观插雕梁。凭虚起缥缈五云乡。对山滴岚翠,两眉浓黛,水分双派,满眼波光。曲栏杆外,汀烟轻冉冉,莎草细茫茫。无数钓舟,最宜烟雨,有如图画,浑似潇湘。"李弥逊的《蝶恋花》则以极其精练之笔,勾勒了福州城貌。赵以夫的《木兰花慢》,也展现了漳州元夕的盛况:鳌山驾海,焰火涨空,满城老少追逐游赏,倩女曼舞轻歌。可说是一幅南宋时期福建地方的民俗画。这些词章,大部分都具有福建地方的特色。

3. 抒发个人心志。杨亿虽以文才受到三朝皇帝的特殊恩遇,但也以文才和耿直的性格遭到佞臣的忌妒,常在诗词中透露辞官归隐的思想,也在辞章中抒发不平之志。如《少年游》一词通过赞颂梅花的冰清玉洁,表达了自己高洁的心志,抒发清白无辜遭谗的不满和忧惧的心理。其后蔡襄也以梅为题材,写出《好事近》一词,表白自己冰清玉洁、不畏强暴的性格。可见他成为一代名臣不是偶然的。陈瓘先后三次弹劾权奸三次被罢,依然坚持其高尚的节操。

在《满庭芳》一词中,以洒脱的笔调,表明了"这一轮明月,本自无瑕"的自我情志。中兴第一名相李纲,功高盖世,却被废而不用,但他抗金的意志至死不渝。《六幺令》一词借写景表达了"纵使岁寒途远,此志应难夺"的坚定信念。末句则以"独立渔翁满江雪"以自况。黄公度受知名相赵鼎,遭到秦桧忌恨和排挤,长期不得志,常以梅吟咏诗词。在《眼儿媚》《一剪梅》等词中,都以"一枝雪里冷光浮""冷艳幽香冰玉姿"等自况,表示宁愿"憔悴"也不向淫威低头。赵以夫也往往借吟咏梅、莲、菊等,表白自己冰清玉洁的襟怀:"记当年、曾共花前笑。念玉雪襟期,有谁知道?"(《孤鸾·梅》)"襟期问与谁同?记往昔,独自徘徊篱下。采采盈把。"(《惜黄花·菊》)王迈因谏阻主和的乔行简入相,被理宗皇帝斥为"狂生",愤而辞归,依然保持其耿直的志节。

4. 表达爱国之情。这类词多产生于北宋至南宋灭亡时期,以李纲、张元幹、刘克庄、陈人杰为多,也最为有名。李纲多写其内心对国事的忧愤,如《苏武令·塞上风高》《永遇乐·秋夜有感》等,有些词则借古讽今。期望最高统治者振作图强,都表现了他坚决抗金、振兴国家的愿望。张元幹则以词介入政治斗争,批判和议,支持抗战,表达驱除敌虏恢复中原的壮志。刘克庄这类词更多,如《满江红·金甲雕戈》《贺新郎·湛湛长空黑》《贺新郎·北望神州路》《沁园春·何处相逢》《沁园春·一卷阴符》《贺新郎·尽说番和汉》《贺新郎·国脉微如缕》等不下十余篇。或表示为国建功立业,或批评执政无能,或痛惜壮志未酬,多悲壮苍凉,不愧为辛派的健将。陈人杰有词31首,全以《沁园春》为调,多是表达为国立功成就大业的壮志,批评主和派庸怯因循,虽慨叹报国无门,但依然誓志不馁。如"说和说战都难。算未必江沱堪宴安。……渠自无谋,事犹可做,更剔残灯抽剑看。麒麟阁,岂中兴人物,不尽儒冠"。全是愤激遒壮之辞,毫无哀伤自馁之气,比之刘词更能鼓舞人心,可谓辛词之嗣响。这个时期爱国词篇的作者,还有李弥逊、邓肃、高登、蔡戡、刘学箕、王迈、严羽、严仁、冯取洽、赵以夫、陈德武等。

(三)宋代福建的文、赋创作

两宋时期福建在文、赋方面成就不突出。但亦有佳作名篇。刘子翚《试梁道士笔》,从一支笔说起,"善将不择兵,善书不择笔"联系到救亡大事,批判"南兵飘轻不足仗",认为只要善于将兵,都可"有为于今日"。全文短小精悍,不过二百字的篇章,警策有力。郑思肖《一是居士传》,借"一是居士"传记以自况,塑造一个孤僻佯狂的典型形象,表现作者不随流俗而坚贞不屈的崇高气节。谢翱《登西台恸哭记》,记叙西台哭祭文天祥一事,表示对民族英雄的哀悼,悲愤抑郁,是宋文中不可多得的名篇。杨亿《君可思赋》抒发了被谗忧惧之愤,表达自己一片忠诚,颇有《离骚》之韵。李纲《南征赋》写于建炎元年十二月罢相被窜于鄂州之时,直抒其去国的忧愤:"顾戎马之崩腾兮,方四郊之多事。临洞庭而伤怀兮,望九嶷而增思。乱湘流而适澧兮,灵均岂其前身？续《离骚》而赋《远游》兮,原承芳于后尘。"愤激之情溢于辞表,可谓《离骚》之续。

(四) 宋代福建的文学批评

以文论而言,《答谢景山书》和《再答谢景山书》,可算是蔡襄两篇文论。蔡襄认为文章的目的在于明道,因此极力强调道的重要。他认为道与文的关系是先道而后文。"道至焉,文亦至焉。"道是内容,文是形式,文必须为明道服务,所以要写好文章,首先要明道。道要通过文的形式表达,需要文作为道的载体,因此不能排斥,但必须明道,才能成为好文章,否则,文虽工也算不得好文章。这种文学思想和欧阳修相同,也是对韩愈"文以载道"文学主张的进一步阐述。张元幹主张文学重在"精神发挥"。在《亦乐居士集序》中认为:文章的作用能够"斡旋造化",尽管文章由于作者的钟禀及其师授不同,可以有千姿百态,但一定要有"精神发挥",否则就像"土木偶"一样,不能动人感情。因此他在《跋苏绍君楚语后》一文中,反对"蓄意模仿""轨辙一律",推崇诗经、屈宋,批评九怀、九叹、七发、七启之类的重复。并且主张创作要尽情地发挥自己的真情实感,不受拘束,不求合于古人,才能超过他人的造诣。这和前面所说的"精神发挥"是一致的。作为理学家的真德秀继承朱熹的文论,主张文章要"发挥义理,有补世教"。他编选《文章正宗》,力图贯彻这一主张。在《文章正宗纲目》中他说:"夫士之于学,所以穷理而致用也。文虽学之一事,要亦不外乎此。故今所辑,以明义理切世用为主。其体本乎古,其指近乎轻者,然后取焉,否则辞虽工亦不录。"这种只取义理,排斥艺术性,未免片面,所以连他的学生刘克庄也表示不满。

以诗词论而言,黄裳的诗论见于他的《演山居士新词序》和《书乐章集后》。前者将词作比为《诗》的六义,有意提高了词的价值和意义,词再不是不登大雅之堂的市俚。后者以独具的慧眼肯定柳永的词确是反映北宋繁华的景象,是太平时代的歌声,并以之比美杜甫诗,对柳永词做出了最高的评价,提高了柳词的价值。胡寅的《酒边词序》是一篇著名词论。他认为词曲渊于古代诗歌、乐府,特别继承楚辞《离骚》发展《诗经》中变风变雅的精神,但却超了"止于礼义"的范围。他又认为所谓曲是曲尽人情之义,因此比之诗歌更为自由解放,从而阐明词与诗不同的特点。刘克庄的词论比较丰富。他提倡词要发扬《诗经》国风正声的传统,反对绮靡之风。他对晏殊、秦观、柳永、周邦彦、陆游、辛弃疾等人之词,既作了很高的评价,也指出了缺点,态度此较公允、全面和客观。黄升编有《花庵词选》,包括《南宋诸贤绝妙词选》和《中兴以来绝妙词选》。他在《中兴以来绝妙词选》自序中,说明自己选词是诸家兼收并蓄,不拘一格。对于所选诸家词系以小传,间附评语。他的《中兴词话》,对张元幹、陆游、辛弃疾等人的词也作了很高的评价。但在这些诗词理论中,最著名的要推严羽《沧浪诗话》。这部著作主张诗崇盛唐,诗主妙悟,反对诗中多发议论,乱用典故。诗崇盛唐是对江西诗派表示反抗和对宋诗表示不满而发的,但只强调兴趣而忽视思想内容,未免是弃本追末。诗主妙悟,要能参之入神,就要多读书,多穷理,这固然是对的,但过分强调参悟入神,忽视诗的源泉来自现实生活,就会失于偏颇。反对议论用典,应该说是切中宋诗之病,议论太多就诗不成诗,用典过多就晦涩难解,但一概反对议论和用典,也未免趋于极端。虽然如此,《沧浪诗话》标举兴趣,妙悟等理论,揭示诗歌有别于其他文体的特质,与诗歌外在、内在的意蕴,探索诗歌创作和鉴赏的不同心理和规律,都是诗歌理论史上的创见,令人有耳目一新之感,在中国文学批评史上产生了巨大的影响。魏庆之《诗人玉屑》,也是宋代诗话的重要著作。其特点是:不专是记述轶闻而更重于议论,兼得《诗话总龟》和《苕溪渔隐丛话》之长;引用了不少闽人诗话和评论,保存了不少已佚的诗文。

综上所述,两宋是福建文学空前辉煌的时期,不仅出现了众多的诗人作家,也产生了大量的诗、词、文学批评等作品。在诗人作家中,许多都是在全国文坛中具有巨大影响的名家,有的曾经是当时文坛的领袖;在诗、词作品中,许多都是名篇杰作,至今传诵不衰。可以见出福建文学不论在数量还是质量上,都有了很大的发展和提高。尤其是在爱国诗词作品方面,不仅数量多,而且内容深厚,感情炽烈,音律高亢激越,直到南宋灭亡,余响犹存。文学批评理论也卓有成就,令人瞩目。但是福建文学的成就及其意义还不止于此。杨亿标举西昆,力挽宋初苍白无力的诗风;柳永开拓词的题材,创制长调,改革词的语言,为宋词的发展开辟了康庄大道。他们的改革虽都遭到攻击,但文学发展历史证明,他们改革的精神和所取得的成效是不可磨灭的。蔡襄提出文以明道的主张,对当时古文运动,无疑起了推波助澜的作用。陈瓘以其词的创作,开辟了毛滂洒脱派的先路。张元幹以词直接参与当时的政治斗争,唱出悲壮激越的音调,为辛词一派之先河。刘克庄既是辛词的健将,又是江湖派的领袖,对当时诗词的发展都起了推动的作用。严羽标举"兴趣"和"妙悟"的诗学理论,对于纠正宋诗的弊病指明诗学的方向,产生了巨大的影响。所有这些,都说明了福建文学在两宋文学中占有重要的地位。一些杰出的诗人作家和作品,曾经影响过当时文坛或文风,表现出福建文学对中国文学发展的贡献和作用。

三、元代福建文学

元代福建文学远不如宋代,其概况如下:

(一)元代福建的诗歌创作

首先值得一提的是张载。他是元代诗歌四大家之一。其诗取法盛唐诸大家,以气为主。五古颇似青莲,七古近似韩愈。五古名作《雪轩》,颇有青莲的气势,也有浪漫的色彩。《送王元礼归平城》颇具雄深气象。其七律、七绝也有唐人气韵,一洗宋诗萎琐之弊。卢琦的山水景物诗多有农家的风味,自然淡朴,不求工而工,如《游洞岭寺》《山行杂咏》诸作。陈旅山水景物诗则善于穿插历史典故,抚今追昔,令人有沧桑之感,如《和萧秀才歌风台》《和维扬龙人》等篇。林泉生的景物诗多豪宕遒逸之作,如《寄题大龙湫和李五峰韵》《方广岩纪游》等。他的《岳王庙》一诗,以鲜明的对比和衬托,批判宋廷的短视,歌颂岳飞是永远受人尊敬的大丈夫,回顾历史,令人有无恨苍凉之感。被称之为凭吊岳王诸多作品中之"最脍炙人口"的名篇。洪希文之诗多描写农村劳动生活和农民因战争和赋敛所受的痛苦,质朴无华,情如出于肺腑,在元末华靡诗风中可谓独树一帜。如《饭牛歌》《独立》《闻清漳近信》《伤田家》诸作。黄镇成多写农村生活和景物诗。农村生活诗不时透露政治理想未能实现的苦闷,如《南田耕舍》;景物诗写出农村道地的景物,真实如画,天然质朴,如《东阳道中》《乌州渔唱》等篇,其中也表现了作者悠然自得的心情。其对江南农村景色的描写,疏落几笔,便可引人入眼。诗境清新、安详、静穆,风情声韵,逼近唐代刘长卿。黄清老诗早年多酬送、题画、山水之作,晚年多表现为归隐的向往,风格虚无缥缈。释大圭为僧人作家,诗作中有不少揭露社会黑暗,反映社会现实,一些写景诗新鲜活泼。毛直方诗作大多表现对脱离尘世、悠然自得生活的向往,对仕途行役生活的厌倦。

(二)元代福建的戏曲创作

元代北方杂剧兴盛同时,福建南戏也颇为鼎盛,其剧本之多和演出规模之大,不亚于北方杂剧,甚至向北拓展。只是由于明代一般文人对它极为鄙视,再加上福建方言的戏曲只能演,无法读,不能场上案头两全其美,所以元代福建剧本绝大多数都失散无存,但今天的莆仙戏、梨园戏中还可找到不少与南戏同名或情节类似的剧目。

元代目前可考的唯一杂剧家是寓居杭州的福州人陈以仁。其传世杂剧作品,据《录鬼簿》所录,有《十八骑误入长安》和《锦堂风月》二种。后者杂剧存目已佚,前者别名为《雁门关存孝打虎》。《录鬼簿续编》著录有《雁门关存孝打虎》,简名《存孝打虎》,据有关专家考证,《雁门关存孝打虎》则是《十八骑误入长安》别名。① 《元曲选外编》里选有此剧,陈以仁的杂剧由此正式得到后人的承认和肯定。此剧写的是唐末李克用收牧羊子李存孝为义子,战败黄巢的故事,大多以评话活动来表演此剧。作者在剧中借骂黄巢来发泄对元代统治者的不满,渗透着元朝的时代气息和斗争氛围。

(三) 元代福建的文学批评

元代福建文学批评,应以杨载为代表。其《诗法家数》强调学习与继承的关系,对继承与创新者独到认识。他将"陈烂不新"作为诗之"十戒"之一,还将"赋比兴"看成是"诗学之正源,法度之准则",在当时产生了一定影响。

四、明代福建文学

明代是福建文学在元代衰微之后的复兴时期。其表现为:第一,诗人作家众多。明代福建科举成名的已不限于闽北、闽中、莆泉一带,也遍及闽西、漳州、闽东以至海岛金门。仅状元、榜眼、探花、会元的总数就达31人。居全国第四位。加上为数众多的进士、举人,形成了一支庞大的创作基本队伍,从中产生了不少名家。清代郭柏苍《全闽明诗传》,就选评出闽籍诗人多达950多人。第二,产生不少文学创作的群体。除以林鸿为首的闽中十子之外,福州有九老会、鳌峰七友、鹤圃清音社、平远诗社、三山耆社,莆田有木兰吟社、逸老会、八仙会和玻璃社等。这些都是以志趣和崇尚相同而结成的地方性创作群体。互相吟唱、互相切磋创作经验和探讨创作规律,对于提高和发展福建文学无疑是有利的。第三,产生种种创作流派。如以林鸿为代表的倡导诗学盛唐的闽中诗派,台阁体代表人物之一的杨荣,主张诗学杜甫的郑善夫,反对复古主义的唐宋派代表人物之一的王慎中,力主情性的文学批评家李贽等。各种流派的产生和争鸣,既活跃了文坛的气氛,又促进了福建文学的发展,甚至对全国文坛都产生了影响。第四,创作的文体增多。除了诗、文、词之外,还有戏曲、小说、杂记以及文学批评等。可以说,明代福建文学,形成一种群芳争艳的繁荣局面。

(一) 明代福建的诗歌创作

明代福建文学最重要的是诗歌。其主要内容如下:

1. 描写山水田园。张以宁《闽关水吟》,描写分水岭景物,结合离乡之感,不仅景物富有特色,而且骨力遒劲,情景相生。蓝仁《和云松雪中》(其二):

---

① 林复生:《元曲家陈以仁浅议》,《福建文博》1986年第1期。

"乱来双鬓俱成雪,对雪疑窥镜里颜。明日春风消释尽,只留鬓影对青山。""鬓影"与"青山"相衬,把雪景与自己的白发衰颜交融一起,从而透露出无限感慨的心情。《舟中望长洲田家》,则是一幅田园图画,表达诗人对田园生活的向往。蓝智《建溪》,既写出建溪水势的汹涌唐突,景物的迷蒙,又寄托了他对战乱之后前途未卜的心绪。林鸿《游玉华洞》和《游方广岩》,极写玉华洞水、岛、花、松、石和云雾变幻之态,方广岩之高、之古、之静,创造出一种空灵神幻的境界,令人向往。王偁《桃溪》,把桃溪写成世外桃源,表达他对山中幽静岁月的依恋,抒发了终将归隐的情思。曹学佺《武夷》一诗不仅真实地写出武夷的景物,而且表现了诗人心中无限苍凉的感受。黄孟良《九鲤湖》,则在景物中融入神话传说,给幽美的九鲤湖抹上迷蒙虚幻的色彩。这些诗歌,在写景中往往虚实交错,从而更加美化了现实中的景物和田园生活。

2. 表现现实生活。元末明初,由于战乱,农村一片凋敝,一些诗人之诗就反映了这种情况。蓝智《南村》诗写道:"乱来村野几家全?近长丁男亦戍边。办得军装牛已卖,门前荒草是官田。"揭示战乱给农村造成家破人亡、田园荒芜的灾难。周天佐《过农家》,写官府对农民的盘剥。"千村多饱吏,不见一农肥。"以鲜明的对照,揭露官与民的矛盾的现实。明中叶以后,阉党把持政权,政治腐败,人民更加痛苦。"回首盼乡国,门巷莽丘墟。十室九无人,荒田孰与锄?""甲兵满天地,客行安所知!"(万方有《留别杨郡伯》)都是当时现实的写照。当时东南沿海频受倭寇侵扰,海防空虚,福建人民又多受了一重灾难。林懋举在《嘉禾城边感时》诗中写道:"狭邪衢巷杳难分,哀角空城不忍闻。黯黯悲风鸣败垒,凄凄寒雨洒荒坟。画梁有燕来秋社,朱户无人锁夕曛。悔祸天心应已定,未知谁是霍将军!"惨遭倭寇劫掠的空城,一片悲风寒雨,只有燕子来寻旧巢,却不见一个人影,诗人渴望有霍去病一样的将军率兵驱敌。诗人陈昂也以诗反映了这种情况:"丧乱余生在,饥寒何所投?昼逃闻鬼哭,夜窜望仙游。有径风先惨,无山鸟肯留。老妻向天问,贼势几时休?"写出倭寇入侵,人民逃难的悲惨情景。而倭寇退走后,家园则成一片废墟:"乡邻纯瓦砾,难辨遂深求。瑟瑟风先冷,离离黍已秋。郊原余战垒,故旧一荒丘。只影叙旧径,安能遣泪收?"(《乱后还家》)

3. 描写反侵略战争。明初北方有鞑靼入侵的威胁。永乐年间,明成祖先后五次率兵亲征,打败入侵之敌。诗人多以《塞下曲》或《出塞》为题讴歌了这种反侵略战争。如林鸿《塞下曲》(其五)、王恭《塞下曲》、张经《出塞》都描写将士的英勇,以自己的忠愤和战斗,赢得了反侵略战争的胜利。场面豪壮,神情激越。明代中叶,描写抗倭战争则成为福建诗人的另一主题。这些诗人中有的本身就是抗倭名将。"十年双剑在,百战一身存。"这是抗倭名将俞大猷戎马生涯的自我写照。"匣内青萍磨砺久,连舟航海斩妖魑。笑看风浪迷天地,静拨盘针定岛夷。"写出他出海抗倭的雄姿。而《舟师》一诗,更写出了出征倭寇取得胜利的壮观场面:"倚剑东溟势独雄,扶桑今在指挥中。岛头云雾须臾尽,天外旌旗上下冲。队火光摇河汉影,歌声气压虬龙宫。夕阳万里归篷近,背水阵奇将士功。"表现了将军的指挥若定和战士的英勇作战,以排山倒海的气势迅速取得这场海战的胜利。以将军兼诗人身份描写海上战斗的诗篇,这是明代以前所罕见的。

4. 抒写离情乡思。张以宁《送重峰阮子敬南迁》既写乡谊友情,又写离别之苦,末云:"君归过江上,为问水中鱼:别时鱼尾赤,别后今何如?"情未尽而意在言外,一时脍炙人口,可算是学习李白的佳作。王偁《寄答黄伯亨》,表达朋友之间相知不二之情。"与君相遇即相知,沥胆轮肝无复疑。""念昔与君多意气,相期岂作桃李妍。""君有长歌向余写,我有古调为君宣。"同时也流露不得志则宁可隐沦,不为世俗所欺的心志:"我有古干将,锈涩久弃捐。宁甘困泥漳,耻为儿女怜。"诗人借写离情来表达对仕途坎坷的愤慨不平。"孤帆乘吹发,一雁渡江迟","一灯今夜雨,千里故人心"等,都是抒发离情友思的名句。黄仲昭《送人还莆》云:"两京飘泊几经霜,却喜逢君话故乡。潮水不知离别苦,又从江上逆归航。"怨潮水而情自切,道人所未道。林润《秋兴》写客情旅况,末四句云:"烽火有时传北塞,甲兵何日静山城?万方多难奔驰苦,夜雨寒窗梦不成。"国家多难,给旅人增添了艰难和忧苦,忧国和忧已之心交织一起,益见出望治之心的迫切。陈第《入闽关赋》:"冬尽霜寒折角巾,看梅踏雪又南闽。一瓢明月三年客,万里青山五岳身。鬓发别来心共短,江湖归去梦犹频。悬知门径萧条甚,稚子开尊候主人。"从眼前景物回顾离乡三年来的为国奔驰,透露出归隐之意,再想象家人盼归之切,离情中包含着种种复杂心理,未到乡即已悲喜交集,见出诗人归心似箭了。徐𤊹《暮春送周乔卿》:"忽惊春已去,况复送君归。别意有如此,前途花正飞。蝉声风外急,山色雨中微。后夜看明月,相思独掩扉。"既写眼前别离的惆怅,又写别后相思的黯然,情真意切,见出交情之深。

5. 抒发爱国情怀。诗人张经生于明代中叶,目睹朝政腐败,内忧外患交困,欲舒展抱负而不能,时时发出"忧时独抱希文志,涕泣空沾贾谊衣"(《河西即事》)"乾坤多事寸心折,岁月不知两鬓非"(《都下留别陈浴江》)等慨叹。曾经协助戚继光、俞大猷平倭的陈第,也发出"匈奴未灭家何在?勋业无闻志独劳"的感伤。这两位诗人虽有报国之志,但前者在大破倭寇于石塘湾后,却被严嵩陷害而死;后者被戚继光荐升为游击将军之后,却遭无端诽谤而辞职归养。面对这种皇帝昏庸和奸臣当道的社会现实,诗人林希元写下了《七言长古感时》一诗,痛斥奸臣当道,像豺狼一样残害人民,痛惜自己没有能力剪除这些乱臣贼子。末了诗人更是振臂呼吁:"若能假我英雄剑,砍尽猰㺄献帝室。"表示他为国除奸的雄心壮志。全诗调子高亢,见出诗人愤世疾邪的爱国激情。林希元还有不少这样的爱国忧民的诗篇,如《闻安南事变》《闻北兵入寇无能御之感》《忧旱》《壬子夏旱》等。在国家万方多难的情况下,皇帝却下诏"南巡",给人民带来的只是灾难。诗人陈大护在《南巡》一诗中状写这种"南巡"的危害:"不忧疲八骏,直恐沮三农。西北军需困,东南杼轴空。""岁歉蛇犹捕,村骚犬不宁。"希望朝廷能够"早悔","万里慰生灵"。明亡之后,唐王在福州称帝,黄道周奉召为吏部尚书、武英殿大学士。道周在告别亲友时表示:"老臣拼尽一腔血,会看中原万里归。"(《赴召留别亲友》之三)不料郑芝龙按兵不动。他愤而北上募兵转战赣、浙、皖,终于被俘。敌诱降不屈,立下殉国的决心:"诸子收吾骨,青天知我心。为谁分板荡,未忍共浮沉。鹤怨空山曲,鸡啼中夜阴。南阳江路远,怅作卧龙吟。"死是不怕的,只恨不能像诸葛亮一样匡济君王以酬自己的壮志。郑芝龙降清之后,其子郑成功坚持抗清复明。福建人民坚决支持了他的事业。不久由海上出师北伐,取瓜州攻南京,江浙人民纷纷响应,他充满豪情写下了一首诗:"缟素临江誓灭胡,雄师十万势吞吴。试看天堑投鞭渡,不信中原不姓朱。"不幸兵败,回闽后不久,远征台湾,驱逐荷夷,他又写下了《复台》一诗,立志开发台湾。

(二) 明代福建的文学批评

明代福建文学批评比之宋代有进一步发展,而且取得突破性的成就。明初,张以宁、蓝仁、蓝智之诗均法唐人。其后以林鸿为代表的闽中十子,从文学批评理论上提出诗宗盛唐的主张,被称为"闽中诗派"。其大旨见于高棅《唐诗品汇·凡例》:"汉魏骨气虽雄,而菁华不足。晋祖玄虚,宋尚条畅,齐梁以下但务春华,殊欠秋实。唯李唐作者可谓大成。然贞观尚习故实,神龙渐变常调,开元、天宝间神秀声律灿然大备,故学者当以是楷式。"在实践上,这个诗派也极力学习盛唐。但是明代已不是盛唐的时代,诗人要具备盛唐诗歌那样"兴象风神",反映那个时代的历史风云已不可能,因而实践的结果不够理想,人们攻击他们只学声律技巧,不注重内容。但不管怎样,"其所选《唐诗品汇》……终明之世,馆阁崇之"(《明史·文苑传》)。《唐诗品汇》注重唐诗的时代划分,探索了各类诗体的发展源流。闽中诗派雄峙当时越诗派、吴诗派、岭南诗派、江右诗派之前,影响巨大深远,风靡全闽达三百年之久。明代福建文学批评家的代表人物是李贽,他的文学主张的核心是"主情性"。这种情性就是真的情性,所以提出了"童心说。"他说:"天下之至文,未有不出于童心者。"因此,他反对模拟,反对复古,反对"以孔子之是非为是非",主张创新,主张写"童心"。这种理论显然离经叛道,近于个性解放。这在当时是石破天惊的理论。这种理论一出,使文学理论突破了传统的范畴,扫倒了一切复古、宗唐等主张,产生了巨大而深远的影响,其后公安三袁主性灵和竟陵派反摹古、都受到他的影响。李贽对文学批评的贡献还在于对具体作品的批评,他认为《红拂》和《诗经》一样可以兴、观、群、怨;《拜月记》和《西厢记》"自当与天地相终始",其感人至深在于"真";说《水浒传》是"发愤之所作","水浒强人""聚啸"是由于"宋室不竞,冠履倒施",并称他们为"忠义"。把不登大雅之堂的戏剧,小说提高到如此地位,给予很高的评价,这在李贽之前还没有过。在李贽之前的王慎中,针对李梦阳"文必秦汉"的主张,提出学宋之曾巩。他高度评价曾巩的文章,认为曾文既讲道德义理,又讲文法文词,可矫时弊。后来唐顺之对他的理论加以阐述,形成了以王、唐两人为代表的散文唐宋派。唐宋派的理论贡献,在于打破了"文必秦汉"的局限,不泥于古,为散文创作开辟了宽广的道路。在李贽之后,福建出现另一个著名的文学批评家谢肇淛。谢肇淛的文学批评在于诗歌和小说两个方面。在诗歌方面,他推崇严羽的理论,但有所发展。他认为作诗要达到"悟"的境界,特别是要有学。但是有了学,还要掌握作诗的技巧、方法,而善用其学。既不能丢掉诗的法度,但又不能胶于法度。他认为叙事诗应该虚实各半,既要有一定的事实根据,但又有虚构。在小说方面,谢肇淛认为小说中也有"至理"存在。《金瓶梅》是以现实生活为基础,涉及政务、官司各方面,人物各有性格特征,虽有不健康的描写,但不是"诲淫"之作。这就突破了传统道学的观点,肯定了《金瓶梅》的内容和艺术,表现了谢肇淛的真知灼见。

(三) 明代福建的戏曲与小说

明代福建戏曲有了很大发展。其标志是:第一,演唱盛行各地;第二,大量刊行戏曲选集;第三,创作戏曲甚多,达140种(目);第四,剧种空前之多,除莆仙戏、梨园戏等外,还有提线木偶戏、布袋戏、纸彩戏、铁线戏、高甲戏等。明代福建戏曲存本中,最有影响、最有代表性的应为《明刊闽南戏曲统管选本三种》中的《满天春》,其他两种为弦管散曲259首的《钰妍丽锦》和《百花赛锦》。这三部明刻本三百年前作为古文物被带到欧洲,分别藏于英国剑桥大学图书馆和德国萨克森州立图书馆,英国牛津大学龙彼得教授于20世纪60年代发现,后由中国戏剧出版社出版了影印本,泉州地方戏曲研究社的郑国权先生对《满天春》进行了初校,其十六出折子戏分别为:《深林边》《招商店》《戏上戏》《翠环拆窗》《刘圭会云英》《寻三官娘》《吕蒙正冒雪归窑》《赛花公上送行》《朱弁别公主》《郭华买胭脂》《相国寺遇醉不谐》《山伯会英台》《一捻金点灯》《朱文走鬼》《粹玉奉汤药》《杨管别粹玉》等。这些戏文,大多上演爱情、婚姻、家庭生活故事,其中男女主人公对爱情的大胆追求,在当时是不多见的。体制上大多短小精悍,矛盾集中,戏剧性强。《满天春》的发现,在福建文学史上具有重要意义。第一,它是用闽南方言创作的文学作品的罕见例证;第二,它填补了明代福建戏曲选集的空白。过去各种材料虽然表明,明代闽南戏曲极为兴盛,但难以找到实物证明。《满天春》的发现弥补了这一缺憾。

福建小说创作在明代也进入了新的时期,较著名的有《奇逢传》《清源丽史》,和徐𤊹的《陈金凤外传》、赵弼的《效颦集》等。《陈金凤外传》是唯一一部表现五代闽国宫廷的小说。

五、清代福建文学

清代是福建文学进一步发展和总结的时期。其标志是:第一,诗人作家仍然众多,而且产生了一些著名的诗人作家,如黎士弘、丁炜、张远、黄任、陈梦雷、陈寿祺等人。第二,题材有所开拓,特别是写乡土风物的题材较多。第三,风格多样,有一本性情的,有学唐的,有学宋的,有学人之诗,也有各类兼备的。第四,出现了诸多编辑前代闽人诗文的总集,对福建历代的文学创作进行了有意义的编纂和总结。

(一)清代福建的诗歌创作

清代福建诗歌主要有以下四方面内容:

1. 反映明末遗民思想。这一类诗歌的作者如卢若腾、李世熊、林古度、余怀、许友等。他们不仅坚持民族气节,而且对清初所采取的高压政策和屠杀掠夺,表示强烈的不满和愤恨。李世熊《古松》一诗借咏松表达守节不渝。熊兴麟《不仕》诗也表示不畏钟鼎刀斧,决不出仕清朝。有些诗人则通过追念民族英雄来表达自己的志节,如李世熊《惶恐滩》追念文天祥,孙学稼《读枢辅黄石斋先生大涤函书》追念黄道周等。有些诗人则以诗歌表现故国之思。如余怀《雨花台》《城南春眺》《谢公墩》等诗。许友《作画》诗云:"灵谷官梅放未曾,石头怀古不堪登。无端缚就松针笔,写出青山是孝陵。"以作画为题寄托故国之思。有的诗人则通过描写清兵的掠夺,表示对清统治的不满和憎恶。李世熊《闻说马上俘妇》揭露清兵入闽淫掠妇女,毫无人性。卢若腾《抢儿行》揭露清兵掠夺儿童贩卖,造成一家离散。他的另一首《借屋》诗,揭露清军名为借屋,实则占屋,使人民无家可归。这些诗都反映了他们对清朝统治者的不满和愤恨,对前朝的思念。

2. 描写人民的苦难。清朝初年,福建历经清兵入闽、郑成功抗清、耿精忠之变等战乱,田园荒芜,人民生计无着。林佳玑《青麦叹》描写妇女为饥寒所迫,不得不卖掉子女以换取麦子的惨景。张远《人生》,记叙清巡按周世科为镇压反叛而滥捕无辜,和省城人食人的惨状。郭凤喈《买谷行》《卖子行》都是表现人民的苦难。前者写一个子亡无靠的老人,为了要纳三年军粮,被迫卖女。后者写了一个妇女,"丈夫从役去,身死鼓山南。家贫子尚幼,战场痛暴骸。"只好卖掉幼子来埋葬丈夫,不料卖子所得的钱,却被官差以徭役为名掠夺而去,造成家破人亡。康乾时期虽为清朝的盛世,但许多农民常遭水旱灾害之苦。李光地的《农民苦》、叶矫然的《忧旱行》、黄任的《山东道中口号》都描写了久旱不雨,连年灾害,民不聊生的惨状。黄任另一首《永阳杂诗》(之一),写他家乡永泰农民刚收成好新谷新丝,就全部用船运去缴纳赋税,归来只对着一只空船:"卖将新谷与新丝,剜肉何疮得尽医?剩有孤舟江上月,一编袁虎运租诗。"这些诗歌都生动地表现了人民生活的疾苦。

3. 描写风物习俗。孟超然《游磨笄山》诗,写出山峰之高、云气之重、洞中之奇和岩石之怪,令人惊叹。陈寿祺《过枫岭》极力描写枫岭的高峻险要:"峥嵘大竿头,连峰接数武。"诗人认为枫岭奇险不下于天姥山。所以末两句说:"持此谢越人,何必语天姥?"表现诗人对福建有此奇山感到自豪。万安桥横跨于惠安和泉州之间的海上,诗人黄任有诗摹写此桥的雄伟壮观:"拍岸洪涛跨半空,空中七十四垂虹。人骑鳌背千层浪,夜卷潮头万里风。"赞扬建成此桥给人民带来交通和贸易往来的利便:"襟带几邦山海会,梯航终日岛夷通。"最后歌颂了蔡襄的德政和词翰风流。黄任还写了不少吟咏福州鼓山、西湖、乌山等景物。诗人许遇、叶观国、谢道承等人都是福州人,他们写了不少有关福州风土习俗的诗。许遇《家山杂忆》诗写了一些福州风土习俗。叶观国有《榕城杂咏》百首,如"江漘早市上黄瓜,马甲乘潮作玉夸。方法厨娘分付罢,双瓶直益问蓝家。"旧时黄瓜鱼季节,福州台江早市摆满新鲜黄瓜鱼,蓝家、直益当时都是福州的名酒。谢道承《南台竹枝词》8首写福州渔民生活。如"天后新宫散福还,划船遥指虎头山。神灯点点桅头动,水势连天月一弯。"描写渔民祭祀妈祖后归程的景象,历历如见。"片篷双桨泊烟萝,万顷靴纹漾碧波。郎约夜来新月上,好从灯火认渔蓑。"写渔家青年男女幽会,具有福州渔家特有的习俗。孟超然有《福州竹枝词》18首。许遇还写有祭墓习俗的诗,如"山鸟山花尽杜鹃,天涯寒食倍潸然。村童岁岁来分饼,似较儿孙熟墓田"。福州习俗祭墓后要把光饼分送给来观的村童。

4. 吊古咏史。朱国权吊古诗有《张中丞祠》《文丞相祠》《岳武穆墓》三首。《文丞相祠》既歌颂了文天祥从容殉国,又寄托了作者言外之意。吕守曾《乌江怀古》为凭吊项羽而作,其中"千金急购英雄首,八载空劳子弟兵"两句,对这位英雄没有成就统一天下大业深为叹惜。末以"鸟啼似识兴亡意,犹自凄凉学楚声"作法,令人生出无限苍凉之感。黄任《彭城道中》一诗:"天子依然归故乡,大风歌罢转苍茫。当时何不怜功狗,留取韩彭守四方?"对刘邦枉杀功臣而又发出"安得猛士兮守四方"叹息,诗人含有批评之意。实际上也表现了诗人对历史上帝王屈杀有功之臣的不满和谴责。黄任在其著名的《西湖杂诗》中,也有不少吊古论史的篇章,借景论史,对南宋宴安逸乐,不图恢复,终致亡国,连帝后也死无葬身之地,发出深深的感慨。林云铭《岳王坟》既吊古又论史:"金牌召至虎臣休,半壁河山尽献仇。土壤时亡犹可复,孤忠既丧与谁谋?"指出杀害岳飞,南宋也就宣告灭亡了;同时赞扬岳飞一身系国家安危之重,而他的功业和精忠报国的节操也就在不言之中了。

(二) 清代福建的散文

清代福建散文家主要有李光地、蓝鼎元和陈寿祺等。李光地是理学家,其古文多阐述理学,所以哲学古文居多。蓝鼎元古文多阐述军政之论,所以实用古文居多。陈寿祺古文多论述经学学术,所以经学古文较多。李光地哲学古文论述心性,没有离开传统的理学,少有新意,不切实用。蓝鼎元古文为现实的政治而发,颇切实用。如《论海洋弭捕盗贼书》《论边事苗蛮事宜书》等,都能出于实情而提出恰当的措施,而行之有效。陈寿祺经学古文强调有用,故能针对时弊而发,如《正俗十戒为总督桐城汪尚书作》一文,其中对戒绝鸦片一事,既指出鸦片的来源、流传渐广的原因,又叙述其危害,然后提出戒绝的办法是:"上遵国宪,下恤身家,痛加割弃。"也就是采取依法惩办和个人教育的办法。对于陈寿祺的古文,前人评价甚高。

(三) 清代福建的文学批评

文学批评方面,清初黎士弘强调诗言志,诗要表达人的心意,要有感而发。认为作诗除了情至,还要境新。要做到境新,既要有师承,又要有良友的"感激观摩",还应结合身世经历多读书。丁炜主张学唐,但也不同于林鸿等人致力于摹仿,提出"贵新而不贵袭,贵创造而不贵依傍"。也就是学唐要创新,反对摹仿。他也不同于林鸿等人的专意学盛唐,而是兼顾诸期,主张学唐要先从中晚唐学起。张远针对当时闽诗已流于"肤浅浮泛"的末流,倡导"奇峭秀异",提出诗要学杜韩,而且要上溯谢灵运,下追苏轼。也就是说不能把宋诗排斥在外。这就开了福建学宋诗派的先河。陈寿祺论诗则强调"学",认为多读书是作诗十分重要的条件,从而否定了严羽"诗非关学"的说法。对于古文,古文家朱仕绣在《答黄临皋书》中提出治古文的方法:"经浚其源,史核其情,诸子通其指,《文选》辞赋博其趣,《左史》《太史》劲其体,孟荀扬韩正其义,柳欧以下诸子参其同异,泛滥元明近世以极其变归诸心得以保其真,要诸久远以俟其化。如此学文之道,庶矣乎?"为了挽救当时古文弊病,朱仕绣还提出作文要以养气为先。陈寿祺文学要求作者通经学和史学,并要求文章要"有用"。这既是针对朱仕绣欠缺"有用"之论,也针对当时文章空洞无用的弊病。

六、近代福建文学

近代是指鸦片战争至五四运动这一时期。在这一阶段,福建文学以反侵略反压迫为其重要内容,涌现了大量的爱国诗人作家和作品。

(一)近代福建的诗歌创作

近代福建诗歌有以下四种内容:

1. 反映封建社会的没落和黑暗。谢章铤在其《赌棋山庄集》中,揭露晚清统治者为维持其摇摇欲坠的腐败政权,加重对人民的剥削压迫。《加粮叹》揭露清朝统治集团为应付内忧外患而不惜对人民竭泽而渔。《税牛叹》揭露晚清政府对农民剥削花样翻新,对耕牛进行抽税,农民无钱交纳,牛被官差夺走,农民只好借牛耕田。《青州闻事感作》反映清政府无粮养兵,纵兵作恶,迫使人民不得不持刀反抗的现实。林直《捉人行》描写里胥横行,随便抓人,肆意凌虐的情况。《城南寡妇行》描写一个老寡妇丈夫冤死狱中,大儿远走不归,小儿远戍澎湖,大儿媳重病不起,而自己衰老得连晨炊也不能自理的惨状,控诉了腐败政治给人民带来无穷无尽的痛苦。林树海《哀饥民》写米价腾贵而市上也买不到,官府开仓赈济而官仓已空空见底,"求生无以生",百姓只好流浪他乡乞食。诗人痛恨官府无能,同情人民的苦难。刘家谋《捕盗行》揭露清政府以民为盗,杀民为盗,而盗来杀民,官兵却曳兵弃甲而走;人民在官府和盗贼的残杀下,就不得"不如为盗"了。该诗指出了晚清政府是陷民于盗、使盗贼纵横的罪魁祸首。

2. 反映帝国主义侵入的灾难。英帝国主义首先用鸦片毒害中国人民,给中国人民带来深重的灾难。林则徐在其一首词中,揭露了人民一旦瘾上鸦片就不事生产,抽上一丸鸦片就要靡费万纸线的危害。张际亮《洋药税》揭露清廷官吏不仅不杜绝鸦片进口,反而设关榷利,而坐关之吏则"半公税,半私抽",造成关吏贪污、官府府库亏空,而百姓赤贫。鸦片战争,帝国主义打开了中国门户,借通商、传教等以荼毒中国,从此中国人民陷入了身受双重压迫的苦难深渊。面对残酷的现实,诗人萧宝菜写下不少诗歌进行揭露和抨击。《海口》揭露厦门成为通商口岸之后,帝国主义者大兴土木,在厦门海滨建筑别墅乐园。《教场》描写厦门昔日用以练兵的演武场,被英人占为跑马场。《税关》揭露奸商依附洋行,私运货物,官府无可奈何。《道头》描写洋货充斥市场,北货南来即少得可怜,中国手工业受到严重的打击和摧残,从而破坏了地方经济,人民也难以生活。所以他在《线始》中写道:"一篮碎布合残缣,命薄惟工针线拈。缝纫生涯作糊口,何曾女手有纤纤?"连妇女也再无法靠做女红针织来糊口养活了。

3. 反映人民反帝的爱国思想。鸦片战争之后,林则徐有功却被远谪伊犁,但他无时无刻不想着驱除英国侵略者。如《次韵答陈子茂(德培)》诗:"小丑跳梁谁殄灭,中原揽辔望澄清。关山万里残宵梦,犹听江东战鼓声,"又如作于壬寅二月的一首诗云:"余生岂惜投豺虎,群策当思制犬羊。"林纾《国仇》则把反帝矛头指向英、俄、德、法等国侵略者,愤怒地揭露他们企图瓜分中国的阴谋。诗人在末尾沉痛地喊出"我念国仇泣成血",表示对侵略者的深仇大恨。林旭《虎丘道上》一诗:"愿使江涛荡寇仇,啾啾故鬼哭荒郊。新愁旧恨相随续,举目真看麋鹿游。"写出他对亡国的担忧,对侵略者充满"新愁旧恨",表达要荡平侵略者的心愿。林昌彝对帝国主义者更是深恶痛绝,他在《杞忧》诗中表示亡国已非杞人忧天。他把侵略者比作蝇蚋,最后希望能够驱除侵略者,拯救百姓于水深火热之中。他还将所居的楼取名为"射鹰楼","鹰"与以"英"谐音,以示誓灭英帝国侵略者之志。为此他还写了《猎归图》一诗,表达驱除侵略者的决心。

4. 表达甘以殉身变革社会的心志。中日甲午之战,清朝惨败,割地赔款议和,引起人心极大愤慨。林旭愤而上书,清拒和议。以后积极参加康、梁的维新运动,以军机章京参预新政。在《叔峤印伯居伏魔寺往访之》一诗表明帝国主义像虎狼无厌,割地赔款无异于割肉馁虎,终至亡国。因此变革政治图强虽然是"掷鼠忌器",也不能再迟疑了。在宫中值夜时,他对着清凉的夜景,想到变法遭到顽固势力的反对,但依然认为可以实现。变法失败,被捕入狱,他自知必死无疑,于是写下《狱中示复生》一诗:"青蒲泣血知何补,慷慨难酬国士恩。愿为君歌千里草,本初健者莫轻言。"前两句表示即使"泣血"也已经迟了,惟有慷慨赴义以报国恩;后两句对出卖变法运动的袁世凯和率军入京捕杀维新派的董福祥,表示鄙视和讽刺。诗人视死如归,为维新变法献出了自己生命。他的夫人沈鹊应闻讯悲痛写诗悼念。其《读晚翠轩诗》赞扬林旭无畏牺牲,谴责清廷的昏庸残暴。林旭等"戊戌六君子"被杀,宣告了改良主义运动的道路行不通。著名的黄花岗起义,七十二烈士中福建就有十九人。烈士陈更新抱病广西,闻知即将起义,毅然前往,并留一诗:"料峭春寒动酒悲,剧怜贫病过花时。伤时愧比陈同甫,落魄何如杜牧之?末路知交三尺剑,满腔热血两行诗。头颅拍拍羞无价,三十当前好自为。"表示对国事的忧伤,更表示愿为革命事业献出生命。他在广州起义中,孤身奋战,坚持三昼夜,弹尽力竭被俘。临刑仰天大笑,从容就义。噩耗传来,革命诗人陈子范怀着极其悲痛的心情写下了《痛哭》一诗:"噩耗传来自广州,惊闻砥柱折中流。挥戈惜少回天日,饮血宁忘敌国仇?名节千年悬日月,华夷两等辨春秋。从军未捷身先死,凄绝招魂易水头。"全诗悲歌慷慨,追悼牺牲的烈士,赞扬他们的革命名节可与日月并存。

(二)近代福建的散文创作

1885年,资产阶级改良运动的先驱严复在天津先后发表《论世变之亟》《原强》《救亡决论》《辟韩》等文章,提出了"尊民叛君、尊今叛古"的维新理论,标举反对帝制的思想旗帜。《论世变之亟》指出变革之迫切,谴责顽固派反对维新必将导致亡国灭种。《原强》指斥洋务派,指出洋务运动的弊端。《救亡决论》批判八股三大害,否定封建科举制度。《辟韩》攻击封建帝王是"最能欺夺者"和"大盗窃国者"。认为君王应是人民选出的贤者,让其来保卫人民和组织人民耕织工贾,从而批判了君主承受天命的说法。这些散文都表现了严复为挽救国家命运而力图变革黑暗腐败的清朝专制政权,从理论上为当时知识分子打开了思想解放的大门,对维新运动起了推动的作用。严复另一个成就是翻译《天演论》等著作,引进进化论思想,强调"物竞天择"是社会发展的规律,要生存就要自强,为变法图强提供了理论依据。资产阶级民主革命派以其鲜明的革命立场,为散文创作注入了新的思想内容和大无畏的革命精神,黄花岗烈士林觉民在起义前夕写的《与妻书》是一篇情文并茂、感人至深的散文杰作。文中反复陈述对妻子的爱,并且要将这种爱推而广之为爱天下人之所爱,所以才义无反顾地投入"为天下人谋福利"的革命斗争。表现了作者伟大的襟怀和高尚的情操。此文一出,不知有多少人读后为之感泣。近代福建文学中写笔记散文最突出的应为梁章钜,他生平著述约77种,最有影响的如《浪迹丛谈》《退庵随笔》等笔记。他在笔记中叙时事,贬时弊,劝诫陋俗,记游等。

林昌彝的文学批评主要是诗论,《射鹰楼诗话》是其精粹,影响最大最广。此书鲜明地表现了爱国反侵略思想,不仅客观记载了事实,还进行评论。书中广泛收录时人诗作,并进行评论,表现作者的思想倾向性,是研究清诗和近代诗的重要文献。书中还表述了作者论诗的主张,强调学问与性情并重,力主诗人与学人结合,反对因袭、虚矫、率意,主张贵在创新,贵在立意。反对在诗中概念说理,主张形象神韵。陈衍的文学批评著作主要是《石遗室诗话》。此书主要内容是倡导学人之诗与诗人之诗合一;论述诗歌发展和诗歌流派,指出"三元"是诗歌全盛的三个时期,强调宋诗"变法"本于唐人诗法,为"同光体"崇宋的主张提供理论依据,使他成为"同光体"闽派领袖。他认为诗歌要注意拟古,但也要有变化,不泥于古。强调写诗的真实性,写出诗人自己的感情,反对虚伪的矫情。他还强调评论诗歌要"知人论世",要联系作家的生平和所处的时代来考察。陈衍还编辑《近代诗钞》《宋诗精华录》《辽诗记事》等,通过选诗来表达他的诗学观。但是他的诗论基本上没有突破前人的框架,只是在前人的理论中有所选择、有所阐述。

第二节 闽文化与福建文学

一、闽文化对福建作家的影响

(一) 科举考试使福建作家有机会走向全国

福建远离政治文化中心,较其他省闭塞,缺少思想文化交流,福建作家想在全国产生影响,只有走出福建,得天下风气之先。而科举考试为闽籍作家提供了走出福建的绝好机会。综观福建作家,几乎都经过科举,并多为进士,这是外省不曾有过的奇异现象。中唐以诗赋取士,吟咏之风气始兴于闽地。虽然唐代福建正处于开发阶段,但已有75个闽人登进士,其中不少人都有自己的诗文集,如欧阳詹的《欧阳行周文集》,周匦物的《周几本诗集》等。宋代福建科举更为兴旺,登进士约有七千余人,占宋代进士总数五分之一,被《宋史》收入的名人中,福建人数最多。这些进士中云集着最优秀的文学人才,他们的许多诗词文曾传诵一时。明清两代,福建的科举也始终未曾衰落过。科举考试不仅为福建一些地处僻壤的贫寒之士提供了仕宦的机会,而且对福建作家产生了深远的影响。首先,它开拓了福建作家的眼界,福建作家可借此结交名流、切磋艺术、遍读珍本,广泛汲取闽地所没有的各类文化。其次,它丰富了福建作家的创作题材。赴京赶考、跋山涉水、沿途所见、及第后互相酬赠、上任后宦海沉浮、落第后失意愤懑等,都成了创作的好题材。再次,形成了一种特有的文学氛围。同场考生、同乡文人、同榜进士,或相互激励,或同病相怜,或孤芳自赏,往往结伴成社,吟咏赠答,蔚然成风。福建各种应试文人结成的各类文学社团数不胜数,虽大多为昙花一现,却也或多或少地推动了当地的文学创作。

(二) 理学的盛行对福建作家产生了深远的影响

福建是理学的故乡,有的学者甚至认为宋以后的福建文化,就是理学。这种见解如仅指思想领域,也是有道理的。理学对福建作家的影响主要可从三个方面看:首先,从思想影响上看,福建理学在长期发展过程中,形成了自己鲜明的特色,其积极方面如以天下为己任、生活刻苦、讲究民族气节、以民本为核心谋求社会进步、敢于创新等,闽地很少文学家不受其熏陶,因此福建爱国作家多、遗民诗人多,如宋代的李纲、谢翱、郑思肖,明代的俞大猷、黄道周,元代的洪希文,近代的林则徐、张际亮、林昌彝等。其次,从作家队伍组成上看,许多著名作家本身也是理学家,是朱子学说的研究者和传播者,如宋代的真德秀,元代的黄镇成、陈旅,明代的林希元、黄道周,清代的李光地、孟超然,近代的刘存仁、辜汤生等。即使是终身从事理学研究的朱子门人,也多有诗文传世,如宋代黄榦有《勉斋诗钞》,元代熊禾有《勿轩诗集》、陈普有《石堂先生诗》、吴海有《闻过斋诗集》等。再次,从学风上看,由于福建的理学传播者穷年累月地精研儒家经典,并以教授经典为己任,所以也对福建文坛带来消极影响。一是使不少极有才华、完全可以驰骋文坛的文人将一生的精力役于此,致使创作不多、深入不得。二是理学毕竟是抽象思维,它的传播束缚了不少文学家的形象思维,致使不少诗文缺乏灵气。

(三) 丰富的艺术原生态使福建作家受到耳闻目染的影响

福建是中国罕见的艺术聚宝盆,漫浸其中的福建作家受到耳闻目染的影响,从中汲取了丰富的养料。仅以绘画和戏曲为例,亦可看出艺术对福建作家的巨大影响。(1) 绘画。福建风景秀丽,在重视诗书同时,许多人还善绘丹青,这种传统沿绵到今。如文化部先后任命福建的龙海、同安、晋江、莆田、漳平新桥、诏安、建瓯、建阳等为"书画之乡"。绘画对作家的影响是多方面的。一是诗画互相影响,可谓"诗中有画,画中有诗"。一些诗人本身也是画家,影响更为明显。如宋代郑思肖的《墨兰图》表现出一种清绝的风致,其诗亦凄婉悲凉;清代黄慎作画不拘常法,简劲绝俗,其《蛟湖诗钞》亦情韵清远,总非凡境;清代华嵒作画用笔奇峭,被称为空谷足音,其《离垢集》等清超拔俗,不同凡响。二是丰富了题画诗的内容。中国画往往在空白处由画家或本人题诗,已成章法,这也扩大了诗歌的表现领域,丰富了诗歌的创作。除上面所提到的郑思肖、黄慎、华嵒等画家有大量的题画诗外,一些不以绘画为长的诗人也创作了大量的绘画诗,他们或抒发情感,或谈论艺术见地,或咏叹画面意境,其中不乏较好的诗作,如元代的杨载、陈旅、黄清老,明代的张以宁,近代的林纾等人的题画诗,都在他们的诗作中占有重要地位。三是提高了画论的质量,由此又提高了文论、诗论的质量。一些作家通过观画,发表自己独到的艺术见解,触类旁通,也丰富了中国古典文论的宝库。如李贽对唐《桃源图》的鉴赏,谢肇淛对绘画艺术的见解,梁章钜对南唐《放牛图》的评述等,都极为精到,常被研究文论、诗论者所援引。(2) 戏曲。福建早在唐代民间已有了戏曲活动,此一直兴盛不衰,以其众多的剧种和丰富的剧目而引人瞩目。福建戏曲对福建作家的影响也是多方面的,一是丰富了作家的题材。有不少作家在诗文中对戏曲活动进行了描绘,拓展了诗文的表现领域,最有代表性的如南宋的刘克庄,他创作了大量生动描绘戏曲活动的诗,读后真是令人神往。二是使不少作家涉笔剧本。在戏曲氛围感染下,福建不少作家都曾或多或少参与剧本写作。如明代马惟厚、林章,清代张际亮、林纾等都写有剧本多种。福建戏曲实际是诗剧,是以唱词为主,这也促进了诗歌的创作。三是推动了戏曲评论。李贽、谢肇淛、陈第、梁章钜、谢章铤、丘炜萲等都写了大量的戏曲评论,有的为开拓之作,丰富了文艺评论的内容。

(四) 刻书业的发达使福建作家在习书藏书方面得天独厚

闽刻书业的发达,对福建作家产生了不可低估的积极影响。一是使福建文人有条件更好地习书,使文化更为普及。二是使福建文人的集子得以刻印,借此保留,不至于散失湮没。三是促进了福建文化积累,福建文人由此获益不浅。福建刻书业发达,所以出了不少著名的藏书家。四是由此培养了一批文化人。一些书坊主由于耳濡目染,有着很高的文化素养,开始自己编书。如建阳书坊主人熊大木是一个以英雄传奇为传统题材的作家兼刻书人,他刊刻和编撰了众多通俗历史小说如《全汉志传》《唐书志传》《大宋中兴英烈传》《南北宋两专演义》等等。这些自编的小说都有较大的印书量,曾风传一时。

(五) 外地宦游流寓入闽的作家为福建作家提供了学习交流的机会

福建山清水秀,远离战乱中心,不少外省著名作家常流寓福建,与福建作家相互酬唱,产生过积极影响。早在南北朝时,江淹就宦游入闽,任过建安吴兴(今浦城)令,在福建留下了佳作。唐五代著名诗人韩偓长时期住在闽地,曾借寓于福建文学领袖黄滔家,与黄滔、黄璞等一起参加了当时的文学活动。宋代陆游曾两次入闽,一次任宁德主簿,一次任建宁通判,其爱国诗词对刘克庄有很大影响;辛弃疾曾在福建任过三年安抚使,与福建不少文人交往甚密,他的豪放词风也对福建词坛产生过影响;文天祥曾在福建坚持抗元,在福建很有号召力,如福安谢翱毁家赴难,直奔文天祥队伍。谢枋得、曾巩、程师孟等不少文人也都宦游过福建。明代后七子宗臣曾任福建参议,地理学家徐霞客曾五次来闽考察,豫章社领袖艾南英曾入闽见唐王,竟陵派袖钟惺也曾多次入闽,通俗文学家冯梦龙曾任寿宁县令。他们与福建文人多有交往,并在福建写有不少作品。清代也有不少文人入闽,如抗清诗人张煌言,浙派诗人朱彝尊,诗论家杭世骏等。他们与福建文人过往从密,不但常酬唱应和,还有人专门研究闽人作品,如杭世骏的《榕城诗话》则专论闽人诗作,推动了福建的诗文创作。

二、闽文化影响下的福建文学特点

（一）文论盛行

恐怕没有哪一个省的文学理论像福建这样兴盛过。中国真正的诗话应产生在宋代，但早在福建还处于开发阶段的唐代，释叔端的《艺苑搜隐》就对当时的诗歌进行了相当深刻的评论，可谓开诗评风气之先；欧阳詹的文学主张对唐代古文运动起了推波助澜的作用；黄滔的文学批评亦为纠正唐末形式主义文风做了先导。宋代严羽的《沧浪诗话》是宋代最负盛名、对后世影响最大的一部诗话；魏庆之的《诗人玉屑》是研究宋代诗论不可或缺的诗话集；刘克庄的《后村诗话》和敖陶孙的《敖器之诗话》都是著名江湖派诗论代表作。较有影响的还如蔡绦的《西清诗话》、吴可的《藏海诗话》、黄彻的《䂬溪诗话》，曾慥的《高斋诗话》、蔡梦弼的《草堂诗话》、吴泾的《杜诗九发》、黄升的《玉林诗话》、吕炎的《柳溪诗话》等。元代杨载的《诗法家数》《诗学正源》《杜律心法》都是元代的主要诗话著作；蒋昌的《榕荫诗话》也极具特色。明代高棅的《唐诗品汇》拉开了唐、宋诗的帷幕，对中国文学史和批评史的研究具有特殊贡献；王慎中的诗文主张曾被唐宋派奉为圭臬；李贽的"童心说"等文学理论成为明代后期新的文学思潮的纲领，对当时进步文学家产生了巨大影响；谢肇淛对小说戏曲中艺术真实和生活真实等一系列精辟论述，大大提高了小说戏曲在文学史上的地位。清代和近代，福建的文学评论也毫不逊色，如叶矫然的《龙性堂诗话》、刘存仁的《屺云楼诗话》、梁章钜的《东南峤外诗话》《闽川诗话》《雁荡诗话》《三管诗话》《长乐诗话》《退庵随笔》《试律丛话》《南浦诗话》《读渔洋诗随笔》、林昌彝的《射鹰楼诗话》、陈石遗的《石遗室诗话》《元诗纪事》《辽诗纪事》《诗法津梁》《金诗纪事》《渔洋感旧集小传拾遗》、谢章铤的《赌棋山庄词话》及丘炜菱的小说评论、严复和林纾的文论等，都在中国文学批评史上占有重要地位。有代表性的还如：李光地的《律诗四辨》；黄任的《香草斋诗话》《消夏录》；郑方坤的《本朝名家诗钞小传》《全闽诗话》；陈宝琛的《抱碧斋诗话》；魏秀仁的《海氛诗话》《铜山残泪》；林寿图的《榕阴谈屑》。福建文论家期影响之大、之深远，也是罕见的，如今人著名学者钱锺书所著《石语》，就是与陈衍谈话的记述。没有闽派文论家这支队伍，中国古代文学理论将大大失去光彩。福建在文论上的优势甚至延续至今，以至在当代文学评论中形成京、沪、闽"三足鼎立"的局势，而闽籍评论家所显示出的思辨能力尤其为人所叹。地处僻壤、消息闭塞的福建竟能在文论上经久不衰，其原因，正是与闽地特有的文化有关。如严羽受禅宗"顿悟"影响而创立了"诗禅之说"，刘克庄因崇尚理学而在诗论中强调诗与现实的紧密关系，出身航海世家通外语的李贽因受海外文化的冲击而具有反叛性格等。写文学批评不存在语言交流上的障碍也是一个主要原因。福建小说不发达,不少有识之士找出了种种原因,诸如闭塞、没有师承等,但却忽视了语言这个构成小说最基本的要素。福建方言之多、之复杂,为全国罕见,甚至过一个村便无法对话交谈,关键在于这些方言不但在语音上,还在词义上与传统书面差距极大。如福州话"光棍"是古怪骗人、占便宜的意思,"起动"是恳求的意思,但无法写成书面语言。即使有些方言俚语勉强写成书面文字,或因与愿意相左而令人啼笑皆非,或因佶屈聱牙而难以卒读。而小说中最丰富形象的语言往往在这些土话俚语之中,这不能不说是福建小说家的一个悲剧。中原作家在这方面却有得天独厚的优势,他们的俗语、俚语只要稍一变化,就可变为极生动形象的书面白话语言。福建地方戏极为兴盛,而戏曲文学却不甚发达,这也是个主要原因。语言障碍使福建地方戏只能演,无法读,不像北杂剧那样,场上案头两全其美。

(二) 擅写山水诗

纵观唐至近代的福建作家创作的集子,最令人惊异的是山水诗在他们的作品中皆有重要地位和比重。其中有以写山水诗为主的作家,其大多为隐逸诗人和遗民诗人。如宋代的萧德藻、李吕、潘牧、邱葵、郑思肖、陈普、黄今是,元代的洪希文、毛直方、郭完、杨稷、吴海等,清代的李世熊、卢若腾、林佳玑、邵梅春、孙学稼等;有以诗文而名的作家,如杨亿、刘克庄、王迈、黄公度、王慎中、林鸿、黄任等;有爱国诗人,如黄道周、俞大猷、林则徐等;有以文论著名的作家,如严羽、李贽、林昌彝等,甚至连理学家真德秀、黄镇成等也写出了形象优美、感情真挚的山水诗。在中国山水诗发展史上,福建作家无疑应占有重要地位。福建山水诗发达的原因主要有三:一是自然环境得天独厚。福建四季常青,从东北到西南,有洞宫山、武夷山、杉岑山,中有纵贯南北的鹫峰山、戴云山、博平岭山、奇峰挺秀,重峦叠嶂,山底溪涧穿横,河谷与盆地错落,闽江、木兰溪、晋江、九龙江、汀江等河流穿切其间。这种自然环境是产生山水诗的最佳温床,很少有人不被吸引而徜徉于这独特的山水清音之中。直至今日,福建作家最拿得出手、最有影响的也是这些富有乡土气息的山水诗文。以至有的北方客人来到福建后,纷纷惊叹福建山水真宛如福建作家的诗文。二是福建远离战乱中心。由于福建远离政治文化中心,在改朝换代之时,统治者往往无暇顾及,因此又成为抗元复宋、抗清复明的基地;再由于福建山高水深,容易藏匿不甘于异族压迫的前朝遗民,所以明清两代福建前朝遗民人数为全国最多。他们归隐山林,吟风弄月,写出了大量与众不同的山水诗。三是漫游生活的影响。福建作家的山水诗不仅仅局限于八闽山水,还包括描绘异地的山水诗。不少生于斯、长于斯的福建作家一旦走出闽地,对那些与闽地完全相左的异地山水便有着与众不同的感受和惊人的表现力,这正是不少福建山水诗人诗风前后有很大变化的原因。在山明水秀的闽地时,诗风多秀丽明媚;到了云蒸霞蔚之地时,诗风多空灵舒卷;在壮阔苍茫之地时,诗风多雄浑厚实。因此很难从总体上的把握那些常年在外漫游的福建作家的山水诗风格。

(三) 与各种风格流派关系密切

观察一下中国古代文学的风格流派,会发现一个饶有兴味的事实:即唐以后文学上大多数风格流派的形成,几乎都与福建作家有过这样或那样的关系。福建作家或发起、或领衔、或参与、或为骨干,这对于地处偏僻的福建来说,实在是一个奇迹。在唐代,福建还在于开发阶段,闽中最早驰骋中原的文士欧阳詹已是唐代古文运动的推波助澜者;宋代杨亿在西昆体的三个主要领袖中排名第一,刘克庄是江湖诗派的挂帅人物,柳永和张元幹分别为宋词婉约派、豪放派的重要代表;明代杨荣在台阁体的"三杨"之中排名第二,王慎中领衔唐宋派,李贽是开创公安派的关键人物,蔡复一是竟陵派的骨干分子;近代陈衍是同光体的主要领袖之一。至于一些出自闽地的风格流派,如明代以林鸿、高棅为代表的闽中诗派,以徐熥、曹学佺为代表的兴公诗派,以郑善夫、高石门为代表的鳌峰诗社等,更是数不胜数,难以赘述。

(四) 著名文学家一般都走出过闽地

综观所有在国内享有盛誉的福建作家,几乎都走出闽地,长期在外。生于闽地而成名于外似乎已成规律。如欧阳詹、柳永、杨亿、杨载、李贽、王慎中、谢肇淛、林纾、陈衍……即使是晚年潜心于《沧浪诗话》的严羽,也曾在外漂泊多年。福建毕竟地处僻壤,不少未能外出的文人或因视野不开阔而难成名家,或虽颇有才气却因鲜为人知而被埋没。闽人走出闽地,主要靠科举后为官,也有因乡人保举而为幕僚,也有外出漫游和授徒卖文为生的。走出闽地对福建作家的影响主要有三:一是开阔了眼界,领略到过去未见过的景象,读到闽地不易读到的书,这对触发灵感,无疑极有帮助。二是可以结交名流,或可得其赏识和提携;并可与异地名士酬唱应和,互相取长补短,久之名声渐大。三是因授徒而门人甚众,门人为之鼓吹,并帮忙雕刻出版集子,借此流传。近代文人陈衍就是一个最典型的例子。他25岁之前在家乡并无文名,后在名人荟萃的上海、北京、苏州寓居多年,或终日与名士酬唱应和,或为显宦幕僚,或授徒卖文,最后著作甚丰,被尊为"泰山北斗"。在外获得名声后,再回到闽地,也促进了福建文学的发展。所以福建作家虽然地处东南一隅,但并不闭塞,甚至还能常领风气之先。

第三节　福建民间文学

一、福建民间故事

（一）福建民间故事与闽文化

福建的文化教育始自唐代,但福建的文化历史却源远流长。许多历史事件至今仍然存活于民间的神话和传说,其产生时间可上溯至上古的"七闽""闽越"时期。这些神话传说故事,极大地丰富了福建文化历史的内涵,代代传承的神话传说体现了闽地先民始祖生活及其图腾崇拜的轨迹,从而反映出福建文化创造的历史。进入阶级社会以后,民间产生的许多传说以特定的历史人物、历史事件、山川风物和名胜古迹为对象,表达出福建历史文化的无比丰富与绚丽灿烂的内容。同时,各种虚构的口传故事不断产生和广为流传,它源于现实生活,其生动的人物和丰富的内容,不但引人入胜,而且表达了强烈的思想感情。由于历史上福建多次接受中原人口的迁入,中原文化对促进福建文化的发展产生过重要影响。因此,在福建民间故事这一口传文学载体中,不仅有古越文化的遗存,而且大量地体现出中原文化的影响。古越文化、中原文化以及宗教文化、海外文化在福建的相互融汇激荡,使福建文化形成"多元"的特点,而在福建民间故事中,对这种"多元性"有着非常生动的体现。正是这种多元"兼容",福建民间故事形成了自己鲜明的地域特色,成为八闽文化宝库中传承不衰、内容丰富、异彩纷呈的灿烂篇章。

1. 福建民间故事与古越文化。福建在上古时期被称为"七闽"。春秋战国时,楚国于周显王三十五年(前334)反击越国的进攻,越国大败,勾践后裔中的一支从海上南渡逃亡,与闽地部族结合,融为"闽越"。东汉许慎《说文解字》曰:"闽,东南越,蛇种也。"至今流传在福建的上古神话,除天地开辟、天神造人以及人类再繁衍等神话外,还流行许多有关蛇的神话和古越部族兴衰的传说,它是古越文化遗存在福建民间故事中的典型表现。如流传于宁化的神话《人死蛇蜕壳》,讲述盘古开辟天地后,天上的玉皇大帝派人和各种动物下到凡间。玉帝宠信人,就让人长寿不死,老了只要到门后角落蜕下一层皮,人就又会年轻起来;玉帝讨厌蛇,让蛇老了就死去,这叫"蛇死人脱皮"。这样一来,天下乱了套,动物不能"一物降一物",连老鼠都长得跟大象一样大。后来太上老君奉了玉帝的"金咒语",把人和蛇的结局互相调换,变为"人死蛇脱壳",让人到终老时便死去,让蛇蜕一次皮长大一轮,这才使万物有序,四海安宁,天下太平。这个神话糅进了玉皇大帝、太上老君等宗教人物,系经过后来再加工无疑,但仍保存了闽地"始祖人"最早是可以"蜕壳不死"的原始思维,具有明显的古越文化特征。流传于武夷山一带的神话《幔亭宴和虹桥板》,讲述上古时武夷君和皇太姥等十三位仙人在武夷山的幔亭峰上设宴招待乡民,乡民应邀站在仙人架起的虹桥来到峰顶赴宴,彩幔亭中奏起仙乐,武夷君等仙人会见乡民,为乡民斟酒,仙凡同席,其乐融融。宴毕,众乡民仍站在虹桥上下山。等到乡民刚刚到达山下,天空中便骤起一阵大风雨,将虹桥吹断,一块块桥板飞插进了九曲溪之四曲大藏峰的岩壁洞中,这便是后来人们看得见的"虹桥板"。这个传说最早载于宋代祝穆的《武夷山记》,清代董天工将其收入所编的《武夷山志》。传说中的"武夷君"应是上古时聚居武夷山区闽越族先民的部落首领。故事虽经后人加工,但从中仍可窥见古越先民部落首领与族人相聚同乐的生活场景。流传于南平的《李寄斩蛇》,讲述古时候南平庸岭的山洞中,有一条几丈长的大蛇,经常出来咬死人,当地官吏和百姓都非常惧怕。大家给蛇建庙奉祀,以牛羊作祭品给它吃。但大蛇并不满足,它"显灵"给人,要人每年送给它一名十二三岁的少女作祭品。九年中大蛇已吃掉九名少女。第十年,有一位叫李寄的少女,自告奋勇要去当"祭品",她带着宝剑和猎犬,到蛇洞口以麻糍引蛇出洞,在猎犬的配合下奋力斩杀了大蛇,终于为民除去一大祸害。这个传说最早载于晋代干宝的《搜神记》,地点在今将乐县的"闽中庸岭",故事结局为李寄斩蛇后被闽越王封为"王妃",现在的故事结局为李寄不愿意受封,仍留在家乡。故事主要情节基本没有大的变异。它反映了闽越地区进入阶级社会以后,蛇也有了"恶蛇"与"善蛇"之分,《李寄斩蛇》便是"恶蛇型"传说的代表作品。流传于长汀的《蛇王宫》讲述的也是有关蛇的故事,这个故事说一条蛇修炼千年的蛇王变成"蛇郎君",三次救出被财主"蛤蟆头"抢夺的村姑荷花,当地百姓十分敬仰,为其修建"蛇王宫",塑起"蛇郎君"神像受到人们的崇祀。故事虚构性强,情节曲折,内容丰满,是"善蛇型"的典型口头文学作品。流传于福州的《诸娘人与唐部人》说,闽越"无诸国"被唐朝兵打败后,一部分幸存的无诸国男子逃亡到海上,成了"疍民",无诸国的女人被抢掳去配给"唐朝兵"的军兵当"老妈"(妻子),因为丈夫都是"唐朝兵",诸国的女人便称他们为"唐部人"。"唐部人"见到的都是无诸国的女人,便叫她们为"诸娘子"。流亡到海上的无诸国男人,为了找到自己的妻子儿女,经常偷偷上岸闹出事来,于是唐军便限他们在每年春节的初一至初三上岸。这样就有了春节期间疍民上岸去各家各户唱贺年诗的风俗。历史上,闽越国因无诸的后裔余善反叛,被汉武帝派来大军镇压,以至灭国。大批的闽越族人被迁徙到江淮间,少部分则逃遁入山林或流亡海上,其时在汉武帝元封六年(前110)。《诸娘子与唐部人》反映的即是闽越国遭到覆灭的史实,只是战胜者是汉武帝的军队而非"唐朝兵"。这个传说悲壮地体现了闽越的终结,古越文化作为闽地文化主体的历史也画上了一个句号。

2. 福建民间故事与中原文化。秦、汉以后,随着中原人口多次大规模迁入福建,中原文化对福建文化产生了重大影响。福建民间故事中,有一部分源于中原的口传文学作品。中原的神话、传说和故事有的在福建直接传承,有的则演变为异文流传。如流传于上杭的《盘古女娲成亲》讲述盘古开天辟地后,便用泥巴造人,后来这些泥人全部被大洪水淹死;盘古伤心病倒,但却感动了女娲。女娲去和盘古成亲,生儿育女再繁衍成人类。这个神话把流传在福建的盘古神话和中原女娲神话结合在一起,演绎出盘古女娲结合繁衍人类的新神话。流传于将乐的《孔子无奈拗事馆》讲述孔子周游各地时,骑马经过一"拗事馆",得知"拗事"即"辩驳",辩赢了可得一件物品,辩输了要留下一件物品。孔子辩不过馆主人,输掉白马。铁拐李不服气,也来"拗事",输掉了驴子。杀猪的大汉一来辩,就驳倒馆主人,替孔子和铁拐李赢回了白马与驴子。孔子见了,哭笑不得。这个故事是"孔子和项橐"传说的变异。《战国策·秦策》载:"项橐生七岁,而为孔子师。"《淮南子》有项记穷难孔子的记述。在近代发现的敦煌变文中也有《孔子项橐相问书》。故事在福建经过演变加工,除孔子外,不但出现铁拐李、杀猪大汉这样的新人物,而且增添了新的内容。流传于顺昌的《祖师斗法》讲述鲁班原来锯木不用锯,只要用墨线就能弹开木头。有一天,鲁班叫徒弟去给墨线盒装水,徒弟半路上遇到风水先生杨贵平,杨贵平让这位徒弟把尿撒进墨线盒里,破了鲁班的"弹木法"。鲁班得知后,便用马桶底做了个木八卦,换了杨贵平的石八卦,杨贵平用这个木八卦看风水,也不灵了。这个故事把中原的鲁班传说和风水传说糅合在一起,后人加工的痕迹明显。流传于泰宁的《甘罗解梦》讲述甘罗十二岁时,到京城寻父,遇到皇帝做了噩梦,满朝文武大臣无人能解。甘罗自告奋勇去为皇帝解梦。新皇登基,便封甘罗为军师。故事中的甘罗是战国人,十二岁时被秦封为上卿,他的传说有许多异文,在福建家喻户晓。流传于尤溪的《周瑜鲁肃诸葛亮行酒令》讲述赤壁大战前诸葛亮到江东联合孙权共同抗曹,周瑜嫉妒诸葛亮的才智,在酒席上与他行酒令唇枪舌剑相斗,鲁肃也以行酒令化解二人的矛盾。这个传说对《三国演义》人物刻画得形象生动。柘荣的《关公智服周仓》《关公巧斩蔡阳》《关公员遇害成神》等传说虽源自于"三国",但经过民间不断的加工,人物形象更加突出。《太白回书》讲述李白进京考试,因杨国忠、高力士妒才嫉能,名落孙山。不久,番邦派使者向朝廷呈"天心取米"番书,文武百官无法破解。李白揭榜入朝,在番书的四个字上,每字加上一笔,成为"未必敢来",番使惊服。事后,李白不愿封官,只要皇帝给他一块金牌,到处喝酒不要钱，成为"酒仙"和"诗仙"。这个传说很富戏剧性和浪漫色彩，在戏曲里也有这一剧目，有可能是从民间传说改编搬上了戏曲舞台。惠安的《韩偓巧遇草药仙》讲述唐昭宗时翰林学士韩偓入闽后，到惠安崧洋山游玩，晚上留宿在采药老翁茅舍，与老翁谈论了一夜的中草药。第二天清晨，韩偓发现自己睡在崧洋洞中，茅屋和老翁均不见，洞中只留下一部《神农百草》药书，才知自己遇到神农药仙。传说反映了唐代北方和入闽人士与当地百姓融洽相处，中原文化在闽地交流传播的生动场景。除以上这些历史人物传说外，《牛郎织女》《孟姜女》《梁山伯与祝英台》《白蛇传》这四大民间传说，在福建也广为流传，并且演化出相关的异文故事，如流传于寿宁的《马文才与梁祝双状元》讲述梁山伯、祝英台死后，马文才也死了。三人到了阎王殿，阎王让梁山伯与祝英台还阳做夫妻，让马文才做十八层地狱中头层地狱的判官。梁、祝二人回到阳间，梁山伯考中状元，祝英台以丝线穿过番邦进贡的九曲连环珠，也被皇帝封为女状元。流传于安溪的《祝英台的红裙变映山红》讲述祝英台在出嫁时，从花轿上下来拜祭梁山伯坟墓，墓门突开，祝英台纵身就跳进去，马俊（即马文才）赶快去拉，结果只拉下祝英台的一角红裙。马俊把红裙挂到树枝上，红裙便变成了"映山红"。流传于福鼎的《孟姜女出世》讲述了秦始皇到月宫游玩，他的脏手摸了仙女的手，仙女便全身变乌青，玉皇大帝将这乌青的仙女斩成两段丢下南天门。仙女的下身投胎成了孟姜女，上身投胎成了范喜良。流传于寿宁的《秦始皇遮日》讲述秦始皇要把太后当皇后，太后说你敢乱伦，除非你遮得住白日。秦始皇就下令全国三丁抽一、五丁抽二去筑万里长城，杞良也被抽来筑长城，累死后被填进长城基下。孟姜女万里寻夫到长城，听说丈夫遭屈死，就放声大哭。太后也在皇宫中大哭。两人哭倒了长城八万里。流传于屏南的《白蛇和青蛇》讲述白蛇和许汉文结成夫妻，开药店为人看病卖药过日子。法海教唆许汉文在端午节让白蛇饮雄黄酒现出原形。许汉文躲进庙中，法海将他藏在金钟下。白蛇来讨丈夫，许汉文变心不回去。白蛇绕金钟三周，许汉文变成一堆白骨。三年后法海将白蛇捉去压在雷峰塔下。青蛇带着白蛇的儿子去学法，学成归来，救出白蛇，将法海镇在雷峰塔下。流传于周宁的《牛郎织女与"记节"习俗》讲述织女下凡和牛郎结成夫妻，王母娘娘派天兵天将抓回织女，牛郎用簸箩挑起两个儿子也追上天。王母用金钗划出一条银河，将牛郎织女分隔在银河两岸。喜鹊见了，搭成鹊桥让两人在桥上相会，民间便形成了"记节"习俗，新娶媳妇要在端午节为邻居的男孩女孩扎红丝线，到七月七日剪下丝线，同炒熟的五谷一起抛到屋顶给喜鹊吃，一是酬谢喜鹊为牛郎织女搭鹊桥，二是请喜鹊为人间的姻缘牵红线。"四大传说"在福建产生的异文，表达了福建民众对故事中主人公争取婚姻自主的深切同情和对现实生活的美好企盼。福建一些地方传说故事,也受中原同类型传说故事的影响。比如南平的《出钱石》讲述五里亭下的大石旁,住着一位老阿伯,靠打草鞋度日。赤脚大仙将大石点化成"现钱石",让过路人每次都可以拨出两个钱向老阿伯买草鞋;一个贪心的石匠,凿裂大石,从此大石不再出钱了。类似的传说《出油岩》《出米石》等,许多县市都有流传。河南曾有过"出油岩""出钱石"的故事,可见福建这种类型的传说故事,最早很可能是从中原传入而又附会于当地风物,最后形成福建的地方传说。云霄的《鲁班借龙宫》讲述鲁班为造一座漂亮房屋,去东海龙王借来龙宫做样子,答应三天归还。到了期限,还未完工,鲁班就在借来的宫殿周围钉上木桩,殿四角挂上铜铃。龙王派小龙将军和鲤鱼先锋虾兵蟹将来搬取宫殿,宫殿因钉了木桩而搬不动,小龙被晒死在屋脊上,鲤鱼被粘在大门上。鲁班和弟子们见了,觉得照这个样子造出来的屋更好看,于是这种形状的房屋就在闽南流传开了。这个故事为鲁班传说增添了新的内容。此外,《十二生肖》《两兄弟》《十兄弟》《虎外婆》《蛇郎君》以及"巧女""呆女婿"等类型的传说和故事,传播地域早已很广,福建也广为流传,并形成了具有当地特色的内容。中原文化与福建文化的融会,对福建历史文化的发展产生了重要作用,也使福建民间故事更加丰富和绚丽多彩。

3. 福建民间故事与海外文化。福建东临大海,绵长的海岸线为沟通海外创造了得天独厚的条件。福建与日本、朝鲜、东南亚、印度、阿拉伯以及非洲等国家和地区都有悠久的交往历史。福建侨民侨居世界各地,使福建成为著名的侨乡。华侨为他们所在国经济发展和增进中外友好关系做出了卓著的贡献。福建民间故事中,反映侨乡民俗与华侨爱国爱乡、薪传中华文化与吸收域外文化的传说故事数不胜数,许多故事脍炙人口、传承不衰,成为鼓舞后人奋发向上的口传教科书。这些独具特色的民间文学作品,使福建民间故事更加丰富多彩,更具动人的艺术魅力。晋江的《陈嘉庚择婿》讲述爱国侨领陈嘉庚在南洋开办的橡胶园里,有一位新来不久的青年杂工叫李光前,不但做工勤劳,学习也很努力。他不贪享乐,拾金不昧,把橡胶园当成自己的家一样来爱护。陈嘉庚非常赞赏李光前这种勤奋忠实的精神,在众多的青年中选他为自己的女婿,表达出华侨在海外薪传中华传统美德的高尚情操。流传于永定的《"万金油大王"胡文虎》讲述爱国华侨胡文虎接掌缅甸仰光的"永安堂"中药铺后,决心要把中药制成能与西药竞争的药膏和药水。不久,虎标"万金油"在永安堂生产出来了,并且销路越来越大。接着又生产出虎标"八卦丹""头痛粉""清快水"等。虎标业务扩展到整个东南亚,远销欧美,胡文虎被称为"万金油大王"。故事反映了胡文虎在海外弘扬中医药文化的不平凡历程。永定还有两个故事也是关于胡文虎的:《建造华人池》讲述胡文虎得知上海外国租界的公园门口挂着"华人与狗不得入内"的牌子，非常气愤，他在巴烈班让人建造了一座游泳池，命名为"华人池"，门口挂一块牌子，写着"只准华人入内游泳"。有两个外国人偷偷摸摸进入池内游泳，被一群中国人扭送到门外，大长了中国人的志气。这个故事体现了胡文虎对中华民族的热爱，中华民族不可侮的精神深深埋藏在他的心里。《兴学一千所》这个故事说，抗战期间胡文虎从海外捐款300万元给蒋介石，要他在全国兴建一千所小学。抗战胜利后，胡文虎派人回国了解情况，想不到南京当局只办了不到300所乡间小学，其余捐款全部被侵吞，胡文虎气得大骂国民党腐败。故事歌颂了胡文虎爱国兴学的义举，也反映出国民党蒋介石政权的腐朽。福清的《阿交识奇信》讲述穷苦青年阿明"过番"去南洋做苦工，省吃俭用积攒了一百块大洋，托回乡的陈三带给家里的妻子阿秀。陈三偷看阿明的附信，见信上没有字，只画着四条狗和八只鳖，到家后便只交给阿秀五十块大洋，阿秀看过信，向陈三要他少交的五十块钱，陈三却不认账。阿秀找里正来评理，说阿明信上画得清清楚楚，四狗（九）三十六、八鳖（八）六十四，不正好一百块么？陈三无话可说，里正叫他把少交的钱还给阿秀。这个故事寓意深刻，首先它说明了没文化所带来的问题；其次它赞扬了阿秀的聪慧，又批判了陈三的不义。流传于安溪的故事《思乡曲》讲述林仁、林义两兄弟去吕宋谋生，林仁遭遇坎坷，沦为乞丐；林义得到发展，当上老板。但两人都无法还乡。后来林仁在林义家唱起南曲《远望乡里》，林义深受感动，他们一起返回家乡。林义的妻子说，如果没有那一首南曲，林仁还不知何时才能返乡呢。这个故事以唱南曲的情节说明，无论在逆境或顺境中，华侨都有一种不忘家人、不忘故乡的情结。流传于莆田的《情义值千金》讲述老华侨回家乡，儿子原以为他带回很多钱，因此格外热情。后来得知父亲几十年只有一千元积蓄，用完这些钱后儿子对父亲变了态度，连冷饭剩汤也不给父亲吃。邻居小王把老华侨接去供养，小王日子也不宽裕，但总把好吃的留给老华侨，自己情愿少吃甚至挨饿。老华侨被小王的高尚品德所感动，把十几万元的积蓄都送给了他。故事颂扬了侨乡人崇尚中华民族传统美德，鞭挞了那些除了钱便六亲不认的丑恶现象。流传于石狮的《补伯不爱闹热》讲述补伯到苏洛国谋生，苏洛国的新国王与补伯在经纪中相识，补伯向他介绍闽南安平桥、泉州东西塔等中国历史文化古迹，国王率领人马和补伯一起来中国访问。补伯回到家乡，婉谢国王邀他同去北京。故事颂扬了华侨默默无闻地为中外友好交流做贡献的高尚品德。流传于福清的《寡妇塔》讲述了上径乡十八家男人合置一条大船往返于南洋经商。一次大船返航，在上径港外遇夜雾难辨方向，触礁船碎人亡。十八家寡妇悲痛万分，为使后来的船只靠港不再迷航，她们想方设法在鳌峰上建成一座七层石塔，每夜轮流上塔点灯。寡妇欧姐在一个风雨之夜上塔点灯,下塔时被狂风吹落大海。为了纪念那十八家姐妹,人们叫那座石塔为"寡妇塔"。这个传说十分悲壮,它歌颂了侨乡人艰苦创业和舍己为人的优秀品质。流传于石狮的《三保龙洞》讲述明代郑和下西洋时,遇恶劣天气和瘟疫,船队停泊爪哇岛。郑和将生病的副手王景弘和其他几个人安置在一个大山洞里养病,待将来船队返航时再一同回国。王景弘等人康复后,教会当地土人吃熟食、垦荒种地以及纺纱织布的本领,还为他们治病。后来,郑和船队因故未回爪哇岛,王景弘和部属都娶了当地土人的姑娘成了家,在爪哇岛繁衍子孙。人们在大山洞里塑起郑和塑像,命名为"三保龙洞",每年都来敬香,一直延续到现在。这个故事颂扬了印尼华侨执著传播华夏文明的崇高精神。泉州的《茉莉仙子》讲述很久以前,闽南有个叫阿全的小伙子到吕宋岛一个庄园做工,庄园里有位叫吉沙的姑娘爱上了勤劳的阿全。残暴的庄园主将阿全赶出庄园,把吉沙关进土牢。在茉莉仙子的帮助下,吉沙逃出土牢,来到阿全身旁。当地的乡亲把一枝带叶的茉莉花送给这对有情人,并帮助他们回到唐山。现在闽南到处都种茉莉花,就是当初吉沙姑娘带来的,人们称它为"香茉莉"。这个动人的爱情故事,反映了华侨和当地人民深厚而真挚的情谊,这种情谊源远流长,牢不可破。《刚果的泉州荔枝》流传于石狮,其寓意类似于《茉莉仙子》:泉州后生阿明卖身去刚果博科镇做"猪猡工",临行前砍下荔枝树枝当挑行李的扁担。阿明在博科镇被监工的洋鬼子打得昏死过去,丢进了荒沟。当地老人纳西里悄悄救回阿明。有一天,狂风暴雨袭来,在抢修纳西里住的茅棚中,阿明把荔枝树扁担插进地里,将茅棚顶住。后来,荔枝树扁担长成荔枝树,结出了鲜美的荔枝果。到现在,刚果只有博科镇出产荔枝,当地人说博科镇荔枝是阿明从中国泉州传来的。这个故事说明,中国和刚果都曾遭受外国殖民者的压迫,但中刚人民建立起了深厚的友谊,泉州荔枝在博科镇开花结果,象征中非人民的友谊长存。《先薯亭》流传于长乐,讲述明代时长乐人陈振龙因船遭台风,在吕宋岛停靠。他看见当地人从沙地里挖出番薯来吃,便想买种子带回家乡种植。但当时的土人规矩极严,带出番薯有生命危险。当地老华侨将薯藤编成斗笠送给陈振龙,并教他把薯藤编成船缆混出港口。船出港后,陈振龙把薯藤浸在淡水中,终于带回家乡。从此,番薯被引进到福建种植,帮助百姓度过了许多饥荒灾年。后来人们在福州乌石山建"先薯亭",纪念陈振龙。这个故事寓意华侨为帮助家乡贫困百姓,不惜冒生命危险,一片赤子之心,受到后人景仰。

4. 福建民间故事与民俗文化。福建文化融汇了闽越文化、中原文化、宗教文化和海外文化等多元文化因素,正如宋《建安志》所说,它"备五方之俗"。因此福建民间故事中,和民俗有关的传说故事也相当丰富和绚丽多彩,无论岁时节日、婚嫁喜庆、生产劳动、社会生活……各种民俗事象,都有地方特色浓郁的传说故事流传。这些从不同方面反映民俗事象的口头文学作品,是福建文化多元性的典型体现。腊月祭灶和过年民俗的由来,不同地区有不同的说法,福州《祭灶的传说》是这样讲的:从前有个浪子叫张定福,赌光家产,把妻子卖给富翁,沦为乞丐。他讨饭到那个富翁家。妻子仍一次次接济他。腊月二十四,张定福又到妻子那里讨饭,当他得知上次妻子将银子包在年糕里给他,他连年糕也输掉时,就撞死在厨房的墙边。妻子将张定福埋在灶洞下,并在灶上安个灵位供奉。邻里问她所供何神,回答是祭灶神。后来大家也跟着她在自家立灶神祭祀,于是便有了祭灶的习俗。宁化的《过年风俗的来历》是另一种讲法:古时候有个叫张单的,帮大户人家烧火帮灶过日子。玉帝小女儿见张单忠厚善良,下凡和他结成夫妻。玉帝知道后很恼火,但王母娘娘出来讲情,玉帝只得封张单为灶王,玉帝小女儿便成了灶君老母。灶王与灶君老母常常上天,玉帝不高兴,只准他们每年年底回去一次。于是灶王和灶君老母便在每年腊月二十三上天。灶君老母在天上办一件事拖一天,一直拖到年三十夜才双双下凡。所以,过年便有了祭灶、扫尘、做豆腐、杀猪、杀鸡、蒸糕、温酒、守岁、开门等风俗。关于灶君福建民间有多种说法,上述两个故事,即为其中的"浪子说"和"神仙说"。流传于福鼎畲族地区的《"二月二"的由来》,讲述畲族祖公头带领大家到小麻洋开山迁基,从厝基后石洞里爬出赤黄和青黄两条大蛇,它们不肯离开原地,托梦给祖公头,原来是红面将军和蓝面将军。祖公头便择"二月二"为两位将军起庙奉祀,并决定每年为畲族过一天"会亲节"。这个传说和汉族地区"二月二(祭土地神)"的说法具有不同的民俗文化内容。南平的《端午节挂葛蒲的来历》讲述农民起义军首领黄巢暗访时,看见一妇女怀抱一个五岁的孩子、手牵一个三岁的孩子赶路,他问明原因后,很受感动,交代农妇在家门口挂上葛蒲,义军就不会去骚扰。此事传开,家家户户都挂葛蒲,义军果然秋毫无犯。那天正好是端午节,后来端午节挂葛蒲便成为福建的一个习俗。这个传说与"五月是端午,屈(原)公骑艾虎,高悬葛蒲剑,定把妖邪除"的传统说法大不相同,它把端午节挂葛蒲的由来与黄巢起义军联系在一起,别具特色。流传于福安畲族的《分龙节》讲述早先时候福安畲山"龙多作旱",百姓杀猪宰羊求雨,几条龙争夺供品,雨又下得地上成了汪洋。玉皇大帝便在"夏至"后的辰日,为那些龙划定地界,各司其职,及时行雨,因此便有了"分龙节"。"分龙节"亦是汉族地区农业气象习俗,但福建畲族关于"分龙节"的传说更具幻想色彩,故事也十分生动。仙游的《团圆节》讲述寡妇莲香,含辛茹苦养育儿子元元,元元中举做官后,寡妇以为儿子忘了母子情义,便躲入深山来食山果度日。元元返乡,为寻找母亲,将糯米果做成山果模样,粘在山中树枝上，果然引回母亲，母子终于团圆，这一天正好是冬至日，此后便有了冬至过"团圆节"的习俗。这个传说以母子团圆的故事，诠释了冬至成为当地"团圆节"习俗的由来。上文提到流传于福州的《诸娘人与唐部队》讲述了疍民过年到各家唱圆年诗风俗的由来。仙游的《红布糕·羊姑酒》讲述后溪村和石史村是相邻的两个村庄，后溪村出了几个秀才，石史村出了个御史大夫。后溪人不让石史人骑马从村前过，石史人上京找御史大夫替他们出气，御史大夫劝两村人和好。石史人回村后，备一匹红布和十块方糕到后溪村赔礼。后溪人也以一只羊牲和一坛酒作为回礼。后来，给对方送红布和方糕表示道歉，对方回以羊牲和酒表示接受道歉就成为地方化解纠纷的习俗。这一习俗体现了"以和为贵"的传统美德。有关婚嫁的习俗，福建不同地区风俗也很不同，对此柘荣畲族的《哭嫁与伴娘》是这样说的：很久以前，畲族姑娘画眉的父母收了彩礼，把她嫁给财主的痴呆儿子，姑娘在出嫁前伤心痛哭，她哭诉爹娘不该贪财，哭骂财主仗财黑心，哭别五亲六戚。姑娘出嫁后，便自杀在洞房里。从那以后，姑娘出嫁才有了伴娘，并陪唱哭嫁歌，成为婚嫁风俗。《龙驾轿》流传于莆田，它讲述了另一种婚嫁风俗的形成：清代莆田人彭鹏任三河知县，妻子徐姑教彭鹏用竹篓装石头治理河水决口成功。皇帝召彭鹏夫妻饮宴，吃一道菜，提拔一级，放炮一响，连吃十二道菜，连升十二级，放炮十二响。皇后特赐"龙驾轿"送徐姑回乡。此后，莆田民间形成习俗，女子出嫁乘坐龙驾轿，办酒请客以十二道菜为限，起桌和散桌要放炮。福建的一些民俗传说，流传于海峡两岸，体现了闽台同源的骨肉亲情，如晋江的《好兄弟》讲述从前晋江渔村有两个亲如兄弟的好朋友，出海打鱼遭遇风浪，哥哥为救弟弟，死于海中。弟弟抱住哥哥丢来的木板，漂流到台湾基隆，被当地渔民救起，后在台湾娶妻成家。十年后，弟弟打听到家乡兄弟俩父母都还健在，就以两兄弟的名义经常带信寄钱给两家老人。两家父母思念亲人，弟弟和妻子便带着哥哥的尸骨，乘船一路为哥哥"招魂"回到家乡，家乡人为弟弟的情义所感动。此后，凡遇死于海难的人，都给予收埋并称之为"好兄弟"，每月初一、十五到海边祭祀，成为海峡两岸渔民和行船人的一种风俗，沿袭至今。福建有关民俗文化的传说故事，涉及的民俗事象相当广泛，内容十分丰富，是民俗文化研究和开发利用的重要资源。

5. 福建民间故事与福建艺术。福建因其文化"多元并蓄"，因此各类艺术也琳琅满目，绘画、音乐、舞蹈、戏曲等都相当有特色。在福建民间故事中，有关福建各种艺术的传说故事非常多，内容十分丰富。如：第一，一些民间故事表现某类艺术"祖师"的来历。如福鼎畲族的《戏状元雷海青》，讲述雷海青自小精通各种乐器，并会演戏。唐明皇召雷海青戏班进宫演出，封雷海青为"戏状元",并赐给他尚方宝剑。后来雷海青带戏班回到家乡,在给岳父祝寿演戏时,为被徐家大女婿、二女婿欺压的百姓申冤,将两个恶棍斩首,并让徐员外出谷千石,周济贫苦百姓。从此以后,畲乡戏班就都供奉雷海青为"戏祖宗"。晋江的《南寿祖师》讲述五代时蜀王孟昶自小喜欢音乐。宋太祖坐天下后,收孟昶的宠妾花蕊夫人为妃。花蕊夫人在宫中祷拜孟昶画像,被宋太祖看见,问是何神,回答是保佑人丁兴旺的"张仙"。因孟昶向来喜好音乐,便被南音管弦人奉为"南音祖师"。第二,一些传说故事说明某种艺术是如何产生的。如光泽的《茶灯舞的来由》,讲述了茶灯舞这种艺术的产生:讲述很久以前,有一位美丽的姑娘叫茶姑,爱上了勤劳的后生傅山。不料官府抓壮丁,傅山被抓,从此杳无音讯。茶姑日夜思念,肝肠寸断。在一年的采茶季节,茶姑在茶山上绝望地边舞边唱,最后倒在茶丛里。为纪念茶姑,人们制作了花篮灯,模仿茶姑的舞姿,跳起"茶灯舞",这"茶灯舞"便一直流传至今。又如宁德畲族的《畲歌与祖牌》,讲述很久以前,畲山有个孩子,嫌恶母亲。一位美丽的畲家姑娘,便用唱歌的方式感化他。当母亲又来为孩子送饭时,孩子便去迎接,母亲不知孩子已经变好,吓得被树根绊倒跌死。孩子把那树根做成木牌,写上母亲姓氏,逢年过节祭拜。后来,畲家人都学着用木头制作祖牌供奉。又因为姑娘以唱歌方式使那孩子痛改前非,所以学唱畲歌便成为畲家人普遍的活动了。再比如流传于光泽的《三角戏》讲述有一个穷孩子,在财主家做小长工。有一年冬天大雪封山,财主还逼小孩去砍柴。小孩坐在雪山上大哭,被路过的狐仙看见,狐仙便教他唱戏,陪他挨村挨户唱戏过日子。有一回唱戏时,天上的田公元帅看见了,也来和他们一起唱,田公元帅扮"生",狐仙扮"旦",小长工扮"丑",成了人们喜爱的"三角戏"。第三,一些民间故事反映艺术家对艺术事业孜孜不倦的追求。如惠安的《郑佑学琴》讲述明代时惠安崇武城的琴师郑佑,为了提高演奏水平,专门去羊城寻找名师指导,从此,郑佑琴艺大为长进。后来郑佑游历金陵,与歌妓马湘兰结为琴伴夫妻。回到故乡,郑佑以全部精力编成《南曲集成》,马湘兰为他演奏和修订曲谱。经两人的努力,古老的琴曲得以流传下来。第四,一些民间故事颂扬艺术家一身正气、高风亮节,他们以艺术的形式揭露和谴责贪官污吏与残暴势力。如莆田的《陈经帮作画治贪官》讲述莆田陈经邦辞官归里,太子当皇帝后,托人到他家问候,并了解福建官员政绩。陈经邦便画了四幅画:第一幅画画了两个烛台,烛台上的红烛没有火光;第二幅画画了一对石狮,狮脖上挂一串串金钱;第三幅画画了五个道士,帽子歪歪斜斜;第四幅画画了一个池塘,池塘上只长一张青莲叶。四幅画带给皇帝看,皇帝便查办了福建的两台、两司、五道等贪官污吏,升福州叶知府为总督。仙游的《画画嘲旅长》讲民国初年间,驻军钱旅长派人向李耕要画,李耕画了一幅"六子戏如来"给那位旅长,旅长得画,非常高兴。有人对旅长说,这幅画是嘲讽他在钱孔里翻跟斗,旅长大为恼火,便把画还给李耕,要他另画一幅,李耕却跑到乡下去了。第五,一些民间传说反映某种艺术的创新和发展。如惠安的《瓮子周巧雕转头狮》讲述惠安石雕师傅瓮子周学习石雕技艺时,能勤动脑筋,敢于创新,把他师傅不小心雕破相的石狮改雕成转头狮,使石狮更为活泼可爱,他的师傅见了,十分赞赏。此后,雕石狮的工艺不断创新,形成了南派石狮艺术的独特风格。第六,一些故事的流传赋予某种艺术品以扬善惩恶的神力,以美丽想象表达劳动者的爱憎和思想感情。如宁化的《神鸭》讲述清朝时,"扬州八怪"之一的宁化画家黄慎随母亲回到家乡。母亲要吃鸭子,黄慎没有钱买,便画了一张鸭画,向农民换回一只活鸭做给母亲吃。老农民将这张鸭画挂在中堂,画上的鸭子竟会和家中的鸭子一起下池塘嬉水,成了神鸭。这事传到财主"剥皮老鼠"那里,他一次又一次地来抢夺鸭画。神鸭卷起塘水把财主的狗腿子淹死,用嘴把财主的一只眼睛啄瞎,然后朝老农民叫了三声,便飞走了。莆田的《龙灯》讲述莆田有个叫胡秋的花灯艺人,元宵节时做了一盏凤凰灯,被官府大人抢去送入京城皇宫,皇帝观灯时,将凤凰灯烧掉,又下令给官府让胡秋重做。胡秋不听命,被抓进京城关进大牢。皇帝派人威逼胡秋扎灯,胡秋在牢中扎出一条龙灯。这龙灯送入金銮殿,张牙舞爪撕碎了皇帝和宠臣,还喷出火焰烧毁了皇宫。最后,五彩金龙驮着胡秋,向家乡飞去。从上述各种类型艺术的传说故事中,可以看出这些艺术和现实生活都是紧密相联的,这些传说故事不但体现了包括艺术家在内的广大劳动者的勤劳智慧和爱憎,而且具有浓郁的地方特色。

(二) 福建民间故事的特点

1. 思想内容贴近社会现实生活,表现了人民群众的愿望和思想感情。如人物传说《吴夲医太后》(厦门)、《李纲种桧树》(邵武)、《李侗智警张三府》(南平)、《抓朱熹》(建阳)、《思儿亭》(福州)、《叶向高锯墓碑》(福清)、《郑成功凿水井》(南安)、《王绍兰判断斗案》(长乐)等作品,主人公在故事的社会背景下,其言行和情操体现了人民群众的愿望与要求,思想倾向性十分明显。《陈嘉庚择婿》(晋江)、《我是中国虎》(永定)、《建造华人池》(永定)等作品,紧贴现实生活,反映海外华侨强烈的爱国之心和赤子之情。《寡妇塔》(福清)、《七美屿》(东山)等传说,反映海上生涯的艰险和闽台血脉相连的亲情,给人以强烈的震撼。《红军不骗百姓》(漳平)、《神被》(建宁)、《草鞋船》(龙岩)等老苏区传说,以革命斗争的现实生活和革命浪漫主义相结合的艺术形式,真实地表达出人民群众拥护红军,拥护革命的思想感情。《王俊娶妻》(罗源)、《靠自己建大厝》(华安)、《李敢娘智破"摸喜"陋俗》(福清)等故事,反映出封建社会中"处于底层"的广大妇女对改变自己命运的强烈要求。《巧选当家人》(长汀)、《九斤姑娘》(宁化)、《无烦恼》(仙游)等数目众多的巧女故事,对男尊女卑的封建观念提出了有力的挑战,通过表现妇女的非凡本领和超人智慧,证明了妇女的重要性是不容忽视的。《长年智斗财》(畲族,周宁)、《丁二戏财主》(清流)等长工与地主的故事,尖锐地揭露出封建地主阶级剥削和压迫农民的现实和本质,歌颂了劳动人民勇敢的斗争精神。

2. 艺术风格朴素明朗,格调刚健清新。这种艺术风格,生活故事,特别是巧女故事和长工与地主的故事中表现尤为明显,如仙游的《无烦恼》,女主人公面对县官最后要她献上天上月时,她却提出取下天上月,要县官吃下去,当县官答应能"一口吞下"后,姑娘就在门前的木桌上放上一盆清水,盆边摆一双筷子,盆里的水中映着天上一轮明月,姑娘把手一招,说"请大人吃天上月!"在周宁畲族的《长年智斗财主》这个故事中,阿哥充满智慧、风趣,让人在朴素和清新的艺术风格中,感受到对剥削阶级的嘲笑。

3. 表现手法着重讲事,通过事来表现人,其结构和情节处理大多运用对照原则或三段原则。对照的原则往往是对立的两方,如财主和长工、父亲和儿子、哥哥和弟弟、正直与不正直、诚实和虚伪、善与恶、美与丑等,如《俩兄弟》(光泽)、《有情和无义》(浦城)、《"铁公鸡"吃鸡》(尤溪)、《两盒银》(同安)、《金哥银弟》(平潭)等就属于用对照原则处理的民间故事。三段的原则一方面把事件分为起始、经过、解决三个阶段,一方面人物和事件也以"三"为单位,如三姐妹、三女婿、三个难题、三次考验,以及同一事件反复三次等。《蓝金凤除黄甲精》(畲族,罗源)、《范丹寻如来》(建阳)、《鳖仔成亲》(畲族,福鼎)、《人心不足蛇吞象》(周宁)、《聪明的三媳妇》(大田)、《三女婿巧对酒令》(尤溪)等都属于用三段原则处理的民间故事。这些表现手法,使故事发展一层一层逐步深化,获得了很好的艺术效果。

4. 既和中原民间故事关系密切,又充满浓厚的地方色彩,是福建民间故事鲜明的特点。虽然中原的民间故事传入后被加以改造,赋予许多新内容,有了新的变异,但基本类型、框架没有太大变化,以上面流传面最广的故事为例,"巧媳妇和呆女婿"是中原乃至全国流传面最广的故事之一,钟敬文主编的《民间文学概论》曾对这种类型专门列出一小节予以介绍,认为:"巧媳妇故事是中国封建社会特有的产物,它反映了社会最底层的劳动妇女,要求改变自己卑下的社会地位和解除'四权'束缚的强烈愿望,它的价值在于:劳动人民塑造了封建社会里敢于追求人格自主、男女平权、才智超人的中国妇女的典型形象。""呆女婿故事,是中国封建社会劳动人民的民主要求与严重的家庭观念、礼教观念相斗争的艺术反映。"福建与中原的这类故事在艺术上有一个共同特点,就是在反复测验中来塑造巧媳妇形象,突出其智慧。对方往往出三个难题,要求立即办完,巧媳妇总能轻而易举地获胜。呆女婿的故事则是明贬实褒,呆女婿学话失败,是他对封建礼仪的嘲弄;学话成功是他对封建礼仪斗争的胜利。"两兄弟"是中原一带流传最广的故事之一,除了结尾有几种讲法外,主题、结构大体一致。汪玢玲主编的《民间文学概论》认为:"它反映的是中华民族特有的踏踏实实的勤苦耕作精神及对土地的依赖意识。因而分配之争重于创造,质朴高于诡谲。""田螺姑娘"是我国著名的一种"得妻型故事"的代表,历史悠久,不仅在民间口头流传,早在《搜神后记》卷五、唐代佚书《原化记》及历代文人笔记中都有类似的故事,早期名为《田螺娘》《螺妻》《螺变人》等。这类故事在福建也广泛流传,一方面与传入有关,另一方面也与福建山区贫困,青年男子难以成家娶亲,因而"做梦要媳妇——光想好事"有关。此外,如孔子的传说、鲁班的传说、"四大传说"和"出油岩""出米岩"传说以及《田螺姑娘》《十兄弟》、"虎外婆""蛇郎君""俩兄弟"等幻想故事、巧女故事、长工与地主的故事等众多生活故事,基本上都保持了中原乃至全国同类型故事的艺术形式,但却赋予了具有当地特色的内容,这正是福建民间故事能够长期流传、传承不衰的重要原因。

二、福建民间歌谣①

(一) 历史上的福建民间歌谣

福建至唐代才开始得以开发。福建民歌见于记载的也始于唐朝。《全唐文·十二丞八》所载"龙门一半在闽川"与民间流传的"真鸟仔啄生姜,皇粮一半出闽疆。闽人吃尽苦中苦,翌年也要度饥荒",反映出晚唐时期福建人民赋税负担的沉重与遭受横征暴敛的痛苦。正如《福建通志》总纂陈衍在《补订〈闽诗录〉叙》中所说:"文教之开兴,吾闽最晚,至唐代始有诗人。至唐末五代,中土诗人始有入闽者,诗教乃渐昌。"从保存下来为数不多的唐五代歌谣看,大多与时政有关,如"只闻有泗州和尚,不见有五县天子"②讽喻王审知去世后王延政在建州称帝。"谁谓九龙帐,惟贮一归郎"③以九龙帐指陈后,讥讽其在闽王延钧得风疾时,与宠臣归宋明、李可殷等私通。"潮水来,岩头没;潮水去,矢口出"④,指王潮来闽,取代原观察使陈岩,王潮死后,由王审知(知,矢口)代之。也有表达爱情的民谣,最有代表性、流传最广的如:"月光光,照池

---

① 本节部分内容为笔者为《中国歌谣集成·福建卷》所写的"前言"。
② 《福建通志·通记》引《九国志·南部新书》。
③ 《新五代史·闽世家》。
④ 《三山志·卷之一·地理类一》。

塘。骑竹马,过洪塘,洪塘水深不得渡,小妹撑船来前路。问郎长,问郎短,问郎一去何时返。"①通过撑船问话,含蓄地表达了一个纯真少女的真挚感情。王审知的农管颜仁郁,于后梁开平年间(907—911)创作了一首民歌《赞神曲》。曾被王审知任命为罗源县巡检的黄演,作了一首民歌《劝农歌》,赞颂王审知治闽的政绩:"天降闽王入七闽,励精图治恤万民;苛捐污吏必查办,敛取民团处以刑;乡老幼耕保其有,府县三年免税征。"五代十国,战乱频仍。王审知于同光三年(925)逝后,其子之间争权夺利,互相残杀。开运年间(944—946),南唐兵攻进建州(建瓯)、福州。据《吴越备史》卷三记载,越王派钱佐救福州,才使兵戈得以暂时罢息。

宋代福建民间歌谣有讽喻时政表达不满者,如"打破筒(童),泼了菜(蔡),便是人间好世界"②讽刺北宋童贯、蔡京权奸当道,表达了福建民众欲除之而后快的情绪。在莆田地区则流行一首揭发贪官污吏的民谣:"君问莆阳(莆田在宋代又称莆阳)事,官贪吏要钱;入方七不静,十室九无烟。"而任福州知州的蔡襄,却是一位清官。他曾大力提倡绿化工作:"自福州仓山大义渡夹道达于泉(州)漳(州),凡七百里,以庇道路。"当时民间曾流行一首民谣:"夹道松,夹道松,问谁栽之我蔡公,行人六月不知暑,千古万古摇清风。"而"百丈岭,入云霄,丁牙钱,五内烧,吓毡生,吓毡孔,官府勤,恨不消"③则指北宋时期,人民无法交纳"丁牙钱"而被迫将刚生下来的孩子弄死。"食君廪中粟,作郡羹中肉;一羹数百命,下箸犹未足。羹肉何足论,生死犹转毂;劝君宜勿食,祸福相倚伏。"④讽刺了蔡京食鹌鸟的贪得无厌。宋代是福建人中举最多的朝代,因此出现许多与中举有关的谶语式民谣,如称福清的苏溪为"苏溪不用船,此时出状元"⑤,称永福县保安里龙爪为"龙爪花江,状元西东"⑥,称永福县石桥为"石桥全,出状元"⑦。宋代福州郎官巷名士陈烈写了首民歌《元宵节点灯》:"富家一盏灯,太仓一粒粟。贫家一盏灯,父子相对哭。风流太守知不知?犹恨笙歌无妙曲。"当时福州知府蔡襄要居民在元宵节每家点灯七盏,陈烈故意制作一盏直径丈余的大灯悬挂于衙门口,将此诗写于灯上。蔡襄立即罢灯,与陈烈结为知交。

元代福建民间歌谣有一部分收在《闽诗录》中,下面几首很有代表性,反

---

① 《福建通志》,转引自福建师范大学中文系编《福建文学史》,1961年9月油印本。
② 《古谣谚》卷62。
③ 《莆田县志·民间文学》,转引自福建师范学院中文系编《福建文学史》油印本。
④ 《闽诗录》丙集卷2。
⑤ 《三山志·卷三十九·土俗类一》。
⑥ 同上。
⑦ 同上。

映了元代尖锐民族矛盾和阶级矛盾："九重丹诏颁恩圣,万两黄金奉使回。""奉使来时惊天动地,奉使去时乌天黑地,官吏都欢天喜地,老百姓却啼天哭地。""官吏黑漆皮灯笼,奉使来时添一重。"①第一首讲这个来颁恩圣的所谓"奉使",实际是来搜刮民脂民膏的,他携万两黄金而归。第二首讲奉使初来时,地方官吏无不敬若神明,在"惊天动地"中闹得"乌天黑地",大小官吏趁机"欢天喜地"地分赃,百姓苦不堪言,自然"啼天哭地"。第三首以极为生动的比喻,对地方官吏和奉使的罪恶作了揭露和讽刺。不少民歌表达了对地方豪强残酷压榨人民的愤怒和不满,有代表性的如《开田谣》："山巍巍兮无麦原,白面细粉常盈盆,林森森兮无桑柘,锦绣绫罗色相亚。出门见岭不见江,案前罗列皆鲈鲂。儿童吼闹南山下,剩逐牛羊与驴马。山妻嘻笑临堂前,满头珠翠垂翩翩。自言获功始三载,仕如仕宦数十年。但愿魁冠未殄灭,与我增财广置山间田。"②由于元朝统治者实行民族压迫政策,于是引起了汉族人民的反抗。当时在福建民间流传"手执钢刀九十九,杀尽胡人方罢手"的民谣,表示对元兵的痛恨。

明代福建许多民歌表现出对贪官污吏的痛恨,明太祖洪武年间(1368—1398)的《闽中百姓陶屋仲、薛大肪谣》鲜明地表达了人民的爱憎和情感："陶使再来天有眼,薛公不去地无皮。"③明武宗正德年间(1506—1521)兴化知府冯训爱民惩贪,故有歌谣："冯太守,来何迟;胥吏瘠,百姓肥。"④明朝时福建沿海一带城镇深受倭寇侵犯,受害惨烈。民族英雄戚继光、俞大猷英勇杀敌,保卫闽疆,屡立战功。于是民间广泛流传"继光如虎,大猷如龙"的民谣。

清代有代表性的民歌,如中法战争期间在福州流传甚广的《闽谣》："福州原无福,法人本无法。两何没奈何,两张没主张。"实为中法战争期间福建现实生活的深刻写照。李光仪《战福州自序》说："适时,总督何璟、巡抚张兆栋、钦差张佩纶、船政大臣何如璋,皆束手无策,坐视法人坏我船厂,毁我炮台,沉我兵轮,残杀我士卒,挥臂游行而去。"民歌中用福州人无福,法国人无法,"两何"(何璟、何如璋)"没奈何","两张"(张兆栋、张佩纶)"没主张",巧妙地谴责了法国侵略者,同时也斥责了清朝官员的昏庸无能。清朝乾隆末年,福建发生了一起轰动全国的大贪污案。闽浙总督(地方最高长官)伍拉纳、福建巡抚(掌管全省吏治、军事、刑狱大权)浦霖、周库吏(掌管金库大权)、布政司(掌管全省财政大权)伊辙布互相勾结,贪污库存巨款达八万五千万两金银。案发

---

① 《闽诗录》戊集卷七。
② 《元诗纪事》卷二一。
③ 《古谣谚》卷六五。
④ 《莆田民间文学》,转引自福建师范学院中文系编《福建文学史》油印本。

后,民情沸腾,纷纷要求严惩这批罪大恶极的贪污犯。当时福州民间广泛流传这样一首民谣:"伍老冠不正,两狮要金钱;两台乌暗暗,唯有烛光明。"民谣中的"伍"指伍拉纳,"冠"指"官","狮"与"司"谐音,"两狮"指"布政司"与"巡抚司"。"两台"指"刑台"与"抚台"。这些官吏把社会搞得"乌暗暗",人间唯有"烛"光明。清代福建出现了许多竹枝词,这些竹枝词所表现的内容已不限于男女恋情而拓展到社会多个领域,如《闽中竹枝词》写农家生活:"山上飘飘吉贝花,山头高处有人家。戴胜一声桑叶绿,郎去采蕉妾络纱。"

近现代福建出现了许多反映现实的民歌,辛亥革命期间,福州、闽南等地流行《救国十劝歌》《北伐歌》《太平歌》《欢迎孙中山歌》等。其中《南北伐》民谣唱道:"满清换民国,皇帝换总统。"表达人民拥护孙中山先生。有代表性的还有如冰心提供的用福州方言唱的《早期的中国反美民歌》:"加里福尼省,就是旧金山。开矿造铁路,毛人毛相干。全借我弟兄。死命替伊拼。伊望恩,共背义,前约都翻声。哎呀我弟兄,哎哎呵!岸边有木屋,就是唐人监。华人一到此,就得关进监。凌厚千百般,在你死共生。就伤心,剥啼哭,也毛乞你做声,哎呀我弟兄,哎哎呀!"①近代流传甚广、用闽南方言唱的《过番歌》,叙述清末闽南人漂洋过海谋生的艰辛。还有不少反映时政的诗,如对军阀混战的不满:"军阀混战日延长,工农群众苦难当。到处兵灾和战祸,几多家破与人亡。"②国内革命战争期间,闽西是红色政权根据地,革命民歌大量创作并广为流传,诸如《十劝亲郎革命歌》《苏区干部好作风》《六月朱毛红军来》《梭标换来盒子枪》《告白军士兵歌》等。1934年龙岩县民众教育馆还编印了《龙岩歌谣》。抗日战争期间,福州人民把唐朝的民歌《月光光》进行改编:"月光光,照池塘;骑匹马,上战场。战场将士气昂昂,誓扫日寇不共存。"而在闽南地区则流行:"来来来,团结相友爱;有钱来出钱,有力来出力,日寇若敢来,就将它活埋。"

当代的福建歌谣鲜明地表现了时代的特色,有代表性的为大跃进时代创作的民歌,其想象超拔的如《唱给月亮听》:"天上月里嫦娥,听听我们唱歌:月亮冷冷清清,人间锦绣山河。月里有个吴刚,这人实在不强,砍了千年万载,桂树依然不伤,人间赛过天堂,合作强过吴刚,流水要听人话,荒山要变粮仓。叫声嫦娥嫦娥,为何不下银河?快快坐上火箭,飞回人间合作。"③大气磅礴的如《向太阳挑战》:"太阳太阳我问你,敢不敢来比一比?我们出工老半天,你睡

---

① 1960年6月11日《北京晚报》。
② 转引自张紫晨著:《歌谣小史》,福建人民出版社1981年版,第296页。
③ 郭沫若、周扬编:《红旗歌谣》,红旗杂志社1959年版,第123—124页。

懒觉迟迟起。我们摸黑才回来,你早收工进地里。太阳太阳我问你,敢不敢来比一比。"①清新深切的如《一杯清茶香喷喷》:"百丈深沟打清水,高山顶上摘新茶。一杯清茶香喷喷,欢迎社员到我家。这个社员城里来,脸戴眼镜有文化,学拿锄头手起泡,他说戴上光荣花。"②对比鲜明的如《实现车子化前后》:"昨天运肥料,蚂蚁含食料。脊梁淌眼泪,肩膀哀哀叫。日出又日落,不知挑多少。问问土地爷,土地爷说:打起灯笼找不到!今天运肥料,大山拉着跑。口中山歌唱,心中花儿笑。日出又日落,不知拉多少。问问土地爷,土地爷说:我被肥料压扁了。"③

此外,在福建各地还广泛流传许多古谣谚。诸如反映地势险要和城市特点的"一滩高一滩,邵武在天上","铁邵武,铜南平,纸褙福州城","南平水、鼓山平"等。有反映闽侯、永泰两县特殊山水风光的"雁湖深,雪峰沉;雁湖浅,雪峰见"。有描写闽江中方山与狮子岸奇丽景色的"水浸方山鼻,不浸狮子耳"。有反映福州城里有山,山在城里特殊景观的"三山现,三山藏,三山看不见"。有反映闽江岸边青年男女爱情的:"雷公闪电直缠缠,哥哥想妹四五年;都想讨妹做夫妇,袋袋抖抖又没钱。""一粒橄榄丢过溪,对面依妹是奴妻,金鼓花轿都备了,只是无钱放着挨。"还有描写劳动生产、时令节日、天气物候等方面内容的歌谣《十二月花》《十把白扇》《沓沓谷》《真鸟仔》《夏蝉叫》《祭灶歌》《十二月水果歌》、水上疍民《贺年歌》等,都充满了地方风情与浓郁的乡土气息。而闽南的《天乌乌》等著名民歌还流传到台湾地区以及海外其他地方。

(三)福建民间歌谣与闽文化

1. 福建民间歌谣与闽越文化。闽越人是福建的土著居民,虽然随着中原汉族人民大量南迁入闽,闽越人在福建的主人地位逐渐被替代,但其悠久的文化却被不同程度地保存了下来。如福建闽江流域的水上居民疍民,他们每年农历正月初二至十五上岸贺喜讨要米粿,此时必唱贺年诗。据传此习俗与闽越人有关,汉人南迁后,闽越人除少数下海漂泊外,妇女被汉人占为妻孥。而水中闽越人上岸讨米粿,便唱起了贺年诗,听到歌声,已为汉人妻的闽越人便拿出粿相赠。这类贺年诗因地域不一,内容也不一样,如福州台江的《闽江水上疍民贺年诗》:"正月正头开大门,看见龙凤两飞翔;船下贺年船规矩,只求吉利呈福祥。姑嫂双双来贺年,红红桔灯挂厅前;好斋好果送乞奴,合家平安赚大钱。"连江的《疍族讨斋》对所讨东家极尽讨好夸饰,先是夸东家富裕:"红

---

① 郭沫若、周扬编:《红旗歌谣》,红旗杂志社1959年版,第128页。
② 同上书,第157页。
③ 同上书,第246页。

红门角白白墙,三落大厝好排场,财主田租几千担,无数鸡鸭共牛羊。头落大厝大厅当,奴见大厝心慌张,公座横案件件有,古董玩物十把桩。"接着赞东家生活如意:"廊下花架排奇花,各色牡丹真作佳。赛过天上神仙府,赛过人间宰相家。一合龙烛透天堂,财主酒库开上杭,盐仓当店开到尽,有吃有穿命包长。"最后希望能讨得米粿:"只要财主手头松一松,便可救奴一厝人吓,财主妈送粿喜欢欢,财主妈生仔会做官。"许多表现疍民生活的民歌被不同程度地保存下来,如霞浦的《连家船情歌》:"曲蹄妹哦曲蹄哥,阿妹喜欢阿哥样,人讲曲蹄没出事,讨鱼转厝当家计,哥妹出海话成箩,阿哥喜欢阿妹俏,一边讨鱼一边歌,唱歌要唱月相当。""曲蹄"指旧时对海上连家船民(即疍民)的篾称,"唱月"指有月亮的晚上最适合唱歌。在水上讨生活,是闽越遗风的折射。

2. 福建民间歌谣与中原文化。中原文化因北方汉人大规模移民而传入福建,所以福建歌谣中有许多表现与中原文化相关的内容。如德化的《舜哥歌》从盘古开天地唱起,讲了尧帝让位于舜的故事,其中有一段:"姚舜行孝传天下,堪称国中第一人;尧帝当面就宣旨,禅让帝位自称臣。姚舜听了心不宁,便对尧帝讲分明;帝殿君王的福分,小人不敢相争登。尧帝再三表真诚,行孝爱民人人敬;九年大旱民受苦,你居帝位定太平。朝廷一时闹纷纷,文武百官朝新君;舜帝坐殿理国政,发布圣旨再安民。尧王生养两娇女,长叫娥皇小女英;两女贤惠都标致,许配舜帝结成亲。在朝百官来庆贺,举办婚礼尽欢腾;国事家事都办妥,君民上下心连心。"许多传说故事歌中的人物和情节的源头都可追溯到中原。如古田的《十二月倒茶》中所唱的王祥卧冰、苏秦求官等都源自中原。即使是畲族的传说故事歌,如《祖宗歌》《钟景祺》等,也都源自中原。从中原河南光州固始南迁福建的开闽王王审知,至今福州鼓山涌泉寺中还有其塑像,民间亦有许多歌颂他的歌谣,如福州鼓楼区的《王审知》,对王审知的功绩从各方面给予赞扬:"王审知,治八闽,轻徭薄赋化人民,规善罚应严法纪,奖励农耕恤下情。王审知,治八闽,大兴土木建罗城,工商牧副大发展,八闽经济起繁荣。王审知,治八闽,尊礼设学重文人,人人安居得乐业,八闽社会大安宁。王审知,好声名,通商四海亲睦邻,勋功业绩垂闽地,千年万代仰英名。"一些北方的人物也被编入福建民歌中,如孟姜女哭长城的故事,就有周宁的孟姜女调《孟姜女》、安溪的安溪茶歌调《孟姜女送寒衣》、罗源畲区的《孟姜女哭长城》、霞浦畲区的乌拉调《孟姜女寻夫》等,都对孟姜女的情义进行了赞颂。一些民歌以中原传统的道德观、价值观为标准,如仙游的《孝顺歌》《二十四教歌》,都是以《二十四孝》故事为内容,奉劝世人孝顺父母。松溪的《妹娘守孝曲》,虽然唱的是福建人守孝的故事,却也显然是以北方传统观念为标准,对如何守孝极尽铺排。许多歌谣将中原传统道德观作为评判是非的标准,如大田的《白牡丹》借吕洞宾点化员外千金白牡丹的经过,宣扬一种传统道德,民歌最后唱道:"嘱咐儿孙要谨记:第一'善'字最要紧,第二'福'字记在心,第三'仁'字有长久,第四'义'字必长存,第六'智'字知其情,第七'信'字常记起,第八'圣贤'必当行,第九'勤'字随时想,第十'俭'字兴家庭。"

3. 福建民间歌谣与宗教文化。福建的宗教极为兴盛,特别佛教和道教,长期影响着福建人民的生活。福建各类民间信仰更是不胜枚举。福建许多歌谣都不同程度地受到宗教的影响。如福州台江的《道士摇铃丁》开头唱道:"道士摇铃铃,摇几下?摇几下,孩儿段落跤桶下。"以常见的道士摇铃为引子,引出以下各种事由。寿宁的《唱八仙》演唱道教中八仙的不同特点。霞浦的《目连经》通过对目连救母故事的演绎,表达了崇佛敬神的思想。惠安的《正月正》歌中有一段唱佛教的盂兰盆节的热闹:"盂兰大会号无遮,到处募缘笑语哗。演唱《目连》三日夜,纷纷看剧乱如麻。"福建民间神祇极多,许多歌谣对这些神祇生平进行演唱。如陈靖姑(也称奶娘)是福建与妈祖、吴真人并列的三大民间信仰之一,周宁的《奶娘传》为道士在打醮时所唱,以124行的篇幅,唱出了陈靖姑的生平、经历和神力,最后唱道:"一更打鼓声咚咚,奶娘点出九州军,二更打鼓声沉沉,奶娘点兵九州城,三更请奶奶也去,四更请奶奶也行。胎前产后来扶救,除妖渡煞保儿童,谨设法坛赠福寿,一年四季保平安。"由于长期受宗教影响,不少福建人"宁可信其有,不可信其无",福州仓山的《一柱冥香》典型地反映出这种思想:"一柱冥香透天庭,举头三尺有神明。大王不晓弟子苦,上床难保下床眠。"福建民间驱邪请神风气很盛,下葬时也要宰鸡祭神唱歌谣,如将乐的《扶龙歌》即是如此;新房建成时要唱《新房驱邪歌》:"你有风煞来,我有三角符。头顶闪闪光,身有五节婆。左手提金串,右手斩妖魔。"祀祭自然界万物也少不了要唱歌。以太阳、月亮(太阴)为例,寿宁每年农历三月十九日敬太阳时要唱《太阳经》,《太阳经》结束时唱道:"太阳三月十九卯时生,家家念佛点香灯。无人传我太阳经,眼前受诛地狱门。有人传我太阳经,合家大小免灾星。"建阳的《太阴经》开头唱道:"太阴经,太阴神,太阴佛神向东来,十重地狱九重开。十万八千诸光佛,诸佛菩萨两边排。"还有诸如《雷公经》《夫人经》《孔子经》《诸神歌》等,不胜枚举。各类巫师在举办各类法事时常唱出独特的经咒诀术歌谣,如:《宝塔歌》(霞浦)、《乌髻观音咒》(永春)、《黄公祖师咒》(永春)、《关帝咒》(德化)、《夫人咒》(顺昌)。各类病患也都有诀术,要治麻疹有《麻疹咒》(邵武),要止血有《止血咒》(宁德),要防菜橱免受蚂蚁侵扰有《咒蚁歌》(永定),受了惊吓有《压惊歌》(福州鼓楼),小孩夜间爱啼哭有《压啼歌》(福州),做噩梦有《压梦歌》(福州)。各种迎神赛会在福建乡村颇为流行,歌谣在这方面也有反映,如《西乡"二月八"》(浦城)中对"二月八"的热闹情景有生动描绘:"西乡二月八('二月八'指迎神集会),乡下妇女真快活,乌烟子,胶头发,胭脂水粉满面搭,金兰彩,二尺八,花裤子,白鞋袜,红鞋仔,绿鞋跋,弓底子,嗳吁呷,走起路来呖哩哪,朱瞩两乡二月八。落起两毛子,路又湿又滑,不小心跌一个屁股叭,弄得满身真邋遢。汪起目子转到家,老公瞩见开口骂,骂你啀咔不啀咔。"畲族民歌也受宗教的影响,如福鼎畲区的《跪落佛前念郎名》讲男女相爱但不敢直述情怀,于是寄希望于佛祖:"来到佛前讲佛听,跪落佛前念郎名,与郎同年又同月,同年同月结同年。"罗源畲区的《奶娘歌》唱出了陈靖姑是如何与鬼斗法和赴闾山学法的过程;福安畲区《奶娘传》概述了陈靖姑出生、学法、祈雨的过程,表现了她"干预生活、为民解难"的道教思想。畲族的许多仪式歌,也借用道教咒语,如霞浦县的《盘古咒》《请田公元师咒》最后都以"吾奉太上老君敕急急如律令"结尾。畲族的一些祀典歌中,为施公、巫婆、阴阳先生常用的一种法事用咒语,由王师、阴阳先生两者共同使用。

4. 福建民间歌谣与理学文化。福建是理学的发源地,以朱子为代表的理学在福建有着广泛的影响,清代乾隆皇帝曾称福建为理学之乡。一些理学家直接参与民歌创作,如南宋熊禾为建阳崇化里的同文书院所撰《同文书院上梁谣》,强调读书识字的重要,唱出建本的影响与运及日本和朝鲜的过程,以致"斯文一柱与天齐,四书六籍人人诵"。理学思想以歌谣形式在福建传播,甚至福鼎畲族的《朱子家训》一开始就宣称:"讲起当初朱文公,造出歌训世上轮,贤人写来挂墙壁,流传教子又教孙。"并对朱子思想进行通俗解读,依理学标准提出做人处事的准则。封建理学中"饿死事小,失节事大""一女不事二夫"等思想在福建一些山区颇有影响,福安的《守节歌》反映封建社会妇女夫死之后不得改嫁,只能独守空房,从正月唱到十二月,日日难捱,月月难熬,却又不得不捱,不得不熬。歌中悱恻缠绵,开头先唱:"去年有郎嫌夜短,今年无郎嫌夜长。"中间再唱:"大弯要打细弯过,生人要报死人恩。"最后叹息:"去年吃了三碗半,今年半碗也难吞。"霞浦的《寡妇叹》从一更思夫到五更,最后还是下定决心:"思夫守孝妹贞节,奴身不敢离房门。"流传一时的福州《上门守节歌》,即源于男女订婚后,男方先死,女方要上门守节。光绪年间(1875—1908),福州宫巷林家与黄巷郭家订婚,林家女十岁时,郭家子病逝,林家女上门守节,六十岁死时留下此歌。此外,漫浸理学思想的歌谣还如:《训子文》(建瓯)、《孝顺歌》(平和)、《十和歌》(诏安)、《劝孝歌》(德化)等。

福建文化最主要的特点是多元性,福建歌谣的特点与福建文化特点是密不可分的。作为反映福建文化载体之一的福建歌谣,其多元性主要表现在以下几个方面:

（1）方言驳杂，乡音各异。福建方言极为复杂，仅福建境内流行的就有汉语七大方言，可以说是全国汉语方言的缩影，而其复杂性还在于同一方言区，如闽南方言区中的厦门话、龙岩话、大田话、尤溪话之间也有很大差异。这种现象一方面使福建各地的民歌传播与交流受到一定局限，另一方面也使这些民歌更具有浓郁的乡土气息。一些民歌如不加注，难以理解其原意。先以闽南方言区为例。闽南劳动歌《过山过岭挽茶叶》中许多地方为闽南方言，如"挽茶娘仔真硬正"，"硬正"为闽南方言"硬朗结实"之意。"衫裤漉漉佫打拼"，"佫打拼"为闽南方言"再卖劲"之意。有的歌谣大量运用方言，如不懂方言，根本无法读懂。如闽南渔歌《渔查某呀输渔干埔》，题目即为闽南方言，意为讨海女人的本领不比讨海男人的本领差。此歌谣通篇都用方言。有的民歌方言夹杂其中，如闽南船歌《行船走马命》第一段："行船真艰苦，无风着摇橹。摇甲目土土，双脚做摇鼓。"头两句和第四句还念得下，第三句意为：摇得眼睛张很大，眼珠都要凸出来了。如不懂方言，往往被卡住，不能很好地体会歌谣前后的意思。有的福建歌谣从字面上似乎也可读下，但却与原意相反，如闽南渔歌《海水淹》："海水考，过年炊糕和炸枣。海水大沉郑，九月重阳人兜面。海水涝，二月沿海人破蚵。"其中"海水考"指海水退潮；"大沉郑"指海水满潮；"兜面"指地瓜粉糊；"海水涝"指海水混浊。漳州芗城区《农民歌》的最后两句："大某细姨查某婤，农民愈想愈呀愿。"前句分别指三个不同女人，即："大某"指大老婆；"细姨"指小老婆；"查某婤"指女婢。意为地主不劳而获却有这么多女人侍候，农民越想越不甘愿。如果不懂得这些特指，就难以理解民歌的意思。流传于厦门的《渔民谣》开头几句："起大风，唔是空。起大浪，浪来扛。海水向船南，举篙着来斩。""唔是空"指不是好事；"浪来"指浪在船上摔打；"向船南"指往船上浇泼。再以闽东地区为例。流传于霞浦的《马鲛诗》为闽东沿海一带三沙湾的内海捕鱼图，几乎行行有方言，如若不懂方言，根本无法听懂，甚至还会误解，如开头四句："筑屿开流是东风，伙计行进来拔帆。一幛溜落光山正，门岐也有讨鱼船。""开流"指按潮水开航；"伙计"指同船渔民；"一幛"指一直朝一个方向航驶，不转舵。下面以闽北地区为例。流传于顺昌的《祝福禄》："祝福祝禄祝寿官，祝俺生生世世也要姜。出身姜，安身姜，出身授个好爷奶，安身投个好夫身。"歌中关键词"姜"，指好。如不明白，是无法弄懂其内容的。最后以福州地区为例。流传于福州的《十把竹篙》基本用方言，其中"一水只赚几元钱"的"一水"，指水市；"撑船这饭也难喙"的"也难喙"，指太难吃；"撑船哥哥荡胼胼"的"荡胼胼"，指打赤膊。

（2）民风各异，习俗不一。福建常有"十里不同风，一乡有一俗"之说，福建歌谣集中体现了这个特点。如整个婚俗，福建各地的婚礼过程不一样。闽北光泽的《结婚仪式歌》(系列)的内容与闽南南安的《嫁娶歌》的内容大不一样,具体以拜堂为例,将乐的《拜堂歌》主要拜天地祖宗:"一拜天地日月长,二拜香火祖先堂,从今夫妻交拜后,夫唱妇随永安康。一拜天,天神所生;二拜地,地神所养;三拜东室宫,富贵似石崇;四拜两山母,长寿如彭祖。"福州晋安区的《拜堂唱诗》一不拜祖先,二不拜父母,却表达了对婚后美好顺达生活的憧憬:"手翻(开)轿门,五子登科,福寿双全,七子八婿,连生贵子,五代同堂,连中三元,脚踏过门限,三元及第。养仔做知县,揭盖揭得高,新人吃鸡底,起厝连买田,明年做娘奶,揭盖揭得起,新郎官吃鸡鬃,家伙喷喷润,荣华共富贵,揭盖揭得中,新人吃鸡腹,四代两公孙,明年就大腹。"由于区域的差异,福建各地新娘出嫁时的习俗不一样,反映在民歌上也很不相同。同安女子出嫁上轿前,有老年妇女用红线在这位女子脸上各个部位比画,并说些吉利话,称之为"贵面";这些吉利话被编成《贵面歌》,其中大多为祝福的话,如:"第六贵嘴边,今夜好团圆,十月生后生,勤俭剩大钱。"永春女子出嫁时,老年妇女则用纱线、铅粉、鸡蛋等修饰少女脸部,绞去脸部汗毛,使脸部更光滑,并唱《婚嫁吉语》:"鸡蛋白,鸭蛋白,子孙传甲归大阵。开面开面,大厝郎君来相趁,大兄小弟同母阵。"闽清城关新娘出嫁时,其弟跟轿随行祝贺,女子在轿中以金戒指答弟,并唱《十粒手指答弟歌》("手指",指金戒指。),掏出十粒,唱歌十句。尤溪新娘出嫁时,上轿前要在厅堂、灶台和轿子的上下左右撒米,因此就有了《撒米歌》;将乐新娘下轿后,双脚不能直接着地,要踏着垫在地上的米筛走进夫家大门,因此就有了《踏米筛歌》。再如同是建房仪式的民歌,其内容也不一样。永安《建房仪式歌》分"掀梁布""竖柱""上梁""做灶""入宅""点灯"等内容,长泰《上梁入宅歌》分"做梁歌""包梁歌""奉梁洒歌""请梁歌""上梁歌""入宅歌"等内容,周宁《建房中梁令诗》分"伐梁木""做梁木""开伞上梁""点蜡烛""接中梁""红酒祭梁""鸡祭梁""猪头祭""谷袋压梁""红布挂梁""起梁""安中梁"等。同是上梁诗,各地民歌也不一样。如浦城的《上梁》:"一双龙烛照青天,照见云头鲁班仙,鲁班仙师亲身到,照见火塘万万年。五龙头上出火光,照见东南西北方。东山土地东进室,西山土地朱上梁。上了中梁无别事,土地公公坐两旁。"罗源县的《上梁歌》:"手捧槲盘红又红,奴今槲盘捧上去;桃树开花一万籽,手捧槲盘响叮当;莲蓬带蕊样样红,被里双凤朝牡丹;手捧槲盘响叮当,奴今槲盘带下去。唱诗朋友齐齐帮,全家男女齐平安。"新屋建成后,闽南有庆新屋的习俗,大户人家要请木偶班举行仪式,唱《庆屋歌》,配合木偶音乐,形式隆重,不同的地方,所唱《庆屋歌》也不一样。此外,各地独特的民俗也大大地丰富了福建的民间歌谣。如惠安一带,为替家人消灾得福,每年元宵节要用彩色纸剪成二尺来高男女纸人,贴在竹篾上当作替身,在酒饭前,由家人逐一将食物往"替身"嘴边喂,喂毕即将"替身"焚化。喂时唱《饲替身》:"吃荤走啰啰(勤走动),吃菜天代(平安无事),吃酒走扭(勤走动),吃肉消熟(欢畅),吃饭开典当,吃芋好头路(好出路),吃豆腐碰碰富,吃金针(黄花菜)开花结子,吃面线长勾寿,吃鸡吃鸭活一百(活到百岁)。"再如福州三月三有插懿旨菜的习俗,传说明太祖皇后马氏因不缠足遭乡人讥讽,太祖要差人杀尽乡人,马氏叫人三月三悬草可避祸,此草即被称为"懿旨菜",有歌谣《三月三懿旨菜》:"三月一到三月三,田里秧仔青又青,家家门前插懿旨菜,户户辟邪保平安。"

(3)性格迥异,观念不同。各种歌谣,都与其独特环境有关。福建文化的差异使福建民歌所表现的价值取向和思想观念相差甚大,由此反映出人的性格的不同。如永泰人注重节俭,重节流轻开源,其《勤俭谣》:"人要勤,人要俭,酒肉朋友哪个亲?粗衣淡饭安良贱,手里无钱都厌贱!听我歌,有主见,有钱常想没钱难。赚来都从血汗炼,若要富裕要省俭。"邵武人安贫乐道,其《胜似朱门万户侯》喝道:"愿得禾黄仓中满,家中有粮心也宽。全家饱守田园乐,胜似朱门万户侯。"石狮人不甘心困守家园,勇于闯荡海外,其《送别歌》唱道:"双手接来茶一杯,过番赚钱人就回。野花好看我不爱,一心只爱家中花。"福州人推崇忍字,认为一切皆可忍,其《忍字歌》先唱:"三穷三富不到老,万事忍耐能出头",接着列举历史以"忍"字当头的贤士,说明万事皆要忍,最后总结道:"古来贤士多受苦,都能忍字来当头。劝君贫穷且忍受,从来励志能出头。"由于观念不同,不同区域对同一件事的反映差异甚大。如女子出嫁到夫家后,莆田、仙游一带认为要一心为夫家考虑,福州一带则认为不要嫁了夫家就忘了娘家,有东西要拿回娘家,父母养育之恩不会比一夜夫妻百日恩差,因此在女儿出嫁时便唱《难买外家路》告诫女儿:"一夜夫妻百日恩,三分容貌七分妆。有钱难买外家路,莫管他人瓦上霜。"此处"外家"指娘家。同样是找对象,各地的标准不一样,有的认为嫁种田人比较放心,如沙县的《嫁郎愿嫁耕田佬》:"嫁郎莫嫁出门郎,漂洋过海相见难。嫁郎要嫁耕田郎,共桌吃饭同上床。"有的认为应当嫁走船人,如永定的《阿妹爱恋行船郎》:"八月十五看月光,一对鲤鱼腾水上。鲤鱼爱食长江水,阿妹爱恋行船郎。"有的认为找邻居好,如上杭的《恋妹要恋隔壁家》:"食茶要食隔夜茶,恋妹要恋隔壁家。正二三月落沉雨,省得撑伞戴笠麻。"有的认为找邻居不好,如同安的《阿哥唱歌东北岭》:"好牛不吃路边草,好娘不嫁厝边兜。活头活尾捷捷到,天赐良缘放水流。"有的直诉对对方的不满,如顺昌的《早点讨个好老公》明显表露出一种在婚姻上无法再忍的心态:"人家老婆像老婆,我家老婆像田螺,保护田螺快快死,早点讨个好老婆。人家老公像老公,我家老公像虾公,保护虾公快快死,早点讨个好老公。"仙游的《寡居歌》讲述寡居的凄苦,但最后又说:"后生嘴咬铁钉硬,想欲改嫁也无行。"心里虽有改嫁想法,却坚决不表露出来。

(4) 同样题材,极少雷同。由于福建地域差异大,虽是同一题材,经过长期演变,在不同区域,形成自己独有的歌词和唱法。如在福建流传最广的闽南语民歌《天乌乌》,各地演唱各不同。请看南安的《龙王迎亲》:"天乌乌,卜落雨,海龙王,卜焄某,龟吹箫,鳖打鼓,水鸡扛轿目吐吐,田蜅举旗喊辛苦,乌鳗带路胜破肚,虾仔乱跳找无路,鲤鱼提盘乱辗肚,火萤担灯来照路,照着一匹龟一匹芋。客鸟赶紧来报喜,飞来飞去畅一哺。"再看漳州城区的《龙虾娶某》:"天乌乌,要落雨,举锄头,巡水路,看见龙虾咧娶某。蟳掌灯,龟拍鼓。水鸡扛轿叫艰苦,哲仔大腹肚。金鱼呣愿做新娘,哭得两目吐吐吐。"德化的《海龙王,卜焄某》:"天乌乌,卜落雨,海龙王,卜焄某。田婴赶紧来织布,织出一尾鲤鱼牡。鸟吹箫,龟打鼓,火萤挑灯来照路,田玲举旗兼拍鼓,水鸡扛轿花脚肚。扛呀扛!摇呀摇!对面遇着一堆乌石鼓;姑婆颠颠来拦路,掀起龙轿看龙某;龙某脸白皮又幼,姑婆乌乌腹肚粗;姑婆硬入去龙宫,酒席宴上舣自顾;大吃大啉胀腹肚。"永春的《天乌乌》:"天乌乌,卜落雨,阿公举锄去掘竽。摇着一孵鹌鸡仔,飞到拉里山拉里岭;拄着一群打铁仔。……"此外,流传于石狮、同安、云霄、龙海、华安、南靖、东山、诏安等地的《天乌乌》,不仅没有一首是相同的,而且差异甚大。

(四)福建民间歌谣的艺术特点

1. 情真委婉。福建人较为深沉含蓄,一些心里话往往用委婉的手法来表示,有时看似直接告白,实际却含蓄深沉。如大田的《一心嫁哥不怕穷》:"赤米煮粥一锅红,一心嫁哥不怕穷。若要两人情义好,哥去讨饭妹背筒。"这里没有拍着胸脯的保证。看似平白如话,却借用赤米粥、妹背筒,表达了女子对爱情的坚贞。又如平潭的《心里只为想情哥》:"手织彩带口唱歌,横纱直线错头多,爹娘相问说头痛。心里只为想情哥。"没有直接说明想到何种程度,而是借织带错头多来表白因思念而不定神。永定的《只骂石头唔骂郎》:"两人牵手下山冈,翻来翻转看情郎。翻来翻转踢脚趾,只骂石头唔骂郎。"千言万语却无法表露,无可奈何之际,只好踢石头,通过骂石头来埋怨情郎是木头人不言语,言在彼而意在此。这些民谣还如安溪的《茶山对歌》:"小妹采茶下山坡,两蕊眼睛顾看哥;踏着石头翻跟斗,只骂石头不怪哥。"武平的《哥哥走哩妹心愁》:"哥哥走哩妹心愁,四十九日未梳头;闻得哥哥今归转,辫子梳得滑油油。"不直言妹对哥的思念,而借先是"未梳头",后又"滑油油"来表达心中由愁到喜的心情。永定的《死瘟鸡呀短命鸡》:"死瘟鸡呀短命鸡,不到三更它就啼,害得我郎行夜路,一脚高来一脚低。"借埋怨鸡来表达对郎的不舍牵挂之情。诏安的《同妹食水水变香》:"同妹行路脚不酸,同妹食水水变香。"虽然没有明说对妹有情,但其好感已在其中。福州鼓楼区的《上树抓鸟鸟唱歌》:"出门三日不带米,念妹语言当干粮。"委婉地表现出与妹已不能分离。沙县的《想郎歌》:"阿妹想郎痴癫癫,洗衣棒槌打指尖;砍柴忘了带柴刀,煮菜连放三把盐。"用一系列反常动作,表示对郎的痴情,虽无直抒胸臆,但足以说明其情之痴之深。云霄的《看见阿妹不敢叫》:"手拿竹篮摘茶叶,看见阿妹不敢叫,假呼鸡,喊觅鹗,两人相约到鹊桥。"借呼喊鸡、鸟来表情达意,让人忍俊不禁。将乐的《玲珑计》:"手拿凳子门口坐,情事来到人又多。小妹想出玲珑计,连喊三声牛食禾。"试图给情哥报信,可谓急中生智。这种委婉含蓄而不失幽默的民谣,在许多类型中都可见到。政和的《拣茶歌》中,写妹在拣茶时向郎示意,郎却浑然不知:"双手放在茶筛上,斜眼看郎靡拣茶。斜眼看郎郎不知,茶娘骂郎是死尸。"这可不是急中生智,而是真的生气了,但又不明讲郎之呆傻,而是称其为"死尸",可谓气极又无奈。

2. 生动形象。福建歌谣注重给读者以形象的感受,摹声状形,淋漓尽致。如福州台江区的《讥泼妇》就从各个方面描写泼妇:"手捏烟筒蒲扇仔,没油头发两蒲发。半坑屎粪渗池水,十家商量九卖成。"福州鼓楼的《讥野仔》:"野仔真时式,白玉兰耳边塞,帽戴眉毛前。"寥寥几句,活脱脱地描绘出了一个不伦不类的野仔。平和的《旧社会黑暗天》形象地状写出有钱人的神态:"大某兼细姨,查某婀仔搧魁扇,肥肥像大猪,坐下去满交椅;吃大鱼嫌厚油气,吃瘦肉嫌夹牙齿,吃线面嫌糊嘴边,走起路来很神气。"寿宁的《懒汉谣》用几个典型细节,形象地状写出懒汉之懒:"第一懒,出门不带伞,回来披稻秆。第二懒,吃饭不端碗,吃光伸舌舔。第三懒,洗脚用脚掌,双手将头揽。"罗源的《讥早婚》讽刺十三岁的新郎不懂事,拜天地时为拾炮仗跑来跑去,以致牵出新娘上厅堂时"脚踏长衫裂一块,跌在地兜啼一行"。让人哭笑不得。有时仅用几句,就使人物呼之欲出,如福清的《不识字看告示》:"卖八字,看告示,嘴呶呶,又一字。卖八字,看告示:有红字,有鸟字;看卖八,用鼻备。卖八字,一世苦;男人走进女厕所。卖八字,想下啼,女人走进男粪池。卖八字,没相干;乞卜骗捶心肝。卖八字,打落人;写信看信雇别人。""卖八字"指不识字;"看卖八"指看不懂;"用鼻备"指用鼻子闻;"下啼"指会哭;"打落人"指丢人现眼。这首在20世纪50年代扫盲运动中的人民口头创作,形象地表现了一个不识字的人又装模作样,看告示只能分辨颜色,把所有的字都看成鸟形,于无奈之际,只好用鼻去闻字,厕所分不清男女,到处丢人现眼。有的歌谣生动表现了一种敢作敢当的形象,如上杭的《打起官司妹上堂》:"鸡蛋打破就见黄,打起官司妹上堂,双脚飞到大堂上,杀了丈夫留情郎。"毫不留情,干脆利落。再如上杭的《挖了心肝还有肠》:"生爱郎来死爱郎,唔怕家中八大王;破了头颅还有颈,挖了心肝还有肠。"斩钉截铁,掷地有声。

3. 幽默深刻。福建歌谣往往于不动声色之中,表达出一种难以言状的幽默,但有时笑后却感到一种苦涩。如福州的《老丈夫》借一个新婚女子之口,写对新婚丈夫的印象:"都道新郎表堂堂,谁料胡须过胸膛。头发如像寒冬雪,胡须好比关云长。"先是感到好笑,随后又笑不出。福州的《真鸟仔》讲表兄表弟做亲家:"你奶是我叫丈奶,我奶是你叫台家。""奶",指母亲。"丈奶",指岳母。有时将风马牛不相及的事物摆在一起,让人哭笑不得,如福州台江的《盘答诗》中有一节写男甲自怨没有念书因而一事无成:"粗活是我务离胡,怨没读书青盲牛。你讲戒严司令部,我听切面红芋瓠。""务离胡"指很离谱,"青盲牛"指瞎眼牛。"戒严司令部"与"切面红芋瓠"完全风马牛不相及,将二者摆在一起,可见男甲心中除了切面,就是红芋。再如浦城的《过溪当洗澡》:"过溪当洗澡,松枝当灯草。山粉当小早,棕衣当棉袄。房屋盖茅草,蜡烛满山倒。辣椒当油炒,媳妇真难找。"用毫不相干的事物来替代,发出了无可奈何的喟叹。又如建阳的《想不到老妹气难消》:"想不到老妹气难消,留得铜钱买猪肝。一块猪肝一口酒,好像老妹一般般。"将猪肝与酒和毫无相干的老妹并提,是一种无计可施的气话。有时将所要表现的事物放大,在看似笑话中让人留下深刻印象,如福州的《艺徒歌》形容老板对徒弟的吝啬和刻薄:"老板外号铁算盘,奸宄利诈第一名。三顿粥清见碗底,虾米一嘴限半头。"特别是最后一句,极风趣地表现了老板"奸宄利诈"的特点。再如长汀的《灶鸡蟑螂饿断肠》,用灶鸡、蟑螂都饿断肠来形容家中之穷,可谓别开生面。有时微妙地表现了一种难以启齿的心理,让人忍俊不禁,如惠安的《我爱伊来口难开》写男女二人以杂货调互唱,男的卖杂货,女的买杂货,男的对女的一见倾心,又弄不清女的是否已婚嫁,只好旁敲侧击:"阿妹要是做新娘,我得紧帮忙。"女方则表明:"我是为人做呀做嫁衣,借此学针线。"借此表明自己尚未婚嫁。男方不失时机地表示自己:"年纪二十二","单身做生意",意在说明自己尚未婚娶,与《西厢记》中张生表明自己"尚未婚娶"有异曲同工之妙。再如厦门同安的《身背茶卡采茶叶》写妹想与哥联络又不好意思,于是"看见哥来不敢叫,假意叫鸡喊耐叶"。"耐叶"指老鹰,妹想呼鸡以防备老鹰来抓,借此引起哥的注意,其心态可掬。又如将乐的《五更响叮当》,一更时情哥站在妹门前,娘问何响?妹答:"蚊虫嗡嗡响叮当。"二更时情哥到妹房中,娘问何响?妹答:"手拿锁匙开笼箱。"三更时情哥坐妹身旁,娘问何响?妹答:"猫儿捕鼠响叮当。"四更时情哥与妹说悄话,娘问何响?妹答:"风吹帐钩响叮当。"五更时情哥离开房,娘问何响? 妹答:"隔壁老王起来磨豆浆。"妹应答自如,想象丰富,可谓急中生智。

三、福建民间谚语

(一) 福建民间谚语与闽文化

1. 福建民间谚语与福建宗教。福建是个宗教大省,特别是佛、道两教在福建极为盛行,所以福建有许多与宗教有关的谚语。有的借宗教表达对事物的看法。如讲事必躬行,只有亲自尝过才知滋味,表示这个意思的谚语如:"不当和尚,不晓头冷。""不做和尚,呣知焐九空痛。""焐九空",指和尚头上烫出的九个疤点。"入了空门成和尚,入了宫门会烧香。""宫",指庙。有的讲为人要有志向胆识,要受得了一时委屈,沉得住气,拿得起放得下,如:"受得香烟做得佛,受得恶气做得人。""敢做和尚就不怕着袈裟。"(武平)"敢当道士就不怕鬼叫。"(武平)"是佛不愁无庙住。"讲人的品行,讽刺口是心非者:"口念阿弥陀,心忖讨老婆。""嘴上阿弥陀,手上偷刈禾。""前门做道士,后门鬼打门。""入庙门拜神明,出寺院偷鸡鸭。""有老实人无老实心,老实菩萨偷观音。"(南平)有些宗教谚语强调要言行一致,不要言不由衷:"禁口食斋,不如心斋;求神拜佛,不如心佛。"(光泽)"远处拜佛不如隔壁帮忙。"(寿宁)有的借以表达讲身正不怕影斜的意思:"行得正,坐得正,不怕同和尚共条凳。""心肝拍拍,不怕菩萨。"有的借以说明情况会起变化:"菩萨不灵拜得灵,人不精来学得精。"(武平)有的借以说明人多不好办事:"艄公多打烂船,和尚多赚无钱。"(连城)"做人可比佛前烛,一枝过了一枝红。"(寿宁)有的借以说明各行归各行,人与人不一样:"男归男行,女归女行,和尚归庙堂。"(明溪)"一个菩萨一个样。"(武平)"十八罗汉十八体,""体",指样子。"尼姑照镜,各人怨命。"(周宁)有的借以说明各人有各人的办法:"他念他的经,你拜你的佛。"(泉州)"各厝有各厝的吃法,各庙有各庙的菩萨。"(邵武)有的借以表示互不买账:"一座庙住不下两尊菩萨。"(永安)有的借以表达不可过河拆桥:"功德做过,莫将和尚推下海。"(诏安)有的借以表达交友要慎重,跟什么人学什么样:"跟随财主得做奴,跟随道长得写赐。""赐",指施舍捐款的账单。"跟官吃官,跟佛吃佛,跟做田吃萝卜。"(清流)有的讲应酬礼不可少:"拜佛也要三条香。"(福安)有的讲处事要懂得规矩:"男人头,女人腰,和尚木鱼莫乱敲。"(浦城)有的讲要入乡随俗:"进了庙门随和尚。"(将乐)有的讲要灵活处事:"看什么菩萨烧什么香。"(将乐)"看菜吃饭,看烛念佛。"有的用以讽刺太讲现实:"无事不登三宝殿,有事才跪佛面前。"(莆田)有的提醒要提防笑面"不怕怒目金刚,只怕眯眼菩萨。"(顺昌)有的讲钱越多越好:"道士收花彩,多少都会使。"(福州)"花彩",指香火线。有的讲尽做没希望的事:"跟无钱人借钱,惨过向尼姑乞子。"(平和)有的讲工作要做到家:"送佛送到殿,送官送到县。"(武夷山)"做和尚,无敲钟也摔铎。""摔铎,"指摇铃。有的讲世界上没有不犯错误的人:"庙里的菩萨不犯错。"有的讲做事情要心中有数,不可蛮干:"算客煮鸡蛋,算佛分馒头。""到什么山头唱什么歌,吃什么斋饭念什么佛。"(武平)"进什么庙,烧什么香。""和尚和尚法,师公师公法。"有的讲做事要留有余地:"临渴挖井井没水,事急烧香佛不灵。"(宁化)下面这条讽喻做事舍近求远:"面前有佛不去拜,偏去西天拜如来。"(宁德)下面两句劝诫对人要善言:"吃什么斋,念什么经。"(光泽)"为人面前赠好话,胜过佛前点油灯。"(福安)下面这条讽喻一人当官,鸡犬升天:"一人当官满门风光,一人成佛九族上天。"(邵武)下面一条劝人为官要清廉:"官清司吏瘦,神灵庙祝肥。"(上杭)下面一条形容法网难逃:"该去延平监里死,唔怕你上鼓山做和尚。"指犯了死罪的人,即使出家当和尚,也难逃法网。再看下面一条:"后生供银匠,老来供和尚。"(建宁)讲年轻人爱打扮,把钱花在首饰上,老年人信佛敬神,把钱花在寺庙里。"人老晓事,佛老灵验。"这是说老年人有很丰富的经验,应受到尊重。下面一条形容各有各的养身法:"和尚一本经,村人一困眠。"指和尚靠一本经修身,农民靠睡一觉养身。下面一条形容男女要匹配:"好宫也要好佛配,好郎也要好女配。"下面一条形容嫁娶中的男多女少:"有剩男做和尚,无剩女做尼姑。"(屏南)下面一条形容各家都有难办的事:"个个和尚有本经,户户人家有台戏。""有台戏",指有难处。

有的谚语直接表达对宗教的看法,并反映宗教生活。这些直接用宗教的谚语,大多都可以移用于人事和社会生活,所说明的道理相当深刻。比如有的用以渲染宗教信仰的广泛:"山山有神,村村有庙。"(武夷山)"山上庙,山下庵。"(邵武)"有溪就有桥,有村就有庙。"(晋江)"县县有塔,村村有庙。"(邵武)"七里寺,五里庵。"(福州)此指佛教盛行,寺庵多。"县县有城隍,村村有大王。"(福安)"大王",指当地的地方神。有的强调庙有庙主:"山有山神,庙有庙主。"(武夷山)"什么庵庙供什么菩萨。"(武平)"是佛不愁无庙住。"有的讲述庙与香客、和尚之关系:"大庙里的和尚经难念。"(宁化)"小庙无大香客。"(泉州)"破庙引不来好和尚。"(邵武)有的强调寺的知名程度:"一龟二凤三支提。"指宁德市旧时三处名寺,龟、凤二寺今已不存。"一世未上支提山,枉算好命。""不见狮峰不见寺。""不到宝严寺,不算到了邵武市。"(邵武)"宝严寺",为邵武寺名,寺内集中了邵武市的主要历史文物。"周墩八庙寺,为首兴隆寺。""八庙寺",又称"八寺庵",包括兴隆寺、万福寺、兴福寺、万寿庵、水尾庵、洋圣庙、龙潭庵、安后庵。有的用以阐述宗教信仰的各不相同:

"菩萨属佛,神仙属道。"(屏南)"是鬼归坟,是神归庙。""和尚尼姑进寺庵,王师道士进宫观。"有的用以阐述各自特点:"和尚一本经,道士一本忏。""和尚惯哩口,道士惯哩手。"指和尚善于念经,道士善于打鼓击钹。"和尚修行后世事,道士修行今世情。""天主基督教,子奶分两灶。"指天主教尊圣母玛利亚,基督教信耶稣。"奉教讲博爱,圣经随身带。"对于当了和尚是否真正清闲,看法不一,有的认为"要乘凉上高山,要清闲当和尚";有的认为:"不穿袈裟嫌世烦,一着袈裟事更多"。对于佛与人之关系,有的认为"佛要人服侍,人要佛保护"。"人美是打扮,佛灵是人抬。"(厦门)对于求仙拜佛,有的认为欲速则不达:"点三工香难上天,吃三天斋难成仙。"(政和)"三枝香舣保佑一世。"(平和)有的讲宗教界的生活:"长老没经卷,尼姑没针线。"指旧时长老与尼姑没有私产,连所用经卷、针线都是庙庵里的。"先入庵门为长老,后入庵门为烧火佬。"指要先入为主。"和尚坐神,财色莫缠。"(建阳)"和尚赚钱,木鱼吃亏。"(武夷山)对于来自外来或本土的拜佑,有的认为:"外来的和尚好念经"(厦门);有的认为:"外境神明不如本境土地"(泉州)。对于求佛拜神,有的认为"有善心,人人都会见观音;心肝坏,由你食菜见如来";有的却认为"有烧金有保庇,有烧香有芳味"(泉州)。对于踏入空门的人,要看破世情,好好修炼:"世情未看破,和尚你莫做。""灭却心头火,点起佛前灯。"(上杭)"势利未割断,越修心越乱。"福建之所以是宗教大省,就是有不少人认为瞒不过神明:"为人不做亏心事,举头三尺有神明。"(周宁)"万事劝人休瞒昧,举头三尺有神明。"(寿宁)"会瞒施主,难瞒苍天。"(福州)

2. 福建民间谚语与福建民俗。福建文化多元,民俗"十里不同我,一行有一俗"。这种鲜明的地域特点,在福建谚语中表现得极为突出。对于福建民俗的多样性,许多谚语表达得很充分:"一乡一种俗,一弯一个曲。"(政和)"一村一样俗,一地一行乡风。"(福鼎)"三里一乡俗,五里一规矩。"(连城)"离城十里路,各有各乡风。"(政和)因此,要"入乡随俗,入港随湾"(南靖),"喝哪乡水,随哪乡俗"(武夷山)。节日时,各地习俗也不一样。"头年请初三。"(福清)指当地风俗,正月初三,有新嫁女的家庭,派兄弟去请女儿、女婿回娘家。"初三无姿娘。"指闽南风俗,正月初三妇女不上街。同是三月三,各地习俗不一样:"三月三,蚂蚁上灶盘。"(泉州)"灶盘",指供盘。此指众多的供奉品果。"三月三,吃乌米饭。"(尤溪)"乌米饭",是指把乌饭树汁浸染过的糯米晒干蒸熟,再加熟茶油拌成的黑色美味糯米饭。"三月三,蛤蟆唱歌人莫听。"(霞浦)指当地畲族人喜欢到野外溪边踏青对歌,顾不得听青蛙叫。"三月三,耳耳菜满头青。""耳耳菜",指荠菜,此指当地妇女有簪荠菜以祈满头青丝之俗。"三月三,闽山庙斗宝。"(福州)指此时福州的文儒坊、闽山庙赛神,富家竞相以珍奇供品相炫耀。一些谚语表现出各地不同节庆习俗。闽南的新婚之夜,别有特点:"我鞋叠你鞋,乖乖听我差;我衫叠你衫,重担替我担。"(泉州)前句意为新婚之夜上床时,新娘若把新郎的鞋拿去穿了,新郎会被新娘摆布一辈子;后句意为我说了算。

衣食住行,福建各地都很有自己的特点,反映在谚语中,如"丈人攀讲馆,丈奶点心店。"(福州)指福州老年男人喜在茶馆闲聊,妇女爱到店心店买吃的。"吃蛋讲太平。"指吃太平蛋的习俗,据称可保平安。闽南人极爱喝茶,故有"不可一日无茶"之说。"吃番薯,配海鱼。"(龙海)指沿海一带独有的一种食法。"崇武查某,封建头,民主肚。"(泉州)意为惠安妇女披头巾、戴斗笠遮住脸部,上衣却露出腰肚。反映住方面的谚语如"朝南朝西有得食,朝东朝北都是空"(福州)。"逆水门楼顺水灶。"(长汀)指当地居民和大门朝向。"到处门楼三层阶。"(顺昌)指宅基一般高出地面数尺,门前有三层台阶。下面几条谚语反映福建方言之复杂,"福建百鸟音",指福建方言种类多。"闽南廿四县,语言无相同。""漳州旧九县,乡音都无同。"(云霄)"天不怕,地不怕,就怕福州人讲官话。""官话",指普通话,意为福州人讲普通话不标准,难以听懂。丧葬风俗,福建各地也不一样,这方面的谚语如:"生要苏州杭州,死要福建泉州。"(惠安)指苏杭两地风景最秀丽,泉州葬礼最隆重。对于面相,福建各地有不同看法,有的认为女人嘴大好:"男人嘴阔吃天饭,女人嘴阔辅丈夫。"(政和)有的认为女人嘴大不好:"男人嘴大吃四方,女人嘴大吃田庄。"(浦城)福建有各种各样的禁忌,谚语也有反映,如:"前不栽桑,后不栽柳。"(福州)"桑"与"丧"谐音,柳树弯曲不结子,都被视为不祥之树。"门对窗,家伙空。"(漳州)"灶向东,米缸空。"(龙海)"过年不扫地,正月不劈柴。"(邵武)"初一吃稀饭,出门天下雨。"(福州)"逢单不出门,逢双不入门。"(泉州)

3. 福建民间谚语与福建侨乡。福建是著名侨乡。目前在海外华人华侨有1030万,体现了福建文化在海外的延伸。福建也随之出现了大量与海外文化有关的侨乡谚语。有反映爱乡的,如:"愿求故乡一撮土,不贪异邦万两银。"(东山)"趁钱出外洋,回家要新娘。"意为外出赚钱的目的是为了回家娶新娘。有反映离乡的:"趁吃出外洋,心肝想家乡。""南洋打长工,唐山人享福。"(龙岩)"番客番客,无一千也有八百。"(漳州)"南洋好趁也好开,呀值唐山好所在。"(泉州)"好趁也好开",指挣钱容易也花得快。有反映思乡的:"日日想出国,出国想祖国。"(华安)"月光处处光,异国思故乡。""心系祖国,梦萦故里。"(晋江)"游子万里行,难忘故梓情。"(漳浦)"唐山番薯汤,恰香番子白米饭。"(同安)"溪门内番薯皮,较赢异国燕窝汤。""溪门内",指家乡。

有反映回乡的:"水分千支归大海,人行万里归故乡。"(永安)"水流归海,叶落归根。"(云霄)

4. 福建民间谚语与台湾。台湾文化某种意义上说,就是闽文化的移植。台湾人有百分之八十祖籍福建,人们往往将闽台同划为一个文化区。福建谚语中,与台湾有关的谚语有很多,其中相当一部分反映台湾与祖国大陆亲密关系,这些关系,有的是历史的有的是现实的,下面举些例子。"齐困一床帐,台湾属福建。""台湾米,平潭菜;早头去,暝脯回。"(平潭)"福州陈,台湾陈,都是一条藤。"(福州)"无福不成衙",指旧时台湾大小官衙,都有福建人任职。"金门和厦门,福建两扇门。"(厦门)有些反映了历史上福建与台湾在军事防御上的密切关系:"海上三个目,海山应一目。"(平潭)平潭俗称海山,古来为海防要地,清时与台湾的澎湖、广东的南澳共称海中"三山之目"。"二千四兵换班,不离台湾、海山。"指清代镇守平潭岛的2400名水兵,每三年与驻守台湾的水兵换一次防。"台湾兵假勇。"指台湾地处亚热带,旧时台湾士兵的服装大多为短袖短裤,闽人称其为"假勇"。"台湾兵,官井汉。"(宁德)"官井汉",指官井洋的渔民,意为二者均勇猛、强悍。"台湾钱,台湾使,台湾赚钱舩过海。"(福安)指清初福州人去台湾谋生,因交通阻碍,难往家寄钱,赚钱只好就地花光。"一口吃不成胖子,一天跑不到台湾。"(清流)"好友不如牵手。""牵手",在台湾专指夫妻。

(二) 福建民间谚语所表现的内容

1. 表现了各种不同文化性格。各种不同谚语的产生,都与其独特的文化土壤密切相关。不管这些谚语是封闭心理的反映、是传统价值的承袭、是外来文化的折射,实际上都是各种文化性格的表现,是各种文化氛围中人的不同处事准则。福建文化最大的特点是多元性,这就使福建谚语更加斑斓多姿,显出其各自魅力。如福清人讲排场,在海外赚钱大多用于请客、演戏,很少用于再生产,其推崇的谚语为:"有裙没裤,世事要顾";再以福州为例,如:"七溜八溜,不如福州",表现出福州人于自豪感中的优越感;"大王补库,弟子出钱",讲的是福州每个街道(称境)都供有地方神大王爷,经常举行"大王补库"仪式,以冥钱火化补充大王爷所掌管的库银,其开支均由信徒出资,由此可看出民间信仰在福州人中的兴盛。"眠床下踢毽平平高",表示福州人对武大郎开店式的压抑人才现象的不满。"猪宰白讲价",指猪宰好剥毛后才论价,只好贱卖,这是福州人所反对的。福州人求稳,不主张冒险,不愿干没有把握的事。"拉尿看风势",表示做事左顾右盼,瞻前顾后。福州人较为保守,与邻近的福清人闯荡日本,长乐人闯荡美利坚不同。"看你又受怪(受怪:可怜相),吃饱不作怪"。意为:同情你的可怜相,一转机你又装模作样。可看出福州人下不了决心,优柔寡断,常处于一种矛盾的心理之中。福州人缺乏闯劲的谚语不少,如斥敢想敢干,一步到位如:"三十晚上练拳头,正月初一早使","未食三天菜,就想上西天"。表现福州人悠闲的谚语如:"丈人攀讲馆,丈奶点心店",意为福州老年人,男的爱在茶馆闲扯,女的爱在点心店闲谈。"雷公困落眠",意为有不孝者未被雷打,是雷公去睡觉了,这是一种自我解嘲式的解释。福州人讲究做事留有余地和后路,如:"食猪留后腿";福州人讲实际,北京人那种慷慨激昂、指点江山的侃爷在福州难以找到知音和听众,福州谚语称不着边际的大侃为:"空宽没尺寸"、"空嘴讲白话"、"扛棺材张式款",指废话连篇、装腔作势。有的福州人不愿干劳而无功的事,与自己无关的事,一般不愿出面,不想管闲事,这方面谚语如:"鸡母扒粪倒,没事找事做","粪倒",指垃圾;"吃饱做事,不管闲事";"有事无理,干证先死"、"干证",指证人;"无瘤找鸡颏挂"等。并常以告诫人不要"连江鸡筑该,一筑就走","筑",是"塞"的意思,"该"指鸡项下食囊,塞满食物大如球,连江鸡在出售时,常将河土塞满鸡囊,指经不起说好话。有的福州人做事较仔细,故有谚语:"一个钱买针也要看鼻",鼻,指针孔。有时太精细,似乎不赚是傻瓜,有谚语称:"福州价,半半价","做衣裳不赚布,会死老婆"。闽南人的文化性格与福州人有很大不同,石狮的谚语如"少年呀打饼,老来无名声";"输人呀输阵,输阵番薯面";"争气不争财";"三分本事七分胆";"要吃着吃肥肉,要对着对强敌";"做鲎勺无惊烧汤",鲎勺,指用鲎的甲壳做成的勺子;"泉州人,个个猛",都可看出石狮人不畏困难、敢拼敢闯的性格特点。"三分天注定,七分靠打拼"更是成为晋江市的市谚,用闽南方言谱写的此歌几乎成为晋江的市歌。正是这种不信天命、以拼搏为乐的性格,使石狮、晋江成为百强县。同是闽南,厦门、同安一带又与泉州一带不同,厦门、同安的谚语如:"人被狗咬,总不能再去咬狗","无钱人敢打拼,有钱人惜性命","大事化小事,小事化无事","一千元赊不如八百元现","在家日日好,出外朝朝难","名声无处买","做人难,难做人,人难做","财不露眼","知足常乐","钱追人财旺,人追钱发狂","侥幸钱吃艌甜","只求保平安,不求添福寿","好心好行,有吃有穿","金买卖,银买卖,不值翻田地",表现出一种与世无争、安于现状、谨慎处世的文化性格,与石狮、晋江一带勇闯敢拼的文化性格迥然不同,固然是淳朴古风的一种折射,似也缺乏一种大气磅礴的雄心壮志。与闽南相比,闽西人纯朴拘谨,其民谚鲜明地表现了这种文化性格,如龙岩市民谚,不愿占任别人任何便宜:"不明不白吃人饭,不如在家喝开水";不愿让别人为难:"宁可丢饭碗,不让人砸碗";以诚心相待:"你拿出心肝,我掏出肠肚";热情对客:"客来主不顾,应恐是痴人";讲节流不注开源:"冬不节约春发愁,夏不劳动秋发愁";强调再富也要节约:"家有千头牛,不点双灯头"。武平县的民谚,表现出一种自满自足、自我解嘲的特点,如:"家中三样宝:丑妻、瘦田、烂棉袄";甚至表现出对欲望、财产的憎恨:"欲多伤神,财多累身";对出门的厌恶:"长年出门客,皆是薄福人";永定的民谚特别注节约,如:"错食莫错爽",爽指随便浪费,此句意为剩饭剩菜,宁可吃掉,也不倒掉,推崇:"十个便宜九个爱"。闽北是理学的故乡,相对较为封闭,人们满足现状安分吃苦,精打细算,民风古朴,与人为善,不敢赚也不敢用,如建阳的谚语:"以礼待人,人以礼待";"让人是福,欺人是祸";"事过心头凉,怨仇勿言帐";"早饭早,事能做得到,晚饭早,省得灯油草";"宁可赚一百剩二十,不可赚一千使千二"。流传于邵武县的谚语如:"就是三十过年,也不乱发一分钱";"不吃烟,不吃面,三年积下九百九";"世间只有耕田好,半年辛苦半年闲";流行于光泽的谚语如:"一着不慎,满盘皆输";"财从苦中生";"只跟人赛做田,不与人比过年";"扁担是条龙,一生食不穷";流行于武夷山市的谚语如:"只有大意上当,不会小心吃亏","若要富,鸡叫三遍离床铺。"三明因四周环山,人的思维也较为封闭,其谚语如:"被不离眠床,人不离家乡";"檐前滴水,代代相传";"天天盼出门,三天想回程";"不忘祖宗田,不忘祖宗言"。因很少出门,去一趟省城回来就了不得,三明谚语如:"去一趟福州,三天三夜有话说。"闽东人热情好客,最有代表性的为福安的民谚:"三年饥荒,不断人客顿;三顿无食,不断乞丐米。"

2. 表现了鲜明的地域景观。这类谚语借本地独有的人文景观和自然景观,来表达其含义。不是当地人,不一定能领会其含义。如福建依山傍海,各地谚语因地域不同而打上鲜明的地方烙印。靠近海的地区,其谚语大多与海有关,如罗源县谚语为:"虾蛄赤线,人人畏命",虾蛄、赤线是两种海产。如石狮的:"海脚子婿无鱼剥虾蛄",由此表示媳婿关系。厦门拥有渔村和海港,其谚语有着浓郁的海味:"讨海人请亲家,不是鱼便是虾";"鱼吃露水,人吃嘴水";"一时风驶一时帆"。有时指人长得丑,丑得不敢看,称:"蚂看吐沫,虾看倒弹,青蛙看了跳过岸。"漳州谚语中表达做什么都失败称:"捉龟走鳖,捉蚂走蚁,捉虾蛄走麻蜞,找阿兄走小弟。"有时各地谚语能如实表现当地的主要特点,如福州主要靠陈、林、王、黄、郑发展而来,故谚语有:"陈林一大半,王(与黄同音)郑满街摆。"福州与台湾关系密切,源远流长,谚语有:"福州陈、台湾陈,都是一条滕。"过去福州多为木板房,故有"铁打延平府,纸褙福州城。"五口通商后,福州仓前山曾为租界,山上有跑马场,仓山临江泛船浦为洋船集泊港,故有:"走马仓前看走马,泛船浦内泊番船。"清代,福州曾有四人榜眼及第,一人中状元,福州人觉得十分体面,故有:"四眼开,状元来。""鼎边糊"是福州特产,做时用米浆均匀地向鼎(锅)的四周泼下,叫"纹一纹",故福州谚语有:"鼎边糊一纹就熟",以喻一见面就贴上,套近乎。福州谚语中也常用当地独到地名表达某种意思,如福州仓山有上湖、下湖、对湖的地名,湖与胡同音,故讽人信口开河谚语有:"上湖下湖对湖,通通都是胡。"龙岩盛产花生,其喻讽人异想天开的谚语为:"花生壳做棺材。"长汀县境内有地名下坪,故长汀有谚语:"下坪社公,唔打唔松",指下坪的土神打了就舒服老实,不打反而作威作福。武平县中堡乡梧地村的姑娘漂亮,永平乡孔下村的屋场坐落好,中堡乡曹岭村的鱼塘多,故民谚有:"梧地的姑娘,孔下的屋场,曹岭的鱼塘。"一些谚语只有本乡社的人才能领会,如武平县的大禾乡有龙坑、长岭、邓坑等村名、地名。龙坑地处山谷,居住分散,从头到尾约5里路,如遇村头和村尾人结亲,吹唢呐手因路太长而畏怕;长岭位于龙坑主下湖山路,路特难走,邓坑的地势坷坎不平,连去厕所也难免上岭下坡,故有民谚:"吹鼓手(唢呐)怕龙坑,扛轿怕长岭,屙屎怕邓坑。"尤溪县的源湖村、雍口村过去是农土产品集散地,较繁华,故尤溪县谚语有:"东走西走,不如雍口。"三明的三元区为过去三元县,故有谚语:"小小三元县,三家豆腐店,衙门打屁股,城外听得见。"三明多山,出笋,其谚语如:"曲竹出直笋,丑人生好囝。"建阳的女子头梳得好看,崇安女子脚缠得好看,建阳麻沙饼做得好吃、书坊糕做得好吃,故建阳谚语:"建阳头,崇安脚,麻沙饼,书坊糕。"邵武市金坑乡、拿口镇、水尾村、南源寺各有一绝,正如邵武谚语所言:"金坑的红菇,拿口的姜;水尾的西瓜,台上(台上指城郊乡台上南源寺)的香。"福安市马山岭为过去官府税卡所在地,其中常有敲诈勒索的事发生,人们谈之色变,福安谚语有:"钱掏去马山岭缴捐。"龙海市常用谚语:"木棉去倒漳浦远,"以指因考虑不周失误而纠错则更浪费时间、精力。木棉是地名,从漳州到木棉约为从漳州到漳浦的一半路程。龙海的郭坑盛产西瓜,九湖盛产水仙,故龙海谚语有:"郭坑西瓜红,九湖水仙香。"同安县的炸枣、甘蔗、尿壶有特点,故同安谚语有:"同安三项宝:烧的炸枣,柴的洞箫,瓷的鸡母。"洞箫指甘蔗,鸡母指尿壶。"灵水"是指晋江市安海镇的村名,所产菜脯味香可口;"烧灰"是晋江市龙湖乡的村名,以出美女闻名,相传是唐文皇之母肖妃故乡,"烧灰"与"肖妃"谐音,所以晋江有谚语:"灵水菜脯,烧灰媎某。"

3. 表现了各类民俗事象。福建各类民俗花样繁多,因此,这类民谚也极为丰富。如惠安惠东女常年披头巾,上衣很短,肚子漏出,故惠安县民谚有:"惠东查某,封建头,民主肚。"石狮一带,在同一地方若有地方戏与木偶戏对台演出,木偶戏先得起鼓,地方戏方可开演,故石狮市有民谚:"前棚嘉礼后棚戏。""嘉礼",指提线木偶。"七月半"是闽南民俗祭鬼神节日,华安有民谚:

"七月半鸭仔不知死。"同安新娘第一次回娘家,要分糖饼给邻居,俗称"分面前",故同安县有民谚:"分面前,按口份。"龙海民俗中,认为要结亲家,要经过三次的相骂,故有民谚:"做亲三次相骂!"龙海民俗中,给客人倒茶、斟酒满杯会被视为无礼,故有民谚:"七分茶,八分酒。"同安嫁女有许多风俗,如民谚所言:"新娘轿内扔心扇,人离心无离";"泼水关大门,顾家伙顾田园";"铅钱角透透,人未到,缘先到"。每年四月八,是长汀濯田、四都一带的民间节日,这天四乡八村的亲戚朋友前来狂饮滥吃,花费甚大,故长汀县有民谚:"唔怕年,唔怕节,就怕一个四月八。"武平县民俗繁多,过生日有规定,传统民俗是四十岁、五十岁一般不做生日,上了六十岁、七十岁才做生日,故民谚有:"四十五十无人知,六十七十打鼓喊天知。"插秧、割禾也有规定,武平民间有插秧完了做一餐米糕吃,割禾完了做一餐糍粑吃的习俗,故民谚有:"田了一餐饼,禾了一餐糍。"武平民间做祭也有规定,当地民俗是人死后百日祭要退后一天做;周年祭要提前做,有一个儿子就提前一天;三年祭则不提前也不挪后,故有民谚:"周年前,百日退,三年要对准。"武平民间给死者穿葬衣,凡男人穿双数,女人穿单数,故民谚有:"男双女单";死者入殓时,要用一段棺材大小、一端缝有套袋的白布,男死者套头,女死者套脚,故民谚有:"男兜头,女兜脚";婚嫁时,给介绍人酬金,一般男家为女家二倍,故民谚有:"女一头,男一担。"办红白喜事,朋友六亲要请才有送,房亲伯叔要先送了才有请之,故有民谚:"六亲,不请不送;亲房,不送不请。"龙岩人非重视欢度农历七月十五,再穷也要搞顿丰盛之宴,故民谚有:"穷年苦节,丰蔬七月半。"有的地方民俗颇为奇异,如福安习俗为讨吉利,把新娘在轿内撒的尿当作宝贝,故民谚有:"新妇尿,粒粒宝。"福安旧习俗中,船民春节期间要上岸讨取糍粑和米糕,为岸上人家和自己讨吉利,但因大人穿破裤,小孩没裤穿,屁股露在外,故有民谚:"贺糍贺米糕,股臀圆挪挪。"福安晓阳村每年农历六月都要做七天七夜的天神戏,故有民谚:"晓阳神戏透天光。"福安习俗中,主人晚上不给猫喂食,中午不给狗喂食,故有民谚:"猫咪没暝,犬没昼。"福鼎市风俗头发过年可以不剃,但过端午节一定要剃,故有民谚:"留年没留节。"福鼎民俗中,做父亲的要给孩子送过节的东西,孩子则要给父亲送年货,故有民谚:"郎爸送年,子送节。"当地祭墓风俗也别有特点:祭墓要给左邻右舍及墓附近人家的亲朋好友分墓饼,还要把墓饼撒在坟墓上,当地人认为若不这样,坟头就会冒烟,坟内会生白蚁,故有民谚:"墓饼不分,墓头起火熏;墓饼不撒,墓里生白蚁。"罗源有大小暑食羊鸡等进补的习俗,故民谚有:"小暑食鸡,大暑食羊。"当地有六月六为狗沐浴之习,有民谚:"六月六,犬洗身。"当地有冬至日食粽丸之俗,故有民谚:"中秋没饼犹则可,冬节没丸难做人。"福州人过端午节时,节宴放在中午,宴后观龙舟竞渡;过中秋节时,节宴放在晚上,宴后便于赏月,故有民谚:"早端午,晚中秋。"

4. 表现了当地传承的典故。如闽清有谚语:"有错,凤山寺错。"讽刺一有错事不检查自己,反而推到别人头上。源出传说清光绪年间,闽清六都刘厝里有个私塾先生刘名裕,因呆板而常闹笑话,一次他替一个户人家写喜联,中堂大柱中的对子的是:"诗酒烟花百年过,妻财子禄四皆空";洞房门口的对子写的是:"金炉不断千年火,玉烛长明万寿灯";当别人发现不对,责问他是否用错时,他想起所写是凤山寺柱子上刻的对联,便一本正经地回答:"我这是从凤山寺照抄的,有错,凤山寺错嘛!"福州有个家喻户晓的谚语:"贻顺哥只留烛蒂",讽喻吝啬人只重钱财不重人的可悲下场。其源出传说清嘉庆年间,福州南台三保街有个叫马贻顺的丝线店小老板,生性吝啬,到中年讨个年轻貌美的寡妇春香为妻,当时约好,如春香前夫生还,春香须无条件回到前夫身边。十年后,春香夫生还,贻顺不依春香返回。前夫后夫一起告到地方官王绍兰处,各陈道理,争夺春香。王绍兰令春香装死,贻顺见尸,想到不但无利可图,还要赔埋葬费,故放弃领尸。王绍兰赐一红包让贻顺离去,贻顺走到衙门口,见春香活着与春生出,急打开红包,内为一截烛蒂,但悔之已太晚。福州谚语:"黄狗偷吃,白狗当罪",用以讥讽某些人是非不分,其源出于《闽都别记》中,书称有二小偷各名为黄狗、白狗,当时闽王属官薛文杰之女薛品玉抗婚而死,小偷黄狗偷开棺木想盗贵重随葬品,不料空手而回;小偷白狗也到此盗棺,见棺已开,随手捡了一床床褥而回。后薛文杰借此向全城富绅敲诈勒索,并进行全城大搜查,结果在白狗家搜出床褥,诬其盗棺,将其打得死去活来。福州流传最广的民谚:"五帝怕坏人",为讥讽道貌岸然却欺软怕硬之辈。其源出于相传明朝时期,福州城内有穷秀才陈三杀了自家鸡来招待朋友,恰巧恶邻当天丢了一只鸡,诬赖陈三盗杀。陈三要求恶邻到黄鹤巷五帝庙去公断赌咒,恶邻到五帝庙恶声大喝:"你五帝若不公断,我便砍了你的头!"陈三捧了一个碗跪求:"五帝爷明察,如果弟子杀的鸡是偷的,碗落地无损,如不是偷的,碗下地就破。"奇怪的是碗落地却不破,陈三被诬为盗。福州流传甚久的谚语:"鼓楼前拾柴沛朋友","柴沛",指木屑或卷森花,这句喻指关系不一般、自幼好友的代名词。其源出《闽都别记》中的故事,五代闽国时期,俞百均和徐得兴结为异姓兄弟,二人都在福州鼓楼前一家药铺当学徒,适逢兴建鼓楼,他二人遵店主之命天天去拣木屑,以供煎药生火之用,俞不幸被建筑木材压成重伤,徐日夜侍候,后二人都成富商,为世家之交。福州谚语:"长鼻给猪噗",讥讽为贪便宜,后被人骗。其源出清末福州有个奸狡吝啬、颇有家资的唐四,一个被称为猪嫂的半老徐娘投唐所好,先替他代买便宜菜,再做唐四佣人,后当唐四姘头,骗取唐四信任后,偷走了他的珠宝金银,并将唐四的媳妇拐卖到上海为娼,使贪小便宜的唐四倾家荡产。谚语原意为:唐四的鼻子被猪嫂咬了,因福州话长与唐谐音,故成此谚。福州谚语:"招姐做新妇",是用以形容临事慌张的神态。其源于福州民间传说:古时福州有一姑娘名招姐,做事慌慌张张,三十岁时与一个冒充大家子弟的和尚结婚,办喜事时因慌慌张张闹出许多笑话。三明谚语:"玉带坑中举,源湖拨死羊",喻无相关的人瞎凑热闹自找苦吃。源出梅仙玉带坑一秀才中举了,附近不少人跟报喜人去看热闹,源湖有个小放羊的牵着羊也赶去看,羊走得走太慢,他性急一路用力拔着跑,结果羊被拖死了。三明谚语:"有勇无谋,打蚁用拳头",用以比喻没有智慧的人,虽勇无用。其源于传说古时一将军有勇无谋,一次皇帝见蚂蚁从石板爬过,故意激他道:"能打死蚂蚁,赏以千金",将军挥拳向蚂蚁砸去,石板断了,蚂蚁却没死。周宁谚语:"周墩八庙寺,为首兴隆寺",指传承的一种民间活动,浦源村的"兴隆寺""万福寺""万寿寺",萌源村的"兴福寺""水尾庵",洋尾村的"洋圣庵",龙潭村的"龙潭庵",后安村的"安后庵"统称八寺庙,旧历六月初八这天,浦源及附近村庄的许多善男信女,都要先集中在"兴隆寺",然后再逐一去另外七个寺庵烧香拜佛,祈求赐福保平安。福安谚语:"没牛使犬",即源出福安的兄弟分家的民间传说,当时兄分到牛,弟只分到一只牛虱子,后虱子变成狗,弟用狗犁田发了财,兄反而破了产。福安谚语:"翁潭李万利,屁股衰螺蒂",是用以讥讽得寸进尺,千方百计想占别人便宜的人。其源出寿宁县翁潭村有个叫李万利的人,过渡时,他说:"我的屁股像衰螺蒂一样小,占不了多少位置"。人们就让他坐。坐下后他又说:"我的屁股像衰螺蒂一样小,坐不住",又躺下了。福安民谚:"老婆没,赔鼓",意在讽喻"偷鸡不成反蚀把米""赔了夫人又折兵"的自作聪明可笑之人,其源出福安平讲戏《马匹卜换妻》,老财主马匹卜以钱买少妻,落店被调仓,他大闹公堂,打破堂鼓,但少妻仍被县官判归换妻者冯四,还要他赔一面堂鼓。福安谚语:"留龟放鹤,留鹤放龟",是对当地父母官一个错误决定的嘲讽。福安城东南有座鹤山,西北有座龟山,明正德年间,福安筑城墙,围绕是把龟山围进城内,或是把鹤山围进城内,官民意见不一,知县梁昱擅自决定"留龟放鹤",结果一有洪水来,城墙便被冲垮,殃及全城,留下隐患。邵武有民谚:"倒了金刚,出了李纲",其源出邵武李纲家乡水北乡一都村有座金刚寺庙,传说李纲出世那天,庙里倒了金刚。邵武谚语:"詹癞痢管天下,晴晴雨雨",喻指好心没把事办好,其源于当地传说人物詹癞痢,一心想为百姓做好事,但没经验,往往好心没办好事。

(三)福建谚语的特点

1. 浓郁的地方特色。最能说明这一特点的是,许多福建谚语将福建当地的一些地名、人物、事件、文化传说等巧妙地编织于其中,今举例如下。有的借用当地地名:"世事不知,赛岐叫做白石司。"(福安)"赛岐""白石司",均为当地地名。"富屯溪畔知鱼性,武夷山上识鸟音。"(顺昌)"富屯溪""武夷山",各为闽北著名溪和山。有的用当地著名的建筑物:"站着亲像东西塔,倒着亲像洛阳桥。"(泉州)"亲像",指就像、真像。泉州东西塔在多次地震中仍巍然屹立,洛阳桥为当时最长的桥。"一日造不起洛阳桥,一家盖不起王公庙。"(漳浦)"未到台湾不算兵,未到闾山不算仙。""到台湾",指郑成功收复台湾之战;"闾山",据《闽都别记》载,在福州南台,是地方神临水夫人陈靖姑学法之地,后沉入江中。有的借用当地民间传说:"胆小鬼弄人,胆大鬼挑担。"(明溪)明溪一带有不怕鬼的民间传说,讲一屠夫行夜路,鬼想捉弄他,屠夫让鬼替自己挑担子,鬼畏其胆大而逃之。"南京财主乞丐相。"(福安)福安当地传说,讲本地一个财主外出向南京财主借钱,久久不还,南京财主来讨债,故意装出一副寒酸样。此谚指富人不一定讲究穿戴。"日后没长短脚。"(厦门)取之当地民间传说,讲一媒人撮合一对男女相亲,女的一只眼,男的瘸腿,媒人说了这句话,指三人作证,自己看中的,事后不后悔。"三人五目,冬瓜落地不关媒人事。"(南平)取之当地民间传说,讲媒婆将独眼女和冬瓜腿的男子的缺陷巧妙遮掩而撮合其成亲,洞房花烛夜才真相大白,双方去找媒婆,媒婆说了此话。"鸭母讨凹鼻,一人一中意。""鸭母""凹鼻",均为当地传说中的人名。"大目看细目,岩福学岩禄。"(寿宁)"岩福""岩禄",均为当地民间传说中的人物,此指人无主见,凡事随大流。有的取地方戏曲中的情节和人物:"做工似昭君和番,捧碗像薛刚报怨。""昭君和番",高甲戏《王昭君》里的情节,指纤弱无力的样子。"薛刚报怨",高甲戏《薛刚反唐》里的情节,形容狼虎吞咽的样子。"做事像陈三磨镜,吃饭如薛刚反城。"(漳州)"陈三磨镜",梨园戏《陈三五娘》里的情节,指做事缓慢;"薛刚反唐",高甲戏《薛刚反唐》里的情节,指动作勇猛。"讲像三战吕布,做像文英走路。""文英走路",文英为地方戏曲中的人物,这里借喻柔弱无力。"有人救刘锡,没人救三娘。""三娘",地方戏《沉香破洞》中的岳三娘,她热心救过刘锡,但自己遭难却无人相助。"有人救李世民,没人救秦叔宝"(石狮),典出高甲戏《秦叔宝救李世民》,意为世人重权势,救上不救下。有的用当地掌故:"福建有福,福建无建。"指福建依山面海,资源丰富,闽人身居福地;但旧时福建又是未经开发的僻地,又指新中国成立后福建是前线,直到改革开放前,未能开展大规模的经济建设。"尚干外甥大过舅"。指旧时闽侯县尚干乡青年人多外出经商,发财回来身份地位高了,有钱的外甥大过舅舅。有的借用当地特产:"长乐济,有阔无长。""济",夏布,福建长乐市特产,此布布幅较宽,但布商往往量得长度不足;"有阔无长"多喻为富不仁虽阔气,但不会长久。

2. 充满智慧和辩证。福建谚语是福建劳动人民生产、生活经验的总结,精辟生动,合乎逻辑,充满辩证法,机警而聪慧,今举例如下。有的极为精辟:"不怕虎生翅,就怕人生心。"(邵武)"留人先留心,心去人难留。"(仙游)"三人四样心,挣钱不够买灯芯。"(诏安)"一起吃才甜,一起抬才轻。"(古田)"有钱难买背后好。"(古田)"宁交双脚跳,不交眯眼笑。"(武夷山)"跟着好人得平安,跟着歹人有祸生。"(宁德)"人前若爱争长短,人后也爱说是非。"(光泽)"金刚再大坐门头,罗汉再小坐厅堂。"(宁德)"闲官清,丑妇贞。"(屏南)有的充满了智慧:"让人一步天地宽,逼人一步路头窄。"(南安)"你帮别人莫提起,别人帮你要牢记。"(政和)"人是惠的,神是封的。"(诏安)"傻瓜争吵,聪明商讨。"(闽清)"要用双脚跳,不用哈哈笑。"(安溪)有的充满因果逻辑:"有因必有果,有利必有害。"(诏安)"身上不长疮,谁来贴膏药。"(武夷山)"木偶不会自己跳,背后一定有人吊。"(上杭)"种下苦瓜籽,哪来甜瓜吃。"(诏安)"象以齿丧身,蚌以珠破体。""输钱总从赢钱起。"(诏安)"得便宜处失便宜。"(政和)"狗死,咬走也死。""咬走",指跳蚤。有的充满了辩证:"人再水也有丑,水再清也有滓。"(诏安)"花伞下有丑人,草笠下有佳丽。""福中有祸,祸中有福。""福气福气,有福就有气。"指有福的人也难免有苦恼的事。"聪明一世难得有,糊涂一时难得无。"(浦城)"无歹不知好。""好山出坏柴,臭沟出香草。""孔子也有三分错。""高人中有矮子,矮子中有高人。"(宁化)"名医会生病,好马会失蹄。""笨工出巧匠。"(闽清)"坐着说别人,走了别人说。"(德化)有的讲健身之道的谚语,也是智慧的结晶:"吃萝卜,喝热茶,医生改行拿钉耙。"(长汀)"清早一杯茶,赛过吃鱼虾;饭后茶一杯,胜似吃雄鸡。"(厦门)"宁叫心宽,不叫身宽。"

3. 具有讽刺性和幽默性。福建有许多讽刺当代不良现象和不正之风的谚语,有的入木三分,尖刻而不留情面,如:"干部出风头,社员食苦头;干部得红旗,社员饿肚皮。"(将乐)"不怕飞机大炮,只怕浮夸虚报。"(宁德)"婆婆多,难做媳妇;头头多,难当干事。"(清流)"三个公章,不如一个老乡。"(福州)"一个领导说了干,三个领导不好办。"(龙岩)"做官靠后台,办事靠茅台。""七月考小子,八月考老子。""乡里小,头目多;官职小,锁匙多。"(泉州)有的谚语于幽默中给人一种轻松,让人会心微笑后又得到某种启迪,如歌颂如今政策好,生财之道多:"摆个小摊,顶个县官;办个小厂,顶个省长;全家做生意,顶个总书记。"(明溪)有的幽默形象而生动:"驼背做花旦,吃力不讨好。"(惠安)"脚踏马屎借官贵,手攀轿杠傍神威。"(晋江)"只要额头钻得过,唔怕屎囬得人凿。"(长汀)"屎囬",指屁股,这里用以刻画钻营者的丑态。"贪心鬼,见了寿礼也望死。""和尚对和尚,相打无辫抓。"(连城)有的虽嫌粗俗,却颇为深刻。"屁股不正嫌马桶歪。""厕所蚊子,不认的好坏屁股。"(永安)"没有大屁股,别去吃泻药。"

4. 既有传承又有变异。福建许多谚语继承了国内其他地方通用的谚语,有的则结合福建当地的情况作了一些必要的加工、变化。其中,一类是完全沿用外省流行的谚语,如:"林子大了,什么鸟都有。"(寿宁)"众人拾柴火焰高。"(诏安)"人人有本难念的经。"(长汀)"不要在一棵树上吊死。"(福州)"病从口入,祸从口出。"(长汀)"有钱难买老来瘦。"(长汀)第二类是一句为通用谚语,另一句为本地增加的。有的保留前句,改动后句:"外来的和尚好念经,外来的工匠好挣钱。"(清流)"打蛇打七寸,打狗打鼻唇。""赶着鸭子上不了架,硬逼哑巴说不了话。"(福鼎)"请将不如激将,强将不如怒将。"(古田)"有钱能使鬼推磨,无钱请鬼魙上门。""慌不择路,贫不择妻。""一日夫妻百日恩,一日同行百日亲。"(长泰)"千里送鹅毛,大小是个礼。"(将乐)"君子之交淡如水,小人之交甜如蜜。"(明溪)"不看僧面看佛面,不念鱼情念水情。"(尤溪)"人走茶就凉,人死狗上床。"(上杭)"不到黄河心不死,到了黄河心就酸。""东方不亮西方亮,黑了南方有北方。"(福州)"人心不足蛇吞象,贪心不足吃月亮。"(南平)"士为知己者死,人为正义而生。"(福州)有的保留后句,改动前句:"一个庙里一尊神,一朝天子一朝臣。""头马不行百马愁,上梁不正下梁歪。"(仙游)"夜里好做贼,浑水好摸鱼。"(明溪)第三类是同一条谚语,有的地方改动后句,有的地方改动前句。如:"这山望着那山高,到了那山没柴烧。"(浦城)后句泰宁作"跑到那山一般高。""一个将军一个令,一个和尚一本经。"(宁化)后句南安作"和尚师公不同经。""一根甘蔗榨不成糖,一条蔑条编不成筐。"(福鼎)后句福州作"一根稻草抛不过墙。""救人命,胜造七层宝塔。"(石狮)后句松溪作"值得洛阳修条桥。""龙交龙,凤交凤,乞食交浪荡。"(云霄)后句同安作"稳龟交挡戆。""稳龟",指驼背;"挡戆",指傻子。"人多天会翻,柴多火焰高。"(诏安)前句长汀作"人多主意好。"第四类是直接引用文学作品中的文字,如"江河不拒细流,泰山不择土壤。"(武平)"己所不欲,勿施于人。"(寿宁)"慈母手中线,儿子身上衣。"(霞浦)

5. 修辞手法多种多样。一是用典,大多使用中国历史上人们熟知的典故,使用典故能使谚语所要表达的意思表现得更为透彻深刻,如:"未见严嵩,先见严严。"(福州)指明朝宰相严嵩专横,看门奴严严把门纳贿,大发横财。"伯夷、叔齐,食为头题。"(福安)"头题",头等大事。指伯夷、叔齐在周灭殷后耻食周粟饿死于首阳山。"没有萧何,死不了韩信。""甘罗十二为丞相,周公八二始为王。"(将乐)"董忠八十争先锋,太公八三遇文王。"(松溪)"咿听蒯通之言,死在吕后之手。"(石狮)二是比喻。这种比喻重在喻事喻理,而不在喻形,这种谚语言浅意警,言近情远,精辟含蓄,有的用明喻:"人生像宴席,有聚便有散。"(武夷山)"才华如快刀,勤奋是磨石。"(武夷山)"怒如火,不遏则燎原;欲似水,不止能滔天。""三代不读书,犹如一圈猪。"(沙县)"高贵如浮云,荣华似泡影。"(长泰)"生来如风雨,死去似尘土。"(漳州)有的用暗喻:"瓮里打拳头,有力没处使。"(福安)"衙门人的脸,二八月的天。"(南平)"人生一朵花,自有开谢时。"(长汀)"丈夫无志,钝刀无钢;妇人无志,乱草无秧。"(尤溪)"弹琴要知音,交友要知己。"(南靖)"劈柴看柴纹,处事按理分。"(永安)"关老爷担豆腐,人硬货不硬。"(福鼎)有的用借喻:"担了灯芯不知轻,担了生铁不知重。"(泰宁)三是用起兴。往往前一句是兴语,后一句是正文,不是比喻,胜似比喻,既形象,又朦胧。如:"蔗无两头甜,人无一世福。""荷叶露水难当珠,骗人言语终必输。"(政和)"龙凭大海虎凭山,人凭志气排万难。""雪大香菇厚,迁境造就人。""树不为影树有影,人不为名人有名。""鼎底灰厚不知热,人脸皮厚不知羞。"(邵武)"孤雁离群叫惨惨,人离集体孤单单。"(平潭)"箸好要一双,人好要两方。"(仙游)"老牛上坡屎尿多,新官上任花样多。"(福州)四是用对比。有不同事物的对比,将事物之间的性质状态程度等方面的矛盾对立,详细地展示出来。如:"人去别处得生,鸡去别处得啄。"(将乐)"皇帝无高升,乞丐无降职。"(顺昌)"皇帝一天千人骂,乞丐一天骂千人。"(寿宁)"清官要法,贪官要钱。"(宁德)"有隔夜豆腐,无隔夜新娘。"(福安)"火越空越好,人越实越好。"(福鼎)有的用同一事物对立的两面进行对比,这样的对比有助于把道理或观点表述得更清楚。如:"吃小亏得大便宜,得小便宜吃大亏。""君子之交重情义,小人之交重钱势。"(华安)"男人愁了唱,女人愁了哭。"(南平)五是运用对偶。把相类相关或相反的事象,通过对偶格式表现出来,让它们互相补充,相互类补,以此提高谚语的说服力和感染力。如:"上轿女儿哭是笑,落榜秀才笑是哭。"(武夷山)"风动山动星不动,水涨船高岸不移。"(闽清)"交椅高人横,门户深狗恶。"(泉州)"文官把笔安天下,武将提刀定太平。""天上有晴也有雨,世上要男也要女。"(宁德)六是运用其他一些修辞手法,如转折:"莫学蜘蛛牵网,要学蜜蜂采花。"(石狮)借代:"耳大好老爷,手长多贪官。"(宁德)"耳长",指善听民众呼声。重复:"年难过,难过年,年年难过年年过。"(福州)"夫妻夫妻,只能互爱,不能互欺。"夸张:"请鬼来医病,十个死十二。"(同安)"有钱能叫鬼上树,有香能叫神推舟。"关联:"不怕山高老虎恶,就怕没吃铁秤砣。"(武平)"愿做厝栋土瓦,不做垫桌金砖。"(寿宁)七是巧用数字来做修饰语,深刻地表达出作者想要表现的内涵。如:"十盏灯火不值一条烛。"(宁德)"点塔七层,不如暗处一灯。"

"一堵墙难挡八面风。"(南安)"水冲千斤石,难移三两铁。"(宁化)"天有五风十雨,人有三衰六旺。"(诏安)"村里一,乡里七,城里二十一"。"一""七""二十七"分别指名次,意为小地方的能人到了大地方就显得很一般了。"一胆二勇三功夫。"(三明)"活到一百岁,还要问九十九。"(漳州)"没过五十五,莫笑人家甜与苦;没过八十八,莫笑人家癞与瞎;没过九十九,莫笑人家有没有。"(光泽)"一等二靠三落空,一想二干三成功。"(安溪)"十粒杨梅九粒酸,十个当官九个贪。""一嫁二嫁,清堂雅舍;三嫁四嫁,茅寮草舍;五嫁六嫁,麻风叫花。"(武平)

6. 方言谚语占有一定比例。福建的方言极为复杂,在全国八大汉语方言中,福建方言就占三种,如果加上省界交叉地区,仅福建境内流行的就有汉语七大方言。同一方言区,如闽南方言区的厦门话、龙岩话、大田话、尤溪话之间也有很大差异。许多地方谚语如不加注,根本猜不出意思,如从字面注解,则差之千里,如:"管伊富不富,茬茬也是家已的厝。"(漳州)"伊",指他,"茬茬",指再差劲;家已,指自己。"秦正打郎罢,只看这一下。"(福州)"郎罢",念 róng bà,指父亲。"拉屎不可和他共冬司。"(龙岩)"冬司",指厕所。"唔吓千人看,只吓一人八。"(龙岩)"唔吓",意为不怕;"八",意为认识。龙岩谚语:"做狮离眼,领果精神。""离眼",意为打瞌睡。"一鸡落地百鸡昂,狐狸落地狗来残。"(三明)"昂",意为啄;"残",意为压、咬。再如周宁方言,"哥僴",指小孩,"古之",指猫头鹰;"小郎",指丈夫的弟弟等。一些谚语如不谙方言,根本无法读懂或产生歧义,如:"有理敢打爷。"(建宁)"爷",指父亲。"十个干埔九个风龟,十个查某九个爱水。"(同安)"干埔",指男人;"风龟",指吹牛。"爱水"指爱美。"三个唐夫成老爹,三个诸母成纺车。"(周宁)指男人在一起懒惰,女人在一起勤快。"唐夫",指男人;"诸母",指女人。"官交官,吏交吏,歹子交柴利。"(泉州)"柴利",指浪荡子。"人甲人好,鬼甲阎罗王好。"(平和)"甲",指和、跟。"神仙都会拍段剑,讲话也会拍舌解。"(福州)"拍段",指丢失;"拍舌解",指讲错话。"查埔无认死主,查某无识缺势。"(漳浦)指不选没志气的男人,不选貌丑女人。"死主",指无志;"缺势",指貌丑。

第五章
艺 术

第一节 福建音乐

一、福建民歌

福建素有歌乡之称,人民群众口头代代相传的民歌散发着浓郁的泥土芳香。福建依山傍海,江河纵横,山文化、水文化与海文化的交织,使山歌和渔歌成为福建民歌中最有特色的样式。

(一) 福建山歌

福建的山地丘陵地约占总面积的90%,山歌是最为普及的一种民歌。福建山歌受方言区的影响,其调式、音调等在不同地区有着很大的不同。

1. 闽西山歌。闽西山歌旋律高亢,节奏自由,音域较窄,绝大部分是徵调式。调式主音大部分是全曲最低音,曲调简单、朴素、原始。每首一般为四个乐句,乐段大多由平行的上下两句组成,一般用三个乐音或四个乐音就可组成一曲。由于地理习俗的影响,闽西山歌又可分为以下三种:(1) 客家山歌。流行于长汀、武平、上杭、永定等县,以曲调绵长、字少腔多为特色,如《选种》:"凤生凤来龙生(吓)龙嗬哎,田间(吓)选种(哎)莫放(吓)松嗬哎,好种不但多打谷嗬哎,四箩还比五箩重嗬哎。"(2) 龙岩山歌。流行于龙岩及漳平山区,多是七字一句,四句一首,结构严谨。曲式结构多为上下句的反复,如《山歌越唱音越高》:"山歌越唱音越高噢,月琴来和九龙箫噢,一节山歌一团火呀,唱得满山烈火烧噢。"(3) 连城山歌。流行于连城县及连城、上杭、龙岩三县市的交界区域,节奏急促,字多腔少,如《大风吹来小风凉》:"大风吹来小风凉哎,郎吃甘蔗妹吃(啰)糖,郎吃凌冰妹吃雪,凌冰跟雪一般(啰)凉。"

2. 闽北山歌。闽北山歌类型多种,主要有"刀花山歌""油茶谣""锁歌"等。"刀花山歌"因唱山歌时,以茶刀和竹担互击伴奏而得名,演唱形式有齐唱和对唱两种。"油茶谣"为丰收时所唱的歌,音调充满活力,节奏丰富多变。"锁歌"即一人提问一人回答的歌唱形式,问即锁,答即开,环环相扣,节奏时缓时急。

3. 其他地区山歌。闽南山歌、畲族山歌、莆仙山歌、闽中山歌等也都颇有特色,如福州岭头乡石牌村的山歌:"过去我们真受怪,肩上挑粪手牵牛。又怕肩上泼了粪,又怕手里走了牛。"①寥寥几句,形象地表达了山民进退两难的苦衷。福建这些独具特色的山歌星罗棋布地分布在八闽各地,有的得到当地文化工作者的重视而被收集保存,有的则逐渐失传。

(二) 福建渔歌

福建不仅有绵长的海岸线,还有众多河流,其中流域面积在500平方公里以上的一级河流有闽江、九龙江、汀江、晋江等十二条江,以捕鱼为生的渔民常用歌声表达自己对生活的感受。福建渔歌主要有以下两种:

1. 海上渔歌。主要流行于闽东、闽中沿海各县,内容多为直接反映海上捕鱼生活,如福鼎的《海上归来鱼满舱》:"哎!朵朵白帆映霞光,海上归来鱼满舱。男女老少齐欢呼,明日风帆又远航。"节奏悠长,音调宽广,充满对生活的热爱和丰收的喜悦。有的海上渔歌是直接配合劳动歌唱的,如福鼎的《拔帆起锭》:"中帆拔起咧咧哼噢,起锭吹螺就开流啰,各个渔民齐齐到噢,船到渔场就要敲啰。""锭"指船锚;"咧咧哼"指扯帆时发出的声音;"敲"指敲特制的竹筒,以强烈的声响把鱼震昏然后围捕的一种捕鱼方式。整首渔歌节奏较强,旋律充满浓郁的生活气息。

2. 水上渔歌。主要流行于江河纵横的闽中、闽南各县。在福州一带的闽江渔歌中,有的充满豪情,如福州的《渔歌》:"老子自幼在江边,不怕地来不怕天,看不尽青山绿水,吃不尽鱼虾渔鲜。"有的描述了在江上讨生活的艰辛,如福州苍霞的《水上渔歌》:"我是船下讨鱼婆,母女二人去江河;天晴是我好日主,拍风段雨没奈何。我伶使力来拔篷,一篷能转八面风,篷转风顺船驶进,看着前斗好方向。""日主"指日子;"拍风段雨"指刮风下雨;"伶"指现在;"前斗"指前面。这类渔歌节奏整齐,结构匀称,唱词中夹杂着不少地方方言。

(三) 福建其他民歌

福建民歌中还有许多其他样式,如劳动号子、唱诗、小调、舞歌、习俗歌曲、儿歌、生活音调,其中最有名的要数流传在闽南一带的儿歌《天乌乌》(亦可写作《天黑黑》):"天乌乌,要落雨,阿公仔举锄头要掘芋,掘啊掘,掘啊掘,掘着

---

① 此为笔者1973年至1977年在福州北峰山区学到的福州方言山歌,"受怪"为福州方言,意为"受苦"。

一尾旋鳅鼓,依哟灰都真正趣味。阿公仔要煮盐,阿妈要煮淡,俩人相打弄破锅,依哟灰都嘟叱呛,哈哈哈。"全曲前一部分唱阿公挖了泥鳅回来,全家高兴;后一部分唱二老争吵,把锅给打破了。每一部分各由两个乐段组成,旋律以第一乐段为基础,慢慢衍化,音域也逐段向上扩展,层次清晰,乐段的结尾处常用衬腔,最后仿佛是打破锅的声音,妙趣横生,余味无穷。全曲大多一字一音,与口语相近,语言朴实自然,语调诙谐生动,音化形象朴实无华,极富闽南农村生活气息。

(四)福建民歌的特点

1. 风格迥异。福建东临太平洋,有3324公里海岸线和11万平方公里的广阔渔场,有闽江、晋江、九龙江和木兰溪等37条河流,因此有着多种多样的海上渔歌、水上渔歌和疍民歌曲;全省有90%的丘陵山地,因此有着多种多样的山歌;全省有1/3的林区,因此又有多种多样的林歌。宁德地区是我国主要的畲族聚居区,有30多万畲族人口,占全国畲族人口的一半以上,宁德不但有优美的畲歌,而且在宁德市和霞浦县的部分山区,还有多声部民歌,由于它是由两个声部组成的,故称为"双音",又因为过去演唱"双音"时,大多是由两男两女双音对唱(盘歌),一问一答合起来就是"双条",当一对歌手唱完一条刚要"落"下时,另一对歌手紧接着唱起来,所以又称作"双条落",这在全国都是有名的。由于福建北邻浙江,南接广东潮汕,西靠江西,因此,省际地区的一些民歌既有浙江、广东、江西民歌的某些共同特点,又有福建自己的民歌特点,这就大大地增加了福建民歌的色彩。福建民歌与方言关系极为密切。中原人民陆续迁移到八闽大地,带来了他们的语言,在各个聚居区形成了自己的方言。在闽海方言群中有福州方言区、莆仙方言区、闽南方言区;在闽中方言群中有闽中方言区、闽北方言区;在闽客方言群中有闽北客话区、闽中客话区、闽西客话区、闽南客话区,这些不同的方言对各地民歌的发展有极大的影响。有学者根据方言特点把福建民歌划分为闽西色彩区、闽南色彩区、莆仙色彩区、闽东色彩区、闽中色彩区、闽北色彩区、闽北客家色彩区。[①] 在福建不仅不同区域的山歌风格不同,就是同一区域的山歌,也有很大的差异。如闽西山歌,又可粗分为客家山歌、龙岩山歌、连城山歌三种,这三种山歌,又可分为若干种,因为县与县之间、乡与乡之间、村与村之间,其山歌的唱法也很不一样。一些在某区域大家都极为熟悉的民歌,换了一个区域,大家却感到很陌生。因此,20世纪50年代前在交通阻隔、文化闭塞、语言不通、传播手段极为单一的情况下,几乎没有一首民歌可以传遍八闽大地。

---

① 刘春曙、王耀华编著:《福建民间音乐简论》,上海文艺出版社1986年版,第163—199页。

2. 形式多样。《中国民间歌曲集成·福建卷》将福建汉族民歌分为八类，有的类别又分为若干小类，如：(1) 劳动号子，可分为林区号子、水上号子、陆地号子；(2) 山歌，可分为盘诗、锁歌、薅草诗、牧牛歌、茶歌、褒歌、刀花山歌、竹板歌等；(3) 小调；(4) 灯歌舞歌；(5) 渔歌，可分为渔诗调、仪节歌、疍歌等；(6) 唱诗念歌；(7) 风俗歌曲，可分为时俗歌、事俗歌等；(8) 儿歌。[①] 其中，有的小类还可分为若干种，如事俗歌又可分为南安哭嫁歌、古田哭嫁歌、搭歌桥等。这些繁多的种类争奇斗艳，使福建民歌更加绚丽多姿。

3. 区域性强。区域性强，是指各个区域都有最适合自己的民歌，因此显示出很强的差异性。福建依山傍海，江河纵横，山文化、水文化、海文化的交织，山歌、渔歌是福建民歌中最有特色的部分。海边的区域渔歌多；山区地带山歌多。如《中国民间歌曲集成·福建卷》共辑录山歌425首，是收录民歌最多的省份，但其分布却不均衡。如：寿宁县11首、福鼎县4首、柘荣县8首、福安市3首、古田县5首、霞浦县9首、福州市2首、闽侯县2首、闽清县1首、长乐市2首、福清市3首、莆田市1首、莆田县1首、仙游县3首、泉州市1首、德化县4首、永春县2首、安溪县8首、南安县2首、厦门市7首、龙海县1首、漳州市4首、华安县10首、漳浦县2首、云霄县2首、诏安县2首、平和县21首、南靖县4首、漳平市12首、龙岩市20首、永定县16首、上杭县14首、武平县9首、长汀县22首、连城县30首、清流县23首、宁化县34首、建宁县5首、泰宁县7首、将乐县4首、明溪县3首、沙县1首、三明市11首、永安市16首、大田县7首、龙溪县3首、南平市3首、顺昌县14首、邵武市12首、光泽县4首、建阳市3首、武夷山市18首、浦城县3首、松溪县1首、政和县1首、建瓯市2首。从以上数据可以看出：福建山歌分布不均衡，大多数集中在闽西北山区，有些县市则一首都没有。闽中莆田因为是戏曲之乡，许多民歌与戏曲关系密切，一些风俗歌曲常为莆仙戏所采用。闽南劳动号子较少，而小调却较多，这种曲调反映生活面比较广，充满生活情趣。

二、福建说唱音乐

说唱音乐又称曲艺，它是传统音乐的一个组成部分，是讲唱历史、传说、故事及文学作品的艺术体裁，也是音乐、文学和表演相结合的综合艺术形式。说唱音乐以叙述性为主，兼及抒情性。由于它与方言语调关系密切，因此福建各地的方言，决定了各地说唱音乐的特色。福建的说唱音乐有20多种，区域特点鲜明，现按各文化区对有代表性的说唱音乐进行介绍。

---

① 李联明主编：《中国民间歌曲集成·福建卷》，中国ISBN中心1996年版，第6—19页。

(一) 福州文化区说唱音乐

1. 福州评话。福州评话是深受广大群众喜爱的一种说唱形式,据传它是明末清初由著名评话艺人柳敬亭传入福州的。福州评话以说、表为主,以唱为辅,唱词多为七字句、八字句,上下两句成对,一般不押韵。但要求上句末字为仄声,下句末字为平声。说,要求语言通俗生动,清晰流利,其中运用了许多方言、俚语、典故、民谣,因此地方色彩极浓。表,即表情,要求通过适度表演来加强人物形象和故事情节的生动性。表演时的道具有一只醒木、一把扇子、一块手帕,随身携带,伴奏乐器为一片铙钹,以一支竹箸慢敲慢打,有珠箸、滚钹、飞钹等多种伴奏形式。它流传在福州、闽侯、长乐、福清、连江、平潭、南平、古田、闽清等福州方言区。常用的演出曲调有《一枝花》《滴滴金》《浪淘沙》《节节高》《江湖叠》等。表演时先唱后说,唱白相间,一人能表演几个角色,加上铙钹所敲的各种节奏、醒木的轻重压堂,帮助渲染了气氛,抓住听众的情绪,推动情节的发展。评话的话本有几千种,大多取材于历史小说、民间传说、生活故事,也有把舞台戏曲改编成评话进行评话说唱的。

2. 伬唱。伬,方言字,音 che。伬唱以唱为主,有独、双、群、戏四种形式。独,为一人自拉二胡自唱;双,为一名女演员奏扬琴,边奏边唱,另一名男演员以板胡伴奏;群,由四人或八人组成群唱;戏,由多名女演员组成女班,既可坐唱,又能演小戏。伬唱有唱、说、表的要求。唱,指同一曲调,唱法不同,要突出曲艺音乐的特点;说,指演员的说表和人物的对白,可以在说表和对白间跳进跳出,但总体统一于演员的口吻;表,指要一人多角,还要兼通生、旦、丑、末、净,要求演员以对所表演的故事人物的强烈感受去感染听众,引起共鸣。

(二) 闽西文化区说唱音乐

1. 竹板歌。传统形式只唱不说,唱词多是七言五句为一段,也有七言四句及其他变体。曲调说唱性强,随着故事内容、情绪不同,以及各县方言差异而有所变化发展。唱腔为四句头式的基本曲调,反复演唱,根据情节需要,也用慢、快、哭、散等板式加以变化。传统伴奏乐器只有竹板四块,双手分执,有单击、联珠、拉锯、刮板等击板手法,音色清脆悦耳。

2. 南词北调。用普通话演唱,多以民间故事、传说为主要内容。演唱形式为多人坐唱,用扬琴、三弦、竹笛、二胡及鼓、板、锣、钹等伴奏,主要唱腔是南词、北调,兼用花腔和民间小曲小调。

(三) 闽北文化区说唱音乐

1. 南平南词。南平市的南词属苏州派南词(流行闽西的属赣南派南词),其传统形式为坐唱,以唱为主,夹以道白,使用的弦乐器有琵琶、三弦、双声、扬琴、板胡、二胡、大胡,管乐器有苏笛、唢呐、笙,打击乐器有板鼓、檀板、扁鼓、渔鼓、大锣、大钹、小钹、小锣、小镗锣、木鱼、双铃等。行腔低回婉转,具有委婉幽雅的气质,情绪表达更加深切内在。

2. 建瓯鼓词。建瓯鼓词的演唱书目有小段、小本、大本三种。演唱形式有两种:一种是一人演唱,由盲艺人自己一手执板,另一手拿一小竹棒,边敲打放在腿上的扁鼓边唱。另一种为唱目连形式,盲艺人结伴下乡,演唱目连,前面一人手拿目连牌,牌的后面是领唱者。唱词为七言体,说曲调与口语结合紧密,近于朗诵体。

3. 南剑调。南剑调的唱腔有二黄、西皮等。演唱形式是固定坐唱,一般坐成半圆形,由弦乐、击乐、演唱三个部分组成。以锣架居中,演唱者分坐于大锣两旁。

(四) 莆仙文化区说唱音乐

1. 俚歌。俚歌也称板鼓咚、咚鼓咍、咚鼓。表演形式为一人站唱,并自击简板、梆鼓。传统曲目多为长篇。全是韵唱,没有散说,唱词以七字四句为一段,唱腔属基本曲调反复,伴奏乐器有梆鼓、竹板两种。其演唱曲调因人而异,有多种流派,主要为莆田、仙游两大流派,莆田派唱腔多是流畅华丽,仙游派唱腔则以淳厚朴实著称。

2. 八乐。八乐所唱曲牌都采自莆仙戏,其特点是锣鼓点渗透到唱腔中,有时突出武乐,有时文武齐功,其乐队由十来岁男少年或小姑娘组成。演唱形式有坐唱、走唱两种。走唱时,打击乐在前,管弦居后。

(五) 闽东文化区说唱音乐

莲花落。唱词属七言诗体,曲调简朴,仅用一个唱腔反复演唱,根据唱词的内容、感情、字音的平仄高低进行变化,没有说、表形式。演唱时一人领,众人和,也有独唱。曲式均属单乐段的分节歌。

(六) 闽南文化区说唱音乐

1. 锦歌。流行于漳州市所属各县、市及厦门市、泉州市的部分县市,也流播于台湾各地和海外侨胞聚居区,是福建主要说唱艺术形式之一。锦歌是在民间歌谣的基础上发展起来的,通俗易唱、乡土气息浓郁。它的曲调可分为以下五个部分:(1)《杂念仔》《杂嘴仔》,为朗诵体说唱音乐,唱腔灵活,唱念自由,常常间杂有用诙谐的方言土语唱的"答嘴鼓"和"四连句"。(2)《五空仔》,是锦歌的基本曲调,由于唱法的不同又分为《正调》《阳关》《洞管》《箫代吟》《安童闹》等,它常放在"开篇"演唱"四句头"。(3)《四空仔》,七字一句,四句一段,演唱者可通宵达旦地不断反复演唱这四句组成的"长歌"。(4)花调、杂歌,是从其他曲种或戏曲中移植的民间小调,如《长长歌》《东水歌》《百样花》《十二月》。(5)器乐曲,是从其他曲种或戏曲中吸收来的可供伴奏或单独演奏的曲调,如北管、笼唱、十八音。乐器以月琴为主,加上洞箫、三弦、大笛筒,合称"四管齐"。演唱分为亭、堂两大流派,亭字派唱腔幽雅细致,多在城市流行;堂字派唱腔粗犷有力,曲调接近民间歌谣,多在农村流行。锦歌曲目丰富多彩,有民间故事,如《陈三五娘》《山伯英台》;有历史故事,如《郑元和》《王昭君》;有反映人民生活的,如《长工歌》《无彩歌》。锦歌演唱的形式自由多样,可以坐唱,可以走唱,可以自弹自唱,可以群唱;加上乐队伴奏,可以下乡表演,服装随俗,道具简单,演出地点不拘。锦歌可以在城镇表演,也可以在乡村说唱;可以在戏院戏台上演出,也可以在街头巷尾、谷场空地说唱,人数随意。

2. 芗曲。芗曲是用芗剧音乐演唱的,主要曲调有《七字仔》《卖药哭》《杂念仔》《杂嘴仔》等,伴奏乐器有壳子弦、大广弦、月琴、梆笛、洞箫等。演唱形式以坐唱为主,也有边走边唱的形式,群众俗称走街。

3. 答嘴鼓。在闽南方言中,嘴鼓可作为嘴巴和腮讲,"答嘴鼓"是"靠嘴巴对答"之意。其演出形式为两人上台对口争辩,但所有对白都要押韵,语言节奏感很强,不使用乐器。偶尔也有单人演出,但要模拟两人的语气表演。演出时用闽南方言说唱各种笑料,风趣幽默。音乐分声乐、器乐两大部分。声乐部分有唱词、曲调,供演唱用;器乐部分只供乐队演奏。

4. 北管。北管主要流行于惠安北部,由外地传入。演出形式有坐唱、走唱两种。坐唱没有固定的排场;走唱以横幅开道,由孩童组成的唱队排列队形跟在其后。

5. 南音。在福建民间说唱音乐中,影响最大的是南音。南音也称南曲、南乐、南管、弦管。台湾和东南亚称其为丝竹、五音、郎君乐、郎君唱等。关于南音的源流和形成,中外学者有过多方面的研究,但结论并不统一。南音研究者孙星群在《千古绝唱——福建南音探究》中,从南音的内容、结构、乐器、曲牌等方面,提出南音肇基于五代,形成于宋代。[①] 这个观点,已被越来越多的学者所接受。南音是福建民间说唱音乐中影响最大的曲种,其主要特色有以下四点:第一,被称为中国音乐活化石。南音是一个年代悠久、源远流长的乐种,它与我国唐以来各个时期音乐都有密切关系,是保存我国古代音乐文化最丰富和最完整的乐种,被称为"活的音乐历史"和"音乐化石"。南音所保藏的我国音乐文化遗存极为深厚,不仅可从中考察唐末五代燕乐杂曲的遗响,还可

[①] 孙星群:《千古绝唱——福建南音探究》,海峡文艺出版社1996年版,第237—283页。

从中探寻到宋代南戏的声腔,甚至可以从中找到在戏曲史上已无法寻觅的海盐腔、早期弋阳腔、青阳腔及昆山腔、二黄腔的音调,堪称绝响。第二,影响极广。南音不仅流行于闽南,还流行于闽南方言通行的台湾,在东南亚闽南籍华侨、华人居住的地方也十分流行,南音已不仅仅是作为单独演唱、演奏的一种乐种,还纵横贯联闽南大多数的民间音乐、戏剧音乐与曲艺音乐。如梨园戏、高甲戏、打城戏、竹马戏、芗剧、潮剧、加礼戏、车鼓戏、白字戏、提线木偶、掌中木偶、笼吹、马上吹、十音、十番等,都以南音为主要声腔。第三,独特的音乐组成。南音有三大组成部分:(1)指,也指"指套",每一套曲均有唱词、乐谱和琵琶弹奏指法三个方面,较为完整,有48套,每套又可分为若干节,而每一节都是一首独立的乐曲。(2)谱,每一首套曲的乐谱包括工尺谱和演奏技法的标志两个方面,没有唱词,有16大套,每套内均包括三至八支曲牌,内容大都是描写四季景色、花鸟昆虫或骏马奔驰等情景。(3)曲,即散曲,计有一千多首,其结构简单,词曲活泼,内容多为抒情、写景与叙事之类,曲词大多取材于梨园戏文,也吸收昆腔、弋阳腔、潮腔、民歌等,予以南曲化,融合后自成一格。由于简短通俗,曲调优美,易于抒发感情,长期以来成为闽南民间自弹自唱的乡音。南音的演奏形式分上四管与下四管两种,上四管比较清雅,适合在室内演奏,其中,以洞箫为主奏乐器的叫洞管,以品箫为主奏乐器的叫品管;下四管比较活泼,演奏较复杂,适合在室外演奏或参与民间行列仪式。南音的管弦乐器有:洞箫、二弦、琵琶、拍板、唢呐、三弦等,打击乐器有:响盏、小钹锣、木鱼、四宝、铜铃、扁鼓等。南音中的琵琶(也称南琵琶),弹奏时是横抱着的,用手指头拨弦,不同于北琵琶是竖立着弹奏并用拨器撩拨。南琵琶大弦弹奏发出的声音,深沉如钟鸣,和北琵琶的"大弦嘈嘈如急雨"大异其趣。第四,独具魅力的韵味和风格。南音的艺术风格可用"古朴幽雅,委婉柔美"来概括,孙星群提出南音的艺术风格表现在:(1)板式运腔,求和谐适度之美。其节拍是从散到慢再到快再到慢,再到结束,一般是"散—慢—中—快—散"的结构,崇尚感情的自然发展,崇尚和谐、和顺,不求外在效果,不做强烈对比,给人感受更多的是幽雅、淡美。(2)取音下指,崇尚恬淡寂静之美。南音旋律音稀不繁,质朴、恬淡、静谧,从唱词始端取音,整个意境恬淡、雅静,没有雕饰,没有渲染,演唱者注意在每个音上探求韵味,脱俗为雅,脱浑为淡。齐奏不追求多层次立体音响,也不追求复调模仿式的节奏,琵琶与洞箫构成了实与虚,刚与柔的关系。(3)收声归韵,重柔缓婉约之美。其声韵细腻、委婉。泉州音调值低平,复元音曲折丰富,这些都使南音风格幽雅委婉。① 2009年10月1日,南音正

---

① 孙星群:《千古绝唱——福建南音探究》,海峡文艺出版社1996年版,第172—184页。

式入选联合国教科文组织公布的第四批人类非物质文化遗产代表作名录。

三、福建器乐音乐

福建器乐音乐也具有鲜明的地域色彩,现按各文化区将其有代表性的器乐音乐介绍如下。

(一) 福州文化区器乐音乐

福州十番。福州十番是一种著名的民间器乐演奏形式,它由当地民间龙灯舞演变发展而来,原来只是龙灯舞的伴奏打击乐,乐器只有狼帐、清鼓、大小锣、大小钹等,后来又逐渐加入笛、管、笙、椰胡等丝竹乐器。十番音乐的曲目有百余首,曲调来源可分为四类:(1) 曲牌,为流行于当地的民间音乐;(2) 小调,为逐渐器乐化的民间小调;(3) 哗牌,当地流行的唢呐曲;(4) 打击乐,为只用打击乐器演奏的"清锣鼓"。最常用的曲牌有:《东瓯令》《西江月》《南进宫》《北云墩》《月中桂》《百年欢》《千秋岁》《朝天子》《蟠桃会》《石榴花》《将军令》等。演奏形式分室内与室外两种,室外演奏为边走边奏;室内演奏乐队分为前堂和后堂,前堂以金革为主,后堂以丝竹为主。演奏时,先由笛子奏出前面的一两个音符,具有引子性质,接着其他乐器全部加入演奏。演奏音量既粗犷、热烈,又不失优雅、抒情。节奏明晰,顿挫分明,旋律跌宕起伏,速度变化井然,慢时如高山流水,快时似电闪雷鸣,最后在热烈的气氛中结束。它流传在福州市与闽侯县,民间每遇节庆寿辰、迎神赛会等民俗活动都要聘请十番锣鼓班前来演奏助兴,以娱神、娱人,因此流传十分广泛。

(二) 莆仙文化区器乐音乐

1. 莆仙十音。这是流行于莆田、仙游两县的民间音乐唱奏形式,因以十人组成一队,奏十件乐器而得名。其主要形式有两种:(1) 文十音,乐器有笙、箫、琵琶、三弦、枕头琴、云锣、老胡、二胡、拍鼓和丹皮鼓等,演奏时节奏徐缓,旋律委婉,词少腔多,风格古朴典雅。(2) 武十音,乐器有云锣一、横笛三、碗胡、四胡、尺胡、贡胡、八角琴、三弦各一,演奏时,曲调加花繁多,气氛热烈。

2. 大鼓吹。因演奏时吹大笼和打牛皮大鼓而得名,大鼓吹演奏乐器有大鼓、大锣、大钹、二钹、小锣、钟锣和一对大笼。大笼一把吹高八度(称公大笼),一把吹低八度(称母大笼)。其曲牌有50多支。

(三) 闽南文化区器乐音乐

1. 闽南十音。一般认为这一乐种是从北方传入闽南的,在发展过程中,它汲取了闽南的民间戏曲、民歌、民间器乐曲中的许多精华,形成了浓郁的地方风格。其曲调可分成沉静、优美优雅、欢乐活泼、诙谐风趣、热烈红火、昂扬激烈等六类。乐器分主乐、副乐,管弦乐以唢呐为主,打击乐以板鼓为主,它们掌握着演奏的起始、结束、力度。演奏时,常将一个基本曲调反复三遍,作慢、中、快的速度变化,由此形成一首完整的乐曲。演奏形式有室内、室外两种。室外多为游行演奏,俗称踩街,打击乐在前,丝竹乐在后;室内演奏俗称坐奏,丝竹乐列前,打击乐坐后。

2. 泉州笼吹。笼吹是流传于泉州的鼓吹乐乐种。因为平时将所用的乐器放置在一担雕刻精美、描金漆红的箱笼之中,演奏时以吹曲牌为主,故有此称。曲牌有南北谱之分,南谱与南曲相同,但演奏气势雄伟,北谱为外来曲谱。主要乐器为唢呐和大通鼓。演奏时,往往十几把大唢呐齐奏,并加大通鼓。演奏常以套曲形式出现,两三首曲牌连接,多前慢后快。除套曲外,也有独奏。在室内演奏时,乐手们按规定入座,面对面地围成一个圆圈,场面颇为壮观。

3. 永春闹厅。闹厅是流传于永春的丝竹、吹打乐乐种。乐器包括打击乐器、管乐器、弦乐器三大类,打击乐器有大南鼓、大钹、小木鱼等十余种,管乐器有大簧、笛等,弦乐器有琵琶、大胡、中胡等。演奏时集中体现了中原古乐与闽南民乐传统艺术,表现力丰富,刚柔相济,抑扬相辅,既欢闹雄浑,又抒情典雅。

(四)闽西文化区器乐音乐

1. 闽西十班。因其由十个人掌握十件乐器组成班子而得名。它是由外出经商者从江浙或汉口一带引入的,然后在闽西流播并地方化。曲牌可分为三种:(1)大牌,为十班所特有器乐曲牌,音乐典雅优美;(2)小调,在为民间歌舞船灯伴奏时所吸收过来的民间小调;(3)戏曲过串,取自汉剧、潮剧的过场音乐。乐器有:笛子、管、头弦、二胡、三弦、月琴、琵琶、鼓板等。演奏形式有坐奏、路奏两种。

2. 闽西公嬷吹。公嬷吹为闽西特有的民间器乐演奏形式。所谓"公吹""嬷吹"是两种特制的唢呐,"公吹"短而窄,"嬷吹"长而宽。"公吹"的旋律为"雄句","嬷吹"演奏的对置曲调则称为"雌句"。"公""嬷"乐句互相衔接。"公吹"音色甘美酣畅,"嬷吹"音色低而浑厚,两者交融,造就了"公嬷吹"的独特音色。

(五)闽东文化区器乐音乐

闽东拾锦。"拾锦"是福鼎民间一种器乐演奏形式,也称"打八音",由民间艺人从昆曲曲牌中选出十首曲牌不断加工丰富而成。其主要乐器有曲笛、竹笛、笙、板胡、二胡、大低音胡、大三弦、长柄月琴,加上锣、钹、云锣、磬、板鼓、竹筒板、堂鼓、土长号等,以板鼓为指挥,由曲笛、竹笛为主奏。

（六）闽北文化区器乐音乐

1. 十番锣鼓。演奏乐器有二胡、大胡、三弦、月琴、扬琴、笛子、唢呐、大小鼓、大小锣、大小钹、木鱼、碰铃等。在曲牌的连缀上无严格规定。

2. 建阳长坂坡。使用乐器有高胡、二胡、月琴、三弦、扬琴、笙、大小唢呐、小堂鼓、梆子、碰铃、大锣、小锣、大小钹等。长坂坡由六段曲牌组成，即：《平讲》《长坂坡》《卖青炭》《踢球》《素梅卖画》《茉莉花调》。演奏时，每段之间以清锣鼓相接。

3. 邵南长门。演奏乐器有唢呐、板鼓、板、大小鼓、大锣、钹等，为鼓吹乐，唢呐主奏，打击乐击节，清锣鼓在曲牌与曲牌之间连接。"邵南长门"也有人认为是曲牌名，其实也可算作乐器演奏形式。邵南指的是邵武市西南四个乡，"长门"分"一""二""三"，"门"是艺人自创的字，音"Tang"，因为当地人除用门闩外，还用一根顶杠再把门闩顶住，这根顶杠和顶门动作形如"门"，所以称为"门"。杨慕震先生曾进行过调查，认为这种演奏形式与一位教戏的江西师父有关。这位师父在演奏时能用段指、借字等手法，将原始曲调作多种变化。然后，又将变化了的曲调转回到原调上来演奏，并可再次进行变化，如此不断反复，变化多端。故"长门"又化出"二门"、"三门"，每一"门"又有"小二调"、"五六二调"、"六调"等变体。每种变体又有"正调"与"邪调"的区别。①

第二节　福建舞蹈

一、福建舞蹈的特点

（一）种类繁多，形态各异

福建舞蹈最主要的特点是种类繁多，形态各异，其迥异的风韵、丰富的内涵、独特的魅力，让人大开眼界。据考察，目前已发现的福建民间舞蹈有160多种，节目有700多个，具有代表性的民间舞蹈有：灯舞、球舞、武舞、傩舞、高跷等。

（二）具有浓郁的地方色彩

没有一种舞蹈能代表福建，覆盖全闽。福建舞蹈因具有浓郁的地方色彩而流传面窄，有的甚至在本文化区流行都很困难。如闽南文化区最有特色的"拍胸舞"，虽然在厦门、泉州、同安、石狮一带家喻户晓，当地男子即使不会跳

---

① 杨慕震：《锁歌·傩舞·茶灯戏》，中国武夷文化研究院编，1996年版，第14页。

也会拍两下,但在同处闽南文化区的漳州却没有流传,甚至是泉州所辖的与泉州近在咫尺的安溪、德化、惠安等地也难觅其踪影。而漳州最有代表性的"大车鼓""大鼓凉伞"等,不仅在泉南没有流传,即使在漳州市所辖的平和、东山、华安、诏安、南靖、长泰也难看到。再如流传于沙县湖源乡湖四村的"打车鼓",原为明代村中青年人为求保佑家族平安而跳的舞蹈,经过民间艺人一代代加工润色,形式日趋丰富,内容愈加完善,但至今也仅在本乡流传。流行于宁化高地村的"走阵灯"(又名"关刀舞"),是高地村池姓家族世代相传的一种祭祖舞蹈,虽然早在南宋就已形成,但至今也只在本村演出。流传于闽侯县荆溪官口村的"扛猫",生动地展示了猎户猎虎满载而归的过程,但自产生以来,一直未出过官口村,它也是官口村唯一流传的舞蹈。流传于邵武市大阜岗乡的"跳八袼",早在唐代迎神赛会时就出现了,但至今也未出过大阜岗乡的杨隔岭和丁家坊。流传于南安县诗山镇的"袯舞",为村中祭神或喜庆时所演,至今仅在镇中演出。流传于南平峡阳镇的"战台鼓",由本镇迎神鼓队每逢农历正月十六至二十六日演出,但仅周游本镇,在外没有任何影响。再如"转灯角"仅流传于南安磁灶村一带,"竹马舞"仅流传于光泽县境内。

造成这种现象的原因,可从福建自然地理环境、福建文化的多元性来寻找。由于受交通、方言等影响,福建民间舞蹈难以在全境交流,没有一种舞种能覆盖全境。在交通、经济相对发达的区域,如闽南,一些舞种经过长期碰撞、交融,流播范围相对广些。而在一些较为封闭的区域,则只在一个县、一个乡,甚至一个村流传。此外,民风不同也是一大影响因素。福建"十里不同风,一村有一俗"。很难想象,闽西北的人会接受闽南上身赤裸、沿街拍打身体的"拍胸舞";而闽西北一些细腻的"采茶舞",也难以在闽南流传。

(三)与民俗关系极为密切

可以说,没有福建民俗,就没有福建舞蹈。福建民间舞蹈是民俗喜庆、迎神活动中不可或缺的组成部分。这种活动,名为"娱神",实为"娱人",是一种富有生活情趣的娱乐。很多舞蹈由民俗演变而来,如流传于闽南的"戏灯"(也称"抢灯")。闽南有"送灯"的习俗,女儿出嫁三年内,每逢元宵佳节,都要由父母购花灯,由家中小孩送给亲家。新婚第一年送一对。一为莲花灯,表示能生男孩;二为绣球灯,表示能生女孩。第二年,如女儿还未生,再送一对;如已生,改送"桃灯"。第三年再送一盏"鼓灯"。"戏灯"演的是:一个小女孩,于元宵佳节,奉父母之命,将一盏花灯送到姐姐的婆家去,有一个玩竹马的小男孩在半路要抢花灯,女孩不给,两人你抢我闪,你躲我逐,表现了儿童的天真活泼、嬉戏逗趣。流传于连江县的"茶篮鼓",与连江县元宵节时婚后未育妇女从篮中采花以求"早生贵子"的古俗有关,手执花篮的花女将花篮齐向左右晃动,形成满台翻滚花的波浪的效果。

流传于莆田黄石镇一带的"九鲤舞",原为祈福驱邪的民俗活动,后演变为节日欢庆的舞蹈。流传于安溪县一带的"竹马灯",为迎神赛会的舞蹈,所以常在游乡踩街中进行表演。流传于莆田、仙游一带的"棕轿舞",是当地逐鬼驱邪、祈福求安的请神活动,有出宫、游舞、回宫三个程序。流传于漳州一带的"英歌舞",是当地岁时节日的一种庆祝形式,故常以踩街形式进行。流传于泉州的"火鼎公火鼎婆",原为迎神赛会时的踩街活动,后成为幽默诙谐的民间舞蹈。流行于南安县的"跳铎铎",也为当地迎神赛会的舞蹈节目。流行于长汀的"高跷扑蝶",也是迎神赛会中的舞蹈。其中最有代表性的,应为流传于泉州、晋江的"唆啰莲"。流传于永春县的"鼓队舞"是当地农村庆丰收、迎神赛会时举行的一种极富乡土气息的民间舞蹈。流行于泉州、晋江、南安等市县的"彩球弄",也在逢年过节、迎神赛会时踩街表演,表现一种喜悦欢庆的生活情趣。流传于福州的"打钱套",也多在迎神赛会、喜庆佳节时沿街游舞。

(四) 与宗教及民间信仰关系密切

福建宗教极为发达,民间信仰也极其兴盛,而一些民间舞蹈,本身就脱胎于宗教仪式的祭祀舞蹈,如流传于莆田、仙游一带的"莲花灯",为民间宗教三一教中超度死人亡灵的祭祀舞蹈,表演常在夜间进行,表演者手持莲花灯,或徐步慢行,或疾步如飞,灯随人舞,烁烁闪光。莲花灯象征圣洁灵光,寓意:"照破重重黑地,薰成皎皎青天。"流传于长汀、顺昌一带的"仙女洗镜",为道士或"香花和尚"法事中的仪式舞蹈,多在"超度亡魂"或上玄节"迎菩萨"设坛作法事时演出。演仙女下凡,洗镜后开始照镜行法,驱赶妖魔,接引亡魂。流传于明溪、清流、长汀等地的"跳海青",主要在每年农历七月初七的道教庙会活动时表演,与当地道教祭仪关系密切。流传于南安、晋江、安溪等县的"掷铙钹",为道士来家超度的一种祭奠仪式,用于"做功德",是一种典型的道教舞蹈。流传于仙游县枫亭镇一带的"簪花轿",是师公为驱邪逐鬼而举行的仪式舞蹈,由道观传入民间,故表演区内必须有八卦图形。流行于闽清县的"穿花舞",原为和尚为亡者招魂超度时所进行的一种法事,被道教吸收用于"报孝"活动,即为报孝已故父母而请道士设坛超度亡灵。流传于古田、宁德、福安等县的"香花舞",是道士建坛仪式中的舞蹈,主要用于设醮追亡、还愿做好事。流传于莆田、仙游等县一带的"皂隶摆",为妈祖出游时,行走在队伍前面的舞蹈队所表演。

二、福建舞蹈的种类和代表作①

(一) 汉族舞蹈

1. 灯舞。如流行于闽西客家人集居地区的"龙凤灯",为元宵灯舞。客家人"灯""丁"谐音,"出灯"即"添丁"。元宵之夜,村民们从祖祠出发周游村寨,表演者装扮成生、旦、丑等角色,把黄龙、凤凰、雄狮、猛虎、公鸡、白鹤、大象、山鹿等彩灯系于腰间,头在前,尾在后。同时左手还托着一盏诸如鼓子灯、龙头灯、飞蝶灯之类的花灯,右手策动马鞭,由两盏大红竹马灯领头。队形变化频繁,花式多样,有"关公巡城""围篱笆""倒插花""扎三门""黄龙盘珠""退马""猴子烧蜂"等,每一变化的转接过程都以"双龙出水"为间隔,承上启下,层次清晰。再如流行于连江城关一带的"茶篮鼓",是一种形式活泼、充满吉祥气氛的灯舞。每逢元宵佳节,少男少女手托五彩"茶篮"(即彩灯),游于街市。"茶篮"中插着象征生女的红花、象征生男的白花,供新婚或婚后未育的媳妇们挑选采摘,此时,一对俗称"孩哥孩弟"的大头娃娃嬉戏于彩篮花灯之间,专与争相采花的媳妇们捣乱,你进我退,你阻我拦,场面情趣盎然。表演时以走队形、摆造型为特点,主要动作有"单一托篮""连接托篮""晃篮""比花"等,其中花女动作,如"举案齐眉""比花""观花""选花",细腻生动,大头娃娃动作则风趣诙谐。有的灯舞不仅以舞队形式走街,还进入厅堂表演。如流行于浦城东乡的"茶灯",表演者左手托着烛光透亮的茶灯,右手挥舞轻柔飘逸的纱绢,以圆场步"托灯""举灯""盘灯""穿灯"等各种舞蹈画面,进入厅堂庭院后,乐队奏"采茶调",舞队边歌边舞,最后舞队向主人拜年。流传于福州地区的"龙灯舞"也颇有代表性,表演时,每个龙节为一盏灯,内有点亮的蜡烛,每盏灯由一人执拿,加龙珠一盏灯共有十名表演者。执龙珠者由身材矮小者担任,执龙头者由身材高大者担任,其余前矮后高。舞龙者各节动作各有不同,第一节与第二节以"迈步"为主,第八节舞者以"侧身马步跳"和"跨步跑"为主,龙尾以"阔步跑"为主,其余为"小跑步",在前者小跑,愈后者跨步愈大。其舞法程式有三个特色:一是队形以"太极图"为基础;二是动作有一套规定,如"臂头落"(即龙身各节由前者的头顶正中落下而舞)、"转手吞节"(即左右手上下对换、左右变换以及上手的推收演变)、"小跃脚"(即前掌小跑步);三是舞法有一定讲究,如"随前节,顾后节,勿前推,忌后拉,眼光敏捷,顺顺舞来"等。流行于全省各地的灯舞还有不少,如光泽的"马仔灯"、永定的"竹马

---

① 本节部分内容参考了李联明主编:《中国民族民间舞蹈集成·福建卷》,中国 ISBN 中心 1996 年版。

灯"、连城的"马灯舞"、长汀的"踩马灯"等,都有一定的代表性。

2. 球舞。主要流行于泉州一带。如"甩球舞",表演者多位于迎神、踩街队伍前面,在人群熙攘的地方,常出其不意地向观众甩出彩球。其彩球用藤条编制而成,直径为14.5厘米,藤条上缠绕着各色彩带,悬挂在一条长230厘米的棉绳上,绳的另一端系垂细线穗子。表演者手握绳索,以大幅度的抛、甩、投、收等动作,上下挥舞,左右环绕,彩球宛若流星,让近距离围观者自觉回避。或边行进边表演,或让队伍停下围场表演,让彩球上下飞抛,左右甩投,刚柔相济,沉浮参错,洒脱优美。再如"彩球舞",以数女一婆一男为主,男孩将彩球上下左右抛引,使数女手托脚踢、肩碰膝顶,婆则运用头、手、身、足逗弄彩球,做出多种诙谐风趣的表演,整个场面生动活泼,妙趣横生。球舞还有多种形式,如"抛球舞""滚球舞""绣球舞"。

3. 武舞。如流行于闽东的"藤牌舞",舞队游舞时,分为两列纵队,一队着红色服装扮成陆军,一队着蓝色服装扮成水军,均左手执虎头藤牌,右手握大刀,随着击乐队演奏的节奏大步沿街行进,有时亦为陆、水军简单的对打表演。至宽广处,往往停下围场表演,执旗者圆步先舞,接着陆、水军分别由左右侧出场,右手舞大刀,做砍、杀、劈、刺、扫、架等进攻动作,左手握藤牌做抵、挡、顶、阻、架等防守动作,左右手配合协调,动作干脆有力,勇猛矫健,刀牌相击,铿然有声,显得威武豪迈,气势雄浑。队形变化多以横、竖、斜、圆的粗线条为主,气氛热烈。再如流传于建宁县的"打团牌",为男性执矛、盾、枪、棍等对舞的表演。枪、棍表演多为刺、劈、挑、撩等进攻性动作,凶猛异常,执盾者多表演闪、避、架、顶等抵挡性动作,快速敏捷。

4. 傩舞。这是一种头戴面具表演的舞蹈,流行于闽北地区。"傩"是"除"的意思,古时候人们对瘟疫束手无策,只好求助神灵佑助,因此戴上由木雕、纸、油布制成的几种面具起舞,以驱逐疫鬼,祛除邪气。闽北傩舞种类丰富,有"跳幡僧""跳八袒""跳弥勒""跳五神"等。傩舞的跳法以集体舞为主,个别领舞为辅,舞队一般由"开路神"清整出一块场地即可跳一通。动作程式基本一致,以弓步、跨步转身为主,辅以队形变化,也有用后踢跳、狐步的。如流行于邵武大阜岗乡的"跳八袒",为每年农历六月初二神明出巡时表演,由八名男子脸戴木面具,分别扮成成对的开路神、弥勒、黑脸、绿脸进行表演。开路神执锣、弥勒握铜、黑绿脸腹前挂一扁鼓,分为对称两组,各成单列纵队行进。观众增多时,即开始变换队形,由纵队变成圆形,再变成四方形,然后以"退弓步""转弓步""续转步"为主要步伐,"配着夸大、美化敲击着道具的双手动作穿插起舞"。

5. 高跷。如流行于闽西长汀的"高跷扑蝶",表演者为两人,一扮"丑公"，一扮"丑婆"，丑公左手执扇，右手举着系有蝴蝶的竹片。舞蹈以丑婆为主，丑公以蝴蝶逗引丑婆，时而上下，时而左右，迫使丑婆左蹲右转，前俯后仰，时而眉开眼笑，时而歪嘴眨眼，时而娇媚柔态，时而气急败坏。通过"望蝶""戏蝶""追蝶""扑蝶"等情节铺陈，运用"小秧歌步""蹉步""单腿小跳""双腿小跳"以及"劈叉""下前腰"等技巧性很强的动作，生动地表现了公戏婆、婆扑蝶等的欢乐情景，场面活跃，格调诙谐。

（二）畲族舞蹈

福建畲族分布在全省四十多个县市内，其中以闽东最为密集。畲族能歌善舞，创造了许多丰富多彩、风格独具的民族舞蹈。如流行于福鼎的"栽竹舞"，是畲族法师作法时的舞蹈。竹子是畲族的吉祥物，据说妖魔鬼怪被法师用竹子赶打之后，永世不得翻身重现。法师作法时，分别向东南西北中五个方位，带随意性地翩翩起舞。并模拟栽竹等劳动中的动作程序，从栽、砍、破、下池、舀浆、造纸，到打成纸钱奉给上、中、下三界菩萨而结束。动作流畅、跳跃，柔韧、力度适中，身体和手脚配合协调。舞者按鼓点节奏，左右急旋时，神裙张如伞形的舞姿，给人以轻快、优美的感觉。流行于宁德漳湾的"猎捕舞"，主要表现猎手的围猎过程，由四名左手执螺号，右手握猎刀的畲族男青年表演。整个舞蹈由"窥探""围捕""越障""吹螺""刺杀""凯归"等舞蹈场面构成，动作主要运用跑与跳相结合的方式，以体现猎手们在险峻的山林里猎捕野兽的气概。流行于福安的"雷诀"，是畲族巫师在祭祀活动中做道场时，贯穿始终谓之"防身打鬼"的成套手势造型动作。由一人表演，共有四十六个手势造型动作，分为"藏身诀""打鬼诀""吊楼诀""罗房诀"四类，以"藏身诀"为主，即用指、掌的手势变化造型，模拟观音、哪吒、王母娘娘、鲁班及虎、龟、蛇、鹤等，以威慑鬼怪。"雷诀"可算是巫舞中手势造型动作程式的汇集。流行于宁德八都的"铃刀舞"、连江的"迎龙伞"、霞浦的"祈福"及"畲族婚礼舞"等，都是福建畲族舞蹈的经典之作。

（三）宗教舞蹈

在莆田，道士设醮仪式有很多种舞蹈场面，如"迎真走庭"，即在三日三宵醮典中正午举行"迎真"时，设一法坛在大庭上，并搭一高栅象征天阙，由七个道士从法坛上朝天阙，迎真下降，来回在大庭上穿花进行，舞蹈场面很壮观。再如"进贡围炉"，即法事结束时，将法坛上所有疏封都收叠在一起，捧出大庭放进焚化炉中送它们"上天庭"，道士们围绕焚化炉穿花舞蹈。流行于闽南的"献铙钹"，是道士超度亡灵时的一种舞蹈，目的是使亡灵稳得房子和库银。表演时由一人独舞，动作有"推出""照镜""云龙过日""炒茶跳舞""绞刀剪浮铜""板钹"等二十多个,表演时间达两个小时,故通常由两人交替进行,除一些固定顺序外,舞者可以随意选择动作进行即兴表演。有时表演动作惊险,表演者把一面飞旋着的铜钹抛向空中,再用另一面钹接住,在抛与接的过程中,做出一系列难度很大的动作,如做"直送如"动作时,右手作"旋钹"向上高抛钹,落下时以中指尖接住钹锥,钹乃旋转,反复三次后,接轻抛呈"抓蒂"接住,再作一次"旋钹",高抛中指接钹锥后,手臂由腋下向上屈时画圆还原,掌面始终朝上,上身随着前俯后仰,最后作轻抛接钹呈"抓蒂"。流行于闽清的"穿花舞",佛、道两家兼用。在佛教中,是和尚做"普度",为死者招魂引度的一种法场舞蹈;在道教中,是道士设坛做"报孝",以超度事主父母亡灵所表演的一种法事舞蹈。表演时,八人右手执铜铃,左手提着灯笼,在民间音乐伴奏下,脚走台步,身形左右辗转成"S"形样式,相互沿供桌穿插、绕走,场面变化有致,快慢相间得当,显得飘逸流畅。流行于闽东北的"奶娘行罡",三明、永安的"保奏",顺昌洋口的"仙女洗镜",闽东的"香花舞",南平峡阳的"战台鼓",莆田和仙游的"皂隶摆"等,都是福建有代表性的宗教舞蹈。

三、福建舞蹈的渊源

(一) 产生于本地的劳动生活中

福建民间舞蹈是生活在八闽大地上的人们抒发激情的一种艺术,它体现了人们的生存、劳作,表达了人们的欢乐、向往。如流传于闽北的"竹林刀花",生动地反映了人民的劳动生活情景。当地农民出工时都要自带柴刀、竹担,开始只是为了解闷而随意敲打,有时和着山歌,变换不同节奏边歌边舞,自娱自乐。后来经过不断地加工修改,成为表现当地人民劳动情趣的一种舞蹈。流传于闽北的"茶灯舞",其动作也是融各种采茶姿势而成。闽地民间舞蹈的产生和发展也与当地的传统有关。如流行于南平峡阳的"战台鼓"(也称"战斗鼓""战胜鼓"),表现了战争中将士们随着鼓声缓进、速进等进军过程,气势磅礴。这是当年在郑成功军中任旗手,后退伍回峡阳的一位姓薛的军人传授的,其之所以能代代相传,与峡阳浓厚的习武传统有关。峡阳多习武世家,考取武进士、武举人及在朝廷任武职的人很多,因此当地习武成风。闽地民间舞蹈的形成也与当地人民为表达自己的爱憎和风情有关。如流传于漳州和龙海的"大鼓凉伞"(也称"花鼓阵"),表演时男演员身上挂着鼓边舞边打,若干女演员手拿彩伞,为打鼓的演员遮凉,边舞蹈边表演。溯其源,是当年闽南人民为戚家军胜利归来击鼓庆功,百姓以凉伞为将士们遮阳,随着队伍走动,形成了这种边打边舞的场面。舞蹈的产生还与人们的生活需要有关,最有代表性的如闽北的傩戏,其源于当时农村瘟疫猖獗，历史上曾多次发生鼠疫，使一些村庄灭绝，人们只好求助于神灵佑助，因此产生了"跳弥勒""跳幡僧"等傩戏。

（二）由外地传入福建

1. 中原传入。如流传于南安、晋江等县一带的"掷铙钹"，相传是唐太宗李世民为超度亡灵而设的，后盛行于河南，随着中原人士入闽，传入闽南。流传于三明里心镇的"打团牌"，在明代由河南传入福建。流传于龙岩、永定等县市的"龙凤灯"是中州移民从中原带来的。

2. 江西传入。如流传于宁化县高地村的"走陈灯"，为清代高地村的进士池润宇从江西赣州七星镇带入高地村的。流传于沙县夏茂镇和梨梅乡的"舞鱼"，为500年前江西民间艺人来夏茂做工时传授的。流传于明溪、清流、长汀等县的"跳海青"，为民国初年江西人邱法山入闽至明溪、清流、长汀一带时传授的。

3. 广东传入。如流传于龙岩市的"采茶灯"，由龙岩苏坂乡美山村林氏十七世从广东传入。流传于漳州市一带的"英歌舞"，源于广东省普宁县，为20世纪40年代从普宁县迁移到漳州定居的艺人传入。

4. 台湾传入。如流行于南安诗山凤坡村的"凤坡跳鼓"，是由台湾传入凤坡的。200多年前，凤坡村有一人往台湾以扎蓑衣谋生，在台湾学会了"跳鼓"这一舞蹈，返乡后恰逢家乡谒祖进香，他表演了"跳鼓"，从此每逢迎神赛会、谒祖，凤坡村必有"跳鼓"表演。

5. 江淮传入。如流传于闽西区的"打花鼓"，乃是从江淮地区传入的。明末清初江淮一带灾荒连年，人民纷纷南逃，民间艺人漂流入福建，靠卖艺为生，传入了"打花鼓"。流传于闽西的"九连环"，道具为"莲湘"。明末江淮动乱，百姓南逃至闽西，流落汀州，为了谋生，打起"莲湘"，沿街卖唱，并唱起当地小曲《九连环》，年复一年，江淮一带的"莲湘"演变成为闽西的"九连环"。

此外，还有许多传入的途径，如宫廷传入。隋朝灭陈后，陈后主的儿子及宗族家人，逃至永春蓬壶定居，从此将南朝宫廷乐舞传入永春蓬壶山区。

（三）脱胎于戏曲

福建是戏曲之乡，不少戏曲唱做俱佳，其表演程式和科步动作，具有很强的舞蹈性，因此福建舞蹈不少直接源于戏曲。如流传于莆田、仙游的"走雨"，原为莆仙戏《瑞兰走雨》"踏伞"中表现剧中人物瑞兰母女冒雨赶路情景的片段。流行于闽南的"抬四轿"（即"四人抬轿"），也直接脱胎于戏曲。在梨园戏、莆仙戏中，"抬轿"的动作被发挥得淋漓尽致，备受观众青睐，由此诱发了舞蹈者的仿效，久而久之，经过加工的舞蹈"抬四轿"更加幽默风趣，惟妙惟肖:四个演员头戴尖顶帽,身着轿夫装,用身体模拟抬轿的动作,如上山、下坡、涉滩、过桥等,再伴以闽南原始轿歌,更增添了舞蹈的活泼气氛。流行于长汀策武乡的"碟子舞",则从湖南戏班来策武乡演出的《骂门生祭》戏中某个精彩片段演化而来。有的舞蹈形式被戏曲所吸收,后又独立出来。如流行于闽南的"摇钱树",最早为乞丐讨饭要钱时跳的,后被高甲戏《大名府》所采用,并加以改造,使其动作更规范,以后又成为人们在春节期间跳的寓意"恭喜发财"的舞蹈。

(四) 多方面的影响

福建不少民间舞蹈,既有外地传入的成分,又经本地民俗的熏陶,还受到戏曲、宗教等的影响,可以说是汲取了多方面的精华,因此内涵丰富,令人百看不厌。由于福建民间舞蹈形成的影响因素来自多方面,因此不少舞蹈的渊源有多种说法。

如"九鲤舞"的渊源,至少有五种说法:第一种,隋炀帝开凿运河,江南百官令百姓编此舞以迎驾;第二种,唐末中原百姓入闽时传入莆田;第三种,仙游县何通判生有九子,后修道成仙,各乘鲤鱼飞天,后人为此制九鲤灯以纪念;第四种,河南禹门县百姓为纪念大禹治水之功而编,由河南传入莆田;第五种,由潮州传入莆田。再如流行于闽南的"拍胸舞",其来源也有多种说法:第一种,与古闽越族祭祀舞蹈有关,其外在表演形式和内在动作都保留有闽越遗风;第二种,与古代中原踏歌有关,其神态、动作、形态与宋代马远《踏歌图》有相似之处,是随中州移民进入泉州的;第三种,与古代闽南人劳动习俗有关,闽南人民习惯赤脚劳动,休息时常击掌拍胸,自娱起舞;第四种,与宗教有关,唐宋时泉州僧人云集,"拍胸"是在迎神赛会上出现的一种舞蹈形式;第五种,与戏曲有关,梨园戏《李亚仙》中郑元和与乞丐为伍行乞时所跳。[①] 这些说法彼此并不矛盾,"拍胸舞"在长期演出过程中,受到各种因素的影响,也由此汲取了各方面的精华,很难说它仅源于此而非源于彼。也正是因为其广博的包容性,才使这一舞蹈表现出深层次的内涵,并由纯朴的民间舞蹈形式生发出较高层次的舞蹈审美意义。

四、福建舞蹈的艺术魅力

(一) 风格多样,色彩斑斓

福建民间舞蹈有着鲜明的区域文化色彩,不仅几个文化区的舞蹈风格各

[①] 刘春曙、王耀华编著:《福建民间音乐简论》,上海文艺出版社1986年版,第163—199页。

不相同,即使是同一舞蹈,其内涵、风格也有所不同。再以闽南"拍胸舞"为例,由于跳法不同,风格也不同。如:"酒后拍胸",酒后乘兴围圈拍胸,动作似醉后左摆右晃,表现出一种自我陶醉的神态;"乞丐拍胸",即赤膊光脚,小心翼翼,动作幅度小、速度慢、微带哆嗦而颤抖;"拍胸乐",多以"蹲裆步"跳,双手"打八响",不断摆动头部,幅度大、速度快;"踩街拍胸",动作规范,以直腿"小跳步"加"打八响"沿街进行,动作干脆利落。①

由于艺人对舞蹈内涵的体会不同,因而形成不同流派,如"拍胸舞",或粗犷豪放,或韵味多变,各种流派争奇斗艳。风格流派不同也与演出场地、内容有关。如"钱鼓舞"演出场地或广场,或舞台,或沿街,因此或喜悦欢乐,或表现乞讨生涯。地域不同也会造成风格上的不同。如"车鼓舞",沿海和山区就有很大的差异,沿海的含蓄细腻,山区的粗犷朴实。此外,福建民间舞蹈形式也有很大的差异,有的场面热烈,演出者多达百人;有的场面清冷,演员仅有几人甚至一人。有的程序繁多,有的则可即兴表演。闽南一带用以迎神的踩街舞较多,闽北一带用以娱神的傩舞较多。

(二)幽默风趣,轻松活泼

福建民间舞蹈往往用旦丑相互逗乐,旦戏丑,丑戏旦,谐趣横生。据《中国民族民间舞蹈集成·福建卷》介绍,"打车鼓"即由一旦一丑表演,花旦和小丑一前一后,花旦右手扬起彩扇,左手挥动绸帕,脚走"扭摆步",手做"双圈花",玲珑活泼;小丑右手扑打蒲扇走"弹簧步",诙谐风趣。花旦频频回头,小丑紧紧追赶,一前一后,一扭一摆,配合默契,令人捧腹。②在"火鼎公火鼎婆"中,"火鼎公"为破衫丑,右手握竹制烟管在前,"火鼎婆"为家婆丑,右手执一把特大的圆蒲扇在后;俩人肩抬着两根竹竿,竹竿中间挂着一口燃着木柴的铁锅,"女儿"挑着装有木柴的小竹篮紧随二老之后。三人踏着民间小调,时而疾步如飞,时而悠闲自得。"火鼎公"一步一撅臀,"火鼎婆"一步一摆腰,两人以滑稽、幽默的情态嬉逗观众,兴起之时故意晃动铁锅,让柴火熊熊燃起,使人们急速退避,人群立即爆出欢笑,表演者得意洋洋,又手舞足蹈穿行而去。③

---

① 李联明主编:《中国民族民间舞蹈集成·福建卷》,中国ISBN中心1996年版,第41页。
② 同上书,第246页。
③ 同上书,第741页。

第三节 福建戏曲

一、福建戏曲的形成和发展

1. 宋元时期福建戏曲的形成

福建虽然在唐代才得以开发,但戏曲形成的时间却几乎与全国同步。据宋代沙门道原所撰《景德传灯录》卷十八载:唐咸通二年(861),福州玄沙寺住持宗一法师"南游莆田,县排百戏迎接"。至宋代,宋杂剧传入福建莆仙,与盛行在民间的古乐和百戏结合,并用莆仙方言演唱,形成具有莆仙地方特色的杂剧。因宋时莆仙属兴化军,故名兴化杂剧。南宋莆田诗人刘克庄大量记载了莆田戏曲的盛况,如其《即事三首》:"抽簪脱袴满城忙,大半人多在戏场。"宋时杂剧在漳州也很流行,以至于宋庆元三年(1197)陈淳在漳州写了《上傅寺丞论淫戏书》,一方面反映了道学家对民间戏曲的鄙夷,但从另一方面也可看出当时漳州戏曲的兴盛。宋末元初,南戏开始传入福建,逐渐与莆田的兴化戏、泉州的梨园戏、漳州的竹马戏相结合,并从剧目、表演和音乐上促进了这三种戏的发展。

福建戏曲萌芽于唐,形成于宋,成熟于元。其因素有:一是晋末至唐五代,北方人士南移入闽,使中原古乐传入福建;二是唐五代福建相对安定繁华,不仅官邸宴舞为常事,民间也出现了歌楼;三是唐五代福建佛教兴盛,寺院林立,庙会成了演出场所;四是宋代福建中举及在外居官者甚多,他们返乡时,常带家伎随侍娱乐;五是宋南渡后,大批皇族入闽,且闽人多官于浙,而浙人多官于闽,皇族和官员多蓄养家班,他们入闽后,即将盛行于杭州的温州杂剧带进福建,皇族家班开始流入民间。

2. 明代福建戏曲的发展

明代是福建戏曲的发展时期。弋阳腔、昆山腔、四平腔等相继传入福建,为福建各地戏曲声腔所融合吸收,不仅产生了许多新的声腔剧种,还对已有的剧种在程式、行当、服饰、脸谱等方面产生了较大的影响,各种新旧剧种争奇斗艳,异彩纷呈。据有关文献记载,从城市到乡村,各种演出极为频繁,且剧目丰富多彩。如在泉州演出的有《西厢记》《陈三五娘》等,在莆田演出的有《范蠡献西施》《潘必正》《霍小玉》等,在福州演出的有《鸣凤记》《彩毫记》《采茶》《出塞》等。此外,明万历年间,福建戏班还曾到琉球国演出,深受欢迎。

明代福建戏曲发展的原因有四个方面:(1)外来声腔传入途径多样化。

一是随商人入闽,如徽池一带戏班,曾随徽商入闽,将弋阳高腔、昆山腔、徽州腔、青阳腔等传入福建。二是外任官员返乡,如曾任江苏嘉定县令的陈一元,喜昆剧,返乡后在福州家中蓄昆曲"歌童一部",以演出娱宾。(2)传入路线多方面。如"稍变弋阳"的四平腔,曾分三路传入福建,一路从赣东经闽北传到政和、屏南和宁德;一路经浙江东路沿海流传到闽中沿海的福清、长乐、平潭等地;一路从赣南流传到闽粤交界的平和、漳州、南靖等地。(3)涌现了一批戏曲作家与作品。如福州陈轼的《续牡丹亭》、陈介夫的《异梦记》,福清林章的《青虬记》及何璧撰校的《北西厢记》等。(4)涌现出一些在戏曲评论方面有见地的学者,如长乐的谢肇淛、莆田的姚旅、泉州的李贽、连江的陈第、福州的曹学佺等。

3. 清代福建戏曲的繁荣

清代是福建戏曲的繁荣时期。其标志有:(1)戏班众多。如据清代莆田人陈鸿《莆靖小纪》载,1693年,莆田戏班已有28班。福建官吏常蓄家班演戏,甚至连厦门海防厅都设有戏班,专为官衙内部人士演出。(2)流播国外。1685年至1688年,福建戏班曾到泰国王宫、大城等地演出喜剧、悲剧等;1840年至1843年,高甲戏"三合兴"班曾到新加坡、马来西亚、缅甸等国演出《三气周瑜》等戏;1843年至1844年,高甲戏"福金兴"班曾到泰国、新加坡、马来西亚、印度尼西亚等国演出《白蛇传》等戏。(3)演出更加普及。各地方志对演出的盛况多有详尽记载,如清康熙《平和县志》卷十"风土志"载:"诸少年装束狮貌、八仙、竹马等戏。"清乾隆《长泰县志》卷十"风俗志"载:"锣鼓喧天,旌旗蔽日,燃灯结彩,演剧连朝。"清道光《龙岩州志》卷七"风俗志"载:"自元旦至元夕,沿家演戏,鸣锣索赏。"清道光《永定县志》卷十六"风俗志"载:"迎神申敬,演戏为欢,亦不可三五日而止。"清道光《罗源县志》卷二十七"风俗志"载:"他邑梨园子弟,惟是月有至罗者,演唱庙中匝月。"清代侯官人聂敦观在《观剧》中,对福州戏曲演出的盛况有过生动的描述:"就中闺门粗识字,听词能诵《鸾凤记》。香车逐队无猜忌,搭棚一丈为标识;棚前众目不相识,歌声未起人声沸……流连竟夕都忘寐,但觉歌词有情致。"

清代福建戏曲的繁荣,最主要的原因是大量的外地戏曲进入福建后,与当地的民间艺术融为一体,成为各具特色的地方戏。如从清中叶至20世纪30年代,湖南祁阳班经江西到龙岩、连城、宁化等地,许多艺人就地落籍,并吸收融合了闽西木偶戏、民间的中军鼓乐和西秦戏,形成了"外江戏"这一地方剧种,后又称"闽西汉剧"。以吹腔为主要唱腔的"乱弹",于清中叶经浙江、江西传入闽东北的寿宁、古田、屏南、福安等地,并吸收了当地民间艺术,形成后称为"北路戏"的剧种。徽班经浙江、江西传入闽西北泰宁县梅林乡一带,吸收了当地道士音乐和民歌小调,后称"梅林戏"。江西戏班传到闽北浦城一,后称"赣剧"。

二、福建戏曲形成的因素

(一)外省戏曲的传入促进了福建各剧种的形成

福建许多戏曲剧种的发展和形成与外省市各类声腔传入关系极为密切,其中线索明显的有:大腔戏,明中叶由江西传入永安、大田一带;闽北四平戏,明末由江西传入屏南、政和一带;闽南四平戏,明末清初由江西传入广东省潮州、汕头及闽南漳州、平和一带;词明戏,明末清初由江西、浙江传入福清、平潭一带;祁剧,清乾隆年间由湖南经江西传入宁化、连城、龙岩;北路戏,清乾隆年间由浙江、江西传入闽东北;梅林戏,清乾隆年间由安徽经浙江、江西传入泰宁一带;三角戏,清中叶由江西传入闽北的邵武、光泽一带;采茶戏,清中叶由江西传入宁化、清流一带;赣剧,清中叶由江西传入闽北的浦城、邵武、光泽一带;小腔戏,清中叶由江西传入永安、尤溪、大田一带;南剑戏,清中叶由江西传入南平一带;南词戏,清末由苏州传入南平一带。① 即使一些找不出有直接传承关系的福建戏曲剧种,究其源流和发展过程,也与外来戏曲关系密切。如莆仙戏是福建最古老、地方特色最鲜明的戏曲之一,它的形成也受到外地戏曲艺术传入的影响。关于这种外来影响,陈骏驹先生认为外地戏剧早在唐代就对莆仙戏起了催芽作用,其主要有两种渠道:一是外来戏班的影响。如参军戏、木偶戏、南戏、徽剧、汉剧、弋阳腔等来到福建,逐渐影响了莆仙戏。二是受到宫廷剧艺的影响。莆仙人在唐代官居高位者不少,这些显贵在回家告祖、省亲或告老返乡时,往往带回家伎,这种习俗一直延传到近代,使本地艺人有可能汲取外来戏剧新异的有用因素,如唐大曲、梨园新声等演技,就是这样传到莆仙的。②

(二)福建民俗促进了福建戏曲的普及和发展

福建民俗驳杂多彩,在各种佳节、寿诞、祭礼、迎神等民俗活动中,演戏是不可缺少的内容。对此,许多地方志都有详细的记载。如《连江县志》(1933铅印本),记端午节民间演戏之盛况:"受贺者择日请诸同盟社神巡行各境,銮仪卤簿,并妆饰女子于台阁上,沿途歌唱,且演剧于行台,请诸同盟父老宴饮,其费不赀……而膺首选之乡亦须演剧请辞谢而已。"《政和县志》(1919年铅印本):"日演故事,装于台阁。"《霞浦县志》(1929年铅印本):"唯演剧数日极为各界欢迎耳。"《古田县志》(1942年铅印本):"夜则张灯,鼓吹绕境,或演鱼

---

① 柯子铭主编:《中国戏曲志·福建卷》,文化艺术出版社1993年版,第39—45页。
② 陈骏驹:《莆仙戏史略》,福建人民出版社1996年版,第21—22页。

龙百岁以相嬉游。"《漳州府志》(清光绪三年刻本):"八月祭土地,穷乡僻壤悉演剧,费甚奢,仿古之秋报。"《宁洋县志》(清光绪元年刻本):"立春先一日,坊民扮戏剧为春累。"《明溪县志》(1943年铅印本):"逢佳节及神会期,寺庙每有演剧,亦娱乐而兼社会教育者也。"《沙县县志》(1928年铅印本):"元宵,则城市各庙皆张灯结彩,演唱杂剧及弹词小曲以娱乐。"《大田县志》(1931年铅印本):"元月自初一至二十日……有竹马、龙灯诸戏。"《厦门志》(清道光十九年刻本):"初二日,街市乡村敛钱演戏为各土地神祝寿。""五月端午,事竟,各渡头敛钱演戏,仔船为主。""月中秋,街市乡村演戏,祀土地之神。"福建地方戏曲的演出不仅与乡村俗事有关,其他一些活动,诸如商店开张、剧场落成、时贤返乡及违规受罚等也要演戏。

(三) 宗教文化对福建戏曲产生了深远的影响

福建是一个宗教大省,佛、道两教对福建戏曲产生了深远的影响,主要表现在两个方面:

1. 剧种本身由宗教仪式演化而来。最有代表性的如打城戏,又名法事戏,源于僧、道做法事的打城仪式。泉州自唐代始,于固定佛期派僧徒到民间进行佛事活动,宣传教义,这一宗教活动沿袭至清代,演变为在和尚和道士打醮拜忏之后,做各种文艺表演。如由道士表演的《天堂城》,内容为芭蕉大王巡视枉死城,超拔冤魂;由和尚表演的《地下城》,内容为地藏王打开枉死城,分辨善恶。至清中叶,这类表演发展为较完整的戏曲形式,多取佛经故事和道教故事来编演一些剧目。

2. 剧目与宗教关系密切。最有代表性的如取诸佛经的《目连救母》,来源于《佛说盂兰盆经》《经律异相》《撰集缘经》《杂譬喻经》。福建许多剧种都有目连戏,其中莆仙戏的目连戏为36出至105出不等的连台戏,内容从傅家诵经礼佛的家史及围绕诵经礼佛所引起波折展开,旨在劝人信佛,宣传如果生时违背忠孝节义,死后就难避轮回之苦。此外,还有词明戏目连戏、道士目连戏、泉州木偶目连戏、上杭木偶目连戏、闽剧目连戏、打城戏目连戏、龙岩狮爷戏目连戏等。值得注意的是,一些道坛为非正常死亡者做法事时,常以戏代仪。这种将戏曲与法事融为一体的做法,在泉州、龙岩、东山、漳浦、福鼎、霞浦等地都存在。① 一些剧中表演与宗教有关,有不少是对佛教壁画、石刻、塑像等人物形态的模仿,如观音手、观音叠座、十八罗汉。再如大腔戏也受到道士做道场

---

① 关于目连戏与法事关系,具体可参看《福建目连戏研究文集》中沈继生撰《泉州法事戏与〈目连救母〉》,刘远、章文松撰《龙岩狮爷戏的〈目连〉表演》,陈翘撰《宗教法事中的〈目连〉》,限于篇限,此不赘述。

的影响,表演时带有道士做道场的色彩。

（四）民间舞蹈丰富了福建戏曲的表现力

福建舞蹈艺术遗产极为丰富,福建戏曲大量吸收了福建民间舞蹈的精华,经过加工,与全戏融为一体,成为其不可或缺的一部分,增加了戏曲的表现力。如闽剧《炼印》,表演换印时转愁为喜的一段,吸收了福州民间舞蹈"跳财神舞""大刀花舞"和"金花宝"的舞蹈动作,化为"玩弄金印"等身段表演,又把民间"双龙抢珠"舞蹈变为"抢掷金印"表演。有的舞蹈已成为戏中的某一程式,如北路戏的大花、二花出台时,倒退出场,作一番舞蹈表演之后,再转身亮相。闽西山歌戏载歌载舞,舞蹈动作在吸收"采茶灯"的碎步和大秧歌的十字步基础上,自成一格。打城戏中则有被称为"开大笼"的小型舞蹈。三角戏做功重舞蹈,常载歌载舞。

三、福建的主要剧种[①]

福建被称为"戏曲大省",戏曲剧种之多,为各省地方剧种数量之最,最主要的有闽剧、莆仙戏、梨园戏、高甲戏、芗剧这五大剧种。

（一）福建五大剧种

1. 闽剧的流行区域和特点

闽剧俗称福州戏,流行于福州方言地区及宁德、建阳、三明等地,以福州方言唱腔道白。闽剧是明代末年的儒林戏和清中叶以来的江湖戏与平讲戏这三种不同艺术风格的剧种,互相渗透融合,并吸收了徽戏和昆曲而形成的以唱逗腔的儒林戏为主的综合性多声腔剧种。明末曾任江西布政使、浙江按察使的福州人曹学佺,归里后在家中组织童婢办起家庭戏班,常邀儒士文人共同赏乐,被称为儒林班或儒林戏。后用福州方言演唱的平讲戏悄然兴起。原儒林戏受到启发,于清咸丰年间(1851—1861)为继承曹氏传统,组建了洪塘儒林班,于是儒林戏重新崛起,并由家族走向社会。清同治至光绪年间(1862—1908),儒林戏迅速发展,仅福州郊区就有十多个业余的儒林戏班,同时也相继出现了醉春园、驾云天、达云霄、赛月宫、庆仙园等职业儒林班,演出盛况空前。此时儒林戏还流传到长乐、福清、永泰、古田、闽清等地。到了光绪末年,儒林戏与江湖戏、平讲戏融合,称为三合响,形成了闽剧。

闽剧传统剧目很丰富,据统计有1500多个。著名的如《女运骸》《双玉蝉》《伍老与周良显》《红裙记》等,今人改编整理的如《桐油煮粉干》《贻顺哥

[①] 本节部分内容参考了柯子铭主编的《中国戏曲志·福建卷》,文化艺术出版社1993年版。

烛蒂》《钗头凤》《甘国宝》《陈若霖斩皇子》《炼印》等。闽剧的音乐曲调富有浓厚的地方色彩。伴奏乐器分"软片""硬片"两类。软片伴奏以丝竹为主,主要乐器如京胡、三弦、笛、笙、唢呐;硬片伴奏以金革为主,主要乐器如清鼓、堂鼓、大小锣、大小钹、渔鼓、清水磬。角色行当早期只有生、旦、丑,后来日渐完整,分正生、小生、老生、贴生、武生、正旦、青衣、花旦、小旦、武旦、老旦、丑旦、小丑、三花、武三花、大花、二花、武二花、末、外、杂等。闽剧表演艺术有其特点,如旦角表演主要借助水袖、身段,并注意运用手眼身法步的基本程式,也讲究面部的神、气,以表现戏中人物的心理活动。闽剧表演动作强烈、粗犷,如舞台上常有三赶三追、扁嘴憋脸、抖手颤腿、耍发甩须等表演程式。但也有部分生、旦表演较为细致、典雅,尤其是一些旦角的表演,十分细腻柔美。闽剧对身段要求严格,有"有脚才有手,有手才有身""脚动手动,手动身动"和"一动百动"之说。闽剧唱腔音乐多样,有激越粗犷的"江湖",有平畅通俗的"洋歌",有活泼清新的"小调",还有婉约典雅的"逗腔"。道白则通俗易懂,大量吸收民歌、俚谣、谚语和歇后语,富有福州乡土气息。

2. 莆仙戏流行的区域和特点

莆仙戏主要流行于莆田、仙游两县及邻县的兴化方言区,因宋时莆田、仙游隶属于兴化军,明清时隶属于兴化府,故又称"兴化戏"。莆仙戏历史悠久,可追溯到唐代,宋代莆田著名诗人刘克庄曾在其诗中大量描述过当时演戏的盛况。明清时代达到空前繁荣。自清中叶至清末,仅莆田、仙游两地,就有戏班150多个。经过700多年的积累和创造,莆仙戏拥有传统剧目5000多个,居全国地方剧目数量之首,甚至全世界还没有哪一个剧种可以与之相比。著名的传统剧目有《目连》《叶里》(又名《叶里娘》《翁懿娘》)、《张洽》《春江月》《商辂教书》等,今人整理改编的剧目有《团圆之后》《状元与乞丐》《春草闯堂》《琴挑》《嵩口司》等。

莆仙戏唱腔属兴化腔,唱腔结构的形式为曲牌体,有谱可传的曲牌不下千支,男女同腔同调,行腔委婉缠绵。伴奏乐器早期只有锣、鼓、笛,后来又陆续增加了横笛、大胡、二胡、月琴、三弦、文鼓、单皮鼓、钟鼓、碗锣等。据称,锣鼓经共有500种以上,有谱可传者现有200余种。脸谱用色为红、白、黑三种。据《莆仙戏传统舞台美术》介绍,目前收集到的脸谱有300多个。莆仙戏的角色行当最先只有生、旦、净、末、丑、贴生、贴旦七种,明中叶以后增加老旦,辛亥革命后受闽剧、京剧的影响,分工较前细致,仅以生来说,就有小生、老生、须生、武生、孩生等。各行当的表演,一举手一走步都有严格的要求。如生、旦的举手,不能高过眉目,不能低于肚脐,左右不能超越眼围之外;生的走步有抬步、摇步、三步行、四步停等;旦的走步有蹀步、侼肩、扣手、扫地裙等。莆仙戏讲究动作优美细腻,富有舞蹈性,特别以表现古代女子"行不动裙"的蹀步为最美,演员走时两膝夹紧,双足靠拢,足尖着力,一跷一落,蹉步行进。练时需在膝头夹个铜板,以走时铜板不掉算成功。而且各行当都有不同的口功、肩功、腰功和扇子功。演出时先是锣鼓三通,三通过后奏一曲《思娘家》,然后"头出末"上场舞蹈一番,舞蹈结束后才开始正戏演出。莆仙戏的服装以红、绿、黄、白、黑为主,道具一般较短小。

3. 梨园戏流行的区域和特点

梨园戏流行于泉州等闽南方言区。南宋绍熙年间(1190—1194),泉、漳之间就已盛行一种演唱土腔土调的优戏,演唱内容多为南曲曲牌体的戏文。这种优戏后来被称为"下南戏"。绍熙以后,温州的杂剧传入泉州,带来了一批大型的南戏剧目,与原来的"下南戏"的优戏,并演共存。这种北来的戏被称为"上路戏"。南宋灭亡后,宗室多迁入泉州,随带家班以供娱乐。而这些家班的演唱艺人多是童年男女,所以被称为"小梨园"。这样,泉州的梨园戏在宋末元初,就有"下南戏""上路戏"和"小梨园"三种不同的艺术流派。这三种艺术流派拥有各自的专有剧目和专用唱腔曲牌。后来这三种流派逐渐融合,形成了以土生土长的"下南戏"为主体,以泉州方音为正宗的梨园戏。

梨园戏保存着不少南戏剧目,在现存的"下南戏""上路戏"和"小梨园"47种剧目中,属于宋元南戏的就有26种。除《王魁》《赵贞女》《朱文》《刘文龙》《郭华》《刘知远》之外,另有《朱寿昌》《江中立》《韩国华》等20多种剧目为历代戏剧文献所未载。因此福建梨园戏被誉为南戏的"活化石"。明代,梨园戏有了迅速的发展,描写爱情故事的《荔镜记》的出现,使梨园戏风靡一时。梨园戏拥有100多个剧目,剧目文辞优美,情节处理独特。所有传统剧目都是文戏,没有武戏。"上路戏"中著名的传统剧目有《王十朋》《王魁》《刘文良》《朱文走鬼》《朱寿昌》等,大都以夫妻悲欢离合的家庭故事为主,表演风格较为古朴。"下南戏"中著名的传统剧目有《吕蒙正》《郑元和》《苏秦》等,多以讽刺封建社会的世态炎凉为主,也有部分公案戏,剧本文辞较粗俗,表演风格较为明快、粗犷。"小梨园"中著名的传统剧目有《陈三五娘》《郭华》《董永》《蒋世隆》《韩国华》等,剧文结构严密,文辞典雅,内心描写细致,表演风格柔雅精致,多载歌载舞。

梨园戏音乐由南音、笼吹、十音和部分潮调等组成,唱腔结构属曲牌体。"上路戏"曲牌较为刚劲有力、淳朴、哀怨;"下南戏"曲牌较为明快、粗犷、诙谐;"小梨园"曲牌较为优美、纤细、缠绵。角色沿用南戏旧制,"小梨园"有生、旦、净、丑、贴、外、末七个行当,"上路戏"和"下南戏"则增加老旦和二旦。表演细腻优美,规范严谨,有"一句曲子一科步""举手到眉毛,分手到肚脐,拱手到下颏""进三步,退三步,三步到台前"等舞台术语。梨园戏表演也独具特色。开演先打"头落鼓",准备演出;然后打"二堂鼓"上演《八仙贺寿》,接着表演"跳加官""相公爷踏棚",然后才是"头出生""二出旦"。表演的基本动作,有严格的程式,称为"十八步科母"。唱和白以泉州方言为准,音乐唱腔属南曲系统。服装旦角无水袖,其他角色服装的水袖都很短。道具极为简单,通常只有一条条椅。

4. 高甲戏流行的区域和特点

高甲戏又名戈甲戏或九角戏等。据说此戏早期多是演动戈穿甲的武打戏,因名戈甲戏;又据说此戏有九个角色,因名九角戏;还有一说是此戏到南洋演出时,被侨胞称为高等甲等的戏,故名高甲戏。高甲戏流行于泉州、厦门、台湾等闽南方言区,起源于明代闽南民间流行的街头装扮游行表演,以姣童装扮成故事中的人物角色。明末清初,姣童装扮成《水浒》中的英雄好汉,表演宋江的故事,也有人称宋江戏为高甲戏的前身。因而高甲戏的早期主要演出武打戏。从乾隆到道光年间(1767—1850),南安出现名为"三合兴"的高甲戏班,受到弋阳腔、徽调、昆山腔、四平腔以及后来京剧的影响,突破了演武戏的局限,吸收了竹马戏、梨园戏等的剧目,开始演文戏。文武并演,题材扩大,更受欢迎,于是清末民初就形成了高甲戏这个剧种,并且迅速从泉州流行到晋江、南安、惠安、同安等地,而且渡海远到泰国、新加坡、印尼、马来西亚等国演出。

高甲戏传统剧目约 600 个,大部分来自木偶戏、布袋戏剧目和古典小说,也有部分来自民间传说,著名的传统剧目如《大闹花府》《织锦回文》《詹典嫂告御状》《管甫送》。今人改编整理的如《连升三级》《真假王岫》《桃花搭渡》《许仙谢医》《凤冠梦》等。音乐曲牌以南曲为主,兼收木偶调和民间小调,传统曲调有 200 多首,唱字行腔雄浑高昂,也有清婉细腻的音韵。乐器分文乐和武乐,文乐以唢呐为主,配以品箫、洞箫、三弦、二弦等;武乐有百鼓、小鼓、通鼓、大小锣、大小钹等。角色行当有生、旦、北、丑、杂,以丑角戏的表演最有特色,有男丑、女丑。男丑又分文丑和武丑,文丑有"长衫丑"和"短衫丑";武丑有"师爷丑"和"捆身丑"。"长衫丑"又分为"大服丑""公子丑""员外丑"等;"短衫丑"又分为"衙役丑""家丁丑""光棍丑"等。女丑也有"媒婆丑""夫人丑""老丑""婢子丑"之分。诸多丑角以夸张、漫画式的表演,刻画人物的外表形象和内心活动,情感丰富,妙趣横生,鞭挞丑恶的人情世态入木三分。高甲戏以这种独特的风格崛起戏坛,闻名遐迩,经久不衰。高甲戏唱腔随着自身的发展而有所变化。早期宋江戏的唱腔比较简单,后来为适应文戏演出,吸收了南音、梨园等唱腔,柔和文雅,富于抒情。道白,尤其是丑角道白常用民间歌谣、俚语、谚语和歇后语,既平白易懂,又增加妙趣,富有幽默感。表演时身段动作优美细致,表情幽默诙谐夸张活泼,妙趣横生。

5. 芗剧流行的区域和特点

芗剧也称"歌仔戏",流行于闽南漳州、厦门及台湾地区。明末清初,随着郑成功收复台湾,漳州地区的锦歌、车鼓弄等民间音乐也传入台湾,与当地民间艺术相结合,又吸收了其他剧种技艺,经过长时间的发展,锦歌从原先的坐唱曲艺变成了能够表演故事的歌仔戏。1928年,台湾歌仔戏"三乐轩"班首次到闽南演出,受到漳州、厦门等地乡亲们的喜爱,于是又在闽南故土迅速发展。厦门、漳州、泉州都出现了业余歌仔戏班。抗日战争时期,一些歌仔戏艺人从原来的锦歌中的《杂碎调》(《杂碎仔》)、《哭调》吸取精华,又吸收竹马戏、高甲戏、南音等的音乐,对歌仔戏进行改良,形成了一种新的唱腔"改良调",风行一时。芗剧形成较晚,但发展很快,芗剧团社遍及漳州、厦门等地,还前往省外,甚至东南亚各国演出。

芗剧传统剧目有400多个,题材多取自民间传说、神话、公案、传奇和历史演义,如《山伯英台》《火烧楼》《安安寻母》《杂货记》《李妙惠》等;今人改编整理的如《加令记》《三家福》等。芗剧唱腔多,说白少,腔调主要有《七字调》(《七字仔》)、《哭调》《台湾杂念调(仔)》《内地杂碎调》以及来自民歌和其他地方剧种的唱腔共五大类。乐器分为文场和武场,文场乐器有通鼓、竖板、板鼓、木鱼、小钹、大钹、大小锣等;武场乐器有月琴、台湾笛、二胡、唢呐等。角色行当一般分为生、旦、丑、净。生又分为老、少、文、武;旦分青衣、老旦;净分文武大花脸和二花脸;丑分长甲丑(又称"长衫丑")和短甲丑。表演夸张,用语幽默诙谐,有一整套表演要求。如指法有"小旦到目眉,小生到肚脐",眼功有"指出手中,眼随指从""眼出情,指出神"等要领。唱词平白通俗,具有闽南方言韵味,结合唱腔和舞蹈表演,有浓厚的地方色彩。

(二)福建其他剧种

除了上述五大剧种外,福建较有代表性的地方剧种还有:

1. 竹马戏。竹马戏流行于长泰、南靖、龙海、漳州、厦门、同安、金门等地,发源于漳浦、华安等地,由民间歌舞"竹马"发展而来,因表演者身扎竹马进行歌舞而得名。2. 大腔戏。大腔戏流行于三明、永安、大田、龙溪等地,因"大嗓子唱高腔,大锣大鼓唱大戏"而得名。3. 四平戏。明代末年,屏南县龙潭村武术师陈清英到江西设馆授徒,参加了当地的四平戏班,先演小生,后演老生。十几年后母亡归乡。乡里人知道他学过四平戏并能演四平戏,就请他教戏组班。于是四平戏就开始在屏南扎根流传。4. 词明戏。词明戏流行于福清、平潭、长乐等地。据说明代有一个大官从江浙到福建上任,带来一个高腔戏班,不用管弦伴奏,强调演唱"词句唱明",所以人称词明戏。5. 打城戏。打城戏是一种宗教性质的戏曲。因是在宗教做法事"打城超度众生"的基础上发展起来的,故又称"法事戏""和尚戏""道士戏"等。流传于泉州、晋江、南安、龙海、漳州等地。6. 山歌戏。山歌戏是福建最年轻的剧种,它是以演唱山歌而得名的。山歌戏出自龙岩,流行于闽西的龙岩、连城、长汀、漳平、永定、武平、上杭等地。7. 梅林戏。梅林戏,因形成于泰宁朱口的梅林村而得名。又因用泰宁的土官话演唱,又称泰宁土戏。8. 南词戏。南词戏因由曲艺南词发展形成而得名。流行于南平、三明、龙岩地区的部分县,以及漳州、龙海等地。9. 北路戏。北路戏于清代中叶从浙江传入闽东寿宁、福安、屏南以及闽北建瓯等地。因浙江在北,所以这种从浙江传来的剧种被称为北路戏。10. 平讲戏。平讲戏用福州方言演唱,以平白通俗如讲话而得名。流行于闽东的宁德、福安、屏南等地。11. 游春戏。游春戏因多在春节期间演出而得名。流行于建阳、建瓯、政和、松溪等地。12. 三角戏。三角戏是由生、旦、丑三个角色组成的小戏,故而得名。三角戏于清中叶后由江西传入。主要流行于邵武、光泽、武夷山、泰宁、建宁等地。13. 木偶戏。木偶戏是一种借助木偶表演的剧种。在福建各地都有流传。14. 潮剧。也称"白字仔戏""潮音戏",流行于诏安、云霄、东山、平和、漳州、南靖及龙岩等地。明中叶前形成于广东的潮州、汕头一带和福建南部的潮语方言区。15. 闽西汉剧。流行于龙岩、三明及龙溪等地,因其主要声腔属弹腔南北路,故称"乱弹";又因其声腔来自外省,亦称"外江戏"。16. 小腔戏。因由赣东传入,故又称"江西戏"。流行于龙溪、永安、大田、沙县等地。

四、福建戏曲的艺术魅力

(一) 福建戏曲的独到表演艺术

福建戏曲以其独到的表演艺术而令人赞叹。福建各剧种虽然都用方言演唱,却在屡屡上京晋演时,倾倒外地观众,并多次得奖。即使观众听不懂演员的唱白,也能从演员那出神入化的动作表演中得到美的享受。虚拟是中国戏曲的主要特点之一,而身段和动作,又是虚拟所凭借的主要方式,通过演员的身段和动作,把没有实物的实物意象传递给观众欣赏。舞台空无所有,演员心中却一切皆有。

福建各剧种都注重基本功的训练,讲究步、手、肩的配合,但各剧种又有自己独特的要求。以步法为例,据柯子铭主编的《中国戏曲志·福建卷》载,莆仙戏有三步行、蹀步、摇步、拖步、挑步、云步等。闽剧有正步、平步、快步、慢步、叠步、抬步、雀步、错步、趋步、云步、拖步、颠步、摸步、老步、膝步、转步、退步、迈步、弓箭步、跳步、矮步、分水步、探步、滑步、跨步等;芗剧有贴步、碎步、叠步、磨步、垫步、踢裙、跑步、蹉步、上楼步、迈步、颠步、八字步、弓步、勾步、踢步、矮步等;梅林戏有踏步、跺步、蹉步、蹭步、跪步、云步等。各个角色行当,所用的步法也不同。如莆仙戏旦角最主要的是"蹀步",表现了古代女人婀娜多姿的走路形态;生角最主要的是"三步行",举步时足尖稍抬起,踏地时膝盖稍屈即又伸直,表现了儒雅稳重的风度。再如北路戏,表现花旦欢跃情态时,多用"金鸟步",即脚尖落地用碎步跳跃前进,身躯与头部紧密配合,一俯一仰轻巧自然;表现成年妇女的稳重大方时,多用"后跟步",即用脚跟着地,轻移莲步,一进一退,或三进一退。

再以手法为例,闽剧的手法有兰花手、菊花手、弧形手、抱拳手、山膀手、背拦手、哭介手、遮雨手、云手、抖手、翻手、穿手、握手、指手、拦手、背手、拱手、摊手、拉手、上下摆手等。各剧种的手法也都有严格的程式,如竹马戏中的"指手",是将右手从小腹前弯划至胸前,向正前方指出,掌心朝外,指尖朝上,高度齐鼻,左手同时又在腰上;"分手"即两手以螃蟹手姿势,从两侧向腹前翻转;"啄手"即左手叉腰,右手以观音手姿势划至胸前,然后再着力指出。各种手法作用也都有明确的规定,如梨园戏中"指手"是指人、指事、指方位;"啄手"是用于表示羞怯、偷看、探视或在远处暗自思忖;"拍手"是表示欢喜、赞美或庆贺团圆;"提手"是表示疑惑、惊讶或反问;"分手"是表示没有、发问或不解;"拱手"是表示尊敬等。

福建戏曲属于地方剧种,虽受方言限制,却有不少剧目被全国各地方剧团移植,如莆仙戏《春草闯堂》被全国一百余家剧团移植,高甲戏《连升三级》被全国三十余家剧团移植。其高超的表演艺术是主要因素之一。如莆仙戏《杀狗记》中的"迎春牵狗",表现的是女婢迎春奉主娘之命,到王婆家买狗后将狗牵回的经过。全出没有唱词和道白,靠迎春的手势、台步、身段、眼神,表现了一只虚拟狗的存在,据《中国戏曲志·福建卷》载,其表演层次为:(1)迎春运用长短手牵狗,跑圆场;(2)狗往回跑,迎春三拉三拖;(3)迎春紧拉狗索,与狗对面连续长短手三下翻;(4)狗迎面扑来,迎春麻利地做三下跳躲闪过去;(5)迎春跌坐在地上,用臀部将狗索压住;(6)迎春抚摸狗头,用动作表示狗不再调皮了;(7)迎春对面逗弄狗,走小圆场;(8)迎春拿绳索向狗做"三下扑",重将绳索套在狗头上;(9)迎春左手抓狗,用绳索打狗,狗蹲地,迎春又抚摸狗,从袖中拿饼给狗吃;(10)狗吃饼,迎春双手提索牵狗走"雀鸟步",欢欢喜喜下场。这一出戏形象细腻地表现了牵狗的过程。再如高甲戏《骑驴探亲》,戏中亲家母是一位麻利的农村老妇人,她挥鞭跑驴时,打一鞭,驴跳一步退两步;打两鞭,驴跳两跳又退回;再重抽一鞭,驴突然向前飞奔。打两个圆场后,驴才慢慢恢复正常。演员运用腿、肩、颈及眉、眼、嘴的表演,使观众感到仿佛真有一头难以驾驭的驴之存在,表现了人急驴不急的有趣场面。

(二) 福建戏曲演员借扇、伞来表现角色性格

福建各剧种还常借扇、伞等砌末中的套数,形象地表现角色性格和思想感情。据《中国戏曲志·福建卷》载,莆仙戏《百花亭》中的"百花赠剑",生、旦同时慢慢打开扇子,向左边做"乌云盖顶",然后双方把台位拉开,打开扇向左右搭,做"双飞扇"。再扇叠扇,做"双宿"扇法,三上三下,再转换台位,叠扇为"阴阳扇",左掀右翻,慢慢蹲下,相对照面,再次接连做"三托扇",然后双扇如蝴蝶翩翩起舞,若即若离,构成"花鱼戏水"的扇舞。高甲戏《笋江波》中,官宦公子吴世荣未出场先伸出手中扇子上下盘旋,接着以扇遮面;扇向右拉,露出半张脸;扇向左拉,又露出半张脸;扇又向下拉,才逐渐把脸露出来亮相。再将扇子架在脖子上,头向前伸,活脱脱一个花花公子形象。各剧种的扇功五花八门,如芗剧扇功有:持扇、捧扇、点扇、转扇、开扇、托腮扇、瞅视扇、遮羞扇、反夹扇、腰扇、拱扇、背扇、扑蝶扇、卧鱼扇、打风扇等。潮剧文生也注重扇功,各种扇功都有一定程式,当欣赏风景或表示激动时,就以右边扇,托左袖颤扇来表达;当发现近处景物时,结合唱词运用左指扇;表现端庄大方的形象时,用反花扇亮相。再以伞为例。梨园戏有"十八雨伞科",如《孟姜女》中的"送寒衣",以张伞、撑伞、顶伞、施伞、升降伞、飘伞、放伞等动作,形象地表现出人物顶风冒雨艰难行进的情景。再如《高文举》中的"玉真行",王玉真以捧伞、托伞、停伞、荷伞、掷伞、拖伞、开山伞等动作,真切地表现出其孤身行路时的惊惧、疑虑而又坚强的心情。还有《陈三五娘》中的"留伞",陈三愤然而去,婢女益春苦苦挽留,通过陈三和益春对一把伞的争夺,表现了一个要"去",一个要"留"的场景:陈三拾伞、荷伞欲走,益春追上挽伞,两个人各执一端,或拉或挽;益春夺过伞并置于地下,陈三捡伞,益春踩伞,陈三手被压而缩回,益春歉疚,陈三再拾伞、挟伞而行,益春再夺伞,两人握伞绕圈,最后陈三将伞夺回,益春抢前握住伞柄,道出缘由。

(三) 福建戏曲演员常用身段动作来表现虚有实物

福建戏曲演员常用身段动作来表现虚有的实物,使观众有身临其境之感。据《中国戏曲志·福建卷》载,表现"撑船"时,演员牢记"人在船上,船在水中",通过身段动作来表现本不存在的船。闽剧《渔船花烛》中,玉珍上船时摇摇晃晃、小心翼翼地一步一步往前挪,表现出跳板之险;在船上,玉珍脚步趔趄,头碰船篷,表现出船的窄小和备受风涛颠簸。竹马戏《搭渡弄》中,旦角扮摇船者,左手模拟扶桨,身子微微倾斜,扶桨的左手缩回胸前时,左脚垫在右脚

跟,右手叉腰;左手推桨向外伸时,右脚垫在左脚跟后,表现了船在水中的摇荡。再如表现坐轿行走时,演员通过一系列动作,惟妙惟肖地表现出本不存在的轿。梨园戏《商辂》中,演吴丞相乘轿上殿时,家院做掀轿动作,丞相双腿下蹲入轿,端坐轿内,家院则绕着四周忽快忽慢地行走,表现轿子以不同速度在前进。最让人称道的是莆仙戏《春草闯堂》中的"问证",知府让春草坐轿,自己步行相随,春草、知府、轿夫分别采用踏步、双跳步、双踏步、蹀步、跬步、矮步、抽步、颠步等步法,逼真而又生动地表现了上坡下坡、直跑转弯、涉水过沟等情形,虽然舞台上并没有轿子,却使观众强烈地感受到轿子的存在。

五、福建戏曲的特点

（一）保存了全国最多的南戏剧目和中原古剧

福建戏曲被称为"南戏遗响"和中原古剧的"活化石"。特别是莆仙戏、梨园戏的传统剧目、音乐曲牌、角色行当等都与南戏关系密切。在莆仙戏中,有五十多个剧目与《南词叙录》中"宋元旧篇"著录的南戏剧目相同或基本相似。莆仙戏保存了大量古南戏稀有曲牌,而且部分曲牌的名目、音韵、词格等,亦与唐宋大曲和宋词调相同。莆仙戏的表演和舞曲,也与唐宋大曲有一定的继承关系。梨园戏不仅保留了大量宋元南戏剧目,在音乐和演奏上也都保留了唐代古乐的结构特点和演奏遗风。有的南戏剧目靠梨园戏得以保存。如徐渭的《南词叙录·宋元旧篇》中提及的《朱文太平钱》,曾被《永乐大典》所收,题作《朱文鬼赠太平钱》,戏剧故事情节今天已佚,但残本存留于梨园戏中成为海内孤本。梨园戏《朱文走鬼》讲东京朱文,到西京投亲,有一女子自称王行首之女,名一摄金,进门与朱文纠缠,朱与她定亲后,她即赠绣箧,内藏五百金。第二日绣箧被王行首夫妻拾得,认出为亡女遗物,朱文连呼遇鬼而仓皇出逃。一摄金追上,朱文以种种法术难驱一摄金,而在她充分证实自己是人后,相偕而去。全篇浑话极多,真实反映了古老南戏遗篇的风格、体裁,以及语言的地域声腔和戏文形成的时代。

（二）剧种的形成过程复杂

福建戏曲各剧种的形成过程复杂,汲取营养丰富。福建戏曲之所以难以明显区别外来剧种、本地剧种,因为它所受的影响是多方面的,是各种艺术、各个剧种互相融汇的结果。以潮剧为例,似乎纯属外来剧,其实它固然形成于广东潮、汕一带,但其早期称"正音戏",是用中原音韵的"官话"演唱的,属宋、元南戏的一支。后又受到梨园戏的影响,如潮剧传统剧目《荔镜记》,曲文即以泉州方言杂潮语写成。潮剧主要乐器,也与梨园戏基本相似。此外,潮剧还受到畲歌畲舞影响,许多潮剧传统剧目中还保存着斗畲歌的形式和疍民船上歌舞的形式。再如莆仙戏的许多剧本,是移植改编自外地剧种的,而温州南戏、海盐南戏,对莆仙戏影响最大。

(三) 保留不少稀有剧种

这是福建的地缘性、封闭性所致。例如,过去许多戏剧史家认为,"四平戏"作为一个独立的剧种已经绝灭。但1981年夏却发现屏南县熙岭乡的龙潭偏僻小山村中,仍有四平戏的遗响。

(四) 赴东南亚演出频繁

据《中国戏曲志·福建卷》统计,从明万历年间至1948年,福建戏班赴东南亚演出,有资料可查的有30个左右,共35次,剧种为高甲戏、闽西汉剧、莆仙戏、梨园戏、闽剧、芗剧等。赴外演出历史之悠久、戏班次数之多、剧种之多,为全国地方戏中所不多见。

(五) 演出习俗繁多

福建各剧种演出习俗之多、之细、之繁,实为罕见。开演前、演出中、演出后各剧种都有一套详尽程序。如闽西汉剧在首场演出时,必须先由一演员扮唐明皇,口念"风调雨顺,国泰民安"。潮剧在开演前,先要演一出《团圆》,然后才入正剧。新戏开演,新戏棚落成等,也有各自规定的习俗。如芗剧在新戏台演出时,必须洗台。洗台仪式极为繁缛。莆仙戏在新戏开台时,都要先演《田公踏棚》。有的剧种连什么日子该演什么,忌演什么,怎么拾礼(拿东道主红包)等,也都有规定。各剧种都有自己所供奉的保护神,如莆仙戏供奉田公元帅,大腔戏和小腔戏供奉田清源、窦清奇、葛清巽三个戏神。各剧种也都有自己的行话和口诀,如梨园戏称演员唱每一句曲白都要选用能准确表达其含义的表演程式为"一句曲一步科",称演员在舞台上滥动为"歹戏多科步,歹傀儡多线路",称鼓一响即要上台为"军令不如赌令,赌令不如戏令"等。

(六) 剧目丰富

据统计,福建保留至今的传统剧目有17000多个,居全国首位,其中莆仙戏剧目5000多个、8000多本,为全省之最。莆仙戏的剧目明代本数量最多,根据明清传奇改编的也很多。其内容以反映男女爱情、反对封建婚姻制度的居多,如《蒋世隆》《王十朋》《李亚仙》《陈三五娘》。莆仙戏还有少数连台本戏,如《东周列国》(8本)、《封神榜》(8本)、《三国》(10本)、《隋唐》(8本)、《杨家将》(16本)。梨园戏的传统剧目有100多个,其中许多与宋元南戏相同,如《赵贞女》《王魁》。闽剧剧目有1500多个,内容或根据当地流传故事改编,或根据史实和民间传说改编,也有一些是根据省外剧目改编的。高甲戏的传统剧目有 600 多个，其内容或取材于木偶戏、昆曲、四平戏，或取材于民间传说，或取材于演义小说。芗剧剧目有 400 多个，内容或取材于本地故事，或由四平戏、乱弹、京剧、梨园戏、潮剧改编，或由宝卷、稗史、小说改编。

（七）班社众多

据《中国戏曲志·福建卷》载，福建历史上较有名气的班社约 60 个。这些班社，或由村办，如大腔戏福兴班由尤溪县梅仙乡乾美村办；或由戏曲爱好者独资筹办，如莆仙戏振瑞班，即由仙游监生何普独资创办；或由省外买进，如潮剧永乐香戏班，即由诏安县武举人沈大鹏到广东省饶平县买回；或由艺人自由组建，如四平戏可盛班由漳州、平和、南靖等地艺人自由搭班组成；或由村里长辈轮流掌班，以招本村弟子为主，如平讲戏大都班由宁德县前路大都村长辈负责；或由科班出身的成年艺人组班，如高甲戏福和兴班，即由同安县马巷后田村成年艺人组成，俗称"凑角老戏"；或合股组班，如高甲戏金和兴班，即由南安县溪东村李阿南、营前村洪臭秦、岑兜村洪大排、郭前村郑文语等合股组班；或由班主与村人订立合同组班，如高甲戏福美兴班，即由班主洪文雅与村人订合同，收买戏童十多人，边演边教；或由留洋人认股组班，如平讲戏留洋班，即由福安县留洋人认股集资建班；或由海外华侨回国组班，如高甲戏吕宋班，即由旅居菲律宾的侨团丝竹尚义社成员吴仔居回国组班后，赴吕宋演出。众多班社，不仅促进了福建地方戏曲的兴盛，且在班内有人指导，可互相取长补短，故也出了许多知名艺人。如号称"闽南第一丑"的柯贤溪、"下山虎"大花施仔俊、"赛春雷"花吴远宋、"来仔旦"花旦林秀来、"驾云行"武丑洪加走等，都出自高甲戏福庆成班。此外，戏班多了，就出现了竞争，有时请戏的主家为讲排场，同时请两个戏班，在同一地点分别搭台，让两个戏班唱对台戏，这对双方都是严峻的考验，大家都要使出浑身解数，拿出看家本领，也由此进一步促进了福建地方戏曲艺术水平的提高。

第四节　福建绘画[①]

一、福建历代画家

（一）福建画家的人数与分布

福建画家可查考的主要在唐以后。据清代浙江海盐人黄锡蕃编撰的《闽中书画录》载，福建画家，计唐 4 人，五代 1 人，北宋 52 人，南宋 24 人，金 2 人，

[①] 本节部分内容参考刘九庵编著：《宋元明清书画家传世作品年表》，上海书画出版社 1997 年版。

元20人,明408人,清188人;另计女画家24人,僧19人,道士18人,流寓7人,游宦35人,总802人。黄锡蕃曾游闽十年归,所引书籍327种,五易其稿而成此书,其记载当较为可靠。但黄锡蕃编此书时为清嘉庆六至十二年(1801—1807),故之后的画家未编入。据有关资料考查,清代福建画家约300人,与明代相近。福建画家在分布上有两个特点:一是面广,几乎所有的县都出画家;二是画家群体只集中在几个主要县市。近人孙黲所著《中国画家大辞典》(神州国光社1934年版)收入福建画家350人,据其载,福建画家人数最多的是莆田,约50人;其次集中在福州(即侯官与闽县),约40人;再次为晋江,约20人;邵武、诏安、沙县、建阳等各15人左右。

(二)宋元福建画家

宋代福建画家人数虽不多,却特点鲜明。建阳人惠崇擅长花鸟和山水,其画荒率虚旷,世称"惠崇小景",充满江南牧歌式的情调,与南方山水画派同宗而异趣,其特点是作者将学禅妙悟后的神遇,借"小景山水"表达,别具灵寄,意境虚和萧散。传为其作的《溪山春晓图》,山峦朦胧,江水清澈,渔舟初放,飞鸟啼鸣,展示了江南水乡山村春天早晨的秀丽景色。在构图上运用了平远法,山林连绵起伏,沙渚水溪相接。福唐(今福清)人陈容擅画龙,或全体,或一爪一首,隐约不可名状。其《云龙图》中巨龙自高而下地盘旋于画面中央的位置,龙头昂仰,双目惊视,利爪奋攫,周身云翻雾滚,一片迷蒙,形象地表现出巨龙气吞万物、叱咤风云的气概。画幅右下角自题三言六句,可称诗、书、画三绝。这种三位一体的再现形式和手法,在南宋文人画中已开始出现,但为数很少,陈容则开元代及以后普遍化先河。其于宋嘉熙二年(1238)作行书《潘公海夜饮书楼》卷,宋淳祐四年(1244)作行书诗题《六逸图》卷,皆为故宫博物院所藏。白玉蟾,又名葛长庚,祖籍闽清,出生琼州,曾生活在武夷山中,长于书画,所作篆、隶、草书,或人物、梅竹,奇拔俊逸,传有《四言诗》草书,开架雄强奇伟,落笔险峻洒脱,看似漫不经心,却笔有着落,全篇情势奔放,一气呵成。元代最著名的福建画家是由南宋入元的连江人郑思肖。入元后,他隐居不仕,其《墨兰图》作于大德十年(1306),花叶萧疏,画兰而不画土,寓意国土被异族践踏,兰花不愿生长其上。短茎小蕊的兰花,借助舒展之姿和浓重水墨,体现出刚劲和清雅之质。这种不着地、没有根的墨兰,是一种新的创造。"露根兰"由此成为一种绘画流派,在福建一直盛行到清末。《墨兰图》今为日本大阪市立美术馆所藏。

此外,宋元时期代表性的画家还有:徐竞,字明叔,欧宁(今建瓯)人,工山水人物,曾做《平远山水》,成画于须臾,人多藏之;擅篆籀,于《说文解字》之外,另成一家。徐知常,字子中,建阳人,道士,所画神仙事迹,传明其本末,结构位置,均有秩序,作品有《写神仙事迹》等。曾世贤(一说士贤),字进之,福宁人,擅山水、竹树、花卉,随意点染,绰有神气。吴激,字彦高,欧宁人,书画俊逸可赏。林希逸,字肃翁,福清人,擅书画。林泳,希逸长子,工篆,擅画竹。苏翠(女),建宁人,擅墨竹。蔡发,字神与,建阳人,中年长住武夷山,字画雄伟,意气闲暇。陈淳,字安卿,号北溪,尤溪人,擅画,漳州谚语云:"陈北溪,好字画!"陈珩,字行用,陈容弟,擅画龙,并常作墨竹、桔荷、虫鱼、蟹鹊,极有生气。圆悟,号枯崖,崇安开善院僧,喜作竹石。章友直,字伯益,浦城人,擅画龟蛇,以篆笔作画,又精弈棋,能以篆笔画棋盘。黄伯思,字长睿,邵武人,擅长作诗与书法绘画,喜研究古文奇字,擅辨字画。其《东观余论》收入力作《法帖刊误》,在米芾评论《淳化阁帖》的基础上,重新进行考订,其见解精辟独到,当时人多为之折服。书法初仿颜、柳,后规摹锺、王,笔势简远,有魏晋风。所画人物,风致洒脱。伍元如,延平人(一作将乐人),擅山水,爱作烟云出没,所绘竹木怪倔。吴维翰,连江人,能诗,擅人物、花鸟画。苏照,字明远,建安人,曾任福建按察使,尤精墨菊及山水诸画,被称为名笔。黄齐,字思贤,建阳人,擅丹青,有《风烟欲雨图》。

(三) 明代福建画家

明代福建有影响的画家有:吴彬,字文中,莆田人。流寓金陵,万历年间,以能画荐授中书舍人。其特点是勇于创新,自立门户,山水不摹古,佛像人物形态怪异,白描脱唐宋规格,笔端秀雅,款字多用篆书。美国加州伯克利大学高居翰(James Cahill)教授将吴彬一些作品与 17 世纪传到中国的一些西洋版画对照,认为吴彬的画必然受到西洋画的影响(参见 *The Compelling Image*,哈佛大学出版社 1983 年版),是有见地的。吴彬所绘的山水画是一种想象的主观世界,是梦境、幻影的综合,自然形态在他笔下都被夸张,改变了原形。其《仙山高士图》奇峰突起,云雾蒸腾,巨石团团,欲腾空而去,幻影般的世界,不存人间。其《文杏双禽图》风格奇诡,他将水中鸳鸯画在树上栖息,文杏树情状奇特古朴,款印都署在最高的一根枯枝的上方,与明末文人画的习惯相异,具有强烈的个性。其隆庆元年(1567)所作《十八应真参乘演法图》卷,藏青岛市博物馆;万历二十年(1592)所作《洗象图》,藏中央美术学院;万历二十四年(1596)作《林峦秋色图》,藏故宫博物院;万历二十九年(1601)作《崇嶂层峦图》,藏南京博物馆,同年作《罗汉图》,藏台北"故宫博物院";万历三十一年(1603)作《明皇幸蜀图》,藏天津市艺术博物馆,同年作《秋猎图扇》,藏故宫博物院;万历三十六年(1608),作《山阴道上图》,藏上海博物馆;万历三十八年(1610)作《百道飞泉图》,藏泰州市博物馆,同年作《灵璧石图》,藏上海市博物馆;万历四十年(1614)作《莲社图》,藏浙江省博物馆;天启六年(1626)作

《方壶图》,藏故宫博物院。宋珏,字比玉,莆田人。流寓金陵,工画,写山水树石,行笔雄秀,出入二米(米芾、米友仁)、吴镇、黄公望之间,擅八分书,规抚《夏承碑》,苍老雄健,精篆刻。擅画山水,绘松尤秀绝,后人称"莆田派"。其万历三十六年(1608)作《山楼对雨图》、天启二年(1622)作《山水图》扇、天启七年(1627)作《榕阴水阁画》、崇祯二年(1629)为茂桓作《亭皋落木图》扇、崇祯四年(1631)作《渔隐图》等,皆藏故宫博物院;泰昌元年(1620)为张鲁生隶书《过徐渭山居诗》,藏广东省博物馆;天启六年(1626)作《梧桐秋月画》、崇祯二年(1629)仿《马和之松花图》卷,皆藏上海博物馆。曾鲸,字波臣,晋江人(一说莆田人),对肖像画有独到的贡献,能突破成法,创造出一种新的表现方法。《国朝画征录》说:"写真有两派:一重墨骨,墨骨既成,然后敷彩,以取气色之老少,其精神早传墨骨中矣,此闽中曾波臣(曾鲸)之学也;一略用淡墨勾出五官部位之大意,全用粉彩渲染,此江南画家之传法,而曾氏善矣。"前者为曾鲸始创,后者为传统写真法。据《无声诗史》载,曾鲸"每图一像,烘染数十层,必匠心而后止,其独步艺林,倾动遐迩,非偶然也"。这种创新的画法富有立体感,人称"凹凸法",始创于曾鲸。其万历四十四年(1616)写《王逊之像》,藏天津艺术博物馆;天启二年(1622)作《张卿子像》,藏浙江省博物馆;天启四年(1624)作《赵赓像》,藏广东省博物馆;天启七年(1627)作《胡尔慥像》,藏浙江省德清县博物馆,同年作《菁林子像》卷,藏首都博物馆;崇祯十年(1637)作《侯峒曾像》,藏上海博物馆。边景昭,字文进,沙县人,曾进宫廷作画,擅画禽鸟、花果,设色沉着妍丽,一图之中能描绘多种禽鸟。其永乐十一年(1413)作《三友百禽图》,绘入冬时节,百禽栖戏于梅松竹之间,它们或飞或鸣,或嬉或息,呼应顾盼,各尽其态。如此繁复的构图,众多禽鸟在作者笔下穿插掩隐,多而不乱,这在南宋院体画派中是罕见的。李在,字以政,莆田人,迁云南,后召入京,工画山水,兼工人物,曾与日本画僧雪舟切磋画艺,善吸收各家之长,又有创新。他的画细润处接近郭熙,豪放处似马远、夏圭。他在继承两宋院体画的基础上又吸取元代文人画技法,对戴进和吴伟的画法也悉心学习,融会变化,自成风格。其《琴高乘鲤图》描绘神话故事中战国时期赵国人琴高回水中时和学生揖别的情景,虽然是以人物为主,但对自然环境也作了精彩描绘,在河水翻腾、野风狂裂、山动水跃的环境中,衬托了琴高乘鲤仙去的情景。因此,它也是一幅精妙的山水画。李在与明初画家马轼、夏芷根据东晋陶渊明的《归去来兮辞》一起创作了《归去来兮图》,其《抚孤松而盘桓》《临清流而赋诗》等画,展示了广阔超脱的精神境界,在明初院体画中具有鲜明的特色。其《琴高乘鲤图》藏辽宁省博物馆;《归来去兮图·临清流而赋诗》,藏辽宁省博物馆;《阔渚晴峰图》藏故宫博物院;《溪山云阁图》,藏日本东京国立博物馆。

明代有影响的画家还如:周文靖,闽县人(一说莆田人,又一说长乐人),擅画,曾庭试《枯木寒鸦图》,获第一,山水学夏珪、吴镇,笔墨苍润细密,兼工人物、花卉、竹石、翎毛、楼阁、鸟兽等。天顺七年(1463)为绍芳作《茂叔爱莲图》,为四景图之一,藏台北"故宫博物院"。陈子和,号酒仙,浦城人(一说建安人),为浙派画家之一,工写意羽禽,亦擅山水。所画山岩树木,怪奇苍润。郑文林,号颠仙,闽侯人,为浙派后期名家,专用焦墨枯笔,点染粗豪,人物画笔致野放。郑善夫,字继之,闽县人,工诗文,擅书画,多绘山水、松石、花草等。林之藩,字孔硕,闽县人,曾授嘉兴知县,因居官清廉,不善逢迎被罢。从此一瓢一衲,归隐山中,擅山水,落笔苍润,韵致萧疏。王建章,字仲初,泉州人,擅画佛像,山水宗董源,笔力雄健,有不可勒之概。又擅写生,花卉翎毛,为一时绝艺。于清顺治六年(1649)赴日本。其于清顺治元年(1644)为道明作山水图扇,藏上海博物馆。张瑞图,字长公,晋江人,熹宗天启六年(1626)擢武英殿大学士,崇祯元年(1628)罢官,工书擅画,书法多变奇逸,笔力精神抖擞,纤瘦部分神闲意满,肥浓之画稍任放纵。其草书飞动空灵,富于天趣。与邢侗、董其昌、米万锺并称"明末四大书家",其行草《邓公骢马行》为代表作,笔势动荡,内涵丰富。另一佳作《醉翁亭记》疏密跌宕,如山间清流忽徐忽疾。崇祯三年(1630)作《晴雪长松图》,崇祯十一年(1638)作楷书和陶诗拟古册等,都藏于故宫博物院。宋祖谦,字尔鸣,莆田人,顺治间诸生,工楷隶,精画理,所作山水人物,陈洪绶、胡玉昆皆称其妙。王佑,字彦真,建阳人,秉性超迈,雅尚文学,擅墨竹,工草隶,时人称其墨竹当为第一人。徐,字维起,闽县人,博学多闻,擅山水,不肯多作,故传世绝少。高廷礼,字彦恢,长乐人,永乐初自布衣入翰林,熟典籍,工诗能文,山水得米南宫法,自成一家,书法得汉隶法,世称其诗、书、画三绝。黄祥,号水云,邵武人,工书擅画,浓淡停均,曾作《宫女图》,所画六七百人,所嬉、所穿、所事,无重复,时称绝技。

明代,福建还有许多画家开拓了自己独特的领域,由此在画史上占有一席之地。如:袁运,字德修,闽县人,擅画兰竹,一枝一叶,不入俗品。庄心贤,晋江人,擅写真,凡写真之法,须先定面部,心贤则随意数笔,已摄精神。闽人称其为虎头(顾恺之)后身。郭汉,字本昭,晋江人,草书极善模仿诸家,随时变易,人莫验其笔迹。杨英,宁化人,尤长古松,性孤傲,嘉靖年间因不欲应征入画院而自残其目。杨坝,字景和,擅漆画,凡屏几器具以髹笔绘染,作山水、人物、花鸟于上,无不精绝。林垄,字子野,福清人,知海宁县,尤精画竹。傅金山,南安人,擅画菜。叶儒,字敬善,浦城人,擅画菊,古淡秀逸,每以是寄其雅尚。李焕,字纯正,长乐人,擅画龙虎。王朝佐,字邦翰,晋江人,擅画鹅。文徵明见其叹曰:此人生于泉州,可谓黄金与土同价。张德辅,长乐人,擅画鱼。张士达,长乐人,擅画龙虎。刘祥,字瑞初,长乐人,擅画龙虎。刘滋,福宁人,擅画鹰。陈以龙,字虚吾,擅画葡萄。陈于王,晋江人,工篆隶,其镌刻图章,尤精雅绝伦。柯著,字景明,惠安人,风骨严峭,画如其人,擅墨梅,槎枒老干,横斜硬瘦之势,精神绝出。范箓,字墨湖,崇安人,尤长画猫。高坤,福安人,尤工梅花,古劲清奇,人称"高梅"。

(四) 清代福建画家

清代福建画家有代表性的主要有:上官周,字文佐,长汀人。精篆刻,擅画人物,亦擅山水,烟雾弥漫,用墨有闽派画风。他创作了130幅人物白描,工夫老到,各具神态,于唐寅、仇英之外,另辟蹊径。其《晚笑堂画传》中的"王子安像",把王勃绘成眉目端秀、面颊丰满的形象,人物身着宽袖长袍,赤足站在一片大芭蕉叶上,左手拿一柄大纽扇,右手托一只大酒杯,双眼似微睁,似乎已喝了不少,但犹未尽兴,仍要喝下去。上官周抓住诗人恃才、嗜酒的特点,表现了诗人的放浪形骸和恃才傲物,将诗人仕途上的不得志又不愿受羁绊等情感细腻含蓄地表达出来。其画传于世的主要有:康熙四十五年(1706)作《艋艕出峡图》,藏荣宝斋。乾隆二年(1737)作《闭户著书图》,藏旅顺博物馆。乾隆四年(1739)所作《山水图》并诗书合册,藏沈阳故宫博物馆;同年作《人物故事图册》,藏中国美术馆;同年为德翁作《台阁春光图》,藏上海博物馆。乾隆八年(1743)仿宋元山水图四屏,藏沈阳故宫博物院。乾隆十二年(1747)作《山水人物图册》,藏朵云轩。乾隆十三年(1748)作《山水人物图画册》,藏广州市美术馆。华嵒,字秋岳,上杭人。流寓杭州、扬州以卖画为生,擅画人物、山水,尤精花鸟、草虫、走兽,时用枯笔、干墨、淡彩,风格空灵、简洁、娴雅,擅用空白,画面松秀活脱,笔法隽秀,韵味深厚,在画坛上独树一帜。华嵒的山水画由于注入了超脱尘世的思想,画面清净无尘,清明爽朗,有一种可望而不可即、可爱而不可求的境界。他的花鸟画具有意在其中、情见于外的艺术魅力,自成特色,开拓了由恽南田开创的、以北宋徐崇嗣没骨法为基础的新花鸟画创作道路,为清代中期花鸟画的新发展做出了贡献。其《山水图》,左方危崖屹立,上林木扶疏;右方巨坡横卧,坡下拖沙垒石;崖坡之间江水萦回,远处山峦层叠。峻拔与舒缓、险与夷有机地统一在画面空间,了无痕迹。其《天山积雪图》描绘了一位牵驼的旅客在冰山雪岭间缓步行走的情景,一只孤雁横空而过,雁鸣声引起旅客和骆驼皆举首仰望。画面绝大部分布置高耸雪山和暗淡愁云,又使人感到在旅客寒驼的脚下,常年积雪的天山是不足畏惧的。其《春水双鸭图》,描绘了两只游鸭在清澈见底的春水中嬉戏的情景:一鸭探身水中,瞪目求食;一鸭浮于水面,缩颈静观,双鸭动态新颖生动,神情活灵活现,生活情趣饶足。

其《红叶画眉图》,将一只啭鸣枝头的画眉鸟表现得工致而又细腻,作者汲取了五代孟蜀宫廷画家黄筌工细写实的手法,却注入了自己淡泊、空疏、闲逸的气息情调,手法空灵巧妙。其《鸟鸣秋树图》描绘了一只画眉鸟栖止在秋树干上,引吭高鸣,表现出不畏秋霜的气派,下面的坚石和劲竹进一步强化和深化了这种豪迈气氛。小鸟和秋树以没骨法画成,另有一种柔和、蕴藉、闲逸的韵味。华喦流传下来的画不少,人民美术出版社1994年5月出版的《华喦画集》中,收有华喦各类画255幅。其于康熙五十四年(1715)作《山水图册》、康熙五十七年(1718)作《出猎图》、康熙六十年(1721)作《松鼠啄栗图》、雍正元年(1723)作《秋树读书图》、雍正二年(1724)作《仙图》等,皆藏于故宫博物院。康熙四十五年(1706)于武陵旅舍所作《双雀图》,藏无锡市博物馆;康熙五十四年(1715)为云樵丈翁作《山水图扇》,藏中国历史博物馆;康熙五十五年(1716)仿宋人《秋林诗意图》,藏上海博物馆,同年拟宋人笔作《万籁松烟图》,藏辽宁省博物馆;康熙五十六年(1717)作《松林文会园》,藏荣宝斋,同年作《江干游赏图》,藏中国美术馆;雍正二年(1724)作《宋儒诗意图》,藏苏州博物馆,同年作《墨山水图》《古树平江图》,皆藏山东省博物馆。黄慎,字恭寿,宁化人,以卖画为生,居扬州,为扬州八怪之一。以人物画为最,早年以工笔为主,中年以后运用狂草笔法作画,将书法、笔法和画法相结合,粗笔挥写,以简驭繁,形成于粗犷中见精练的艺术风格,独步画坛。其《驴背诗思图》为"减笔"之作,作者以枯笔干墨,以"柴笔描"画法,描绘了一个骑在驴背上的老诗人,左手捋着胡须,聚精会神地沉浸在构思中,人物形象简练生动。其《醉眠图》将人、葫芦、包裹和铁拐堆在一起,构成一个三角形。大葫芦仅用几笔线条勾出,化实为虚;铁拐李头部前额凸出,头发和眉毛用秃笔点刷,自然逼真,下垂的眼睑和肥大的酒糟鼻,淋漓尽致地表现了铁拐李沉醉中的特有形象。其《苏武牧羊图》用伤痕瘢剥却坚韧无比的老树、冰天雪地的恶劣环境,烘托鬓发、眉须尽白的苏武,造型极为写实。其《渔者图》中,一位身躯微曲、携着钓竿的渔翁,手中拎着一尾活鱼,似在求人购买。作者用笔具有草书意味,笔法粗犷,挥洒自然。处理人物衣褶时连钩带染,渗透着笔情墨趣。黄慎书法学习二王、钟繇和怀素,并吸收孙过庭、董其昌诸家长处,学怀素,妙得其狂,以狂草入画,又自成一格。传世作品较多,如康熙六十一年(1722)作《五老图》,藏旅顺博物馆;雍正元年(1723)作《陶渊明采菊图》,藏朵云轩;雍正二年(1724)作《仕女携琴图》,藏泰州市博物馆;雍正三年(1725)作《瓶梅仕女图》,藏山东省博物馆;雍正六年(1728)作《山村送别图》,藏虚白斋,同年作《墨菊图》,藏故宫博物院;雍正八年(1730)作《麻姑进酒图》,藏扬州市博物馆。

清代有影响的画家还有:翁陵,字寿如,建宁人,工诗,篆、隶、小楷、刻印皆有致力。其传世画有:顺治十六年(1659)为卫翁作《山斋观瀑图》扇,藏常州市文物管理委员会;康熙四十五年(1706)作《山水图》页,藏故宫博物院;康熙四十八年(1709)作《梅花书屋图》卷,藏故宫博物院。周经,字元居,建瓯人,擅山水,墨色沉厚,笔力苍浑,喜作大幅,近沈梅一派。华浚,字贞木,上杭人,华嵒之子,亦擅画,其传世画有:乾隆十一年(1746)作《松鼠图》,藏南通博物苑;乾隆二十一年(1756)作《海棠鹦鹉图》,藏宁波天一阁文保所;乾隆五十三年(1788)仿周文矩《临镜图》,藏苏州博物馆。陈书,字伯初,侯官人,工诗,擅山水,近石涛,取景奇邃,超绝尘表。谢巩,字尔固,晋江人,精书法,秀逸遒劲,画面纵横变化大。郑玨,字双玉,清流人,山水人物画甚工,曾绘《剑门风雨长至图》,满纸云烟弥漫,栈或断或续于崖树之间,道中骡马络绎,肩挑背负者,凡若干人,山顶一关雄壮,人马出入,意态若生。马兆麟,字竹坪,诏安人,擅花鸟,间作山水,孤冷幽淡,为诏安派中之健者。宗铉,字西侯,擅画松竹,其传世之作为乾隆十四年(1749)为燠若所作《朱竹苍石图》,藏福建省博物馆。许遇,字不弃,工诗,所画多巨幛,更擅画梅竹。清代著名诗人王士祯曾为其《石林山居图》题诗。传世之画有康熙二十二年(1683)所作《水墨松竹图》,藏广州市美术馆。施清,字宜从,厦门人,能诗,擅画山水,其传世画有崇祯十六年(1643)所作《山水图》,藏四川省博物馆。张伯龙,字慈长,永安人,擅山水人物,下笔超群,写生尤得神,其传世画有康熙五十二年(1713)所作《古松流泉图像》卷,藏广东省博物馆。陈登龙,字寿朋,博涉典籍,长于诗,琴棋书画,无不精通,所作树木水石,纯用干笔,浑朴归真。传世之画有:嘉庆十九年(1814)仿黄公望《恋云图》卷,藏福建省博物馆。

二、福建画家的特点

(一) 福建画家大多具有深厚的学养

福建画家不仅以画闻名,而且学识渊博,精通经典,工于诗文,几乎所有著名的福建画家都有自己的诗文集,有很高的文学素养,其诗文在福建文学史上都占有一定的地位。如郑思肖著有文集、诗集多卷。陈容常与名人论文讲艺,诗文豪壮。葛长庚博览群书,著有《海琼白玉蟾文集》等。陈淳为著名学者,著有《周易讲义》等书多部。林希逸为学者,著有《竹溪稿》等多部。黄伯思亦为大学问家,对书法理论有独到的研究。黄道周著作等身,仅诗集就有《浩然堂诗集》《焦桐山诗集》《明诚堂诗集》《黄石斋诗草》《石斋逸诗》等多种,并著有谈书法的《墨池偶谈》等。郑善夫有《郑少谷先生全集》22卷,前九卷为诗,其余卷为文,别有特色。高廷礼为"闽中十子"之一,是著名文学理论家,著有

《啸台集》《木天清气集》等。徐𤊹为著名藏书家,著有《闽画记》《鳌峰诗集》等。上官周工诗,著有《晚笑堂诗集》。华嵒工诗,后人称其诗、画、书为"三绝",著有《解弢馆诗集》。黄慎时有"画不如诗"之说,其《蛟湖诗钞》收诗330余首,直抒胸臆,清新自然。正是由于这些画家有深厚的学养,才能于书画上卓有成就,超拔于世人之上。

(二)福建画家大多有走出闽地的经历

福建画家与文学家有惊人的相似之处,就是只有走出闽地,才有作为。"闽字里面是条虫,跳出门外便成龙",固不足为训,但纵观所在国内享有盛誉的福建画家,无一不是走出闽地的,如吴彬、曾鲸、边景昭、张瑞图、伊秉绶、华嵒、黄慎等。福建毕竟地处东南一隅,较为闭塞,走出闽地,可丰富生活阅历,开阔眼界,融百家之长,独立机杼。福建画家的外出,主要有以下几种途径:第一,应选。如明代遴选天下画家入京任职,福建画家应选者不少。沙县人边景昭曾任武英殿待诏,为宫廷作画,故有机会师南宋画院体格,最终成为明代早期画花鸟画的高手。莆田人李在应召入京后,与戴进、谢环、石锐、周文靖同供职仁智殿,互相学习,取长补短,甚至日本画僧雪舟亦与他切磋画艺,论者谓"当时戴进以下,一人而已"。闽县周文靖于庭试《枯木寒鸦图》获第一而历官鸿胪序班。闽县的郑昭甫、邵武上官伯达、浦城詹林能等均曾应召到宫廷作画。第二,游历。福建人从山清水秀的南国,游览异地,往往有自己特殊的发现,故能以独到的视角来表现所见景物。如北宋瓯宁(今建瓯)人徐竞曾遍游名山大川;南宋道士、闽清人葛长庚15岁后就遍游名山;上官周晚年曾游粤东。第三,任职。外出任职,丰富了画家们的生活,拓展了他们的视野。宦海无常,也加深了他们对事物的理解。如陈容曾为国子监主簿,出守莆田;吴彬曾任工部主事,后被捕入狱;明代晋江人张瑞图曾擢武英殿大学士,后被罢官。他们的绘画,都打上这段生活的印记。第四,流寓。特别是明代之后,福建画家流寓外地的不少,使他们有机会汲取各种营养。如明代莆田人宋钰、曾鲸都曾流寓金陵。华嵒曾流寓杭州、扬州,以卖画为生;黄慎也曾流寓金陵、扬州,他们被称为"扬州八怪"中的"二怪"。

(三)福建画家注重家族内的相传

福建画家注重族内相传,往往因族人的影响,出现了许多书画世家。如宋代福唐(今福清)人林希逸、林泳父子,瓯宁(今建瓯)人陈容、陈衍兄弟。明代沙县人边景昭长子边楚祥擅花果、翎毛,能继父业;次子边楚善亦擅花果、翎毛;甥俞存胜擅花果、翎毛,师舅氏法,其后嗣俞奇逢亦擅此法;婿张克信擅花果、翎毛,亦得边氏法。景昭遂为沙县翎毛之祖。莆田人曾鲸子曾沂擅山水,孙曾镒擅人物花鸟,后人称其"不愧祖风"。将乐人郑时敏擅山水,其子郑文英得其大略,亦擅山水。福清人郑麟以画名世,其子郑环世其家学。沙县人俞必兴擅翎毛,其子俞恩杰擅此。莆田人周文靖擅画,其子周鼎承其业。莆田人陈元藻擅山水,其弟陈元衮亦擅山水。莆田人方昌龄永乐间因擅画供职画院,其长女方淑贞继父业,夫殁后,卖画自给;其次女方淑仪以画女选入宫闱。邵武人方痴仙擅人物,其子方小痴得父传。闽县人朱墨农、朱石农、朱石林三兄弟,皆擅画。连城人童养静、童养廉兄弟皆擅画。清代,汀州人上官惠为上官周孙,擅山水花卉,又精写真。浦城人吕元勋,擅仙佛画,其三个儿子皆擅画,有父风:子吕梦湘擅仕女,无尘俗气;吕梦鳌擅花鸟、翎毛;吕梦熊人物画喜作大幅,须眉生动。闽县人龚易图工诗文,擅山水,其松、竹、梅笔致疏落。家族受其影响,大多擅画,其四弟龚彝图擅山水,亦擅长花鸟,其三子龚鸿义山水得家法,四子龚桢义、三女龚韵珊亦擅山水。闽县人陈元擅花鸟,其子陈简受父影响,年少即能画花鸟,浓艳雄迈。闽县人朱苇,擅山水,峰峦起伏,远近合法;其子朱承,山水承家法,尤长画柳。华嵒子华浚、伊秉绶子伊念曾等,更是子承父业。

(四) 福建画风流派众多

　　福建各种画风流派众多,这与家族传授、老师授徒有关。如明初沙县人边景昭是明代花鸟画的鼻祖,其子楚祥、女婿张克信、外甥俞存胜,及同乡邓文明、罗织、刘琦、卢朝阳等都学他的风格,形成一股有影响的"沙县画风"。曾鲸的肖像画独步艺林,其收徒甚多,如汀州人刘祥生写真小像,得曾鲸之传,不问妍媸老幼,无不神肖。曾鲸弟子谢彬、金谷生、徐易、郭巩、沈韶、廖若可、张琦、张远、沈记、徐璋等,都继承了他的画法,形成盛极一时的"波臣派",至清康熙、乾隆之际,"波臣派"几乎一统肖像画坛。清初上官周注重人物传神,开创"闽派"画风,其弟子有周超、周禧、王昉、陈公信等。至清道光、咸丰年间,诏安人谢颖苏、沈瑶池、沈祖文、沈镜湖继承了上官周等闽人画法,以工笔画为基础,只用花青、赭石,不稍变化。诏安人马兆麟为诏安画派中主要人物之一,其弟子诏安人沙韵、谢字观等都深受其影响,使诏安画派一直沿绵至近现代,以至于福州的林纾、仙游的李耕等,都深受其影响。

(五) 福建画论较为兴盛

　　与福建文论兴盛的传统一样,福建在画论上也不逊色,并曾兴盛一时。福建画论内容驳杂,一是对福建画家的评议,如明代徐㶿所编《闽画记》,清代林家溱、林汾贻所编《闽画记》等,对闽地画家的作品皆有精到的评议;二是为福建画家作传,如清代黄锡蕃所编《闽中书画录》;三是评论画理,如梁章钜的《退庵金石书画跋》,对画境有精到的评论;四是将诗画合一评述,如李贽《焚书·诗画》,将诗画互相印证;五是各种文集中对绘画的评论。福建许多文人对绘画有独到的见解,这类文章大都收进他们的文集中,如李纲的《梁谿全集》、张元幹的《芦川归来集》、朱熹的《朱文公文集》、刘克庄的《后村先生大全》、林希逸的《竹溪鬳斋续集》、陈旅的《安雅堂集》、黄镇成的《秋声集》等。

第六章
工 艺

第一节 福建年画

除了装裱成卷轴或册页的"中国画"外,我国还有一种以工艺形式制作的年画,它主要供民间逢年过节以及新婚之用,有时也用于冥事活动,可以直接粘贴在土墙粉壁或门窗柜橱上。福建年画产地主要集中在泉州、漳州、福安、福鼎等地,以木版年画为主。雕前先将梨木、红柯木、石榴木等木板浸泡一个月,而后晾干制成平板,并将粉本反贴于平板上,干透后用墨鱼草将稿纸磨薄,使画稿反面线条清晰可见,然后再以刀刻之。福建年画内容丰富多彩,几乎涉及人们生活的各个方面,如神像门画、历史戏文、劝善讽世、男耕女织、添丁进财等。

漳州的年画最为有名,它既有北方年画之粗犷,又兼有江苏年画之秀丽,用色追求简明的对比,简朴遒劲;用线则根据内容和颜色,粗细迥异,印刷上采用"饾版印刷法",即分版分色来套印。在程式上先印色版,后印线版;并按时令用途,分红黑两种表现喜哀以应喜庆或丧事的不同需要。漳州年画口诀有"画一行,像一行,画中才有好名堂"之说,注重抓住人物身份的主要特征,不仅能栩栩如生地表现单幅的内容,还能多幅地演绎各种人物故事和民间故事。如八幅《孟姜女前本》年画,将孟姜女与丈夫成亲、丈夫被抓、她历经千辛万苦寻夫的过程,生动地表现出来,画面深沉而又富有变化。其中丈夫被抓这幅,五个人物神态各异:孟姜女从家急步追出,双手向前,似要拽住已被扣住的夫君,脸呈焦急和哀愁之情;其夫君双手被木枷夹住,但还频频回头,流露出对家庭的无限眷念;一差役一手提棍棒,一手牵着铐住孟夫的木枷,回头张望,显然是被孟姜女的叫声惊动;县官高举一令旗,以示命令不可违抗;另一差役在远处牵马,也回头张望,显然也被孟姜女的哭叫声打动。

漳州年画还善于推陈出新,虽源于传统题材,但又有新的拓展。如《老鼠娶亲》是我国常见的年画题材,但漳州年画《老鼠娶亲》则另有一番风味;图中老鼠有捧鱼的、抱鸡的、吹喇叭的、吹笛子的、敲锣的、躺地以腿击鼓的、抬轿子的、拿仪仗开路的,个个尖腮细腿,憨态可掬。有意思的是新郎不是骑马而是步行,它头戴清朝官帽,手拿折扇,急不可耐地回头张望新娘;新娘身着红装,坐在轿中,往新郎方向张望,神态极为可爱。

泉州年画则往往与乡间民俗结合在一起,如泉州"李福记"画店印制的《累积资金》图,以墨、绿、黄、红四色套版印制。画面中间有一黄古钱,上刻"累积资金"四字,由身着云纹黄衣和绿花锦衣的两童子合捧。传说这两童子为"和合二圣",祀之可使人在万里之外,亦能回家。泉州人多远赴南洋,故最喜此图。再如"李福记"画店印制的《福禄寿星》图,以大红色为底,套以紫、黄、绿、粉红等各种颜色,中间为一手捧如意的天官,两个仙女各擎障扇分立于其身后左右;天官左方为怀抱一子的禄星,右边为手托仙桃的老寿星;前有一个头戴紫金冠、手举绣球的童子。全图给人以吉祥和睦、喜意盎然之感,故深受南洋华侨华人的欢迎。

福鼎的年画也别具一格,如取材于《说岳全传》的年画《八锤大闹朱仙镇》,图中岳云、何元庆、狄雷、严正方各举双锤围战手持双枪的陆文龙,金兀术头戴夏帽,斜披马褂,在后观阵。间隙中,露出王佐半张脸。全图外缘,画一簪花美人斜倚于一琴几之上,后有盆景,碧草茂生,这种美人与武打同出一图的处理,为其他各地年画所罕见。福鼎年画《小上坟》取材于民间传说:刘禄敬入京应试中举后未归,其妻萧素贞疑其已亡为其上坟,后刘任县令,返家途中遇一孝服女子哭祭于荒冢间,审之才知是己妻。图中刘禄敬戴团纱,穿官衣,萧素贞穿大襟清装,头扎素巾,手举香烛祭盘,后有两个衙役,绘刻精美,为年画中的孤本妙品。

第二节 福建木偶头

福建木偶戏的精华所在是木偶头,它不仅是舞台演出用品,也是一种精致的民间工艺品,可供案头陈设。福建木偶头,有泉州木偶头、石码木偶头、漳州木偶头这三大类,其中以泉州木偶头最为出色。

泉州木偶头的制作工艺颇为复杂,要先将樟木锯成木偶头大小的木坯,画出面部中线,将两颊削斜,定出五官,雕成各种人物形象的白坯;接着裱褙棉纸,磨光,彩绘脸谱,盖腊;最后上发髻、胡须等。早期泉州木偶以"西来意"的佚名工艺师,"周冕号"的黄良师、黄才师等最为出名,他们的作品形象逼真、性格突出,脸谱造型、粉彩都具有鲜明的民族特色。青年男女两颊丰满,正派人物龙眉凤眼，颇有宋画风格。现代木偶头制作著名艺人江加走住泉州北门花园头，故人称他的木偶为"花园头"。江加走创造了二百余种不同性格的木偶形象，共计数万件，他吸收了民间木雕神像和戏曲脸谱的表现技法，融"西来意""周冕号"长处于一体，并将雕刻与绘画巧妙地结合起来，用绘画的加工与渲染来反衬人物的性格。他常用夸张变形的手法来表现人物形象，如第一号丑角"大头"的额头比脸部的下半段大了近三倍，额头上半部涂以朱红，下半部绘以对称的飞扬皱纹，黑森森、圆滚滚的眼珠与眼白、眉毛形成强烈的黑白对比，再配上粗黑的胡须，一副凶神恶煞的模样。江加走善于创造富有个性特征的人物形象，如他认为媒婆的笑是言不由衷的，其内心是痛苦的，所以他创造的"媒婆"，两片薄嘴能开能合，嘴角上有个长毛的黑痣，面容消瘦，额头眼角浮现几道皱纹，太阳穴上有两片头晕膏。这个整日用心良苦、善于随机应变的媒婆是个既被鞭挞，又值得同情的形象。江加走制作的"白阔"头，额头皱纹上下左右各两条，又粗又深，让人觉得如同嘴唇一般。不这么粗，传不了神。木偶头像细眼睛，大鼻子，银白色的长眉沿脸颊而下，一副慈祥、安宁而又充满智慧的老者形象。一些丑行人物，多是"缺嘴""斜目""黑阔"等，使人一见便知是狡猾或愚笨的角色。根据剧情需要，他制作的某些木偶头，眼珠能够上下左右移动，嘴巴、鼻子、舌头能转动，真是忠良、权奸各有性格。

第三节　福建剪纸

剪纸在福建甚为普遍，各地都有剪纸的习俗，它是农村妇女所喜爱的一种民间艺术，也有其广泛的用途：它用作节日的"窗花""墙花""门头花"，婚娶陪嫁物品上的"喜花"，节日敬祖求神祭奠物品上的"供花"，孝敬长辈礼物上的"寿花"等。其手法多种多样，主要有平铺式、对称式、多折式、网络式等。福建剪纸比较突出的有泉州、漳浦、柘荣、浦城等地。

泉州剪纸相传始于唐代而盛于宋代，春节时流行刻"红笺"，如"福符"一般贴在厅门上楣，五张一堂，宽四寸，长六七寸，刻以麒麟、鲤鱼跳龙门或"福""寿"字样，四周饰以古钱图案；"长金"则宽二寸，长六寸，刻以喜鹊登梅、五谷丰登等，一般贴在房门上楣。有的刻纸还作为灯花带雅入俗。

漳浦剪纸在北宋时就流传于民间，史志有"元夕张灯烛，剪纸为花，备极工巧"的记载。剪纸在漳浦被称为"铰花"，它以"鸳鸯""龙凤""牡丹""鱼草""蝙蝠""鹿"等组成鞋花、肚围花、猪头花，表示吉祥如意。它具有浓厚的生活气息和乡土情趣，内容也多取自人们喜闻乐见的题材，如花鸟、走兽、民间故事、戏剧和历史人物等。其最鲜明的特点是风格纤细秀丽、典雅大方。剪纸艺人运用"排剪",将细若发丝的线条处理为成排成组形状,由此表现孔雀的羽毛、龙的麟片、牡丹的花瓣、松树的松针,以及其他动物的毛、羽等,精巧生动。

柘荣剪纸风格粗犷而抽象,常用夸张的手法表现一只虾、一尾鱼、一朵花、一片叶等。鞋帽花是柘荣剪纸中常见的一种形式,剪法明朗、简洁,用作刺绣的底样。柘荣剪纸的随意性很强,几种技巧综合应用,如以猪蹄形状为外廓、内剪各种花卉的"蹄包花"剪纸,既采用对折式,又运用多折式,将所剪之物表现得恰到好处。

浦城剪纸也有多年的历史,清梁章钜曾任浦城南浦书院讲席七年,他在《归田琐记》中描绘了所见的浦城剪纸:"常见人家馈赠果品,无论大盘小盒,其上每加红纸一块,或方或圆,必嵌空剪雕四字好语,如长命富贵,诸事如意类,其婚娶喜庆之家,所用尤繁。"浦城剪纸样式丰富,大小不拘,或方或圆,或菱或长,大则盈尺,小则一寸;常常是画中有物,物中有字,具有独特的风格。

第四节　福建陶瓷

福建烧制陶瓷历史悠久,早在商周时代,福建先民就已烧制原始青瓷。崇安汉城发掘出的具有闽越风格的原始青瓷,可看出战国至秦汉福建闽越古国烧制陶瓷工艺已有一定的水平。福建境内出土的宋以前的士族墓葬中的精美瓷器,反映出魏晋南北朝至隋唐五代福建陶瓷已达相当高的水平。宋元明清,福建瓷器声名鹊起,不仅走向全国,并大量出口到世界各地,成为收藏家注目的珍品。福建瓷器是在本土先发展起来的,无论原始瓷、青瓷、青白瓷、黑白瓷,还是白瓷、青花瓷,都极具福建地方特色。在长期的发展过程中,福建瓷器也受到外地烧制工艺的影响,日臻精美。福建地下古窑址几乎遍布全省,其数量之多,在全国名列前茅。

福建陶瓷最有代表性的是宋代建阳水吉建窑的黑釉器,元明年间德化窑的白釉器和明清时期德化窑、安溪窑、平和窑的青花瓷器。

宋代建阳水吉建窑的黑釉器颜色碧丽奇特,其釉色变化有纯黑色釉、兔毫釉、鹧鸪斑釉、油滴釉、曜变釉和杂色釉六种,质感温润晶莹。最主要的黑釉器,是一种底小口大、形如漏斗的小碗,有敞口和敛口两种,以敛口为多,俗称"建盏"。其造型优美,釉色润净,乌光发亮,漆黑的釉上闪现出一条条银光闪闪的细毫,状如兔毫,故也称"兔毫盏"。釉下毫纹,是利用酸性釉料的酸化痕迹所生成的,因建窑瓷皆仰烧,釉水下垂,因此成品口缘釉色浅,又由于器壁斜度不同,故釉水流速快的成纤细毫纹,流速稍慢的则粗,就成兔毫之状。"建盏"的另一特征是沿口较薄,而器身较厚重,特别是从腹部至圈足底周最厚,有的器物胎厚达1厘米,有的底足内有"进琖""供御"等字,是朝廷贡品。"建盏"曾作为珍宝被带到日本,目前作为日本"国宝"级文物而藏于东京静嘉堂文库的"曜变"瓷碗,高6.8厘米,口径12厘米,造型厚重,外壁釉色黑而发亮,在碗内的黑色盏体上,环列着大大小小油滴斑点,散开或汇成形如云朵或卵形的蓝色结晶体。这些结晶体体周生晕,闪闪如同天上的群星。

元明年间德化窑的白釉器俗称"建白",滋润明亮,滑腻坚实,洁白中微见淡黄,纯净无瑕,光洁如绢。胎、釉浑然一体,温润晶莹,无须任何色彩和装饰,却典雅隽永,饶有余韵,美如脂玉,又似奶油、象牙。在光线的映照下,通体呈乳黄或牙红半透明状,故又被称为"奶油白""象牙白""中国白",为当时中国白瓷的代表作品。产品以宗教塑像最为突出,如观音、释迦牟尼、弥勒、达摩等,面部刻画细腻,衣纹深而洗练,能很好地表现人物性格。其他产品还有梅花杯、八仙杯、仿青铜香炉、花瓶、文具等。其中"象牙白"观音,有一种特殊的恬静美感,造型端庄慈祥,使信徒自愿敞开灵魂心扉,皈依于她的足下,具有非凡的艺术魅力。如现藏于广东博物馆、明代何朝宗制的白瓷观音坐像,高22.5厘米,观音左手持经书,姿态随意地倚坐在山石上,略微俯首,双目稍合,神态极为慈祥,其头挽高髻,素洁的长衣广袖垂拂于盘曲的左腿之上,右腿竖曲,右手随意地放在竖起的右腿膝上,衣纹疏朗流畅,姿态自然悠闲。现藏于泉州市海外交通史博物馆的渡海观音塑像,亦为明代何朝宗制,其身高46厘米,发结髻,项披巾,衣褶深秀,带作结状,双手藏袖作左拱势,露一足踏莲花,另一足被水花掩盖,双目低垂,嘴角深晰,紧闭双唇,浮现一丝若隐若现的笑意。1980年人民美术出版社出版的《中国古代雕塑百图》中,收有一尊流落海外的明代德化窑的坐岩观音,该观音身披白衣,坐在岩石上,左肘撑着岩石,双臂相抱,头微俯,闭目凝思,面庞丰满秀润,低垂的双眼显得端庄、娴静、凝重。创作者将观音温柔的性情、贤淑的品格、善良的心地、高尚的德操形象逼真地表现了出来。

明清时期福建的青花瓷器,主要产于德化窑和安溪窑。德化窑青花瓷器品种有碗、盘、杯、碟、瓶、炉、尊等,其特点是青花中有深蓝色的线痕,胎体坚白细腻,釉色或幽青淡雅,或明快浓艳。青花瓷器题材丰富,有山水人物、花卉鸟兽、草木虫鱼等,纹饰运笔婉转自如,自然洒脱,疏密有致,构图简洁舒展,画风朴实,图案活泼清晰,充满生机,具有淳朴、浓郁的生活气息。福建省博物馆收藏的一件清代德化窑山水瓶,图案中古树参天,小楼于起伏山峰边隐出一小部分,远处重峦叠嶂,显出深远的意境。德化青花瓷器的人物题材也细腻传神,福建省博物馆收藏的一件清代德化窑青花山水人物盘,盘中人物小姐右手臂曲起,掌心托住下颌凝思,眼望远方,像在期盼着什么;贴身丫头双手捧琴回头顾盼,湖岸杨柳依依,湖心半岛宝塔玲珑,远处山峰耸峙,浮云堆积。安溪窑青花瓷器常见的有碗、盒、盘、碟等,碗的造型有模印成菊瓣状的,也有外印重叠菊瓣纹、内刻缠枝花卉的。盒子有大小各种式样,盒外多模印纹样,有的在盒外底印有花卉纹,印纹线条比德化窑同类产品粗。青花蓝色较浓,釉里泛黑,常见的图案为植物中的牵牛花、菊花、兰、竹、梅、松等;也有山水,如溪山、舟楫、树石等,还有少量的"福""禄""寿"等文字。

福建陶瓷业的繁荣,除了与生活所需有关外,还有多方面原因:第一,得天独厚的资源。福建瓷土矿藏丰富,林木茂盛,燃料充足,且溪河交错,便于利用水力资源淘洗瓷土,也便于外运,具有发展各类瓷器的优越条件。第二,民俗的影响。如名冠全国的建阳"兔毫盏"的研制,就与宋代士大夫品茶赋诗消遣的"斗茶"习俗有关。据北宋蔡襄《茶录》载:"茶色白,宜黑盏。建安所造者绀黑,纹如兔毫,其坯微厚,烧之久热难冷,最为要用。出他处者,或薄或紫,皆不及也。其青白盏,斗试自不用。"可见,"斗茶"者最看重的是建窑的"兔毫盏"。第三,信仰的影响如泉州在宋元被称为"泉南佛国",因此德化窑、安溪窑生产了大量的佛教人物瓷器,观音、如来、达摩、罗汉等像成为传统产品的代表。像德化窑,仅观音就有72种姿态造型,大小规格二百多种,千姿百态,各具特色。第四,对外贸易的需要。福建泉州在宋元时期为贸易大港,明代万历年间更是闽南国际贸易全盛时期,瓷器为主要的贸易商品。目前东亚、东南亚等地区不少国家都发现了大量的福建陶瓷。陶瓷的大量出口,成为产瓷地区人民的重要经济来源,不仅满足了国外的需要,也直接推动了制瓷工业的发展。

第五节　福建石雕

福建有着极为丰富的石材资源,无论青石、花岗石、白梨石,都可作为雕刻的上等材料,由此造就培养了一代又一代的石雕艺人。福建石雕在福建造型艺术中有着重要的地位。

一、福建石雕的种类

福建石雕种类主要有四种,常与牌坊、龙柱、门楣等融为一体。这四种主要的石雕样式为:一是圆雕。即将石头上下左右镂空成型,再将其中的碎石雕成附件,如口含可滚动的石珠的狮子,人称南狮。还如日本式的石灯笼,大小不一,有几百种样式。二是浮雕。即在石板上面精雕细刻,使形象凸起,有立体感,主要用于建筑物的装饰,如门窗、柱、墙面等。厦门集美"鳌园"内的建筑雕刻,均采用浮雕技法刻成,各种花鸟虫鱼、飞禽走兽、花卉树木、山水风光、历史人物等,姿态纷呈,栩栩如生,琳琅满目。三是沉雕。即形象下凹,线条分明,大多用于雕刻文字、花卉、图案,作为碑类、建筑局部装饰。四是影雕。即将精良的青石锯成1厘米多厚的薄石片,磨光上灰后使其变成黑色,然后再用大小不同的锋利钢针,在石片上精心雕琢。凭借深浅、疏密不同的钻点,将图像显示出来。

福建民居中大量使用这些雕刻艺术,不仅雕出各类精美的图案花纹,还雕出许多民俗活动、戏曲故事、神话传说等,它们常与牌坊、龙柱、门楣、勾栏、门窗、柱础等融为一体,成为建筑物各部件。如泉州杨阿苗故宅东侧护厝花厅前照墙上的圆形石雕花窗,及窗顶墙沿所嵌的石雕花边,全长2米,宽0.3米,上雕连续故事,有人物十余个,最令人称奇的是所雕人物个个形象鲜明、栩栩如生,从服饰上可看出人物的身份、社会地位,从面部表情可看出年龄、性格,其或欢悦,或愤怒,或震惊,或冷静,堪称闽南石雕艺术的杰作。

二、福建宗教人物石雕

福建的宗教人物石雕有着悠久的历史。其特点一是多,几乎较著名的山、寺,都可看到各类宗教石雕;二是全,虽然以佛像石雕为主,但也有与道教、摩尼教等有关的雕像;三是各类石雕神态千差万别,规格有大有小。

以佛教石雕为例。位于福清瑞岩山的弥勒造像,不仅是福建省最大的佛像石雕,也是东南沿海最大的佛像石雕。石雕于元至正元年(1341)至明洪武元年(1368)建成,由一块巨石就地凿成,前高9米,后高6.4米,头部高2.3米。石佛盘腿而坐,袒胸露腹,双耳垂肩,左手捻珠,右手抚肚,两眼平视,笑脸相迎。其肩、手腕、足膝皆可坐人。在它腿上、腰上还雕有高约80厘米的三尊小和尚,形象独特有趣,其中一位小和尚因贪杯醉倒在缸边,滑稽可笑。再如遗存于泉州安福寺内的五尊犍陀罗艺术石雕佛像(其中两尊头部已破损),用料皆为青石,为唐中叶所雕。佛像细眉高鼻(可看出受古希腊艺术影响),双耳垂肩,衣纹紧贴身体,有的半露手臂,或立或坐,显得典雅和谐、肃穆宁静。福建散落于各地的石雕佛像数量极多,"诸如隋唐时期的褒衣雍贵,宋代的肃穆端严,元时的诡谲瑰奇,无不显示了各自鲜明的时代气息和审美准则,是特定历史文化发展和精湛技艺的物化"[1]。如福州乌石山南坡的摩崖造像,依岩凿列三座佛像,居中者高1.25米,螺髻,敞胸,双手平叠置于身前,作禅定印,神态端庄,衣褶流畅。左右两尊菩萨各高0.9米,头戴宝冠,结跏趺坐,双手合

---

[1] 许建平:《泉州的石窟造像》,载《文史知识》1997年第1期。

十供养。福清瑞岩山香洞的石室中,以自然石雕琢而成释迦牟尼、文殊、普贤三佛像。泉州清源山弥陀岩的阿弥陀佛立佛高5米,宽2米,头结球髻,右手下垂,左手平放胸前,足踏莲花,端庄肃穆。清源山左峰半山腰一尊利用天然岩石雕成的立式释迦佛瑞像,高4米,宽1.5米,左手下垂,掌心朝外,神态庄严。清源山碧霄岩三尊用花岗石雕琢而成的并排而坐的大型佛像,造型古朴庄严,专家考证认为这是一组典型的元代喇嘛教造像。① 晋江西资岩依山雕刻立佛五尊,中间三尊为"弥陀三圣",中尊为阿弥陀佛,高约7米,右手作接引状,左手垂膝,头结螺髻,着袈裟袒胸,衣纹柔美;左尊为观音菩萨,手提净瓶;右尊为大势至菩萨,姿态与观音相似。宋代雕刻的晋江南天寺摩崖造像,为西方三圣坐像,主尊阿弥陀佛,有肉髻,正中刻髻珠、螺发,面相丰满,双耳垂肩,身着双领下垂袈裟,结跏趺坐,手结弥陀印,胸前"卍"字,坐于三层仰莲座上,莲座下部刻连枝纹及水波纹。两旁为观音菩萨与大势至菩萨,一奉净瓶,一执卷书,为我国东南沿海优秀石刻造像之一。宋代雕刻的南安九日山石佛由耸天巨石雕成,佛像袒胸趺坐在莲座上,气势雄伟,可惜部面五官已缺落。

再以道教石雕为例。位于泉州青源山的巨型石雕老君像,为我国最大的道教石雕造像,其高5.1米,厚6.85米,宽8.01米,席地面积55平方米,以整块天然巨石雕成,造型生动逼真。老君席地而坐,背松倚望,意态谦恭,而双眼平视且含笑,表现出老人健康愉快的神态,其左手扶膝,右手凭几,美须并飘同左右,似有向外扩展力量,大耳表现其善于听察。有人认为老君的耳朵和双膝似不合比例,但这正是将夸张和变位运用得恰到好处,表现出老君能伸能屈,豁达大度,一点没有道貌岸然、威严凌厉的神仙架势,而是充满人情味,使人感到可亲可近。

最后以国内仅存的完整的摩尼光佛造像为例。位于晋江县万石峰的摩尼光佛浮雕趺坐像,身长1.52米,宽0.83米,头部长0.32米,宽0.25米,是利用山中天然隆结而成的一座多色彩的巨大花岗岩加工而成的,雕像的脸、身、手三部分匠心独具地巧取了花岗岩石上的青绿、灰白、粉红三种颜色,使其肌肤鲜润,光彩熠熠。摩尼光佛像造型独具一格,双眼深邃,面部丰润,散发披肩,两耳沉重,长髯拥领,眉弯隆起,下颚圆突,气度雍容。身着宽袖僧衣,襟结下垂缀着圆饰,再续以飘带蝶结。双手相叠,手心向上,置于膝上,造型庄严神秘,使人看后顿生顶礼膜拜之情。

---

① 温玉成:《中国石窟与文化艺术》,上海人民美术出版社1993年版,第428页。

三、印度宗教文化石雕

泉州长期为中外文化的交汇点,因此遗存许多罕见的精美石雕,其中较突出的是有关印度宗教文化的石雕。印度教崇拜的主要对象是三位一体的梵天、湿婆、毗湿奴,湿婆被称为战胜毁灭之神、苦行之神和舞蹈之神,代表着生与死、变化、衰亡和再生的力量。泉州发现的印度教"舞王"湿婆像雕刻于龛状石屋造型之中,所刻湿婆为四臂,面貌呈愤怒状。左上手捧一团火焰,象征谬误的毁灭与真理的传播;右上手执兜鍪;左下手掌向地面垂下,表示"有我在此,不必惧怕"之意;右下手掌向天翘起,表示"不要惧怕"。一只脚向上举,象征超脱一切羁绊和纷扰;另一只脚踩着丑陋的巨魔,在死者尸体上舞蹈,意味着战胜邪恶。① 此珍贵石雕于20世纪50年代中期由吴捷秋先生捐给泉州海外交通史博物馆,可惜在"文革"中佚失,至今去向不明。

位于晋江池店旧街兴济亭壁龛上的湿婆雕像,为晋江县文管会1988年7月发现的。此湿婆雕像由辉绿岩雕成,高48厘米,宽66厘米,厚22厘米,莲座上的四臂神湿婆,头戴孔雀羽做成的扇形冠。左上手握达莫如鼓,右上手执拂尘;左下手持长弓,右下手拿铃铎,大神一脚踩着横卧在地的巨魔,巨魔用手撑住长矛徒然挣扎。浮雕表现了湿婆脚踩魔鬼欲作舞蹈之状,意味着正义必将战胜邪恶。这块石雕糅合了古代泉州传统的雕刻图案与技巧,刻画细致入微,造型生动。②

泉州还有许多印度宗教的石雕。如:开元寺大雄宝殿后廊檐下正中两根十六角形的古印度式青石柱,刻有与印度宗教有关的神话传说,如毗湿奴骑金翅鸟解放象王的传说,人狮劈裂凶魔的传说,阎摩那河七女入浴衣服被窃的传说,顽童拉倒魔树的传说,基斯那战胜雅利耶的传说,西玛和恒河新月的传说,毗湿奴化身的传说和甘尼巴与基斯那角力的传说等。③ 这些石雕是全国其他古建筑中所没有的特殊文物。叶文良所著的《泉州宗教石刻》还介绍了大量极为珍贵的泉州宗教石刻,书中考证这些石雕为古印度婆罗门教石刻,原属一座元代婆罗门教寺,寺在元末被毁后,于明初重修开元寺时被移来此处。

四、遍布各地的人、兽石雕

福建各地的镇煞石狮和墓葬的石人石兽极多。如位于福州西郊凤池山的

---

① 杨钦章:《印度教"舞王"湿婆雕像》,载《泉州风物》,鹭江出版社1993年版,第62页。
② 黄世春、杨钦章:《元代印度教"舞王"雕像》,载《泉州风物》,鹭江出版社1993年版,第64页。
③ 吴幼雄:《开元寺古印度式石柱和人狮石雕》,载《泉州风物》,鹭江出版社1993年版,第20页。

五代闽王王审知墓,墓道有文臣武将石像左右分立,虎、羊、狮石兽各一对,线条粗犷、造型古朴,但笔者于1996年再往考察时,可惜有的石像已不知去向。位于福州西郊洪山镇的明代抗倭将领张经墓,墓前分立石人、石兽。石人分别为执笏文官,高3.4米;按剑武士,高3.5米;石兽为石虎一对,高1.1米;石羊一对,高1.2米;石马一对,高5米。闽南一带这类石人、石兽更是比比皆是。如位于惠安黄塘乡将军山的施世纶墓,墓前两侧立有武士,高2米余,石马、石虎各高2米,石羊高1.3米,雕刻精细,栩栩如生。近代许多名人墓地的石雕保留完好,如位于福州盖山镇阳岐村鳌头山的严复墓,围屏西侧竖有土地、财神两尊造像,形态逼真。

在各类石人、石兽中,最引人注目的要数散落在城镇街头巷尾、乡间村头宅前的难以计数的石狮。石狮威震八方的威力,很让福建人叹服(如有的市以"石狮"命名,并以石狮作为市雕)。宋代莆田、邵武等地石狮,线条简明,或趴或蹲,给人一种可爱亲切的感觉。漳州的松州书院开办于唐朝中宗景龙二年(708),被称为全国最早的书院,松州古庙门前趴卧的石狮,微微昂头,憨态可掬,全无威猛之感。位于泉州提督衙前的石狮子造型高大,昂头勒鼻,一般人难以摸到其鼻尖。金门县的50余尊石狮(也称"风狮"),其石料有本地的花岗石、泉州的白石和青草石。据金门有关史料记载,这些石狮应为明末清初所立。金门石狮造型千姿百态,个个形神俱佳,如位于沙美的石狮摇头晃脑,体态娇小;位于下兰的石狮端坐圆凳,注目前方;位于西园的石狮龇牙瞪眼,鼻头宽阔;位于何厝的石狮雕工纯朴,一脸苦相;位于后宅的石狮如人直立,背部遍鬣;位于斗门的石狮喜笑颜开,微露酒窝;位于田墩的石狮似笑非笑,暗藏杀机;位于吕厝的石狮似哭似泣,一脸无奈;位于琼林的石狮手执令旗,凶猛狂妄;位于下湖的石狮仰天长啸,怒不可遏;位于湖前的石狮盘马弯弓,蓄势待发;位于塘头的石狮咧嘴仰天,生气勃勃。

五、寿山石雕

寿山石雕是福建雕刻艺术的奇葩,在福建石雕工艺中最负盛名。寿山石雕因所用石材产于福州市郊寿山而得名。寿山石石质脂润,斑斓多姿,颜色有朱、紫、青、黄、黑、白等,也有一块上五彩皆有的。寿山石雕在1500年前就已问世,南朝墓葬中出土的寿山石雕"卧猪"形象逼真,雕工简朴。唐代已用寿山石刻制佛像、香炉、念珠等宗教用品。宋代由官府组织作坊刻制各种寿山石俑,供官僚贵族作为殉葬品。元明之际,石雕艺人创造出独具一格的印纽雕刻艺术。清代是寿山石雕的鼎盛期,各种艺术流派争奇斗艳,或纯朴深厚,或精巧玲珑,精品多为宫廷所收藏。在北京故宫博物院秘藏的寿山石雕中,著名的如九龙章:在一块印纽上端,雕刻了神态各异、变化多端的黄龙、亢龙、蟠龙、鳌龙、夔龙等,四周又雕了博古图案。寿山石雕分圆雕、浮雕、镂雕、薄意和印纽五大类,有花果、人物、动物、古兽、山水等陈列品,也有印章、文具、烟具、花瓶等用品,品种近千种。其中以具有闽南特色的荔枝、雪藕、佛手、蟹菱、葡萄等为题材的装饰品最为有名。寿山石雕艺术特色是"石",即根据石质、石纹、石形和石色来选择与之相适应的题材,也称"因势造型",有"一相抵九工"之说。现陈列于人民大会堂福建厅的"求偶鸡",利用石料的红色部分刻一雄踞在竹笼上的垂翅的公鸡,笼内母鸡跃跃欲动,四周小鸡唧唧觅食,惟妙惟肖,意趣盎然。当代寿山石雕工艺界颇负盛名、被人称作"林氏三杰"的工艺大师是林亨云及其两个儿子林飞、林东。林亨云以雕刻动物见长,所雕的熊尤为传神,饮誉海内外。林飞善于根据石料的自然色泽和纹理,将天然美与艺术美巧妙地结合,其作品师法传统而不泥古,创新风格而不媚俗,极具艺术张力,代表作有《独钓寒江雪》《盘古开天地》《酒逢知己千杯少》等。林东的作品风格独特,对寿山石巧色及纹理的运用,臻于绝妙之境。代表作有《踏雪寻梅》《寿翁》,特别是取材于廉颇负荆请罪的《宽宏大量》,为不可多得的艺术精品,在作品中,廉颇满脸羞愧之情和蔺相如弯腰相扶的"不好意思"的神态都刻得栩栩如生,真是呼之欲出。

六、惠安石雕

惠安石雕包括建筑装饰、人物、动物、用具等。海内外许多地方都可看到惠安石雕艺人的精工之作,如南京中山陵前的华表、台湾龙山寺的八对大龙柱、厦门南普陀的装饰石雕、集美陈嘉庚陵园的石雕人物、北京人民大会堂的柱座、台湾灵鹫山的庙宇和五百罗汉、日本鉴真和尚墓园、太湖大型壁画、福州西禅寺全国第一高的报恩塔等。

惠安石雕在四大石雕种类中都不乏上乘之作。如圆雕中的精品《鹰蛇搏斗》,鹰的利爪钳住蛇腰,蛇的后半身缠住鹰腿,而双方的头对峙,利爪凝聚铁的力量,舌头吐出火的气势,主体造型倚在云片上,给人以凌空、惊险之感。浮雕中的精品《剑舞》,刻画古代少女舞弄宝剑的神态,舞姿轻盈,横空劈出的利剑长半尺许,宽不过半公分,两条蝴蝶结式的镂空缨带飘逸在剑柄下。沉雕中的精品《四季小屏》,由一块青石加工成连在一起的四块小屏,刻有四季花纹和文字,图文并茂,小巧玲珑。惠安影雕既能再现摄影细腻写实的效果并体现中国画用墨浓淡枯润的特点,又能较好地表现原作的意境,一些作品,如雄伟的万里长城、古朴的泉州东西塔、徐悲鸿的奔马、齐白石的对虾等,都细腻逼真,具有传神之趣。

第六节　福建木雕

福建盛产林木,民间木雕颇为盛行,最早源于建筑装饰、神像、日用家具雕刻。如泉州开元寺二十四尊雕附在斗拱面上的"飞天乐伎",是罕见的木雕珍品。在许多住宅完全外露的梁架、托架、椽头、门窗、隔扇等处,精雕细刻的图案随处可见。一些用具,如永春銮轿,与雕刻技艺融为一体,将分块的雕刻作品进行整体拼装,轿围上刻满的人物、动物,栩栩如生,木雕正面巧妙地用浮雕衔接,虚实疏密得当。闽东的床雕,常以戏文故事为内容,床内有柜,一个柜面就雕一幅图案,有的一张古式床就有近30块木雕图案,构图与情节均为连续性的戏文故事。长汀县曾征集到长50厘米、宽23厘米、厚10厘米的清木雕人物故事床楣,为樟木透雕人物图案,通体漆金。

福建木雕逐步发展出了独立的木雕工艺品种。龙眼木是主要木雕材料之一。由于龙眼木质地略脆,纹理细密,故适于雕刻。龙眼木雕作品磨光后用皂矾水洗净树脂,晾干后可染成古铜、橘柚黄或类似龙眼核、荔枝核等的颜色,上漆后永不褪色。此外,还有樟木、楠木、红木、杉木等,也多作为雕刻材料。明末清初长乐人孔氏,利用一些年深日久的沉入溪底被流水冲刷,或暴露地面经风霜雨露侵蚀而形成种种怪异形状的树根,制成天然根雕作品,如人物、走兽等。因其久居连江,故其作品多为连江人所收藏。之后,根雕技艺渐有发展。艺人根据天然疤树自然的疤、纹、凹、凸、弯曲、线条等各种形状,构思主题,因材施艺;艺术上讲求斧痕凿韵,并饰以原漆,使作品达到天然与人工的统一,古拙、质朴、简练,富有意境和神韵。

清代福州木雕有三个主要流派:以大坂村艺人陈天赐为代表的大坂村派,约三十人,主要雕刻弥勒佛、十八罗汉、八仙、观音、仙女、仕女、动物等;以雁塔乡王清清为代表的雁塔派,主要擅长雕刻图案花纹,及与漆器相结合的浮雕花鸟;以象园村柯庆立为代表的象园村派,擅长创作虫草花卉、果盘等题材。前辈艺人柯世仁,擅雕佛像,善于根据黄杨、红木等材料特性,动用劈、削、雕、剔等各种手法,集传统技法大成。艺人陈望道,在人物眉、眼、鼻、手足、衣褶、服饰等雕刻技艺上,又有进一步的发挥创造。

第七章
宗　教

第一节　福建佛教

一、福建佛教的发展

佛教于两汉之际传入我国中原一带,但在西晋之际,佛教就传入闽地。西晋太康三年(282),晋安郡太守严高在郡北无诸旧城(即今福州市)建造绍因寺(后改名乾元寺),这是见诸文字记载的福建第一个寺院。寺名绍因,有"继承"意义,可能在此之前福州已有佛寺。西晋太康九年(288),南安九日山建造了延福寺,为福建省第二座佛寺。南北朝时期,福建佛教有了进一步的发展。宋昇明至南齐永明年间,在20多年时间里,福建就建有五寺,即侯官明空寺、妙果寺、长溪(今霞浦)建善寺、延福寺、松溪资福寺。此时佛教已由闽中向闽北、闽东传播。梁武帝时全省共建佛寺28座,并开始建塔,福建尼庵的建立也由此开始,闽县(今属福州)的法林尼寺,建于梁大通元年(527),正如《三山志·寺观》记载:"闽中尼寺自此始。"陈朝时福建建寺30座。陈永定二年(558),莆田郑生创建了广化寺前身金仙院。同年,印度僧人拘那罗陀到泉州,挂锡延福寺三年,翻译佛经,由此拉开福建译经的序幕。隋代福建共建寺12座,佛教继续在闽东、闽北、闽南传播。隋初,陈后主之子镜台到永春避难。隋开皇九年(589),莆田金仙院升寺,由浙江天台山国清寺无际禅师任寺主,他数十年如一日地修持《法华经》,大弘天台祖业,剃度僧徒百人,授三归弟子万众,是传天台宗的一代名僧。

唐代福建佛教开始有较大的发展,全省新增寺院735座,但发展不平衡。主要在闽中、闽东、闽北,闽南也趋于兴盛。唐代传入福建的佛教有多种渠道,如三明地区就有远方僧人到此隐居修行而进行传播、从江西各寺庙传入、由广东经汀州传入、由闽中传入等,因此既有整体性,又有独立性。唐代福建高僧辈出，一些高僧如怀海、希运、灵祐、慧海等都在中国佛教史上占有举足轻重的地位。唐代福建名刹林立，一些在全国，乃至东南亚享有盛名的寺院，大都建于这一时期。

五代闽国之际，福建佛教独盛一时。其主要原因是统治者的重视和提倡。闽王王审知全力扶持佛教。王氏据闽时共新增寺院706座，正如《鼓山志》卷七《艺文·碑序》所记："闽佛刹千有余区，本其兴废，皆王氏织其协力奉教。"当时高僧云集，僧人地位空前提高，如雪峰义存常被迎进节度使府为僚属官将说法，官府斋僧建寺都咨请他决定。统治者还以法定的方式，使寺院占有肥沃土地。当时一些贵族和富豪也舍田入寺，据乾隆《泉州府志》卷二十一《田赋》载："是时膏腴田尽入寺观，民间及得其硗窄者，如王延彬、陈洪进诸多舍田入寺。顾窃檀施之名，多推产米于寺，而以轻产遗子孙，故寺田产米比民业独重。"

宋代福建佛教愈加兴旺，其寺院之多为全国之冠。《三山志·土俗》称福州"金银福地三千界，风月人居十万家"。据《泉州府志》卷十六《坛庙寺观》载，仅泉州，宋初"寺院之存者凡千百数"。连闽北建州，寺院也近一千座。其原因，正如《三山志·寺观》所载，"富民翁姬，倾施赀产以立院宇者亡限"。两宋时期福建僧尼之多，亦为全国之首。仅福州，据卫泾《后乐集》卷十九《福州劝农文》称："农家之子去而从释氏者常半夫焉。"宋代福建被朝廷赐号的僧人为数不少，如赐号"真觉禅师"的省澄、赐号"慧日禅师"的文矩、赐号"法慧大师"的行通、赐号"悟空大师"的清豁、赐号"法济大师"的道岑、赐号"文慧大师"的法周、赐号"真觉道者"的志添、赐号"昭应广惠慈济善利大师"的普足、赐号"昭觉大师"的子琦、赐号"灵应大师"的道询等。据《宋会要辑稿》第二百册《道释》记载，宋真宗天禧五年（1021），全国"僧三十九万七千六百一十五人，尼六万一千二百三十九人"，福建僧尼为"七万一千八十人"。

元朝，统治者热衷于念经、祈祷、印经、斋僧等各类佛事活动，并大建塔寺以修功德。所以福建元初虽经战乱而毁废了不少寺院，但在短期内又开始发展。至元二十一年（1284）元世祖忽必烈命僧澄鉴重兴毁于战乱的宁德支提寺，历时十五载告竣。至元二十九年（1292），平章政事亦黑迷失率军远征爪哇，从后渚港放洋，因无功而还，受杖责和没其家资三分之一的处分。亦黑迷失由此特发诚心，谨施净财，广宣佛典。延祐二年（1315），释觉琳在建阳县后山报恩寺万寿堂雕印《毗卢藏》（亦称《延祐藏》），亦黑迷失全力支持并亲任劝缘主。翌年，他刻立《一百大寺看经记》碑，指定全国一百座大寺看转藏经，据《福建通志》第四十五册载，"各施中统钞一百定，年收息钞，轮月看转'三乘圣教'一藏"。并将租田两千石，散施泉州、兴化各处寺院，以作看转藏经之资。亦黑迷失指定的一百座寺中,福建占了32座,其中泉州有17座,故《金氏族谱》附录《丽史》称泉州为"僧半城"。泉州开元寺在元代有上千僧人,昌盛一时,正如《泉州开元寺志》称:"历五代而至宋,旁创支院一百廿区,支离而不相属。至元乙酉(1285),僧录刘鉴义白于福建省平章伯颜,奏请合支院为一寺,赐额'大开元万寿禅寺'。明年延僧玄恩主持,为第一世,禅风远播,衲子竞集。复得契祖继之,垂四十年,食常万指。"

明代,福建佛教再次兴旺。由于寺院占有大片良田,又拥有免除各种赋役的特权,所以不少民田被施与僧人。明人蔡清的《蔡文庄公集》卷一《民情四条答当路》载:"天下僧田之多,福建为最。举福建又以泉州为最,多者数千亩,少者不下数百。"仅建宁一府,就有一半的农田被寺院控制。洪武十五年(1382),建宁已出现了管理佛教事务的机构"僧令司",并已有寺庙一百余座。明神宗母亲慈圣皇太后,自号"九莲菩萨",曾于万历年间(1573)请宁德支提寺的大迁法师入京讲法,居住慈寿寺,八个月后还山。万历十八年(1590),太后敕赐全藏678函和金冠、紫衣、黄杖、龙凤旗等物,三年之后,太后还传旨慰劳。万历二十五年(1597),太后谕以金铜合金铸造一尊重达千斤的毗卢遮那佛像送到支提山供奉;二十七年(1599),神宗又命太监赵永奉送《藏经》进山。这种殊荣促使各地官员钦敬,大众膜拜。当时宁德地区不少文人学者,都成为在家子弟。支提寺的天思法师于万历年间被请到福州开元寺讲法,听众达千余人。这时宁德地区建寺已从沿海往山区发展,一些地方如寿宁、周宁、柘荣等僻远的山区建寺数量激增。明万历年间,福清黄檗山万福寺鉴源、镜源赴京请《藏经》,得宰相叶向高帮助,朝廷赐《藏经》678函,紫袈三袭,同时赐额,改名为"万福禅寺"。闽南一带佛教发展不太平衡,明嘉靖后,官府把寺院经济作为缓解"军储告匮"的主要渠道之一,甚至变卖寺产以充兵饷。一些豪强势族也伺机侵夺寺产,使一些寺院僧逃寺荒。如泉州开元寺、承天寺被军队占领,一度变成锻造兵器的场所。但闽南一些寺院却依旧香火旺盛,《九仙临降谱》卷二记载,福州鼓山密宗派道盛和尚曾于明弘治年间(1488—1505)主持德化大白岩,授徒18人,自成"九仙派系",其徒并分往尤溪、大田、安溪、永春、同安、龙溪、泉州、沙县等,又分布到全省89个寺、岩、庵、庙传教或担任住持。一些偏远的地区,佛教也不同程度地发展,如上杭的佛教活动颇兴盛,仅紫金山就先后建有中峰寺、五龙寺、麒麟殿等,僧人达二百余人。明洪武十五年(1382),上杭开始设僧会司,理佛教事务。明中后期,由于福建远离政治文化中心,一些文人不满时政而归隐林泉,促使寺院发展。厦门岛上的文人学士与高僧隐士谈禅论佛,往来无间,有些人还积极参与拓建寺院,如万历年间(1573—1619),名士林懋时开拓虎溪岩。正德年间(1506—1521),觉光和尚大规模扩建普照寺,使厦门佛教初具规模。

清初,一些不满清朝统治的人士遁入空门,但身入佛门而犹眷念故国。其中著名的如惠安的如幻,本为明诸生,当清兵下剃发令时,出家于平山寺,以后卓锡于南安雪峰寺,成为闽南一代高僧。据《雪峰如幻禅师瘦松集》《黄檗隐元老和尚衣钵塔记》载:福清黄檗寺的隐元,在明亡后,"登坛为衲子说戒,追念国恩,泪应声落,四众咸为饮泣"。福州鼓山涌泉寺的元贤,设法多方庇护明末遗民,并写下了"满朝袍笏迎新主,一领袈裟哭旧王"的沉痛诗句。郑成功据厦抗清时,东南沿海一批忠臣义士流寓厦门,他们或托迹山林,或削发出家,较著名的有阮文锡、姚翼明、杨秉机、林英等三十余人,由此极大促进当地寺岩的开拓和建设。除虎溪岩和醉仙岩外,几乎所有的现存厦门寺岩,如万石岩、中岩、太平岩、云顶岩、宝山岩、碧泉岩、寿山岩、万寿岩、紫云岩、鸿山寺、金鸡亭、日光岩等都建于这一时期,厦门佛教得以发展。清朝统治者笃信佛法,推崇佛教,民间集资修建新寺院甚为风行。福建的各大丛林,在清代均修缮过。清统治者对福建一些寺院多有赐额。如康熙十八年(1679),御赐福州芝山开元寺"开元寺"匾额;福州鼓山涌泉寺于康熙三十八年(1699)时敕赐御书"涌泉寺"匾额。这一时期,福建的佛教又得到了发展。据清康熙《沙县志》记载,康熙年间当地佛教有较大发展,旧时被毁废的寺院大都复建,全县总数不下百座。

福建佛教长期兴盛不衰的原因,主要有六个方面:第一,统治者的扶持和倡导。从闽王王审知起,就对佛教予以种种优待,除了礼遇高僧,还拨了大量钱财修造寺院。历代统治者多次对福建各种寺院赐额,赠经书及赠送多种法物。第二,统治者的扶持推动了民间的崇佛风气。福建民间有捐款资助寺院的传统,不仅一般信士踊跃布施,一些地方官及告老返家官员也乐于舍钱。第三,福建寺院长期占有大量土地。寺院经济在福建经济中占有重要比重,使福建寺院长期有经济来源。第四,外省许多高僧入闽。或为避战乱,或为弘法,外省许多高僧都来过福建。正如弘一大师所言,福建"法缘殊胜"。第五,东南亚许多庙院长期为福建寺庙提供资助。福建许多寺院与东南亚关系密切,一些著名的寺院在东南亚都有廨院。如福州西禅寺在东南亚的廨院有新加坡双林寺,马来西亚槟城双庆寺,越南的南普院寺(又称舍利院)、二府庙和温陵会馆(又称观音寺)。闽侯雪峰崇圣寺在东南亚的廨院有新加坡的清华寺、马来西亚怡保的东莲小筑与心灯精舍。莆田南山广化寺在东南亚的廨院有万隆协天宫、三宝垄大觉寺、苏门答腊喃唠大兴庙、井里汶巴杞安潮觉寺、雅加达丹基百达新疆广化寺、苏门答腊巴东西兴宫、槟城吉打广福宫等。第六,福建远离全国政治中心,历史上一些全国性的反佛运动传到福建已成强弩之末,有利于佛教力量的保存。如唐代武宗排佛,但传到福建,已大打折扣。许多僧人藏进深山,暂避其锋,等风声一过又重返寺院。

二、福建佛教的特点

（一）发展持久不衰

福建佛教自唐五代后,虽然发展不平衡,但从全省范围上看,至近代持久不衰。一般认为,佛教传入中国后,经历了依附（东汉）、发展（魏晋南北朝）、鼎盛（隋唐）和衰微（宋代以降）几个阶段。但这种现象在福建没有出现,宋元以后,佛教在福建继续发展。其间虽然有元末战乱、明嘉靖后的倭寇骚扰和以寺院资产充军饷等因素的冲击,佛教局部受到打击,但总的还是有所发展。汉传佛教在福建的兴盛程度,可称为全国第一。

福建从古到今,佛教长盛不衰,现仅以福州为例,对其兴盛程度作一描述。1. 佛教传入福州的年代悠久,福州真正大规模开发是在唐以后,但据《八闽通志》记载,唐以前,福州就建有寺院50余座,从福建全境来说,福州的寺院是最早建立的。2. 佛教传入福州后发展迅速,寺院众多。《八闽通志》始修于明成化乙巳（1485）,据《八闽通志》所载,明成化前仅福州寺院就有1100多座。许多县城寺院密度大。如侯官县城西,密布有60余座寺院,西北有70余座寺院;怀安县西南分布有21座寺院;闽清县西有40余座寺院。1983年,国务院确定了福建14座寺院为汉族地区佛教重点寺庙,其中属于福州的就有6座,如创建于唐建中四年（383）的福州鼓山涌泉寺,目前基本保持了明嘉靖年间的布局,有殿堂25个,占地25亩,其刻经历史悠久,至今还藏有佛经2万多册。唐咸通八年（867）重新修建的福州怡山西禅寺,目前有天王殿等大小建筑36座,加上放生池及寄园等处,占地100多亩,1987年新建的67米高的报恩塔是目前全国最高的佛塔之一。唐乾宁元年（894）创建的福州金鸡山地藏寺,现有地藏殿等建筑10余座。五代后唐长兴二年（931）创建的林阳寺,目前有天王殿等大小建筑20余座,占地7700平方米。唐咸通十一年（870）创建的闽侯雪峰崇圣寺,历代高僧辈出,有"南方第一刹"之称。目前寺内各类建筑十余座,并藏有多种文物。唐贞元五年（789）创建的福清黄檗山万福寺,为日本黄檗宗的祖庭,目前已重修600多平方米的法堂和160平方米的大寮。3. 佛教在五代闽国时期奠定了基础。这一时期虽然不长,前后不过几十年,但建造的寺院却多达160多座。王氏热衷建寺,有多方面原因,如:（1）为迎高僧而建。（2）为圆梦而建。（3）为藏经而建。（4）为守冢而建。（5）为奉佛而建。（6）为表庆祝而建。4. 佛教在福州至宋代达到鼎盛。有关资料表明,宋代福建佛教之盛居全国之冠,而福州佛教更是极为兴盛。据《三山志·寺观》载:"富民翁妪,倾施资产以立院宇者亡限。庆历(1014—1048)通至一千六百二十五所。"南宋"绍兴(1131—1162)以来,止一千五百二十三"。除了在城中建寺,往日人烟罕至的僻静之处也纷纷盖起了寺院。据《八闽通志》所列寺院,可看出宋代福州新建的寺院多达550余座,确实盛况空前。

5. 许多福州僧人在中国佛教史上占有重要地位,著名僧人有:长乐人怀海(720—814),幼年出家,后弘法江西洪州新吴县百丈山,创立了《禅院规式》,制定了一整套不同于大小乘戒律的丛林制度,特别是要寺院众僧懂得报恩、报本,尊敬祖师与祖先,把儒家的忠孝观念引进禅门,进一步促进了佛教的中国化。怀海提倡"一日不作,一日不食"的农禅并重的作风,对禅宗的发展起了极大的推动作用,其《禅院规式》原本已失传,主要内容是寺院共同奉行的管理条例。现存语录有《百丈怀海禅师广录》《百丈怀海禅师语录》各一卷。福清人希运(?—850),幼年出家于洪州黄檗山,曾谒怀海,提出"即心是佛,无心是道",于黄檗山"弥扬直指单传之心要",僧众云集达千人,临济宗创立人义玄即出其门下。语录有《黄檗山断际禅师传心法要》《黄檗断际禅师宛陵录》各一卷。福清人大安(793—883),少小出家,曾到潭州沩山与灵祐为友,后返回福州,为福州怡山西禅寺的开山祖师。闽县人师备(835—908),曾投福州芙蓉山灵训禅师落发,后与雪峰义存同力开垦雪峰,曾被闽王王审知迎居安国寺,礼重为师。他将"唯识无境"贯彻全部禅行,为把《楞严经》引进禅的领域做出了努力。福清人清耸(生卒不详,为宋代人),曾于福州怡山长庆寺出家,后赴宁波、杭州两地弘法,为宁德支提寺第一代祖师。永泰人无应(?—976),曾受戒于鼓山神晏,后主持漳州保福院,弘法一方。福州人冲煦(?—975),曾出家鼓山事神晏,24岁开法于洪州丰城,南唐中宗李璟迎位光睦寺,后移开光、净德等大寺。古田人行霖(生卒年不详,为宋代人),于闽侯雪峰寺出家,后被神宗选为江西承天罗汉寺主持。福清人圆悟(生卒年不详,为南宋人),为偃溪佛智禅师弟子,曾收集南宋中叶以来禅林大德和参禅学道的仁宦入道机缘、示众法语等而撰成禅宗笔记《枯崖漫录》,由于它撰于《联灯会要》《嘉泰普灯录》《五灯会元》之后,故可用于补正。福州人悟明(生卒不详,宋代人),为南岳下第十八世、临济宗杨岐派僧人,曾于南宋淳熙十年(1183)撰写了《联灯会要》30卷,是《传灯录》《广灯录》《续灯录》的会要和补正,传于丛林。侯官人善缘(?—1431),曾于永乐三年(1405)继鼓山丈席,后又应朝廷名僧之征入京,撰有《灵源集》。福清人通容(1593—1661),历主金粟、福岩、黄檗、天童诸寺,为大鉴(慧能)下第三十五世、临济宗第三十一代法孙,有《五灯严统》,并撰有《五灯严统解惑篇》《般若心经斫轮解》《丛林西序须知》《祖庭钳录》等,另有《语录》二十卷行世。福清人隐元(1592—1673),曾住持黄檗七载,后应日本长崎兴福寺住持之请,率弟子二十余人东渡传法,并于日本大和山(今京都宇治)建寺,名黄檗山万福寺,并以此寺为基地传禅,形成黄檗宗。著有《隐元禅师语录》《普照国师广录》《云涛集》、《弘戒法仪》等,并订有《黄檗清规》十章。闽清人古月(1843—1919),出家于鼓山涌泉寺。曾在鼓山传戒,一身兼主西禅、雪峰、林阳、崇福等福州五大丛林。古田人达本(1847—1930),曾往暹罗(今泰国)、印度礼释迦牟尼遗迹,后任鼓山涌泉寺方丈,为曹洞四十五代,曾赴南洋募化。古田人圆瑛(1878—1953),19 岁于鼓山涌泉寺出家,1914 年任中华佛教会理事长,1953 年任中国佛教协会会长。著有《楞严经讲义》《大乘起信论讲义》《一吼堂诗集》《一吼堂文集》等近 20 种,后合编为《圆瑛法汇》。6. 留下了许多珍贵文物。这些文物多为国家级或省级文物保护单位。其如:(1) 寺。如位于福州屏山南麓的华林寺大殿,是全国重点文物保护单位,为我国长江以南现存最古老的木构建筑(约建造于 964 年),不仅用料之大为全国古寺之最,其两头卷杀构造手法隋唐以后已极为罕见,故弥足珍贵。日本镰仓时期的"大佛样"建筑,也深受华林寺大殿建筑风格的影响。(2) 塔。如福州鼓山千佛陶塔,为北宋元丰五年(1082)烧造,塔壁贴塑佛像 1078 尊,故称"千佛陶塔"。鼓山的神晏国师塔,塔身为馒头形,形制古朴。位于乌石山东麓的福州崇妙保圣坚牢塔,为五代闽永隆三年(941)闽王延羲在净光塔(建于唐贞元十五年,毁于乾符六年)遗址上重新建造的,因外表略呈黑色,故称"乌塔"。塔高 35 米,七层,内龛中供浮雕佛像,雕工精美,第五层壁上嵌有五代时林同颖撰、僧元逸书的《大闽崇妙保圣坚牢塔记》碑。(3) 石刻和碑文经幢。如鼓山即有摩崖石刻 611 段,现存 553 段。福州乌石山华严岩西侧的唐李阳冰《般若台铭》、福州乌石山塔旁的唐代碑文《唐无垢净光塔铭》、闽侯雪峰枯木庵唐代树腹碑等,亦均为珍贵文物。(4) 佛像。福州保存了许多稀世石雕佛像,如福州乌石山南坡的摩崖造像。福清瑞岩山的石室中,以自然石雕琢而成释迦牟尼、文殊、普贤三佛像。瑞岩寺之右有一座高 6.4 米,宽近 9 米的弥勒坐佛,位于罗源凤山镇城南郊外的圣水寺栖云洞内用青色花岗石雕刻的十八罗汉,为福建历史最悠久的罗汉造像。7. 产生了一批与佛教有关的典籍文献。其如:(1) 与佛教有关的铭记。主要记述当时的佛教活动,以闽国为例,如黄滔就写了不少与佛教有关的记、碑等,其《大唐福州报恩定光多宝塔碑记》,详细介绍了建塔的经过,描绘了当时佛教的盛况;其《丈六金身碑》记载了王审知与众僧迎新铸金身铜像及两尊菩萨归于开元寺寿山塔院的经过;其《福州雪峰山故真觉大师碑铭》,记述了雪峰义存弘法的经过和生平。(2)有关寺院志。福州著名丛林都编撰有寺院志,如《雪峰志》详细介绍了雪峰法嗣,以图谱形式予以展示,并对有关的山中名胜、寺宇、特产、僧侣和历代题咏等文献,皆录无遗。再如《黄檗山寺志》为清顺治九年(1652)隐元禅师在圆悟、通容禅师和居士林伯春、僧行玑所撰的旧志基础上进行重修的;清道光三年(1823),住山僧清馥、道逞再次重修;1988年,福清县方志办、宗教局又进行校点,并由福建地图社出版。志分山水、寺、僧、法、塔、外护、文、释诗偈等八卷,内容丰富,为研究福建乃至中国禅宗史的珍贵文献。(3)与寺院及佛教活动有关的诗文。这类诗文不仅是研究佛教在福州的珍贵资料,由于多出于名家之手,故也有较高的文学鉴赏价值。如唐代欧阳詹的《福州南涧寺上方石像记》、明谢肇淛的《游雪峰记》等,都写得声情并茂。8. 对民俗产生了影响。佛教在福州传播过程中,对福州的民俗产生了一定影响,如《三山志·土俗》"庆佛生日"载:"是日,州民所在与僧寺为庆赞,道场蔡密,学襄为州日,有四月八日西湖观民放生诗,此风盖久矣。"9. 寺院占有大量土地。寺院经济在福州经济中占有重要比重,闽国王审知时代,土地开始多归僧寺,正如《闽书》卷三十九《版籍志》载:"弓量田土,第为三等,膏腴上等以给僧道,其次以给土著,又次以给流寓。"仅以鼓山涌泉寺为例,清黄任《鼓山志》卷八载:"山有寺而寺有田,传自唐末而盛于朱梁。闽越之时,其人之尊教者,各输腴田以为福田,利益之基,故其田遍福之诸邑。一邑之所治者,岁入之数赋公家五百石,他未暇论也。"又卷五称:"福省鼓山,系祝圣万年山,创自五代,闽忠懿王所施膳僧之田,多至八万四千亩,遗册犹存。"正是因为福州寺院经济的长盛不衰,才刺激了福州佛教的发展和兴盛。10. 与台湾佛教关系密切。由于地缘原因,台湾佛教与福州佛教关系一直极为密切,特别与福清黄檗寺,福州怡山西禅寺、鼓山涌泉寺关系尤为密切。当时台湾出家僧侣要受戒,需到福州。鼓山涌泉寺是最理想的寺院,当时受戒时间为每年阴历四月八日及十一月十七日,鼓山涌泉寺都预先广而告之。上世纪50年代以前台湾正统佛教有四大派系,即大岗山、观音山、大湖山、月眉山,这四大派系皆与鼓山涌泉寺关系密切。如清同治十一年(1872),涌泉寺僧理明在台北创建凌云寺,为台湾观音山派的大本山;民国元年(1912),涌泉寺僧觉力到台湾苗栗大湖乡创建法云寺,为台湾大湖山派的大本山;民国十二年(1923),涌泉寺僧善智、妙密在台湾基隆月眉山谷创建灵泉寺,为台湾月眉山派的大本山。11. 与海外关系密切。由于其独特的地理位置,福州佛教与海外一向关系密切。如早在908年前后,新罗僧人大无为游学福州雪峰,师承义存弟子、青原下六世法嗣。827至840年前后,新罗僧人龟山游学福州长庆院。唐德宗贞元二十年(804),日本僧人空海在霞浦县州洋乡赤岸村登陆,后到福州,住开元寺。唐宣宗大中七年(853),空海俗甥僧圆珍从九州渡海来中国,后至福州开元寺居住,从寺僧存式学《妙法莲华经》等。福州的僧人也常赴海外弘法化缘。其影响最大的是福清黄檗寺僧人隐元,于南明永历八年(1654)率二十余人渡海赴日,于日本万治二年(1659)主持京都新建的黄檗山万福寺,开创了日本佛教的黄檗宗。福州怡山寺僧耀源,曾于光绪年间(1877—1899)赴暹罗(今泰国)、槟榔屿、小吕宋等地募款,建成怡山大殿。福州鼓山涌泉寺住持妙莲,为修复涌泉寺,多次远赴新加坡、暹罗、缅甸等地募化。

(二) 各种佛教宗派流行

各种佛教宗派都不同程度地在福建传播过。中国佛教主要有净土宗、天台宗、三论宗、律宗、慈恩宗、贤首宗、密宗、禅宗等八个宗派,这些宗派都不同程度地在福建流传过。下面简单介绍一下其中几派在福建的情况。

净土宗是专修往生阿弥陀佛净土的法门。此宗的建立是以东晋慧远在庐山集道俗 123 人结白莲念佛社为始,故也称莲宗。省外一些高僧曾到闽地讲经撰述,宣扬净土。如莲宗第九祖智旭大师曾于 1640 年住温陵(泉州),在泉州小开元寺撰述《大佛顶玄义》二卷,文句十卷;刊《佛顶玄义》,版藏大开元寺甘露戒坛。其时如是师示寂,助其念佛,并为撰《诵帚师往生传》。次年住漳州,述《金刚破空论》。① 在泉州刊刻《蕅益三颂》《斋经科注》。弘一大师曾于泉州大开元寺发现卷末有智旭大师亲笔题识的经书,文曰:"崇祯辛巳。古吴智旭,喜舍陆却。奉大开元寺甘露戒坛,永远持诵。"② 五代泉州开元寺的释栖霞,据元释大圭撰《紫云开土传》载,为"净土奉先之鼻祖也"。福建一些名寺亦为净土道场,如福州金鸡山地藏寺,建于宋代的惠安岩峰寺石壁也有净土宗经文。

天台宗因创始人智顗常住浙江天台山而得名,因其教义主要依据《法华经》,所以也称法华宗。福建许多高僧对《法华经》有精到的研究,如隋代僧人无际,于莆田南山建瑞泉庵,精研《法华经》,为传播天台宗名僧,五代泉州刺史王延彬于泉州开元寺创新法华院,延请省权居住,"以权善《法华》故名"③。宋代晋江僧人本观,曾从泉州开元寺学《法华经》,并任法华院住持,有《法华

---

① 《莲宗十三祖传略》,上海佛学书局 1995 年版,第 40—41 页。
② 弘一:《蕅益大师年谱》,《蕅益大师净土集》,福建省佛教协会佛教教育基金委员会 1993 年印,附录第 19 页。
③ [明]元贤:《泉州开元寺志》,1927 年刻本,第 14 页。

笺》传世。宋代同安僧人法周,出家于泉州开元寺文殊院,曾三次应诏入京,讲授《法华经》等。元代晋江人释如照,于泉州开元寺刺血书写《法华经》。闽地还有许多以《法华经》命名的寺院,如宋太祖乾德二年(964)创建的位于霞浦县长春乡小罗浮村白马峰的法华寺,宋代朱熹曾到此寺游览,并题有楹句。

律宗因着重研习及传持戒律而得名,由于依据五部律中的《四分律》建宗,也称四分律宗。实际创始人为唐代道宣。早在唐景云二年(711),莆田南山金仙寺(即今广化寺)僧志彦即被睿宗李旦召进宫讲解《四分律》,大受赞赏。①唐代泉州律宗僧人恒景和道深曾分别对开创南山律宗的道宣所撰《四分律删繁补阙行事钞》12卷进行注释,泉州开元寺曾为弘律重镇,正如明代元贤在《泉州开元寺志》中所言:"其禅、教、律三宗之彦,雀起而鼎立。"唐咸通三年(862),温陵僧人弘则从荐福寺传总律师学《四分律》,乾宁初(894),泉州府主王审邦闻其戒行严谨,遂请其传戒度僧。唐天祐二年(905),泉州刺史王延彬于开元寺创建法院,"以居律师弘则,使授毗尼。弟子良苑,亦以律学教授,孙洛彦、本敷,俱有声色"。② 开元寺初有东律庵,唐大中年间(847—859),太守改为东律祖膊院,"延神僧祖膊和尚居之,世以律传"③。开元寺内还有泗洲律院,后梁贞明间(915—921)律师知琒为开山,后弟子本宗以律名。永春僧人省权23岁即能讲律,王延彬在开元寺供其居位,优礼敬重。宋代晋江僧人法殊童年即入开元寺,深通《四分律》,每逢初一、十五,聚众宣讲戒本,节日则讲南山教戒。近代高僧弘一大师弘法闽南,振兴了湮没700年的"南山律宗",因此被后人推崇为重兴南山律宗第十一祖。弘一大师在闽南弘律,主要有三个方面的内容,一是讲演;二是创设南山律学院;三是编撰校注了大批律学著作。

慈恩宗因创宗者玄奘、窥基长期住过长安的大慈恩寺,故通称慈恩宗。因此宗阐扬法相、唯识的义理,故又称"法相宗"或"唯识宗"。唐末五代,慈恩宗就传入闽南。唐末仙游僧人释叔端曾习《唯识论》,并于唐乾符中(874—879)归隐山中,其徒晋江人释道昭向其学《唯识论》诸经,23岁就通晓诸经,曾闭关于泉州开元寺东罗汉阁,著述《成唯识论》近八十卷,时人号称"唯识大师"④。五代晋江人释文超精研《百法明门论》《唯识论》等慈恩宗经典,曾奉诏入京讲《百法明门论》,又返泉州讲《唯识论》,被委为僧正,泉州刺史王延彬于开元寺东建清吟院供其居住。

---

① 《莆山灵岩寺碑铭》,《全唐文》,中华书局1983年版,第8699页。
② [明]元贤:《泉州开元寺志》,1927年刻本,第12页。
③ 同上书,第12—13页。
④ [元]释大圭:《紫云开士传》(卷二),1929年刻本,第11—11页。

贤首宗是唐代高僧贤首大师所创,故称贤首宗。因此宗所依的经典是《华严经》,所以又称华严宗。宋代晋江人释净源,被称为华严宗中兴教主,曾任泉州清凉寺主持,抄录澄观的《大疏》并注解《华严经》,题作《华严疏钞注》(一百二十卷,现存五十八卷),撰有《华严原人论发微录》等著作多种。原高丽王子义天出家后师事净源,在中国住了三年后,携带佛典及儒书一千多卷回国,使贤首宗大行于海外。① 闽地一些僧人对传播《华严经》作出过努力,如唐宣宗大中年间(847—859),闽越僧志宁将李通玄在唐玄宗时所撰《新华严经论》《略释新华严经修行次第决疑论》注在经文下,合成一百二十卷。宋太祖乾德五年(967)建僧人惠研重新整理,定书名为《华严经合论》,流传于世。② 唐天宝年间(742—755)高丽国(今朝鲜)高僧元表身负《华严经》八十卷,至宁德支提山石室礼诵《华严经》。唐宣宗大中六年(852),传华严宗名僧释行标居莆田玉涧寺,泉州刺史薛凝叩以《华严经》大义。懿宗咸通十一年(870)朝廷赐额华严寺。

密宗依理事观行,修习三密瑜伽(相应)而获得悉地(成就),故名密宗,或称瑜伽密教。密宗在福建也流行过,如泉州开元寺的构筑形式为密宗规制。寺前照墙为"紫云屏",天王殿为悬山式建筑,左右供密迹金刚和梵天的巨大神像。

佛教各派在福建影响最大、最为流行的是禅宗。禅宗以参究的方法,彻见心性的本源为主旨,故又称佛心宗。禅宗至五祖弘忍下分为南宗慧能、北宗神秀。慧能的著名弟子有南岳怀让、青原行思,南岳下数传形成沩仰、临济两宗;青原下数传分为曹洞、云门、法眼三宗,世称"五家"。唐末五代以来,南宗一直为福建佛教的主流宗派。其标志有:第一,南宗五家都与福建有着极大关系:"如临济宗的始祖义玄是福清人黄檗希运的门徒,沩仰宗创始人沩山灵祐是长溪人,曹洞宗创立者之一本寂是莆田人,立云门宗的文偃出于南安人义存门下,立法眼宗的文益则为闽县人师备的再传弟子。"③第二,历史悠久,法嗣众多,分布区域广。其中影响最大的为闽侯雪峰义存。义存为泉州南安人,曾往湖南武陵参谒出自青原法系的宣鉴禅师,后于唐咸通十一年(870)于闽侯建雪峰寺,僧众盛时达1500人,寺有"南方第一刹"之称。五代福建泉州招庆寺静、筠二禅师编撰的《祖堂集》,为我国最早的禅宗史。据《祖堂集》载,雪峰义存的法嗣有21人,其影响之大,为义存同辈人中罕见,"存之行化四十年,

---

① 中国佛教协会编:《中国佛教》(一),知识出版社1980年版,第306页。
② [宋]赞宁:《宋高僧传》,中华书局1993年版,第575页。
③ 同上。

四方之僧趋法席者不可胜算"①

福建大多数寺庙皆属禅宗各个宗派,虽然各派系都把据有的寺院作为繁衍本派门下弟子的祖业,但也不都是门户森严,也不乏相互渗透、兼容并蓄。如厦门临济派下有南普陀寺、天界寺、鸿山寺、金鸡亭、龙湫亭、觉性院等12所,云门派下有妙释寺、日光岩、万寿岩、天竺岩、洪坑岩等5所;曹洞派下有白鹿洞、云顶岩、宝山岩等3所。临济宗高僧转逢,将临济宗所属南普陀寺改为十方丛林,改子孙承传制为十方选贤制。由此公开打开了佛门中宗派分立制度的缺口,为佛教兴盛注入了活力。宁德市各县寺庙基本属于临济宗、曹洞宗,以临济宗为多。莆田的南山广化寺、龟山福清寺、鼓峰涌源寺、囊山慈寿寺、梅峰光孝寺被称为当地五大丛林,前三寺属临济宗,后两寺属曹洞宗。曹洞宗钟板是竖式,书写"顶天立地";临济宗钟板是横式,书写"横遍四方"。但隶属曹洞宗的囊山慈寿寺,却用临济宗的板式,也有人称之为"两宗兼排"。泉州各寺庙大多属临济、曹洞两宗,虽分立门户,各有传人,但又法门并修,互相渗透。最典型如泉州开元寺,元代泉州释大圭撰写的《紫云开士传》中所列唐至宋代开元寺僧人83人,其中有律师、禅师、唯识大师、专修净土宗之僧人、专习《法华经》之僧人等,可谓集各宗之大成。此外,各名僧所修也不局限于某一宗派,如鼓山第九十六代住持道霈,先是从闻谷(广印)习净土,旋又随鼓山元贤习曹洞宗禅法,又辞永贤至杭州五年,正如他自己在《旅泊幻迹》中所云:"于法华、楞严、维摩、圆觉、起信、唯识,及台、贤、性、相,大旨无不通贯。"②后又曾参临济宗师密云圆悟问法,最后重上鼓山随侍元贤,终受嗣法。

(三) 佛典流通丰富

在中国佛教史上,福建在编撰、翻刻、收藏佛典方面,有特殊的贡献。

1. 编撰。福建历代高僧著述宏富,据不完全统计,目前可查阅的有留下著作的高僧有百余人,著作近350部。唐代有代表性的著述,如中华书局出版的《中国佛教思想资料选编》所选,有建州人大珠慧海的《顿悟入道要门论》《诸方门人参问》,此为听了马祖道一讲法后所撰,发挥了禅宗顿悟思想。③ 闽县人希运的《黄檗山断际禅师传心法要》《黄檗断际禅师宛陵录》宣扬直指单传心要,在当时有相当影响。五代最有代表性的著作为南唐保大十年(952)泉州松庆寺静、筠二禅师编撰的《祖堂集》二十卷,辑录了古代七佛、三十三祖

---

① [宋]赞宁:《宋高僧传》,中华书局1987年版,第288页。
② 参见《旅泊幻迹》,转引自石峻等主编:《中国佛教思想资料选编》(第三卷第三册),中华书局1991年版,第26页。
③ 石峻等编:《中国佛教思想资料选编》(第二卷第四册),中华书局1991年版,第205页。

迄唐末五代共246位禅师的事迹和机缘,叙述了禅门诸法师的源流谱系,实录了各禅师的行状,保存了不少禅宗语录,开后世灯录体著作的先河。《祖堂集》是我国现存最古的灯录体著作(比《景德传灯录》还早50年),特别其中有不少内容是已失传或其他禅宗史料语焉不详的,因此,对我国禅宗史的研究,具有极为重要的意义。五代有代表性的名僧撰述还有南安人义存的《雪峰义存禅师语录》二卷、闽县人师备的《玄沙师备禅师语录》三卷、长溪(今霞浦)人惟劲的《南岳高僧传》,以及收进《古尊宿语录》中的鼓山开山祖师神晏撰的《鼓山先兴圣国师(神晏)和尚法堂玄要广集》一卷等。宋代有代表性的名僧撰述主要有三类,第一类是对各宗系的描述,如:福州人悟明编集《联灯会要》三十卷,福清人圆悟于南宋景定四年(1263)编撰的《枯崖漫录》,建宁人道谦于南宋绍兴十年(1140)编集的《大慧普觉禅师宗门武库》。第二类是对各种经书的阐述,如有朋的《楞严·维摩经注》,戒环的《华严经要解》一卷、《楞严经要解》二十卷、《法华经要解》二十卷。第三类为名僧的禅语,如道英的《道英禅师语录》,了灿的《了灿禅师语录》,慧空的《雪峰慧空禅师语录》,有需的《有需禅师语录》,藏用的《藏用禅师语录》,守净的《守净禅师语录》等。元代佛教史的代表作为福建㞋峰熙仲于元至正十二年(1275)所编撰的《历朝释氏资鉴》十二卷。经书阐述的代表作有妙思的《上生经解》,禅门语录代表作有樵隐的《樵隐悟逸禅师语录》等。明代建阳人元贤撰述最多,其代表作有崇祯二年(1629)编撰的《建州弘释录》,于清顺治八年(1651)编辑的《继灯录》。元贤主要著述还有《永觉立贤禅师广录》三十卷。元贤还著有多种经论注疏,如《法华私记》《楞严翼解》《楞严略疏》《金刚略疏》《般若经指掌》等。鼓山涌泉寺僧元来(安徽舒城人)著有《无异元来禅师广录》三十五卷。清代有代表性的如福清人通容,其于清顺治七年(1650)时所辑《五灯严统》二十五卷,于清顺治十一年(1654)前后撰写的《五灯严统解惑篇》一卷。近现代福建著述最多的为弘法闽南14年的弘一和古田人圆瑛,弘一在福建的著述除了佛经编校注论外,还有序、跋、题记、传、年谱、铭、联、记事、法事行述等。《弘一大师全集》编委会将其全部著述汇编为《弘一大师全集》,由福建人民出版社于1989年出版。圆瑛著有多种经论、语录、文集,共计近二十种,后人合编为《圆瑛法汇》。

2. 翻刻。福建寺院刻印佛典有以下几个特点:第一,历史悠久。如宋代福建东禅等觉院所雕的《崇宁藏》和福州开元寺所雕的《毗卢藏》,不仅是中国历史上最早的两部寺刻大藏经,也是福建现存最早的刻本。《崇宁藏》的雕印始于宋神宗元丰三年(1080),成于宋徽宗崇宁三年(1104),共收经1430部,5700余卷。首次采用摺装式,以后多数藏经均沿袭此版式。现全藏已佚,在一些著名寺院还存有其残卷。《毗卢藏》始雕于北宋政和二年(1112),成于南宋绍兴二十一年(1151),后又两次续雕。全藏共收经1451部,6132卷,现全藏已佚,泉州开元寺存其残本。这种寺刻佛典的传统一直延续至今,至19世纪80年代,福州鼓山涌泉寺以传统的手工,印刷了数十种佛典,除梵册的经典外,还有《释迦如来应化事迹》《净土诸上善人咏》《圣箭堂述古》《鼓山志》等。第二,刻经寺院面广。无论大小寺院,都刊印了大量的佛典。仅以福州寺院为例,如宋代,有玄沙宝峰院刊刻的《玄沙师备禅师广录》,光孝寺刊刻的《大慧普觉禅师语录》,鼓山涌泉寺刊刻的《佛说观无量寿佛经》《仁王护国般若波罗蜜多经》《佛顶尊胜陀罗尼经》等。明代,有怡山西禅寺刊刻的《楞严经正脉疏》,罗山法海寺刊刻的《心经宋濂宗泐合注》等。第三,刊刻佛典数量众多。如福清黄檗山万福寺曾于明代建有藏经阁,阁上另辟一印刷楼,贮有经版,逐年印刷。至道光年间(1821—1850)止,共刻经24种。翻刻佛典最多的为福州鼓山涌泉寺,据《鼓山涌泉禅寺经板目录》载,涌泉寺共刻佛典359种,其中明刻184种,清刻195种,民国刻45种,年代不明35种。至民国,涌泉寺尚有完整无缺的经版188种(其中方册145种,梵册43种)。至1972年,虽经"文革"初期浩劫,涌泉寺尚存明末清初所刻佛典板片3613块,清末民国间所刻7696块,及其他板片66块,共11375块,弘一大师曾称鼓山为"庋藏佛典古版之宝窟"①。第四,许多刊刻的佛典在中国佛教史上具重要意义。福州鼓山涌泉寺分别于宋淳熙五年(1178)、嘉熙二年(1283)所刊刻的《古尊宿语录》四卷、《续古尊宿语录》六卷,皆在中国禅宗发展史上具有极为重要的地位。前者收37家禅师言行,后者收81家禅师言行(附出两家)。此书的价值是对禅师的记述比较详细,有行迹、拈古、偈颂、奏文、与帝王的对答等,弥补了其他灯录的不足。通过对其研究,"不仅可以把握禅宗盛期之梗概,亦可观禅宗主要代表人物的思想全貌。它是研究禅宗特别是禅宗盛期必不可少的思想资料"②。福州鼓山涌泉寺所刻《华严经疏论纂要》,为百余卷,四千余页,观本在《鼓山涌泉禅寺经板目录》中称其"为海内未经见之本"③。弘一大师曾在1930年10月2日写给夏丏尊的信中称:《华严经疏论纂要》"旧藏福州鼓山,久无人知。朽人前年无意之中见之,仍劝苏居士印廿五部。按吾国江浙旧经版,经洪杨之乱,皆成灰烬,最古者,惟有北京龙藏版,大约雍正时刻。今此《华严经疏论纂要》为康熙时版,或为吾国现存之最古经版,亦未可知也"④。

---

① 何绵山:《弘一大师与近代闽南佛教》,《近代史研究》1996年第1期。
② 萧萐父、吴有祥:《〈古尊宿语录〉前言》,中华书局1994年版,第26页。
③ 观本:《鼓山涌泉禅寺经板目录》,1932年版,第67页。
④ 何绵山:《弘一大师与中日佛典交流》,《浙江佛教》1996年第1期。

3. 收藏。福建寺院藏有大量佛经。因福建地理位置偏僻,各种动乱不像中原那样频繁,使得一些佛典珍藏至今。以厦门南普陀寺为例,据《中国佛教名寺古刹》第一卷介绍,南普陀寺藏有五部藏经,即:《宋碛砂藏经》影印本两部,《明大藏经》(日本翻刻本)、《日本续藏经》影印本各一部,《频迦精舍大藏经》《大正新修大藏经》各一部。据妙莲法师《我国佛教史籍的雕印和泉州开元寺藏宋、元版本的整理》一文介绍,泉州开元寺藏有宋、元版佛典12部,26种,67卷(其中8种9卷是完整的),所藏明代的有《南藏》一部(不完整)、《佛升忉利天为母说法经》,所藏清代的有《频伽藏》一部,所藏民国的有《民国缩式影印南宋版碛砂藏》一部、《民国影印宋藏遗珍》一部等。福州鼓山涌泉寺藏有明《永乐南藏》《永乐北藏》,清《龙藏》等。宁德支提山华藏寺藏有明《永乐北藏》(部分)。莆田龟山福清寺藏有民国《频伽藏》等。鼓山涌泉寺曾藏有元延祐二年(1315)建阳后山报恩寺万寿堂刊刻的《毗卢藏》,惜毁于十年浩劫中。

(四) 对福建文化产生了深远的影响

1. 在思想上对福建士大夫产生了极为深远的影响。福建的士大夫,无论是崇佛还是反佛,思想上都受到佛教的影响。以宋代为例,如杨亿、胡安国、游酢、陈易、李纲、真德秀等都是著名居士,而刘子翚则受佛禅思想影响极深,正如王渔洋《带经堂诗话》卷二十载:"其《屏山集》诗,往往多禅语……先生常语文公曰:'吾少官莆田,以疾病时接佛老之徒,闻其所谓清净寂灭者,而心悦之。比归读儒书,初亦由禅入。'"① 朱熹与佛教关系更密切,其佛学思想是袭承宗杲、道谦的看话禅,虽然朱熹最终"逃禅归儒",但其理论核心"理一分殊"则是源于华严宗和禅宗。明代李贽曾潜心佛学,著有《华严合论简要》四卷。林则徐也深受佛教影响,"是一个虔诚的佛教徒,在日理万机和戎马倥偬中,不废诵经念佛,亲笔楷书佛经五种,作为《行舆日课》,足见其持之精勤"②。在林则徐的日记、诗集、文钞中,有不少反映供佛礼佛、参禅诵经、忌日持斋、佛诞行香、求佛祈雨、写经赠友、赞扬佛子、参拜佛寺,与佛教界人士交往的内容,并一度有遁迹空门,皈依寺院的念头。③

2. 留下了许多珍贵的文物。福建因寺庙众多和远离战乱,一些佛教文物保存相对完整,是研究佛教史的珍贵实物。如鼓山曾有摩崖石刻611段,现存553段,已失58段,其中宋刻89段,元刻11段,明刻31段,清刻169段,民国

---

① 何绵山:《王渔洋与禅》,《齐鲁学刊》1995年第2期。
② 《林文忠公手书经咒日课》,中国佛教协会1987年印。
③ 张一鸣:《林则徐与佛教》,《法音》1995年第5期。

刻 96 段,疑刻 153 段。从这些石刻中可考察当时名人与鼓山的关系,对于研究鼓山佛教的兴衰,有一定价值。又如晋江南天寺巨崖上所刻"泉南佛国"为南宋时泉州太守王十朋所写,气势磅礴,径长达 2 米,可看出当年佛教的兴盛。福州乌石山乌塔旁的唐代碑文《唐无垢净光塔铭》、闽侯雪峰枯木庵的唐代树腹碑、平和三平寺中的碑文《三平山广济大师行录》等,均为珍贵文物。建于北宋的南安桃源宫陀罗尼经幢,共七层,为南安佛教女弟子葛门陈二十二娘为追荐亡夫与双亲而建,第四层分行竖刻《尊胜陀罗尼经咒》全文。建于唐代咸通年间漳州芝山开元寺的经幢,幢上所刻《佛顶尊胜陀罗尼经》,以书法遒劲飘逸而驰名于世,惜在"文革"中被毁,其残片存于漳州市图书馆。建于宋绍圣年间的漳州塔口庵经幢,幢身刻有佛像及"南无阿弥陀佛"等。

3. 保存了许多稀世佛像。(1) 石雕。如泉州清源山弥陀岩的阿弥陀佛立佛高 5 米,宽 2 米,头结球髻,右手下垂,左手平放胸前,足踏莲花,端庄肃穆。清源山左峰半山腰有一尊利用天然岩石雕成的立式释迦佛像,高 4 米,宽 1.5 米,左手下垂,掌心朝外,右手露肩,神态庄严。清源山碧霄岩三尊用花岗石雕琢而成的并排而坐的大型佛像,造型古朴庄严,是一组典型的元代喇嘛教造像。宋代雕刻的南安九日山石佛由耸天巨石雕成,佛像袒胸跌坐在莲座上,气势雄伟,惜面部分五官已缺落。(2) 佛像。福建各寺所藏各种铜铸、陶瓷、脱胎漆等工艺佛像甚多。以南普陀寺为例,寺中藏有高约 10 厘米的北魏普泰年间铸造的释迦牟尼说法铜像;高不过 20 厘米的唐代铜铸佛像三尊,背后铸有焰状的光轮,有盛唐风格;宋代手持药物的药师佛铜像;元代的观音菩萨铜像;明代的德化瓷塑观音像,高 40 厘米,洁白晶莹,形象安详慈善,线条准确流畅。

4. 对福建的音乐、舞蹈、戏曲等产生了深远的影响。(1) 音乐。佛教丛林音乐曲调有本地调(用作佛事)、外地调(用作祈祷)、福州调(用作佛事)、印度调(用于焰口)等。佛教音乐吸收了许多优秀民间曲调,许多民间音乐也吸收了佛教的曲调,其代表作有流行于东山的《春天景》《思陆地》等。(2) 舞蹈。如流行于闽清的《穿花舞》,原为和尚做普度时,为死者招魂引度的一种法场舞蹈;流行于莆田的《九莲灯》舞蹈,也与佛教关系密切。(3) 戏曲。一是在动作上的模仿。梨园戏的一些科步身段,与对佛教壁画、石刻、塑像等人物形态的模仿有关,如观音手、观音叠座、十八罗汉科等。二是内容取之佛教。如莆仙戏传统剧目《目连》,即取材于《佛说盂兰盆经》《佛说报恩奉公瓦经》。

5. 留下许多与佛教有关的诗词楹联。以楹联为例,其特点:一是名人题的多,仅以朱熹为例,他题泉州开元寺:"此地古称佛国,满街都是圣人。"题漳州开元寺:"鸟识玄机,衔得春来花上弄;鱼穿地脉,挹将月向水边吞。"题福州西禅寺:"碧涧生潮朝自暮,青山如画古犹今。"题南安雪峰寺:"地位清高,日月每从肩上过;门庭开豁,江山常在掌中看。"二是寺内楹联多。福州鼓山涌泉寺的楹联就多达几十对,如"净地何需扫,空门不用关。""地出灵源临海峤,天生石鼓镇闽中。""高树夹明漪,本来清净宜常住;巍峰当杰阁,合有英灵在上头。""五夜功夫铁脊梁,将勤补拙;二时粥饭金刚屑,易食难消。""手上只一金元,你也求,他也求,未知给谁是好;心中无半点事,朝来拜,夕来拜,究竟为何理由。""日日携空布袋,少米无钱,却剩得大肚宽肠,不知众檀越,信心时,用何物供养;年年坐冷山门,接张待李,总见他欢天喜地,请问这头陀,得意处,是什么来由。"

第二节　福建道教

一、福建道教的发展

道教正式形成于东汉。道教传入福建的时间很早,据《后汉书·方术列传·徐登传》载:泉州道士徐登,精医善巫术,贵尚清俭。吴、晋时,道士介琰曾住建安方山(即五虎山),从白羊公杜泌学"玄一无为"之道。著名道士左慈、葛玄、郑思远相继入闽云游或修道。西晋太康年间(280—289),泉州建有道教宫观白云庙,后改为元妙观。东晋时信奉五斗米道的卢循起义,失败后,部分起义者流散在泉州沿海,称为"游艇子"。南朝时陶弘景开创了茅山宗,曾至福州寻找炼丹之处。

福建道教在唐五代有很大的发展。据《福建通志·道士传》载,闽处士张标"有道术能通冥府"。据《闽书》载,福州人符契元为上都(即长安)昊天观道士,"长庆初德行法术,为时所重"。上清派道士司马承祯曾到宁德霍童山修炼,连江人章寿于开元年得"仙术"后,曾于延平津中斩蛇。泉州人蔡如金弃官入道,修真炼法,其声闻于朝廷,敕赐"灵应先生"。五代时闽王王延钧、晋江王留从效、节度使陈洪进都宠幸道士,热衷修建道教宫观。如王延钧以道士陈守元为宝皇宫宫主,《十国春秋》记载王昶继位后,拜陈守元为天师,"作三清殿于禁中,以黄金数千斤铸宝皇及元始天尊"。并拜道士谭峭为师,赐号"金门羽客正一先生"。留从效在泉州城里建紫极宫迎恩馆,陈洪进建奉先观于惠安城南。南唐李良佐访道人入武夷山,《福建通志·道士传》载其"遂居旧观在洲渚间",并居武夷山三十七载。

福建道教在宋代达到鼎盛。据《福建通志·道士传》记载,宋代福建较著名的道士有51人。大多为外出遇异人,经点化、苦炼得道者。宋代统治者追封大批道教神祇和民间信仰神祇，而福建这类神祇极多，推动了福建道教的普及。这时福建还出现了以收精炼气为主的"炼养派"和以役使鬼神为主的"符箓派"，一些著名道士都分属这两大派。属"炼养派"的有泉州龙兴观道士吴崇岳、长汀人王中正、崇安人杨万大、清流人欧阳仙等；属"符箓派"的有漳州天庆观道士邱允、沙县人谢祐、长乐人陈通、长汀人梁野等。宋代还修建了许多道教宫观，如莆田建有二十余座，泉州建有三十余座。据《延平府志》载，仅宋嘉定八年（1215）至宋景定四年（1263），连僻远的沙县城内，都建造了六座道院。宋代福建道士斋醮、做法事等活动也十分兴盛，在近年出土的福州黄昇夫人墓里，发现有刻在砖质"买地券"后的符文一道，为的是保"亡灵安稳""生人平康"。

元、明时期，福建道教虽不似宋代那么鼎盛，但由于元代统治者对道教的全真、正一两大教派亦予支持，明代统治者对道教采取推重与利用控制相结合的方法，福建道教依然久盛不衰。元一统后，南北文化开始交流融合，北方三派新道教中势力最大的全真教渡江南传，对闽地产生了影响。如金志阳（号金蓬头），赴武夷山宣扬全真教旨；牧常晁于福建建宁建有仰山道院，撰《玄宗直指万法同归》阐扬全真教理。据《福建通志·道士传》载，福建著名道士，元代有9人，明代有34人。1991年11月漳平市永福镇紫阳村出土了一处土墓，从中发现一具明万历二十八年（1600）安葬的道士尸体，其身穿灰色道袍，头戴莲花漆金木刻道帽，左手拿一把竹柄纸扇，腰缠一条描金带，胸前安放一块约30厘米的木笏和7枚"万历通宝"方孔钱。元、明时期福建也建造了大量道观，仅莆田就有许多著名道观建于元代，诸如元惠宗至元二年（1336）创建的江口佑圣观（后改为东岳观）、元仁宗延祐元年（1314）创建的崇元万寿宫等，明代莆田亦有近二十余所道观创建。泉州有许多著名宫观，也多为明代修建。

清代，福建道教开始衰微，不仅新建道观少，以往大部分重要道观因得不到维修而久圮湮没，著名道士也寥若晨星，据《福建通志·道士传》载，清代著名道士仅德化人江士元、仙游人杨季雅两人。这主要有三方面原因：一是统治者尊黄教为国教，对道教开始限制；二是民间宗教在福建极为勃兴，虽然这些民间宗教多摄取道教内容，往往供奉道教神祇，但也在很大程度上削弱了道教地盘；三是住宫道士日益少见，道士大多走向社会，以为人操办各种法事为职业，人称"民间师公"。

道教在福建的早期发展与福建名山大川的关系极为密切。道教追求长生不老，讲究修炼养生，相信世间凡人可以飞升成仙。高山既是修身养性的好地方，又被认为与天接近，是飞升成仙的通天之处。福建被称为"东南山国"，四季常青,从东北到西南,有洞宫山、武夷山、杉岑山,中有纵贯南北的鹫峰山、戴云山、博平岭山,奇峰挺秀,层峦叠嶂,皆为道教活动的理想之处。北宋张君房总编、成书于天禧三年(1019)的《云笈七签》卷二十七《洞天福地》在划分三十六小洞天时称:"第一霍桐(童)山(支提山)洞,周回三千里,名霍林洞天,在福州长溪县(今霞浦县),属仙人王纬玄治之。""第十六武夷山洞,周回一百二十里,名曰真升化玄天,在建州建阳县,真人刘少公治之。"在划分七十二福地时称:"第十三焦源,在建州建阳县北,是尹真人隐处";"第二十七洞宫山,在建州关隶镇五岭里,黄山公主之";"第三十一勒溪,在建州建阳县东,是孔子遗砚之处";"第七十一庐山,在福州连江县,属谢真人治之"。在上述洞天福地中,被称为"真升化玄天"的武夷山最为著名。其原因,一是历史悠久。据《异仙录》载,始皇二年,有神仙降于此山,自称武夷君,统录群仙,山因此而得名。二是许多著名道人在此山修炼过。如北宋江西南丰人王文卿曾得神霄雷法真传,后入武夷山修道,在冲佑观广收道徒;北宋邵武徐熙春,曾与道人约期至武夷山;南宋祖籍闽清的全真道南宗五祖白玉蟾,在武夷山修道多年,自任止止庵住持,并有《武夷山重建止止庵记》;元代全真南宗道士金志阳,曾到武夷山隐居,住在白玉蟾所建的止止庵。武夷山由此成为道教神霄派和道教南宗的发祥地之一,在中国道教史上占有重要地位。三是道观众多。极盛时有九十九观,其中最著名的为冲佑观,它不仅是武夷山和福建历史上最大的道观,也是全国著名的道观。冲佑观建于唐天宝年间(742—755),始称天宝殿,北宋真宗时,已有屋宇 300 多间。"此后经过历代递修,更是雕梁画栋,气势恢宏,构成一个传统的院落式的巨大建筑群。"①四是历代统治者对冲佑观倍加重视。据《武夷山记》《武夷志略》《武夷山志》等史料载,五代闽王王审知曾赐钱扩建,易名为武夷观;五代南唐皇帝李璟因其弟李良佐入观修道,下诏重修殿宇,并改名为"会仙观";宋咸平年间(998—1003),宋真宗为会仙观御书"冲佑"之额,并于大中祥符元年(1008)下诏扩建;宋绍圣二年(1095),宋哲宗赵煦再下诏扩建,将观名正式改为冲佑观;宋理宗嘉熙六年(1242),理宗命道士 21 人于冲佑观启建灵宝道场三昼夜,设醮三百六十分位,告盟天地,诞集嘉祥;明万历三十年(1602),明神宗下谕赐冲佑观《道藏》一部,以广流传。五是山中浓郁的道教文化氛围。武夷山上星罗棋布的历代道观遗址、与道教有关的题刻、种种众仙飞天的传说、道士修炼时的住处、难以破译的勒壁诗、奇异的"洞天仙府"之说、山岩悬崖洞穴中所藏的古人遗骸(有说是仙人葬处)、大王峰升真洞中船棺内的 20 多个骨函、幔亭峰上的换骨岩等,都因神秘莫测而

---

① 方彦寿编著:《武夷山冲佑观》,鹭江出版社 1996 年版,第 8—9 页。

扑朔迷离,至今还有许多谜未能破译。其深邃广博的道教文化内涵,实属罕见。

较著名的福建道教名山还有:名列三十六小洞天之首的霍童山(支提山),此山位于宁德市西北40公里,明永乐皇帝赐匾额曰"天下第一山",为仙人传真之所和东南道教圣地,至今留有葛仙岩、丹灶、药臼、石钵、石盂、碧玉镜等遗迹。位于福鼎县城以南45公里的太姥山,在东汉至晋时为道教名山,据汉代王烈《蟠桃记》载,尧时有一老母在此山中种兰为生,后被仙人点化,羽化仙去,故名太母山,汉武帝时列太母山为三十六名山之首,改名太姥。位于泉州城北3公里的清源山,号称"泉州第一山",宋代有北斗殿、真君殿、元元洞等,为道教宫观集中地,现存露天老君像一尊,为国内宋代道教石刻代表作。泉州紫帽山自古有"紫帽凌霄"之称,唐代山上建有金粟真观,金粟洞西有石鼓、丹炉、试剑石、石棋局及所谓仙掌、仙迹等;北宋全真道所奉南五祖之一的张伯端(即紫阳真人)在此留下两方署名"紫阳真人"的石刻。德化的九仙山,山中的永安岩、龙池、灵鹫岩、仙棋坪等原为道教场所。位于霞浦县城南10公里的葛洪山,因相传晋代著名道士葛洪炼丹于此而得名。山有石洞,传为得道者居室。洞中至今存有石屏、石几、棋局,上有篆文六字,人莫能辨。

福建道教由深山向城镇推进,产生了遍布各城镇的宫观庙宇。百姓们为了祈保平安,需要创建宫观供奉护佑自己的神仙;地方官为了祭祀神灵,也需要宫观;道士们也常需要通过宫观进行斋醮,为此,大量宫观在各城镇应运而生。遍布城镇的宫观与深山中的道教圣地相比,形成另一景观。这些宫观的特点有三个方面:第一,生命力强,许多宫观不仅历年香火不断,在海外也有一定影响。以福州为例,较有影响的宫观为:位于福州肃威路的裴仙宫,始建于北宋英宗年间(1046—1067)迄今已有近千年历史,宫中所奉的裴仙师(也称裴真人)即周简法,传为福建督署衙内幕宾,《紫霞裴宗师宝经》载其"自宋修真皈依道教,恩施下士,德遍闽疆"。① 至今烧香拜谒者,络绎不绝,新加坡、美国、日本等及台港澳地区都有不少信徒在当地建有裴仙宫(或称督署宫)。② 位于福州于山的九仙观,建于宋崇宁二年(1103),初名"天宁万寿观",历代皆进行扩修,观内供汉初何氏九子(九仙君),以及三清尊神、玉皇大帝、王天君和斗姥元君等道教神祇,在东南亚有很大影响。位于福州东门外的泰山庙(也称东岳庙),建于五代闽国王审知时代,历代不断扩修,规模雄伟,殿堂齐备,曾为全闽最大宫庙。第二,分布面广。几乎每个县镇都有许多在当地有影

---

① 何敦铧:《福州裴仙宫》,《福州道教》总第5期。
② 同上。

响的宫观庙宇,即使是偏远的县镇也不例外。如宁化县城的凝真观,始建于后唐天成年间(926—929),历数代从未间断;建宁县的迎厘观,始创于宋政和元年(1111);长汀州城东的开元观,始建于唐开元二十八年(740),观内设有圣祖殿、三清殿及唐高宗道装真容铜像等。第三,数量众多,目前无法统计全闽的道教宫观坛庙的确切数字(也有人估测达数万座),但略举几个地方的数字,则足以说明其宫观之多。如据统计,1990年福州郊区(今晋安区)有香火供祀的就有173个宫观坛庙,①泉州市区道教文化研究会出版的《泉州市区寺庙录》一书,其中收录各种寺庙600余座。虽然这些宫观大多为民间信仰范畴,但由于福建道教长期不断从民间信仰中吸收新神,日趋世俗化,甚至出现俗神取代正神现象,道观与民间信仰的宫观有时也难以分辨。

道教在福建的兴盛和发展,其原因是多方面的。第一,闽越遗风。由于生存条件恶劣,早期闽越人普遍信巫好祀,这种媚鬼崇神恐妖的心理,不断被沿袭。许多事民众"宁可信其有,不可信其无"。第二,诸神信仰兼容合混,适应了更多民众不断变换的要求。第三,与民俗关系极为密切。福建许多民俗活动,无不打上道教的烙印,一些活动已成为日常生活中不可或缺的内容,成为传统的保留节目。一些普度、祭神、禳灾等活动,参加人数之多、普及面之广、时间之持久,有时可用"盛况空前"来形容。

二、福建道教的特点

(一) 极具包容性

这种现象在全国其他地方不多见。其主要表现形式为:

1. 道禅合混。理论混为一谈。其代表人物如宋代福建著名道士白玉蟾,他不讲道教的修炼,抛弃了"命",把心、性、道三合一。他认为内丹术里的第一妙法是禅宗的"顿悟成佛"和"以心传心",把外在的修炼方法变成了内在的精神追求,他在《谢仙师寄书词》中认为"心上功夫,不在吞津咽气"。他把金丹比作渡船,一到彼岸,也就不需要了。他在《武夷升堂》中说"渡河须是筏,到岸不须船","岸"即所谓"道",是指最高精神境界,是一种清净无欲、淡泊自适的精神状态。这与禅宗的哲理是相通的。

2. 寺观合融。福建有不少庙宇,既供佛祖,又供神仙,有时前面供佛祖,后面供神仙。如建于北宋的安溪清水岩,二层为"祖师殿",供奉清水祖师陈普足;三层为"释迦楼",供释迦佛像。建于宋代的福清石竹山石竹寺,早期是

---

① 林国清:《1990年福州郊区宫观坛庙一览表》,张传兴主编:《福州道教文化研究》,1994年铅印本,第80—86页。

典型的佛道共处之地,既有道场,又有大悲殿;门顶石匾为"石竹禅寺",厅中却祀"土地正神"。此外,永泰的姬岩寺、方广岩,平和的三平寺等,都有这种情况。福建许多小庙这种现象更为普遍,百姓对佛道的概念也很模糊,既求佛又求道。

3. 各种信仰糅合。道教在福建传播过程中,汲取了佛教、儒教、民间宗教(民间信仰)中的许多内容,加以糅合改造。最典型的如龙岩闾山教,它虽属正一道符箓派,但其除了有正统道教的遗传因素外,也吸收了由福建民间信仰和巫法衍变而来的"夫人教"、佛教部分斋科教法、古代巫术潜藏民间之余绪等多种成分,它实际上是"该地区历史上各类宗教信仰文化的聚合体,是各种宗教信仰融合的产物"①。

4. 在打醮拜忏等表演活动中杂混。以音乐为例,"禅和曲"渊源于佛教,后福州民间艺人组织了"斗堂",其流派有"禅和"与"正一"(道教)之分,二者互相渗透,以后道场也开始用"禅和曲"。以舞蹈为例,流传于闽清的"穿花舞",既是佛教和尚做普度,为死者招魂引度时的一种法场舞蹈,又是道教道士设法坛做报孝、超度父母亡灵时所表演的一种法事舞蹈。以戏曲为例,"打天堂城"讲的是芭蕉大王巡视柱死城,超拔冤魂的事,为道士表演的节目,唱道情调;"打地下城"讲的是地藏王打开柱死城,分别善恶予以超度的事,是和尚表演的节目,唱佛曲。但二者间互相渗透,不仅表演形式和内容大致相同,连打击乐都用道士做经忏时所用的乐器。

(二) 出现产于闽地却走向全国及海外的多神信仰

道教是多神信仰,所祀神一般为:天神、地(方)神、人神这三个系统,与其他省不同的是,许多闽地神祇信仰已成为沿海各省和东南亚一带的共同信仰。如妈祖,不仅在福建被尊为最高女神,受到最隆重礼拜,而且由于历代统治者的推动,甚至列入国家礼典,北到京津,南到闽粤,到处建起妈祖寺庙,在台湾民众十有八九信仰妈祖,并向东南亚乃至更远地方传播。临水夫人陈靖姑信仰不仅在福建流行,在台湾也很流行,据方冠英《陈靖姑信仰在台湾》统计,台湾地区的临水夫人庙遍布 16 个县市,有 67 座之多。保生大帝吴真人信仰不仅风行闽南,在潮州、汕头也有影响,台湾大部分地区皆建有以保生大帝为主的寺庙。闽中的二徐真人徐知证、徐知谔,因有德于闽,故闽人为其立庙祭祀,在明代被朝廷敬奉达到极点,几乎成了皇室的家神。以影响最为深远的妈祖为例。妈祖信仰之所以在福建多神信仰中最具代表性,首先表现在妈祖信仰

---

① 叶明生编著:《福建省龙岩市东肖镇闾山教广济坛科仪本汇编》,王秋桂主编:《中国传统科仪本汇编》(一),(台湾)新文丰出版股份有限公司 1996 年版,第 46 页。

在福建影响最为广泛,为其他民间信仰所难企及。妈祖信仰源于莆田湄洲岛,据不完全统计,目前可查考的妈祖庙,在福建全省共有806座,妈祖信仰已涵盖全省,可称为福建的第一大民间信仰。其次,妈祖信仰在福建有着悠久的历史,历代至今从未间断过。妈祖信仰在北宋就已在闽南沿海民间流传。北宋雍熙四年(987),百姓就在湄洲岛上供香火奉祀妈祖,真宗咸平二年(999),湄洲岛上妈祖祖庙的香火开始分灵。历代朝廷的介入,又促进了妈祖信仰在福建的长盛不衰。再次,妈祖信仰出现了多方面内涵,其功能也是多方面的,人们对妈祖的祀求已不仅仅是在海上救难护航,妈祖几乎成了有求必灵的女神。如清康熙二十一年(1582),施琅奉命率水师船只驻扎平海湾北岸平海卫城外妈祖澳,大军3万多人的饮水无法解决,当时有一井于湄洲祖庙分灵的第一座行祠平海天后宫前,但因渍卤浸润,味极咸苦。施琅拜祷妈祖,淘挖此井,泉忽沸涌,味转甘和。施琅乃于庙门内壁上立一石刻《师泉井记》记此事。

(三) 与台湾关系密切

1. 台湾道士由闽地传入。道教是最早传入台湾的宗教。据文献记载,早在唐代中叶就有道士进入台湾。传入台湾的道教以正一道为多。台湾正一道士又分红头师公和乌头师公两种。而无论是红头师公还是乌头师公,大都由福建传入。曾在闽台两地做过深入调查的法国远东学院研究院院士劳格文认为:"台湾北部正一派道士来自漳州,南部灵宝派道法多传自泉州。"①台湾著名道教研究者刘枝万认为:"台湾的红头道士,首先是刘厝派在清代初期就已经由刘师法从福建漳州传入台湾北部,林厝派相当晚,大约在一百五十年前才由林章贵从漳州传入。从这种传播过程来看,可知其渊源在闽南。"②为了加强对台湾道教的管理,清代乾隆时期台湾负责掌管道教事务的道会和乾庆时期的道会司,都是从闽南来的。

2. 闽台两地道场科仪一样。福建道教对台湾道教的影响,最主要表现在两地道士法师的道场科仪基本一样,特别在闽台道教主要教派,更是关系密切。台湾道士法师从事各科仪时,其依据的各种科仪本,绝大多数是由福建传入。英国人约翰·坎普耳士曾在台湾北部闾山道场进行考察,观察了闾山派道士所主持法场仪式的全过程,撰写了《台湾北部闾山道士们法场科仪的演练描述》,详细记载了闾山三奶派道士驱邪疗病的过程,其极为繁杂的科仪,整整持续了一天。其整个过程,与今日福建闾山派道士所行科仪仍有相似处,

---

① 劳格文:《福建省南部现存道教初探》,《东方宗教研究》1993年第3期,第149页。
② 刘枝万:《台湾的道教》;〔日〕福井康顺等监修《道教》(第三卷),上海古籍出版社1992年版,第143页。

有些名称叫法可能不一样,如台北"五碗卦"在福建称为"开五方",但有不少内容是相同的,之间有明显的传承关系。正如劳格文所说:"仪式属闾山法,法事有甩米,酒洒地,取鸡冠血以敕符,取血之法以嘴咬破鸡冠,与台北正一派道士同法。"①乌头师公在开眼、安胎补胎、起土收煞、送瘟神、收惊、催生、送外方、祭流、祭天狗、建醮、谢平安、做三献等法事中,可明显看出泉州、漳州道教科仪的影响;红头师公在做消灾除厄、竖符、起土、补运、做司、押煞、安营等驱邪避煞法术时,也可明显看出福建道教的影响。

3. 台湾教派大多由闽地传入。道教于1590年开始传入台湾,传教者是出身福建漳州的闾山三奶派道士,当时传道于台南。② 三奶教派曾是台湾道教主要教派之一,在台湾有很大影响。一些其他派别,尤其是台湾南部的道士,不但模仿闾山派的生动科仪,而且也在执行科仪时在头上绑红布。台湾南部的乌头道士也如法炮制,以增加他们科仪的内容,作为在宗教市场上竞争的手段。③ 除了闾山三奶教派外,台湾还有许多教派与福建也是一脉相承。如劳格文在调查了漳州的道教后指出:"闽南语地区专门做喜事的灵宝派道士、平和县山格乡的蔡天麟道士,他的道场科仪全套,与泉州、漳州或台南的灵宝派道士的科仪全书全部相同。"④

4. 台湾区域性的道教神仙信仰,大多闽地传去。有代表性的如莆田湄洲岛的妈祖,自1592年于澎湖马公建造了天后宫后,迅速成为台湾道教神祇中信徒最多的神明。再如王船信仰源于泉州,保生大帝信仰源于同安,清水祖师信仰源于安溪,开漳圣王信仰源于漳州,广泽尊王信仰源于泉州,五福大帝信仰源于福州,灵安尊王信仰源于惠安、南安、晋江等地,惭愧祖师信仰源于平和,法主公信仰源于永春、安溪等地。台湾道教中许多全国性神明也是福建传去。如玉皇大帝信仰在台湾相当普遍,其各宫庙祭祀活动的习俗,都是从闽南传过去的。又如北极玄天上帝在台湾信众甚多,其位于南投的受天宫,明末清初由福建李、谢、刘姓诸人传入。再如关圣帝君(也称关帝、恩主公)为道教最早神之一,在台湾有众多信众,最早是由福建东山传入。

(四)与东南亚联系密切

福建是著名侨区,其道教信仰主要通过先民离乡时带出而在海外传播。除了上述妈祖、临水娘娘、保生大帝等福建地方神在台湾及东南亚一带有广泛

---

① 劳格文:《福建省南部现存道教初探》,《东方宗教研究》1993年第3期,第157页。
② 〔日〕窪德忠著:《道教史》,上海译文出版社1987年版,第294页。
③ 约翰·坎普耳士:《台湾北部闾山道士们法场科仪的演练描述》,丁煌总编《道教学探索》(台湾),1989年12月,第265页。
④ 劳格文:《福建省南部现存道教初探》,《东方宗教研究》1993年第3期,第151页。

影响外,其与海外联系还有两种主要形式。一是信徒从海外前来进香朝拜。旅居海外的先民们对家乡的神祇特别虔信,视为他们在海外生存、发展的保护神,这种"神缘"关系也是他们及其后人与故乡联系的重要纽带。如莆田壶山凌云殿,每年都有大批港台和东南亚的信众来此进香。南安的凤山寺奉祀郭圣王,曾分灵远至印度尼西亚、马来西亚、菲律宾、缅甸、新加坡等国家。清《南安县志》载:"尊王每年八月祭墓,凡闽、浙、吴、粤及南洋群岛到庙办香者,以亿万计。"二是海外华人在所居地建立庙宇,并冠以故乡的地名或祖庙的名称。先民们离开故乡时,往往到各自崇信的庙宇祈祷、许愿,并取香火。在异国他乡繁衍生息时,为不忘故土和感念神恩,陆续建造了与故乡有关的庙宇。如莆田江口的东岳观,在印度尼西亚棉兰的海外侨胞由此取走了香火,建立了两座东岳观;泉州通淮关岳庙的香火在东南亚绵延不绝,新加坡的裕廊通淮庙、菲律宾的岷尼拉黎刹大街的菲华通淮庙等,都是从泉州分灵过去的。

(五)庙多神多道士少

福建庙观之多,为全国罕见,一些城乡小庙星罗棋布,几乎几步一庙,据考1990年福州郊区宫观坛庙,有长期香火奉祀的有233座,庙中所供神之多,亦令人惊讶。顾颉刚于20世纪20年代末曾到泉州考察,写下了田野调查《泉州的土地神》,据登于《民俗》第2至3期的文章所示,仅泉州就有近30个神,其中大多为地方神祇。福州民间土神也有多种,大多亦为地方人物。如:闽山神卓祐之、拏公庙神卜拏福、白鸡庙神白鸡小姐、齐王府神丹霞大圣、九使庙神归守明等,几乎每个地方神,都有好多种动人的传说。但许多庙观实际上并没有道士居住。如在莆田乡村中,现有宫观社庙500座以上,信仰群众为全县人口的50%左右,却无常住道士,仅有一些专职"看香火"的人,一些规模较大的宫庙由当地人士组成董事会管理。

(六)出现道教史上举足轻重的代表人物

如全真道以炼养为主,主张以"内炼成真,超离生死"为旨,融合内炼与禅宗,强调修真者先须去情去欲,以求明心见性,提倡出家修道、住观云游,建立丛林宫观,制定清规玄范。全真道南宋五祖之一为宋代闽清人白玉蟾,他提出以"精、气、神"为核心的内丹理论,将内丹与雷法并传,强调"内炼成丹,外炼成法",认为符箓雷法是否灵验,关键在于行法者的内炼功夫,而内炼功夫,又全赖一心而起作用。白玉蟾的思想对元代以后道教的修炼方术有较大影响,被后世学者称为"道教南宋正统,丹鼎派中最杰出之才"。再如清微派是唐末产生的内丹与符箓相结合的新的符箓道派,也是唐宋间融道教诸派精华新构成的重要道派。建宁人黄舜申是宋末元初清微派主要传人,是清微雷法之集大成者和理论大师。陈采《清微仙谱》云：清微雷法至黄舜申，"覃思著述，阐扬宗旨，而其书始大备"。明张宇初《道门十规》云：清微法中，"凡符章经道斋法雷法之文，率多黄师（舜申）所衍"。今《道藏》中所存清微道书如《清微斋法》《清微神烈秘法》等，皆出黄舜申之手。

（七）道派繁多

从道教发展史上看，唐、宋、元时期流行于福建的重要道派有天师道、外丹派、灵宝派、茅山宗、闾山三奶派、内丹派、神霄派、清微派等。① 从道教职能上看，宋代福建就有炼养派和符箓派；明清时，全闽道教主要为全真道和正一道。全真道主张"出家修真，炼气养神"，建有传戒和丛林制度，不饮酒荤，不要家室。从宋代的白玉蟾始，全真道在闽地时兴时衰，不过总体而言，至近代后乃全面衰落。福安20世纪七八十年代修建的青松观、真空观等，居住的均为全真道徒。正一道画符降妖，伐诛邪伪，祈福禳灾等，道士可居家亦可出家山居，但其入道者从师后，皆须得受经箓科戒，方算有了道位。著名的道士都亲往道教圣地江西龙虎山天师府受箓，没有到过龙虎山的道士，则采用就地受箓的做法。福建正一派道士的活动主要为斋醮、施符、偈咒、驱邪、超度等。随着时间的推移，正一派道士逐渐流入民间，俗称"师公"。如莆田辖境内至今还是由正一道教士划管社界，凡属于这境内者均皆属"施主"。莆田市至20世纪90年代初，正一道士尚有86人，而龙岩地区至上世纪80年代尚有210人，"半数以上没有家庭教坛，主要活动为驱魔、超度、搞符箓、迎神打醮、消灾祈禳，偶遇有大型庆典吊丧道场，则多人结伙，着各地不同的道装和打扮，随带法器，活动三五天"。② 泉州的正一道士很少住庙，有家有室，明清以来逐步走向民间，并各自在家设斋坛，衍化成宗教职业者。这些斋坛一般都有名号，大多为世家，如泉州东岳庙陈姓道士，其长房号为"慎德堂"，二房号是"炼真堂"，三房号是"丹真堂"。至20世纪50年代，泉州正一道士尚有数十人。③ 正一道中还有诸如灵宝、三元、闾山等许多道派，而闾山派流传最广，最为活跃。其历史可追溯到早期的闾山三奶派，为民间符箓道支派，无论在闽中、闽南，还是闽西、闽北、闽东等地，都有分布。闾山派诸法纷呈，形态驳杂，虽都是主符法，但由于地理、历史等原因而产生诸多教法不同的派别，如：流传于闽西南的巫道佛三教合一的闾山教；流传于泉州、漳州、永春及漳平，后又传入台湾的崇祀张法主

---

① 陈支平主编：《福建宗教史》，福建教育出版社1996年版，第20—29页。
② 《龙岩地区志》，上海人民出版社1992年版，第1449页。
③ 郑国栋、林胜利、陈垂成编：《泉州道教》，鹭江出版社1993年版，第85页。

的法主教;①流传于闽中的城市化的净明闾山三奶派;流传于僻远山区、畲族村落的保持巫法特征的夫人教;流传于宁化、明溪、尤溪、将乐、大田、永安、上杭等地的援佛入道的闾山普庵派;流传于闽东的文教和武教等。闾山派道士不仅大多为世家,还有道坛世袭传度的惯例,如闽西漳平永福社区的始传祖师历史上曾到江西龙虎山得到授箓,因此道坛有世袭传度的权力,龙岩道坛的所有师公的传度都要到永福去,当地师公称传度为"考法"。② 其道坛数量众多,仅龙岩就有 20 余个,可以说闾山派法事活动在福建道教中最为突出。

(八) 法事名目繁多,科仪完整

福建道教早期的许多法事至今仍被保留,甚至为日常生活中不可缺少的内容,一些节令,如元宵、二月二、普施(七月或十月祭鬼)等都要请道士。常见的法事如:拜斗、拜恳斗、忏斗、过关、禳关、百童关、生子(满月或四月或周岁做北斗戏)、禳太步、禳春、禳霞(催生)、禳冲、禳荧(为火灾做火醮)、做寿(做诞生)、封神醮(解冤)、安土醮(建房)、祭台(刚建好的戏台)、施食(济幽之祭)、开光(刚塑好的神像)、安神、谢年、退送(驱邪)、起煞、起难产胎煞、解口(禳灾、呕血)、作出幼(男女婚嫁前等)、做亡(亡者殡后缴消死者生前一切口愿,以及病中家人一切祈愿;对死者床位和盛殓的地点施法祓除;对接触死者的人等祓除等)、送凶(缢死的第七天晚上)、引魂(非在家死亡者)、送瘟神(做祈安)、念清经、搬药筛、百日、周年、三年、阴寿、礼要、押解等。道士做法事时,视场面和仪式的不同决定人数。一般"过关""谢神"为一个道士;做火醮、做祈安则"三人一鼓""五人一鼓";还有七人、九人以至十一人的;众人共作的法事,称做道场,道场设有神座,并将桌子按大小自上而下叠为三层桌或五层桌以至七层桌,神案前陈设有烛台、香炉、花瓶、果盘等。普度法事还有竖旗、点船、颁赦、安抚等仪式。科仪是道坛活动的主要内容,福建道坛科事主要有清事类(以禳灵祈福、迎祥纳吉、赛愿酬恩为主)、济度类(以济人度鬼、超度生死为主)等。每类仪式过程、场次编排都有一定顺序和框架,有时也视法事大小做一些调整。福建民间流传的道坛抄本极为丰富,据叶明生调查,仅漳平今日就保存各种类抄本 108 卷,龙岩东肖广济坛今日所存科仪本,亦有 66 种 83 卷之多。道坛符箓也极为丰富,如闾山教道坛符箓,就有道坛灵符、道坛秘诀、道坛法印、道坛疏意等。

---

① 参见刘枝万:《闾山教之收魂法》,《中国民间信仰论集》(台湾"中央研究院"民族研究所专刊之二十二),1974 年版,第 209 页。
② 叶明生:《闽西南道教闾派传度中的永福探秘》,《民俗曲艺》第 94、95 期,第 176 页,1995 年 5 月。

（九）产生了一大批道家金石和书籍

福建产生的大量道家金石和书籍，进一步丰富了福建地方文化史料和道家经文典籍。特别是一些铭文对深入研究道教在福建的活动及整个福建文化史，有着重要作用。以武夷山的道观为例，保存完好的有宋代张绍的《会仙观铭》，熊禾的《升真观记》，白玉蟾的《武夷山重建止止庵记》《云窝记》《棘隐庵记》，祝穆的《武夷山记》，吴栻的《冲佑观铭》，元代任士林的《武夷山天游道院记》，明代张凤翼的《朱邑侯复武夷宫田始末记》，无名氏的《武夷山冲玄观敕谕碑》等。福建还有许多其他道观的铭文也保存完好，如：宋代吕惠卿的《宋中太一宫碑铭》、楼钥的《建宁府冲应周真人祠记》，魏了翁的《泉州紫帽山金粟观记》等，都是研究福建文史不可缺少的资料。福建的高道和一些道教研究者撰写了许多内容丰富庞杂的道家书籍，不少还收入《道藏》。著名的如：朱熹的《周易参同契注》《周易参同契考异》，李贽的《易因》，吕惠卿的《道德真经传》，林希逸的《道德真经口义》，彭耜的《道德真经集注释文》《道德真经集注杂说》，曾慥的《道枢》，谭峭的《化书》，林辕的《谷神篇》，范致虚的《列子注》，郑所南的《太极祭炼内法议略》等。此外，中国第一部《道藏》刻版完成于宋代福州于山九仙观内，正如陈国符在《道藏源流考》中指出的："政和中，诏搜访道书，设经局敕道士校定，送福州闽县镂板，总五百四十函，五千四百八十一卷。刊镂工讫，即进经版于东京。是曰万寿道藏，全藏刊板始于此。"

（十）对福建民间艺术影响广泛而深远

道教在福建的久盛不衰，对福建民间艺术产生了广泛而深远的影响。其影响主要表现在以下几个方面。

1. 繁衍了许多与道教有关的民间故事

道家对民间故事的影响，主要表现在四个方面：(1) 道教中著名得道神仙在福建的传说。"八仙"在福建有说不尽数不清的故事，以吕洞宾为例，如流传在建宁的"吕洞宾度人"、流传在仙游的"吕洞宾劝世"、流传在三明的"吕洞宾卖姓"、流传在云霄的"吕洞宾缓沉东京"、流传在石狮的"吕洞宾赠仙笔"、流传在南靖的"理发祖师吕洞宾"、流传在福鼎的"吕洞宾与四大汉"等，都讲述吕洞宾在福建度人惩恶的故事。(2) 福建地方神的故事。这些地方神之所以能从"人"到"神"，与民间传说有着密切的关系。以妈祖为例，不仅在出生地莆田有其从出世到升天等众多传说，在其他各地也有众多传说，如流传在厦门的"妈祖的传说"、流传在龙岩的"天后宫妈祖"、流传在连江的"连江妈祖"等，都从不同方面丰富了妈祖的故事。临水夫人陈靖姑，在古田有其从出生到殉难的系列传说，还有许多传说流传在与其生活关系密切的地区，如流传在罗源的"陈靖姑智除白蛇精""陈靖姑破蜘蛛网""陈靖姑脱胎记",流传在福州仓山区的"陈靖姑出嫁""陈靖姑避嫁""陈靖姑学法""陈靖姑收服石怪""陈靖姑除长坑鬼"系列等。再如保生大帝吴真人,有流传在厦门的"揭榜医太后""智破蜈蚣案""虎口拔银钗""吴夲收徒"等,流传在龙海的"吴真人除妖",流传在同安的"吴真人斩蛟鳌",流传在石狮的"吴真人剖腹救民女"等。除了少数在全国都有影响的神外,大多数流传的神仙道人的故事都有一定的区域性,如流传于福州鼓楼区的"王天君得道"、流传于福州仓山的"怡山四仙人(王霸、徐登、赵炳、任敦)"、流传于泉州的"裴仙除神妖"与"董伯华卖雷"、流传于将乐的"张真人镇妖金华洞"、流传于建瓯的"钟山伯与钟山道人"、流传于闽侯的"六道公的传说"等。(3)道士施法术的故事。如:流传于泰宁的"道士斗法"、流传于厦门的"道士擒木学"、流传于三明的"道士抓鬼"、长乐的"道士念经"等。(4)道家宫庙与名胜的来历。如:流传于泉州清源山的"老石匠与老君岩""火烧老君岩道观",流传于武夷山的"桃源洞",流传于东山的"东山关帝庙"等。流传在龙海的关于白礁慈济宫的传说,有好几十种。

2. 产生许多道教或与道教有关的歌谣

这主要表现在四个方面:(1)道士做斋醮法事(也称做道场)时的说唱。如流行于福州的《安祀歌》是道士在死者棺材埋葬后,于墓碑前设坛作法时所唱。道士在传经布道和募化时所唱的道情,内容繁杂,如流行于石狮的《生老病死苦》,抓住人的一生"生老病死"及死后到阴司的"苦",唱出人间苦难,令人柔肠寸断。《百花歌》则用于人间喜事,歌谣从正月唱到十二月,每月以一种花为代表,洋溢着喜庆的气氛。流行于云霄的道士诀术歌《毫光真言》是道士在跳神仪式上的歌咒,扶乩者口喊黑暗看不清时,道士即念此以助之。流行于将乐的《藏身咒》、流行于三明的《太保咒》等,也是道士常念的歌谣。(2)对各类神祇的赞颂。如传说王天君原为海盗,曾杀人杀猪无数,经点化后,自剖胃肠而成仙。流行于福州鼓楼的《天君诞》唱道:"杀人杀猪罪如山,平生双手血斑斑。一日忽然思悔悟,放下屠刀一念间。"流行于福州台江的《唱八仙》:"汉钟离羽扇招财进宝,李铁拐葫芦百宝仙丹,吕洞宾宝剑驱邪扶正,曹国舅大板天下太平,张果老骑驴年丰物阜,何仙姑遮篱五谷丰登,韩湘子玉箫黄金万两,蓝采和花篮桂子兰孙。"流行于平潭的《临水奶歌》《临水夫人》都详尽地介绍了临水夫人陈靖姑的身世。(3)迎神活动时唱的歌谣。如流行于福州鼓楼的《迎泰山》《迎城隍》,流行于厦门的《拜土地公》,流行于龙岩的《请神歌》等。(4)对道士的描绘,其中也不乏揶揄成分。如流行于福州的《道士摇铃》,活脱脱勾勒了一个道士形象;流行于石狮的《道士孝忠》,幽默生动。

3. 道教音乐别有韵味

福建道教音乐具有独特的乡土味,它从福建民间音乐和戏曲中汲取营养,又给福建民间音乐以多方面的影响。福州道教音乐是由吹奏琴串和打击乐自成一体的齐奏或协奏,使原来单调的道教诵忏,变得活泼多彩。莆田为古曲之乡,道士做法事专用的音乐曲牌有《九科五调》《香赞》《戒定真香》等,多至千阙,其唱时节奏缓慢,尾音悠长。首先由一人领唱曲词第一句,头几个字近似朗诵,后几字才拖起音韵,第二句起其他人才进行和声合唱,各种乐器加入伴奏。福州道教音乐汲取了民间"十番"的演奏特点,一些曲牌如《五凤吟》《万年欢》《升平乐》《水底天》被汲取进道教音乐后,在座奏、行奏中广泛流行于福州各道观,曲词婉转,旋律悠扬,十分协调悦耳,从中可明显感受到民间音乐的熏陶和移植。福州道教音乐还汲取了闽剧四大门调之一的"洋歌"曲调。"洋歌"属于曲牌联套,有三十多支曲牌,民歌风味浓。道教音乐在汲取"洋歌"时,以一种曲牌联奏方式出现,只奏不唱,起到渲染、制造气氛的作用。闽南道教音乐大量吸收了南曲,一些道士在做法事时所用音乐甚至就包括一些南曲常用滚门,二者区别在于南曲比较讲究韵味,曲调中有不少装饰性润腔;道歌曲调多反复,加上衬字和叠字,使曲调紧凑活泼。一些旨在净鬼驱魔的道教舞蹈的吹奏乐,旋律激昂,如《唠哩嗹,哩唠嗹》,其节奏源于做普度的咒语歌谱。福建道教音乐最大的特点是有着鲜明的区域性,以浓郁的地方乐曲使人倍感亲切而富有吸引力。流行于福州邻县(闽侯、福清、闽清、连江)的道教音乐《云中乐》《集段锦》《过海》《攒板》《春夏秋冬》《燕金炉》《香赞》等,既与传统道教斋醮法事中的音乐一脉相承,又融进了当地民歌,受到民众的喜爱。泉州的道教音乐在汲取地方音乐(如南曲)的同时,还融会了民歌、戏曲音乐、木偶戏音乐、民间器乐曲以及佛曲等音乐,可谓内蕴丰富。泉州的道教音乐和唱声部分可分为咏唱、吟唱、念唱等几种,因为主要靠口传,有一些已失传。闽西道坛音乐也从民间汲取了大量音乐元素,并给民间音乐以多方面影响。如闽西道坛的《采茶歌》,即为古代道曲。流行闽东的道教音乐如《行江》《云游四海》《八仙出洞》等,也都与民间音乐有着密切的关系。

4. 道教舞蹈颇具技艺性和观赏性

福建的道教舞蹈极有特点。道士在做"法事""道场"时,其驱魔镇妖的一些动作,常被借用到舞蹈中。道教中奉行法事的礼仪规矩,其基本步法叫做"禹步",即所谓"步罡踏斗"。据《云笈七签》记:"先举左足,一跬一步,一前一后,一阴一阳,初与经同步,置脚横直互相承如丁字形。"这种动作周回转折,好像踏在罡星斗宿上的舞蹈步态,被神化后认为能"遣神召灵"。如流传于闽东的《奶娘催罡》,以行罡布法为手段,塑造了陈奶娘(陈靖姑)这个战胜南蛇、为民除害的女神形象。《奶娘催罡》共分三个章节:第一,净坛;第二,请神;第三,催罡。"净坛""请神"属道场的引子规程。"催罡"为道家法术,由十一个动作组成。即:"八步",为道术,将天地分为"天门""地府""人门""鬼路"四个方位,用八步催赶邪魔,以免鬼魂在人间作祟成祸;"锁链",即锁妖链鬼;"失亥",为超度亡魂;"养身",为生儿育女;"梳头""扣缠""洗面""照镜",为奶娘出征前的梳妆打扮;"笼米""筛米""钓鱼",为对人寿丰年、共享太平的一种祈求和祝福。流传于闽北的道士舞蹈《仙女洗镜》分十一个段落,其中扫净殿堂、引接仙女下凡、擦洗雷公镜、照镜行法驱鬼、接魂、亡魂得到超度等皆为道士超度亡魂时的动作。闽南的一些道教舞蹈不仅用于做功德、祭灵、超度亡魂等道教活动,也用于节日表演,如《五梅花》。舞时扮作道士者,或手执如意,或手摇谛钟,身穿八卦袍,头戴紫金冠,脚踏芒鞋。这类舞蹈尚有《玉如意》《五人穿梭》《跳神》《祭祀》等。流传于莆仙一带的道教舞蹈是道士本人在行法事时跳的,力求遵照醮典的《科仪》《科范》中的规矩,如《迎真走庭》,其法坛设在大庭上,还搭一高棚象征天阙,道士要从法坛上朝天阙,迎神下降,来回都要在大庭上穿花进行,舞蹈场面很壮观。《进贡围炉》是法事快结束时,道士们围绕焚化炉表演的穿花舞蹈。《祭火》由三个道士表演:甲手持长幡竿作舞蹈式的摇曳奔跳前行;乙右手抱铜剑,左手持小铜钵(里面盛水),禹步作追逐状;丙举火把跟着到做法事的人家门口,随即在火把的火上撒一把松香末,火雾一涌,乙即含钵中水一喷,火雾即灭。福建有不少道教舞蹈与佛教关系密切,有的源于佛教,传入道教后,其他角色都已改成道士装束,唯主坛一角,仍保持和尚本色(由道士扮和尚),即所谓"道代"(以道代僧)。如流传于闽东一带的《香花舞》,是民间设醮祭亡、还愿做好事道场的"建坛"道教舞蹈。表演者三、五、七人均可,其中一人主坛,着僧装,其余皆为道服。全过程有四个部分,分别为:"三台五步",表示僧道虔诚敬天,手不过眉;"五献",主坛和尚盘腿而坐,用五种手印,分别代表香、花、灯、涂(水)、茶,手指变化灵活,手腕转动灵巧;"散花",主坛和尚走四方,把香花撒向人间。

5. 福建道教戏曲流传广泛

如流行于闽南的"打城戏",主要是由道士表演芭蕉大王巡视枉死城,释放屈死鬼魂的故事,戏起源于道士做法事的形式:超度时,桌上放一纸城,寓城内亡魂备受苦刑,迫切要求解脱出狱,但狱吏坚执不肯,道人激于义愤,破门而入,使之出狱。初时只设一男一女在灵前说唱,男穿道士服,女稍化妆,后演员多至一二十人,均由道士充当,角色有生、旦、丑,剧目有《双桃》《会缘桥》《过梅山收七怪》《三霄黄河阵》《斩龙王》《诉血湖》等。① 流行于莆仙的道教代表戏曲有:"北斗戏""愿戏""瘄戏"等。"北斗戏"共十场,讲陈靖姑护佑儿童的故事,其中演绎百花轿赛解关煞等习俗,为道观中常见的法事仪式。"愿戏"共九场,讲某人家为还愿谢恩,请道士建醮,表示缴还前年许下的口愿,获得天庭恩赦,形象地演绎出系列赦罪程序。"瘄戏"源于小孩染上天花时,请道士在府中建醮演唱文戏。流行于闽西的道教戏曲剧目很多,表演形式也很复杂,有不少是闾山派法主神王姥(或陈靖姑)与陈海清除妖的故事,如《傅王公》演收老鼠精的故事,《瞎子算命》演收黑狗精的故事,《海清成仙》演收金蟾精、狐狸精的故事,《哑子扫墓》演地方神白无常收迷魂鬼的故事,《赵侯主》演赵侯二郎和淮南术主下山收妖的故事。最有代表性的是流传于上杭的乱弹傀儡戏《夫人传》,演述陈靖姑从民女到法师,后成神的全过程,包括上闾山学法、下山救兄、出嫁生子、进宫救皇后、斩白蛇、平番救夫、收斩魔王等经历,全剧15段,共145场,文字达26万字。演出中有许多法事活动,如请神、献供(献酒)、上疏、侑纸钱、割雄鸡、画神符(并神咒)、安神等。在福建有代表的还有师公戏,严格说,它还不是成熟的戏剧,而是穿插于道坛活动中有情节和表演色彩的科仪节目,分文戏(有完整剧情,有一定唱、念、做、舞形式,有人物装扮,可独立演出)、武戏(通过各种武术、技艺来演绎)等,其表演都带有一定的随意性,有时靠临场发挥。

6. 促使闽地出现了一大批以宣传教义与神仙思想为主要内容的造型艺术

其中一些已成为全国的宗教艺术珍品。如位于泉州清源山的巨型石雕老君像,背松倚望,意态谦恭,两眼平视,表现出老人健康愉快的神态;石像左手倚膝,右手靠几,美须飘向左右,似有向外扩展的力量;大耳廓表现其善于听察。老君像高5.1米,以整块天然巨石雕成,衣褶分明,线条遒劲有力。一些道教建筑中的石雕刀法精湛,如泉州元妙观三清殿龙陛的双龙戏珠浮雕神态逼真,天后宫青石盘龙柱上的神龙生动欲飞。道教是多神教,人们根据自己的想象塑造了各类神祇,遍布八闽的道教神祇泥塑各有特色。如泉州天后宫的大型泥塑圣母坐像通高二丈,美而淑端;天后辅神顺风耳亦高二丈,半俯身,右手握板斧屈肘于腰间,左手握拳直伸至右腿上部,以写实手法表现出壮汉结实的肌肉,台湾鹿港天后宫还专程来仿造。其他一些庙观中的中型泥塑也很著名,如泉州通淮关帝庙中的马军爷扣住奋蹄欲腾的白马和枣红马,栩栩如生。分散于民间的各种小型泥塑神祇,更是不胜枚举。令人惊叹的是,一些宫庙由

---

① 郑国栋、林胜利、陈垂成编:《泉州道教》,鹭江出版社1993年版,第128—129页。

于种种原因,不仅建筑保留完好,其艺术品也保留完好。如龙海的白礁慈济宫历经八百多年而保存完备,殿宇飞檐交错,门廊壁上浮雕精美绝伦,殿内盘龙石柱,彩绘描金,集宋元明清建筑、绘画、雕塑、书法艺术于一炉,有"闽南故宫"之誉。

第三节　福建天主教

一、天主教在福建的传播

天主教传入福建,主要可分为元代、明中后期、清初至康熙五十九年、雍正元年至鸦片战争、道光二十四年至1919年、1919年至1949年这六个阶段。

元代为天主教在福建传播的第一个时期,当时泉州为全国海外贸易中心,全盛时期常居的海外经商者约10万人,其中有许多为天主教教徒。元大德十一年(1307),教皇批准北京设总主教区,意籍方济各会士约翰·孟高维诺(Joannes de Monte Corvino)为总主教,元皇庆二年(1313)设立刺桐教区,负责东南教务。元代全国仅有这两个教区。据肖若瑟《天主教传行中国考》卷二记载,元代"漳泉一带,奉教者尤多,缘其地滨临东海,屡有外洋商船至其地贸易,而热心传教士,搭船而至者,亦复不少,特姓氏未传耳,有一热心女教友,系亚尔默尼(亚美尼亚)人,昔年随夫来泉州贸易,夫死未归,出重资建大堂一座"。刺桐教区前后存在49年,首任主教为才拉尔(哲拉德)(Gerardus Aebuini),元皇庆二年(1313)到元延祐五年(1318)间逝世。第二任为裴莱格林(Peregrine of Castello),元延祐五年(1318)至元至治二年(1322)间去世。第三任为安德鲁·佩鲁贾(Andveas de Perusia),是任主教时间较长的一位,元至治二年(1322)出任,元至顺三年(1332)卒于泉州,泉州东南城墙曾发掘出被确认为安德鲁·佩鲁贾的墓碑。安氏在泉州城外新建一座教堂和一座修院。第四任主教为白道禄(Petrus),继安德鲁后又修建了第三座教堂。第五任主教为雅格伯(Jacobus),元至正二十二年(1362)死于泉州兵乱。当时全国天主教徒约3万人,刺桐教区约1万人。元代结束后,天主教因统治者的驱赶而绝迹。正如刚恒毅在《在中国耕耘》一书中指出的:"福建传教区是中国最早的传教区,时在十三世纪方济各会士已经到这个地方,但是只是一个孤立的传教区——随着元朝(1368)的灭亡也不存在了。"①

天主教早期在泉州得以传播,主要原因有二:一是元代统治者没有对传教

---

① 刚恒毅:《在中国耕耘》(上),(台湾)天主教主徒会1978年版,第153—154页。

进行限制。正如亨利·王尔《古代中国闻见录》第3卷援引泉州刺桐教区第三任主教安德鲁·佩鲁贾所言:"吾等可自由传道,虽无特别允许,亦无妨碍。"二是泉州为著名的海上丝绸之路的起点,外商云集,需要宗教活动。天主教早期在泉州的传播特点为:(1)五任教区主教皆为意籍方济各会士,赴泉州的传教士也均为意籍方济各会士,如1322年抵泉州的和德理(Bodoricus Mattiusi)、1346年抵泉州的马黎诺里(J. Marignolli)等。(2)教会活动地点仅在泉州市内,没有在省内流传。(3)教徒仅局限于蒙古人和色目人。(4)开始向邻省传教。据莫法有《1949年前的温州基督教史研究》一文介绍,"温州元代的也里可温最早是从福建泉州传入的,当时福建教区主教曾派助手来温开展工作,后不久便有相当规模的发展,仅市区就设有四个教堂"①。

  明中后期为天主教在福建传播的第二个时期,可分为三个阶段:

  第一阶段为明天启五年(1625)前,为尝试期。随着元朝的灭亡,天主教的传播在福建中断了二百多年。但外国传教士们并没有放弃中国这片广阔的土地,他们进行了长期的努力,试图从福建沿海登陆进而向内地渗透。由于明代福建实施海禁,这些传教士往往无功而返。如明正德四年(1509),西班牙多明我会士曾试图从马尼拉随一商船主偷渡海澄港尾白沙村,结果被官府送回。明万历三年(1575),西班牙奥斯定会士拉达(Martin de Rada)和马林(P. Jerome Marin)从吕宋赴闽,要求福建总督准其传教,未被允许而返回吕宋。万历十年(1582),七位西班牙方济各会士从吕宋前往福建传教,被官府截获而送澳门。耶稣会士对进入福建传教也进行了种种努力,如明嘉靖二十七年(1543),耶稣会士曾趁葡萄牙人侵占海澄港尾之机,往漳州传教,后因葡萄牙人被驱逐而撤离。此外,1611年一些葡萄牙籍耶稣会士在从福建海岸前往日本途中被杀,如安东尼奥·德阿布雷乌(Antonio de Abreu)、约翰·阿尔贝托(Joao Alberto)、鲁伊·巴莱多(Rui Barreto)等。

  第二阶段为明天启五年(1625)至明末,为高潮时期,天主教开始正式在闽传教。事情缘起似有些偶然性。意大利耶稣会士艾儒略(Jules Aleni)在杭州结识了致仕归里的三朝相国叶向高(福建福清人),叶向高与艾氏交谈后,深为敬服,诚邀艾氏到福建传教。1624年12月29日,艾儒略与叶向高同舟抵福州,旋即在士大夫中进行传教,正如费赖之在《入华耶稣会士列传》中所称,"儒略既至,彼(叶向高)乃介绍之于福州高官学者,誉其学识教理皆优之,加之阁老叶向高为之吹拂,儒略不久遂传教城中。第一次与士大夫辩论后,受洗礼者二十五人,中有秀才数人"。由叶向高长孙带头集资,在福州城内宫巷

---

① 转引自陈村富主编:《宗教与文化论丛》,东方出版社1995年版,第115页。

建起天主堂(即"三山堂"),四个月后又往福清传教,并在县城水陆街建立了教堂。艾氏在福建传教取得了重大成就,正如肖若瑟在《天主教传行中国考》中所言,"艾神父在福建传教,先后23年,共建大堂22座,小堂不计其数,授洗1万余人,勤劳丰著,可谓此省之宗徒"。艾儒略通晓中国传统文化,推行"入乡随俗"的传教方针,尊重中国的传统习惯,因此传教顺利。一些耶稣会士也由此相继进入福建,如葡萄牙神父阳玛诺(Emmanuel Diaz),曾于1623—1635年任中国副省会长,1638年到福州,后去宁波,1648年到延平(南平);澳门人助理修士陆有机于1631年抵福州;葡萄牙的罗纳爵(Inacio Lobo)可能1631年左右抵福州;葡萄牙神父李范济(Francois Pereira)于1634年抵福州;立陶宛神父卢安德(Andrius Rudamina)1626年在澳门,后又到福州,1631年在福州去世;意大利神父杜奥定(Augustin Tudeschini)1639年抵福建,1643年在福州附近溺水而死。

第三阶段为明末,天主教传播呈马鞍形,时起时伏。明末,随着海禁松弛,西班牙吕宋总督与福建总督商谈通商、传教,随即多明我会士由吕宋(菲律宾)入闽传教。1632年1月2日,最早两位在华的多明我会士高琦(Angelo Cocchi)和谢拉(Tommaso Serra)抵达闽江口一小岛,受到福建总督礼遇。这是多明我会士在福建传教的开始。因当时艾儒略等已在福州地区传教,而闽东耶稣会尚未进入,故高琦等多明我会士决定奔赴闽东开创教区。高琦等到达福安后,即在溪东村购置房屋,设立闽东第一座天主教堂,由此在闽东建立了以福安为中心的多明我会根据地。之后,继续往闽南推进,以石码作为多明我会向福建输送传教士的登陆港口,并在泉州、莆田等地建立传教基地。1633年7月2日,元代刺桐教区消亡270多年后,第一位方济各会士利安当(Antonio de Santa-Maria Caballero)和多明我会士黎玉范(Juan B. Morales)到福安罗家巷等地传教;同年9月,福安罗家巷人罗文藻经利安当施洗入教。方济各会与多明我会划分传教范围,主要在宁德、建宁、泰宁、邵武等地传教。

明末传教士在福建的活动曾受到不同程度的打击。其主要原因为:(1)传教方式不适,引起群众不满。由于多明我会和方济各会反对耶稣会士"入乡随俗"的传教方式,极力反对教徒祀孔祭祖,引起当地群众不满。如1635年传教士徐方济各(Francicus Diag)、施自安(Juan Catcia)在福安城内教堂传教时被驱赶。(2)殖民者对中国的争夺,引起民众仇视外来势力。1637年,西班牙、荷兰两国殖民者争夺台湾,时有船只骚扰福建沿海,时逢外国传教士多次偷渡入境,引起地方官的警觉和介入,福建地方官多次公开张布禁教公告。如1637年12月16日,福建巡海道施邦曜发布《示禁传教》通告:"凡有天主教夷人在于地方倡教煽惑者,即速举首驱逐出境,不许潜留,如保内有士民私习其教者,令其悔改自新;如再不悛,定处以左道惑众之律,十家连坐并究,决不轻贷。"①同年 12 月 20 日,福建提刑按察司徐世荫和福州知府吴起龙,也在福州发出告示,严禁天主教传播,福州府告示直接指名艾儒略和阳玛诺。有的地方官吏士绅联合呼吁反洋教士,如 1638 年 11 月,福州府左中右三卫千百户掌印李维垣与福州府闽、侯二县儒学生员陈圻等发表《攘夷报国公揭》,称天主之夷"布满天下,煽惑交结,甚于万历之时,似不普中国而变夷狄不已也"②。
(3) 因天主教教义与中国正统儒家思想的矛盾冲突,引起传统文人和僧人联合反教。他们站在自身的文化立场上,否定、排斥天主教,著文"辟邪"。1637 年,漳州人黄贞将这些反教论述汇编为《破邪集》,约于 1639 年送交浙江的费隐通容,后由浙江盐官徐昌治编节列目,为《圣朝破邪集》8 卷,约十万余言。官府和民众对传教士采取了一些行动,据《天主教传行中国考》卷四载:"各处教堂十六七座,概遭封禁,没收入官;教友或受板责,或枷号示众,或锁押监中,甚有监毙者一名。"连尊重中国传统文化的艾儒略等耶稣会士也被迫躲到乡间,其他教派传教士则更被捉拿。

清初至康熙五十九年(1720),是天主教在福建传播的第三时期,这一时期又分为四个阶段:

第一阶段为全盛时期,缘于隆武帝对天主教的公开褒扬和保护。1644 年清兵入关,明亡。1645 年,明唐王朱聿键在福州称帝,改元"隆武"。为了借助天主教势力恢复统治地位,隆武帝在福州召见耶稣会士毕方济(Francesco Sambiasi),命其与庞天寿一起赴澳门,向葡萄牙人购置火器。当时任首辅的漳浦人黄道周与握有兵权的郑芝龙(郑成功之父)均为天主教徒,毕方济通过黄、郑使隆武帝下诏书禁止教外臣民攻击天主教,隆武帝嫌"三山堂"狭小,"遂发帑金,谕令重修。不数月堂工告竣,立牌坊于堂门前,大书敕建天主堂五字"③。由于隆武帝的支持,一时形成了天主教在福建的鼎盛时期,当时仅福州城内就有天主教徒 2000 余人。顺治三年八月(1646 年 9 月),清兵克仙霞关,入福建,隆武帝奔汀州。时葡萄牙人孔西满正接艾儒略到长汀布道,至 1648 年,汀州教徒发展到 800 人。

第二阶段为 1647 年后清兵入闽至 1650 年,这是由高潮转入低潮的时期。其原因为郑成功与清军对峙,而当时西洋传教士有十余人在郑军中服务,郑成功准许他们在闽南自由传教,促进了闽南天主教的发展,但也引起清廷的高度

---

① 《破邪集》卷二,蓝吉福主编:《大藏经补编》(28),(台湾)华宇出版社 1986 年版,第 252 页。
② 转引自陈村富主编:《宗教与文化论丛》,东方出版社 1995 年版,第 180 页。
③ 肖若瑟:《天主教传行中国考》卷五。

警惕。1650年清廷在闽南推行"迁界法"时,闽南沿海教堂皆尽被毁,教徒被驱散各地。此外,清廷还悬图缉拿洋教士。1647年,适逢西班牙籍多明我会士加彼来(Francis F. Capillas)发展福安下邳已订婚女子陈子东为守贞女,福宁府以"拐骗妇女"罪,将加彼来捕杀于福宁湖山,这是被中国官方处死的第一位外国传教士。

第三阶段从1651年至1691年,由于官方对天主教政策多变,所以天主教传播时起时伏。其标志有三:第一,出现了两位人物,对天主教的传播起了积极的促进作用。一位是天主教徒、闽浙巡抚佟国器,他1655年来闽视察,赠俸银重建"三山堂",并亲撰《福州重建圣堂碑记》,对天主教大加褒扬,推进了天主教的传播。另一位是福安人罗文藻,他于顺治十一年六月(1654年7月)在马尼拉城由菲律宾总主教保俙肋陶(Michael Poblete)祝圣晋铎为历史上第一位中国籍神甫。第二年,罗文藻即回闽传教,两年内于福宁授洗2500多人。1665年,官方规定外国传教士不得传教,罗文藻成为全国唯一能公开传教的天主教神职人员,于是全国各省各修会均将所辖教务托付罗文藻视察。罗文藻反对禁止中国教徒"祀孔祭祖"的生硬做法,所以传教顺利,在他接受托付的两三年内,经其手施洗的人数较之当时全体在华外籍传教士30年中施洗的总数还要多。1685年4月,罗文藻接受方济各会士伊大仁(Bernardinus della Chiesa)主教的祝圣,在57岁时成为中国天主教历史上第一位中国籍主教。因当时福建传教区主教出缺,福建教务暂由隶属南京教区的罗文藻主管。第二,传教士从不同区域进入福建。如1655年7月,意籍多明我会士维克多利奥·黎奇(Victorio Ricci)从金门抵厦门,建立了厦门教会。1683年法籍外方传教会会士巴陆(Francois Pallu)任福建传教区主教,与数名会士由台湾抵厦门,1684年,巴陆与两名助手来到福安。由于外国传教士的介入,这一阶段天主教得到不同程度的发展。第三,展开批判《辩祭》的运动。随着康熙帝逐渐放松对天主教的限制,葡萄牙籍耶稣会士李西满(Simon Rodrigues)于1677年抵福州传教,1682年在福州发现方济各会士于数年前写的《辩祭》一书,李西满认为该书把"祀孔祭祖"斥为"异端",是不尊重中国的传统文化,不利于天主教在中国的传播。福清天主教徒李九功的儿子李良爵写《〈辩祭〉参评》,对《辩祭》中对中国传统的曲解提出质疑,由此推动了福建各地士大夫中的天主教徒参与这场争论,使外国传教士进一步注意尊重中国传统文化,大大缓和了因礼仪之争而一度紧张的民教关系。

第四阶段,由康熙三十二年(1693)至康熙五十九年(1720),这一阶段因教会内部的礼仪之争扩大到中国朝野,使朝廷再度对传教由支持转为有限支持,最后严格限制,福建天主教传播进入低潮。1693年3月26日,颜珰在福安发布"牧函",明令教内禁止用"天"与"上帝"字眼,禁止教徒祀孔祭祖,并将此"牧函"送教皇审阅。1705 年,罗马教廷正式批准颜珰的"牧函",并派教廷公使多罗(Carlo Tommaso Maillard de Tournon)到北京进行传达。面对康熙皇帝的提问,"多罗不敢直接答复,只说有一通晓中国问题的颜珰,今天抵京"①。1706 年 8 月初,颜珰在热河行宫拜见康熙,奏明自己所读的书不多,以前写书讨论中国礼仪,常用中国人当翻译。康熙因他讲福建土话,乃派巴多明(Dominique Parrenin)当翻译。随即问他认不认识御座后面贴的四个字,颜珰只认识一个字。康熙怫然不悦,旋即下御批:"颜珰既不识字,又不善中国语言,对话需用翻译。这等人敢谈中国经书之道,像站在门外,从未进屋的人,讨论屋中之事,说话没一点根据。"②1706 年 12 月,颜珰被解送澳门;1707 年,颜珰前往罗马控告中国礼仪。1720 年,罗马教廷遣嘉乐(Carlo Ambrogio Mezzabarba)给康熙送来不准中国教徒祀孔祭祖的"禁约",康熙朱批:"此数条都是颜珰当日在御前,数次讲过使不得的话。他本人不识中国五十个字,轻重不晓、辞穷理屈,敢怒而不敢言,恐在中国致于死罪,不别而逃回西洋,搬弄是非,惑乱众心,乃天主教之大罪,中国之反叛。览此几句,全是颜珰当日奏的事,并无一字有差。颜若是正人,何苦不来辩别。"③此外,康熙在多次诏谕中斥颜珰为"不通小人",可见颜珰给康熙留下极坏的印象。康熙气愤朱批:"以后不必西洋人在中国行教,禁止可也,免得多事。"④清康熙四十年(1701),福建全省九府有天主教大堂 35 座。康熙收回"自由传教"谕旨,并下令凡外国传教士在中国传教,均须持由内务部印发的"领票"。天主教在中国的传播由此受到很大限制。

雍正元年(1723)至第一次鸦片战争爆发(1840),是天主教在福建传播的第四个时期,也是低潮时期。这一时期最显著的特点是外国传教士不顾一切地传教和官府竭力地制止。1722 年,雍正继位,不久即下令禁教。其禁教的直接原因也缘于福建。当时,闽东经外国传教士多年传教,穆阳溪流域已成为天主教行政中心,教徒已达万人。仅福安、宁德、霞浦三县就有天主堂 18 座,许多重要的外国传教士常住于此,成为罗马教廷在华传教的重要基地。福安知县傅植因教徒和非教徒冲突而上报闽浙总督满宝,告发教士在县内建造教堂。满宝上奏"建议除在京供职的西洋人外,其余俱驱往澳门,各省并禁止传

---

① 罗光:《教廷与中国使节史》,(台湾)传记文学出版社 1983 年版,第 116 页。
② 同上书,第 117 页。
③ 同上书,第 116 页。
④ 转引自同上书,第 159—160 页。

教"①。雍正采纳了满宝的建议,通令全国禁止天主教,从此中国社会进入长达120多年的禁教时期。雍正就此事对在京的外国传教士表态:"在福建的西洋人践踏我法律,扰乱我子民,当地大吏已向我报告。事关国家,我应负责予制止。"②可见福建天主教的传播已引起雍正不满,为禁教导因。由于事因福建引起,故禁教令初下,福建执行格外彻底。一些教堂被封或改为他用,外国传教士大量被逐。但被逐的外国传教士仍伺机潜入福建冒险传教,并为此付出了代价。雍正八年(1730),西班牙传教士华若亚敬(Joachim Royo)受命为多明我会福建区会长。乾隆三年(1738),被逐至澳门的福建"代牧"、西班牙多明我会士白多禄(Petrus Sanz)从澳门潜回福安秘密传教。1746年,白多禄和华若亚敬等几位神父在福安穆阳为教徒行"坚振"礼时,被官府捕获押往福州。1747年5月,白多禄在福州西门外兜板桥被处以斩刑,成为唯一被中国官府处死的外籍主教。之后,福建巡抚"下令在全省禁绝天主教,查拿传教士,没收教堂,信教群众分别治罪,全省一致行动,扩大到全国,思一举消灭天主教。"③全省天主教活动受到沉重打击。闽东的天主教活动转入地下,外国传教士仍不时潜入传教。乾隆十八年(1753),西班牙多明我会士方巴拉斯(Francois Pallas)接任福建主教,并在福安活动;乾隆四十六年(1781),西班牙多明我会士郭嘉恩(Joseph Calvo)继任主教;嘉庆十七年(1812),西班牙多明我会士罗明南(Roch Carpena Diay)潜入福安任主教,并在福安溪潭开设了圣十字架修院。无论官府对天主教怎么打击,福建天主教仍然保持一定规模。清道光十八年(1838),福建单独成立代牧区,天主教活动场所布于全省九府二州,约40多县,中心在福安。

清道光二十四年(1844)至1919年,是天主教在福建传播的第五个时期,也是天主教在福建的复苏和发展时期。其特点是外国传教士不再偷偷潜入,而是通过法国驻闽领事馆,手执护照堂而皇之地来。这一时期天主教在福建的传播又分为两个阶段,每一阶段都与清政府下令给予传教士方便有关。第一阶段为两次鸦片战争后。第一次鸦片战争后,清政府于道光二十六年(1846)解除禁教令,道光皇帝发布命令:"所有康熙年间各省旧建天主堂,除改为庙宇民居者毋庸查办外,其原房屋各勘明确实,准其还给该处奉教之人。"④咸丰八年(1858),法国传教士又获得在华"保教权",外国传教士纷至

---

① 罗光:《教廷与中国使节史》,(台湾)传记文学出版社1983年版,第170页。
② 《耶稣会士书信集选本》(*Choix des Lettres Edifiantes*)(中国部分第2卷),巴黎聋哑印刷所1808年,第257页。
③ 林泉:《福州天主教简史》,《福州文史资料选辑》第七辑,第218页。
④ 黄伯椽:《正教奉传》,第169页。

沓来。先是与福建当局交涉归还教堂，如照会福州府，要求归还"三山堂"，后又嫌福州府抵偿地太小，又要福州府续买毗连的一块地皮。当时天主教在各地建堂传教迅速，其标志包括：一是新建、扩建、重建教堂几十座，仅漳州府十年间就新建教堂5座。二是教徒人数增长，至光绪九年（1883）全省教徒近4万人。三是传播地域广泛，如仅鸦片战争后至1899年之间，所传入地方就包括：罗源、武平、漳浦、厦门、邵武、光泽、永定、建阳、连江、福清、平潭、泉州、古田、闽清、诏安、惠安、南安、长乐、南平、泰宁等。四是福建代牧区南北分立。清光绪九年（1883），福建代牧区分为北境和南境；北境代牧区活动中心在福州，范围为福州、福宁、延平、建宁、邵武、汀州、兴化七府；南境代牧区中心在厦门，范围为泉州、漳州、台湾三府及龙岩、永春二州。第二阶段为光绪二十五年（1899）至1919年，主要是外国传教士享有特权，由此促进了教务发展。当时，清政府在《接待教士事宜数条》中给予外国传教士以特权，如"主教其品位与督抚相同，应准其请见总督""自督抚司道府厅州县各官，亦按品秩，以礼相答"。福建官府对外国传教士有求必应，使教务发展飞快，如福建北境代牧区主教、西班牙多明我会士苏玛索（Salvador Masot）凭一张名片便可在福建各府县畅通无阻。故仅在十年内，就新建教堂30多座，至1915年，全省天主教徒有5.78万人。

1919年至1949年，是天主教在福建传播的第六个时期。这是天主教在福建继续发展的时期，其特点有二：第一，在传播过程中更加中国化。其标志，一是尽量在传教过程中适应中国习俗，使天主教教义儒学化；二是尽快培养中国籍的神职人员；三是大规模面向社会创办学校、医院、孤儿院等，至1949年，教会创办的修院、学校、医院、孤儿院等已达50多个。第二，进一步向纵深渗透。其标志，一是教区越分越细，如北境代牧区陆续一分为五，即福宁代牧区、汀州监牧区、邵武监牧区、建瓯监牧区、福州代牧区；二是入闽修会和各种国籍传教士增多，如入闽修会有德国救世主会、德国多明我会和美国多明我会等，传教士来自西班牙、德国、美国、瑞士、奥地利等国；三是天主教堂、公所分布广，量多，至1949年，全省共有380座教堂和公所。

二、天主教在福建传播的特点

天主教在福建的传播之所以在中国传教史上有着重要地位，是因为其历史悠久（元代始建有天主堂，福建为全国天主教传播最早的省份之一）、分布广泛（至1949年，教堂分布全省53个市县）、信徒众多（至1949年，全省天主教信徒近10万人）、神职人员多（仅清代、近代到福建传教的外国神甫就有近300人，至1949年，全省神甫179人，其中外籍104人，中国籍75人）、外国修

会多(先后有方济各会、奥斯定会、耶稣会、多明我会、巴黎外方传教会、救世会等)。此外,还有以下特点:

(一)使福建较早受到西方学术思想的吹拂和漫浸

如艾儒略在福建传教的二十五年中,不仅传播天主教教义,还将西方国家先进的地理学、数学、天文学、医学、绘画及哲学、典章制度在福建广为传播,在福建士大夫中产生了一定影响。艾儒略在福州刻印了大量的论文著作,如:第一次全面介绍西方学术概况的《西学凡》,对传入西洋医学颇多贡献的《性学觕述》,与叶向高析疑问难的《三山论学记》,以及《西方答问》《几何要法》《弥撒祭义》《涤罪正规》《五十言余》等。这些著作,在士大夫中引起一定反响,如最早与艾儒略结交的闽县人陈仪曾为艾儒略《性学觕述》作序,推崇备至。艾儒略还在福州刻印了利玛窦的《天主实义》《二十五言》《辨学遗牍》,罗雅各的《圣记百言》,庞迪我的《七克》,龙华民的《圣若撒法始末》。后来李之藻将其汇编成我国历史上第一部全面传播西学的丛书"天学初函"(50卷)在杭州出版。福建不少士大夫读后深受影响,甚至连地方官也赞不绝口。不仅如此,更有一些士大夫身体力行为传教事业奔走,如泉州举人张赓、福州儒生李九标、李九功、漳州严赞化等不仅追随艾儒略,还将艾儒略的演讲整理成《口铎日抄》,张赓还替艾氏在福州刻印的《五十言余》《圣若撒法始末》等西学著作作序校订,建宁李嗣玄则将艾氏在闽传教活动撰写为《泰西思及艾先生行述》一书,并摘引艾儒略言论汇编成《泰西思及艾先生语录》。据《口铎日抄》载,许多在福建小有名气的文化人在艾儒略的影响下纷纷受洗入教,如刘良弼、王子荐、李九标、林志伊、林子震、陈汝调、陈克生、林一隽、李嗣玄等。闽中士大夫在艾儒略感染下,有71人向艾儒略题诗赠文,后由明代晋江大学堂辑为《闽中诸公赠诗》,其中不乏当时的著名人物。

(二)使福建成为中西方文化碰撞最早的发源地

天主教在福建的传播,一方面使不少士大夫受洗入教,但另一方面也导致了一些士大夫的反对和责难,使福建成为中西方文化碰撞的发源地。这种中西方文化的冲撞,具体表现在三个方面:

第一,虔诚的教徒教友们在困惑中的善意提问,表面上是反映天主教与中国文化之间的差异,实际上反映了中西文化深层次的差异。艾儒略在传教过程中并不回避问题,而是大胆涉及,如在《三山论学记》中,他回答了叶向高等人所提出的问题,例如:(1)中国古圣说的"天"与"天主"有天壤之别,释迦牟尼、文王、孔子亦为"天主"所创。(2)"造物主超出理气之上",程朱之理、太极、二气不能自化万物。(3)天主造物也劳心劳力吗?(4)天主全智全能而又慈爱,为何创造污物、害虫和毒物?(5)天主至善,人间罪恶何来?为何恶人不得恶报?(6)天主既然万能,为何不为人间除恶?(7)中国的形神、魂魄观念同西方的灵魂观念的区别。(8)生死、审判、赏罚与佛教的轮回观念的区别。(9)天主既能创世,为什么不能救世而要降生为人?(10)既然要降生,何不自天而降而要"胎于女腹中"?岂不"损其本性"?(11)既要降生,为何不降为帝王之后而要投于微贱人家?(12)为何"不降我中土文明之域"?若然,"则不烦先生九万里之劳矣"。① 这些问题极有代表性,虽然艾儒略对中国传统文化了解较深,但一旦试图使天主教中国化,就必然会引发中西文化的碰撞和对话。

第二,深受传统文化影响的士大夫及僧人对天主教的坚决反对,最有代表性的是明末艾儒略与福建漳州儒生黄贞为代表的士大夫之间一场旷日持久的冲突。开始,这场冲突仅仅表现为辩论。如崇祯六年(1633),艾儒略入漳州传教,士大夫反应强烈,黄贞为探其奥秘,前往听讲多日,之后,与艾儒略展开辩论。黄贞在《请颜壮其先生辟天主教书》中对双方辩论有过记载:"彼教中有十诫,谓无子娶妾仍犯大戒,必入地狱。是举国历来圣帝明王有妃嫔者,皆脱不得天主地狱矣。贞诘之曰:文王后妃众多,此事如何?艾氏沉吟甚久,不答。第二日,贞又问,又沉吟不答。第三日,贞又问曰:此义要讲议明白,立千古之大案,方能令人了然皈依而无疑。艾氏又沉吟甚久,徐曰:本不欲说,如今我亦说。又沉吟甚久,徐曰:对老兄说,别人面前我亦不说,文王也怕入地狱去了。又徐转其语曰:论理不要论人,恐文王后来痛悔,则亦论不得矣。"② 黄贞认为艾氏的解释是谤诬圣人,于是又撰《尊儒亟镜》,指斥天主教,维护儒教。为推动各界一起抵制天主教,黄贞还撰《不忍不言》,呼吁儒生佛徒,联合"破邪反教"。之后,不少官员、文人、僧人纷纷撰文响应,并波及浙江,声势颇为浩大。撰文者以正统儒学排斥西学,表现了与天主教神学的不相容。其有代表性的有漳州王忠的《十二深慨》、福州黄问道的《破邪解》、福州陈侯光的《辩学刍言》、漳州林启陆的《诛夷论略》、漳州谢宫花的《历法论》、父亲曾任福建巡抚的许大受的《圣朝佐辟》等。值得注意的是,一些原来支持天主教的官员,在争论中弄清了天主教的教义后,态度也发生了变化,如泉州蒋德璟为翰林编修,曾以太子侍读身份巡视福建,与艾儒略关系密切,但他当时仅将传教士们视作从事历书和天文仪器工作的学者,一旦获悉传教士们"以汉哀帝时耶稣为天主",观点则完全改变了。夏瑰琦在《艾儒略入闽传教与〈破邪集〉》

---

① 陈村富主编:《宗教与文化论丛》,东方出版社1995年版,第118页。
② 《破邪集》卷三,蓝吉福主编:《大藏经补编》(28),(台湾)华宇出版社1986年版,第258页。

一文中认为:"正统士大夫们的'破邪'之论,虽多于意气,少于说理,然而耶儒之辩,总体上反映了中西文化的冲突与差异。他们客观上最早担负起中西文化比较的历史责任。"这个评价是恰如其分的。

第三,中国礼仪之争是中西文化碰撞的发端。中国礼仪之争,从传教士内部看,实际是国外各教派对在华传教领导权的争夺,而其表现的形式,则是中西文化的碰撞:即天主教教义与中国传统礼仪习俗的矛盾。这场争论,也是由福建传教士为发端而蔓延全国的。1632年,来自马尼拉的多明我会、方济各会传教士先后到福建传教,他们认为在华耶稣会士对于中国偶像崇拜和迷信行为过分宽容,有的传教士甚至手持耶稣像,于街市上高喊:"凡拒绝相信福音者,将如孔子一样坠落地狱。"①这种做法遭到耶稣会的反对。1693年,颜珰在福建发表牧函,禁止使用"天"和"上帝"两个称谓,不准信徒祀孔祭祖,受到了在闽耶稣会士的抵制,使中国礼仪问题争论进一步激化,以致激怒了康熙皇帝。在此期间,教会内部争论双方都派人到罗马教皇面前陈述道理,教皇也多次发出指令,使这场争论不仅扩大到全国,甚至扩大到欧洲,历时半个世纪。

(三) 创办了文教卫生事业

天主教在福建的传播过程中,创办了许多学校、修道院、医院、仁慈堂等。

1. 学校。最著名的中学为清宣统元年(1909)创办的福州私立扬光中学,由福州多明我会在津门路秀冶里河墘购地建校,为两部制,高小部学制三年,中学部学制四年,在经济上主要依靠多明我会远东分会拨款,校务实权掌握在主理手中,历任主理为薛良道、高金声、毕景贤、张国恩、赵炳文、伊国贤、赖蒙笃、李奋仁、贾善友等九人,均为西班牙籍多明我会士。高中部共毕业十个班,有数百人。此外,还有泉州私立启明中学、漳州私立崇正中学、长汀私立唯一中学、莆田私立正本学校、光泽私立启明高级中学等。天主教在福建创办的小学约51所,较出名的有福安私立崇一小学、泉州私立崇德小学、长汀私立培德小学等。天主教创办的不少学校在当时社会上较有名气,为福建培养了一批人才,毕业生不少升入大学或出国留学。

2. 修院。天主教在福建创办的修道院有三十余所,培养了大批闽籍神学人才,大大推动了天主教在福建的传播。其中较有影响的如:清嘉庆十八年(1813)由多明我会在福宁溪潭开设的圣十字架修院,共培养了闽籍神甫17人;清道光三十年(1850),高居龙在宁德西隐创办的多玛斯修院,共祝圣了15位闽籍神甫;清同治三年(1864),福州代牧区在福州澳尾巷天主堂创立圣若瑟修院,祝圣闽籍神甫30余人;清同治七年(1868),福建代牧区在漳浦县前

---

① 德礼贤:《中国天主教传教史》,商务印书馆1934年版,第5章,第67页。

程乡创办南浦神学院,共祝圣闽籍神甫 13 人;1936 年,福建天主教六个教区在福州泛船浦合办天主教福建神哲学院,共祝圣 30 多位神甫。此外,还有福安多玛斯神学院、漳州加大利纳女修院、海澄罗撒女修院、福安顶头女子传道师范、福州婴德修院、福安罗江女子传道师范、龙溪白水营修院、福安若瑟修院、邵武震旦修院、宁德三都澳多明我会女修院、福安真福方济各学校、福安留洋加大利纳女修院、光泽女修道院、邵武救世主女修院、福安穆阳罗撒女修院等。

3. 医院和仁慈堂。天主教在福建创办了近 30 所医院和诊所。其特点,一是分布面广,多达全省 21 个县市;二是收费低廉,多为济贫,对贫民少收药费或全免。天主教在福建开办最早、规模最大的一所西医院为福州德撒医院,位于福州澳尾巷原天主教"仁慈堂"内。还有位于厦门磁安路的圣若瑟医院、位于福安穆阳镇的真福医院、位于邵武东门的救世医院等。天主教传教士在福建创办的仁慈堂主要收养被弃女婴,对所收女婴一律先由神甫为之"洗礼",长大后俗称堂妹,成亲时收一定聘金(如银圆 50 元等)。收养女婴较多的仁慈堂有位于福州泛船浦的圣若瑟育婴院、位于龙溪县的翰苑仁慈堂、位于福安的溪潭育婴堂、位于霞浦城关的公教慈爱堂等。

(四) 出版了许多中文书刊

天主教在福建出版了许多中文书刊,其中大多为宗教类,如明末艾儒略译述的《旧约·创世纪》,清末沙瓦多编著的《伦理神学纲要》、刘若翰译述的《圣女四字经文》等,此外还有字典等,如西班牙神甫冯意纳爵编撰的《福安话西班牙语拼音字典》。值得一提的是,基督教的闽南白话字产生后不久,也产生了天主教的闽南白话字,二者的不同在于,"基督教白话字用的是厦门音,而天主教白话字用的却是漳州音。这和他们最先传教的地点大有关系:基督教 100 年前初到闽南的地点是厦门新街,而天主教 300 年前初至闽南的地点是漳州后坂社"[1]。据《新发现的另一种闽南白话字》介绍,天主教白话字典《华班字典》多至 790 页。[2] 这部按闽南方言音序编成的字典,逐字逐词先用白话字注音,然后再用西班牙文解释,在当年盛极一时。天主教白话字的读物,还有《古史录》《一目了然》《善生福终》等,从头到尾都没有注上一个汉字。[3] 天主教在福建创办的主要刊物有厦门代牧区创办的《公教周刊》、福州代牧区"公教进行会"创办的《道南半月刊》、邵武监牧区创办的《救世报》、福宁教区

---

[1] 许长安、李熙泰编著:《厦门话文》,鹭江出版社 1993 年版,第 91 页。
[2] 许长安、李乐毅编:《闽南白话字》,语文出版社 1992 年版,第 59 页。
[3] 许长安、李熙泰编著:《厦门话文》,鹭江出版社 1993 年版,第 92 页。

主教赵炳文创办的《玫瑰月刊》等。

(五) 留下许多珍贵实物

天主教在福建传播的过程中,留下许多实物,不仅是研究福建对外关系史的文物,对研究天主教在中国的传播,也弥足珍贵。自明代以来,陆续在泉州发现了一批墓碑石,从中可印证、纠正并进一步丰富天主教传教史的研究。如1946年在泉州通淮门靠近龙宫的墙底下出土的碑石,碑顶为尖拱形,尖拱下浮雕着两个天使挟着一个圣物,碑面上刻九行拉丁文,据有关专家译读,可知此碑为元代曾任泉州方济各会主教的安德鲁的墓碑,这纠正了某些学者认为安德鲁西归故里之误。现存于泉州海交馆的元代十字架墓碑中,就有多方为元代泉州天主教方济各会传教士墓葬的遗物。此外,福建各地保留的大量天主教石刻和碑文,亦为研究福建天主教传播不可或缺的珍贵文献。福安穆阳天主堂尚存当年清廷赔款重建福安穆阳天主堂圣旨石刻。福州泛船浦天主堂尚存化地玛玫瑰圣母亭碑文。此外,清顺治年间于福州所立的《福州重建堂碑礼》、1882年于龙海所立的《翰苑天主堂西教南传碑文》等,都详细记载了天主教在福建传播的情况,极具文献价值。

(六) 教务活动频繁

天主教在福建的教务活动开展频繁,一些重大宗教仪式在教区总堂举行,福州泛船浦总堂曾先后举行过对罗马教廷巡阅使光若翰、梵蒂冈驻华代表刚恒毅、梵蒂冈驻华代表蔡宁等人视察福建的欢迎仪式。外国修会还多次在福建祝圣主教,如福建代牧区修会会长弗尔南德·奥斯古特(Fernand Oscot)在福安祝圣为主教、福建溪潭圣十字架修院院长在福安溪潭祝圣为主教、高居龙在宁德岚口祝圣为主教、斐利亚加列诺在福安溪潭祝圣为主教、马守仁在漳州祝圣为主教等。福建天主教还举行过有关中国籍神甫晋铎金庆大典、中国籍修女入会仪式、纪念多明我会创立300周年等各类活动。此外,除了耶稣复活、圣神降临、圣母升天、耶稣圣诞等传统的四大瞻礼外,福建天主教在各地还形成了一些颇有地方特色的活动,如福安教区于每年春节至元宵期间,都要举行"避静"活动,即男女分开,集中到就近教堂四五天,避免与外界来往,专心致志念经、祈祷、默想、领圣体、听道理等;闽南教区于每年4月22日至30日,于龙海岭东天主堂举行"若瑟主保九日瞻礼",由神甫轮流举行弥撒,以供各地朝圣教徒瞻望。

第四节　福建基督教

一、基督教在福建的传播

1840 年前后,是基督教传入福建的时期。据李志刚《基督教早期在华传教史》记载,1807 年到 1842 年间在福建传教的外国基督教传教士有郭士立(Rev. Charles Gutzlaff)、为仁(Rev. William Dean D. D.)、施迪芬(Rev. Edwin Stevens)、娄理华(Rev. Walter M. Lowrie)等。① 据李玲介绍:"最早到达福州的基督教传教士是普鲁士人古兹夫,他受尼德兰基督教会的派遣至亚洲活动,乘坐英国'蒙荷号'船于 1832 年到达福州。他在福州城内外活动了几天,通过一些医疗活动向群众散发基督教小册子。古兹夫向尼德兰基督教会报告说:'福州人民的态度十分友好。'"② 1842 年至 1847 年,基督教各传教会教士大批涌入被列为五口通商的厦门、福州,当时的传教士有伦敦传道会的叶韩良(Rev. William Young)、施敦力亚力山大(Rev. Alexander Stronach)、施敦力约翰(Rev. John Stronach),美部会的雅裨理(Rev. David Abeel)、杨顺(Rev. Stephen Johnson)、罗啻(Rev. Elihu Doty)、波罗满(Rev. William J. Pohlman)、弼利民(Rev. Lyman B. Peet)、甘明(W. H. Cumming),美国圣公会的文惠廉(Rev. William. J. Boone),美国长老会的麦毕烈特(Rev. Thomas L. Macbryde)、赫伯恩(James C. Hepburn)等。1847 年 1 月 2 日,美部会的杨顺只身来到福州,2 月 13 日迁入人口稠密的南台,自我感觉"很安全,白天和夜晚都是如此,正如我住在祖国的任一大城市一样。这座城市及其附近的居民比其他地区的人谨小慎微,不会同外国居民争执不下。"③ 他最早在家中引导佣工及他的私人教师进行早晚祈祷。9 月 6 日,美部会的皮特夫妇,美以美会的怀特夫妇和柯林牧师也来到福州。1848 年 4 月 15 日,美以美会麦利和及喜谷夫妇到达福州,喜谷任美以会福州监督,负责管理并指导在福州的传教士,使福州成为美以美会海外传教活动的第一个地区。1848 年 5 月 7 日,美部会的贝特林夫妇、卡林斯夫妇和理查德等一批传教士到达福州。1850 年 5 月 31 日,美部会的杜立德夫妇,英国圣公会的扎成、温敦也来到福州。1851 年 6 月 9 日,美以美会的卡特夫妇、威利夫妇、西尼小姐也抵达福州。至 1853 年底,约有 27 名传教者来到福州,但一些人因疾病而离开,最后仅有 15 名留

---

① 李志刚:《基督教早期在华传教史》,台湾商务印书馆 1985 年版,第 283—287 页。
② 李玲:《最早到达福州的基督教传教士》,《福建史志》1997 年第 1 期。
③ Ellsworth C. Carlson:《福州基督教传教士》(陈名实译,未刊稿)。

下来。这一阶段传教士们的工作进展并不顺利。至1856年,福建还没有人受洗入教。

1857年至1900年,是基督教在福建的发展阶段,其特点是由厦门、福州向各地辐射。1857年,陈安在福州天安堂领洗入教,从而结束了长期没有人入教的局面,基督教开始向各县渗透。其中主要可分五个区域:

1. 福州邻县区域。以永泰县为例,1864年,美部会吴思明到永泰传教,并聘请中国人陈烺皋襄理,1899年建礼拜堂——真道堂(后称思明楼);1895年,美部会高智安携妻来永泰接任。再如闽清县,1864年,美国神学博士薛承恩与谢锡恩、李德恩来闽清,为湖头村黄明旺所接纳,遂以黄宅为祈祷室,翌年十余人入教;1867年,福州年议会许扬美来闽清传教;1874年后,李齐美、潘贞惠、丁逢源先后继任;1882年,许则翰和薛承恩一起募资兴建闽清最早的基督教总教堂——湖头福源堂。又如福清县,以卫理公会为例,1863年,福州卫理公会教徒林振珍受美国传教士麦利和派遣,到福清县城传教,时有教徒6人;1884年,美国教士武木吉和中国籍传道叶英官将福清县民房改建为福华堂。再以圣公会为例,1863年,圣公会在福清江镜前宅和岸兜、港头、杭下、高山长安等5个地区设立布道所;1872年,有多人由英人马教士受洗入教。① 再如莆田县,以卫理公会为例,1865年,莆田人林振珍、孙西川、杨得权等到莆田城东门外太师庙前传教,在莆田县草湖创建第一座卫理公会教堂,1867年,设立兴化教区,至1872年,仅莆田、仙游两县的教徒就有774人,设有多个牧区。

2. 闽南区域。如漳浦县,以长老会为例,1843年,长老会传教士到长桥乡坑尾村买地设堂;1862年,马坪堂会成立长老会,并设册纪事;1881年,"长老会漳泉大会特集漳浦坑尾",堂会开始聘牧师;1890年、1891年、1892年,先后在马坪、县城创办小学;1899年在县城成立浦邑堂会。漳浦是闽南较为偏僻的县城,基督教却如此普及,可见基督教在闽南已有较大的辐射面。

3. 闽东区域。如福安县,以圣公会为例,1894年4月10日,圣公会派英籍传教士到福安传教,并发展教徒6人;1898年,英籍传教士星斯太来福安传教,并开设诊所,入教者日增。

4. 闽北区域。如建阳县,以中华圣公会为例,1890年,中华圣公会福建教区派英籍传教士鹿峥嵘到建阳设点传教;1896年,于城内北关建天福堂。

5. 闽西区域。如长汀县,以中华基督教会为例,1892年,惠安人周之德牧师率布道团至长汀传教;1893年,陈秋卿牧师到长汀,并成立"汀州区会";1896年,在城关购地建教堂。

---

① 李志刚:《基督教早期在华传教史》,台湾商务印书馆1985年版,第283—287页。

1911年至1949年,是基督教在福建的兴盛时期,其特点为:一是各种宣教会大量涌入福建,仅莆田就有中华基督教卫理公会、中华圣公会、中华基督教青年会、中华基督教自立会、真耶稣教会、基督复临安息日会、基督徒聚会处、耶稣自立会等;二是传播面广泛,几乎遍布福建各县;三是教堂和布道区急剧增加,据1922年基督教"中华续行委办会"统计,到1920年,全省正式的基督教教堂有965座,布道区1164座,教堂数目为全国首位,布道区数目为全国第二;四是教徒人数大大增加,如1920年,全省受餐信徒为38584人,绝对人数居全国第三位,按人口平均则为全国第一;五是不少外国传教士长期住在福建传教,如美部会传教士伊芳廷(Edward Huntington Smith)28岁到永泰传教,在永泰生活了五十多年,走遍了永泰全县500多个乡村;六是许多传教任务由本地人担任。

二、福建基督教的特点

(一) 各种教会林立

在福建的基督教派系主要有英美三大公会:中华基督教会(即原来的美部会)、中华圣公会、中华基督教卫理公会。这些教会形成了自己庞大的网络,层层控制渗透,教会林立:中华基督教会在福建的机构称福建大会,下设闽中协会、闽南大会、闽北协会,各协会(大会)下又分各县市的传教势力。中华圣公会福建教区下设榕林支区、建属支区、福宁支区、古田支区、屏南支区、福清支区、莆田支区、仙游支区、罗源支区、宁德支区,有的支区(如榕林、建属、福宁)下又有县一级的分支机构。中华基督教卫理公会在福建最早的机构为华南会督区,下设福州年议会、延平年议会、兴化年议会,各议会下再分各县。各教会都千方百计扩大自己的传教势力,以致在有的县市教派众多,如,仅福州就有中华基督教会闽中协会、中华基督教卫理公会、中华圣公会、中华基督复临安息日会、真耶稣教会、基督徒聚会处等。一些较为偏远的山区,也教派林立,如永春县,就有美以美会(1864年传入)、圣公会(1874年传入)、安息日会(1912年传入)、真耶稣教会(1936年传入)、英长老会(1886年传入)等五种。

(二) 创办各类社会慈善机构

基督教在福建创办了大量的医院,以此辅助传教。医院对病人送医送药,有的早晚搞宗教仪式,旨在吸引更多的人入教。由于各种教会都争相办医院,基督教在福建创办的医院,数量多,有一定规模,以福州教区为例,较著名的就有20余所。如中华基督教闽中协会开办的位于马江的马限医院、位于长乐的圣教医院、中华基督教卫理公会开办的位于古田的怀礼医院、位于福州仓前山岭后的妇幼医院、位于福清的龙田医院、位于闽清的善牧医院,中华圣公会开办的位于福州的柴井医院、位于霞浦的圣教医院、位于宁德的永生医院,位于建宁的叶先声医院等。有时各教会通过协商解决创办医院的问题。如中华基督教卫理公会女布道部曾于浦城左所营创办妇幼医院,因中华圣公会已在浦城创办了圣教医院,经两派协商,规定凡某一事业在同一地点的,某教会已办了的另一方就不再办。卫理公会的妇幼医院于次年停办。一些基督教会的医院有不少分院,如中华圣公会在莆田县城有圣路加医院,还在涵江、江口、笏石、梧塘、广宫及德化设有分院。传教士还办了许多孤儿院,较有名的如位于福州仓前山下渡的福建孤儿院,较早的如位于古田新义山的育婴堂。传教士在福建办的育婴堂,从1893年至第一次世界大战后,共收留女婴3万多人。

(三)创办大量的学校

基督教在福建创办了大量的学校。其特点为:(1)数量大。有的地区(如福州、莆田、南平等)的教会学校数量竟超过公立、私立学校。据有关资料统计,至1920年,基督教各公会在福建开办的学校近1000所,学生3万余人。① (2)对平民敞开大门,招收了不少贫苦人家子女。如位于福州下渡的"旧电线书斋"(即福州陶淑中学的前身)为专收女子的学校,其中一部分是传教士到连江、罗源、宁德、建瓯、福清、古田等地招收来的,不少是贫苦人家出身的女孩。(3)种类多。仅中华圣公会创办的就有:培养医护人员的学校,如兴化双凤医学校、莆田圣路加高级助产护士职业学校;培养传道人员的学校,如兴化学习斋、培贞女子学校、福建圣经学校、古田妇女圣经训练学校、龙田妇女训练学校、仙游女传道训练学校、邵武圣经学校、泉州福音学校、闽清妇女学校、厦门妇女圣经学校、福州圣经师范学校等;还有不少是慈善性的学校,如古田盲人学校、福州女子盲童学校、福州灵光盲人学校等。(4)时间早。如早在1848年,美部会就在福州南台教堂内附办了一所小型学校,后又开设了福州书院。再如1907年创办的女子大学,也是基督教传教士在中国创办的第一批大学之一。(5)著名学校有预科班。如著名的福建协和大学,其生源来自于圣马可真华书院、福州书院、福州英华书院等预备学校的高年级班,生源起点较高。(6)培养出一批有一定水平的学生。特别是一些学生后来赴美国留学,成为著名学者。

(四)办报出书

基督教在福建创办了大量的刊物,其中最有影响的西文报刊为1867年在

---

① 陈支平、李少明著:《基督教与福建民间社会》,厦门大学出版社1992年版,第186页。

福州创办的月刊《教务杂志》(The Chinese Recorders),内容涉及中国社会的各个方面,影响非常大。"即使至今天,西方学术界仍很重视《教务杂志》,美国学术机构近来花费巨资编制该书目录和制作缩微胶卷,以供读者研究"①。较有影响的中文报刊有:美国卫理公会在福州创办的《郇山使者闽省会报》、闽南圣教书局在厦门主办的《闽南圣会报》、H.汤普逊在厦门主编的《漳泉公会报》、普鲁士在莆田创办的《奋兴报》等。

  基督教传教士在福建出版了大量的书籍,其特点有:(1)数量大。据不完全统计,仅1843年至1860年,传教士在福州出版的中文书刊就有42种,在厦门出版的有13种。② 其中不少为个人编撰,如美国公理会传教士卢公明从1853年至1858年,仅在福州编写、出版的各种书籍就多达25种。(2)内容庞杂,除了宗教类外,还有伦理类、天文类、历书类、经济类、地理类、社会类、词类等。(3)用方言出版书籍。以福州方言为例,仅《圣经》的福州方言译本,就有56种。③ 在这些以方言出版的书籍中,最值得注意的是汉英福建方言字典,据林金水的《在闽传教士与汉英福建方言字典》介绍,其中较有影响的有英国伦敦会传教士麦都思编的《汉语福建方言字典》、伦敦会传教士戴尔编的《福建方言词汇》,美国归正教传教士罗啻编的《英汉厦门方言罗马注音手册》,英国长老会传教士杜嘉德编的《厦门腔注音字典》,麦克利和摩怜合编的《榕腔注音字典》等。④ 编撰辞典成就最为突出的应为杜喜德,他1855年随英国长老会派遣来华的第一位传教士惠廉来到中国,能讲一口流利的厦门话,长期定居厦门,在闽南时间前后达22年,其编撰的《厦门腔注音字典》(也称《厦英大辞典》,即 Chinese English Dictionary of Vernacular or Spoken Language of Amoy)由伦敦杜鲁伯公司出版后,为外国传教士到闽南和台湾传教不可缺少的工具书,他由此获得母校格拉斯哥大学颁赠的博士学位,名列当时著名汉学家之中。为了出版书籍,基督教组织在福建创办了大量的出版机构。如伦敦圣教书会在厦门建立的闽南圣教书会、闽北圣教书会,皆为出版发行机构。1919年,前者总发行量为14万多册,后者总发行量为6万多册。由美国卫理公会创办的福州卫理公会书馆,1866年度印刷量为1000万页;该会创办的福建兴化美华书局,仅1920年就印书3万册。

(五)促进了闽南白话字的产生

  闽南白话字的产生,对基督教文化在福建的普及产生了重大的影响。闽

---

① 吴梓明、陶飞亚:《晚清传教士对中国文化的研究》,《文史哲》1997年第2期。
② 熊月之:《西学东渐》,上海人民出版社1994年版,第162—163、167页。
③ 林金水:《在闽传教士与汉英福建方言字典》,《福建宗教》1997年第1期。
④ 许长安、李熙泰:《厦门话文》,鹭江出版社1993年版,第76—80页。

南白话字是基督教传教士为了学习汉语以及满足传教需要而创造的,它是厦门话的拉丁字母拼音方案,共有23个字母,17个声母,65个韵母。其中普通韵母31个,鼻化韵11个,入声韵23个。语音以厦门音为标准,字母添设一个漳州音"j"[dz],采用符号标调法,字字标调;实行分词连写,连写手段是采用短横连接多音节词;其正词法的特点是拼写口语词,分词连写前后有所变化等。据倪海曙《基督教会的罗马字运动》、周有光《方言教会罗马字》[①]等介绍,闽南白话字的源头可追溯到马礼逊在马六甲开办的英华学院所拟的汉语罗马字方案,原是为外国传教士来厦门传教而设计的,传教士后以厦门话罗马字来翻译《圣经》,闽南各基督教会还要求每一个教徒都能读白话《圣经》。闽南白话字易学易写,凭23个字母,只要口里能说出,就完全可以写出,正如许长安、李青梅进行了大量调查后,在《还在民间使用的闽南白话字》一文中所介绍的:"我们所调查的人,没有一个不说白话字好学好用。好学,短则一星期,长则一个月,就能掌握。再经过三五个月到半年,就能熟练阅读《圣经》了。"[②]不少原来一字不识的妇女,学习了白话字后,不仅可阅读《圣经》,还可用白话字写信、记事。其功能和意义已远远超出传播基督教的范围,实际上起着拼音文字的作用。汉字文盲通过学习用闽南白话字编印的读物,掌握了简易的文字工具,又通过白话字学习汉字,可脱离文盲。闽南白话字还被用于翻译古籍,如给古籍汉字注音,用口语解说等,其翻译古籍的意义。可以说,闽南白字话产生的影响是深远的:首先,它极大促进了基督教的传播,仅据黄典诚20世纪50年代初期对大陆出版物的统计,传教士用闽南白话字共出版了298种书刊,其中图书120多万册,报刊110多万份;其次,它传播的面很广,不仅在闽南一带盛行,还传到广东、潮汕、台湾及其他省市,以及越南、缅甸、菲律宾、马来西亚、印尼等其他国家和地区,至20世纪50年代初,国内外能使用闽南白话字的人还有10万左右;再次,它在中国拼音文字发展史上占有重要地位,为创制汉语拼音方案、解决汉语拼音文字的同音词问题等提供了借鉴和经验。

(六)开展宣教活动

基督教传教士在福建传教的过程中,做过一些有利的宣教活动,例如:(1)反对缠足陋习。1874年,在英国传教士麦嘉湖(John MacGowan)极力倡导及其他厦门传教士的大力支持下,中国第一个反对缠足的社团"厦门戒缠足会"在厦门成立,开始时签署章程的中国妇女仅40多名,17年后会员已超

---

① 许长安、李乐毅编:《闽南白话字》,语文出版社1992年版,第20页。
② 同上书,第33页。

过1000多名。"该会每年集会两次,凡不愿为女儿缠足者,在会中立约,约纸裁成两半,一半交给立约者,一半留在会中。"①(2)反对吸食鸦片。一是出版了有关书刊,如卢公明于1853年在福州出版《劝戒鸦片论》(1855年重印),温敦1856年在福州出版《劝戒鸦片论》等。二是设立戒鸦片组织。如卫理公会曾在莆田设戒烟社,协助政府戒绝鸦片,头十个月中戒绝者达397人。北京调查禁烟专员曾来视察,予以肯定。

第五节 福建伊斯兰教

一、伊斯兰教在福建的传播

伊斯兰教是穆罕默德于公元7世纪初叶在阿拉伯半岛创立的。伊斯兰教在中国历史上曾有"大食教""回回教""天方教""回教"等名称。金朝大定年间(1161—1189)的"移习览",为"伊斯兰"的最早汉译。1956年,国务院通知规定,统一称为"伊斯兰教"。

伊斯兰教传入我国的时间,目前有多种说法,但一般认为于7世纪中叶始传入我国。伊斯兰教传入福建的时间,亦有多种说法。有的认为唐代福建就有伊斯兰教活动,其主要根据以下一些史料:(1)明代何乔远的《闽书·方域志》:"吗喊叭德(穆罕默德)圣人……门徒有大贤四人,唐武德(618—626)中来朝,遂传教中国,一贤传教广州,二贤传教扬州,三贤、四贤传教泉州,卒,葬此山。"(2)《成达文荟》第二集载:"唐天宝玄宗十二年(753),有曼苏尔者到广州建狮子寺,泉州建麒麟寺……"(3)1965年发现于泉州的"侯赛因·本·穆罕默德·色拉退的墓碑石",上刻有阿拉伯古体字"真主赐福他,亡于回历二十九年三月(650)"字样。也有不少学者对这些资料存疑,学术界也有不同看法。但穆斯林于唐代进入泉州是可以确认的。唐代时泉州是我国四大对外贸易港之一,出现了"市井十洲人"的盛况,当时有不少阿拉伯、波斯穆斯林商贾进入泉州,初时乘季风之便,每年一至,其后有部分定居下来,只是当时以商贸为主,不一定四处传教。

宋代,伊斯兰教在泉州很活跃,这与穆斯林人数急增有关。一是因为唐末居住于泉州的穆斯林,许多人是单身而来,与当地人发生了婚姻关系,并在泉州购置产业,生子育女,代代相传。据史载,北宋初已有居五世者。二是宋代泉州为世界贸易大港,海外贸易空前繁荣,大批穆斯林商人沿着海上丝绸之路

---

① 魏外扬:《宣教事业与近代中国》,宇宙光出版社(台湾)1981年版,第21页。

接踵而至。当时人们称这些人为"蕃客"。据日本桑原隲藏《蒲寿庚考》卷二十六记载:"泉州当宋真宗(998—1003)时,已为蕃客密居之地。"众多的穆斯林为满足自己的宗教生活需要,于北宋大中祥符年间,在泉州东南隅建立了一座规模宏大的古阿拉伯式伊斯兰教清真寺(即圣友寺),可见当时已经有了一定规模的宗教活动。南宋王朝为解决财政困难,鼓励对外贸易,阿拉伯、波斯等地穆斯林来泉州日益增多,宗教活动也更为频繁,又修建了许多礼拜寺。如波斯撒那威人在城南建寺,也门人奈纳·奥姆尔于涂门外津头埔修建了也门教寺。从多国伊斯兰教徒各自建寺的情况,可看出宋代伊斯兰教在泉州已有相当规模。赵汝适《诸蕃志》记载的50多个国家的风土人情,就是根据他在任福建市舶司时所见情况写的。南宋理宗时期(1225—1264),祝穆在《方舆胜览·泉州》中记载泉州"土产蕃货,诸蕃有黑白二种,皆居泉州,号'蕃人巷',每岁以大舶浮海往来"①。可见当时外国人已有一定数量。南宋政府从法律上保护各国穆斯林的人身和财产安全,如准许穆斯林在泉州购买房产和坟地等,阿拉伯人和波斯人都把泉州看成自己的第二故乡。一些"蕃客"后代已开始在政治生活中发挥作用,其中最著名的如先世系阿拉伯穆斯林商人的蒲寿庚,他于绍定六年(1233)出资为已故的泉州太守倪思建造了一座祠堂;淳祐三年(1241)和六年(1244),又相继在泉州修建龙津桥和长溪桥。南宋政府赐予他"承节郎"官衔。显赫的权力和雄厚的实力,使他成为当时一位举足轻重的人物。

元代,泉州继续成为世界贸易大港,穆斯林在福建有了很大的发展。其标志有多方面:第一,更多穆斯林从海上丝绸之路直接涌入泉州。泉州市舶司对大食商货抽解最少,管理得法,故元代大食商人直抵泉州,使泉州商业利润超过广州而跃为中国第一大海港。不少史籍都记载,元代泉州大食侨民成千上万,大食商船在泉州海内往来如织,不可胜计。第二,泉州又修建了多座清真寺。元顺帝至正十年(1350)泉州吴鉴撰《重修清净寺碑记》载:"今泉州造礼拜寺,增为六七。"目前可考的有东门外东头乡纳希德·艾斯玛尔·穆萨丁元至治二年(1322)重修的寺、南门穆罕默德·本·艾敏伯克尔建造的寺,以及仅存碑刻而不知原址的寺等。当时伊斯兰教的兴盛由此可见。第三,穆斯林的足迹已不局限于泉州。福州梅峰回民公墓有一座亭式"西域武公舍黑之墓",墓主为伊斯兰教徒伊本·穆尔菲德·艾米尔·阿莱丁,卒于伊斯兰历705年11月20日(即元大德十年,1306年)。福州另一石墓碑,墓主伊本·艾米尔·哈桑卒于伊斯兰历766年斋月3日(元至正二十五年,1365年)。此

---

① [宋]祝穆:《宋本方舆胜览》,上海古籍出版社1991年版,第104页。

外,位于福州市安泰桥的万寿院,于元代始归伊斯兰教,改造为清真寺。可见当时福州的伊斯兰教徒也有一定人数。第四,元代泉州由于伊斯兰教极为兴盛,以致不少汉人被融合而皈信伊斯兰教。据泉州《荣山李氏族谱》载:"色目人来据闽者,惟我泉州为最炽。……然其间有真色目人者,有伪色目人者,有从妻为色目人者,有从母为色目人者,习其异俗。"其"伪色目人者",即指汉人皈信伊斯兰教者。第五,穆斯林不仅仅由海上丝绸之路而来,不仅仅是商人为做生意而来,也有西域的军士为驻屯而来。如西域穆斯林金吉在元文帝至顺三年(1332)因讨平王禅拜官武略将军,奉敕率扬州"合必军"(大多为波斯穆斯林)3000名,先入邵武,并留下部分军士在该地屯田,据《邵武县志》载:"元代城区迎春坊乌龙井巷后建造一清真寺,色目人香花供奉,洁身诵经,信仰其教。"也有随贡使来泉州的,如《重修清净寺碑记》载:"夏不鲁罕丁者,西洋嗒啫例绵国人。皇庆中(1312—1313),随贡使来泉,住排铺街,修回回教(伊斯兰教),泉人延之,住持礼拜寺。"第六,穆斯林还向泉州附近的地区汇聚,并在泉州邻近地域修建了清真寺。以莆田为例,宋元时,穆斯林曾由泉州到莆田,所建教堂被当地群众称为"礼拜寺"。明弘治《兴化府志·户纪·土田考》载,莆田有"礼拜寺田八十亩三分",可见伊斯兰教在当地有一定的规模和影响。①

　　元代福建伊斯兰教得以发展的原因有多方面:第一,唐末五代、宋代来福建的穆斯林经过几代乃至十几代人的长期繁衍,已在泉州等地扎下根,变侨居为永住。如晋江陈埭谱牒及调查资料表明,陈埭丁氏回族一世祖丁谨(1251—1298)、二世祖丁嗣(1273—1300)、三世祖丁夔(1298—1379)均系来中国的阿拉伯人"蕃客",均娶汉人为妻。第二,元灭宋后,穆斯林作为色目人中的一个重要部分,在元代的"四等人制"中属第二等,地位仅次于蒙古人而高于汉人、南人。当时在泉州参加伊斯兰教可以得到某些保护,其领袖可以代表教徒"清理词讼,判断曲直"。泉州的几种回民家谱载有"迨元之时,于回免其扰,泉之回尤盛,世人因多以回"。与此同时,穆斯林多被选派为地方官。《元史》卷六《本纪》"至元二年"条有"以蒙古人充各路达鲁花赤,汉人充总管,回回充同知,永为定制"。第三,"蕃客回回"的代表人物、掌管福建沿海军事和民政的蒲寿庚于1277年弃宋降元,在客观上使泉州港不但未因战乱而受创,反而继南宋后走向极盛。蒲氏也由此受到元朝统治者重用,多次加官晋爵。其后由曾任平章政事的阿拉伯人赛典赤·瞻思丁(1211—1279)之孙艾卜伯克·乌马儿(伯颜平章)充任泉州提举市舶司。蒲氏、丁氏集团在泉州的统治地位,对穆斯林无疑是有益的。

---

① [明]黄仲昭修纂《八闽通志》(上),福建人民出版社1990年版,第492页。

明代，福建伊斯兰教发展不平衡。明初，因元末泉州爆发了长达十年的战乱，并波及福州、仙游、莆田等地，泉州港开始没落，凡有能力的穆斯林商人纷纷航海远去。泉州一带，由于蒲氏集团与元朝统治者关系密切，故明初朱元璋严禁蒲姓子孙参加科举登仕，致使他们无法立足，大都改姓或外迁。许多在泉州的穆斯林后裔为防不测，也都隐居穷乡僻壤，改名换姓。但伊斯兰教在闽北一带却有所发展，一些外省来闽担任官职的穆斯林及其家属在闽北落户，如明洪武二年（1369），山西大同府柳御均人杨赟兴授任邵武府兵马指挥使，山西大同县南乡人马达霓授任邵武带兵指挥使，山西大同府大同县南乡人米开庵以边将调邵武卫，他们率军挈眷来邵武就任，并随身带阿訇，始在邵武定居下来。据杨氏族谱记载，当时随军到邵武的约一千五百余户五千余人，杨姓约七百余人，其余为马、范、苏、沙、米、郝、王、兰、哈、史、黑、张、麻、蒲、常、李等姓。后或因贸易，或因居官，从山东、河南、河北、陕西、甘肃等地来的穆斯林也在邵武定居，泉州蒲姓也易姓逃到邵武避难，故有邵武回民占了城区半边天之说。洪武七年（1374），邵武清真寺迁迎风街和平巷重建，是目前闽北仅存的清真寺。明永乐五年（1407），明成祖朱棣降旨保护伊斯兰教，他颁发的保护穆斯林和清净寺的敕谕碑刻，至今完好无损地嵌置于泉州清净寺北墙壁上。永乐十五年（1417），钦差总兵太监郑和（回族）第五次下西洋经过泉州时，曾到清净寺礼拜并往灵山圣墓做"都哇"（祈求真主恩赐福祥）。穆斯林处境有所好转，泉州的一些穆斯林开始返回城里，定居于清真寺旁。明朝实行同化政策，不让蒙古和色目人"与本类自相嫁娶"，而让他们与外族通婚，客观上促使了穆斯林人口的大量增加，一些汉人始奉伊斯兰教。

清代由于泉州港的没落，海外穆斯林已不再从海上来；再由于福建地处东南一隅，与内地穆斯林联系也多有不便，所以福建伊斯兰教也远不如宋元时兴盛。当然福建伊斯兰教仍有一些活动，如重修泉州、福州、邵武的清真寺，并于道光元年（1821）在厦门建造清真寺，五次重修泉州灵山圣墓。据《白奇郭氏族谱·修葺义斋郭公墓文》载，康熙己丑年（1709）"陈都督讳有功仕于泉，重兴清真教"。同治年间，福建提督江长贵曾请阿訇劝导教徒，并在灵山圣墓立碑纪念。据《福州地方志（简编）》载：明清年间，福州有许多信奉伊斯兰教者，他们多从事商业、牛羊业、饮食业；也有少数充任"督署军需""海关监督""陆军军需""知事""处长""所长"等官职；也有的在衙门当差役，或为宗教职业者。

二、福建伊斯兰教特点

（一）穆斯林来源广泛

我国恐怕还没有哪一个省的穆斯林来源有福建这么广泛。简而言之，其来源主要有五个方面:(1)宋元时代从海上丝绸之路直接到泉州居住的,其来自巴士拉、哈姆丹、艾比奈、土耳其斯坦、施拉夫、设拉子、贾杰鲁姆、布哈拉、花剌子模、霍拉桑、大不里士、吉兰尼等地。其后代人被称为"海回",以区别陆上的回民。(2)有的先从海上到中国其他地方,再或由北方南下,如晋江陈埭丁姓族谱上记其一世祖"由姑苏行贾入泉",惠安白奇郭姓也是如此;或由南方北上,如蒲寿庚家族。他们多与当地回汉人士通婚。(3)明清两代由全国各地(以安徽、河南、广西为多)移居福建经商的回民,以聚集厦门为多。(4)元以后由外省来福建任职的将领及所带的兵士,这是闽北(特别邵武)回族的主要来源。(5)元以后,因种种原因(如受聘为阿訇、投亲、居官等)从甘肃、宁夏、陕西、山东、河南、河北来福建的回民,居住在福州等地。这五个方面来源,前两个方面是闽南(特别是泉州一带)穆斯林的主要来源。

(二)居住分散

我国回族族居情况,大都是"大分散,小集中",回族虽然散布在各地,但其聚居点比起其他民族来说是小集中,即在城市集中于街坊,在农村由相连的村庄自成聚落。福建的回族族居却仅见大分散,难见小集中。不仅城市中不见街坊,农村中也仅有极少数几个点(如晋江陈埭、惠安白奇)可勉强称得上聚落,而全省回族分散在泉州、晋江、惠安、永春、安溪、德化、福清、福安、福鼎、平潭、福州、邵武、莆田、同安、厦门、漳州、龙海、漳浦、云霄、诏安等二十多个县市中,大多数县市的回族没有形成聚居点,皆分散于普通居民中。其原因有多方面,多次迁徙是一个最主要的原因。他们或因避难,或因垦殖,或因从商而迁徙。这种不断的迁徙,不仅大大削弱了原聚居点的力量,且由于迁徙面过广,在新的迁徙地也是星星点点,也不可能形成强大的聚落。广泛的来源和悠久的历史,使福建穆斯林分布广泛,即使是相对集中的地方,也不都居住在一起。如惠安包括白奇在内在百崎地区的1万余人,目前分布在13个村庄。

(三)同中有异的风俗民情

福建伊斯兰教在福建传播的漫长过程中,虽然大体上保持了穆斯林的风俗,但由于穆斯林来自不同国度和地区,又长期在福建不同地方生活,联系甚少,所以受到的影响也是不同的。因此,福建回族既与我国穆斯林有风俗相同处,也有不同之处。如惠安白奇四族长期坚持本民族互通婚姻,女不外嫁,而泉州、晋江陈埭等地,早就开始汉回通婚。按伊斯兰教规定,穆斯林归真后,要为其举行一套伊斯兰教特有的丧葬仪式,首先要为亡人净身,作宾礼,然后按土葬、速葬、薄葬的要求进行埋葬,但惠安白奇回族如遇丧事,则仅在灵堂放一本《古兰经》,"以慰死者,且镇邪灵"。在泉州一带回族人家的门头和清真饭馆字号上多贴挂着阿拉伯文写的"都哇",在回族使用的汉语中仍保留不少阿拉伯语词汇。而这种现象在邵武、福州一带少见。福建回民的职业也很不相同,如惠安白奇一带回民大都以航海经商和捕捞养殖海产为生,晋江陈埭回民大都以养殖海蛏、外出经商为生;逃居山区的蒲姓族人,多以操持传统香料制作业及教书为生;在邵武的回民则以经营布庄、线、丝店、牛羊屠宰等为生,邵武的回民一般都掌握了一些诸如推拿按摩、针刺放血的独特医疗方法。

(四) 多次迁徙

这种迁徙,主要表现在四个方面:(1) 在本区内迁徙,如惠安白奇的回族曾多次迁徙。目前白奇郭氏祠堂保存的楹联"支分法水源流远,地卜奇山甲第兴","分法水"指法石村,"卜奇山"指白奇村,道出了当地居民不断迁徙的历史。白奇回族的祖先为阿拉伯人及阿拉伯人后裔,于明初因避难向泉州四边迁徙,从泉州东郊法石村迁入白奇村,后代又向里春、山兜、下埭、后海、田吟、斗门头、加坑、后塘、埭上、贺厝、大山、吉围、下埭等邻近地迁移,有的迁往外县,如晋江、同安、厦门等。晋江陈埭回族前后迁往安溪、南安、福安、莆田、福州等。(2) 向大陆地区的邻省迁徙。大陆地区福建回族外迁到浙江的平阳、温州、宁波,广东雷州半岛等。(3) 向台湾迁徙。台湾有80%的人祖籍福建,福建有大规模向台湾移民的历史。福建沿海一带穆斯林,曾从泉州东渡进入台湾。郑成功收复台湾时,福建不少穆斯林随军定居台湾。惠安白奇郭氏回族曾移居台湾,并在当地建清真寺。台北、基隆、彰化、高雄、新竹、台中、台南、屏东等地有白奇郭氏宗亲会,有的还建有宗祠,并遵伊斯兰教规。晋江陈埭丁氏也有人移居台湾漳化县鹿港乡。(4) 向国外迁徙。如晋江陈埭丁氏,曾向新加坡、印尼、菲律宾等处迁徙,还组织了各种宗亲会,如菲律宾组织"菲律宾聚书丁氏宗亲会",还如在菲的丁、郭、金、马、白等五姓族人组织"菲律宾清真五姓联宗会"。

(五) 为研究伊斯兰教在中国的传播提供了珍贵的文献

福建伊斯兰教保存了有关伊斯兰教在福建传播的文字记载,为研究伊斯兰教在中国的传播提供了珍贵的文献。中国伊斯兰教的历史文献较为缺乏,而福建伊斯兰教在福建传播所留下的文字记载,对研究早期伊斯兰教史有着重要的价值。具有代表性的如:(1) 文献资料。如载于《闽书·方域志》的《清净寺记》,为元代吴鉴于1349年所撰,是目前中国伊斯兰教寺院中所存最古老的汉字碑记。全文介绍了大食(即阿拉伯地区)的风土习俗,记叙了谟罕蓦德(即"穆罕默德")之教的信仰、斋戒、礼拜、经本、旨义等,记载了清净寺的修建人及修建时期。(2) 宗族家谱。如《燕支苏氏族谱》,从中可看出泉州燕支苏氏家族开基及信奉伊斯兰教的过程和嬗变。据族谱载,元武宗至大四年至仁宗延祐七年(1311—1320),唐舍因避难迁入泉州燕支巷,并由此信奉伊斯兰教,自元至大到明景泰的150年间,其家族皆为伊斯兰教信徒。谱载葬于苏厝围内的唐舍公,其墓为最早下葬于苏厝围的伊斯兰教墓。在重修《燕支苏氏族谱》的附记中,也记有其始祖与伊斯兰教的关系:"公自银同迁居燕支里,学西域净教,名阿合妹,康熙丁未年(1667)余于涂门真教寺询南京教师杨姓者云,是名即世俗称长老也。"晋江陈埭回族的《丁氏族谱》,自明初永年间就开始撰写,从中可看出泉州穆斯林是怎样随着社会变迁而发生变化的。书中所载丁衍夏撰写的《祖教说》云:稚年时(嘉靖初),丁氏家族还保留伊斯兰教的礼拜、封斋等习俗,"日西相率西向以拜天""内食不以豚";厥后(嘉靖初),"天多不拜";今则(嘉靖末万历初),开始沿用汉族习惯。在明代前期的正统年间就已修撰完毕的泉州晋江《李氏族谱》中,可看出明末思想家李贽的先祖曾信奉伊斯兰教,正如族谱所记:"船泛吴越,为泉巨商,洪武丙辰(1376)九年奉命发舶西洋,娶色目人为妻,遂习其俗,终身不革,今子孙蕃衍,犹不去其异教。"再如明抄本《清源金氏族谱》,从中可知金氏也是阿拉伯后裔。族谱后附录的《重建清净寺碑》(与石刻碑记不同)、《丽史》等为研究元代泉州历史的珍贵文献。(3)石刻文字。据不完全统计,仅泉州就发现伊斯兰教的碑刻原文(阿拉伯文或波斯文)200余方,已由泉州海外交通史博物馆汇编、陈达生主撰为《泉州伊斯兰教石刻》出版,分为墓碑、塔式石墓盖、祭坛式墓葬石刻和拱北式陵墓建筑门楣石刻等四类,为研究中国穆斯林的第一手资料。

(六)保存了许多伊斯兰建筑

所保存的伊斯兰建筑,大多极具文物价值。如:(1)清真寺。如泉州仅宋元可考的就有六七座清真寺,全国首批文物保护单位之一位于泉州涂门街的清净寺,是宋代建筑,为国内早期四大著名清真寺之一(另三座为广州的怀圣寺、杭州的凤凰寺、扬州的仙鹤寺)。其大门建筑完全是伊斯兰教的情调,其建筑特点为外国常见制度,如全用石砌成,大门为阿拉伯式,大门在礼拜殿之前侧紧邻等,但也融入了泉州地方特色,如用雕刻的雀替换云纹,用深绿色花岗石砌墙等,为我国与伊斯兰教世界长期友好往来和文化交流的历史见证。福州南门兜清真寺始建于元代甚至元代前,今日规模大致为明嘉靖二十八年(1549)所建,当时"栋梁榱桷,金篆辉煌",可容两千人礼拜,后经多次改建。位于邵武迎风街和平巷的清真寺始建于元代,明洪武七年(1374)移地修建,1982年修葺,现石砌大门为阿拉伯式拱形建筑。位于厦门玉屏巷的清真寺始建于清道光元年(1821),后几经扩建,现为宫殿式厅堂建筑,礼拜大殿柱楣拱斗,皆刻有精致的伊斯兰花纹图案。(2)墓址。伊斯兰教在福建留有许多珍贵遗迹,如位于泉州东郊灵山的先贤墓,据载是唐武德年间(618—626)来华传教的"四贤"中两贤之墓,虽然学者对所述年代有不同看法,但客观上由于此古墓的存在,历代不断有穆斯林来此瞻仰和行香,郑和下西洋时曾于1417年到此行香,祀求圣灵庇佑。墓上有宽敞的白石亭,背后是白花岗岩结构的半圆形回廊。现存重修碑文五块,最早一块是元至治二年(1322)穆斯林集体所立,碑文为阿拉伯文,后四块为清代所立,皆为汉文,为研究伊斯兰教早期传播的珍贵实物。再如泉州南郊发现的伊斯兰教徒石墓盖,为青石所雕,长方形,分为三层,上层近半圆形,顶盖正中刻一方形花巾,作披盖状,两端侧面刻伊斯兰教墓常见的"云月"图案,中层四周刻方形组成几何图案,下层四周刻复莲瓣,推论为明代穆斯林墓。对此石墓的研究,有利于了解宋元明时代在泉州的外侨分布及风俗习惯。福州西郊井边亭村的伊斯兰教圣墓,占地面积60平方米,为元代阿拉伯传教士伊本·穆尔菲德·艾米尔·阿莱丁的墓,墓室在亭内,封顶三层,呈塔式,门楣有阿拉伯文题刻,墓区内还有48座清代伊斯兰教徒墓,是研究伊斯兰教在福州传播的重要遗迹。惠安的郭仲远夫妇墓,石碑雕刻典型的阿拉伯卷云环抱大圆月图案,几乎每一块围墙盖石都雕有一轮半月,半月向上,朝着大海和蓝天,体现了伊斯兰教对月的赞美和向往,两个五层塔式石墓呈长方形,左墓第二层除背面外,三面均有浮雕《古兰经》经文。石墓上第二层有浮雕卷云纹、莲枝花纹、莲花瓣等图案。(3)亭、祠。如惠安白奇的接官亭,极具伊斯兰风格,"一是亭内不像一般的惠安石建筑设龛,故不以物配主;二是不雕刻任何偶像或供奉任何偶像,认主独一;三是四个角呈椎体翘起,四个面呈半月形向上向外展向无限处,展向苍茫的宇宙天体;四是顶端装饰的半葱头形圆雕,更增添了建筑物的深厚饱满,适应了伊斯兰淡雅、素洁、朴实的要求"①。始建于明永乐年间的晋江陈埭丁氏宗祠,建筑形制为闽南特色的"宫殿式"建筑,但总体布局平面是呈"回"字形,又显示出回族文化色彩,它是福建省历史最久、规模最大、保存最完整的回族祖庙。

---

① 郭献辉:《伊斯兰文化与惠安石文化》,《福建民族》1996年第1期。

第八章
民　俗

第一节　福建民俗的多元化

一、福建民俗的差异性

"十里不同风,一乡有一俗"形象地说明了福建民俗的差异。这种差异不是指福建某一区域前后民俗变更、替换的频率(恰恰相反,福建某一区域民俗往往因传承性极强而前后变化不大,相对稳定),而是指不同区域对同一民俗事象的不同表现。如岁时为中华民族的传统节日,按理其活动内容应相对一样,但在福建却有很大差别。谨以旧历正月活动为例,现将《中国地方志民俗资料汇编》中清末民初出版各县地方志所记正月活动录出,按福州市、厦门市、莆田市、三明市、泉州市、漳州市、南平市、宁德地区、龙岩地区排比梳理,其差异一目了然。

(一) 福州市

1.《藤山志》(福州仓山区)(民国三十七年铅印本):正月"元旦",家家户户休息,商店闭门,而以冥银夹于门罅,锣鼓声、爆竹声、呼卢喝雉声随地可闻。邂逅中途者,必相揖而贺曰:"恭喜发财"。亲友来贺年者,茶烟之外款以点心;客见小孩必赠以压岁钱。饭食,则三餐皆干饭,不啜粥。入晚即睡,谓之"半夜登"。女子已嫁未生男者,母家于正月以观音送子灯送之,谓之"送丁";已生男者,母家以各式之灯,谓之"添丁仔"。"元宵"前,家家祭祖。相传是日为塔亭"临水奶诞辰"。女子出嫁数年未生育者,多有入庙求嗣,祷祝毕,取神前花瓶内一枝花归,谓之"请花"。自初七日至十八日,各境分别行香。廿九日为"拗九节"。以术米杂红枣、芝麻、荸荠、红糖煮之,谓之"拗九粥"。

2.《长乐县志》(民国六年铅印本):正月人家多以酒食宴亲戚(俗谓之"请会亲")。各家门首必买灯悬之。儿童杂击锣鼓以为乐,虽不动听,然亦自成一调。各祠庙陈设多尚奇巧(如十二都高楼乡陈姓,以米粒结人物、花卉陈之,南北乡推为第一)。

3.《福清县志》(清光绪二十四年刻本):正月"元旦"扫室焚香,盛服设酒果拜上下神祇以及祖先。家少长序拜,亲属各相过称贺。三日市不列肆,谓之"节假"。"立春"前一日,县尹祀句芒于东郊,迎土牛鞭之,谓之"宾春"。人竞取其土为宜年。"上元日",自十一至二十夜,户各燃灯、放花炮,城中歌吹相闻,箫鼓之声喧阗达旦。二十九日,以为"拗九节",户以米、糖果煮糜相馈。

4.《平潭县志》(民国十二年铅印本):正月"元日"祈年,洁屋宇,陈设酒醴,焚楮帛以承灵贶。少长序拜,戚友相贺;三日市不列肆,谓之"节假"。"上元"迎灯,自十一日起至晦止,十三、十四、十五三夜尤盛。又为木架彩棚,妆演故事,谓之"台阁"。俳优百戏,煎沸道路,箫鼓喧阗,至于彻夜。又有舁木偶像,摇兀而行,谓之"闯神"。

5.《罗源县志》(清道光十一年刻本):正月"元旦"五鼓,家家整洁庭除,设酒果,焚香楮,以承灵贶,谓之"接年"。无贵贱,少长俱肃衣冠拜天地、祖先,卑幼以次拜其尊长。放爆开门。是日素食。仍赴各亲朋家贺年,不相见者投帖。稚子则分遗福橘,逢十者预祝寿觞。互相过从,五日乃罢。初一至初四日,市不列肆,谓之"庆岁",亦称"节假",各具春酒相邀。初三日,至亲旧岁有新丧者具香楮往吊,谓之"拜新年"。初四,以香楮、酒果礼室神,谓之"接神"。初五日如之,谓"天神下降"。初旬内,挈筐榼往四郊祭坟,谓之"上墓",即在墦间俊其余,巨家有坟亭者则于亭内设席,用暖锅庀馔。"立春"前一日,官长率属迎土牛于东郊,肃陈仪导,儿童咸以竹竿粘彩打牛为戏。次日候时,在县衙譙楼下鞭春,奉芒神于城隍庙,还饮春宴于公署。是日啖春饼、春蔬。"上元"前后,诹吉延师,父兄各遣子弟入学。"灯夜",自十一至二十日止,惟十三、十四、十五最盛。各家门首张灯,艳丽相竞。境社祠堂皆陈设珍玩,笙歌彻宵,群饮神前,谓之"悦神"。灯象人物、花果、禽鱼,或纸或缯,或玻璃料丝,曲尽其妙。新于归者盛服立中堂,灯光灿烂,以俟女伴相探,亲献茶果。乡村则于望后各携酒肴至神祠畅饮,又请神出祠绕境。城内则择日于仲春行之。二十九日,俗称"后九",亦名"孝九"。以各果和米为粥调饴食之,戚属互相馈遗。

6.《连江县志》(民国二十三年铅印本):正月"元旦",洁斋,焚香燃爆,各拜神祇、祖先,随入祖庙,合族序拜,以侧柏叶插橘,人领一二枚,取百事吉之义。节假五日,市不交易,以宿岁之储供亲友往来宴饮,谓之"春叙"。近则生计愈纳,用品愈奢,寻常饮食不足供客,春叙亦稀且仅。"元旦"辍市,二日后贸易如故矣。节假内,绅衿盛服诣官师及亲旧家贺年,庶民不上谒而相庆贺,儿童亦贺年于戚串家,戚串以钱满百、橘二枚遗之。俗传神以旧腊二十四日升天,至是下降云。初十夜,城中有一二里社设牲醴礼神,宫前燔柴,名曰:"供过良辰。"相传元大帅接戢闽中,邑于是日纳款以供其过,后沿为俗。"上元"张灯,自十四至十八止,明知县钱九思增十九、二十两日。每夕各姓宗祠灯火辉煌,市里作灯市。十五夜,候潮放灯江流,名"水灯"。十四至十六三夜,有看新娘。人家前年娶妇,至今年"元年"新娘着红绉裙袄、盈头珠翠,伴娘秉烛,任人观瞻。观者杂一二谐语而不之禁。

7.《闽侯县志》(民国二十二年刻本):正月"元日",祈年,洁屋宇,陈设酒醴,焚楮帛以承灵贶。少长序拜,戚友相过贺,市不列肆。"上元"张灯,自十一日起,至晦日止,十三、十四、十五三夜尤盛。影灯象人物、花果、禽鱼,裁缯剪纸及琉璃为之。庙刹驾鳌山,玲珑飞动。又为木架彩棚,妆演故事。谓之"台阁"。俳优百戏,煎沸道路,箫鼓喧阗,至于彻夜。又有舁木偶像摇兀而行,谓之"闯神"。前列长炬,扒金伐鼓,震耀耳目。城市村镇庙社俱有之。每出或至争道相竞斗,时奉禁止。

8.《永福县志》(清乾隆十四年刻本):正月"元旦",扫室焚香,设五方榻陈列酒果,以迓吉祥,已乃拜于家庙。少长以序拜毕,然后亲朋相过称贺。出十日,延师家塾,以课子弟。

9.《闽清县志》(民国十年铅印本):正月"元日",鸡鸣起,肃衣焚香,设斋果、茶酒、岁饭拜天,谓之"接一年岁君"。谒祖先,次及尊长,并出门拜亲友,但往来投刺,至三日乃已,谓之"拜年"。多不相见,至堂书名而已,若尊长亲入室拜其内,见则奉茶,用果子置茶中,至亲留饭。"元日"多茹斋,祈一年安康。且出,择方隅祈一年吉庆。凡三日不扫除,除则留之,至初五日投之野,为"送穷文",又携回石块,谓之"换宝"。新春,家设"春酒会",族戚往来相请,读书家具柬帖,谓之吃岁膳并叙新。乡人请女婿回舆多在此时。元宵,里社各迎其本境之神,于家结灯棚,张鼓乐。各分坊市以数十家为一社,竞以巧艳相尚。夜轮设宴会,谓之"悦神"。游人妆台阁故事及撞神周游街市,以放花爆为戏。家中爆糯为米花,以卜年休咎。二十九日,各家煮糖粥及干果为辟蝇。

(二) 厦门市

1.《厦门志》(清道光十九年刻本):正月"元旦",焚香纸,放爆竹,开门即闭,少长序拜,戚友相贺(其疏者,以小红刺粘门上)。午,祀其祖先,市不列肆(别择吉开市),粪土不除者三日。初四日,各祀其所祀之神,名曰"接神"。(俗谓腊月二十四日,百神有事上帝,至此日乃还,焚楮帛、舆马迎之)。"人日",取果蔬作七宝羹。初九日,设香案向户外祀之,爆竹之声达旦,各曰"祭天",富家演剧。立春日,各以小红纸书"春"字或"福"、"寿"字粘门窗、户牖间。"上元",以米团祭神及先。

2.《同安县志》(民国十八年铅印本):正月"元旦",鸡鸣咸起,贴门帖及春联,设瓜果以献馔于祖先。日午,各以柑祭神及先,至"元宵"乃彻。初四日,设香案接神下天。"上元",自十一日起陆续张灯,至是夜以米圆祭神及先,或以酒馔祀祠堂。近则初九、"上元"皆为祀天之期。"上元日",家家食春饼,以菜用面皮包之。谷传为蔡复一夫人所制。

(三) 莆田市

1.《兴化府莆田志》(民国十年刻本):正月"元旦"先夕,汛扫室堂。五鼓而兴,设香烛,陈果饵、酒馔,以祀其先。男子则出拜宗族、亲戚、邻里,谓之"贺岁"。二日,自城中及乡村有踏青之游,长少皆衣冠出游园林山寺。词人墨客多挈榼展席,择胜处吟赏,抵暮乃归。儿童竞采桃李菜花持归,为新年之瑞,名曰"踏草青"。"元宵",自十三日夜,城中四门通衢各设松棚,悬灯其上。里社皆盛张灯,为祈年之举。坊乡之民轮年为福首,醵金祀里祠,设醮诵经祈福。境内火树箫鼓,达旦不辍。

2.《仙游县志》(清同治十二年刻本):正月"元日"贺正,则熏长寿之香,连旧知之宴,或张灯而骑儿童之竹马,或结队而看鞭碎之土牛,甚为太平乐事。而社肉之分,社酒之浓,必贾勇于黄金四目之余者,致生争于雀角,缘仿古而行傩及乎!

(四) 三明市

1.《永安县志》(清道光十三年刻本):正月"元旦"辰起,焚香拜天地、祖宗外,遍谒诸神。各相拜贺,以三日为节。"元日"以后,递以酒食相邀,洽比之风殊为近古。"立春",迎春。鞭春日,人竞毁土牛栏,怀其土奉之,以为利家。家各立春树,取接春之意,或取甘蔗、胡萝卜啖之,名曰"咬春"。"上元",迎灯迎神,以为祈禳。竞妆灯戏为乐,鼓吹之声不绝,约前后五日为度。惟二月望后三日迎观音灯,各尽工巧,金吾不禁,最为巨观,亦祈禳之意。皆古蜡腊之遗也。

2.《大田县志》(民国二十年铅印本):正月"立春"前一日,官属祀句芒于东门外,迎土牛,人竞取其土为宜年。亲串以春酒、春饼相馈遗。"元日",天未明,家家焚香,列酒果,焚楮币,拜神祇、祖先毕,少长序拜,亲戚相过贺。三日市不列肆,谓之"节假"。元月自初一至二十日,每夜家各燃灯,儿童歌吹街巷,有竹马、龙灯诸戏,或延羽士建醮以祈福。

3.《建宁县志》(民国八年铅印本):正月"元日",焚香,肃拜天神,谒祖先,次及尊属,各序拜。里人往来投刺,至三四日乃止,且出择方隅,期一岁吉康。凡三日不扫除,除则投水中,为"送穷"。"新春",家设春酒会族戚,时市井子弟搬弄游春戏或朱裳鬼而以为傩,要索赏钱。"元宵",结灯棚,张鼓乐,各分方市,竞以巧艳相高。游人放花爆,夜半乃息。

4.《明溪县志》(民国三十二年铅印本):正月"元旦",各家点烛鸣爆,以迎新岁。戚友咸肃衣冠互相贺年,普通款客用鸡、酒、蛋。自初五至十五"元宵",向有迎神绕境及舞龙灯、狮灯,装故事等娱乐。十六则迎城隍。

(五) 泉州市

1.《泉州府志》(民国十六年补刻本):正月"元日",鸡初鸣,内外咸起,贴门帖及春胜,设茶果以献先祖,拜祠堂及尊长,戚友相过贺。日午,复献馔于先祖,明日乃撤,亦有晚即撤者。是日,人家皆以柑祭神及先,至"元宵"乃撤。"立春"之日,家设香案,爆竹接春,贴春胜。"上元"夜张灯,以米圆祭先及神,或以酒馔祀祠堂,谓之"祭春"。又,"上元"内外赛会迎神,乡村之间或于二月,谓之"进香"。

2.《安溪县志》(清乾隆二十二年刻本):正月新正"元旦",五更早起,易新衣冠履拜天地、祖先及尊长,次亲友相贺,市不列肆。"上元"夜,前后三日各家点灯,放花炮,敲锣鼓,庆贺"元宵"。月内,每乡迎神,祈祷人康物阜。"灯节"后,有子弟读书者俱择吉延师开馆入学。

3.《永春县》(民国十九年铅印本):正月"立春"前一日迎春,州人聚观。"元日",祈年,洁屋宇,陈设酒醴,爆竹焚楮帛以承灵贶。少长序拜,亲友相过贺,市不列肆。越四日,陈设酒肴俟降神,谓之"接神"。"上元"作灯市,三五家共结华表于通衢,鼓乐迎城隍神。初七为"人日",家各自具酒饭。初八为"五谷生日",祀农神。初九,俗传为"天帝诞日",无论贫富皆杀鸡为粢盛以祭。自初八夜子时起至平旦,远近花爆烟火不绝。

4.《德化县志》(清乾隆十一年刻本):正月"迎春日",老稚竞看土牛,群集于云龙、龙津二桥。"元旦",鸡初鸣,男女盛服,谒堂拜祖先及所祀之神,爆竹焚楮,质明驰贺亲邻。越四日,陈设酒俟神降,谓之"接神"。"上元",作灯市,三五家共结华表于通衢。十三日放灯,十六日收灯,谓之"灯节"。

5.《同治金门志》(金门县待统一)(一九五九年中国书店油印本):正月"元旦",焚香纸,设茶果,放爆竹,少长序拜,戚友相过贺。午献馔于祖先。市不列肆者累日。粪帚以初五日始出户。初四早,焚楮马舆币。晚供牲馔,曰"接神"。送神以早,接神以晚。初九日,设香案,向户外祀之,曰"祭天"。或延道士宣经寺观,里巷皆演戏报赛。"上元"祀神。小儿剪竹纸为灯,人物花鸟酷肖。夕烧旧灯篝,视其红黑以卜一年晴雨。沿街张灯结彩棚,三日夜始罢。闺女赛紫姑,歌词唧哝,俗呼为"东施娘"。

(六) 漳州市

1.《漳州府志》(清光绪三年刻本)：正月漳之俗,岁正月里闬具茶酒相娱乐。迎神,明灯击鼓,召巫妆台阁,往来都市。"元日"祭毕,无贵贱御新衣诣亲贺岁,主人出辛盘共款,醉人相望于道,五日乃止,谓之"假开"。"立春"前一日,有司迎春东郊,士女蜂集,有数十里至者。市中多市春饼、春花、春燕之属。"上元",作花灯,为火炮之属,子弟扮仙狮、竹马、龙灯庆,乡间索酒食,弊乃挟势索财不餍,辄起争端,贫民苦之。

2.《长泰县志》(清乾隆十五年刻本)：正月"元旦",无贵贱贫富御新衣,洁堂宇,陈羹饮以祀其先。拜尊长,亲族更相为礼,里具茶酒相娱乐,谓之"贺岁"。五日乃止,名曰"假开"。"立春"前一日,有司迎土牛,作春花,饮春酒。"元宵",剪彩为灯,连街接市,喧闹达曙。子弟扮竹马、龙灯庆乡间。

3.《龙溪县志》(清乾隆二十七年刻本)：正月里闬具茶酒相娱乐。迎神,明灯击鼓,具巫妆台阁,环游都市。"元日"祭毕,诣所亲贺岁,主人出辛盘款客,五日乃止,谓之"假开"。"立春"前一日,有司迎春东郊,士女阗咽。市中多市春饼、春燕、春花之属。"上元"张灯,子弟有仙狮、竹马、龙灯诸戏。

4.《漳浦县志》(民国二十五年铅印本)：正月"元日"早起,礼神,祭先祖。无贵贱诣所亲贺岁,屠苏为政,道醉相望,至五日乃止,谓之"假开"。凡诸少年或装束狮猊、八仙,踵门呼舞,金鼓喧阗。主人必厚劳之,有吉祥之家劳之资倍于常。"立春"前一日,有司备仪卫迎春于东郊。民间结彩为棚,童男女靓妆立棚上,珠翠罗绮相尚,十数人肩之以行,先诣县庭,谓之"呈春",继出东郊迎土牛,周行街陌,县有司及佐贰学博俱导从行游,以官卑者前导,自辰至酉而止。次日立春,有司鞭土牛,磔之以毕寒气。人家争取牛土投豕牢,祝豕肥大如牛。"元夕",自初十日放灯,至十六夜乃已。神祠家庙或用鳌山运傀儡,张灯烛,剪彩为花,备极工巧。别有往来行乐善歌曲者,自为侪伍,张灯如雨盖,名曰"闹伞"。闾左好事者为鱼龙百戏,向人家有吉祥者作观庆之歌,冀主人厚赉。又有神祠设醮祈安迎神,宴饮庙中,名"集福",史巫纷若,名"打上元"。大抵半月之间,游必秉烛继晷,银花火树在处有之,豪门多挟火鼠、火炮以角胜负。文人墨客明灯悬谜,诘于通衢,谓之"灯谜",射中者以笔墨、果品酬之,备极欢谑。

5.《诏安县志》(民国三十一年铅印本)：正月"元日",早起礼神,复祭先世,次拜家长。亲朋故旧,盛服往来,更相为礼,各出辛盘相款洽,谓之"贺正"。是日,俗多戒荤,鼓乐三五成队,沿门吹打,以博赏赉,谓之"闹厅"。儿童穿新衣,嬉游征逐。市肆于是日停罢,至明日初二执业如故,人家复礼谒祖,谓之"开臊"。初五迎神,先于初四日午后烧云马,放纸炮,以备恭候之仪。至夜半子刻交,炮声响处,鼓乐来临,人家奉牲,用生鲤拜迎毕,即到祠庙进香,以一年之祈报始此。乡村凡值赛会之年,皆于迎神时卜定之。初九为"玉皇上帝诞"。人家于初八夜各县蔬筵庆祝,近时尤盛。"立春"前一日,有司迎春东郊,备仪仗,先以一人执旗鸣锣走报四厢,谓之"捷报春魁",优伶前导,殿以春牛。"元夕"张灯,凡家庙、神祠皆有之,火树银花,辉煌夺目。或为鳌山灯,以土偶饰为杂剧,隐绳暗处,引其机则转动如傀儡然,俗谓"活灯"。城隍庙则挂善恶诸图,分男女东西观之,以示劝诫。西关外草场,架以竹木为打秋千。南厢沈祠,灯筵高数尺,竞相奇巧,尤属绝无仅有。好事者或为藏头隐语,任人商揣,中则鸣鼓冬冬,出品物相酬奉,谓之"灯猜"。

6.《平和县志》(清康熙五十八年刻本):正月"元日"早起礼神,祭先祖。无贵贱各诣所亲贺岁,长幼咸御新衣,极为整楚,主人出辛盘共款,往来相望于道。游戏行乐,至五日乃止,谓之"假开"。诸少年或装束狮猊、八仙、竹马等戏,踵门呼舞,鸣金击鼓,喧闹异常。主人劳以果物,有吉祥之家所劳之物倍厚于常。"立春"前一日,有司备仪卫迎春于东郊。民间结彩架,选童男靓妆立架上扮为故事,数人肩之以行,先诣县庭,谓之"呈春"。"元夕",自初十日放灯,至十六夜乃已。凡神祠、家庙,各结花灯,或用鳌山(以纸假制)运傀儡,张灯烛,剪彩为花,备极工巧。别有行乐善歌曲者自为侪伍,张灯如雨盖,歌舞以行,谓之"闹伞"。十三日,迎威惠王游行街市,阡陌里众各执器物或执香随行,各备牲醴致祭,归而燕饮。

(七)南平市

1.《南平县志》(清嘉庆十五年刻本):正月 "元旦"五鼓,比屋净室焚香,陈果酒,焚楮币,拜神祇、祖先,爆竹喧阗,谓之"开大门"。少长序拜,亲朋称贺,谓之"贺春"。三日市不列肆,谓之"节假"。亲朋交相宴饮,谓之"春叙"。"立春"先一日,郡守令祀句芒神于东郊,迎土牛于府,俟交春时鞭之,人竞取其土为宜年。初九,传为"玉皇诞辰",清晨净几焚香以奉之。"上元"夜祀先,户各燃灯,谓之"元宵灯"。里社自初八、九各制花灯迎神,填塞街衢,箫鼓达旦。

2.《政和县志》(民国八年铅印本):正月 "元旦"相贺,设酒食延宾贺寿,率以此日。三日市不列肆,谓之"年假"。五日内外谒先墓,谓之"拜家年"。"立春日",家设香案檐前,并青蔬或青草及茶酒、果品之属,名曰"接春"。"上元日",衙署及在城各庙宇、星溪桥均挂灯庆贺"元宵",曰"排上元"。是日下午,迎临水宫顺懿夫人之神街坊巡游,设香案迎接,谓之"大奶案"。

3.《松溪县志》(民国十七年活字印本):正月 "元日",清晨皆严洁庭宇，设几案，陈酒果，焚纸钱，以祈保遐龄，谓之"祈年"。"立春"前一日，舁土牛置县前，五更鞭策，谓之"鞭春"。"上元"，正月十五夜，悬灯结彩，往来游观，名曰"赏元宵"。

4.《光泽县志》（清康熙三十三年增订本）：正月 "元旦"拜正：五鼓，爆竹开门，净室焚香。亲族邻里互相拜贺，皆备酒肴相留，至初三、四乃止。

5.《顺昌县志》（清光绪七年刻本）：正月 祈年：乡里重岁首而轻"冬至"。"元日"，无贵贱，皆净屋焚香，设供拜天地、祖宗及家神，祈一年安。亲朋各相称贺。张灯：二日，各坊鼓乐张灯以迎司土，里巷间作鱼龙灯及面具之戏。至"上元"之夕，家悬彩灯达旦。祈谷：旧俗，城内六坊各十日迎邑神祀于坊，中夜灯送归，费既多而旷日持久。康熙年间，定议合迎，诹日为期。先一日戒执事延神俱出驻城隍庙，次日设特牲、果醴，官民齐集，上香礼全。晡后，各坊奠酒张灯迎诸神绕街毕，各还本庙。

6.《崇安县新志》（民国三十一年铅印本）：正月 "元旦"：诹吉开门，爆竹声络绎不绝，择利向出行，拜年。以糖茶果品饷客。发笔。早午两餐素食，晚设宴如"除夕"。是日，不乞火，不汲水，不切菜，不扫地。"立春"：民间以茶果饭、白菜迎春，间以红帖书"新春大发""福随春至"等字贴之。如是年无"立春"，谓之"哑年"，难饲猪。持斋：邑人间有持三官斋、观音斋者。三官斋于正、七、十等月为之，观音斋于三、六、九等月为之，均由初一至十五。宿饭：旧志云，正月初五为"谷日"，不煮新饭。植树：植树接木，多于"雨水日"为之。祀玉帝：以正月初九日行之。舞龙灯："元旦"后，好事者多为龙灯之戏，至"元宵"焚之，谓之"屠龙"。劳工虚：乡间雇人与被雇于人者，多于正月各虚期商定。"元宵"：正月十五日，俗谓之"上元"。悬灯于里社，大族多按户献烛于祠堂，夜间乡人颇有提灯游行者，火树银花，颇极一时之盛。养鱼：正月十八日，武夷宫赛会，鱼苗集中求市，养鱼者胥往购之。

7.《续修浦城县志》（清光绪十三年刻本）：正月 "元日"，陈设酒醴，以承灵贶，少长序拜，戚友相过从，贺新禧。三日市不列肆。十日内，率长幼拜先冢。"立春"先一日，祀芒神，迎春东郊，出土牛以送寒气。至期接春，燃炭，放花爆，卷春饼以佐春盘。"上元"夜张灯。"元旦"，四方有黄气则岁大熟。自"元日"至八日宜晴明。一鸡、二犬、三猪、四羊、五牛、六马、七人、八谷，所值之日晴则大吉，十六日、二十六日晴亦然。

8.《建瓯县志》（民国十八年铅印本）：正月 "元日"，新年晨兴，洁厅宇，陈酒果，焚楮币，拜内外神，爆竹声连不绝。既乃行家人礼，亲友更相造拜，设酒食，凡五日止。谒墓、"祭灶"，祭门，市不列肆，亦五日止。"立春"先一日，迎芒神、土牛于东郊，所经街衢结彩。届时，焚香燃烛，放纸包，名曰"接春"。

"元夜",各于门首跨街为棚张灯,祠庙坊社皆然。好事者复为火龙、鳌山、凤麟、滚球诸灯,佐以鼓乐,沿街游行,歌声达旦。

9.《建宁府志》(清康熙三十二年刻本):正月 "元旦"祈年,男女夙兴,洁厅宇,陈酒果,焚楮币,以拜上下神祇。庆节缟祀毕,序拜称觞,然后亲族里邻更相造拜,设酒食相款,凡五日止。谒墓,"祭灶",祭门,亦初五日止。"立春"先一日,迎芒神、土牛于东郊,所经街衢结彩。至期,燃炭放炮,名曰"接春"。家食春饼,是日禁忌最重,不轻易到人家。"上元",各于门首跨街为棚张灯,祠庙坊社皆然。好事者复箕敛于市要区为鳌山、龙鹤、滚球诸灯,佐以鼓乐,沿街游行,笙歌声彻。大率十一日起,十五日止。

10.《建阳县志》(民国十八年铅印本):正月 "元旦"开门,鞭炮声最盛。亲朋贺岁必盛服亲诣,近有用名帖者。"立春日",漉新醅迎春。县署鞭春时,好事者争取土牛之土以为得春气,宜六畜。家设酒肴,团饮如度岁然,鞭炮声亦盛。"灯节",自初十夜起,至十六夜止。城市中各张灯于门。祠庙神前,灯多以纸为之,有雕镂极精工者。

(八) 宁德地区

1.《乾隆宁德县志》(一九八三年铅印本):正月 "元旦",五更明灯设燎,响爆竹,鸣锣鼓,谓之"迎年"。各盛服拜天地、祖宗,卑幼以序拜其尊长毕,乃至各亲朋家贺之。凡年六十以上者,皆于是日拜贺会宴。凡庆寿者,不于所生之月日,而皆于"元旦"三日中称觞介嘏焉。初四日,俗谓灶神回銮,清晨以香楮酒果祀之,谓之"驾归"。各市肆于是日陆续开张。"立春"前一日,里人扮橇戏鼓乐,随官吏迎春于东郊忠烈祠。儿童各以竹竿粘彩丝,打土牛身而拾其剥落之土,谓得土多利田畜也。次日行鞭春礼,奉芒神于邑城隍庙。自腊月二十八、九日起,各家张灯,谓之"照年",过"上元"方止。初十至二十,每夜扮橇戏,迎社神,父老醵钱设醮,谓之"上元请福",所以祓除不祥也。

2.《霞浦县志》(民国十八年铅印本):正月 "元旦"晨起,无论贫富,人各食糍汤一碗,俗称"行时"。盖"糍"与"时"同音,取吉利意。戚友互拜新年。客岁有新丧者,"元旦日"于灵前设牲醴、果品,孝男等以次行礼,各戚友于初三日重来拜奠,俗称"拜新年";初四日午餐即馂以祭余,俗称"食新年饭"。此两日系与丧家应酬,俗忌不贺岁,不会亲。人家堂庆不拘诞日,每于正初旬夜间行之,俗称"暖寿",弟侄甥婿辈别递日登堂奉觞。"元宵节"前三日,新婚者女家送珠灯一对于男宅(或玻璃,或洋式均可)。至"元宵"夜,悬于床前,并设果酒以宴女宾,俗称"食双杯",间有放焰火以助兴者。普通俗,亲戚家有儿童,互以纸灯相赠。"上元"前二日,东社迎城隍神出巡四城,俗称"迎龙袍"。二十九日,俗称"拗九节"。

3.《古田县志》(清乾隆十六年刻本):正月 "元旦",扫室焚香,拜先祖,家少长序拜,亲戚各相过称贺。三日市不列肆,谓之"节假"。"立春"先一日,县令祭句芒于东郊,迎土牛鞭之,人取其土为宜年。"上元",自初十至二十日,各保巧妆故事迎神,绕境而匝。夜各张灯,鼓吹彻境,有弦歌遗风。又揉竹作字灯,锋颖勾画,丰神毕具,串游各保后挂列河岸,光射水中,觉云汉天章较胜于银花火树也。"上元"后,延经明行端者为师,遣子弟入学。晦日称为"后九",取五谷和蔬菜为糜粥食之。

4.《福安县志》(清光绪十年刻本):正月 "元旦"夙兴,放花炮,陈设香烛、果肴以祀先。平明,盛服出拜宗族、亲邻,谓之"贺岁"。二之日,有新丧之家设奠延吊。"立春"前一日,设芒神、土牛,张乐结彩,官吏、师生自东门埔下堂迎入仪门西向。夜公宴,礼生咸与。次晨鞭春。"上元日",诸境为橇马铁机之戏,夜张灯燃炬,设醮请福,自十二日起,二十六日止。

(九) 龙岩市

1.《上杭县志》(民国二十八年铅印本):正月 "元旦"早起,礼神祈年,展拜先祠祖像,次父母,次诸尊属,然后各诣亲友邻里贺岁,至五日乃止。初六日晚,俗谓灶神朝天回家,各陈酒果以献。俗于初五以外,谓之"开小正",十五以外,谓之"开大正"。"除夕"用金银红纸凿花,或三张、五张贴之门楣,谓之"门帘纸"。民间于"立春日"具香烛、纸爆向东方行礼,谓之"接春"。"上元",街市迎龙灯,放花筒,家人宴集,谓之"闹元宵"。

2.《武平县志》(清康熙三十八年刻本):正月 "元旦"早起,礼神祈年,并贴彩联于厅堂。人家无贵贱咸御鲜衣诣所亲贺岁。"立春"前一日,县尊率僚属于郊外迎土牛入县门左,备仪仗故事前导。至日早祭芒神,次第执彩杖鞭牛。"上元",街市张灯,饮酒。十二放灯,至十六夜止,谓"闹元宵"也。

3.《漳平县志》(民国二十四年铅印本):正月 "元旦"晨兴,爇艻燃蜡拜天及祖,设果品、茶酒以礼其家所祀之神。家人相拜讫,诣亲友贺岁。自"除夕"至初旬,灯烛达旦,逐日召戚属宴会。少年装扮狮猊、狩鬼之属,向人家演弄,谓之"跋狮""跋鬼",亦古者逐疫意也。"立春"先一日,有司迎春于东郊,前陈优伶戏剧以导芒神。至期,各官俱服,执彩杖环击土牛,谓之"鞭春"。邑绅衿率童稚向有司丐春鞭,而居民写宜春帖丐县印悬于家以为春彩。次日,鼓吹导送泥塑芒神、土牛于绅衿家,以邀赏赉。"元夕",初十放灯,至十六夜止。神祠结彩棚,灿花灯;居室亦随丰俭置灯,金凫玉鹭,各出其奇。又缚灯如飞盖状,管弦歌曲,遨游行乐,谓之"闹伞"。

从上以所例各县正月活动可看出,即使是民俗事象最为接近的岁时民俗,在福建各地也有很一定差异。① 这与福建民俗的多源性有关(不同程度受到土著民俗、汉族民俗、少数民族习俗、外国民俗的影响),也与福建独有的自然地理有关。因交通不便使无数分散的自然村落互不往来,不易受外界影响,由此成为各种民俗沉淀的极好温床,也使福建民俗具有极强的传承性和稳定性。

二、福建民俗的繁琐性

福建民俗在长期的传承和流播中,不断增添新内容,其过程日趋繁琐复杂。现以各种有代表性的民俗活动为例,对其繁琐性作一简要介绍。

(一)福建岁时佳节

岁时民俗是一种极其杂的社会文化现象。福建的岁时民俗,一方面是闽地人们生产和生活经验的体现,另一方面也与闽地独有的自然环境有着密切的关系。

除夕是旧历年的最后一天,也是全年最繁忙的一天。福州话里有"年盲兜(年终)连没跂灯马也会跑"这样的说法。这天,福州人要蒸好白米饭贮在饭甑中,供于案前,俗称"隔年饭"。晚上要烧竹竿,后改为烧松柴,烧时撒些盐花,让其发出响声,以扫除晦气。福州人还称"除夕"为"做晦",在门缝里夹着金银箔纸,以示金银多到从门缝里盈满溢出,象征明年能发大财。闽南人在除夕夜会将打扫灰尘的旧扫帚丢在火里烧掉,然后全家老少用闽南话说声"今年好过年",挨个跳过火堆,以祝愿新的一年快乐与吉利。漳州人除夕之夜围炉,宴席佳肴有其象征意义,如鱼象征生活富余,鸡寓意家运昌兴,豆腐表示发财致富,韭菜代表幸福长久。漳州人特别看重蚶,除夕宴绝不能少。古时贝壳象征财富、华贵,所以漳州人视蚶壳如金银,食后蚶壳不得扫入垃圾,而要郑重地放置门后或床下,预示来年发财致富。此外,还须在房门后竖放两根连根带叶的甘蔗,称"靠壁硬",取家运坚实牢固之意。闽西人除夕在中庭置方桌,以大米斗置桌上,插上冬青树叶,以银圆、银镯系于冬青树枝上,又以红蛋置米上,叫"上岁饭"。

春节是闽俗中最重要的节日,在福州俗称"做年",主要有五个活动:(1)饮屠酥。初一清晨汲上井水调和黄酒,家中人以长幼为序各饮一杯,以避瘟疫。(2)序拜。先拜天地,然后按辈分向家中长老祝寿。(3)却荤食。正月初一吃素,类似今天吃以线面配鸭蛋的"太平面"。(4)上冢。祭扫祖先坟墓。(5)入学。正月初五送子弟入学拜老师。闽南对过春节的日程有严格的规定,一首盛行的歌谣唱道:"初一荣,初二停,初三无姿,初四神落天,初五

---

① 何绵山:《福建民俗同亦异,巧趣横生异亦同》,《广东民俗》1998年第1期。

隔开，初六打囝仔的脚川（屁股），初七七元，初八团圆，初九天公生，初十地公生，十一请子婿，十二返去拜，十三食糜配芥菜，十四结灯棚，十五上元暝。"大意是：初一决定一年的吉凶祸福，所以一定要打扫干净，箱橱里还要放几文钱；初二没事干，妇女们归宁贺新正，并带红包及糖饼散给一班小孩；初三新娶的妇女归宁未回；初四沐浴焚香将三牲果品排在神前，表示欢迎神降临本家；初五告一段落，各行各业就位；初六可以打不听话孩子的屁股（初一到初五不许打骂孩子，以图吉利）；初七将一些蔬菜混合煮食（名七宝汤），可解百病；初八一家人须团聚在一起共享天伦之乐，如妇女未归，家中人要到外戚家中兴师问罪；初九、初十是天公、地公生辰的日子，要排列九牲五果六斋，演戏并请道士和尚念经；十一女婿到来，岳父、岳母无微不至招待，但女婿也需带些红包给岳父家的孩子；十二贺新年的客人都回家去了；十三人民没有敬神，可食家常便饭；十四扎结很高的灯棚；十五过元宵。

闽俗重元宵，前后长达二十余天，闽南尤盛，大街小巷张灯结彩，一路舞龙、舞狮、踩高跷，至深夜都极为热闹。家中除了要煮"嫩饼菜"供祖先外，还有几件事是必定要办的：一年内出嫁的女儿，娘家要在元宵节前买绣球灯、莲花灯各一对，差遣男孩送到子婿家中，祈祝早日"出丁"（生孩子）。已出嫁女儿在元宵节后走娘家，要备办"面前"（线面、鸡蛋之类的礼品），孝敬爹妈。有的地方未出嫁的姑娘还需在晚上"迎紫姑"（亦称"迎厕姑娘"），即吃几碗"嫩饼菜"后，三五成群到村边厕所作祷语，小伙子也常三五成群到厕所边偷听。

福建有许多独有的年节。农历正月二十九，福州要过"拗九节"（也称"后九节""孝九节"和"送穷节"）。这天清早，家家户户都用糯米和红糖，再加上花生、红枣、桂圆、荸荠、红豆、胡桃、芝麻等配米煮成"拗九粥"，用来祭祖和馈赠乡邻亲友。已嫁的女儿要送一碗"拗九粥"回娘家孝敬父母，福州俗语称"逢九必穷"，认为人的年龄恰逢"九"或"九"的倍数，要交穷运，必须设法送穷。每年夏至过后，闽东要过"分龙节"。此日禁止动用铁器且禁止粪桶等出门，并祈求各龙王不作水患，各地畲民普遍歇工，携山货到福宁府或方化寺进行自由贸易，彼此交流生产技术和生活情况，男女青年通过盘歌，为自己寻找终身伴侣。

（二）福建婚嫁习俗

人类要延续，家庭要发展，与婚嫁生育关系最为密切，因此，这一环节历来都受到个人、家庭和社会的高度重视，从民俗诸礼的演变传承来看，婚嫁习俗形式最为丰富，传承最为悠久。福建传统的婚嫁生育习俗，也极为丰富多彩。福建民俗中的婚俗，一般要经过提亲、合婚、相亲、定亲、聘礼、选日子、新房布置、贺喜、嫁妆、催妆、新人装扮、出嫁酒与劝嫁、迎送亲、拜堂、合卺、宴客、闹洞房、下厨、回门等过程,而各个区域的婚俗又有不同。

福州婚嫁的程序很繁杂。(1)"问字",男家请人到女家说合;(2)"合婚",双方交换生辰八字,由算命先生测算是否犯冲;(3)"下大帖",选良辰吉日定聘;(4)"上半礼",男家在定聘时,将鸡、鸭、酒、礼饼等和龙凤贴,用红拜盒送往女家,女家也用红拜盒盛拜帖及衣服裤料回男家;(5)"下半礼",男方在婚前一个月把酒肉礼品和礼金等一起送到女家,女家以衣帽文具和糕点回赠;(6)"办亲",女家收到男家聘金后办好妆奁,于婚前一日鼓吹送往男家;(7)"试妆",婚前一日,新娘由伴娘梳洗打扮;(8)"接亲",结婚之日,新郎由媒人带领,用花轿去女家迎娶新娘;(9)"坐床",花轿到男家时,新娘由伴娘导入洞房,与新郎并坐床沿,新娘悄悄将新郎衣襟压于臀下;(10)"见面礼",升厅拜堂后,新娘按辈分拜见众位亲戚,长辈要送红包给新娘;(11)"合卺",新夫妇在洞房喝合欢酒;(12)"闹房",宴后,亲友聚集新房请新郎新娘表演节目;(13)"庙见",第二天谒家庙和六亲大小;(14)"试厨",傍晚新娘亲自下厨做菜,以验其烹饪手艺;(15)"请回门",女家派"亲家舅"(新娘的弟弟,无弟须借一男孩代替)来请新夫妇回女家;(16)"撮食",女家设宴招待亲友,女家的平辈亲友要新郎出钱请客,或设宴,或说评话。在操办这些程序时,各地做法又有所不同。比如福清在"迎亲"时,有"拦花轿"的独特习俗:迎亲回来的路上,人们可以用条椅等拦住花轿,只有让拦路者满意,才让通过,新郎新娘不得生气。一路上拦的人越多,越说明新娘的才貌闻名远近,新郎也就越有光彩。有的地方有"避冲"之习:新郎迎新娘到自己家门口时,男家放鞭炮迎新。新娘需由男方亲戚或邻居中福贵双全的年长妇女和喜娘扶进门,此时男家的其他女眷应暂时回避,并熄灭堂内柴火,新娘进大厅后才能见面。还有"关新人房"之习:男家挑一聪明伶俐男孩将嫁妆中新马桶先接进新房,旋即与预先待在新房内的男女孩关紧房门。新郎、新娘拍门要求打开,与门内人讨价还价。时间越长,表示新郎新娘越有耐性,意味今后夫妻恩爱日子越长。

闽南一带婚嫁,很重视"六礼",即:(1)"问名",托媒人到对方家求"生月";(2)"订盟",定下婚事;(3)"采纳",送盘担;(4)"纳币",送聘礼;(5)"请期",呈送红帖;(6)"迎亲",男到女家迎新人。但闽南各地对"六礼"的具体做法并不完全一样。有的地方在"问名"时,用红纸写明男女双方年庚八字,由媒人传给双方家长,将红纸置于神前香炉内,三天内如果家中有打破碗碟瓷器或家中有人走路不小心踢到石头,这项婚事便作罢。在"订盟"时,有时由媒人陪同男方到女家,女子捧茶三巡后,男方要有压茶红包给女子,压的钱双数表示相中,单数表示没相中。有一些讲客家话的地方,男方来相亲时,女方如果煮米粉、红蛋相待,炒"米香"相赠,表示答应婚事。如果煮了米粉不加蛋,不炒"米香",即暗示不中意。

闽南"迎亲"有许多独特的习俗。迎亲那一天,新郎必须坐在轿上,无论寒暑,手多携白扇以"避邪"。新郎轿后还有二轿,坐着新郎的朋友,俗称"炮嫁"。至女家时,新郎不下轿,女家接"炮嫁",二人到隔壁邻居家敬茶。"炮嫁"可伺机拿取茶杯两个带回男家,置于新郎床下,说这样会速生男孩。女家以线面鸡蛋给轿中新郎,男方则备猪脚、米团送女家,敬孝岳母,说是报答她生养女儿时的腹痛之苦。新娘出嫁时,有的地方有"一对带路鸡,两棵连尾蔗"之俗,即要伴娘护送一只即将下蛋的母鸡和一只刚会啼的公鸡做"带路鸡"到男家,新娘入洞房后,将"带路鸡"放进床下,然后往地下撒米。公鸡先出来,"头胎生查埔"(生男),母鸡先出来,"先生阿姐再招小弟"。婚后第三天,新娘由娘家返回时,必带两根带尾的粗壮甘蔗,蔗叶苍翠欲滴,将之放在新房门后,寓意夫妻两人日后生活像甘蔗一样,"甜头好尾",恩爱绵长。

闽西婚嫁的内容极为繁琐,据《龙岩地区志》记载①,其婚嫁内容如:(1)提亲。男女及笄,旧时恪守"明媒正娶",男家央媒人备礼到女家说合。女家用红纸(客家用白纸),开具女子出生的年、月、日、时(旧称"八字")送到男家。龙岩称"红纸生月",漳平称"出婚头",客家称"问名"。(2)"小定"与"游家风"。男家将男女双方的生辰八字,请算命先生合卜,如无冲克,称为"合婚",双方交换"庚帖"。在确定联姻之前,有女家家长在媒人陪伴下到男家观察男方的品貌和家产;也有男方到女家相亲,看看闺女的模样,这种专程察访,龙岩漳平称为"游家风",客家称为"探人家"。(3)定亲。男方到女家议亲行聘,龙岩、漳平称"订婚",客家称"大定""大压"。按双方商定,男方的聘礼有聘金、洗尿屎银、礼饼,由男方的女家长将金戒指赠套在闺女中指上。客家男方给女方的抚养费(又称"乳根钱")、定情信物、定亲银、饼、起嫁的菜肴(包括猪肉、鸡、鱼、酒、米、豆、面粉),男方索要女方嫁妆,双方写成"婚约"。(4)约婚。男家选择结婚的"良辰吉日"的前一个月通知女方。漳平称"出红婚",客家称为"送日子"。男方将礼金、米粿、猪牛肉等送到女家。女家照式以鞋、帕、手巾、足圈等回礼。(5)迎亲。婚期前一二天,男方依约置备肉、鱼、菜肴和"红帖"到女家,漳平称为"入门笑"。客家馈品数量以"9"为佳,如猪肉需"299"斤,寓意"结亲久久长"。女方亲朋送簪、环、衣料、代金;男方亲友送彩礼、喜轴、画屏、代金。女方让男方带回嫁妆。婚礼前夕,男家布置"新娘房",安床挂帐。龙岩有让新郎和未婚的男青年在新床上先睡一宵,称为"压

---

① 龙岩地区地方志编纂委员会编:《龙岩地区志》,上海人民出版社1992年版,第1435页。

床"。迎亲队伍到女家,女家关闭大门,待男家放鞭炮3次后才让进并宴请。新娘出门,女家鸣炮后关大门。送嫁者有媒人、伴娘、儿童或新娘的兄弟,人数逢单。龙岩万家山区有在夜间背着新娘出门,以此回避途中可能遇到的"不祥"。花轿达到男家,鞭炮齐响,新娘出轿入门。龙岩、漳平由一对有福寿的老太婆和一对花童搀扶,张开雨伞,着米筛,表示"上不见天、下不踏地",慢步入门。客家新娘入门时,要宰杀一只鸡,门前放几只碗,让新娘跨碗而过。称"拦门鸡"。(6)拜堂。由礼生唱礼,夫妻跪拜天地、祖宗、父母和互拜。旧式拜堂后,夫妻双双入洞房。由有福寿的老人点燃红烛,给新娘揭开盖头帕,讲吉利话。客家新婚夫妻共吃煮熟的鸡、面条、蛋,喝交杯酒。男方宴客在厅堂,宾客座次有着严格的成例。龙岩、漳平以厅首第一桌为"客头桌",左位为大,由新郎舅父坐首席;客家则以女家的叔父兄弟坐首席,其余亲朋以各自的辈分、亲疏、年龄就座。(7)闹洞房。在新婚之夜,男女双方的青年亲友们在新房里要求新婚夫妇表演节目,说笑逗乐。龙岩、漳平在新娘房摆一酒席,新郎新娘坐床沿,男左女右,中间插坐一男孩,亲人媒人依次就座,边吃边念歌的谣式的吉利话。(8)敬茶和谢餕。次日早晨,新媳妇首先向公婆和近亲敬献"新娘茶"。客家则男家选菜肴到女家,称"谢餕""回马"。在婚俗的各个程序,又有许多具体的环节和内容。以迎亲为例。

厦门"迎亲"程序也相当繁缛,抵男家时,花轿要先停在门口,等到吉时则有一系列仪式:(1)踢轿门,由新郎猛踢轿门三下,俗称由此可镇住新娘;(2)摸柑,由新娘触小姑捧上的柑橘;俗称由此可生活美满;(3)三牵出轿,新郎牵新娘时,新娘起身复坐三次,始出轿;(4)踏瓦,即踏瓦片,俗称可避邪;(5)遮米筛,因米筛上大多画有八卦或阴阳太极图案,有兆繁盛之意;(6)过炭火,炭与厦门话"繁殖"谐音,象征生育。

为了避免新娘出嫁离家时,带走自家风水和财气,上轿时采取许多防范措施,决不允许新娘的双脚直接踏着娘家地面或沾走娘家尘土,由此产生了许多新娘上轿方式。正如林国平主编的《福建民俗志》所总结的:(1)由母舅、父母、叔伯、兄弟或媒人抱着或背着上花轿。(2)以米筛或簸箕、布袋、草席铺地,让新娘踩着上轿。(3)新娘走到门口时,换上新鞋上轿;或由兄弟脱下新娘在娘家穿的鞋子,换上男方送来的鞋子。换下的鞋子要藏在家里一个隐秘的地方。(4)先在新娘穿的鞋子底下贴一层红纸,上轿后,再由兄弟将红纸揭下拿回家藏好。(5)将第2种和第4种做法相结合进行。(6)双脚可直接着地行走,但出门时得从香炉、风炉或火盆上跨过。(7)新娘着旧装出门,到门外一个临时搭起的小棚子中换上新衣、新鞋,旧的仍留在娘家。

(三) 福建人生仪礼

1. 生育

由于对生育的重视,所以福建各地的生育习俗都很繁多。福州从孩子在娘胎里到周岁,每一阶段都以"喜"称:"带身喜",指妇女身怀六甲;"临盆喜",指妇女分娩后,要向近房亲戚和左邻右舍分送一碗太平面报喜,接受者则要回赠几颗鸡蛋或鸭蛋,以及数量不等的线面;"汤饼之喜",孩子出生三天时,办"三旦"酒,宴请亲友,娘家必须置办孩子的用物和产妇的食物,于当天送达男家;"弥月之喜",孩子满月时办满月酒,赴宴的客人除送红包外,还可送些小孩礼物;"坐舆之喜",孩子四个月时,可以坐竹木车了,为此办酒请客;"做晬之喜",孩子周岁时办酒请客,规模最大。客人除送"红包"外,还可送童装、玩具。

闽南生育习俗的每个阶段与福州大同小异,但叫法和做法不一样。孩子出世当日,叫"落土",请至亲好友吃喜饭;孩子三日,叫"三段",以油饭遍送亲友近邻,并把鸡蛋、鸭蛋和香饼油饭送往舅家;孩子满月,叫"汤饼会",以油饭、肉、面、酒等物品祀祖宗,敬后分赠亲友,并宴请诸亲,还要请有"福气"老人为孩子摸摸头,说些吉利祝贺话,再背孩子到大路上走,叫"游大街";背孩子探井,旨在让孩子能顺利成长;孩子四个月时,叫"面桃";周岁时,称"枕头包",皆以油饭、鸡蛋(染红色)、猪肉还礼于前来祝贺的亲友。

福建重男轻女现象较全国其他地方严重,历史上曾有"溺女婴"的陋俗。不少地方生男生女的习俗是不一样的。闽南惠安北部男孩满月时,宴席远比女孩隆重。男家要做大量的圆面包,盖上"囍"字大红印,分送给全村。此外,再挑一担给岳母,由岳母家分送给邻居。还要煮十几个染红的熟鸡蛋,浸在盆中水里,让孩子去摸了吃。闽西有些地方凡生下男孩,几天后就要请家里辈分最高的长者取名,并用一张长方形的红纸竖写"新丁取名某年某月某日",俗称"写丁榜",一份贴在祠堂,一份贴在家中正厅右边最显眼的地方,使人知道房主新添男孩。如生女,不仅不贴丁榜,而且连名字都不取。

2. 寿诞

福建重视给长辈祝寿。福州传统是男庆九,女庆十。比如男人六十大寿,必须提前到五十九岁那年做,因为"九"与"久"谐音,象征长寿。此外,在正寿前一天,必须先做"禳寿"。即寿诞前一天,把小辈们送来的寿烛在祖先灵前全部点燃,三碗寿面分别插三朵纸花,族内小辈对过寿者叩拜,然后落座喝酒赏乐。小辈如有钱,可请儒道设坛念经,替过寿者向北斗星求福寿,称"拜斗"。更有钱的可邀请业余民乐队,在坛前弹奏,称"夹罐"。正式庆寿时,家中华灯齐放,亲朋好友汇聚一堂。赴宴者可送红包,也可送寿烛。有声望的家庭往往事先由其子孙出面发出"寿启",向各方征求"寿序"及"寿诗",以为纪念。

闽南通常从五十一岁(虚龄)才开始庆寿,称为"头生日"。过了"头生日",越往后寿诞越隆重,称"大生日"。每年寿诞之日早晨,全家老少都先食"甜寿面",表示托长辈之福,儿孙自能长寿。之后,儿孙辈开始向过寿者祝寿。女儿、女婿、外甥等也要携带祝寿礼品前来祝寿。寿礼一般为寿面、寿桃(面制品)、寿龟(面制品)等,但要成双数,意为"好事成双"。第一次做寿(五十一岁)时,寿桃是必送的礼品,取其"蟠桃献寿"之意。所送礼品都必须贴上红纸或染上红色,表示"见红大吉"。祝寿的礼品,事主只能收其部分,余者奉其带回,意为彼此福寿。

福建有些地方对祝寿有自己的规定。仙游统一以正月初三为"祝寿日"。这一天,路上行人多手提或肩挑着用红布袋或红篮子装着的寿礼,前往寿庆者家里祝寿。过寿者则在这一天宴请前来祝寿的亲友。这一习俗由来,据传是因为春节各家多少都备有些年货,较平时方便;同时,春节期间人们也较往日清闲,可以借此热闹。有的地方还时兴"女婿寿",即岳父岳母给年满三十岁的女婿过生日。这一天,岳父岳母携带寿纸往婿家祝寿,寿礼包括:鱼,取"有余"之意;米酒,取"粮足"之意;面条,"取长寿"之意;衣物,取"有依靠"之意;枣子,取"早生贵子"之意;桔子,取"吉利"之意等。女婿收下礼品后,要以长寿面、果品、糕饼之类回敬岳父岳母,恭祝岳父岳母长寿。这种寿仪不摆寿堂,仅以寿酒款待前来祝贺的人。

3. 丧葬

丧葬是一种独特的礼仪。民间一般认为,死对活的人是悲痛的,但对死者却意味着与尘世的解脱,因此,民间常将婚礼和丧礼并称为"红白喜事",把丧事办得和喜事一样热闹。福建民俗中的丧葬也极为繁缛,主要有:送终、搬铺、初丧、报丧、小殓、守灵、哭丧、大殓、吊唁、出殡、回龙、探墓、做七、服丧守孝、拾骨等。作为一种文化传承,丧葬习俗实际上是一种精神创造,在长期的延续过程中,各地都形成了自己独特的程序。

福州丧葬习俗,十分烦琐。当逝者弥留之时,亲人必须将其床上蚊帐拆卸掉,据说是为了让死后灵魂好出窍;逝者断气后,必须雇"张穿"杂工为死者更衣(也有由亲人为其淋浴更衣的),并在大门口"贴白",放炮,告诉人们这个住宅某府某人丧事("贴白"字数须为奇数)。然后派人四处报丧,再备好装满土沙的大脚桶,将素烛点燃后插在桶内(或置灯十余盏分数层于架上轮转),将其放置于逝者床前地上,仿佛为死者在奔赴黄泉路上照明。逝者脸上须盖上白纸,以示阴阳有别。请僧或道在厅堂上诵经念咒,孝男孝孙围着七层环形油灯架打圈,环绕号哭,此谓"跋禳抬",也称"搬药梯"。"做七"在福州丧俗中最为重要。福州话"七"与"漆"同音,所以福州富人棺材要上七道漆。人死后每七天就要一"祭",称"做过七"。至四十九日止,一共要做七次。死亡第七天,称"过头七",也称"孝男七",由孝男出资主持,请道士搭坛诵经,擂锣鼓和钟磬,向城隍爷报亡。"二七"是"内亲七",由族内六亲九眷出资延道诵经。"三七"又是"孝男七"。"四七"是"亲友七",由朋友出资延道诵经。"六七"是"孝女七",由出嫁女出资延请尼姑诵经。"五七"或"七七"是规模最大的活动,届时发讣告遍告亲友,请其参加吊唁。吊唁者向亡灵叩拜,孝男孝女在旁陪祭。酒席后开始出殡,棺柩后紧跟一队手持"哭丧杖"的孝男孝孙,尾随女眷和其他人,一路啼哭。安葬完毕,"哭丧杖"要插在墓头。送葬回来的队伍叫"回舆",灵堂供上逝者像后,所有送葬者都必须逐个向亡灵拜别,孝男孝女在一旁伴灵志哀。结束后,逝者家属须向亡灵早晚供奉食物,到百日才停止。

闽南的丧葬习俗也很繁杂,主要有:"搬铺",死者弥留之际,置床于厅左;"诵经",人死后,子女延道在死者铺前念"往生咒";"路哭",出嫁女闻丧即返,至闾巷破声而哭;"接祖",如死者为已婚女人,其娘家兄弟和妗嫂被称为"祖",死者家人必须接"祖"来验明是否被害;"套殓衣",孝男孝妇所穿孝衣下裾不缝,孝巾用手撕而不用剪刀剪,孝男给死者殓衣之前,要头戴斗笠,脚蹬竹凳;"请水",孝男手捧"请水钵"至溪边或井边,钵中放一块白布和十二枚铜钱,投钱于水中,并跪舀一点水回家,替死者洗身;"大殓",入殓前办十二碗菜由道士献给死者"辞生",一般三日后入土或火化;"敲棺材头",如死者父母尚健在,入殓时父母将手持木棒敲击棺材头,表示对其未尽养老送终孝道的谴责;"启灵",出殓时用纸糊的高丈二、面目威武狰狞的"开路神"作为先导,以稻草束"草龙"殿后;"跳过棺",夫妇二人,如死者为女方,男方拟再娶,则背上包袱,手持雨伞,从棺上跳过。闽南有的地方丧葬习俗中还有一种与死者断绝关系的仪式,称为"割阄",即在入殓前,将长麻丝一端系于死者身上,另一端则由直系亲属各执一段,由道士念吉语,并将丝一一斩断,然后各人将手中麻丝包在银纸中烧掉,以表示与死者断绝来往而不被缠扰。

闽西的丧葬风俗,据《龙岩地区志》载有:(1)小殓。断气后,亲属用清水(古用米汁温汤)为死者擦洗、穿寿衣、整容、理发(妇女梳头,包以罗帕),翕闭双眼,盖面冥巾。移尸厅堂、入棺不盖,垫上"菱角枕",蒙上"斗尸被",纳入"含口银",男执白扇,女握手巾,称为"小殓""落枕"。(2)报丧。丧属请前辈安排治丧,出"讣告",有登报的,有驰送亲友的,告以大殓成服和扶柩归山日期,接讣者要送报丧人红糖蛋。(3)祭灵。丧家摆设灵堂。挂孝帏,设灵堂,悬遗像,安灵牌。直系亲属反穿粗麻衣,手持"孝杖棒"(父死用竹,母死用桐);其他亲属穿白衣。孝子孝孙跪于灵堂前哀哭,亲友臂缠黑纱前来吊唁,送"盖面被""挽联""挽轴""挽仪"。(4)入殓。丧家用菱枕、寿被及随葬品、木炭等置入棺内。如果是女性,娘家必须到场一一检视,入殓成服后,择日举行"堂奠"。行钉棺礼后,棺移至户外停放。(5)出殡。丧家一般在棺上铺红毡,矗立纸扎的公鸡、白鹤、仙童。取"驾鹤归仙"之意。"八仙"抬棺,孝子孝孙殿后。沿途鸣炮、奏哀乐、放"棺纸",引棺前行。半途,孝子孝孙跪谢送葬者,众折回。棺柩由孝子孝孙护送放入事先挖好的墓塘,葬礼繁缛,糜财迷信。(6)"醮三朝"和"做七"。葬后第三天,亲属穿着孝衣到坟上祭奠哭拜,烧纸钱(客家称为"醮三朝")。从死亡之日起,每逢七日,须具香烛纸钱牲礼哭祭一番,称为"做七",第七个"七"为完"七"。有的在"七期"修坟立碑。一周年后举行小礼,称"开小孝""小祥"。二周年举行大礼,称"开大孝""大祥"。丧家可以撤下门前和厅堂上的蓝对联换上红对联,俗称"出服""开孝"。丧家"做七"期间,不能串门走户、孝男百日不理发、不娱乐,逢年过节不办荤腥,由亲友馈送糕点。(7)二次葬。死者葬下五七年后,须开棺捡骨,称"拣甄",即骨骸用炭火烤干,放入自制的陶罐内,称"金盎",并郑重其事地择吉日觅"灵地"或在原址安葬,立墓碑,宴宾客。①

三、福建民俗的奇异性

福建民俗的特异性,是指此民俗只有此村、此地有。这是因为闽文化的构成是多元的,这种多元性决定了福建民俗的构成是极为复杂的,福建民俗的形成的是多渠道的,由此必然造成了福建民俗的奇异性。

一些奇俗与古越文化遗风有关。如闽南惠东妇女在婚后三天就要回娘家长住,只有逢年过节及农忙时才到夫家住几天,一年总共时间不过六七天,而这几天到夫家也要在天黑后才到,且头戴黑布下垂遮面。到熄灯后才去头布,所以有的甚至结婚多年夫妻之间还不认识。如有的女子与自己丈夫稍好一些或者多去夫家一两次,女伴就会讥笑她或羞与之为伍。惠东妇女必须在娘家住到怀孕生孩子时,才能回到夫家安定住下。住娘家时间久的有两三年甚至于十几二十年。当地人称长住娘家的媳妇为"不欠债的",称住夫家的为"欠债的"。有专家认为这种风俗是古时遗留下来的,它是福建土著居民独特的文化。土著人在汉代以后渐为中原汉族人所融合,但在某些地区因某些特殊

---

① 龙岩地区地方志编纂委员会编:《龙岩地区志》,上海人民出版社1992年版,第1437—1438页。

的历史原因及社会条件,一个古老的民族消失了,其某一习俗仍可扎根流传于新住民族之中,惠安此俗当属此例。①

有的民俗与本民族文化有关。闽东畲族爱唱山歌,因此其婚嫁也离不开唱歌。如"作表姐":在婚礼前,姑娘的舅母要请姑娘和她的母亲去作客,次数不拘,姑娘要穿上最漂亮的衣服,到舅村,村里青年都陪她唱歌。姑娘唱得好,会获得人们的夸奖;唱不好,将遭讥讽。"作亲家伯":娶亲前两天,男方请一个好歌手作全权代表,俗称"亲家伯",与媒人一起把礼物送到女家。晚饭后开始连唱两个晚上的歌。唱得好,男方有面子,女方妇女不敢为难,一切以礼相待。如果不会唱或唱不好,将被妇女奚落,甚至让他扎犁作牛,男方大丢面子。

有的民俗与海外文化的影响有关。如泉州一带流行的"撒金豆",是古代回族的婚俗。回族的先民阿拉伯、波斯巨商结婚时,于婚礼当天在女家由阿訇念完尼卡哈后,向新郎、新娘身上撒黄金豆粒,意为喜庆日子散天课施舍贫民,贫苦的穆斯林拾之均分。后民间改为撒核桃、枣、花生、白果等四果,让围观的大小孩拣食,意为感谢真主赐结良缘,祈求真主赐生贵子。

有的民俗与侨乡文化有关。如晋江侨乡民谚:"少年青年要能离得父母,青年男子要能离得妻子,到外面拼搏,才有出息。"如晋江侨乡的"公鸡娶妇"风俗,是连接侨乡和海外的纽带。侨乡青年男子远在海外谋生,家中为其订下亲事,完婚日子已到,但男方因故一时不能按时返回完婚,经男女双方家长协商同意,特别是女方家长同意,新娘如期进门,用一只公鸡代表新郎去踢轿门、拜天地、入洞房。等新郎到家后,再与新娘一起过真正的夫妻生活。这只替代的大公鸡,七日内是放在新婚洞房的床底下,七日后才移至屋外,要特别照顾饲养。②

有的民俗与中原文化有着密切的传承关系,如晋江坑亭顶村过端午节时,有别具一格的"投递"习俗。"投递"在当地土语叫"练星",是一种表演枪法的活动。表演者手持鸟枪,身背药囊(即牛角形的木制枪药罐)和药袋(布制装导火材料和小铁弹的小袋),按规定谱式,逾越不同障碍物,临阵时随机应变,按不同环境、地势,以不同姿势进行瞄准发射,"投递"的脚路操练必须严格按不同谱路,其握枪姿势和脚路步法,也必须严格按程式规制进行。只有熟练掌握这些基本脚路,才能在冲跑之间取得较高的命中率。观看者可以看到表演的臂功、腿功、腰功、指功、目功等。据专家考查,此民俗和北方的"走解"从规定形式和活动形式,大体是同出一源,是历史上几次北人南迁,中原文化

---

① 施宣圆等主编:《千古之谜——中国文化史500疑案》,中州古籍出版社1991年版,第566页。
② 刘浩然:《略谈几种晋江侨乡民俗》,陈国强主编《福建侨乡民俗》,厦门大学出版社1994年版,第23页。

渐渐移入的结果。我国古代最长的一条南北官路正好从亭顶村经过,便利的交通使亭顶村能自然地接受北来文化。①

有的民俗为本地人外出为官返乡时带回。如连城罗坊的元宵"走古事",是盛行不衰、祈天求福的独特乡俗。起因是因旱涝之灾而行走古事,其俗源于湖南武陵或陕西宁州,为罗坊十四代罗征在这两地任知县、知府时移授而来。罗坊罗氏原有九棚(组、台)古事,后减为七棚。每棚古事由俊童两名分别扮天官、护将,作戏曲装扮,其后依次排行李世民、薛仁贵;刘邦、樊哙;杨六郎、杨宗保;高贞、梅文仲;刘备、孔明;周瑜、甘霖,两两一对。天官直立在一条铁杆上,腰身四周以铁圈固定,护将坐在轿台上,以手托天官,形成一上一下的优美造型。轿台由木柱镶成方形框架,四周饰有精美画屏。每台轿约四百斤,左右各一轿杠,须用二十余名扛夫,因竞走激烈,要三班轮替。走古事通常分两次进行。第一次在正月十四上午,扛夫们将三太祖师菩萨轿、彩旗、宝伞等围于中间,在四百米椭圆形跑道上奋力奔走,每跑两圈就休息十分钟,一响土铳就又开始跑。五轮时速度有所减缓,改"跑"为"游",直到扛夫精疲力尽,第一棚与第二棚脱节,才告结束。第二次古事在正月十五上午进行,开始依前一日走法,到了正午一时,各棚古事步下青岩河床,三响土铳后,个个蜂拥下水,逆水行走。各棚竞争激烈,若后棚能超过前棚,则视为吉利,这一族房必定五谷丰登。扛夫们不顾天寒水深,拼命争先,跌倒了再爬起来,情绪非常高昂。

有的民俗与宗教文化的盛行有关。如曾在古汀州盛行的"走八寺",与福建历代佛教兴盛有关。"八寺"指汀州府内的定光寺、报恩寺、同庆寺、南禅寺、南寺、戒愿寺、普惠寺、罗汉寺等八寺。每逢重阳节前后,汀州各县百姓结伴到这八寺进香布施,每支队伍都有长者高举绢书的佛幡为前导,队伍中有乐队、铳手,一路奏乐,凡遇桥梁和庙宇,则放排铳以示敬意。队伍一般近百人或数百人,走遍八寺始返。

第二节　福建民间信仰与禁忌

一、福建民间所奉祀的神灵

福建民间所奉祀的神灵繁杂且数量惊人,具有鲜明地域特色。

(一) 动植物崇拜

蛇崇拜。相传福建图腾蛇。产生于史前的华安许多岩画,均与蛇有关。

---

① 曾阅:《晋江县内坑亭山顶村"五月节"的"投递"风俗》,陈国强主编:《闽台岁时节日风俗》,厦门大学出版社1992年版,第183页。

如华安草仔山岩画图案为两条既不相交也不相连的曲线,间开有一不甚规则的半椭圆形,画面迎向小溪。图案酷似蛇形,长者代表一条母蛇,短者和半椭圆形代表幼蛇和蛇蛋。华安蕉林花岗石刻有蛇形,或似两条交叉的蛇形,一个蛇蛋、一条刚刚破壳而出的幼蛇;或似一条盘曲的小蛇;或似纠结在一起的两条蛇;或似首尾相连的蛇;或似结群游动的蛇群。武夷山市发掘的汉城遗址中出土的西汉瓦当,就有类似蛇形图案。闽族所以图腾蛇,是因为祖先生活在温湿的丘陵山区,溪谷江河纵横交错,许多蛇类衍滋生其中,对闽族人的生命和生产无疑有极大威胁。住在泉州以南的华安一带先民,正是因为水患和蛟螭之害,才刻画以祈求神灵的保护。人们由害怕、恐惧到求拜、信仰而建庙供奉,希望能借助于祈祷来获得好的结果。南平樟湖板的崇蛇习俗极为隆重,此遗风一直延续到今天。每年六月下旬开始,村民四出捕蛇,捕到后交给蛇王庙中的巫师,巫师将蛇放入小口陶瓷或木桶中养着,并发给交蛇者一张证明。到了七月初七,凭证明领养一条活蛇参加迎蛇活动。迎蛇队伍浩浩荡荡,前有旗幡招展,鼓乐开道,紧接着是蛇王菩萨舆驾,后面跟着几百人的迎蛇队伍,每人都拿着蛇,或挂在脖子上,或抓在手里,或胯在肩上,千姿百态,颇为壮观,最后送到蛇王庙前的闽江放生。平和县三平寺方圆十里的村民,至今还把蛇尊为"寺者公",蛇与人共嬉、与人共眠等更是司空见惯。笔者走访三平寺时看到,游客也以能见到蛇而高兴,认为若见不到蛇则不吉利,蛇在寺庙来还愿者点燃的震耳鞭炮声中,若无其事地游来滑去,大摇大摆。

青蛙崇拜。秦汉以前,闽地某些部落奉青蛙为图腾。邵武有人为蛙神设簿册,南平城内百姓将蛙神奉为保护神,福州人把闽江上游冲下来的绿色雨蛙称为绿甲将军,金色雨蛙称为金甲将军,黑色雨蛙称为铁将军,视雨蛙入宅为大吉大利。旧时人们把青蛙放在玻璃盆中,供上美酒,还演戏给蛙神看。①

龟崇拜。如闽西南的一些客家人信仰"龟"客家人居住的山村多河谷,涧中多长龟。客家人把龟看成能带来幸福的圣物,用猪肉、田螺等好食品养龟,以求"富贵"。他们把人活百岁称"龟龄";庆寿用的糯米粿上也要印上"龟印"。

榕树崇拜。福建盛产榕树,许多老榕树盘根曲干、须髯垂地,被看作有神气的神物,无论城镇乡村,大凡在浓荫蔽日的著名古榕下,都会有神龛安放,人们在树下敬香,祀求平安。福州茶亭邦边村有三棵古榕树,每日到此烧香祭拜者不下千人。

虎崇拜。闽人以为虎是土地公坐骑,因此许多寺庙的香案下供奉虎爷塑

---

① 林国平主编:《福建民俗志》,方志出版 1997 年版,第 290 页。

像,寺院庙祝以为"虎爷"有驱逐疫病和镇护庙宇的功能。

狮崇拜。其最有特色的是金门县的风狮爷信仰。风狮爷即石雕或陶制的狮子,也称"风狮""石狮爷""石狮公",人们以狮子的凶猛来威震八方邪魔,而金门多风,饱受风沙之苦,人们多在村落或屋顶设"风狮爷"以镇"风煞"。村落"风狮爷"多为石雕,主要有立姿和蹲踞两种,其形态各异,或凶悍粗犷,或露齿含笑;或狰狞傲岸,或逗趣可掬;或顾盼自雄,或忸怩作态。住宅顶上的"风狮爷"多为石雕、泥塑、陶制,其形态或是勇士跨坐狮背,或是雄狮虎视眈眈张开凶猛大口。

福建民间还有许多对其他动物的信仰。如客家人对獐爱护备至,认为它心地善良,能帮助百姓消灾免病,抵御邪恶,是"圣物"。闽南畲族以狗为图腾崇拜,今天依然完整流传下来。他们对狗不打不骂,不杀不吃,顶礼膜拜,狗死后,脖子上套上"银钱"纸放入水中飘走。福建是猴子的昌盛之地,早就有崇拜猴的习俗,闽南曾有过许多猴庙,今天在南靖、平和、永泰仍有百姓祀猴王庙。

福建民间还普遍存在着对树木山石的崇拜。凡是较为古老的树木,都被看作是有灵气的神木。如枫神、樟王、松公等,其中榕树作为吉神化身而更受信仰。无论城镇乡村,大凡在浓荫蔽日的著名古树下,都会有神龛安放,人们在树下敬香,祀求平安。一些村庄前后或村里的自然石,往往被认为是土地公的神位,是超自然的神灵,受到很好的保护和敬奉。

(二) 神祇崇拜

福建省民间信仰的神祇多达百个,这些民间神的原型大都是人,后逐渐被演化为神,赋予类人而又超人的"神力",再借以护佑人们。有代表性的如:

何九仙崇拜。相传何九仙为何氏九兄弟,最初隐居九仙山(今福州于山),后隐居九鲤湖炼丹修真,丹成后由九鲤湖离去。何九仙成为莆仙人民祈福禳灾的对象。

扣冰辟支古佛崇拜。佛俗姓翁,崇安人,生于唐会昌四年(844),13岁出家,因其夏天穿棉衣,冬天扣冰沐浴,故称之为扣冰古佛,相传扣冰古佛祖像所到之处必获丰收,故村村争迎佛像。

开漳圣王崇拜。开漳圣王本名陈元光,唐垂拱二年(686)首任漳州刺史,极力开发漳州,成为一方神灵。漳州一带多建有祭祀陈元光的威惠庙,每逢迎神赛会,抬着开漳圣王神辇巡视本境。

三平祖师的崇拜。三平祖师俗名杨义中,14岁出家,为群众治病,深受人民爱戴,每年三平祖师生日、出家日和圆寂日,三平都要举行祭典。

灵安尊王崇拜。灵安尊王又称青山公、青山王,原名张悃,五代闽国时在惠安青山抵御海寇有功,深受百姓怀念。每逢青山王忌日(三月初七)和诞辰(十月廿三日),惠安群众都要举行隆重祭典。

广泽尊王崇拜。广泽尊王又称郭圣王、郭尊王。原名郭忠福,安溪人,生于后唐同光元年(923),为南安保护神,每逢广泽尊王诞辰(二月廿二日)和忌辰(八月廿二日),当地群众都举行大祭典。

马天仙崇拜。马天仙俗名马五娘,传说会祈雨除旱,闽东、闽北群众常求其为祈福禳灾。

清水祖师崇拜。清水祖师俗名陈普足,永春人,生于宋仁宋景祐四年(1037),幼年出家,后热衷于慈善事业,施医济药,铺路造桥,深受群众敬仰。后成为安溪、永春、德化一带的主神。

临水夫人崇拜。"临水夫人",原名陈靖姑,一般认为她是福州南台下渡陈家之女,生于唐大历元年(766)正月十五日,卒于唐贞元六年(790)七月二十八日。相传她因身殉产厄,故立誓"吾死后不救世人产难,不神也",灵魂赴间山恳请许真君再传救产保胎之法,以救女界之难产,因此她具有"护胎救产,催生保赤佑童"的神力。妇女临产时,常供临水夫人神像于家中,婴儿生下第三日,要煮糯米供于神像前。陈靖姑后被越奉越神,凡无子妇女向她请花亦可得子。婚后几年不产的妇女到庙中临水夫人像前膜拜祈祷后,跪下将衣襟牵着拱起,由老妇将临水夫人头上插的或神座前别人还的花,拿来放在她衣襟里说:"生了后,来拜临水夫人为干妈。"接着将花插在少妇头上。取来的花,红的象征生女,白的象征生男。每年临水夫人诞辰日,要由多福长寿的老太太数人为庙中神像更换新衣,女士焚香膜拜,夜晚抬临水夫人神像巡行街市。每年祭日要在"灿斗"中置"童子"代替孩子,由师公吹牛角号将"灿斗"放置小孩床上。临水夫人终年24岁,因此女性忌在24岁结婚。

保生大帝崇拜。"保生大帝"也称"健康保护神",原名吴夲,也称吴真人,宋代泉州府同安县白礁人,生于太平兴国四年(979),卒于景祐三年(1036)。吴夲是一位信奉道教的民间草药医生,医术高明,所治之疾,无不痊愈。治病时不论病人贫富贵贱,皆济世为怀,以其高超的医术和高尚的医德闻名于闽南一带,赢得百姓的敬仰和崇拜。他因治病救人,攀崖采药不慎跌深渊身亡。人们在他的出生地和炼丹施药处分别修建了"真人庙"(慈济宫),历代朝廷九次追封其谥号,直到明代的"万寿无极保生大帝"。由于吴夲医术、医德符合黎民百姓的切身利益,所以对他的崇拜久盛不衰。百姓凡有病痛都要求吴夲保佑。正月迎神赛会中,吴夲作为出巡诸神,乘八人抬轿,灯牌以千数。每年农历三月十五日是吴夲的诞辰日,社人鼓乐旗帜、楼阁彩亭前导,浩浩荡荡,至慈济宫传香以归。

"天上圣母"也称为"妈祖海神",原名林默,是五代闽都巡检林愿的第六女儿,生于宋太祖建隆元年(960)农历三月二十三日,宋太祖雍熙四年(987)农历九月初九日在莆田湄洲岛羽化升天。相传她逝世后经常显灵护佑过往船只,救助海难,因此被渔民视为航海保护神,在民间被尊称为妈祖、娘妈,从宋元到明清,多次被统治者褒封升级,从夫人、天妃、天后,直到被尊为"天上圣母",妈祖也成为民间信仰的神祇。每年农历三月二十三日妈祖生日,到湄洲岛祭祀妈祖海神的真是人山人海,全岛香火缭绕,有时水泄不通。湄洲岛渔民每逢农历三月二十三日的前后数日内,不敢下海捕鱼或垂钓,以示对妈祖的纪念。莆田一带因崇拜妈祖有许多习俗:因相传妈祖穿朱服,故湄洲岛妇女常穿一条上半截为红色的外裤,以此保平安;因据传妈祖生前梳船帆型发型,湄洲岛妇女也都梳此型,以求庇护;据传菖蒲为妈祖所赐,莆田一带端午节必于大门顶上悬挂艾草菖蒲;因妈祖殁于九月初九,所以莆田一带在九月初九必蒸"九重米"。此外,凡出海的三角旗上都绣着"天上圣母"四字,借以避邪。

二、福建民间禁忌

禁忌是一种信仰习俗中消极防范性的制裁手段或观念,它包含两方面意思:一是对受尊重的神物不许随便使用,二是对受鄙视的贱物、不洁、危险之物,不许随便接触。一切被"禁忌"的事物,都不可违反,否则被认为迟早会受到制裁和惩罚。福建的各种禁忌五花八门、千奇百怪,有的甚至因互相矛盾而显得更加扑朔迷离。其广泛性和复杂性已渗透在人们生活和生产的各个方面,伴随人们一生。

福州的生活禁忌可谓无所不在。主人请吃饭时,往往将饭盛得山般高,客人尽可以表示吃不了这么多,将饭往主人饭碗里拨,但千万不要犹豫不决,更不要顺手将筷子插在饭碗上,这样极不吉利。因为福州在供奉灵堂棺材时有一碗装得爆满的"丧食",上面直插一双筷子。除夕年饭后,必须用手纸擦小孩嘴巴,说明孩子所说"死了""坏了"等不吉利的话不算数。赴结婚宴席时不能将盘碗重叠,否则就意味着重婚。席间上的全鱼不能动,借以祝主人家全头全尾食有余。家人出远门、亲友远来、长辈做寿、新婚初嫁等必吃两只鸭蛋和一束线面泡的"太平面"。说话禁忌更多,"要碗饭"应称"来碗饭",避要饭之意;"短裤"应称"裤长"或"半长裤",因"裤"与"库"同音,要避"短库"之意。如某人死了,则不直呼"死",而称"生";"治丧衣"称"做寿衣";"买棺材"称"选寿板"。

闽南禁忌也很繁多,人一诞生到世上就有许多规定,动辄犯忌。如新生婴儿未满月时,忌见六种人:戴孝的人、新娘、病人、孤寡、陌生、疯子。因为戴孝的人是丧事，与喜事不能相冲。新娘是喜事，双喜亦不能相冲。其他四种人会给婴儿带来不幸。给坐月子妇女宜送鸡，忌送鸭，因鸭阴湿，且民间有"死鸭硬嘴闭""七月半鸭，不知死期"之说，会令人想起"死期"，不吉利。结婚时禁忌人站门碇，也禁忌人带手电入新娘房。除夕、初一禁忌打破家具，特别是碗盘。家中出事，如病或发生意外，常插松枝，并禁忌生人进家，以避邪。凡参加丧事的人，禁忌再参加红事（如结婚），家中死人，一年内禁忌办喜事（如结婚）。出门回家或外出访友，如穿草鞋，要放在门外，不然会被认为把路上"煞气"带进来，因为草鞋是孝子带在身上行孝的东西。赠送人礼物禁忌单数，一定要双数，取成双成对、喜庆团圆之意。有一些东西禁忌赠人，如手巾、剪刀、扇子、雨伞等。手巾是办丧事时主人家送参加吊丧者的纪念品，意在永别。剪刀有"一刀两断"之意，闽南方言雨伞与"给丧"同音。扇子夏用秋丢，不很长久。禁忌以甜粿、粽子赠送人，因为丧家惯例不蒸甜粿、粽子，送这二物，犹如把对方当丧家。上山忌叫名，因为鬼魂知道名字后会前来纠缠。入林忌呼啸，因为怕惊动野兽。下水忌单身，上屋忌坐瓦檐口，因为这样会失事。衣服忌反穿，因为反穿是表示家中有人去世。忌用筷敲打桌面和碗盘，忌用手或器物敲打灶，因为这样会伤害"灶君公神"。

虽然处于同一区域，由于生活方式和生产方式不同，禁忌也不同。闽南沿海一带渔家，吃鱼禁"翻"。上面的鱼肉吃完了，得先把露在上面的鱼脊骨夹掉，然后再吃下面的鱼肉，千万不能将鱼肉从盘底整条翻转过来。因为翻鱼等于翻船身，是倒霉晦气的兆头。有的地方渔民饭后不能把筷子放在碗沿，而是要把手中筷子在碗上绕几绕，以示渔船绕过了暗礁和浅滩。

第三节 福建游艺与饮食民俗

一、游艺竞技

游艺竞技往往附属许多民俗事象之中，缺乏独立性，但也正是这些游艺竞技使许多民俗事象更好地流传下来。因此，游艺竞技也有着明显民族特色和地方特点。福建的各类民俗绚丽多彩，游艺竞技的各类花样也不胜枚举。

游艺竞技与岁时佳节有密切的关系，不少地方都有自己独特的活动节目。安溪湖头镇每逢春节，都要举行盛大的"扮阁"活动。双人床宽的"阁台"周围有一尺高的栏棚，台的两端各竖一根铁杆，绑上一块木板，让两个美少年坐在上面，并用新织的裹脚布将他们绑在铁杆上，为他们穿上花旦戏装，涂脂擦粉，戴着珠冠，使其窈窕动人。他们将脚缩在裤管里，裤管下巧妙地装上一双"三寸金莲"。他们左手小指上结一条丝巾，使其在敲檀板按拍子时韵致优雅。"阁台"用新的花纸裱糊，纸扎的盆花置于中间，将全台布置得像一个小花铺。两个花旦手执檀板，唱着南曲，四个壮汉抬着彩台，跟着游春队伍游行。每到一处，就停下来唱一两支南曲。南平峡阳镇也有春节抬"台阁"上街游行的习俗。这种"台阁"是一种活动舞台，有一米见方，四周装有镂花小栏杆，台中央钉一根弯曲成上下两节的铁架，分别站着四五岁的小童，各自打扮成戏剧中人物，如哪吒闹海、机房教子、三顾茅庐等。晋江东石镇逢节日时则以"蜈蚣阁"（也称"龙阁"）的形式庆贺。阁队由几十块长二米、宽一米的木板组成"阁棚"，头尾打活隼相连接，能够灵活转动，连成长串，阁棚上装置各种制作精巧的禽兽，再选美丽活泼孩童装成各种戏曲人物。阁前装上龙头，末尾装上龙尾，由身强力壮、穿戴统一的小伙子肩扛着游行，极像蜈蚣或游龙的形状。

福建一些地方岁时佳节的游艺有着独特的表现方式。政和东平乡正月里不是舞龙灯而是跑龙赛，实际是一种化了装的短跑运动。比赛在晒谷坪上进行，起点在谷坪一侧，用四根带叶的大毛竹搭成两座相交的拱门称为龙门；终点在与龙门相对的另一侧，用两根带叶大毛竹搭起一座拱门，拱门中间距地面三米处，悬挂一盏红光耀眼象征龙珠的圆形灯笼，叫作珠门。跑龙赛的队伍由七人组成，他们手中所举篾制笼第一盏扎成龙头，最后一盏扎成龙尾，七盏连结形成一条长龙。东、南、西、北四街各制一条龙灯，用循环赛形式，每次两队，以龙门为起点，两队队员手举龙灯，各自绕龙门转三圈，然后以最快速度向珠门冲去，以龙头先碰上珠门的龙珠者为胜。赛期四天，积胜者为冠军。闽南有的地方在中秋节不是赏月，而是进行"戏饼"（也称"赌饼"）的游戏，即将六颗骰子掷在一个大碗中，其方式与赌博掷骰子差不多，每个骰子有六面，有一、二、三、四、五、六点符号，所掷根据不同符号分饼：状元饼1块，对长榜眼探花饼2块，三红会元饼4块，四进进士饼8块，二举举人饼16块，一秀才饼32块。戏饼的赢输，必须一盘戏完才能定局。最后夺取状元，是很吉利的。夺冠者喜气洋洋放炮庆贺，饼大家分吃。连城罗坊、北团一带元宵节以"走故事"来闹元宵，具有浓郁的地方特色。罗坊罗氏原有九棚（组、台）故事，后减为七棚。每棚故事由俊童两名分别扮天官、护将，作戏曲装扮，其后依次排行扮相为李世民、薛仁贵；刘邦、樊哙；杨六郎、杨宗保；高贞、梅文仲；刘备、孔明；周瑜、甘霖。两两一对。天官直立在一条铁杆上，腰身四周以铁圈固定，护将坐在轿台上，以手托天官，形成一上一下的优美造型。轿台由木柱镶成方形框架，四周饰有精美画屏。每台轿约四百斤，左右各一轿杠，须用二十余名扛夫，因竞走激烈，要三班轮替。走故事分两次进行。第一次在十四日上午，扛夫们将三太祖师菩萨轿、彩旗、宝伞等围于中间，在四百米椭圆形跑道上奋力奔走，每跑两圈就休息十分钟,一响土铳就又开始跑。五轮时速度有所减缓,改"跑"为"游",直到扛夫精疲力尽,第一棚与第二棚脱节,才告结束。第二次走故事在正月十五上午进行,开始依前一日走法,到了正午一时,各棚故事步下青岩河床,三响土铳后,个个蜂拥下水,逆水行走。各棚竞争激烈,若后棚能超过前棚,则视为吉利,这一族房必五谷丰登。扛夫们不顾天寒水深,拼命争先,跌倒了再爬起,情绪非常高昂。

　　游艺竞技也与各种迎神庙会有着密切的关系。福州曾将泰山当作全市性的神,因此迎泰山要比迎一般神隆重。每年农历三月二十三日无论哪种神,都要到东岳庙中参拜泰山神。泰山神二十四日游城内,二十五日游南台。出游队伍极为庞大,前有天子仪仗,十八般武器,继而是各种彩戏。如就地演唱各小戏的"高跷""地下坪";壮汉肩驮小孩扮成彩童的"肩头驮";吹鼓手坐在租来的马上吹奏曲子的"马上吹";各种乐曲一起吹奏的"十番""安南伬";肩挑鲜花的"花担";装有文物担子的"看担";童男童女在木制小戏台上装扮成戏中人的"台阁"。其中最热闹、最吸引人的是"陆地行舟"。这是以彩结扎成的花船,舟中所载二人扮花旦、小生,舟前舟后各扮舟子二人作摇船撑篙状,如船行水中,载歌载舞。迎神沿途遇到有排堂设宴的"行宫",只要放一串鞭炮,舟中花旦、小生就要来一段表演,唱些时新小调。彩戏后是黑无常、白无常、叉爷、哪吒三太子像以及各种神将,皆扭动各自的一套舞步舞姿。再后是由活人扮成的二十八名太监提炉、彩灯引导,八名大将护驾,十六人抬着泰山软身神像,缓缓而行。同安一带盛行在迎神赛会上进行"套宋江"游艺。"套"是模仿、表演的意思,这是一种武打艺术的表演。每逢农历正月初六日香山清水祖师和二月十二日北山闽王王审知的圣诞庙会,都有五六队的宋江队到场操演,人数一般有三十六或七十二人。所扮人物为卢俊义、柴进、李逵、孙二娘等,手持兵器,由正副旗手举龙旗前导。表演地用两面布条搭起一座城面,队伍分两路出城,叫"黄蜂出阵"。之后,便开始单人武术表演,有李逵使双斧、关胜舞大刀等,再接着进行对打,如盾牌对锤子、雨伞对大刀、踢刀对铁耙等,也可以三至五人进行群斗表演。表演时还加上舞狮,宋江队员与狮子格斗,外有锣鼓、唢呐助威。表演完毕后,收兵入城。围观者人山人海。

　　有的民间游艺要有较高的技巧。如建瓯的排幡一般人便难以操作。幡用一根长达五六米的大竹杆制成,涂上油漆,杆顶悬彩带,上扎一宝塔形的彩灯,缀以五色纸花或戏剧故事人物,配上丝料。操作时将杆扶起,放在操作人的足尖上,轻轻一挑,使幡落在人的肩上,再一拦,落在手上。操作人往往左右开弓,由脚到肩,由肩到手,舞将起来,甚至嘴咬鼻顶,并不倒歪。杆上彩灯彩绸闪烁,五色缤纷,仿佛九天神灯在半空飘拂急转,令人目不暇接。

二、饮食与饮茶

在我国京、鲁、闽、粤、苏、皖、川、湘八大菜系中,闽菜别具一格。

福州菜是闽菜的主要代表,有着独特的风味。福州菜肴用料和调味均以地方材料为主,操作注重刀工、火候,色、香、味、形俱佳,烹调上擅长炒、熘、煨、炖、蒸、爆诸法,其主要特点有三:一是善用糖。福州人煮菜,喜用糖调味,偏于甜、酸、淡,与川菜、湘菜多用辣椒形成不同风格。用糖可以去腥膻;用醋使酸能爽口,适合福州炎热气候的口味;淡是为了保存本味和鲜味。由于用得恰到好处,所以甜而不腻,酸而不峻,淡而不薄。二是常用糟。红糟是福建特产,福州菜肴有炮糟、淡糟、醉糟等十余种用糟法。此外,在调味品中也多用虾油。三是多汤菜。福州菜善于以汤保味,有"百汤百味"之说。汤是闽菜的精髓,在汤中加上适当的辅料,可使原汤变幻出无数益臻佳美的味道来,而又不失其本味。福州菜花色品种有 2000 种以上,其"佛跳墙""淡糟炒竹蛏""一品蚨抱蛎"等都是名扬海内外的名菜。

具有鲜明地方风味的福建饮食的形成,与福建独有的地理、物产、气候有着密切的关系。福建海岸线长,海产丰富,因此以海产类为主的菜居多,如著名的有"鸡汤川海蚌""白炒鲜干贝""酥鱿鱼丝"等,一些风味小吃也以海产类为多,如"深沪水丸(鱼丸)""海蛎煎(蚝仔煎)""炒蟹羹"等。福建山多,盛产山货,著名的有连城地瓜干、武平猪胆干、上杭萝卜干、明溪肉脯干、永定菜干、宁化辣椒干、清流老鼠干、长汀豆腐干等,一些名菜也多以山货为原料,如武夷山以蛇肉与鸡肉烹调的"龙凤汤",闽北山区的"清水冬笋"和"酿香菇"、福鼎的"太极竽泥"等。福建以种植水稻为主,许多具有地方特色的食品也以米为原料,如厦门的"烧肉粽(好清香)"、闽南一带的"石狮甜粿"、福州市的"抱滚桾(豆粉桾)""白八粿",莆田的"兴化粉"、闽西的"糍粑"等。福建气候温暖,适合种植热带、亚热带和部分温带水果,以柑橘、龙眼、荔枝、香蕉、菠萝、枇杷、橄榄、甘蔗等闻名,因此对各类水果的食用也较为讲究,如漳州有著名的"柚子宴",宴席上点"柚灯"、喝"柚茶"、吃柚果和柚皮蜜饯。泉州的"东壁龙珠",将馅填入去核的龙眼肉中炒炸。永春的"金橘糖"、厦门的"青津果"、福州的"五香橄榄"等,都远播海内外。

福建雨量充沛,多红黄壤土,具有种植茶叶的优越自然条件。绿茶、乌龙茶、红茶、花茶、白茶和紧压茶是我国六大茶类,除主要为少数民族饮用的紧压茶(即茶砖、茶饼等)外,其他五大茶类福建都有大量生产,且几乎每县都产茶,与浙、湘、皖、川并列为我国五大产茶区,其中一些珍品,如安溪"铁观音"、武夷山"大红袍"、福鼎"白毫银针"等闻名遐迩。福建茶叶生产历史悠久,南唐时闽北已有"北苑御茶园",饮茶风俗为全国最盛之地,已成"家不可一日无茶",形成了独有的饮茶风俗。

"功夫茶",是以严格泡茶艺术门道进行泡茶与品茶的高深技艺,它有许多讲究,极具功夫。它要求茶叶为铁观音、乌龙茶、武夷岩茶中上品;还要求有精致的茶具,茶壶以内壁无上釉为好,茶杯以小巧为佳;水以山泉为上,井水溪水次之;煮水必须用炭火,冲泡时必须"高冲低泡",高冲可以翻动茶叶使汁味迅速释出,低泡水不走香,不生水泡。品茶时,端起核桃般小巧的茶杯,先尽情领略茶的馨香味,而后徐徐将茶啜入嘴喉,再专注细尝茶的滋味,只觉口生甘味,顿感回肠荡气,真所谓"茶里乾坤大,壶中日月长"。

"斗茶",亦称"茗战",或称"比茶",其体内容有点茶、试茶,以品评茶质高低而分输赢。范仲淹《和章岷从事斗茶歌》写出了闽北斗茶盛况:"……斗茶味兮轻醍醐,斗茶香兮薄兰芷。其间品第胡能欺,十目视而十手指。胜若登仙不可攀,输同降将无穷耻。""斗茶"时将茶碾为细末,搁入涤烫过的茶盏中,再注入沸水,轻轻搅动,以比试茶的汤色和在盏中的水痕来决定品种的优劣胜负。斗茶的操作技艺很讲究,注入沸水时,要准确而有节制,不然"茶少汤多则云脚散,汤水少则粥面紧"。一手注水时,另一手须执茶筅,旋转拂动茶盏中茶汤,轻重缓急要得当,要与注水配合默契。斗茶得胜后,其茶之销路与茶价必定大增,所以争冠夺魁是茶农的一件大事,而此斗茶的兴盛,又进一步促进了茶质量的提高与饮茶之风。

"分茶",亦称"茶百戏",即以沸水冲茶末,使茶乳变幻成图字形字迹的一种游艺。茶水交融,汤纹水脉成物象,呈现奇妙变幻,有如鸟兽、虫鱼、花草,有时似悠远美景,又似纤巧之画,但须臾即散。诗人杨万里《澹庵座上观显上人分茶》诗,生动地描绘了分茶的情景:"分茶何似煮茶好,煮茶不似分茶巧,蒸水老禅弄泉手,隆兴元春新玉爪。二者相遭免瓯面,怪怪奇奇真善幻。纷如劈絮行太空,影落寒空能万变,银瓶首下仍尻高,注汤作势字嫖姚。"

"擂茶"是风行于闽西、闽北的习俗,它用上好的绿茶加白芝麻、花生、绿豆各种佐料及多种中药配在一起,放进擂钵里用擂棒擂碎后,再研成烂泥状,用纱布包裹,扎口滤筛,用烧好的山泉水冲泡。擂茶有不同种类,根据加入佐料不同,可分为甜、咸、荤、素等多种。其中最著名的是将乐擂茶,其特点是讲究药效。制作时针对不同季节、气候,不同的人和不同的场面,加入不同功效的中草药,制出有各种疗效的药用擂茶,诸如清凉解毒的、帮助消化的,止咳化痰的等等。制成后的擂茶颜色纯净,味道清香,甘醇爽口,喝下后满嘴生香。擂茶还是款待客人的隆重礼品,也是表达喜庆的方式。高考制度恢复后,有的地方多了一个"上大学擂茶"的习俗,老师成为最受欢迎的客人。

茶艺是博大精深茶文化的精髓,是一种极富诗意雅兴的赏心乐事,也是一种高层次的精神享受。品茶有许多讲究,如要有清雅古香的环境、平和矜持的心境、光泽油亮的茶具、清冽的山泉,以砂壶或铜壶盛水、以木炭炉煮水,但更讲究冲泡技巧和品赏艺术。冲泡有许多规矩和门道,如斟头道茶时,各杯先斟小许,然后均匀巡回而斟,喻为"关公巡城"。茶水剩少许后,则各杯点斟,喻为"韩信点兵"。端茶杯时,宜用拇指和食指扶住杯身,中指托住杯底,喻为"三龙护鼎"。武夷茶艺历史最为悠久,内涵丰富,情趣盎然,其主要内容有:"恭请上座、焚香静气、丝竹和鸣、叶嘉酬宾、岩泉初沸、孟臣沐霖、乌龙入宫、悬壶高冲、春风拂面、熏洗仙颜、若琛出浴、玉液回壶、关公巡城、韩信点兵、三龙护鼎、鉴赏三色、喜闻幽香、初品奇茗、再斟流霞、细啜甘露、三斟石乳、领悟岩韵、自斟慢饮、敬献茶点、欣赏茶歌、游龙戏水、尽杯谢茶。"每项内容,都有其来历和意义,是马虎不得的。其佳妙之处,只有通过亲自品赏,才能真正领略。

第九章
教　育

第一节　福建教育发展和特点

一、福建教育的历程

福建开发较晚,教育起步也较迟。据文献记载,西晋太康三年(282)福建设晋安郡,刘宋时期,阮弥之任晋安太守时开始兴办学校,当时社会出现"家有诗书,市无器斗"(《福建通志·名宦》)的现象。虞愿任晋安太守时,"初立学堂,教授子弟"(《南史·虞愿传》)。此外,一些中原人士移居闽时,断断续续地办过学堂,虽然影响都不大,但为以后教育的兴盛奠定了基础。

隋唐时期,福建还处于开发阶段,但教育已有较大发展。唐宗室李椅都福建观察使时,"崇学校,励风俗"(《三山志·秩官》)。"大启学府,劝诱生徒"(《八闽通志·秩官》)。常衮任福建观察使时,"设乡校,延名师儒以教闽人,闽人始知向学"(《重修常衮墓志》)。建州刺史陆长源也注重创办学校,劝人入学。漳州刺史陈元光命子弟读书勤学,鼓励漳州人读书。陈元光之子陈珦曾代州事,聚徒授课。据《图经》所说:"李椅、常衮皆以崇重学校为意,于时海滨几及洙泗。"五代时,福建教育开始普及。一方面是唐代名士于唐亡后纷纷回乡创办学,如原工部尚书黄峭归乡创办了和平书院,"聘请宿儒,讲授诗书,诱掖后进"(《紫云黄氏的开山祖黄峭》)。另一方面,闽王王审知广设学校,拨出专门经费供师生膳食,并下令学龄儿童均需入学。现存福州闽王祠的《恩赐琅玡郡王德政碑》记载:"尝以学校之设,足为教化之源。乃令诱掖蒙童,兴行敬让。"五代时期福建社会较为安定,也为教育的普及提供了条件。

宋代福建的教育有了很大的发展。南平剑州州学创办于天圣三年

（1025），体制、学田设置、教师配备等皆达到一定水准。之后，福建八个军州都办有州学，后来还办了许多县学，可查的就有 56 所。宋代福建书院之多，质量之高，影响之大，亦为全国罕见。据《武夷胜境理学遗迹考》所载，仅与朱熹等理学家有关的书院就达 20 所。其中建阳县境内，就有 14 所，一些书院在全国都有影响，慕名而来的外省学子络绎不绝。宋代福建义斋、书堂、家塾等民办教育也极普及，读书蔚然成风。如南宋著名学者吕祖谦描写福州"最忆市桥灯火静，巷南巷北读书声"；《番建夫子庙记》描写南安"百里之间，弦诵相闻"；宋陈一新《跋赡学田碑》描写汀州"风声气习，颇类中州"；《延平府志》记延平"五步一塾，十步一庠，朝诵暮弦，洋洋盈盈"；《邵武府志》记邵武"比屋弦诵之声，洋洋盈耳"；甚至连偏僻的泰宁，《泰宁县志》也有记载："比屋连墙，弦诵之声相闻，有不读诗书者，舆台笑之"。

元明清福建教育虽因战乱、倭患等原因在某些地区间有衰微，但总的还是向前发展，并在全国名列前茅。以各代新建书院为例，据不完全统计，可查到的有一定影响的书院，元代有 20 余所，明代近 200 所，清代 300 余所。明清时书院已不仅仅密布于闽北理学之乡和政治文化中心福州，而是遍及全省。如明代闽东新建 10 余所书院，闽西新建 30 余所，清闽西新书院 100 余所，闽东新建书院近 30 所。清代福建开始出现全省性书院，如鳌峰、凤池、正谊、致用四大书院，培养出林则徐、林纾、陈宝琛等著名人物。清末福建出现了官办的全闽大学堂，洋务派办的船政学堂、外国教会办的教会学校等。

二、福建教育久盛不衰的原因

福建教育由唐至近代久盛不衰，主要原因有以下几点：

地方官吏的支持和倡导。地方官吏对教育是否重视，对教育的兴衰起着最为关键的作用。所幸的是，主福建的地方长官，大都对教育都很重视，对推动福建的教育采取了积极措施。唐代，常衮任福建观察使时，大兴学校，鼓励生员读书，使"闽人春秋配享袞于学宫"（《新唐书·常衮传》）。陈元光任漳州刺史时，非常重视教育，他在上《请建州县表》中指出："其本则在创州县，其要则在兴庠序。"他在州治行政机构中设专司教育的官吏，并在漳州首创乡校，还创办了松州书院。兵部尚书熊秘领兵入守温陵（泉州）时，在建阳创建了鳌峰书院，以教子弟。五代时，闽王王审知于福州"建四门学（高等学府），以教闽中之秀者"（吴任臣《十国春秋》）。在他的倡导下，当时州有州学，县有县学，乡村设有私塾，"幼已佩于师训，长者置于国痒"（吴任臣《十国春秋》）。泉州都指挥使留从效统治泉州时，广设"秋堂"。宋代朝廷实行重文政策，办学成绩与社会风尚成为地方官员考绩的内容之一。福建大小地方官都倾力办学，据有关史籍所记，有名有姓的不下百余名，不仅诸如福建安抚使辛弃疾一类著名人物兴教办学，一些偏僻小县，如连城、建宁、古田、浦城、宁化等知县，也大兴学校，使宋代福建教育空前普及。元代，也不少地方官对福建教育兴盛有过贡献。泉州达鲁花赤契玉、建宁路总管暗都剌、松溪达鲁花赤阿思兰、尤溪达鲁花赤文殊每涯等人主福建的少数民族地方官都大兴教育，拨出专门学田。地方官还纷纷创办、修建书院，如邵武路同知万不花创办樵川书院、光泽县伊况遂创办云岩书院、福建右布政副使姚镆修闽中诸大儒书院。明清两代许多福建地方官吏不仅关心各种学校的创立，还注意解决学校的后顾之忧。他们或拨专款，或购买学田，采用多种方式解决学校经济上的困难，以期学校有长久的发展。值得注意的是，福建历代地方官吏常常主动捐俸银，如宋代崇安知县赵崇萃曾捐俸请买开元寺废寺田以充学廪，延平郡守陈宓捐俸购田以赡延平书院生徒，漳州知府李音石捐俸置学田，建宁知县捐俸二千余缗增新邑学。明代福建巡按史尹仁捐俸银一百两重建庐峰书院，古田县令捐俸买民地以广学舍，将乐县令林熙春捐俸造新学舍，端明殿学士陈显伯出资修建了罗源松亭书院，兵部右侍郎兼右佥都御史陈省倾资捐修紫阳书院，清代晋江县令赵同岐捐俸倡修梅石书院，松溪县令孙大焜捐资重修南溪书院，宁德县令徐文翰捐俸为学校灯油之资，泉州通判徐之霖捐俸重建左营讲堂，福建巡抚孙尔准捐银为凤池书院学生助学金。有时，有的地方官还带领部下捐俸建校，如海坛镇守吕瑞霖率手下两营官兵捐俸创建兴文书院。

有一批高水平的教师。这些教师主要是一些以教书为业的教育家。每个朝代都有这样一批教育家，仅宋代，就有罗从彦、李侗、朱熹、李光朝、蔡立定、黄榦等，其中朱熹从事教育五十多年，提出了七大教学原则，其教育实践和教育思想，对整个封建社会都产生了极大的影响。此外，一些著名政治家、哲学家、文学家、军事家也常到课堂讲学，这些人虽然不是终身从教，其成就也不以教育显，但他们的讲课却活跃了学术氛围，扩大丰富了学生的知识，因此吸引了不少学子。如宋代，杨时晚年丢官返乡后讲学，学生千人。一代名臣蔡襄曾以枢密学士知福州，陈鸣鹤《东越文苑传》记："亲至学舍执经讲问，为诸生率"。史学家郑樵曾授徒200人，文学家杨亿也开馆授徒。明代著名军事家、音韵学家陈弟曾多次到漳州、福州讲学，对学生多有勉励；著名学者黄道周曾五次回乡讲学，从学者近千人。杰出爱国者和民族英雄林则徐在中进士前也教过馆。著名文学家林纾曾做过塾师和福州苍霞精舍的汉文教习。一些在朝廷任职的闽籍杰出人物常因丁父忧或母忧而返乡守孝，期间也常应邀讲学，大大开阔了学生的视野。如清代刑部奉天司主事陈若霖因丁母忧，曾主讲漳州丹霞书院；内阁中书李彦章因丁父忧返乡，曾主讲兴化兴安书院一年；翰林院编修林春溥因丁母忧回乡,曾主讲玉屏书院。

科举的久盛不衰。我国正式开始以试策取士,始于隋,唐代开始大兴。虽然唐五代福建还处于开发阶段,人口仅 70 万左右,但已有 74 人中进士;宋代共有 7607 人中进士,22 人为状元,按人口比例,为全国第一,并创造出不少奇迹。以莆田县为例,曾同科文武两状元,连科三状元,囊括一榜前四名等,均为全国前所未有。元代福建有 76 人中进士,高于汉人南方各省。明代福建有 2410 人中进士,在全国仍名列前茅;其中竟然出现一榜三及第皆闽人这种绝无仅有的事。清代福建有 1337 人中进士,仍略高于全国平均水平。科举业的兴旺,大大推动教育的普及。考生中互相勉励,早有传统。欧阳詹是泉州唐代第一个中进士的,福建士子感到莫大光荣,参加科举人日益增多,泉州士子徐晦首次赴考落第,欧阳詹对他多有勉励,使他加倍苦读,翌年考取第一。许多闽人以考上进士为终身奋斗目标,如宋代闽县陈修曾下决心不考上进士不成婚,不料屡试屡败,至 73 岁时才被录取,宋高宗下诏赐宫女施氏嫁他。洞房花烛夜,施氏问他几岁,他答曰:"新人若问郎年几?五十年前二十三。"类似这种终身在科场上奋斗的士子当时为数不少。为了满足士子能如愿以偿,一些教师也千方百计想办法,如泉州明代陈紫峰费了很大精力将《四书》《易经》这两部士子登科的基本经书译为白话讲稿《四书浅说》和《易经通典》。之后,他自己也中了进士。

家族对教育的重视。福建的家族大都注意族人的教育,《闽沙茂溪罗氏族谱》曾记有著名学者罗从彦在罗氏家族书堂上写的话:"吾家自祖宗流传以来,一段清白之气不可不培。盖金帛虽多,积之数十年必散,田宇虽广,遗之数十代亦亡。孰若残书数卷,贻之吾子吾孙,世世可以习读不朽,又孰若灵心一点,传之吾子吾孙,可以受用不尽。"表示了对教育的高度重视,并形成了以读书为光荣,以不读书为可耻的族风。如明代林希元撰《林氏家谱》中记道:"林氏世代以读书为业,有不为此业而又不改者,赶出家门。"有的家族把开办族学、族塾写进《族规》,如连城《新泉张氏族谱》记道:"今议设义学二所,经师一所,在东山楼;蒙馆一所,即在祠内。"为了保证族人能受教育,各家族都采取了许多措施。在经费上,不少家族都置有学田,即"书灯田"。如清陈盛韶《问俗录》中所记:"书灯田,祖父分产之始,留田若干亩,为子孙读书之需,后有入学者收其租,捐纳者不得与其租。"不少地方若干家族还携手共同创办私塾,各姓合资修建书院。如长乐梅花里,共有 40 余姓相处,清代共议创办了和羹书院。为了激励族人弟子的学习,一些家族还作了经济奖励等规定,如浦城《达氏宗谱》规定:"入泮者,给蓝衫花银二两,凡赴乡试者,给程银四两;凡赴会试进士者,给程银八两;及第衣锦祭祖者,给旗杆银二十两。"族人还注意选派族中有名望人办学,如宋代泉州进士陈知柔辞官返乡后,为族人办起学堂,他的侄儿陈朴、陈模等都先后登弟,"一门八骏",县府为之树立"世科坊"。家族对教育的重视收到了很大成效,创造了中国科举史上的奇观。如唐代莆田林披生有九子,都明经及第,皆官刺史,故有"一家九刺史"之说。五代莆田黄璞举进士,与其四子同列馆职,故有"一门五学士"之说。北宋浦城章氏家族,一门二十四进士,中有一状元;北宋闽清陈玩五子四登科,南宋长乐杨家一门同榜四进士,明代莆田柯家五世进士,明代闽县林氏三世出了八个进士、五位尚书,明代莆田黄氏家族共出十一个解元。子弟靠科举出人头地后,又不忘荫蔽本族,或出资赞助,或激励族中士子苦读,大大推动了教育。

多种类型的学校。福建历代办学有多种形式,除了官办的府学、州学、军学、县学、或官、或民、或半民半官的各种书院、私塾等外,还有多种类型的学校,以满足各种不同阶层人的需要。如宋代在福州、泉州两地特为赵氏皇族子弟开办了宗学,人数多达数千。宋代泉州是海外贸易中心,泉州特为外国侨居者设立了番学。元代在福州、建宁、泉州、漳州、汀州、延平、兴化、福宁、邵武诸路均开设了蒙古字学,元代福建各路和40个县还开设了医学和教授天文、历算、周易、数学等课的科技学校(也称阴阳学)。元、明、清还在城乡创办了千所以上的具有小学和社会义务教育性质的义学,主要以普及伦理和农桑技术,大多数城区一至四所,乡间十所左右,对普及城乡基础教育起了很大作用。福建方言复杂,所以在清代还开设了纠正地方土语的"官音书塾"。还为常住福州的旗人开设了"八旗官学"。有的家族为子女前途开设了外文书塾,如设在螺州的螺江乡塾,专攻日语;设在福州郊区螺州乡的螺州乡塾,除学日语,还学法语。清末洋务派在福州办起了"福建船政学堂",直接聘请洋教习,使用洋课本,按洋式课程设置和教学法教学,并打破门第观念向全社会公开招生,培养了大批优秀造船、航海和多方面人才,并在我国科技、外交、翻译、教育等方面产生深远影响。基督教传入福建后,在各地创办了许多学校。这些学校对下层平民敞开大门,有一定影响。有的地区(如福州、莆田、南平等)教会学校,竟超过公立、私立学校。清末福建还出现了华侨办学。如清道光年间惠安归侨郭用锡父子捐银千两办学,道光皇帝嘉封诏书,并授予"乐善好施,父子恩荣"的横匾。之后,华侨办学之风越来越盛,成为良好传统。

刻书业的繁荣和藏书的丰富。闽刻书业始于五代,后随着读书应试风气与日盛行,再加上福建造纸原料丰富,所以刻书业鼎盛于宋元明,无论官刻本、家刻本、坊刻本都在同行业中独占鳌头,长期不衰。宋代建阳麻沙书坊,号称"图书之府",与当时杭州、四川书坊并称全国三大刻书坊,所刻之书被后人称为珍贵的"建本"。元代书坊也以福建地区为最多,如建安陈氏余庆堂、朱氏与耕堂、梅隐书堂、双桂书堂等,都刻了很多精美的书籍。明代书坊福建更盛,在建阳、金陵、杭州、北京这四大书坊中,建阳书坊最为著名。正如《建阳县志》卷三载:仅崇化镇"比屋皆鬻书籍,天下客商贩者如织,每月以一、六日集"。刻书业的发达,使书籍普及,福建士子有书可读,也使民间藏书极为丰富。据可查史籍,到过福建历代著名藏书家,就有130多人。朱熹任同安县主簿兼管学事时,曾整理县学藏书,并大肆收集民间藏书,共九百余卷。宋代福州州学建有收藏官颁书籍之稽古阁二、今书阁三,可见有一定规模。书院都注意收集藏书,清代福建巡抚张伯行,在建福州鳌峰书院时,"出家所藏书千卷,充于其中"(《碑传集》卷一七)。清代福州越山书院有藏书20大橱,400多种,5000多册。浦城南浦书院藏书130余部,1500多册。不少书院著名教师个人也有丰富的藏书,如清代福州鳌峰书院山长陈寿祺家中藏书8万余卷之多,林昌彝正是借此得以饱览群书,为今后在各方面的发展打下了基础。

第二节 福建书院教育

一、福建书院的发展

(一) 唐五代福建书院

福建书院教育始自晚唐。据现有资料统计,从中唐到五代,福建有书院16所,可分为三种类型:(1) 私人读书之所。如:晋江欧阳书室,唐欧阳詹曾读书于此;莆田欧阳詹草堂;漳浦梁山书院,为唐潘存实读书处龙溪周潘书堂,为唐周匡物和潘存实读书处;莆田北岩精舍,唐陈峤、许龟图、黄彦修读书于此;福清闻读书院,唐陈灿读书处;古田蓝田书院,南唐员外郎余仁椿建;莆田灵岩书室,唐林蕴、林藻兄弟读书处,欧阳詹亦曾到此读书;霞浦草堂书舍,唐林嵩读书于此。(2) 教授子弟之所。莆田澄渚书堂,唐林蕴、林藻兄弟在此聚亲族读书;莆田漆林书堂,唐少府监翁巨隅在此训导子弟,其三子先后登第,长子翁承赞登乾宁三年(896)进士,后为闽国丞相;建阳鳌峰书院,唐兵部尚书熊秘卜居建阳莒口,建此书院以教子弟。(3) 讲学授徒之所。邵武和平书院,唐工部尚书黄峭回乡隐居,建此以讲授诗书,奖掖后进;莆田上林义斋,为唐黄问创立,"以聚四方英俊";莆田东峰草堂,唐黄滔曾在此受业;长溪(今霞浦)灵山草堂,唐林降曾在此读书授徒。

从数字来看,当时福建书院已名列全国的前茅,说明当时福建教育的兴盛;而从这些书院出来的,大多是知名的文人学者,如欧阳詹、林蕴、林藻、潘存实、翁承赞、黄滔等,可见当时福建书院是培育人才之所。从上述三种类型来看,当时福建书院的职能比较单一,或只为读书之用,或仅为教授子弟之用,最多者为讲学兼授徒。当时书院学的是儒家经典著作四书五经,兼习诗、赋、文,以应科举之试,因而书院的讲授还没有提高到学术研究的层次。但书院已经把道德修养提高到比学业更为重要的地位。如莆田上林义斋,为生徒立下五项规则:"一曰修身谨行,二曰立志抚节,三曰潜心经术,四曰学通业务,五曰限日收功。"其中一、二项均为对道德修养的要求,列于前面;第三项才是对学业的要求,要求生徒专心学习经术;第四项的要求,说明书院并不关门读书,而要求生徒关心通晓国家和社会之事;最末一项则是从纪律上要求生徒按期完成书院规定的学习任务。这五项对生徒的要求,可以说是相当全面而又主次分明,标志着福建书院已渐趋成型。

(二) 宋代福建书院

至宋代,福建经过五代的军阀割据之后重入中央政府的版图,政治更趋稳定。随着农业、手工业的发展和对外贸易的开辟,经济更加繁荣。中央政府采取优待文官、奖励文士、大办官学和增加科举名额等政策,刺激了福建书院教育的发展,书院数成十倍增加。据《闽书》《八闽通志》《福建通志》等相关资料统计,有120所。从中可得知:第一,福建书院比唐五代有大幅度的增加,反映出宋代读书、讲学、研究学术和著述之盛,是形成宋代人文之盛的重要原因之一。第二,宋代福建书院数目已大大超过了官办的郡、府、州、县学,成为福建教育的主力军。第三,主持书院讲学、教授的,多是一时名流学者,使官学黯然失色。第四,建书院和主讲书院者,多为闽学的主要人物,尤其是朱熹,由此可看出闽学影响之巨大。第五,福建书院已从唐五代单一的读书、教授子弟生徒,变为奉祀、讲学、授徒、研究学术、著述兼而有之的场所。第六,书院已不是启蒙的学校,也不是一般生员为应科举之试而单纯学习制艺时文之所,它已经提高到研究学术和学术交流的层次,这是一般官学所不能比拟的。

此时福建书院为适应集奉祀、讲授、研究等于一体的需要,在建筑结构上也有全面的考虑和安排。如沙县凤冈书院,南宋淳熙十年(1183)建在县溪南凤凰山下。中间为讲堂,匾题"丽泽",为全院的中心。讲堂建二阁:一为奉祀之用,中绘先圣先师及周、程诸儒像;一为藏书之用,叫尊经阁。院里还建有12个斋舍,分别取名为辅仁、营道、尊性、尚志、时习、日益、止善、敬业、笃行、循理、守约、履正,供师徒读书、研究、住宿之用。并另建有游息的园圃亭阁十余所。又如延平书院,南宋嘉定二年(1209)郡守陈宓仿白鹿洞式建于南平城南九峰山之麓,书院中有礼殿、祠堂、尊经阁、会讲堂,有四个斋舍以供生徒住宿,有三个亭供游息之用,院前有池,池上有桥。

当时的书院多为私人建办,也有官建私办。私人办的书院,其办学经费主要靠私人出资或集资;官建私办的办学经费,主要靠私人集资和官捐俸银买田供给,也有私人捐银买田或私人献田供给。当然也向入学的生徒收取一定数额的学费。书院的生徒无定额,入学也不限时间,生徒多为慕名而来,随到随收,只要经过师长面试得到同意即可。主持书院者称山长,多是宿儒名士,有较高的学术水平。学习内容,主要为书院所指定的儒家经典。学习方法为生徒自学、师长讲授和师生问难相结合,形成一种教学相长的良好学风。当时福建书院的学规,多采用朱熹在白鹿洞书院手订的《白鹿洞书院揭示》。这个《揭示》实际是教学的总纲,主要包括三个方面。首先是"五教之目",即把儒家的伦理道德"父子有亲,君臣有义,夫妇有别,长幼有序,朋友有信"作为教学的主要内容,强调"学者,学此而已";也就是不允许在书院内教学除此以外的东西。其次是做学问的方法和顺序:"博学之,审问之,慎思之,明辨之,笃行之。"要求学习要学、问、思、辨、行相结合,但要先博学,学有不解,则须审问;问犹不解,则要慎思;思而能辨,则要笃行。再次是对"笃行"做出明确的要求,即要求生徒在修身上要做到"正其谊,不谋其利;明其道,不计其功"。在处事上要做到"己所不欲,勿施于人;行有不得,反求诸己"。这体现了教学目的是要培养生徒成为符合儒家伦理道德标准的人才,以实现儒家的"修身、齐家、治国、平天下"的理想。《揭示》中还明确地提出反对那些"欲其务记览,为辞章,以钓声名,取利禄而已"等现象,既批评了当时教育的弊病,也清楚地指出书院有别于那些热衷于要求生徒死记硬背、学习时文制艺以猎取科第的学校。因而当时来到书院学习的不能奢望凭此得到猎取利禄的捷径,而要抱着研究学术和追求真学问的目的。在有良好的环境和食宿保证的书院里,既有藏书可读,又有良师的启发指导,加上生徒纯洁的求学目的和互相论辩、教学相长的学风,以及严格的学习制度,必然造就出高质量、高水平的人才。这是以朱熹为代表的闽学——考亭学派之所以能够形成的原因。当时福建人才辈出与此也不无关系。

朱熹通过书院培养一批信仰和继承他的学说的学者,形成有别于洛学、关学、蜀学等的闽学学派。朱熹的学生黄幹、李燔、张洽、陈淳、辅广等人,都是当时著名的理学家。他们也都开办书院讲学,并有著述。福州的黄幹是朱熹的高足,朱熹去世前将文集授给黄幹和朱在(朱熹第三子)。黄幹先后在白鹿洞书院、建阳环峰书院、潭溪书院等处讲学,传播朱熹的学说并有所发展。建阳的蔡渊、蔡沆、蔡沈三兄弟,也是朱熹的学生,都在其父蔡元定所建的建阳西山精舍讲学。蔡元定也是朱熹的同道。朱熹把李燔看作自己学说的继承人,曾对人说:"他日任斯道者必燔也。"后李燔被聘为白鹿洞书院堂长,"学者云集","讲学之盛,他郡无此"。龙溪的陈淳,则通过讲学,把朱熹的学说传播到闽南。他对朱的学说也有所发展。同时闽学通过朱熹的学生传播到江浙湖湘。如朱熹的学生金去伪在饶州鄱阳创建鄱阳书院讲学;程珙讲学于饶、信、袁州学,及丰城龙山书院、宜春南轩书院、景德镇双溪书院等;辅广、陈埴、杜煜则在浙东一带讲学。这些人又通过他们的弟子,把闽学传播下去。如南宋嘉绍年间著名的理学家真德秀,就是朱熹学生詹体仁的弟子,也就是再传弟子。真德秀官至参知政事,讲学于浦城西山精舍。在他的努力下,理宗皇帝大力倡导朱熹的理学,确立了正统的地位。又如辅广通过讲学,培养了董槐、朱鹏飞、余端臣、韩翼甫等弟子。董槐官至宰相,余端臣则在鄞县一带讲学,从学数百人。而韩翼甫的门人,又有弟子熊禾、陈普等人。熊禾回到建阳筑鳌峰书院讲学,成为宋末元初继承朱熹闽学的著名理学家,陈普回到闽东讲学,进一步把朱学推广到闽东。这样,闽学不仅影响的地域辽阔,而且得以代代流传。而朱熹的门人又大多能够学有所行,为官能够施惠于民,坚持节操。如黄榦,历官汉阳军、安庆府,多有善政,安庆人甚至以父称他。真德秀立朝正直,敢于斥责奸佞,知福州、潭州都有惠政。董槐官至右丞相,在朝知无不言,与贾似道、丁大全等不合,终被迫罢相。而朱熹的私淑弟子魏了翁,官至同签书枢密院事,在朝仅六个月,前后上二十余疏,皆当时急务,却遭奸佞忌恨,被排挤出朝。正是这种学有所传、行能取信的传统,使闽学产生巨大而深远的影响,同时也反映了宋代福建书院教育的成就。

(三) 元代福建书院

元代福建书院教育落入了低谷,书院数目急剧减少。其所以如此,大约有以下几个原因:第一,经过宋末元初的战乱,不少书院毁于兵火,荡然无存。第二,一些书院由于年久失修,圮坏荒废。第三,元统治者实行民族压迫和歧视儒士的政策,儒士的地位低下,许多士人放弃了儒业。第四,元代虽尊朱学,但此时福建朱学已缺少黄榦等那样的传人。这些原因造成了元代福建书院教育的一落千丈。

但是由于元代尊崇朱学,"设科取士者,非朱子之学者不用",又因福建是朱学的发祥地,仍然有一些闽学的学者,致力于书院教育和闽学的发扬。朱熹的三传门人熊禾,建阳人,咸淳年间进士,授官汀州司户参军,入元不仕,隐居武夷山,建洪源书院读书讲学,高度评价朱熹四书集注,认为可与孔子整理六经并为不朽,称朱熹为孔子之后的第一人。陈普,宁德人,也是朱熹的三传门人,入元不仕,元朝三辟为闽省教授,坚辞不就。他一生坚信朱学,力排陆学。他依据朱熹学说,反复强调性命、道德、五常、诚敬等问题。吴海,闽县人,学者称闻过夫子,生于元末,坚持不仕元朝,他以朱熹学说为依据研究学问,进行著述。其著作中涉及朱学中许多范畴,明代有人把他的著述看作纯正的朱子学,认为他是朱学的真正继承者,并且是"继以往而启将来"。

(四) 明代福建书院

明代实行中央集权制度,在经济上采取了移民垦荒,减轻赋税,鼓励农业、手工业生产发展等措施,文化教育上大办学校,通过更完备的科举制度铨选人才。在这样的大气候下,福建书院又得以恢复并进一步发展。而朱熹的学说又受到明统治者的提倡和尊崇,更在全国盛行。明代中叶以后虽然受到以王阳明为代表的王学的冲击,但闽学在福建依然兴盛不衰,并有所发展,对书院教育的发展仍然起了推动的作用,书院数目比之元代又有成十倍的增加。

明代福建书院的特点有五:第一,明代福建书院虽较元代有成十倍的增加,但是未能恢复到宋代的水平。第二,明代福建书院官办的多,私办的少,反映了福建书院逐渐趋向官化,也反映了福建书院已经从重学术研究逐渐走向以科第为依归。第三,福建书院明初少,而政治渐趋腐败的明中叶反而多起来,反映了闽人力图重振闽学以挽救日益颓靡的世风的要求。第四,在明中叶王学崛起之时,福建书院陡然增加,反映了闽人力图重振闽学,与王学抗衡。第五,在闽学发祥地的闽北,书院大量减少,表明了研究和发展闽学已经缺乏人才。

(五) 清代福建书院

清代统治者为了统治的需要,大力提倡朱子学,压抑王学,使朱熹的理学盛行。福建被乾隆皇帝称为理学之乡,福建书院比之明代又了发展,数量增加到 115 所,另有为闽人学习官话而设的正音书院 47 个。宋、元、明没有设书院的县,这时都有了。但官办的更多了,115 所书院中,官建的有 81 所,占百分之七十。书院官化的色彩更浓。除了少数著名书院以外,绝大多数书院都变为以学习官方指定的经书和学习时文制艺为主,培养学生应试科第,连一些私办的也不能避免。而少数著名书院也是讲论学术和学习时文兼重。许多书院山长由官府推荐聘任,水平良莠不齐;书院讲课多是官课与师课兼有,也造成讲授质量的差别。

清代福州的鳌峰、凤池、正谊、致用四大书院,为全省著名的书院。以鳌峰书院来说,其创办者是著名的理学家张伯行。张伯行要求学生读经书能有所发明,读史能够论断,并能作古今文和日程格式,体现了他的教育重在致用的思想。书院参考《白鹿洞书院揭示》《丽泽堂学约》订立八条规约:一立志,二立品,三尊经,四守约,五虚心,六乐群,七敬业,八课文。还规定每月三次课考,一次不到者扣半月膏火,二次不到扣全月,三次除名。书院按生额每月发给膏火:内课生 60 名,每名月膏火 1.4 两;外课生 60 名,月膏火 1 两;附课生无膏火。还设有奖赏银,奖给学业优秀者。书院经费主要靠官、民捐助,不足者由官府拨补。书院聘请德才兼备的名流学者任山长,前后达 33 人,皆一时之选,其中不少都是通今博古的经学家和理学名儒。明确的教学要求、严格的学规、充足的办学经费,加上宿儒名师的讲授指导,自然能够造就出匡时济世的人才。

清末,随着戊戌维新变法和辛亥革命的兴起,书院已经完成了它的历史任务,多改变为新式的中小学校,书院的历史也就结束了。

二、福建书院的特点

福建书院历史长达一千年,在漫长的岁月中,福建书院形成了自己的特色。

在书院发展方面,与福建特有的文化有关。如:福建科举业长期兴盛不衰,历代中举人数均位于全国前列,科举业推动了书院的兴盛;福建是闽学的发祥地,闽学家需要书院,书院也需要闽学家来扩大它的影响而招揽生徒;福建刻书业的长期繁荣,藏书容易,为书院提供了重要的学习条件。

在书院建筑方面,书院多建筑在依山傍水、环境优美、远离尘世的地方。这既可以给读书、讲学提供清静的环境,不受外来的干扰,又可以陶冶师生的精神,更便于书院的管理。书院的建筑,包括讲堂、祀祠、藏书楼阁、斋舍以及厨房,都从教学的需要出发,而以讲堂为中心。书院还建有园圃亭台以供师生憩息。这些建筑物组成了一个书院的整体,为师生提供了良好的教学环境和生活条件。

在书院奉祀方面,书院中设有礼殿或祠堂,除了奉祀先圣先师孔子、孟子等外,多奉祀周、程、杨等理学先辈,以及当地功德显著的名贤。每天早上,山长都要率领师生到礼殿(或祠堂)谒拜。通过这种纪念性的谒拜仪式,教育学生治学做人。它是书院教学整体的一个组成部分。这种教育起到了加强教学、加强遵纪和培养良好学风的作用。

在书院教学方面,在讲授规定的课程,给学生打好基础后,则根据学生的实际情况因材施教。学生学习重在自学。老师上一堂课,往往只讲一个章句,不拘字义,而是根据自己的见解尽意阐发。或者通过师生一问一答的辩难,讲深讲透,解决学生的疑惑。因此课堂教学比较自由活泼。但是考课却是严格的,每月三次考课,学生必须参加。成绩优异的表扬、奖赏,成绩不好的给以扣除膏火的处分。

在书院管理方面,院规以道德规范学生,正面要求学生立志、立品、虚心、敬业等，极力避免从反面要求学生。连学生的斋舍也以辅仁、营道、尊性、尚志、时习、敬业、笃行、循理、履正等为名，以鼓励学生勤学修志。朱熹手订的《白鹿洞书院揭示》，说是学规，实际上是正面教育学生如何做人、如何做学问的箴言，不会使学生产生压抑感，而只会激发他们的上进心。

第十章
建　筑

第一节　城市与城堡

一、福建古代的城市建筑

城市是各种建筑物的荟萃之区，是建筑的综合体。中国早在四千多年前的夏代，就出现了城市的雏形。由于年代悠久，公元前后的城市遗址已难寻觅，即使是中古前后的建筑，也大都只能从壁画和其他一些绘画中得到一些零碎的旁证。福建却不同程度地保存了许多不同年代的城市遗址，以其独到的建筑技术和建筑艺术，填补了中国城市建筑史的许多空白。

（一）武夷山古汉城遗址

武夷山市兴田城村的古汉城遗址，是西汉东南少数民族政权闽越国王城，距今2200多年，是目前我国江南发现年代最早、保存最完整的古城遗址。古汉城总面积为48万平方米，南北长850米，东西宽550米，东、西、北三面被崇阳溪环绕。城墙为夯土版筑，周长2896米，至今完好无缺。古汉城的建筑在许多方面与中原古城址是相同的，比如，在布局上，以王宫为中心，面面俱到，序列井然。我国最早的科技文献《考工记》中，对城市的营建有严格的要求："匠人营国，方九里，旁三门，国中九经九纬，左祖右社，面朝后市。"古汉城中部以闽越王余善的王宫为中心，占地数万平方米。宫殿建筑区是一种四合院式的中国传统建筑群组，包括大门、门房、庭院、主殿、侧殿、回廊、天井、厢房、空墙、水井和排水管道等设施，主殿坐北朝南，中有轴线，布局严谨。中国早期的城墙四周，必须是制高点，以便随时对城内外的非常行动迅速做出反应。古汉城城墙的西南、西北、东北三角，是控扼全城的制高点。登临其上，城内外景物一览无余。

武夷山古汉城的建筑艺术有自己独特的风格：

1. 因地制宜。城市面积虽似长方形,但并不规则。而是充分利用自然地势,将城墙筑在山背之上,高台建筑利用山坡,排水系统利用沟谷。

2. 宫室为"干栏式"建筑。"干栏式"建筑主要为民宅,俗称"吊脚楼",即用矮柱将整座房屋架起,下部空敞部分往往作为牲畜和堆积杂物之所,上层前为廊及晒台,后为堂屋与卧室。这种"干栏式"建筑流行于两广及云、贵等地,但规模均很小,主要为了防潮及避虫蛇之害。古汉城的宫殿和大型房屋,皆为"干栏式"建筑,其规模和气势,在全国各地的汉代城址中均未发现。

3. 路面铺卵石。我国建筑史界一般认为,宋以前,我国城市道路均为土筑,因此或尘土飞扬,或泥泞不堪。宋以后,南方一些城市才开始出现砖石路面;明清时期,城市才开始采用卵石、块石铺设路面。古汉城已勘探出古道路五条,路面均铺卵石,其中一条从城中至宫殿区通西城门的主干道,宽约10—12米,可谓初具规模。

4. 方砖和土砖的广泛应用。宫室庭院建筑群的走道、回廊、天井不是土筑,而是都铺有42×35厘米、厚4厘米的饰菱形几何花纹的方砖,墙壁不是用夯土版筑,而是用34×12厘米、厚10厘米的土砖所砌,外抹草拌泥,再涂上白石灰,并饰以彩绘。

5. 独到的排水、用水设计。已发现的两组排水系统和三处进排水口遗址,其排水管用专门烧制的陶圈重叠连接,雨水、污水分流。在主殿北侧后院34米处,现存有一口汉代水井,井壁用专门烧制的陶圈重叠竖起,井台用方砖铺设,至今井水依然清冽,实属罕见。

福建浦城县仙阳管九村溪东大王崂山,存有西汉时所筑的汉阳城遗址。据司马迁《史记·东越列传》记载:汉武帝平定闽越时,"越衍侯吴阳以其邑七百人反,攻越军于汉阳",即此。这是福建见诸正史记载的第一城,城址平面呈不规则圆形,面积约20万平方米。全城依三座山冈建筑,城墙现存宽度为2—5米,有夯打的痕迹,城墙的轮廓基本清晰可见。南面一段城墙,依傍在陡峭的岩壁上,下临溪水,城势险要。南墙中部边缘沿突兀的山梁成顶墩子状,为全城制高点。有的地方出现内墙与外墙,即城与郭。我国古代城市,一般均有城与郭,正如《吴越春秋》所载,"筑城以卫君,造郭以守民",可见两者各有不同。郭一般依山川形势而筑,不像城那样四面有墙垣。汉阳古城的遗址,为研究我国古代城市建筑提供了珍贵的实物。

(二) 古代福州城的建筑

福州是一座著名的历史文化名城。汉高祖五年(前202),汉封无诸为闽越王,福州正式成为闽越诸侯国的都城,故城位于屏山、冶山、云步山之间,也称"冶城",晋代的晋安郡守严高将城迁至冶山南麓,称"子城"。在此之后,历经唐宋元明清,福州城都是在子城的基础上逐步扩大的。福州城的古代建筑除了具有我国古代建筑的一般规律外,还具有许多自己鲜明的特色。

1. 城在山中,城中有山。福州是一个典型的河口盆地,复杂的地质结构,使福州城出现了两种极为独特的自然景观。一是内三山、外三山,民谚亦说:"三山藏,三山现,三山看不见。""三山现",指鼎立于福州中心地带的于山、乌山、屏山,也就是"内三山"中的三座山。"三山藏",指隐藏于民居和各类城市建筑之中的玉尺山、罗山和冶山,山与民居已浑然一体。"三山看不见",主要是指已经隐入地下或夷为平地的钟山、丁戊山和灵山。"外三山",指福州城外的鼓山、旗山和雪峰山。"内三山"最早在城外,经过发展,到晋以后,才被逐渐包围在城内。二是福州城内有众多的丘陵垄岗,但又排列有序地成四级阶梯式坡地。高盖山等为第一级丘陵,乌石山、于山、屏山等为第二级丘陵,马鞍山、仓前山等为第三级丘陵,吉祥山、昙石山等为第四级丘陵,这种奇观使福州城的建筑亦成四级阶梯形,错落有致。

2. 从北往南对称布局。福州城布局既体现了我国古代城市君权神授的思想,注重中轴线的对称,但又注意依据地势,如宫殿、衙门虽在中轴线上,但并不在中心,而在北顶点,依山而建,接着宫殿前是官员住宅和其他次级衙门,再往南是居民区和商业区。整个城市不是向南北两方扩展,而是向南扩展,使原有城墙的护城河成为城市的内河。唐末五代,福州城开始建造砖城,福州街道按方格状布置,出现九轨、六轨、三轨、二轨五种不同宽度,路面用石块铺砌,这在我国古代城市的街道建筑中是不多见的。宋元以后,福州城建筑开始突破"内三山"范围继续向南发展,直到最南端的烟台山一带(今称仓山区)。近代出现各种教堂、领事馆、外商洋行、小洋房等带有列强特色的建筑,为今天研究中国近代建筑史的实物。福州城由屏山从北往南这条中轴线上,如果以北面江南最古老的木构建筑华林寺为一端,以南台烟台山为另一端,真是可以"唐宋元明清,从古看到今"。

3. 坊、巷纵横。古代福州有四十九坊,六十多条巷。但真正能代表福州古代建筑特点的是位于市中心的"三坊七巷",这是由北到南依次排列的十条坊巷的简称。"三坊七巷"起建于西晋晚期,是中国历史文化古城中坊制的典型代表和中国南方现存较为完整的古街区之一,其中有许多不同时代工匠的精巧佳作,至今仍保存了大量的名人故居和明清时代建筑,被建筑界喻为一座规模庞大的"明清古建筑博物馆"。这些坊、巷从外观看都是石板铺地、白墙瓦屋,但都各有特点。如黄巷内有的住宅楼台亭榭,小巧玲珑,并辟有假山池馆,颇有江南园林风韵。宫巷现存明代建筑 6 幢、清代建筑 13 幢。其中面积在 1000 平方米以上的深宅大院有 10 幢之多。其宅院中的民居结构十分精巧,将木雕石刻工艺与建筑构件天衣无缝地结合在一起,令人叹为观止。如漏花窗户采用镂空精雕。在木穿斗、插斗、童柱、月梁等部件上常饰以精美、富有象征意义的雕刻,柱础(柱珠、柱)、台阶、门框、花座、柱杆上随处可见各种栩栩如生的石刻,真是福州古建筑艺术集大成者。

(三) 福建其他的古城

自城市出现,就产生了城防问题。中国古代城市都筑有城墙。城墙上有城门、城楼、角楼、墙台(亦称马面)、敌楼、女墙、垛口(亦称雉堞)等防御工事,构成了一整套的城墙建筑体系。特别是一些用以操练水军和防御倭寇的特殊结构的城垣,其布局与一般城市不同,具有高超的建筑艺术水平。福建省的海岸线为全国最长,自宋代就开始设岗,明代朱元璋委派军事工程专家江夏侯周德兴经略福建,基于保卫海疆的防御战略需要,修建了近20座沿海城池。之后,清政府和民间又陆续筑了许多防御性的城池,有的县就有16座古城,虽经几百年风雨,但其中不少至今保存完好。这些古城是研究我国沿海防御性城垣建筑艺术的不可多得的珍品。

福建古城建造充分利用有利的地形,视野开阔,全以花岗石料构筑,大都建于明洪武二十年(1387)之间。惠安崇武古城三面临海,一角连陆。城墙共2455米,城墙连女墙高7米,有1304个城垛,城郭嵯峨壮伟。福清万安古城依山傍海,城墙全长1733米,高5.3米,上有矮墙827个,警铺13座,敌楼18座,城门四洞,其东、西、南三门城楼雄视海疆,整个城墙如巨蟒盘亘在山坡上。城内依山势铺设的石街透迤南北,整个古城规模恢宏,当时集福州、兴化、漳州、泉州四府的能工巧匠,费时十年始修筑而成。东山的铜山古城临海砌石,环山建城,城墙长近2000米,高7米,女墙86个,窝铺16个,有东、南、西、北四城门,三面临海,自成广阔护城河,西面直达九仙顶,与水寨互为一体,形成犄角,气势宏伟,如巨龙盘山镇海。位于莆田湄洲湾的莆禧城,城墙长近2000米,高4.2米,基厚4米,城垛1049个,警铺24个,城门建有城楼,城的东、南、北三面凭海与湄洲岛相望,西面凿山为旱濠,宽6.6米,深2.6米,长800米,城内为十字形石板路,并建有千户所衙门和粮仓等。诏安县的悬钟城三面阻海,一门通路,环海为濠,城墙长1800米,高6.6米,宽3.3米,城内建有民房衙署。晋江县的卫城东西长近千米,南北宽683米,墙高5米,有大东门、小东门、南门、西门和北门五个城门,每个城门上均设城楼,城外有护城河。南靖县的六鳌城位于狭长的六鳌半岛末端的半山腰,城墙沿山势起伏,绕山一周,长约1000米,城上瓮城、城门、水门、城垛、马面、藏兵洞等军事设施一应俱全。城墙隐蔽在300余株古老的榕树中,站在城墙上,可从三面看到大海,而从海上只能看到郁郁葱葱的榕树。

二、福建古城堡建筑

官方修建的城还保护不了芸芸众生,为了抵抗倭寇和山贼,明万历之后,民间各地开始纷纷建城。但这些城与官方修筑的城又有区别,它们除了有军事防御作用外,还用以居住,规模也大多不如官方修筑的宏伟,因此也被称为"堡"。后来一般将官方建的城称为城,民间自建的城称为堡。闽南沿海一带,民间修筑的古堡星罗棋布,实为中国民间建筑史上的奇观。如漳浦县,这种结构奇特、气氛神秘的方圆城堡就有近200座。堡的建筑极为讲究。一般第一层用花岗岩构筑,上层则以糯米、糖水、灰浆拌沙土夯成,硬度极强,历经数百年风雨和大地震也无损坏。明代的堡通常是方形或长方形,到晚明至清初,出现了一种"卍"字形的楼堡,即在堡的四个角上方突出一座敌楼,用以减少堡下的死角。随着岁月的流逝,其防御作用逐渐减少,居住作用增强,堡的规模也扩大了,其内侧有木构通廊,堡内房间偏小,隔间多,中心有水井,有的堡即为一个村子。

(一)漳浦的"五里三城"

在闽南众多的城堡中,最著名的要数位于漳浦县湖西乡的"五里三城",即赵家堡、诒安堡和新城。其中最古老、最负盛名的是赵家堡,俗称赵家城。这座古村的城堡是宋朝赵家皇室所建,至今,堡内所居住的600多人均为清一色的"皇亲国戚"。南宋祥兴二年(1279),元军攻陷广东崖山,陆秀夫背少帝赵昺投海殉国,宋亡。跟随少帝一起南迁的闽冲郡王赵若和一行夺港出崖山返闽,后在浦西登岸,为逃避元兵追拿,改姓黄,终世隐居漳浦。明洪武十八年(1385),朝廷赐准其恢复赵姓。明隆庆五年(1571),赵若和第十世孙赵范中进士,即仿宋式建筑,兴建城堡,历时20年。明万历四十八年(1620),赵范之子赵义详细考察了开封、杭州宋代两京建筑和布局,以1:9缩小的比例模仿宋汴京城重建了赵家堡。整个建筑分外城和内城,城墙为条石砌基的三合土墙,基宽4.3米,顶宽2米,高6米,墙周长1082米,占地139亩,筑四城门,城门上筑塔楼,按当地风俗,北门紧闭,东、西、南门分别镌有"东方钜障""硕高居胜""丹鼎钟祥"的石匾。内城由方楼、古堡组成。方楼为四合式三层古楼,取名"完璧楼",隐喻"完璧归赵"。楼高15米,占地484平方米,每层16间,共48间。楼下设天井,有水井一口,并有地道直通城外。主楼前面,又建两层楼以对峙,两边附平屋与楼房相接,楼右侧有一夹墙,中铺石板,上封其顶,可以上下通道进出。外城的主要建筑"官厅",仿南宋临安凤凰山下的皇宫,建府第五座,五进并列,共有150间。府内连环20个天井,前有石砌广场。赵家堡的价值不仅在于它布局精巧、建筑精美,还在于它完整地保留了宋朝都城开封的格局,无论城墙、大内、五省六部,还是佛塔、墨池、武庙、御花园、书院等应有尽有,连宋代画家张择端在《清明上河图》中画的"汴河桥",在赵家堡中也可以寻到。因此,赵家堡对于领略宋代汴京市井生活气息,对于研究宋代都市建筑风格,具有不可替代的作用,这座世界上独一无二的活古董,当之无愧地享有"国之瑰宝"的美誉。

诒安堡是清康熙年间太常寺卿黄性震建造的。其主要特点为呈锁形,且气势宏伟,布局极有规则。城墙长1200米,高6.7米,宽3.3米,全部用上等巨石砌成。城上四门,城楼、角楼、主楼等布置得极有规则,墙顶外部筑2米多高的三合土女墙,上开365个垛口,取一年天数。为防止北门塌倒,便堵死北门,并在对面山上建一塔镇住。可见当时修建是很讲究风水地理的。城内8条石铺街道整齐有序,95座房屋鳞次栉比,燕尾型屋脊两端上翘,城内筑有四方形三层梳妆楼,与花园水阁浑然一体,别有洞天。

"五里三城"的另一堡新城,实为康熙年间提督蓝廷珍府第,其最大特点是四周房宅环排,组成一个"口"字形外壳,所以也被称为"院城"。新城府门朝东海,府第呈四合院式,对称的建筑群沿中轴线分布,纵向五落,依次为门厅、正堂、后堂、主楼与后厢等36间房子,左右共72间厢房环拱四周,犹如城墙环绕府第。左右厢房与门厅、正堂、后堂设廊相连,形成大四合院套小四合院的格局。府第中还建有两层结构的土楼,为独立建筑,与周围建筑之间不设廊,这在闽南是绝无仅有的。

(二)福建其他的古堡

福建有许多保留完整的各具特色的古堡,皆为我国建筑史上的珍品。云霄明代修筑的菜浦堡呈椭圆形,四周护城河环绕,有东、西、南、北四门,城堡全部由三合土筑成,其特点是城内紧贴土墙建有两座小楼房,形成建筑与土墙结合的环形城堡。城内广场、街巷面貌四百年未变,在国内也是少见的。漳浦灶山清代修筑的八卦堡形似八卦图,全堡砖木结构,由数圈民房环拱而成。整个"八卦堡"每一房圈相距约3米,自然形成环形小巷。这是研究古代建筑文化与宗教神秘文化关系不可多得的实物。

第二节　福建民居

民居是中国古代建筑中数量最大的一种类型。由于自然环境的差异、建筑材料的多样、风俗习惯的不同等原因,中国民居的形式极为丰富。因此,越具有地域特色的民居,对中国建筑史的贡献就越大。

一、福州民居

(一)"三坊七巷"的建筑特点

福州是一座著名的历史文化名城,市内坊巷纵横,古代福州有49坊,60多条巷,但真正能代表福州古代民居建筑艺术的是位于市中心的"三坊七巷",这是由北到南依次排列的十条坊巷的简称。"三坊"是指衣锦坊、文儒坊、光禄坊,"七巷"是指杨桥巷、郎官巷、安民巷、黄巷、塔巷、宫巷、吉庇巷。"三坊七巷"的建筑特点,主要有以下三个方面:

1. 坊巷格局鲜明。巷内一般由3—6米宽的石板铺路,两侧高耸白粉墙,门墙普遍用石砌勒脚,入口门楼两侧有插拱支撑的单坡雨罩,有的入口大门扇外还有作书卷饰的镂空"六离门"。每宅皆由高墙环护,整个宅院除门头房外,都围上封火墙,形成流畅的曲线,俗称马头墙;墙头构成翘角,重重封火墙极有规则地将座座民居隔开。

2. 门、院、园错落有致。三坊七巷的大门往往独成一组建筑,考古学家杨秉纶认为门的处理方式有五种:第一,用规整巨石架设门框,在石框后安装厚实版门,主要用于防卫。第二,用石门框,配以厚实的版门,门上装铜铺首,门后用铁栓。第三,大门为三开间六扇门形式或明三暗五六扇门形式,门前有宽敞的门廊,廊的顶棚用弯椽,双坡顶,门两侧是高大马头墙,门面十分排场。第四,门与院落不在同一轴线上,大门与门房组成单独单元;大门内一侧,有通院落的屏门。第五,大门内不设门房。大门后即是院落前回廊,回廊必有一道插屏门,遮住直对正座建筑的视线。① 其院落,按福州习俗,一院落为一进。主建筑正座厅堂通常三开间,或五开间、七开间,前后均有天井,前宽后狭。为利用场地,前后天井两侧往往兼有披舍,前作书斋用,后为厨房或佣人用。院中楼房往往安排在最后面。其庭园,也称花厅,往往安排在宅轴线的另一侧,并配以假山、楼阁或水榭,布置典雅,小巧玲珑,情趣盎然。

3. 精美的雕刻艺术与整座建筑融为一体。这些被修饰的部位主要集中在三个方面:第一,门窗,漏花采用镂空悬雕,工艺精巧,图案丰富,有拼字、几何形等。第二,厅堂明间正立面,屏门上襻间斗拱常呈香篮形、宝瓶形、卷书形等。第三,构架都刻有精美的花卉、人物、鸟兽等。所雕刻的形象大多鲜明生动、立体起伏、层次清楚。这些雕刻艺术形式,有圆雕、浮雕、透雕,还有单幅雕、组雕、连环雕等,内容除了以上所介绍的外,还有大量的诗词题刻,琴、棋、书、画等图案,有较浓的文化氛围。

---

① 杨秉纶:《谈福州三坊七巷古民居》,《福建文博》1994年第2期。

(二)"三坊七巷"中著名的民居

黄巷是唐代黄璞的故居(曾归清朝著名学者梁章钜所有,后又归御史陈寿祺所有)。厅内有一双层小楼,底层封火墙与房屋之间有两个由太湖石与白石灰、糯米汁堆塑的雪洞,可直通鱼池和假山,假山洞分东西二路(西路被封),沿着东路可登上一亭式小阁,阁为歇山顶,柱头转角有雕刻精细的垂花球。整个布局小巧玲珑,清幽古雅,颇有江南园林的神韵。柱、架、檩、檐雕龙画凤,楠木制的窗槛、门扇等精雕细刻。此居另一个好处是闹中取静,一出巷口即为福州最热闹的街市,但家中却一点儿也听不到闹市的喧哗。

衣锦坊欧阳花厅。此院由光绪年间欧阳宾购买重修。其花厅占地面积为整个大院的2/5,前后隔墙,有小门可通,前为男人娱乐厅,后为女人娱乐厅;其20扇楠木门扇,雕有几百种图案,均雕工精细。左右厢房的8扇门,镶入100多幅用黄杨木树根相形雕琢而成的花鸟图案,不仅极为精致,还可随时拿出再嵌入。

文儒坊是陈承裘与夫人张氏故居。其特点:一是各类门窗等均雕工精美。正厅门及窗精雕有各种花卉及青铜礼器图案,后厅堂门窗户扇仿中国花鸟画阴刻的菊花、荷花、牡丹、喜鹊、水禽等写生画,皆为雕刻精品。二是院落内假山鱼池和临水楼阁皆小巧玲珑,相映成趣,花园有书房和客厅,并有墙将后花厅隔开,别有天地。

(三)闽清宏琳厝和东成厝

福州市辖的各县,也有许多有特点的民居。如位于闽清县坂东镇新壶村的宏琳厝民居,为一次性设计而成,始建于清乾隆六十年(1795),占地面积1.7万平方米,大小厅堂35间,花圃25个,天井30个,住房666间。全厝为土木结构,翼檐卷仰,翚飞鸟革,前高后低,左右对称,以三条横巷通贯,以廊庑、门洞、花墙、过街楼分隔成大小不等的院落空间。厝内正厅两边建有卧房和火墙衕,左右书院各三间,中为书院厅,两旁为书房。正厅、书院、回照围为天井,正厅与后厅以屏风相隔。火墙外左右两旁隔沟建筑横厝,朝向与正厝成90度,横厝两端正反方向各开横厝厅一间,横厝之外又建外横厝,两进之间为横街。整个建筑结构精巧,布局井然有序。

位于闽清县塔庄的东成厝,由大小四个庭院组成,前侧有一座炮楼,住宅侧面除拉弓山墙外,又做出披檐,巧妙地将悬山、四坡顶与土封火墙结合为一体。位于闽侯县南屿的林春泽故居为双层木构建筑,四面高墙,天井左右两侧为单层木屋,主楼为三开间,楼上是梳妆楼,具有明代建筑风格。

二、莆仙民居

(一) 莆仙民居的特点

莆仙指莆田县和仙游县。这两个县位于福州与闽南之间,其建筑却自成一体。莆仙民居最鲜明的特点是"满装饰",即千方百计堆砌外装饰,无论木雕、石雕、砖雕、泥塑、壁画、贴面都一起用上,且圆雕、浮雕、空透雕并存,将整个墙面弄得极其华丽堂皇,具有明显的炫耀性。对此,黄汉民先生有精到的分析,他认为:莆仙沿海的地理位置及海上交通的发展,使得当地人在过去多灾多难的年代,为生活所迫而出洋谋生,出洋之后能衣锦还乡以荣宗耀祖是他们最高的追求,这种社会的群体心态,强烈地反映在莆仙民居的外墙装饰上,就是衣锦还乡之人新修屋宇而不惜巨资,但并不着力于内部使用功能的改善,而是竭力追求建筑规模的气派,注重炫耀给别人看的外表装饰,以达到一种心理上的满足。①

(二) 仙游民居

仙游民居多为横向布局,浅进深,宽开局。其屋顶一般为两坡悬山顶与歇山顶相结合,顶分五段,两侧逐渐叠落。其外墙装饰常在窗两侧的土墙上以红砖贴面,与白灰构成红白相间花饰。青石、白石、红砖、白灰相互映衬,使住宅精致、绚丽。

与闽南接壤的福建中部仙游县的民居,也颇有特色。它保留了闽南民居的一些特点,如以主厅堂为中轴线对称布局、讲究装饰、以木构架为主、封闭的外观与敞开的内部相结合等,但还有自己独特的特点。第一,多为横向布局,浅进深,宽开局。最典型的如游洋乡龙山村的宅屋,有的仅两进深,面却宽达17间。与多进式深宅相比,这种建筑省却了正厅和后厅,也就省却了大量的建筑材料,并易于采光通风,相互干扰也少,交通便利,也利于分户。第二,以几种基本单元组合拼接成建筑群体。最主要的基本单元为一厅两房,向横向发展即为一厅四房,向纵深发展即为三座落。度尾镇山村的郭宅为两进深,面宽13间,由一个一厅两房的基本单元在两侧各加两个小的组合单元,再加一列护屋组成,共80多间厅房,17个天井。榜头镇仙水村的"仙水大厅"是一组规模宏大的明代建筑群,三进深,面宽9间,共160余间房。这是一个因多次组合而形成的宏大而又功能明确的建筑群:正中是由最基本单元——一厅两房向纵深发展成三座落,两侧也是三座落,再往两侧是一列套间厢房,隔了一

---

① 黄汉民:《老房子·福建民居》,江苏美术出版社1994年版,第43页。

个侧天井后,又是一列护屋。这种组合拼接的建筑群将甬道、回廊和连幢的厢房连接起来,因而东西南北贯通,无论刮风下雨,内部都畅行无阻。建筑物皆为单檐歇山顶土木结构,用材粗壮,宏大坚固。

(三) 莆田民居

莆田民居讲究外观装饰,其墙面处理有独到之处,即墙体用红砖顺砌,并有规则地丁砌小块花岗石,形成红砖墙,面上点缀呈菱形布局的白石图案,丁砌的小石块起到拉接作用,既装点了墙面,又增加了墙身结构的整体性。① 位于莆田江口镇后港村的余宅,就是这种民民的典型代表。

三、闽南民居

(一) 闽南民居的主要特征

1. 对称的布局。闽南民居都有明确的中轴线,以厅堂为中心组织空间,左右对称,主次分明。规模大时则纵向延伸或横向发展;规模更大时,则多厅堂组合,或并列数条轴线,形成多院落组成的大型宅第。因为带有祭祖、敬神的功能,因而厅堂的地位是很重要的。

2. 外部材料以红砖、白石为多,内部材料以木构架为主。闽南有悠久的制砖历史,特别是红砖烧制有很高的水平,其质地缜密光洁,色彩红润鲜亮,厚薄、大小尺寸繁多,能适应组砌各种砖花的要求。闽南有丰富的质地极好的石头资源,可以制成各种上乘的建房材料。福建还盛产木材,闽南民居内部多采用穿斗式木构架,斗拱与梁架接榫无缝,梁头用藤条加固,重叠有致,室内隔墙亦多以木板镶嵌。

3. 精巧的雕饰。闽南是雕刻之乡,尤以惠安石雕为全国首屈一指,木雕、砖雕也颇有名气。因此,常在屋中饰以雕梁画栋,特别在屋中重点处,如厅堂的梁枋、托架、门窗、椽头、柱础等,都雕满了花饰,精巧细腻。其余地方,如白石门廊镶满飞禽走兽的青石浮雕,两旁屋面嵌着衬有青石透雕窗棂的方形图案砖雕,甚至连屋脊、山墙顶部、门窗上头也布满了各类雕饰。

4. 丰富生动的屋顶轮廓。由于建筑内部空间起伏较大,单坡或双坡屋面上覆以青瓦,形成层层叠叠、高低错落的屋顶轮廓;或屋脊由舒展、平缓的曲线向燕尾自然过渡。屋宇一般有高啄的檐身、长龙似的凌空欲飞的雕甍,屋脊飞翘,首尾相接,交错叠映。

---

① 黄汉民:《老房子·福建民居》,江苏美术出版社1994年版,第42页。

(二) 闽南民居的类型

1. 大厝式。"大厝",在闽南方言中是"大厦"的意思。这类民居不如府第式气派,但也是当时的富商所建。大厝通常为三合院或四合院的格局,多数是悬山式五脊两落水的建筑,前有石铺的前庭。一般是两进三开间者居多,也有三进五开间的,每进用天井隔开并以回廊相连。有的两边回廊之外有长列厢房,后面还有一列雅致的梳妆楼,多为女子的绣房。这类大厝坚固耐用,居住舒服,用料极讲究,地板铺方砖,一尘不染。厅房正面的门框、窗框多用光滑的青草石镶嵌,上刻名家书写的对联。建于清代的漳浦浯江的"秀才村"主体建筑为三排平房(护厝)抱着两排各三进的院落,至今保存完好。建于1864年至1911年的南安官桥蔡氏旧居,连绵三公里,木雕、石雕完美地结合在一起。晋江县大仑的蔡宅,两层角楼,两进宅院,头进左右有敞亭,墙面材料鲜明。晋江县的庄宅为横向布局,对称严谨,并有埕头楼,装饰华丽,砖雕和木雕都有相当水平。建于清光绪年间的泉州亭店乡的杨阿苗民居是至今保存较完整的宅院,占地1200多平方米,装饰精美,为五开间双护三进,前有石铺前庭,绕以围墙,组成一完整建筑。

2. 府第式。府第式是闽南民居中常见的类型。闽南为官者都喜欢在家乡修筑居室,如泉州仅东城一隅,就有五代晋江王留从效、明末兵部尚书洪承畴、明代南京刑部尚书詹仰庇、南宋丞相蔡确、南宋状元梁克家、明代监察御史郭楠、清代宫保提督万正燮、清代福建水师提督施琅、被南明隆武帝封为南安伯的郑芝龙等显要府第,此外,还有一字排开的施琅手下十员猛将的府第,组成一群古官邸群。这些府第式大院气势宏伟,平面呈中心对称,是多进深、多空间的纵向组合形式,由下厅、天井、前厅、后轩组成中心序列。进了大门后就是下厅,下厅两旁有两间下房,前面是天井,天井两旁有厢房;过天井就是主屋。中间是厅堂,厅一般为面向天井的半开敞式。前厅为祭祖、敬神的地方,后厅是内眷起居的地方。厅的左右各有前后两房共四间,俗称大房、后房,是住宅和起居间。一般还加后院或两侧,作为厨房、杂间、住房等。更大型的则在此基础上,组合成前后多进、左右平接的大院落。天井、敞厅"互为融和",屋脊舒缓有致,显得从容不迫,雍容大度。位于南安石井的"中宪第"建于清雍正六年(1728),是保留较为完整的府第式建筑。宅第为悬山式五进大院,以厅为中心,东西各列厢房,占地为7780平方米,附属建筑还有书院、演武厅、梳妆楼、月亮潭、鱼池、水榭、假山、花园等,布局谨严,曲折深邃。

3. 洋楼式。"洋楼式"是闽南民居第三种常见类型。这种民居主要是归国华侨受侨居国的建筑形式影响而建,但也保存了闽南典型民宅中的一部分,可谓中外结合,是一种"扬弃"。它抛弃了以天井、敞厅为中心的合院形式,以前后厅为中心,四周围似四个房间,均向正厅开门,一般为两层建筑。洋楼最大的特点是由传统的建筑围合空间,变为空间围合建筑。虽出现了科林多式圆形廊柱、叶窗等西式屋饰,但门庭垣墙却是砖石结构,仍然有石刻的题匾、门联,以及彩瓷门饰,顶屋开始出现平顶,而围以釉彩陶瓷栏杆,不少洋楼还有龙脊凤檐。楼前屋后,多有花圃,屋顶墙壁还爬着藤和紫罗兰,充满侨乡情调。石狮市一些小型"洋楼",为中西合璧的产物,其花岗石勒脚、红砖拼贴的外墙等都是地方传统的做法,而壁柱的造型、窗眉的处理又都是西式的。

四、闽西民居

(一) 闽西民居的特点

闽西大中型民居以横向护厝式合院布局为主,由中轴线上的多进合院与两侧的护厝组合而成。护厝为连排的房间。一般民居则屋中设上下厅堂,左右设厢房、厨房、天井等。总体布局四向延展,左右对称,大门内各个建筑单体相互贯通,形成设施配套的殿堂式、封闭式格局。按其类型,主要有"三开间"和"八间头"。所谓"三开间",即中间一间为明间和门,左右各一间为塾。门外有屏,门内为庭,主体建筑由堂、室、房组成。堂前有阶,室在堂后,要入室必先过堂。门与堂之间,还有二门,二门以内是主人起居之处。所谓"八间头",指普通民居,有两厅四间两厢房,中为天井,一些"三栋厅"和几披横屋,都是"八间头"的扩展。①

(二) 闽西有代表性的民居

据《龙岩地区志》《长汀县志》等载,闽西有代表性的民居如:明万历年间(1573—1620)建,位于龙岩中城下井巷的"十八堂",为三幢并排六进式砖木结构,每幢由六进平房组成,每进面阔三间,中为厅,左右为房间,两边开边门,天井的两侧各有廊屋。每幢6个厅,三幢共18个厅、18个天井。清代建造的位于龙岩城内的邱厝,由南向北依次为灰坪、长门、前天井、中堂、后天井、后厅。前、后天井两侧为廊庑,主房面阔三间,中堂为穿斗构架,主房两侧为厢房,廊屋与主房连成一体。长汀县南大街的吴宅建于清代,占地约600平方米,由边门、照壁、门楼、天井、正堂、后堂组成。边门坐东朝西,木架结构,面阔三间,两侧连接封火墙。正脊翘角为双狮戏球。门楼为单檐见山式,砖石结构,门橼画有人物彩绘。前厅正门是六扇隔扇门,正堂为穿斗式木构架,梁架上有浮雕,面阔三间,进深四间,前橼均有垂球。后厅为穿斗式九檩卷棚,面阔

---

① 林国平主编:《福建民俗志》,方志出版社1997年版,第97页。

三间，进深六间，中间设神龛。后堂系双层绣花楼，楼间设有美人座。为长汀传统典型民居之一。

闽西民居有特色的还有永定慕荆乡的农宅，这是一种单层住宅类型，平面呈马蹄形，中央为四方形四合院，两侧双道护厝，外厝后面为弧形围厝。前院由围墙和牌坊式大门围合为晒场，屋前有半月形风水池。连城县新泉镇的张宅主体建筑坐北朝南，大门倒置西北侧，在层层叠落的青灰砖立面中突出雕饰精美的白石大门。

五、闽北民居

（一）闽北民居的特点

闽北民居多为土木结构瓦房，中有天井，两侧为两间或四间正房，天井两旁设两三步台阶，中有大厅堂，两旁各有两间正房，后阁两边为厨房。正如《明溪县志》（1943年铅印本）所记："屋多木建，墙以砖泥筑之，规制普通为上下三厅，左右辅以厢房，间有构层楼者，建筑虽不甚华美，而坚致牢实，堪垂久远，且易修理，实有足取者。"

（二）闽北民居的类型

1. 在本地模式的基础上，模仿外地样式。如《崇安县新志》（1942年铅印本）记："住，明时，屋制颇卑，庭前多设二柱，厅壁分两段，上段用竹篱附灰，与今日假墙同。至清制作稍变。乾、嘉时，下梅邹姓、曹墩彭姓经商广东，仿广式构屋，藻饰华丽。岚谷彭姓经商苏州，仿苏式构屋，栋（栋）宇宏深。清季，如城坊万朱二姓之屋，规模宽敞，光线充足，闽北当首屈一指。"清代，商人在武夷山下梅村模仿广州、苏杭建筑样式，造房屋70余栋，现仍存50余栋，为古民居群。与闽北传统民居相比，其特点有三：一是宽敞，整座建筑有大门、门楼、前厅、大厅、后厅、书楼、香阁等。每栋均为三进，大厅堂用扛梁造法，柱头挑出两支斗拱，斗拱镌有花鸟饰案。二是精美，无论细砖雕砌的门楼、镂空雕花的木梁，还是精美的镂窗、典雅的廊檐，都经过精工细雕。三是布局统一，墙帽造型优美。

2. "高脚厝"。这类房一般建在闽北一些依山傍溪的村落，为两层木楼房，下层以若干杉木柱为支架，形如高脚，既可防洪，又可避虫蛇，下层往往用竹篱圈围。也有的全座楼只用一根木柱，四面围墙，视木柱高度，可建一至两层，楼上楼下隔若干间。这类住房与武夷山汉城遗址中的"干栏式"建筑有相似之处。"干栏式"即用矮柱将整座房屋架起，下部空敞部分往往用作饲养牲畜和堆积杂物之所，上层前为廊及晒台，后为堂屋与卧室。

3. "三进九栋"式。明清时闽北不少告老还乡或在外发财的大户修建"三厅九栋"式大型瓦房,其天井、走廊、檐阶一般为石板,每幢四周以陶砖或泥土筑造封火墙,第三进大厅上方正中设神龛,整座建筑显得富丽堂皇。最有代表性的是位于泰宁城关明朝兵部尚书李春烨建于明天启年间(1621—1627)的府第,人称"尚书第""一福堂"。其主要建筑特色有四:一是气势宏伟。整座建筑坐西朝东,南北长87米,东西宽60米,占地面积5220多平方米,主宅五幢,辅房八栋,分五道门沿甬道一字排开,除厅堂、天井、回廊外,有房120多间,全为砖石木结构。二是布局严谨。五幢主体建筑为三进合院,结构大体一致,中厅堂用减柱扛梁造法,木柱粗大。其大厅对天井开敞,厅前两侧设雕饰精美的高栏杆。三是用材讲究。如甬道、庭院、走廊、天井全用花岗岩石板铺设,厅堂是方砖地。四是雕工精细。如厅堂内的柱础式样多达30余种,都雕刻有麒麟、锦象、花卉等装饰图案,门廊、匾额、梁柱、斗拱及墙面布满石雕、砖雕、木雕装饰,精工雕刻人物、飞鸟、卷草、团花等图案。

六、闽东民居

闽东一带传统民居结构多为一厅加左右厢房。但也有其他形式,如:福安传统民居的屋顶高耸而且巨大,屋顶坡度增大,高大的山墙面上挑出两三层披檐,檐下的木构架与竹泥白粉墙形成鲜明的对比。山尖的壁瓦装饰与细长的木悬鱼相互衬托,形成福建木构民居中最富有变化的山面构图。[①] 福安畲族的房屋多为"四厝",即两木料加左右两侧土墙,厝里空间为三透。正中用木板隔障,称为"中庭壁",前为厅堂,后为后厅。厅堂常放一张八仙桌,用于待客或过年过节祭祖,走廊处有一至二个天井,后厅用于放农具或作餐厅,左右两透用木板各隔成二至三间卧房。[②] 宁德一带用料大多为花岗石,墙均用条石砌成,一间房须用14—16层条石。这与闽东沿海风大,需要牢固住房,且闽东富产花岗岩有关。

第三节　福建土楼

一、福建土楼的分布和历史

福建土楼遍布闽西南,历史悠久,有唐、宋、元、明、清、近代、现代、当代的土楼;其造型多样,有圆形、方形、长方形、半圆形、五角形、八卦形、五凤形、挑

---

① 黄汉民:《老房子·福建民居》,江苏美术出版社1994年版,第70页。
② 蓝炯熹总纂:《福安畲族志》,福建教育出版社1995年版,第646页。

高形、多角形等。令人惊叹的是其数量极多,保存极好。据1987年不完全统计,仅永定县就有各式大小土楼2万多座,组成了1800多个以自然村为单元、居住30多万人的大规模的土楼群体;龙岩县三层以上的大土楼仍存有242座;漳州市所辖的各县山区遍布近千座土楼,仅圆形楼就有300余座。这些形态各异的土楼建筑曾被西方国家的情报机关从卫星照片中发现,疑为"隐匿的核力量",并不惜代价地投入大量人力和物力进行监测,又得不出任何结论。后来,一些西方情报人员作为观光者来到土楼,在恍然大悟的同时也被它的神奇所震撼了。几十个国家和地区成千上万的来访者无不为土楼而惊叹,有的建筑专家甚至认为,福建土楼"可与万里长城媲美","是世界生土建筑发展史上的伟大奇迹"。2008年7月6日,在加拿大魁北克省举行的第32届世界遗产大会上,46座福建土楼被正式列入《世界遗产名录》。

福建土楼的建造,可追溯到客家先民向南迁徙的历史。自西晋"五胡乱华"始,黄河流域的中原人为避战乱而渡过长江,唐末及南宋末,又先后两次因社会动乱而南迁,长途跋涉,最后来到闽西南的崇山峻岭中,过着与周围环境隔绝的生活。由于曾饱受动乱的痛苦,因此他们"恨藏之不深,恨避之不远"。但偏远之地容易遭受群盗侵扰,就又迫使分散的人们聚集而居,集体防御。土楼的形态有利于保持家族完好和兴旺。各种样式的土楼在长期的实践中被不断完善,更加美观舒适。

二、福建土楼的独特魅力

（一）楼址选择灵活多变

中国民居受风水影响,极讲究相地,建宅多经风水师觅龙、察砂、观水、点穴等方可定夺。福建人对住址的选择亦尤为讲究,一般规定阳基的理想模式应为:枕山、环水、面屏、背水、面街、人家。特别是在山区,极讲究山势龙脉。但福建土楼却主要以是否能更好地适应劳动为主要标准,一些楼址的选择并不拘泥于风水地理所规定的模式。有的楼址选在被认为钟灵毓秀的依山傍水、面向平川的平地;也有不少楼址选在山谷、斜坡、崖畔、台地,甚至也有选在孤立的小山顶上。其原因,固然与南迁先民皆为客家人(宋代立册,以先到者为"主籍",后到者为"客籍"),平原沃土多被主户所占有关,但主要还是与其生活有关,只要楼址有利于就近耕种农田、砍柴伐木、捕兽捉虾、采药畜牧即可。

（二）充满人情味的内部构造

福建土楼的内涵极为丰富,它具有现代单元公寓住宅的优点,独门一家,保证了某些私密,也减少了邻居间的干扰,但又没有隔断邻里关系。中心院落的共用空间给居民提供了交往的环境条件,形成一个亲切愉快的生活空间。虽然有时免不了会有禽畜互扰等各种生活矛盾,但都能相安无事。土楼的内部构造增强了家族的凝聚力,这种凝聚力又促使居民互相帮助,和睦共处。

(三)就地取材,不费能源

福建土楼主要由泥土、石块、木料构成,其中生土(未经焙烧的泥土)是墙体的主要建筑材料。闽西山区筑土楼的生土主要取黄土,但需提前3—5年先将黄土准备好,然后每隔一段时间就翻一次土,其中还要依次加上斩碎的稻草,经过多次反复后,就可避免日后墙体因萎缩而开裂。在夯墙时,均用蛋清、红糖、糯米汤调拌作黏固剂,其效果不亚于水泥,由此才创造了土墙承担四五层高楼的世界奇迹。闽南沿海一带筑土楼的生土是取含沙量极大的风化土,并掺入适当的壳灰、红糖水、糯米浆和海蛎壳,分层夯筑。这种材料夯成的墙体极其坚硬,能抵挡带有盐分的海风和暴风雨的侵袭。最令世界建筑学界感到惊讶的是,土楼取之生土,从择址、备料、绘图放样、基础工程、夯墙,直到装修完毕,全凭能工巧匠的双手,甚至不用一枚铁钉。因此无论土楼兴毁,都不会污染环境。与那些用钢筋水泥或化学原料建成的楼房相比,土楼真是"源于大地,归于大地,又不污染大地"。

(四)突出中心凝聚力和内围空间结构的向心力

福建大型土楼在一条纵向轴线上布置楼堂厢房,对称严谨,再将高大宽敞的厅堂作为中心。四间一厅或六间一厅的楼房,每层也都以厅为中心,把左右两侧和后面的房间组合成一个单元。以走廊与厅堂相联结,构成贯穿全楼的通道,不管以任何地方为起点,都可以不需经过露天庭院而进入任何一个场所。这种变化无穷的内部构造,表面上如迷宫迷阵,其实却是极有规则的。

(五)杰出的实用功能

福建土楼在通风、采光、抗震、防潮、隔热、御寒、防卫等方面有良好的性能。由于在夯墙时埋放竹片、木条作墙骨,加上多种木料互相牵引,像人体的肌肉、骨骼、筋络一样富有弹性,有良好的抗风防震性能。1918年2月13日,永定发生大地震,砖砌的北城楼倒塌,但没有一座土楼崩塌。湖坑乡的"环极楼"土墙在摇晃中裂了一个大口,震后又重新复合。再如,历史上曾有一支装备很好的5000多人的部队进攻永定"遗经楼",前后两个月,枪击、炮轰、炸药炸都无济于事,最后只好不战自退。土楼利用墙体承受全楼的重量并作为护卫全楼安全的屏障;利用天井采光通风,使全楼冬暖夏凉;众多房间门窗起着调节四季阴阳的作用,冬天关闭以保暖,夏天敞开以通风。

（六）楼中各层次和房间作用统一

福建土楼常见的是两层到四层，以三层居多，单环者多，一般一座楼有100个房间左右。土楼底层都作厨房饭厅，二层为放置谷物与农具的杂物间，三层以上为卧室。楼上楼下的房间及每一单间都一样大，一般为10平方米左右，仅容一床一橱一桌，可见楼内住户不重卧室而以厅为主要活动场所。

（七）一般都有附属建筑

大型土楼，一般都在前后留有空地，用以建造花园、鱼塘、晒坪、浴室、厕所、猪舍等，许多还在楼内专建学堂，让小孩从小就接受良好的教育。读书求仕，是客家人主要的谋生途径之一，即使倾家荡产，也要让子女读书。令人惊讶的是土楼中人才辈出，有许多享有国际声誉的学者，他们的童年都曾在土楼的学堂里度过。仅"五福楼"就出了五位大学教授。这对于位处僻壤的土楼学堂来说，不能不说是个奇迹。

（八）外观布局合理美观

虽然山势高低不平，但有土楼群的地方，楼与楼之间的布局间隔都极有规律，无论是瞰望还是远眺这些土楼群，都显得疏密得体，错落有致。南靖县田螺坑的层层梯田中，五座土楼紧挨在一起，一座称为"和昌楼"的方楼雄踞中央，四座圆楼环形围绕，像五个堡垒，古拙壮观。令人惊讶的是这些不同年代建造的土楼虽然都建在高低不平的地上，但楼与楼之间的中心距离竟然都是黄金分割比例。华安县沙建乡上坪村著名的"齐云楼""升平楼""日新楼"皆为明代万历年间所建，虽然外部形态各异，但却遥相呼应，都朝向现在上坪村的中心，成三足鼎立之势。

三、福建各种类型的土楼

（一）方形土楼

福建的方形土楼也称方楼，闽西俗称四方楼，闽南俗称四角楼，这是一种按长方形或正方形建造的土楼。方形土楼形态多样，有"口"字形、"回"字形、"目"字形等多种。

闽西最著名的方形土楼群在龙岩适中村，目前仅三层以上的大土楼仍存242座。适中村方形土楼凡建成于明代的，大都外表简单，屋脊平檐，楼门单一，天井空旷，每层设房16间。清初所建的在后座正中设置一厅。清中叶所建的则讲究质量和美观，主楼多为扁方形，前后两端各有六房一厅，左右两侧各有四房一厅或一梯道，主楼厅16个，房间多达80间，每间面积为12平方米。在适中村的这些土楼中，"善成楼"占地面积最广，为15亩；"和致楼"主楼结构最宽,横竖各四落,九门十八厅,一门一条巷;"典常楼"装饰工艺最精,叠档飞檐,雕梁画栋;"和春楼"以多厅、多样、多窗著称。闽西规模最大、主楼最高的方楼是永定的"遗经楼"。此楼建于清道光年间,又名"华兴楼",因建筑规模特大,当地人也称为"大楼厦"。其主体建筑是并列的三座五层楼,高17米,主楼左右两端分别垂直连着一座四层的楼房,再前面又同与主楼平行的四层"中厅楼"紧紧相接,组合成一个大"口"字形,气势雄伟。大"口"字形之内的主楼前面是大厅,两边连着仓库,仓库前端又与横廊连接而成一个小"口"字,形成一个"回"字形的整体造型。"回"字形外墙的四边各长76米,呈正方形。全楼周长136米,宽76米,占地面积10336平方米。大门外,左右连着对称的两所学堂,学堂之间夹着一块长而宽的石坪,石坪前面的大门高6米,宽4米,载重4吨的汽车可顺畅进出。

  闽西最古老的方楼是永定县湖雷乡的"馥馨楼",一般认为它有上千年的历史,为唐五代时首批迁入永定的客家先祖所建,早期由林、易、周、章四姓合建,各据一角。楼周有约4米宽的壕沟,设吊桥。闽西较著名的方形土楼还有永定湖坑乡的"裕德楼",其在大"口"字形的主楼中间又建了一座方形建筑;下洋镇的"襄正楼""永福楼""衍嘉楼"等三座"口"字形大方土楼并列相连,各自独立,又组成一个"目"字形整体。

  闽南最富有文化意蕴的方楼是华安县沙建乡的"日新楼"。此楼建于明代万历年间,建筑的外围是夯土墙体的楼房,楼里是一行行整齐的平房。"日新楼"吸收了中原地区明式建筑风格的特点,又融汇了客家文化的传统。方楼背靠悬崖,下面是一片深窈秀美的竹林,整座楼不追求单体建筑形象的突出,而追求群体布局的空间意境。其内部空间创造出平易近人、对称方正、灵活有序、内向含蓄的境界。一进进串联的院落,给空间的组合揉入时间的过程,突出了建筑美的时空特性。闽南最典型的方楼是诏安县秀篆乡的"长源楼"。此楼建于清代乾隆年间,边长约42米,只设一个朝向正西的大门,楼高两层,约有65个房间,轴线正中后方设有祖堂,正面大门外用照壁围成方形前院,南边前院因风水而错开一个角度。

(二) 圆形土楼

  福建圆形土楼又叫圆寨,有一环楼,还有二环以上的多环同心圆楼,其外高内低,楼内有楼。圆形土楼围绕一个圆心布局,并在这个圆心的点上设厅堂,作为全楼活动的中心。从第二层起,层层向圆心出挑,构成回廊,每一层环都以相等距离朝向设于核心的祖堂。圆形土楼在施工上难度较大,屋面排水处理也复杂,只有当圆形直径大到一定尺寸时,这些难度才能相应解决,所以圆形土楼一般造得较大。

闽西最大的圆形土楼是永定的"承启楼",此楼建于清代康熙年间,圆围长1915.6米,高12.42米,楼墙宽1.5米,从外到里有三圈外高内低的环形建筑,加上中心圆形大厅,从空中俯视有四个圆。主圆楼为四层,每层有72个房间;主楼内依次向内筑建两圈圆楼,外圈两层,每层40间;里圈单层,为32间;中央为大厅。全楼共计400个房间,总面积5376.17平方米,主楼设3个大门,楼内各圈设巷门6个,水井2口。全楼最盛时,曾住80多户600余人。由于"承启楼"建筑规模宏大,故有"姑嫂夸楼"的故事:某村一次婚宴上,两个年轻女子在同桌吃饭时,都极力夸耀自己的楼屋如何之大,等到双方问清自己所夸之楼时,才知道都住在"承启楼",且为姑嫂。因为一个住楼东,一个住楼西,而楼中人多且常有进出,所以并不相识。1986年邮电部以"承启楼"作为图案的1元票额的"中国民居"邮票发行后,即被评为当年最佳邮票。

闽西直径最大的圆楼是永定县古竹乡的"深远楼",该楼外环楼直径达80米,为三环建筑,共有328个房间,住80户,500多人。最古老的圆楼是古竹乡的"金山古寨",为南宋祥兴二年(1279)所建,2—3米高,直径约30米,中心有一瞭望台。

闽西最富丽堂皇的圆楼为永定县湖坑乡的"振成楼",此楼外环楼高四层,每层48个房间,按八卦图建造成辐射状的八等分,各等分之间有防火墙,既自成院落,又有拱门相通,连成整体。厅顶可作舞台,楼内有学堂和花园。1985年,在美国洛杉矶"世界建筑模型展览会"上,"振成楼"作为中国古建筑的代表模型之一,和北京天坛、雍和宫一道被视为展览会中的珍品。其合理的布局和别致的造型倾倒了无数观众,联合国教科文组织顾问史蒂文斯·安德烈先生称赞道:"这是世界上独一无二的神话般的山区建筑模式。"

闽南的圆形土楼形式多样,最古老的是华安县沙建乡的"齐云楼"。此楼建于明代万历年间,总平面呈椭圆形,楼中院落也是椭圆形,平缓舒展。楼高两层,当中是天井,为单元式结构,底层用石块垒成,二层夯土,大门朝南,东门为"生门",嫁娶由此出入,西门为"死门",殡葬由此出。其与众不同之处是房间布局似为三堂横式简化,且不像一般土楼那样将房间平均分割,一般大小,而是大套面积比小套大1—2倍,最大的一套面积近200平方米,最小的则不足100平方米,楼内布局异常复杂,充满动感和生机。最令人赞叹的是,从总平面看,各个单元的纵深并不相同,设在南侧的单元纵深浅,北面的单元次之,而东侧的单元最深,让人揣摩不已。虽同住一座圆楼,各家的布局却不相同,但站在院子中间向四周望去,又是那么统一、协调,看不出哪家大哪家小,使人感到温润婉致。目前,这座明代建筑中仍住有20余户居民。

闽南最大的圆形土楼是平和县芦溪乡的"丰宁寨",此楼建于康熙初年,历经40年才告竣工。楼的直径为77米,主楼高四层,为14.5米,每层77个房间,现住有77户,250多人,最多时住过700多人。楼内房间前窄后宽,呈"斧头形",楼门上安放有防火的水柜、水槽,楼中央水井用石板覆盖,上凿三个圆孔供打水,安全又卫生。

闽南圆形土楼中最有建筑艺术特点的为华安县仙都乡的"二宜楼"。此楼建于清乾隆年间,前后工期12年,直径为73.4米,高18米,底高4米,分内外两环,内环一层,外环四层,内外相得益彰,故称"二宜"。内环为一层的平台,是饮食生活区;外环四层均为卧室,分成12个"透天厝"式的独立单元,共有224个房间。每个单元在第四层都设有厅堂,厅背后靠外墙的位置有1米宽的室内环形通道,把12个单元联系起来。在这座历经200多个春秋的土楼中,现仍有200余人居住。漳浦县深土乡的"锦江楼"也别具一格,它由三个高低错落的圆环组成。外圈一层不交圈,在大门口处断开,有36个房间;中圈为二层,有52个房间,里圈有三层,有36个房间。二、三层入口顶部均设瞭望台,整座楼没有出檐,只设女儿墙。华安县高车乡的"雨伞楼"建在小山顶上,巧妙结合地形,外环顺应山势,成叠落三层楼;内环两层,立于山尖,有18个大小不等开间,小楼梯上下。云霄县和平乡的"树滋楼"建于清乾隆年间,楼高三层,外墙出檐极小,直径50米,每一开间即一独立单元。

(三) 五凤楼

福建五凤楼,是与方、圆土楼造型风格完全不同的一种土楼,它主要集中于闽西一带,是客家人独有的建筑。五凤者,名出《小学绀珠》:"五凤,赤者凤,黄者鹓雏,青者鸾,紫者鸑鷟,白者鹄。"以东南西北中五方配五色,有四方与中央相应的寓意。五凤楼的主要特点是:第一,布局中体现了明显的等级差别。它以四至五层的上堂为主要构图中心,然后依次向两侧或前方层层跌落,突出中轴中心,左右均衡对称,前低后高,主次有序,等级分明,显得森然威严。第二,以"三堂屋"形式组合楼房。最常见的五凤楼是三堂二横式,也有三堂一横、四横、六横式的。三堂二横式的构造特点是在轴线上依次横排三座楼房,间隔天井,天井两边是厢房,三座楼房连接成一个"日"字形。前座楼设前厅;中座楼设中厅,或称大厅;后座楼为主楼,称正堂。其独特之处是厅堂皆为敞厅,面向天井且与天井相连,厅的边沿便是天井的边沿,中间无任何隔离,厅堂与天井是不可分割的整体。三堂二横式有5个天井与9个厅堂,中轴线上有3个天井及3个厅堂,可从大门一望到底。第三,讲究装饰和气派。五凤楼的建筑者大多数为皇亲国戚、达官贵人、巨贾商人,因此极强调建筑的美观和气派。五凤楼的屋脊饰以朱雀、孔雀、凤凰等瑞兽祥鸟及花草图案,楼内的门窗、斗拱等木构部件,也极尽雕饰,门外多有守门石狮,中厅天井踏阶两端亦有一对小石狮,全楼显得堂皇壮观。五凤楼的典型佳作是永定县高陂乡的"大夫第"。此楼建于清代道光年间,历经6年建成。后座主楼为四层楼,高11.4米;中座三层楼,高9.5米;前座二层楼,高5.6米。前低后高,错落有致。全楼东西宽19.8米,南北长53.15米,全楼占地3000平方米,大小厅25个,房间118间,厅内支柱雕刻精致,门楼外有晒坪、鱼池,整个群院气度不凡,轩昂宏伟。

(四)方圆混合式土楼

福建还有许多方圆混合式土楼,一种是主体为圆形,但圆中有方。如诏安县宫陂乡的"在田楼",有三四百年历史,此楼由内外两环混合组成,内环两层,按方形平面布局,后面两边成弧形转角,形成前方后圆平面;外环三层,按八卦形状布局成圆形,共有64个房间。该楼外径达86米,是至今发现的直径最大的土楼。永定县下洋乡的"永康楼"、湖坑乡的"衍香楼",都是在圆楼内造方形厅堂,圆中有方。方圆混合式土楼另一种是:楼的主体既有方形又有圆形,方、圆连成一体。永定县古竹乡的"半月楼",是一座前方后圆的"D"字形土楼;湖坑乡的"永宁楼",则是前圆后方的"D"形土楼。

神奇的福建土楼是中国文化的奇葩,也是世界文化中的瑰宝,它以其独有的魅力,成为世人争睹的文化珍品。

第四节 福建寺观

一、福建寺观的建筑价值

福建是我国古代建造各种寺观最多的地区之一,即使在佛教衰弱的宋末元初,仅福州府所辖的各县就建有佛寺1500座以上。虽经多年的天灾人祸,但由于福建特殊的地理环境,所以至今仍有相当数量的寺观得以保存。如莆田在唐宋时全县就有大小寺院庵堂600多座,经历代修建保存到今天的仍有近百座。

福建这些保存下来的古代寺观,在我国建筑史上具有两个方面的价值:第一,门类齐全,年代悠久,无论佛教、道教、伊斯兰教,都有最古老的寺观保存。如福州的华林寺不仅是现存江南最古老的木构佛寺,也是最古老的木构建筑;莆田玄妙观的三清殿,是现存最早的木构道观;泉州的清净寺,是现存最早的伊斯兰清真寺建筑;泉州的草庵是世界上唯一一座摩尼教寺遗址。这些建筑对于研究我国建筑史,特别是研究宗教建筑史,是极为珍贵的实物。第二,具有独特的建筑艺术。中国的寺观建筑,特别是佛教寺院建筑,一般以殿堂为主体,代代沿袭,最后因高度程式化、规范化而显得板滞。而福建的寺院建筑却别有特色,在继承古制的基础上有所创新,较为灵活,大大地丰富了我国的宗教建筑艺术。

二、福建寺观的建筑特色

(一) 依据山川地势,巧妙布局

中国古代寺院的主要建筑位于南北向的中轴线上,由南向北依次为山门、天王殿、大雄宝殿、法堂等。次要建筑安排在轴线两侧,如僧房、斋堂、职事堂、茶室、云会堂等附属建筑对称排在东西。这种庄严雄伟、整齐对称、以陪衬为主的方式完全满足了佛教对庄严肃穆的需要,给人一种"超凡入圣""洁净无碍"的感受。福建一些寺院却不拘泥于我国寺院的常规布局,而是讲究因地制宜,由此造成艺术的感染力和意境。如始建于公元908年的福州鼓山涌泉寺,至今基本保持明嘉靖年间的布局,25座殿堂巧妙地分布在山泉古树、层峦叠嶂之中。进了山门后,并不直达天王殿,而是要经过兰花圃、岁寒寮、回龙阁、罗汉泉、千佛陶塔,以石道蜿蜒伸向寺门,天王殿、大雄宝殿、法堂等主体建筑依偎山谷山坡而逐渐升高,将巉岩山石巧妙地结合到布局之中,使人有"进山不见寺,入寺不见山"之感。始建于公元558年的莆田县凤凰山广化寺几经兴废,现存主要建筑是清光绪年间依旧制重建的,规模宏大,气势磅礴。其特点是中轴线不是坐南朝北,而是坐西朝东,沿山势高低,由海拔25米趋升至53米。以山门、天王殿、大雄宝殿、法堂、祖堂为中轴线,两侧翼建有宽敞的廊屋,把整个建筑群有机地连成一体。始建于公元931年,明万历间又重新修复的福州北峰林阳寺坐落在翠谷之中,山门正对平坦之地,故视线开阔,夏日无论如何炎热,山门口总有阵阵凉风吹来,令人无比惬意。笔者1973年至1978年曾蛰居此寺5年之久,故有切身体会。此寺次要建筑并非对称地摆在主建筑的左右,而是在寺左衬以禅堂、僧室、客厅、香积厨等,布局上左重右轻。始建于558年,重建于1369年的建瓯县城南建溪之滨的光孝寺,布局颇有特色,其由殿堂建筑群和西厢建筑群组成,似不太协调。西厢建筑群外看瓦栋连贯,杂乱无章,内部却各成系统,秩序井然。始建于唐初的福鼎县太姥山白云寺布局更是别具一格:分前后两厅,外形颇像居家的大院落。始建于唐朝、重修于清末的位于平和县九层岩下的三平寺,是典型的依山而筑的寺院,建筑群沿一条中轴线倚山而建,依次递高,主次分明。大雄宝殿地势比山门高一米多,祖殿又高于大雄宝殿,错落有致。

(二) 巧借山岩筑寺,与山川大地融为一体

因福建多山之故,所以许多寺庙藏于岩中,在洞中建寺,正如旧志云:"僧

庐于中,不用片瓦,可以避雨。"这种建筑被称为"岩寺"。但这种岩寺与我国西部的"石窟寺"截然不同。石窟寺是在山崖上开凿洞窟供养佛像的一种寺院,而福建的"岩寺"则无须开凿,而是借洞藏寺,与山岩极为协调地浑然一体。位于罗源县岭头山的碧岩寺藏于高数十丈的巨岩之下,岩下天然洞室高20余米,宽600平方米,碧岩寺就筑构在其中,宏敞幽藏。始建于北宋庆历年间(1041—1048),后又在明中叶扩建的永泰县葛岭山腰的方广岩寺建在方广岩下的石洞中,巨石当瓦,依岩藏洞,洞内殿堂与洞前的天泉阁均以大石穹为顶,构筑奇异,故称"一片瓦"。寺前的天泉阁坐落于百余根硕大的杉木支架上,宛如空中楼阁,背靠千仞巉岩,面临百丈深壑,酷似山西的悬空寺。位于平和县大峰山的灵通寺建于天然石洞之中,寺前筑有石栏,上有磐石覆盖,下面悬崖绝壁,只有唯一小径可攀登。始建于1131年、重修于公元1743年的仙游县后坂的圆通寺依天然石窟而建,三座殿堂依次递升,连成一体,左右依架在石崖间,前殿因山势凭借石洞启出山门。始建于宋代、重修于明代万历年间的漳浦县金岗山的海月岩,以石作顶,以洞为寺,造型奇特。寺顶是一整块花岗岩大石板,长约50米,宽20米,厚3—5米,前低后高,向前倾斜,形成一定坡度,两边有岩石支撑,形成一个敞开一面的大石洞,殿堂就修筑在洞中,气势磅礴,殿门正好对着远处茫茫沧海,真是天造地设。也有寺庙并不完全藏于岩中,如创建于清乾隆年间的福州乌石山的弥陀寺,依岩而建,大殿半掩在舒啸岩后,为重檐九脊顶,殿后为巨石,即乌石山三十六奇之一的"霸石",殿东为台地。

(三)形态各异的外观造型

福建不少寺庙因其独特的原因而在外观造型上不拘一格,样式奇异。始建于唐朝的仙游县鸣峰寺殿宇恢宏,但外观形态如一条船,前后殿堂是船的首尾舱,中间长方形的天井,铺连着两条长廊,犹如船身,两旁侧舍犹如船的左右舷。据说此处过去是海底的礁石,后海沉陆浮始为峰峦,峰上留有一古航船遗迹,后人就依船址建寺。始建于唐大顺元年(890),元、明又重修过的邵武市宝严寺,造型别具一格,大殿平面呈正方形,面阔、进深各5间,计400平方米,这与传统的长方形寺庙外观迥然不同。始建于唐代的仙游县内垅山的龙纪寺,主体建筑为六角形,谷称六角亭,这是因为内垅山形如盘龙,寺内建筑修筑成六角殿状才似龙头。始建于南宋绍兴十六年(1146)、位于泰宁县金湖山间的甘露寺,建筑奇特,依坎坷岩石顺势架造,基底仅用一根粗大木柱撑托,有"正殿""蜃楼阁""观音阁""南安阁"等木结构建筑,外观犹如一个繁体的"葉"字。始建于宋元丰六年(1083),位于安溪县蓬莱山的清水岩背山面壑,作楼阁式,分三层,整个外观呈"帝"字形。

(四)将精美的雕饰与寺庙建筑融为一体

福建寺庙的雕饰工艺精湛,比比皆是,有其独特的韵味,有的历经千年仍熠熠生辉。闽南寺庙的雕饰以石雕为多,闽西北寺庙的雕饰以木雕为多。始建于隋朝、重修于清同治十二年(1873)的龙山寺位于晋江市安海镇北面,寺周围墙壁精雕细琢着一个个浮雕,盘旋于青山柱上的悬雕青龙张牙舞爪,俯身盘旋直下,头部却昂然翻腾而上;一双鳞甲相间的龙爪,分别捧出一磬一鼓,用细铁条轻轻敲打,磬显磬声,鼓传鼓声,造型传声,真是巧夺天工。始建于宋咸平四年(1001)的安溪县文庙,是集木、石雕艺术之大成的一座古建筑艺术,如八根翔龙蟠柱、陛石的云龙戏珠等石雕,丹墀三面基石上的双狮抛球、鲤鱼戏珠、八骏马、云龙吐雾、麒麟牡丹等十六幅虫鸟禽兽、山水花卉的浮雕均精雕细琢,情态优美;柱头上游龙贴角、弯枋的狮座等木雕都栩栩如生,屋脊的装饰、垂注的透雕,也多有独到之处。建于清乾隆二十七年(1762),位于福清县新厝乡的灵溪宫,正是以其不凡的雕饰而驰名。宫宇为硬山顶木构建筑,上梁、斗拱、构架均有镂空的龙凤、牡丹等装饰木刻;宫门前两厢石壁上浮雕的"空城计"和"文王求贤"故事,形象逼真;尤为称奇的是前后殿的两对盘龙石柱,刻得栩栩如生:一条巨龙盘柱环旋,只有小部分附于柱上,大部分龙体掏空离柱,似乎即将腾空而去。龙口里含着一颗可以转动的石珠;龙的下方,雕刻着海水衬托的一条似欲跃起的鲤鱼。整个灵溪宫的其他石雕、镂刻也都极为精细,与整个建筑相互衬托,荟萃木石雕刻艺术于一堂。建于清乾隆五年(1740)的永定县金谷寺为砖木结构,其屋栋镌有燕尾,飞檐雕有花鸟、飞禽等,柱及悬梁绘有龙凤及民间流传的"水漫金山"等故事图画,尤为传神。

三、福建最著名的三大寺院

(一)福州华林寺

位于福州屏山的华林寺初名为"越山吉祥禅院",几经兴废,现仅存大殿。面阔三间,进深八架椽,单檐九脊顶,高15.5米,面积574平方米。华林寺大殿之所以被称为我国"古代建筑中的瑰宝",主要有以下四个特点:

1. 年代悠久,是我国江南最古老的木构建筑。据专家考证,华林寺大殿建造年代为964年,可确信无疑。我国现存早于华林寺大殿的木构古建筑仅剩四座,即南祥寺大殿(782)、佛光寺东大殿(857)、平顺大云院大殿(940)、平遥镇国寺大殿(963),但这几座古老的木构建筑都保存在气候干燥的北方山西境内,南方阴雨多湿,木构建筑易遭蚁蚀,这座大殿能历经风雨、地震、虫害而屹立千年保存至今,实在是个奇迹。

2. 用料之大为全国古寺之最。古代木构建筑年代越早,开间越多,所用材料越大。华林寺大殿用材高为30厘米,按宋《营造法式》规定为一等材,必须九间或十一间大殿才能使用。华林寺大殿仅三间而用一等材,在现存古建筑中仅此一例。华林寺大殿斗拱的断面高度,多与材高相吻合,为30厘米,但越接近柱头部位的拱越大,特殊部位大到37厘米,这在我国现存木构古建筑中是独一无二的。其斗拱的总高,在现存国内木构建筑中,也居第一。大殿的前檐柱、内柱、脊槫、月梁等部位构件也很粗大,特别是所用的昂与驼峰,更是出奇的大,在国内是绝无仅有的。

3. 构造独特,极具早期建筑的风格。大殿为八架椽屋,斗拱和梁架交融在一起,柱子以上几乎全由斗拱支撑整个屋顶,梁的作用反而比斗拱小。大殿中18根木柱皆为梭柱,柱高不足柱径8倍,这种中径大,底径和上径小的两头卷杀的做法,曾流行于南北朝,隋唐以后已极为罕见,所以弥足珍贵。

4. 中日文化交流的佐证。华林寺大殿中保留的一些早期手法,对日本木构建筑有着深远的影响。如皿斗的造型、上下同时卷杀的梭柱等做法,在日本飞鸟、奈良时代的木构建筑中,仍然在沿用。殿内巨大的驼峰造型如行云流水,轮廓曲线自由奔放,与日本飞鸟时代的法隆寺金堂的建筑同出一源。据中日专家考证,日本镰仓时期的"大佛样"建筑,深受华林寺大殿建筑风格的影响。

(二) 泉州开元寺

位于泉州西街的开元寺创建于唐垂拱二年(686),初名莲花寺,唐玄宗二十六年(738),诏改为开元寺。历代又多次修建。开元寺在闽南现存众多木构古建筑中年代最久、规模最大,在我国建筑史上有独特的文化价值。其特点主要有两个方面:

1. 继承传统又不囿于传统,大胆突破创新。开元寺既有浓郁的中国古代建筑的传统韵味,又有鲜明的闽南建筑风格。开元寺占地约50亩,中轴线上的建筑依次为紫云屏、天王殿、拜院、大雄宝殿、甘露戒台、藏经阁等,前殿后坛,左右通以长廊。寺内殿阁坛塔布局严整,主从有致。其宏伟的规模、非凡的气势、严整的布局,皆得之于我国传统建筑之精髓。开元寺虽然主体为明代所建,但在闽南民风笃厚嗜古的特殊环境中,它蕴藏着醇厚的唐风宋韵。比如,南北朝时建佛殿总是前塔后殿,以塔为中心;唐代佛殿成为主体,殿侧塔,这成为通常做法,开元寺整体平面正是这一时期的典型。再如,根据宋代《营造法式》中对进深和椽架的规定,开元寺大雄宝殿的平面布局显然属于宋辽时期的建筑风格。但开元寺最吸引人的还是许多独具匠心的创新。在布局上,挨着拜庭东西两侧有两条各长116米的长廊,共有石柱120根,拜庭和大雄宝殿被东西两条长廊夹护着,好比胁生双翼,使开元寺不因占地广阔而显得孤荒单调,反使中轴线上的建筑更加紧凑对称,主体突出。在造型上,开元寺的大殿与一般在檐椽上加飞椽的做法不同,它的檐椽不加飞椽;大殿屋顶从两个方向向上的正脊曲线选取方式,在中国建筑中是绝无仅有的;大殿正脊两端高高翘起成燕尾形,龙盘凤栖,只只鸽子轻落脊上,这些巧夺天工的脊饰,正是闽南建筑的代表。在用料上,大殿的建筑设计应有100根柱子,但为了奉置佛像,采用了偷槽减柱的方法,所以虽号称"百柱殿",实际上只有86根柱。在构架上,大殿的处理手法极其恰当地适应了建筑平面和空间上的功能要求,穿斗草架、平棊天花、等高铺作及柱网的组合等,博采众长,既产生了殿堂建筑庄严壮观的气氛,又体现了厅堂建筑结构稳定的优势。

2. 将雕饰艺术与构造技术巧妙地融为一体。开元寺就是一个雕饰的艺术大观园,其形式之多样、技法之娴熟、材料之丰富、内容之广泛,是无与伦比的。这些雕饰绝不是游离于建筑之外的艺术,而是整个建筑体系中不可或缺的有机组成部分,艺术装饰和实用功能天衣无缝地结合在一起,充分体现了福建工匠的睿智。在寺中参观,就等于在参观一座精美的艺术馆,处处令人目不暇接。天王殿屋脊正中有一座五层小宝塔,屋脊两端的鸱尾处,有两条腾跃的小龙朝向宝塔;宝塔下有一颗火焰宝珠浮在波浪上,两旁有两条大青龙直奔宝珠。屋脊的其余部分缀满了鸡、象、狮、马、博古、花卉等五彩缤纷的雕饰;檐柱上的斗拱雕纹绘彩,金翅鸟形的雀替振翼展翅;两根大石柱上装嵌着两条滚龙形斗拱,每条龙的爪中都抓着一颗金光灿灿的明珠。月台三边的壁面束腰部分嵌着人面狮身青石浮雕72幅,有的鬣毛蓬松,有的发结旋螺,有的双耳垂肩,有的昂首龇牙,有的爪持莲花,有的回头顾盼,出神入化,风情万千,这是宋元时期泉州港在中外经济文化交流方面的珍贵史迹,是我国佛教建筑中绝无仅有的雕饰。大雄宝殿后廊檐下正中两根十六角形的青石柱共刻有24幅印度教大神克里希那的故事和花卉卷草图案,这些元朝遗留下来的保存完好的印度教石刻珍品,即使今天在印度也难以看到。大殿梁柱上雕刻着24尊飞天乐伎,分成两排,面面相对,是迦陵频伽舞的一种队形。"飞天"为人首鸟身的美丽女神,背生双翼,手执乐器或供品,袒胸露臂,体态轻盈,双臂平伸,长裙飘举,头上各戴美丽花冠,花冠恰好承托住建筑物的梁架和斗拱,既是艺术装饰,又是梁柱结构的重要部件,两者天衣无缝地结合在一起,其构思之巧妙、手法之高超,为国内同期建筑罕见。戒堂上的立柱斗拱和四面铺作的桁梁之上,亦有24尊木雕的飞天乐伎,一个个身上飘带飞舞,吹奏着具有闽南地方特色的各种乐器,从四面八方趋向中心,其除了有装饰性和实用性外,还是研究泉州地方古典音乐珍贵的形象资料。西塔边的麒麟壁也是罕见的壁雕艺术,中间一匹高 2 米、长 4.8 米的大麒麟在奋蹄向前之时回首顾盼,地上散落元宝、莲花等吉庆祥瑞之物,两块壁面是用陶土烧制的,上有蜂猴(封侯)、磬瓶(清平)等含有吉利意义的物类。壁的两端是耳屏,右屏上是一肩扛扫帚的道童,表示除污驱疫;左屏上是一个手执芭蕉叶的道童,表示迎喜纳福。壁上的各种图雕,是我国古代人民将美好愿望与宗教信仰结合的一种表现。

(三) 泉州清净寺

位于泉州涂门街的伊斯兰教寺院清净寺始建于北宋大中祥符二年(1009),是我国现存最古老的一所清真寺。寺现有平面呈方形,占地约 2500 平方米。这座阿拉伯穆斯林在中国创建的古建筑之所以成为我国建筑史上的珍宝,除了年代古老外,还在于它以中世纪清真寺的建筑风格为主,在许多建筑部位上又带有中国传统建筑的技艺。比如,其第一拱门顶部为穹形结构,用辉绿岩石刻拼砌成放射状的图案,象征宇宙的无限威力;第二拱门用花岗岩石刻拼成如蜂巢网状的小尖拱,层层叠叠,组成穹顶结构,象征无上崇高;第三、四拱门之间的甬道上方罩着一个完整的砖砌的圆形拱状顶盖。门楼整条甬道的东西两壁上还凹砌六座尖弓状顶盖的壁龛。这种形式的寺门楼,基本保持着 1310 年或 1350 年重修时的中世纪清真寺的建筑风格。但这三层穹隆顶的设计和砌筑方法,则是中国传统的状如井干形的天花板"藻井"的变异。这种流行于全国大部分地区的"藻井"为方形、多边形的凹面,上有各种花纹、雕刻和彩绘。该寺上层穹隆顶每一块弯弧形石刻都是预先精工细雕使成为左右长、上下短的凹弯形,然后砌上去,依次向上递减,直至合尖处的垂莲为止。第二层的穹隆仅用三段白花岗石石板,琢成半圆形,上饰以龟纹图案,其下则另砌以垫石。这是我国木构建筑的传统形式。其他如石料的雕琢、雕刻的风格等,也与中国传统方式有着密切关系。清净寺的礼拜大殿呈长方形,南北长于东西,礼拜殿的平面远较佛教殿堂灵活多变。这种"宽敞型大殿"的建筑格局,实为公元 10 世纪以前阿拉伯穆斯林礼拜大殿的流行模式。

第五节　福建古塔

福建目前保存较有名的各种塔至少在百余座以上,在我国现存的古塔中占有很大的比例。福建古塔的出现与闽文化独有的特点有关。如:福建佛教长盛不衰,佛寺遍布八闽;福建民间历来有重风水的习俗,其中"理法"一派长期左右东南地区;福建省因有绵长的海岸线,海运事业盛极一时。这些都大大促进了福建的造塔活动。

一、福建古塔的功能

从功能上看,福建古塔的用途主要有以下四个方面:

(一)埋葬舍利、礼佛拜佛

这类用途的古塔多与寺有关,且大多雕有精美的佛像。如莆田广化寺内建于宋乾道元年(1165)的释迦文佛古塔,又名舍利塔。塔高36米,仿木结构楼阁式,一层东西两面开门,其余六面设龛,龛内均有佛像。门和龛两旁都雕有佛弟子菩萨、罗汉等图案,迦叶和阿难两弟子,老少分明。第二层到第五层四面都设有佛龛,龛内也雕有菩萨像。建于宋元祐年间(1086—1094)的同安县城北梵天寺波罗门佛塔,第二层"工"字形座的四面各有一组莲花坐佛浮雕,塔身的四角各有一个展翅神兽,四面浮雕都取材于佛教故事。宋代开宝四年(971)创建的宁德县支提寺内有元、明时期建造的多座禅师塔。建于唐大中三年(849)的连江县城北兜护国天王寺寺塔,为唐代藏经阁,总高9米,塔基第二层条石转角刻出立佛,塔檐下各边雕有肃穆庄严的五尊坐佛,下设佛龛,每龛嵌有两尊青石刻的罗汉。门神背向的塔门两边刻有《大方广佛华严经》《大乘法莲华经》,门额有"悉达多密恒罗"篆刻,可看出当年与佛教的密切关系。

(二)导航标志

福建东临大海,省内江河纵横,因此许多古塔成为航标塔,这类塔都耸立于海边江口,在远处便能眺见。如始建于北宋年间(960—1127),复建于明天启年间(1621—1627)的福州马尾港罗星塔,高31.5米,各层檐子平座相结合,塔身门窗均为南方设计手法,塔身保存大量灯龛,显然是为导航之用。在世界航海图上,此塔被注明为"中国塔"。建于明嘉靖年间(1522—1566)的莆田县塔寺塔,高约20米,五层,塔顶为石宝刹,构造十分坚固,成为海上航海船只的标志塔。建于明万历二十八年(1600)的福清县塔山村鳌江宝塔,高26米,七层,每层都有雕像,而雕像右上方镌刻捐银建塔的妇女姓氏,传说18家男子出洋经商遇难,18个寡妇捐资建造了这座航标塔。建于南宋绍兴年间(1131—1162)的石狮市宝盖山巅的姑嫂塔,高21.65米,五层,相传因姑嫂二人盼远洋亲人归来登高眺望而死,人们为此筑塔纪念。此塔塔顶为葫芦宝刹,顶头点灯,为古泉州港的重要航海灯。始建于明万历年间(1573—1620)的晋江市溜石村的溜石塔,高约20米,与泉州南门隔江相对,为后渚港溯江而上的航标。建于清嘉庆三年(1798)的诏安县麒麟山的祥麟塔,高约20米,七层,过往船只常以此塔为航标。重建于元至元二年至五年(1336—1339)的晋江市石湖村的六胜塔,高31米,五层八角,因濒临东海,故为泉州海外交通的航标。建于清嘉庆三年(1798)的诏安县腊洲屿上的祥麟塔,高约29米,七层八角,过往船只以此塔为航标。

(三) 点缀名胜

这类塔大多与风水有关,故又称文峰塔、风水塔、文风塔等。后往往成为某地区的人文标志。如建于明崇祯年间(1628—1644)的漳平城郊东关山上的东山塔,据民间传说,因此县城地形似鱼,洪水暴发时,恐"鱼"顺江出海,故建此塔以为钓竿,塔尖成钩形,宛如一把钓鱼钩,把鱼钩住。清乾隆五十一年(1786)在江对岸又修一塔,两塔相望,为漳平县城标志。始建于明万历三十三年(1605)的南平建溪、富屯溪汇流处两岸的南平双塔,东塔高30米,西塔高20余米,塔上均刻有"民财永阜""文运遐昌"等字样,双塔隔江相望,俨然为南平的守护神。再如金门县因风大,故斗门、北山、西堡、下庄、安岐、东山前、西山前、浦边等村庄,皆有筑造与镇压风水有关的塔。由于位于海边、河边或池塘边,及低洼地易洪水泛滥之处,故一般称之为"水尾塔"。民间认为水尾塔具有收水怪、镇风煞、剋路箭等作用,久之,也成为当地的人文景观。闽侯县上街乡的侯官塔为四角七层檐实心石塔,塔座西面题铭"镇国宝塔",在濒临闽江的山冈上建造此塔,意在镇水妖,故也称"浮镇塔""护镇塔",后被视为侯官码头的标志。建于明万历四十七年(1619)的南靖县文昌塔,高50米,七层,为厚壁空心式楼层结构,内壁设夹道以通上下。可登高远眺,为别具一格的文风塔。始建于明景泰三年(1452),后又多次重修的永安城南岭男山南北两塔,拱立燕江之滨,遥遥相对,被认为是永安开县塔。建于明崇祯二年(1629)的福安县城南江家渡村旗顶山上的凌霄塔,高24米,七层八角,与另一座溪口塔(已崩)成双对峙,共控乾阳门户,故也称风水塔。

(四) 其他功能

如建于明万历九年(1581)、重修于清乾隆四十年(1755)的龙岩市东城龙津河和小溪合流处水中的挺秀塔,高26米,楼阁式,为阻缓河口合流水速而建。建于明万历年间(1573—1620)的泉州西街定心塔,高约4.5米,六层八角,底层为石砌。建塔初衷,因古代泉州子城欲扩建成罗城,乃以此塔为中心,故也称城心塔(另一说是泉州瘟疫流行,建此塔以镇邪)。

二、福建古塔的建筑特点

(一) 用料以石材为主材,兼有其他

中国早期的塔是木料所造,为了防火和保持坚固,隋唐之后建造了许多砖石结构或砖木混合结构的塔,但全部用石料建造的塔还不是很多。福建各地出产石材,自古以来流传石工技术,因此广泛使用石材造塔,被古建筑学家称为"石塔之乡",被誉为全国石塔之冠。但也有塔并不全用石材建造,如建于明万历三十八年(1610)的邵武石岐灵塔,建于明崇祯五年(1632)的泰宁青云塔,皆为砖、石、木混合构成;建于清乾隆四十三年(1778)的漳平毓秀塔,则用三合土建成。重建于明嘉靖二十七年(1548)的福州白塔,即为砖塔,目前仍然是全城最高的古建筑物。烧制于北宋元丰五年(1082)的福州鼓山千佛陶塔,则为上等陶土烧制。重修于明嘉靖十三年(1534)的福鼎县城西鳌峰山的昭明寺塔、建于明万历三十年(1602)的漳平县双洋圆觉塔、建于明景泰三年(1452)的永安北塔等,都为砖木结构。

（二）丰富多样的造型

在建筑史上,一般认为塔的造型艺术在南北方各具不同特点,南方的塔给人一种玲珑秀巧、轻灵秀丽的感觉,北方的塔则具有雄伟稳重、庄严大方的气魄。但细细考察福建有代表性的上百座古塔,却很难对它们以"玲珑秀小,轻灵秀丽"来概括。福建古塔除了普遍带有平座、栏杆外,其造型丰富多样、形态各异,难用某种模式来形容。有的塔粗矮胖壮,像一尊低矮的大汉,如建于南宋绍兴年间(1131—1162)的石狮市姑嫂塔高约21米,底宽却20米见方,五层八角转角石柱顶上为大栌斗,檐子均砌出鼓楞排檐。一至二层各面还做出石造框架,挑檐之上平座可以供人眺望。因第一层尺度宽大,故造型奇拙,构成一种又粗、又大、又矮、又宽的笨重形态。有的塔造型纤巧,犹如凌霄玉柱,如建于明万历三十四年(1606)的福清市瑞云塔,高30多米,七层八角,每层转角的倚柱成海棠式,柱顶斗拱二层,迭涩出檐,有明代"江南第一塔"之称。福建不少塔的造型极为独特,在国内都罕见。如始建于唐咸通六年(865)的仙游县无尘塔高14米,三层八角,塔基为莲花舒瓣和波浪式雕刻,塔柱8根,底层设子午,南北开门,东西设窗。特别是其护门将军不置底层门的左右两旁,而镶在底层东南、西南两个方向的石壁上,前有月台。这与宋以来的石塔结构迥然不同,是一座形制特别的石塔。建于明万历年间的莆田市石宝寺塔高25米,七层四角,为砖砌平面方形,这是明代塔所少见的。有的塔小巧玲珑,常成为一种象征性标志,如建于宋代的泉州开元寺中的多宝塔,高约4米,为灯式塔,塔基下部为一个方形石台,台上置八角须弥座,其上置球形塔身,顶上覆以八角形塔檐,塔檐伸出较长,八角高翘,十分轻巧。有的塔瘦秀欹斜,如建于宋代的泉州崇福寺内的应庚塔,高20余米,七层,传说塔斜向某一方,即预兆某方五谷丰登,此塔长期欹斜,历久不坍。建于明天启元年(1621)的三明市三元区中村乡八鹫塔,高13米,七层八角,石塔各层形似莲花,塔尖如葫芦。有的塔整体如一根石柱,如建于明代的漳浦赵家堡内的聚佛宝塔,塔座为方形须弥座,塔顶作三层相轮,各层之间设平座,上下收分不大。建于明嘉靖二年(1523)的福清三山乡的迎潮塔,高18米,七层八面,为实心塔。此塔几百年来逐渐倾斜了约15度,似摇摇欲倒,又稳如泰山,足可与意大利的比萨斜塔相媲美。建于宋代的惠安县南埔仙境村里的仙境石塔,共三座,相距20米,形制相同,第一、二层为四方形,第三层为椭圆形。

三、福建古塔的塔雕艺术

福建许多古塔塔雕精美,造型栩栩如生,与整座塔和谐地融为一体,成为精美的艺术品。如建于南朝陈太建年间(569—582)的闽侯县塔林山上的陶江石塔,塔雕古拙,所雕之龙的体态身短脚粗,头小角尖,尾少分歧,形态生动。建于宋乾道元年(1165)的莆田广化寺内的释迦文佛塔,其上的狮子滚绣球和牡丹花等图案造型优美,侏儒力士表情生动,观音像丰满圆润,形象优美,凤凰、飞天和双翅羽人栩栩如生。建于明万历四十六年(1618)的莆田市忠门乡东吴石塔,人面浮雕有龙、狮、麒麟、鹿、鹤等,神情惟肖,护塔将军石像威武雄壮,佛龛内佛像神态各异。建于宋嘉祐四年(1059)的仙游县枫亭塔斗山上的天中万寿塔,二至五层分别镌刻着双龙、莲花、海浪等精美图案,五层刻大佛手持莲花,旁边雷公鸡神嘴如钩,环视四方;四层刻坐佛三尊,每尊双掌合十,"此塔佛像线条流畅、细腻,形象生动逼真,体态优美,或盘膝端坐,或昂首挺胸,或微微含笑,或怒目横视,或娇柔窈窕,或威武庄严,无不栩栩如生"[①]。建于北宋绍圣三年(1096)的长乐县三峰塔,塔座雕有大力士,八面环饰狮子、牡丹等石刻图案,底层塔壁浮雕文殊、普贤、五十罗汉、十六飞天伎及一组佛教故事,一至六层共雕有莲花坐佛200尊,造型生动,风格古朴。

始建于唐咸通六年(865),后又于宋重建的泉州东西塔相距约200米,其塔雕艺术与内容,堪称福建之最。东塔名镇国塔,高48.27米,西塔名仁寿塔,高45.06米。东西塔作平面八角五层形制,每一层嵌有佛教人物浮雕16尊,两塔共有浮雕造像人物160尊,如佛、菩萨、高僧、罗汉、诸天神将、金刚力士,还有80尊塔檐守望神将和16尊负塔侏儒,须弥座上有佛传图40方、花卉鸟兽图48方。这些浮雕把佛教的发展、佛教的功德及某些传说故事凝缩在象征性故事中。浮雕人物造型各臻其妙,百相纷呈,体现了当时石刻艺术的高超水平,在构图上运用写实手法和写意手法,更增添了艺术魅力。

---

① 顾延培、吴熙棠主编:《中国古塔鉴赏》,同济大学出版社1996年版,第253页。

第十一章
经　济

第一节　福建海外贸易

一、福建古代经济与海上贸易

福建经济发展较晚。秦以前，福建居住的是闽越族。秦代福建设闽中郡，但福建仍然是闽越族势力范围，还未得到应有的开发。汉代一部分闽越族被迁至汉地，北方汉族纷纷南下，由此加速了汉族和闽越族的融合，闽江流域和晋江流域开始得到开发。西晋、南北朝时期，人民开始兴建水利，手工业和商业也有所发展。

唐代，随着北方汉族的多次入闽，福建开始得以开发，特别是陈元光治漳，使九龙江流域漳州以南及汀江中、上游地区都得到开发。但福建大多数地方还被广阔茂密的原始森林所覆盖，正如《三山志》卷三三所载福州未开发时的状况："始州户籍衰少，耒锄所至，甫迄城邑。穿林巨涧，茂木深翳，小离人迹，皆虎豹猿猱之墟。"①唐末五代，王审知治闽，闽江中下游和晋江下游被进一步开发，福建经济有很大发展，据《三山志》卷十载："伪闽时，垦田一万四千一百四十三顷一十六亩有奇，白配钱二万三百八十四贯四百有奇，斛九万二千七百余石。"②当时还兴建了一些水利工程，如福清县大塘等。

宋代，福建经济高度发展，人口急剧增长（比唐代增长十多倍），山区被大规模开发，农业实行精耕细作，增加复种指数，以提高亩产量，经济作物如葛麻、甘蔗、茶、荔枝等都得以大规模种植。手工业中，以造船业、制瓷业为最。《宋会要辑稿·刑法二》之一三七载："漳、泉、福、兴化，凡滨海之民所造舟船，

---

① ［宋］梁克家修纂：《三山志》，福州市地方志编纂委员会整理，海风出版社2000年版，第512页。
② 同上书，第123—124页。

乃自备财力,兴贩牟利而已。"当时造船业十分兴盛,私家和官府都在福州等地设置船场。福建是宋代印刷业的中心之一,正如《书林清话》卷二载:"夫宋刻书之盛,首推闽中,而闽中尤以建安最。"宋代福建海上交通和贸易也十分兴盛,泉州遂成中国最大商港。

元代福建航运业进一步发展,泉州港盛极一时,福建成为元王朝主要对外通商口岸。经济作物在农业中比例进一步增大,如棉花(也称木棉)种植较为广泛,茶叶生产也备受重视。

明代出现著名的私人贸易港口——漳州月港,私人海外贸易规模庞大,由此又进一步促进了手工业发展,如明代福建民间纺织业普遍发展,出现了机织手工业,还出现了集中生产的工场、作坊,称为"机房",已具有明显为市场生产的商品经济性质。随着人口的不断增加,福建开始向台湾移民。

清代,福建海商不顾统治者的禁海令,顺应商品经济的历史发展趋势,对福建的经济发展与国内外商品流通起了促进作用。随着人口剧增,福建再次掀起向台湾移民的高潮。清代后期,商品经济进一步得到发展,并出现了近代工业的萌芽。

纵观福建古代经济的发展,久盛不衰的海外贸易与福建古代经济发展关系最为密切。

二、福建海外贸易的特点

(一) 时间早,历史悠久,从未中断

福建是中国古代民众出国时间最早、出国人数最多的省份之一。据《汉书》卷五三载,早在汉代,福建的东冶郡与南海诸国就有了海上交通。[①]《后汉书·郑弘传》载:"旧交趾七郡,贡献转运,皆从东冶(福州古称)泛海而至。"可见当时福州已成为海上运输的重要港口和转运站。魏晋南北朝时期,"随着闽南一带的开发,海外贸易日见兴盛"。[②] "据唐代道宣《续高僧传》卷一载:南朝有一来自西天竺优禅尼国(印度)僧人拘那罗陀(真谛)来到福建。"[③]他曾从晋安郡(今福州)航行到梁安郡(今南安县丰州),又从梁安郡到南海郡,并通过泉州乘大船到外洋,可见当时泉州已是重要港口。在南北朝时,福建已同林邑(今越南中部及南部)、扶南(今柬埔寨)、狼牙修(今马来西亚)、阇婆(今印尼爪哇)、狮子国(今斯里兰卡)及印度等通商,"闽广商船,遂往来于此

---

① 林金水主编:《福建对外文化交流史》,福建教育出版社1997年版,第18页。
② 同上书,第19页。
③ 《高僧传合集》,上海古籍出版社1991年版,第109—111页。

诸国之间"①。有学者认为,唐以前中亚海上丝绸之路主要航线,"是自福建、广东起锚,驶南海达东南亚,绕马来半岛入印度洋,抵达印度半岛。……该航线向西亚可辗转到达阿拉伯半岛或北非地区,此航线亦称为中国海上'丝绸之路'的西方航线"②。

  至唐代,通过福州港和泉州港,福建对外贸易十分频繁。唐代大历年间,诗人包何在《送李使君赴泉州》诗中写道:"傍海皆荒服,分符重汉臣。云山百越路,市井十洲人。执玉来朝远,还珠入贡频。连年不见雪,到处即行春。"③真实地记载了当时泉州海外贸易的兴盛状况。当时已有不少波斯、阿拉伯等外国商人来泉州贸易。五代时闽王王审知"招徕海中蛮夷商贾"④,使福建对外贸易有很大发展。据永春《留安刘氏族谱》《蓬莱尤氏族谱》等载,早在唐末五代时期,就有永春人以"陶瓷铜铁,贩运番国,取金贝而返"⑤。闽国被南唐灭后,当地长官留从效鼓励对外贸易,福建对外贸易继续保持兴盛。宋代泉州成为重要对外贸易港之一,南宋时泉州港之繁华可用"涨海声中万国商"来形容,至南宋末泉州港成为全国首屈一指的大港。据莆田县南宋绍兴八年(1138)所立的《祥应庙碑记》载:"大观元年(1107)……泉州纲首朱纺,舟往三佛齐国,斋请神之香火而虔奉之。舟行迅速,无有险阻,往返曾不期年,获利百倍。"《宋史·外国列传》(卷四八九)记载宋元丰五年(1032),还有使者从泉州乘海船到勃泥国(文莱),也有福建人渡海到文莱经商。宋代福州海外贸易也很频繁,宋代鲍祗的"海舶千艘浪,潮田可倾秋"反映了福州海外贸易繁忙的情景。元代泉州海外贸易进一步发展,泉州港为世界大港之一,正如元代外国人伊本·白图泰所认为:"该城(泉州)的港口为世界最大港之一,甚至是最大的港口。"⑥元代泉州未受战乱影响而更趋繁荣,原因是元军成功地劝降了曾任宋代提举泉州市舶司的阿拉伯后裔蒲寿庚,任命其出任行省中书左丞等官职,利用他招徕外国客商,使泉州港兴极一时。福建元代较宋代的海外贸易又有许多新拓展,据汪大渊于元至正九年(1349)写成的《岛夷志略》(卷十六)称,新加坡已通泉州之贸易,并提及还有福建商人到彭亨、吉兰丹、丁加奴、吉打等地经商。除了商业贸易的关系外,一些官方外交活动,也从泉州放洋。如元世祖至元年间,朝廷派使招谕南亚诸蕃,皆由泉州入海。如至占城马

---

① 高桑驹吉:《中国文化史》,转引自《泉州海外交通史料汇编》1983年铅印本,第9页。
② 姜培玉:《中国海港经贸风云》,海洋出版社1992年版,第32页。
③ 《全唐诗》卷二〇八,中华书局1979年重印本,第2170页。
④ 《琅琊郡王德政碑》,《新五代史》卷六八《闽世家》。
⑤ 庄为玑、郑山玉主编:《泉州谱牒华侨史料与研究》,中国华侨出版社1998年版,第1129页。
⑥ 马金鹏译:《伊本·白图泰游记》,宁夏人民出版社1985年版,第551页。

八儿国时,其国宰相对登陆官员言:"官人来此甚善,本国船到泉州时官司亦慰劳,以为报。"并言:"凡回回国金珠宝贝尽出本国,其余回回尽来商贾。"①可见当时官方外交和商业活动都很频繁。明代私人海外贸易转移至九龙江下游月港(今龙海市海澄镇),由于地理上的便利,月港一时外商云集,成为东南沿海最主要的走私贸易港。正如顾炎武在《天下郡国利病书》中所云:"四方异客皆集月港,泉州商民,贩东、西二洋,代农贾之利。"明代的月港成为走私重镇后,可直接与马六甲、彭亨等通航。由于月港"僻处海隅,俗如化外",走私活动难以禁止,为缓解统治危机和抽取饷税,明隆庆元年(1567),统治者同意在月港部分开放海禁,使明后期月港商船同时可从内港水程、西洋针路、东洋针路、台湾水程等航线出洋,大大扩大了贸易的范围。

清代海禁解除后,清政府立即派官船至台湾载食粮前往日本贸易,明代对月港的开禁是"只准中国商船到海外贸易,而不准海外诸国商船来华贸易"②。而清代对厦门港的开禁是"不仅允许外国商船进口与厦门商民贸易,也准许本国商民驾贩洋船从厦门出口到外国贸易"③,从厦门港出洋的航线有东洋、东南洋、南洋、西南洋四条。清代厦门港崛起,与东南亚产粮国的粮食生意盛极一时。

近代福建的海外贸易呈明显变化,其特征如陈子华所述:(1)轮船排挤帆船,至1899年,轮船已占96.84%;(2)洋货排挤土货,英美商人大量输入机器制造的洋布洋棉,使土布土棉受到严重挑战;(3)进口大于出口,如19世纪80年代以后,印度、日本等国茶叶大量涌入国际市场,使福州口岸的茶叶输出受到排挤、打击,以茶叶出口为主的福州港,在对外贸易中逐步由出超变为入超。④

(二)海岸绵长,天然良港众多

福建大陆海岸线实际长度3000多公里,仅次于山东而居全国第二,但曲折率则达1:5.7,居全国第一。福建海岸可分为半封闭港湾海岸、开敞港湾海岸和平直海岸三种,蜿蜒曲折的海岸,形成大小约125个天然良港,不少港湾面阔水深,风平浪静,是我国少有的优良港址,福建著名的港口有十余处,如:(1)福州港。福州港位于闽江下游河口段,由马尾、松门、台江三个港区组成,

---

① 北京大学南亚研究所编:《中国载籍中南亚史料汇编》(下),上海古籍出版社1994年版,第842页。
② 李金明:《漳州港》,福建人民出版社2001年版,第35页。
③ 顾海:《厦门港》,福建人民出版社2001年版,第70页。
④ 陈子华:《试探近代福建与台湾、日本的三角贸易特征》,《海峡交通史论丛》,海风出版社2002年版,第132—133页。

为闽江入海之咽喉。其最主要的马尾港区水深浪小,有良好的锚地,福州港从东汉起就一直是中国与海外交通的重要港口,历史上曾被辟为通商口岸,主要输出福建闽江流域的土特产。(2) 厦门港。厦门港位于金门湾内,是东南沿海的深水良港,港内水面宽阔,不淤不冻。厦门港至清代开始繁荣,特别康熙二十三年(1684)成为法定对外通商口岸后,港口更趋繁荣。(3) 泉州港。泉州港位于泉州湾的后渚,为晋江下游入海口处,是东西洋航线交汇处,东临大海,便于放洋;港口开阔,为避风良港。宋元时期海外贸盛极一时。(4) 月港。月港位于漳州东南的龙海市海澄镇,正如《闽书》卷三十《方域志三》所载,"外通海潮,内接淡水,其形如月,番舶凑焉"。月港在明代成为福建最活跃的海外贸易港。顾炎武在《天下郡国利病书》中说:"闽南通番,皆自漳州月港出洋。"(5) 三都澳。三都澳位于三沙湾内,港内水域开阔,水深达10米以上。被外国人视为"世界上最优良的港湾之一"[1]。从地形上看,"三都港位于宽广浩荡的内港中部,在那里,就是刮起最猛烈的风暴,舰队也泰然不动"[2]。光绪二十五年(1899)清政府开放其为对外通商口岸,一度成为闽东的对外贸易中心。(6) 安海港。安海港靠近泉州港,原为泉州港的主要组成部分,明代中叶成为海外贸易的重要港口。安海港地处海湾内侧,便于避风,一出湾就是大海,可直达任何一个岛屿,官府难以捕获,故走私贸易兴极一时。(7) 甘棠港。甘棠港位于福安县,旧名黄屿港。"上接东平、秦溪、大梅溪,诸水会通,南出右镇门,入于海。"[3]古代福建的港口还有:位于长乐县的太平港,最早为吴王造战舰处,后为明代郑和下西洋时的泊舟处;位于晋江县的陈坑港,"沿植壁而南,汇井尾埭、烽火埭、西湖诸水之趋于海者"[4];位于莆田县禧千户所前的贤良港,原称黄螺港;位于海澄县的松山港,"上接白岩前溪之水,前有沙洲,海航多泊于此。后有沙径,水汐可行"[5]。福建各港口有一个突出特点,即受各种条件制约,没有一个港口可以长期鼎盛,而是过一阶段就转移。其兴盛期如宋元以泉州港为代表,明代以月港为代表,清代以厦门港为代表,近代以福州港为代表。正是这些彼衰此盛的现象,使福建对外贸易长期没有间断过,对福建的经济产生了深远的影响。

(三) 海外贸易航线畅通,所涉及的国家和地区广泛

宋代福建与海外数十个国家和地区有贸易往来,据赵彦卫《云麓漫钞》

---

[1] 杨天宏:《口岸开放与社会变革》,中华书局2002年版,第75—76页。
[2] 《三都澳海关十年报告》,《福建文史资料》第10辑,第165页。
[3] 《闽书》,福建人民出版社1994年版,第一册,第755页。
[4] 同上书,第188页。
[5] 同上书,第742页。

称,福建市舶司常见到的诸国船舶有:大食、嘉令、麻辣、新条、甘柸、三佛齐国、真腊、三泊、缘洋、登流眉、西棚、罗斛、蒲甘国、渤泥国、阇婆国、占城、目丽、木力千、宾达侬、胡麻巴洞、新洲国、佛罗安、明丰、达罗帝、达磨国、波斯兰、麻逸、三屿、蒲里唤、白蒲迩国等。赵汝适的《诸蕃志》中所记的与泉州港有关的国家和地区有五十多个。至元代,福建对外贸易的范围又有很大增加,有关的国家和地区多达近百个。元代汪大渊曾于元顺帝至顺元年(1330)至元顺帝元统二年(1334)由泉州第一次出海,元顺帝至元三年(1337)至元顺帝至元五年(1339)由泉州第二次出海,返回后撰写了《岛夷志略》。《岛夷志略》中所涉及的海外国家或地区皆与福建有贸易往来。正如《闽书》所言:"志所载凡百国,皆通闽中者。"①明代海澄月港出洋的航线之多和所达国家之广,在当时是罕见的,据李金明著《漳州港》介绍,当时月港商船出洋航线有四程,即:内港水程、西洋针路、东洋针路、台湾水程。其西洋针路可达今日越南、柬埔寨、泰国、马来西亚、新加坡、印度尼西亚等国各岛屿;其东洋针路可达今日澎湖、菲律宾、印度尼西亚、文莱等所属各岛屿。②除了东南亚国家外,福建与欧洲、非洲、美洲、大洋洲等许多国家也都有贸易往来,明清时期,葡萄牙、荷兰、西班牙、英国等商人都与福建有过外贸关系。福建对外贸易的路线,主要有西洋、东洋两条,而西洋、东洋又各有许多航线。据杨国桢的《闽在海中》载,福建往西洋的航路有九条直走航线,即:福建往交趾;福建往柬埔寨;福建往暹罗;浯屿往大泥、吉兰丹;太武往彭坊;福建往爪哇;浯屿往杜蛮、饶潼;浯屿往诸葛担篮;浯屿往茗维。杨国桢更进一步指出:"从上述福建往西洋针路观察,闽船固定往来于今东南亚越南、柬埔寨、暹罗、彭亨(盘)、大泥、旧港、顺塔、万丹、马神为中转港,形成交叉的东南亚海域航路网域;又以麻六甲、阿齐为目的地,进入印度洋海域,连接通往南亚、西亚的航线口。"③福建往东的洋航路有六条,即:太武往吕宋;浯屿往麻里吕;泉州往彭家施兰;泉州往杉木;泉州往勃泥即文莱;福建往琉球。正是这些畅通的航路,保证了福建与西洋、东洋诸国的长期联系。

(四)对外贸易形式多样

从结算方式上看,主要有三种。(1)以货易货。即以所带土产与外国进行物物交换。如《诸蕃志》载,在占城国(今越南之中部及南部),"番商与贩用

---

① 《闽书》,福建人民出版社1994年版,第五册,第4362页。
② 李金明:《漳州港》,福建人民出版社2001年版,第62—68页。
③ 杨国桢:《闽在海中》,江西高校出版社1998年版,第57页。

第十一章 经济

脑子、麝香、檀香、草席、凉伞、绢、扇、漆器、瓷器、铅、锡、酒、糖等博易"①。"土产之物,本国运至吉罗、达弄、三佛齐,用荷池缬绢、瓷器、樟脑、大黄、黄连、丁香、脑子、檀香、蔻、沉香为货,商人就博易焉。"②至新罗国时,"地出人参、水银、麝香、松子、榛子、石决明、松塔子、防风、白附子、茯苓、大小布、毛施布、铜磬、瓷器、草席、鼠毛笔等。商舶用五色缬绢及建本文字博易"③。(2)售定代收。这种对外贸易的结算方式含有赊售成分,在当时较为常见,如《诸蕃志》载:"交易之例,蛮贾众至,随篱搬取物货而去,初若不可晓,徐辨认搬货之人,亦无遗失。蛮贾乃以其货转入他岛屿贸易,率至八九月始归,以其所得准偿舶商,亦有过期不归者。"④(3)钱货交易。宋代以前没有国际通货,所以钱货交易始于宋元。开始时也是以铜钱或金银为支付手段。如《诸蕃志》载,与倭国"交易用铜钱,以乾元大宝为文"⑤。从对外贸易的行为方式上看,主要有三种,即:(1)官府贸易。主要通过入贡回赐和市舶司收购进口货物来进行。而收购海船进口货物,则有禁榷、抽分和博买三种方式。"'禁榷',指进口货物只能由官府给价收购,专买专卖,不准民间私相交易;'抽分'又称'抽解',指官府从进口全部货物中抽取若干份,作为税收,实质是以实物形式征收的市舶税;'博买',又称'官市',指进口货物经抽分后,除禁榷物品外,官府又按价收购一部分。"⑥(2) 私人贸易。福建私人对外贸易不仅历史久,而且规模大、人数多。以对日贸易为例,"宋代来往于福建与日本间的福建商人见于记载的就有周世昌、陈文、周文裔、潘怀清、李充等等,他们都是属于民间商人贸易性质,并非由国家组织的"⑦。而这些私人贸易在某些方面较为正规,如据日《朝野群载》辑载,李充到日本从事贸易时,曾呈上要求贸易的公凭。⑧ 元代政府支持和鼓励私人对外贸易,仅仅对船舶回国进行抽解。(3) 走私贸易。走私形式有两种,一种是公开违背朝廷的严禁,大规模走私。最典型如近代月港,规模庞大,资本雄厚,"每岁孟夏以后,大舶数百艘,乘风挂帆,蔽大洋而下"⑨。另一种是船员参与走私。虽然官府对此管束甚严,一人犯罪,全船连坐,但船员还是铤而走险,从中获取暴利。

---

① [宋]赵汝适著,杨博文校释:《诸蕃志校释》,中华书局1996年版,第9页。
② 同上书,第68页。
③ 同上书,第152页。
④ 同上书,第141页。
⑤ 同上书,第155页。
⑥ 张梁主编:《福建省志·对外经贸志》,中国社会科学出版社1999年版,第3页。
⑦ 胡沧泽:《唐宋时期福建与日本的经济文化交流》,《福建师范大学学报》1999年第4期。
⑧ 同上。
⑨ 张邦寄:《张文定甬川集》,《明经世文编》卷一四七,转引自唐文基主编《福建古代经济史》,福建教育出版社1995年版,第619页。

(五) 以家族为核心在海外发展

福建一向有同族同宗出国的历史,其中原因,很大一部分与"贩商"有关,家族从商蔚然成风,福建海外贸易带有相当浓厚的家族经营色彩。以泉州为例,许多族谱中都有"贩商南洋""商游吕宋"的记载,如《诗山坊前黄氏族谱》载:其族人大多葬于南洋,缘于"少即扬帆商于英属椰屿"①,其十五世三人均渡南洋经商;至其十六世,亦皆渡南洋经商。据《永春鹏翔郑氏族谱》载,其十世就开始"商游吕宋"。福建家族性商业活动的特点主要有四:一是随家人前往。父携子、兄带弟等现象不少,如据《泉南芦川刘氏族谱》载,其二十三世家人往吕宋等外地经商多获厚利后,子女大多外出,至二十四世,开始兄带弟外出经商。二是不少人因商贸活动而变为侨民,长期居住在国外,也称住番,如《明史·吕宋传》卷三二三载:"闽人以其地近且饶富,商贩者至数万人,往往久居不返。"三是从小就开始从商实践。四是福建商人为了在海外生存,组织了多种以宗族、同行为主体的商会。一些行业分工也很明确,以缅甸为例,如福州人多经营茶馆、餐馆、面店、酒楼,客家人则开裁缝服装店,永定人开中药铺。在海外发展的家族商人中,最典型的如近代福建泉州府金门岛新头乡的陈发兴(别名陈国梁或陈瑞椿),1864年他在日本加入了泰昌商社,开始是合资者身份,后将其家族、亲戚安插进商社,最为其家族独资开设。1903年陈发兴因病返回故乡金门,由其子陈世望接班成为泰益号(1901年泰昌商社改名泰益号)店主。陈世望充分利用家族关系,其三个女儿分别为泰益号主要店员谢毓铁、泰益号下关分店的店长蔡承润、长崎和昌号店主梁顺来的妻子,由此构建了广泛的贸易网,使泰益号成为当时最有影响的商社。

(六) 以帮郊进行贸易

"帮"指以地缘为核心的商业组织;"郊"有时指以地缘为核心的商业组织,有时指以货物抵押为核心的商业组织。如清代中期活跃于台湾笨港的闽南商人就有泉州郊、厦门郊、龙江郊三郊,其中泉州郊是专营泉州至北港贸易的行商所组成的商业公会,其资本大部分由泉州籍商人提供;厦门郊是专营厦门至北港贸易的行商所组成的商业公会;龙江郊为蔡(峰山)、蔡(青阳)、许、杨、陈五族联营(一说为许氏家族组成,另一说为蔡姓家族组成)。② 近代在台北的闽南帮以台北为据点,将中药材销往日本等地,所谓台北闽南帮,"指福建省东南部出生的外地居住者集团"③,当时上海的泉涛会馆亦为闽南帮的商

---

① 庄为玑、郑山玉主编:《泉州谱牒华侨史料与研究》,中国华侨出版社1998年版,第952页。
② 蔡相辉:《清代北港的闽台贸易》,《海峡交通史论丛》,海风出版社2002年版,第109页。
③ 翁其银:《上海中药材东洋庄研究》,上海社会科学院出版社2001年版,第67—68页。

人组织,由于地缘关系,他们与台湾、日本长崎的华侨关系密切,积极开拓海外贸易,获利丰厚。

(七)亦官亦商垄断式经营

宋元之际最大的亦官亦商者为蒲寿庚,其父蒲开宗自广州迁至泉州后大力发展海外贸易,至蒲寿庚已有相当大的势力。正如与蒲寿庚同代的王磐《藁城令董文炳遗爱碑》中载,泉州太守蒲寿庚者,本西域人,"以善贾往来海上,致产巨万,家童数千"。蒲氏家族于宋元之际对中国沿海出现的三大贸易区之一的泉州(另为长江三洲、广州)对外贸易的兴盛,起了重要作用,据《癸辛杂识续集》卷下载:"泉南有巨贾南南蕃回回佛莲者,蒲代之婿也,其家富甚,凡发海舶八十艘。"蒲寿庚本人因打击海寇有功,累官至福建沿海都制置使,并于景炎元年(1276),授福建、广东招抚使,主海舶市。元代蒲寿庚授平章政事,并三次任行省中书左丞,其子蒲师文后也任职于元。① 蒲寿庚亦秉承元代统治者意旨,向海外各国商人申明"往来互市,各从所欲"的积极贸易政策,进一步推动了海外贸易,蒲氏家族也长期富甲一方。明清之际,福建最大的亦官亦商垄断集团为郑芝龙、郑成功家族集团,郑芝龙被招抚后,先后平定了其他六七个大的海商集团,被明政府封为平国公,也操控了闽地对外贸易大权。在荷兰东印度公司对大陆进行贸易时,厦门是最主要据点。1626年郑芝龙进驻厦门,之后郑氏势力长期领有厦门,荷兰东印度公司在台湾要将中国大陆的商品转口至日本、南洋等地,自然受到郑芝龙家族的牵制,1628和1640年,荷、郑双方均定有贸易互惠条约。1652年后,郑成功与荷兰东印度公司的关系逐渐恶化,郑成功发展的日本生丝贸易取代了荷兰人的市场。② 只有这种先通过官方支持而后在经商中形成的垄断集团,才有可能与外国贸易公司抗衡。

(八)以中转形式进行海外贸易

福建许多海外贸易是通过中转站运抵欧洲的。如唐宋以前,福建货物由泉州出口,经巴格达转运至罗马。唐代,福建许多工艺品通过外商转运至非洲。宋代,则由往来泉州的大食商人将工艺品运至三佛齐而后再抵非洲。明清时期,福建的工艺品及茶叶等土产也是经马尼拉至墨西哥航线转运到拉丁美洲的。明清之际,台湾成为福建销往日本等地货物的中转站,厦门商人通过

---

① 吴幼雄:《蒲寿庚家族事迹考评》,《泉州港与海上丝绸之路》,中国社会科学出版社2002年版,第523页。
② 林满红:《四百年来两岸经贸关系史》,《台湾史迹研习会讲义汇编》,台北市文献委员会1998年版,第176—177页。

台北采购日本海味,而台北商人亦将福建土产等运往日本和东南亚。至近代,上海成为福建商人出口日本的中转站。当时上海与东南亚诸国进行贸易的是南洋庄,与欧洲诸国及美国进行贸易的是西洋庄,与日本及其殖民地朝鲜、台湾进行贸易的是东洋庄,而东洋庄与福建商人关系密切。20世纪80年代以来,在日本长崎市新地镇一家华侨商社的地下室里,陆续发现了长崎泰益号及其姐妹店神户泰益洋行等十多家旅日华商的数万件商务信件和部分经营账簿,经福建福清人、留日博士翁其银解读,发现其中有三分之一与上海东洋庄有关。泰益号和泰益洋行都是福建人在日本办的商号,当时中介商泰益号将中药材运到日本,再从日本转台湾,同时从日本运送海产品到上海批发。

(九)从商形式全面多样

从经商时间上看,有定期往来、现场交易完毕就走的"过商";有因经商需要而暂居海外等来年再趁季风返航的"行商";有定居当地多年不返的"住商"。从经商性质上看,有个人行为的私商;有政府行为的官商,如清康熙二十四年(1685),清政府命福州武官江君升、厦门文官梁尔寿亲率兵丁分乘13艘官船由台湾运载粮食到日本贸易;有不顾禁令、铤而走险的走私商,如月港因地势险要长期成为走私中心;有借官方名义夹带私货的半官半私商。从服务行业组织上看,有宋明时期的牙行、清代的商行、近代的洋行。洋行主要起中介作用,以厦门洋行为例,"'洋行'本身不直接收购或出售货物,主要承担本地商船进出口的保税、保人,防止商人私自出洋及经营违禁的买卖。当商船准备出口时,须由厦门'洋行'保结出洋。本地商船返厦后,原承保的'洋行'要协助厦防同知和文武汛口官吏按出口登记资料核查人数、年貌、指纹等。外省来厦'洋船'也须用厦门的'洋行'保险。'洋行'则向商人收取'牙佣'或'行佣'作为报酬"①。

三、福建海外贸易兴盛的原因

(一)地理便利

福建在地理上靠近海外诸国,航行日程短,且季风和海流都很方便。如郑和下西洋每次都从长乐下海,也正是由于在航程上有得天独厚的条件。"和等领甲士驾巨舰,自福州长乐县出五虎门,航大海西南行抵占城,正南行八昼夜抵满剌加,以达西洋古里,分遍往支国阿舟、忽鲁漠斯等处。"②宋代赵汝适

---

① 顾海:《厦门港》,福建人民出版社2001年版,第77页。
② 北京大学南亚研究所编:《中国载籍中南亚史料汇编》(下),上海古籍出版社1994年版,第929—930页。

的《诸蕃志》对福建泉州至海外诸国的日程有过记载,如"自泉州至本国(指占城国,即今越南中南部)顺风航行二十余程"①。赴真腊国(今柬埔寨),"自泉州舟行顺风月余日可到"②。三佛齐国(今苏门答腊东南部),"在泉之正南,冬月顺风月余"可达③,阇婆国(今爪哇岛),"于泉州为丙已方,率以冬月发船,尽藉北风之便,顺风昼夜月余可到"④。赴流求(今冲绳岛),"舟行约五六日程"⑤。

(二)获利甚厚

在当时,从事海外贸易能获得丰厚的利润,很能吸引人。如《泉南芦川刘氏族谱》载:"其二十三世时往夷营商多获厚资,少时吕宋经商,利市荣归,筑屋以燕翼,资财饶富,振起家声。"⑥"往夷邦经商,得大利荣归,筑华屋而拓田亩,捐功名以为光前裕后"⑦。以致引起族人效尤,其后代多往夷邦经商,多赀荣归。宋代张纲《华阳集》卷一《送南夫知泉州》云:"泉之地并海,蛮胡贾人,舶交其中,故货通而民富。"《夷坚志》载:"泉州杨客,为海贾十余年,致赀二万万。"《诸蕃志》载:与海外诸国打交道时,"商舶利倍蓰之获"⑧。

(三)官方重视

为了促进海外贸易,历代朝廷都不同程度地采取了一系列促进贸易的措施。如:(1)奖励对海外贸易有贡献的人员。南宋政府规定:"诸市舶纲首能招诱舶舟,抽解物货,累价及五万贯、十万贯者,补官有差","闽广舶务监官抽买乳香,每及一百万两转一官"。⑨ 不少有贡献的官员得以加官晋级,有的商人由此被授予官职。(2)搞好迎送工作。如宋代每年都要拿出一定数量的钱来排办筵宴,犒劳诸国商人,称"犒设"。清代乾隆年间,厦门地方官曾修建番馆,专门用以接待外国商船上的外宾。(3)为商人举行祈风仪典,祈求平安顺利。福建沿海一带为保航路平安,传有祈风习俗。后此习俗改为官方仪典,如宋代泉州市舶司每年都在规定时间于南安九日山举行祈风仪典,据《闽中金石略》载,现九日山尚存有祈风题石刻10处。元代则以祭海神来祈求平安。(4)为商人周转资金。如清代乾隆年间,厦门地方政府曾选择富裕可靠的林

---

① [宋]赵汝适著,杨博文校释:《诸蕃志校释》,中华书局1996年版,第8页。
② 同上书,第28页。
③ 同上书,第34页。
④ 同上书,第54页。
⑤ 同上书,第147页。
⑥ 庄为玑、郑山玉主编:《泉州谱牒华侨史料与研究》,中国华侨出版社1998年版,第1006页。
⑦ 同上书,第1007页。
⑧ [宋]赵汝适著,杨博文校释:《诸蕃志校释》,中华书局1996年版,第55页。
⑨ 《食货志下·香》,《宋史》卷一八五。

广和、郑德林两家"洋行",先领取 5 万银圆,分别到苏州、广州等地代外商采购绸缎等货物,使外商能赶上季风回国,以免季风过去而羁留厦门。①

(四)加强对海外贸易的管理

其中最为有效的就是在福建设管理海外贸易的市舶司。宋代统治者在泉州设市舶司,其具体人员如:"甲、关于外舶及外商者。(A)外船入港时,检查其有无禁品;(B)保管进口货;(C)征收关税;(D)买进政府专卖品(如香药等);(E)保护外商;(F)外舶出港时,检查其有否禁品。乙、关于华船往外及本国商人者。(A)起程及回国时,检查其货;(B)征收关税。"②元代统治者在占领泉州后,当年即设市舶司,其间几经变化,管理体制渐渐走上正轨,由地方官兼领改为设专职提举。其职责也日益完善,如对船舶的管理逐渐全面,除了要发给大商船证明文书外,还要开出给本船自带的柴水小船的证明文书。对外商的管理也很全面,如有代为保管财产等义务。其征收关税功能很齐备,"凡商旅贩泉、福等处已抽之物,于本省市舶司之地卖者,细色于二十五分之中取一,粗色三十分之中取一,免其输税,其就市舶司买者,止于卖处收税,而不再抽"③。此外,市舶司还有招徕、奖惩、缉私等任务。明代,福建市舶司因琉球贡船大多直达福州,故迁移至福州,市舶司的设置,对于推动海外贸易,起了积极的作用。明代开放海禁后,政府开始收舶税,其内容为引税、水饷、陆饷、加增饷等,为规范验船的公正性,避免隐匿宝货、偷漏饷税等现象,明代万历年间设立了督饷馆,一方面对进港商船进行检验,另一方面在海外对商船进行监督。"督饷馆的设置对当时的饷税征收起到了轮流监督的作用,既可防止贪污舞弊,又可使某些督饷官员有机会接触到海外贸易商,及时了解他们的疾苦,以提出废除弊端的各种建议,对促进当时私人海外贸易的发展起到了一定的积极作用。——它标志着我国历史上征收海外贸易税已从实物抽分制转向货币税饷制,这在关税征收上不能不说是一大进步。"④

(五)造船业发达

福建造船业历史悠久,所造船只质量上乘。早在三国时期,孙吴就把福建当作的造船基地,使福建成为当时的造船中心。南朝时,福建已能制造远洋木船,驶往印度和南洋。唐代,福州和泉州成为造船中心,据《唐会要》卷二七

---

① 顾海:《厦门港》,福建人民出版社 2001 年版,第 77 页。
② 中国海外交通史研究会、福建省海外交通史博物馆合编:《泉州海外交通史料汇编》,1983 年铅印本,第 23 页。
③ 《食货志·市舶》,《元史》卷九一。
④ 李金明:《漳州港》,福建人民出版社 2001 年版,第 51—52 页。

载,所造之船船身大、容积广,可运米数千石。宋代,福建造船技术在全国居领先地位,其特点为:船体规模庞大、载重吨位大、船型设计合理,能保持较好的稳定性;船体结构坚固,抗沉能力强。元代,泉州成为全国四大海舶建造基地之一,泉州所造的巨船,正如摩洛哥大旅行家伊本·白图泰在《伊本·白图泰游记》中所描述:"船上皆有甲板四层,内有房舱、官舱和商人舱。官舱的主室附有厕所,并有门锁,旅客可携带妇女、女婢,闭门居住。——水手们则携带眷属子女,并在木槽内种植蔬菜鲜姜。"明代,福建仍然是全国造船中心之一,郑和七下西洋的大型船队中,许多船只都是在福建制造的。据《明成祖实录》卷二七载,"永乐元年(1403)五月辛巳,命福建都司造海船三十七艘"。清代,厦门曾一度成为福建造船中心,造船工人数以万计。同治五年(1866),位于福州马尾的福建船政局开始仿造新式轮船。造船业的发达,使福建在对外贸易上享有得天独厚的优势。

(六) 有大批精于海外贸易的商人

福建始终活跃着一批善于开展海外贸易活动的商人,在宋代形成一个高潮,正如苏东坡在《论高丽进奉状》中所言:"福建一路,多以海商为业。"中国古代重农抑商,商人被排在末位,但在闽南一带,从小到海外经商被认为是有志向的表现,如《泉南芦川刘氏族谱》载其二十三世:"元为人性宽洪,有大志,少时吕宋经商,利市荣归。"[①]世宙"少时立志经营,往夷邦经商,得大利荣归"[②]。闽南一带海商由于善于经营,很懂得如何赚取利润。正如李金明在《走向世界的漳泉海商》中所说:"在17世纪初期,德化瓷器已在亚洲和东南亚群岛市场享有盛名,被誉为'一流福建',它以制工细、绘画精巧而著称。漳泉海商经常载运这种瓷器到东南亚各地贸易,据说,这些瓷器装船装得非常好,到市场售卖时不仅没有损坏,而且陈列得很好,价钱又很便宜。巴达维亚的荷印总督认为,中国人懂得在这些国家如何赚取利润,而荷兰东印度公司就不可能,公司为赚取一点点利润都必须遭受诸多烦恼。他无法理解这些漳泉海商的利润是从哪里来的,除非他们懂得如何把回船货物在国内卖高价。由于商业竞争的失败,荷印总督居然要求东印度公司出面阻止漳泉海商到东南亚各地贸易,以便使公司有可能获得较高的利润。"[③]在激烈的竞争中,闽南海商不仅站稳了脚跟,还获取了大量的利润。从有海外贸易活动以来,泉州历代都出现了著名的海商,如宋代精通番汉文字的王元懋,在占城住十年后归泉州

---

① 庄为玑、郑山玉主编:《泉州谱牒华侨史料与研究》,中国华侨出版社1998年版,第1006页。
② 同上书,第1007页。
③ 高铭群主编:《石狮商工文化研究》,厦门大学出版社1995年版,第89页。

成为大海商;往来海中十数年的北宋晋江人林昭庆也成为著名海商。李玉昆在其《泉州海外交通史略》中认为:除了普通的海商外,泉州海商还包括:在大力从事海外贸易的同时,积极从事国内贸易的安平商人;亦商亦盗,带有走私性质的郑氏海商集团;长期往来闽台贸易、商行众多的崇武商人;凭借官绅势力和雄厚经济力量垄断土特产品外贸的泉州郊商等。① 泉州人李光缙在《景璧集》卷三《寓西兄伯寿序》中言:"兄伯自其王父繇吾儒林徙安平。安平人多行贾,周流四方。兄伯年十二,遂从人入粤。甚少有诚壹辐辏之术,粤人贾附之,纤赢薄货,用为致赀,时为下贾。已徙南澳,与夷人市,能夷言,收息倍于他氏,以故益饶,为中贾。吕宋澳开,募中国人市,鲜应者。兄伯遂身之大海外,而趋利其后,安平人效之,为上贾。"②李光缙的兄弟从12岁即从事商贾,从平民到中贾,后不满足,又到海外经商,终成上贾。这或许是安平商人的必走之路。

(七) 人多地少只好从域外讨生活

早在宋代,福建就出现人口过剩现象。宋人谢履曾在诗中称:"泉州人稠山谷脊,虽欲就耕无地辟。州南有海浩无穷,每岁造舟通异域。"《东涧集》卷十三称:"闽、浙之邦,土狭人稠,田无不耕。"③明代顾言武的《天下郡国利病书》言:"闽地负山滨海,平衍膏腴之壤少,而崎岖硗确之地多。"所以人民"非市舶无以助衣食"。一方面,适于耕种的良田太少,另一方面,海外通商可讨生活,闽人于是纷纷下海,冲向域外。

(八) 敢冒风险的性格使商人以放洋为乐

由于长期的风俗熏染漫浸,泉南一带人士以海为生,已成习惯,经商欲望强烈,不畏风险,无视海禁,即使九死一生,也乐于冒险。元代,汪大渊在记述到吉里地闷(有人认为即今日之帝汶)经商的泉州人的情况时曾提到:"昔泉之吴宅,发舶梢众百有余人,到彼贸易,既毕,死者十八九,间存一二,而多羸弱乏力,驾舟随风回舶。"④冒禁出洋的也不在少数。"综观明代前期,从事海外走私贸易最为严重者应数闽省福、兴、漳、泉四郡,如在嘉靖二十三年(1544)十二月至嘉靖二十六年(1547)三月的两年多里,到日本从事走私贸易而为风飘到朝鲜,并被解送回国的福建人就达千人以上。嘉靖二十六年(1547)二月

---

① 李玉昆:《泉州海外交通史略》,厦门大学出版社1995年版,第45—67页。
② [明]李光缙撰:《景璧集》(上册),福建人民出版社2012年版,第120—121页。
③ 转引自颜章炮:《长乐何以成为郑和船队的驻泊基地》,《郑和与福建》,福建教育出版社1988年版,第87页。
④ 汪大渊著,苏继庼校释:《岛夷志略校释》,中华书局2000年版,第209页。

一次被解送回国的福清人就多达241人。"①泉南一带商人敢入不毛之地,敢闯绝域之墟,扬帆万国如履平地,贾行天下以此为乐,敢想、敢说、敢试、敢拼、敢赢,"敢为天下先,爱拼才会赢"的精神绵延至今。

(九) 口岸开放使福建沿海商人有更多机会与海外商人互利

福建沿海各大港历代都在全国较早开放,以近代为例,1899年,三都澳正式设关开埠,虽然是出于抵御外敌侵略的目的,但在客观上对振兴商务、沟通海外贸易,也起了一定作用。如,许多茶叶通过该埠销往海外,1899年8个月内茶叶出口量为2635担,1900年为30710担,1901年为56234担,从中可看出,出口数量是逐年上升的。同时,海外的煤油、骨粉等也通过三都澳大量进口。

(十) 大量定居海外的闽籍华侨、华人为海外贸易提供了便利

历代闽人不断赴海外定居,特别是在东南亚,闽人占当地华侨、华人总数的比例较高,如印度尼西亚的闽籍华侨华人有300多万,占当地华侨、华人的55%;马来西亚闽籍华侨、华人有200余万,占当地华侨、华人的45%;菲律宾闽籍华侨、华人约90万,占当地华侨、华人的90%。许多从事海外贸易的闽人与已定居海外的闽籍华侨、华人或为同乡,或为同族,由此得到了他们大量的帮助,为拓展贸易带来了极大的便利。

四、福建海外贸易的影响

(一) 推动了福建手工业的发展

福建地狭人稠,手工业是福建经济的主要补充之一,海外贸易又极大地推动了福建手工业的发展。福建出口海外的手工业产品种类繁多,主要有:瓷器、宋元版书籍、铁器、铜器、丝绸、漆器、抽纱、木刻、软木画、石刻、竹编等。各个种类又有许多不同品种。如瓷器,就有宋代建阳水吉建窑的黑釉器,元明时期德化窑的白釉器和明清时期德化窑、安溪窑、平和窑的青花瓷器等。从目前掌握的资料来看,凡是有福建海商到过的地方,特别是东南亚,几乎都可以发现自宋以来历代福建生产的瓷器。其中有用作装饰的,有用作生活用具(如盛水等)的,有用于宗教信仰的。据《中国陶瓷史》载:当时海外商人来福建贩瓷赴欧洲,价值每以黄金重量相等,且供不应求。② 外销的需要刺激了福建陶

---

① 李金明:《漳州港》,福建人民出版社2001年版,第36页。
② 中国海外交通史研究会、福建省海外交通史博物馆合编:《泉州海外交通史料汇编》,1983年铅印本,第32页。

瓷业的发展。以宗教人物为例,为满足东南亚闽籍华人华侨信仰佛教的需要,德化窑、安溪窑生产了大量的佛教人物瓷器,一些如观音、如来、达摩、罗汉等佛像成为传统产品代表,久产不衰,德化窑仅观音就有72种造型,大小规格200多种,千姿百态,各具特色。

(二)促进了福建农副产品的种植和普及

在福建出口的货品中,农副产品始终占有重要位置,据《诸蕃志》载,宋代从泉州出口的61种货品中,农副产品有23种,居第二位;据《岛夷志略》载,元代由泉州港出口的70种货物,农副产品占11种,居第二位;据《福建省志·对外经贸志》载,明代福建64种出口货物中,农副产品有25种,也居第二;清代农副产品出口比重直线上升。这些农副产品主要有茶叶、柑橘、香菇、笋干、桂圆等。值得一提的是,海外贸易的发展还促进了一些农产品从国外的传入。如番薯、玉米、花生、马铃薯等都是随着对外贸易的交流而从外国引进,并在福建得以普及和提高的,有些如今成为人们不可或缺的作物。如番薯,据《闽书》载:"番薯,万历中,闽人得之外国,瘠土砂砾之地皆可以种,用以支岁,有益贫下。"①对于番薯被引进福建,有多种说法。较有影响的说法是,明神宗万历初年,福建商人陈振龙到南洋群岛经商,看见这种奇异作物,就将薯藤藏在船内千方百计带回福建,番薯由此成为福建人赖以生存的重要粮食之一。再如占城稻,据《泉州府志》卷十九《物产·占城稻》载:"占城稻,耐旱,白、赤、斑三种,自种至获,仅五十日,五邑俱有。"占城稻传入福建后,不仅对福建的粮食生产产生了极大影响,宋真宗还遣使从福建取回占城稻三万斛,在江淮地区分种,成为我国历史上一次大规模的引种。

(三)增加了福建的财政收入

福建市舶司除了"抽解"外,还将一些货物就地拍卖,得到了巨额收入,成为福建财政收入的重要来源之一。海外大量的白银进入福建,对解决福建财政问题起了一定作用。各个港口的商船所缴纳的税金,也成为福建财政收入中一笔不小的数额。如,明朝正统年间至清初,有"小苏杭"之称的月港每年外贸成交额值白银数十万两,单外贸税饷之收入,最高就达到2.9万两白银。

(四)推动了移民浪潮的经久不衰

福建地少人多,农村土地兼并盛行,农民失去土地后,随商船出海谋生不失为一条出路。顾炎武在《天下郡国利病书》中言:"海者,闽人之田也。"为谋取更大利益,经商之人常常因多种原因而滞留海外,最终成为移民。据统计,

---

① [明]何乔远编撰:《闽书》,福建人民出版社1995年版,第4436页。

目前闽籍华人华侨有1030万人,其中最早的移民大都与因行商而居留国外有关。"15世纪以来福建民间私人海上贸易的繁荣和商人的活动,不仅使众多的经商者直接侨居国外谋求新的发展,同时也为其他阶层和各种身份的人们移居海外创造了必不可少的先行条件。可以说,没有明清两代福建商人的冒险探索,近代史上福建华侨大量散居于世界各地的局面,是不可能出现的。明清福建商帮的海外活动是华侨居外国的基础,二者的关系是紧密不可分的。"①

(五)思想观念得以改变,传统"农本商末"思想受到冲击和挑战

福建沿海一带随着长期对外贸易的开展,人民的商业竞争意识不断增强。正如喻常森在《元代海外贸易》中所言:"刺桐泉州人们'效陶朱致富','往往机巧趋利,能喻义者鲜'。所谓的'义',指的不外乎是封建思想、礼教。而'人罔市利','趋竞之风'和'机巧趋利',则是封建文人对商品经济活动的贬语。"②一方面,厚利使行商贩货者再也不被认为是末流之徒,商品经济思想深入人心;另一方面,经常出海贸易也开拓了人们的视野,自觉或不自觉地吸取了国外新观念、新思想,使人们(主要商人)的思想不同程度地得以改变。

(六)促使福建宗教习俗远播海外

除了妈祖等民间信仰外,福建佛教也随贸易传住海外。如,日本长崎稻佐乡的菩提寺,原为悟真寺,于1602年由漳州商人欧阳华宇与张吉泉提议后改为此名。之后,掌有海外贸易实权的泉漳商人建造了漳州寺,来自福州的船主集资建造了宗福寺。福建的许多风俗也随闽商播往海外,特别是在东南亚,至今还不同程度地得以保留。

(七)对福建文化产生了深远的影响

海外贸易对福建文化影响深远,主要表现为三点:一是留下了许多文物古迹。仅以泉州为例,如开元寺中陈列的1974年夏由泉州后渚港海滩出土的宋代海船及其遗物,船长24.2米,宽9.15米,平面近椭圆形,有13个隔舱,底板及侧板用二层至三层木板叠合,可载重200万吨以上,反映了宋代高超的造船技术。从泉州海外交通史博物馆内的各种宗教石刻,可看出当时伊斯兰教、景教、摩尼教、婆罗门教等在泉州的兴盛;从泉州古外销瓷器陈列馆中的300多件出口瓷器,可看出历代泉州外销瓷器的精美;南安九日山的宋代祈风石刻,

---

① 陈支平、胡刚:《福建商帮》,《中国十大商帮》,黄山书社1993年版,第315—316页。
② 喻常森:《元代海外贸易》,西北大学出版社1994年版,第143页。

是宋代每年在此举行祈风盛典的实物见证。二是产生了独具特点的民俗。如在闽南侨乡有"公鸡娶妇"和"寄房婚"的婚俗。"公鸡娶妇"指男子在海外谋生,家中为其定亲事,但男方因船期改变或因台风等缘故一时不能返回完婚,经男女双方家长同意,新娘如期进门,用一只公鸡代表新郎去踢轿门、拜天地、入洞房,从此新娘就在新郎家尽媳妇责任,等新郎到家后再开始过真正夫妻生活。此外,还有"寄房婚",也是用公鸡替代新郎。二者的不同之处是,"寄房婚"只是暂寄而已,而"公鸡娶妇"何时才能相聚则难说。从这些心甘情愿牺牲自己青春而支持丈夫在海外拼搏的女子身上,可看出从事海外贸易在当地人心目中的地位。三是丰富了民间文学的内容。福建有许多民间歌谣、民间故事与海外贸易有关。以民间故事为例,如流传于侨乡的《先薯亭》,讲明代长乐商人陈振龙冒险从菲律宾带回番薯的经历;《荒岛得宝》讲元朝末年诏安四都马厝城李文达为商人记账,在爪哇国的岛上无意得宝的故事。此外《金顶针》《姑嫂塔》《寡妇塔》等脍炙人口的故事,讲的也是闯荡南洋的悲欢。

第二节 闽台贸易长期互通

一、闽台贸易的历史

早在魏晋南朝时,福建与台湾就有经济上的联系。到宋元时期,闽台贸易已较为频繁。据朱景英《海东札记》卷四载:"台地多用宋钱……家僮于笨港口海泥中得钱数百,肉好深翠,古色好玩,乃知从前互市,未必不取道此间。"货币流通可直接反映商品流通情况,可见当时贸易已有一定规模。当时澎湖与闽贸易十分密切,如何乔远《闽书》卷七引南宋《清源志》载:澎湖"城外贸易数十艘,为泉州府"。元末航海家汪大渊曾亲临澎湖,其《岛夷志略》记载:"工商兴贩,以乐其利。"澎湖还出土了大量的福建陶瓷和宋钱,也可看出宋元闽台贸易交流的频繁。

明清闽台贸易进入了一个新阶段。明代中叶朝廷曾因倭寇骚扰而实行过海禁,但两岸贸易关系仍然存在。荷兰殖民者占领台湾时期,闽台贸易不仅为两岸货物的交流,还是与南洋贸易的中转。郑成功收复台湾后,台湾进入与福建直接贸易阶段。南明永历二十八年(1674),郑经占领福建沿海各地,闽台贸易更为密切。

清代康熙二十二年(1684),清朝统一台湾后,于第二年解除海禁,闽台贸易进入繁荣阶段,特别从雍正三年至嘉庆初年(1725—1796),台湾海峡出现"舳舻相望,络绎于途"的盛况。

二、闽台经济贸易的特点

(一) 双方长期互补在贸易初期就明显地表现出来

宋元时期,台湾土著因缺铁而贵铁,闽地商人船到时,土著竟先将食物求易钉铁。元代福建商人将土珠、玛瑙、金珠及处州(今浙江丽水)的瓷器运往台湾,与当地居民交换沙金、硫黄、鹿皮等土特产。正如汪大渊在《岛夷志略》中所载:"地产沙金、黄豆、黍子、琉黄、黄蜡、鹿、豹、麂皮,贸易之货,用土珠、玛瑙、金珠、处州瓷器之属。"明代,福建商人仍运载玛瑙、瓷器、布、盐、衣服等到台交换鹿脯、鹿皮、鹿角等土特产。荷据时代,福建商人带着米、面粉、瓷器、茶、白糖、白蜡、生丝、丝绸等,到台湾交换鹿皮、鹿脯、咸鱼及胡椒等。清代,福建商人以农具、耕牛、布匹、陶瓷、纸张等运台,台湾则向福建输入粮食、砂糖、藤、鹿脯等。互通有无,以济所需。

(二) 多渠道的贸易

由于诸如"海禁"、官控等多种因素的影响,闽台贸易一直是以多渠道形式进行的。总体来说有合法贸易和违禁走私贸易两种。其中合法贸易又分官商和民商;违禁走私贸易形式多种,如行贿走私、渔船走私、官兵"夹带贩私"等。

(三) 多港口的对渡

宋代闽台贸易是在福建泉州港和台湾北港之间进行。明代拓展到漳州的月港、晋江的安平、惠安的獭窟,厦门附近的嵩屿、浯屿、曾厝垵和台湾的鸡笼、淡水等地对渡。清代福建除了厦门与台湾鹿耳门港之间对渡外,又拓展了蚶江(泉州港)与台湾鹿港(彰化)之间的对渡,福州五虎门与台北八里坌对渡等。多港口的对渡,进一步促进了闽台贸易,繁忙之时行驶在台湾海峡的闽台货船多达千余艘。

(四) 郊行的兴盛

清代闽南和台湾都出现了经营海峡两岸贸易的商业组织——郊行,一般由十多家或几十家商行组成,如台湾鹿港先有专门与泉州做生意的泉郊,专门和厦门、金门、漳州做生意的厦郊,以后则有八大郊行,即泉郊、厦郊、南郊、布郊、糖郊、油郊、染郊等,其中泉郊最盛时商号达二百余家。福建对台贸易的商人,也有郊行组织,如厦门有台郊,泉州有鹿港郊。据庄为玑、王连茂编的《闽台关系族谱资料选编》(福建人民出版社 1985 年版)介绍,仅泉州鹿港郊,道光年间即有商行 46 家。闽台两地的郊行组织,对海峡两岸的经贸交流起了积极的作用。

第三节　始终活跃着庞大的商人队伍

一、以地缘为凝聚力的福建商帮

曾有人言:"世界上凡有人群的地方,就有华人;凡有华人的地方,就有闽人。"而闽人在海外的生存是与其商业活动分不开的。福建文化是多元性文化,所以福建人经商除了家族性、区域性、割据性外,还各有其特点、各有其门道、各有其不同的组织。如果以地缘来划分,福建商人中最有影响的是闽南商帮、福州商帮、兴化商帮,此外还有龙岩、汀州、永安、福安、延平、闽清、永泰等地的商帮。

闽南商帮的特点是向海外渗透,以家族为核心进行海上贸易和国内交易,且历史悠久、影响巨大。明代何乔远在《闽书》中云:泉州安平镇"经商行贾力于徽歙,入海而贸夷,差强赀用"。泉州商人重视对神的祭祀,正如《泉州府志》载:"腊月十六日,商贾皆祭土地神,牲醴极丰。"闽南商帮在向海外贸易时形成了具有垄断性质的海商集团,并积极争取得到官方和乡族势力的支持,明末泉州的郑芝龙海商集团就是最典型的例子。郑氏集团依靠官府的支持,最终夺得东南海上的贸易大权。闽南商帮往往凭借家族的势力行商,正如《闽书》所云:漳州"族大之家,多入海贸易,散之他郡"。在向海外进行贸易时,闽南商帮也不放弃国内市场,《厦门志》称"海商以贩海为利薮,视汪洋巨浸如衽席,北至宁波、上海、天津、锦州,南至粤东,对渡台湾,一岁往来数次"。闽南商帮在经商过程中以闽南网络为中心,靠此收集商业信息,并代为解决商品和金钱方面的纠纷等。据《闽文化研究》中的《长崎福建帮零星名册的探讨》介绍,在长崎闽南商帮名单中,有陈氏泰益号、梁氏和昌号、郑氏永记号、林氏振利号、万氏震丰号等五家商号及家属共58人。按籍贯分,其中泉州府为52名,故也可称为泉州帮。闽南商帮利用与台湾隔海相望的优势,基本上垄断对台贸易,如从宋代起,闽台贸易是在泉州港和台北港之间进行,明代拓展到漳州的月港、晋江的安平、惠安的獭窟、厦门附近的嵩屿、浯屿、曾厝垵和台湾的鸡笼、淡水等地对渡。甲午战争后,厦台航线虽由日本专营,但常有内河小轮船在泉、漳一带转运对台物资。抗战胜利后,不仅本地商人从事泉州到台湾的贸易,在外地经商的闽南商帮也凭着自身优势参加对台贸易,如在上海经商的泉州人租用货船,往返于泉州、厦门、上海、台湾之间。在对台贸易的闽南商帮中,经营的项目大体也有所侧重,如泉州商人大多经营茶叶,龙海商人大多经营纸箱,惠安商人大多经营中药材等。

闽南商帮兴盛的原因主要有三：一是闽南人口密集，粮食短缺，人们为生活所迫，只好经商以图生存；二是独特的地理位置，闽南有着漫长的海岸线，自宋以来，无论什么时期，闽南都有全国瞩目的大海港，如宋元泉州港为全国大港，明代漳州月港成为全国走私大港，清及近代厦门港为大港；三是闽南泉州、漳州一带有许多人移居台湾及东南亚一带，也为闽南商帮进行贸易创造了条件。

福州商帮因其经营项目不同，帮派名目繁多，近现代最多时达二百多个，如纸帮、木帮、油帮、茶帮、果子帮、锡青帮等，各帮都设有自己的办事机构。其中资金最为雄厚的茶帮，在福州有固定牌号的约40余家，每家资金从数万元至数十万元不等。福州商帮善于根据对方需要组织货源，如台湾渔民喜用茶子饼喂鱼，福州商帮常从古田、闽清、永泰等地组织茶子饼等货源到台湾，20纪早期，每年高达四五千吨。闽越文化的遗风对福州经商者似有些影响，《闽中金石录》中载："闽越旧风，机巧剽轻，资货广利，与巴蜀埒富。余善之遗俗。"

兴化（莆仙）商帮实力仅次于闽南、福州商帮，在福建商帮中别有特色。兴化商帮在莆仙地区形成了几个繁荣的商业区，如涵江区曾被称为"小香港"，经商者被称为"中国的犹太人"。兴化商帮更善于向国内其他地方拓展，并形成其鲜明特点。如据莆田市文史资料第二辑《兴化商帮在福州》介绍，兴化商帮在福州经营的特点有五：一是所经营的业务广泛，如南北货、食糖、百货、代理商、烟叶、对外贸易、棉布、鞭炮、橘饼等；二是开设钱庄，如仙游林云阶、林阿贵开设天吉钱庄；三是组织运输；四是行帮组织繁多，如经营南北货的有"锦远堂"，经营食糖的有"聚星堂"，制造橘饼的有"浚星堂"，烟帮有"加兰堂"，经纪人有"怀远堂"等；五是帮内活动频繁，以此增加凝聚力，如庆赞、办学、帮助同乡处理疾病丧葬等。莆田商人在国内的延伸力极强，无论天山南北，长城内外，都可找到他们的踪影。

二、福建商人的特点

（一）从商历史悠久，人数众多

唐以前，福建尚未大规模开发，但已开始有商业活动，如东晋末年，福建沿海已有商人走异域，被称为海商。南朝陈代，长乐人严恭即携钱五万，闯入扬州，开设写经坊，并将所赚钱财运回家乡。唐代，福建商人积极向外拓展经商，即使偏远之处也可看到福建人的踪迹。如唐开元二十一年（733），福州唐益谦到安西四镇（今新疆境内）经商，带着一批奴婢、马、驴和货物返回福州。唐代莆田黄田，已成为商业中心。当时福建不少商人到南海诸国经商，闽南一带更是商业兴盛,如永春商人善贾,以陶瓷铜铁运至南海,换取金贝而返。宋代福建商人遍布全国沿海各地,同时随着泉州港地位的日益重要,福建海商盛极一时,正如苏东坡在《论高丽进奉状》中所言:"福建一路,多以海商为业。"凡沿海地区,争相以舟船贩货。《宋会要辑稿·刑法二》载:"漳、泉、福、兴化,凡滨海之民所造舟船,乃自备财力,兴贩牟利而已。"据史料记载,这一时期外出的商人以闽南人为多,也有少数其他地区人,如建州(今建瓯一带)海商周世昌,因暴风漂至日本,侨居七年后始归。元代由于更加开放的外贸政策,泉州港继宋代之后进一步繁荣,除了闽南一带海商活动更加频繁外,福州商人到海外经商的也不少。明清时期,由于沿海人口向海外流动及山区农民向外省迁移,产生了大量经商者,正如《漳州府志》卷三八《民风》所载:"商其利而农渐死。"从商人数不断增加,农民"辄弃耒耜而从之"。明清之际,福建商人向全国各地大量渗透,仅苏州一地,就有漳州、泉州、兴化、福州等地商人。除了沿海一带的海商外,内陆山区也出现了专营该地货品的商人,如连城县四堡为刻书之乡,该地专有商人将其所刻古今之书运卖至海内外,不仅可维持生计,有的还因此致富。崇安县(今武夷山市)盛产岩茶,出现了一些经营茶业的茶商,有的世代以此为业。上杭商人则经营当地产的纸张,兴化商人多贩糖、桂圆等。

(二) 以血缘为核心

以家族为凝聚力,家庭式经营较为普遍。这是为了更好地管理,也是为了商业机密不外泄。据有关族谱宗亲资料统计,早在唐代,福建就有家族经商的传统。永春颜氏家族从商者约占总数的40%,仅以《桃源东山颜氏族谱》所记为例,其家族成员自二十九世始几乎都往南洋槟榔屿从商,或"泛商安南",或"往商南洋"等。清代蔡仕蓁在《西山杂志》中记载,唐贞观年间(627—649),晋江商人林知慧就开始到亚非进行贸易,唐玄宗开元八年(720),其曾孙林銮按其先人航线到勃泥(今加里曼丹岛西岸)贸易,唐僖宗乾符年间(874—879),林知慧九世孙林灵造大船百艘与东南亚通商,林氏成为闽南一大海外贸易世家。据陈支平《明清时期石狮人的儒商性格——以石龟许氏为例》一文介绍,从修纂于清代雍正年间的石龟《许氏族谱》中可看出,该家族不少子弟从商执贾,父业子承,形成风尚。致富后,能和睦乡里,贡献于家族。在商业发达的晋江一带,家庭式经营更为普遍,正如傅衣凌在《明清时代商人及商业资本》一书中所言:"他们经常是全村经商,每每携带乡族之人偕行。"这种家族式的经商可得到乡族势力的保护和支持,但在激烈的竞争中,不同家族之间的商帮倾轧更为残酷。家族经商的隐蔽性、行踪诡秘等特点,也使一些沿海地方长期或明或暗的走私成为风尚。

(三) 不同区域商人特点不同

福建文化具有极强区域性,福建不同区域人的不同性格,对他们从商的成就大小造成了直接影响。如福州人生性谨慎,太讲究实效实惠,做每一件事都要先估量一下有没有收益,有多少收益,对那种"猪宰白讲价"(指猪宰好刮毛后才讲价,失去主动权)的没把握之事,一般都慎之又慎。由于过于拘谨和精明,福州商人一般不会大起大落,虽然破产的不多,但成为大富翁的也不多。同属福州文化区的邻近几个县的商人,由于文化性格的差异,其成就也不一样。如福清人善行贾,据《闽书》载,福清"其人刚劲尚气,多行贾于四方,以其财饶他邑"。但福清人爱面子,场面上要讲得过去,做生意赚了钱后,热衷于搞排场、演戏、请客、办酒席、盖房子,而不是投入再创业。再如长乐人历来有出海行商传统,《长乐市志》称:"近海之民,走海如鹜。"郑和下西洋的船队便是从长乐出发的。长乐人极富冒险精神,前往海外成为一种时尚,即使家中生活很富裕,也要出外讨生活。

闽南文化区的商人因文化性格不同,在经商上也有很大差异。如泉州人信奉"三分天注定,七分靠打拼",特别晋江、石狮一带的商人,推崇"少年不打拼,老来无名声""输人不输阵,输阵番薯面""争气不争财""三分本事七分胆",不仅敢冒险,还善于经商,有敏锐的商业头脑和强烈的竞争意识。气派大,目光远。什么好赚钱,马上就组织这方面货源,善于抓住时机。据李金明在《走向世界的漳泉海商》一文中介绍,明末因为市场上需要丝织品,大海商郑芝龙甚至在安海建立了一个拥有150名丝织工的工场。泉州商人所组织的仿造品之真,何乔远在《闽书》中曾大为称道:"泉州百工技艺不能为天下先,敏而善仿……莫不能成。"历史上的泉州人不仅敢冒海上航运的风险,也常冒犯朝廷禁令,不顾一切走私商品。早在宋代,就有此风气,正如《宋史系年要录》中所载:"私商贩海,泉州尚多。"泉州人赚了钱后,不是存起来,而是马上扩大经营规模。如赚了十万元,福州人可能会先存五万,拿五万元去投资;泉州人则要再借十万,加上赚的十万元去经营。泉州人注重商业信誉,守条约,不失信,正如郑麟趾《高丽史》所载:"泉州商人讲仁与信。"所以泉州商人中成大富翁的远远比其他几个区域商人多。兴化(莆仙)人虽素有经商传统,但由于太节俭,放不开,故有"神仙难赚莆仙钱"之说,兴化商人认为吃苦是天经地义的,做生意不仅靠头脑,还靠韧劲,有时为了推销商品,硬是不顾别人白眼,能赚一分是一分,能赚一厘是一厘。兴化商人对外界保持一定警觉,往往喜欢生活在老乡的圈子里,在对外时很"抱团",只要一个兴化人有事,大家都会挺身而出。兴化商人虽然极多节俭勤快、头脑活络者,但由于缺乏恢宏气派,且太过于计较眼前得失,真正成为超级富豪的并不多见。

(四) 商人有着地位独特

中国古代重农抑商,士农工商"四民"之中,商人被排在末位。一旦从商,则不得仕官为吏。但福建由于远离中原文化区,受中原风气影响相对弱些;再加上商人的势力和影响,商人的地位不仅未受到挑战,反而使中原那种贬抑商人的传统制度和观念受到强有力的冲击。早在闽国时期,统治者就对商人刮目相看,正如唐文基主编的《福建古代经济史》中所言:"'闽商'借雄厚实力,参与和介入闽国的政治活动和政治斗争。闽国统治者常借助闽商之力,媾沟与五代中原王朝的往来,甚至以'闽商'作为闽国的使者而'奉表称藩'于五代。闽商人林仁翰,林灵仙曾孙,后事闽王王延曦,曾谋求市舶司之官。"闽南一带更是推崇"商能致富""商胜于工,商胜于农","以商为荣"的观念深入人心。宋代泉州蒲氏家族长于海外贸易,拥有大量船舶,甚至有私人军队,南宋朝廷干脆任命蒲寿庚为市舶提举,掌握泉州财政大权。元初,蒲寿庚投降元朝,又被授官闽广都督兵马招讨使并参知政事,累官直至福建行省中书左丞等职。蒲氏亦官亦商,进一步扩大其商业领域,成为地方第一大势力。至明清,一些大商人集团由于得到地方势力和乡族势力的有力支持,成为左右地方的不可忽视的力量。朝廷为了安抚这些势力,不得不多加拉拢和让步。这恐怕是其他省的商人所不曾有的。

第四节 福建集市贸易的繁荣

集市贸易是指以农村市场为主的民间贸易,它没有固定店铺,政府不加过问,也不派市官,它与城市贸易互补互促,推动了福建经济贸易的发展。福建集市贸易的特点,主要有三个方面:

(一) 形式多样,门类齐全

根据各自不同特点,可分圩市、店肆、山市、草市、庙市等。此外,还出现了专业性市场,有专门贩卖牲畜的,如猪圩、牛市等;有专门贩卖农林产品的,如油市、茶市、果市、米市等。聚集货类时间形式灵活多样,如有每旬两集、每旬三集、每旬两集、每旬一集、六天一集、一年一次(每次天数不等)等。一些贸易随着时代的变化,内容也发生了变化。如庙市在宋代原是各寺僧人利用佛祖诞生日等宗教节日举行的盛会,由此销售商品,增加寺院收入。至明清,已不仅仅是僧人把持,而是以神会形式出现,如嘉庆《崇安县志》卷一载:"乡村神会各赛其土神,建醮演剧,赶会贸易,远近皆至,百货俱集。"一些圩市已不仅仅是贸易,也成了具有浓郁地方特色的民俗现象。如崇安县一年一度的

"柴头会",规模盛大,包罗万象,其形成的原因,据龚少峰在《武夷山市"柴头会"研究发轫》①中介绍,乃是与农业时令、交通状况、自然崇拜、道教传播等有着密切关系的。

(二) 分布面广,形成一个自然网络

福建集市贸易的分布与以下两个方面有关:第一,由经济繁华城市向周围辐射。如福州和泉州是宋代福建的经济中心,四周出现了许多集市贸易,据傅宗文《宋代草市镇研究》(福建人民出版社 1989 年版)统计,宋代福州辖区的圩镇草市有:闽安镇、闽县城外草市、石溪市、侯官城西草市、侯官镇、海口镇、渔溪市、水口镇、鸡菜镇、黄崎镇、烽火镇、莆门镇、南北镇、白沙市、关棣镇、北交镇、三砂镇、白沙镇、北岭镇、硖口镇、连江镇、飞泉镇、永泰镇、葛岭、登冲市等;泉州辖区的圩镇草市有:大盈驿、溜石镇、围头市、法石港、后渚港、磁市、濠市、谢店市、五店市、赤店、池店、畲店、新店、石井镇、刘店、潘山镇、陈店、江市、丘店、许店、徐店、张店、洛阳市等。虽然这里统计的不一定精确,但与当时其他州府辖区的圩镇草市相比,福州、泉州辖区占绝对优势是显而易见的。第二,凭借水路网络和交通要道的优势布市。货物运输是集市贸易极为重要的条件,福建交通不便,因此圩市总是先在那些交通便利地点形成。如仙游县枫亭草市地处沿海交通主干道,船舶云集,正如《螺江风物赋》所载,"遐珍远货,不可殚名者,无不辐辏于南北之贾客","舳舻衔尾,风涛驾空",一派繁忙。再如汀州地处闽、粤交通要道,水路有汀江,陆路可直通赣南、虔州等地,交通便利,因此集市贸易也十分繁盛。以其所在方位、距离看,分布也较为均匀,据宋理宗开庆元年(1295)的《临汀志》载有 25 处,其如长汀县:杉岭市(西 5 里)、何田市(南 45 里)、成功圩(西南 100 里)、谬屋圩(西南 85 里)、南温圩(西南 120 里)、归化圩(东 70 里)、三州圩(南 65 里)、单溪圩(南 120 里)、襄荷圩(南 140 里);宁化县:中沙圩(北 30 里)、石壁圩(西 40 里)、乌村圩(东北 50 里)、安东圩(西南 90 里)、滑石圩(西南 70 里);清流县:白石圩(北 5 里)、吴地圩(东北 40 里)、廖源圩(东南 50 里)、清口圩(北 40 里)、浮竹圩(东北 80 里)、长切圩(东北 30 里);莲城县:吕溪圩(南 60 里)、北团圩(北 35 里);上杭县:浊石圩(北 80 里);武平县:东坑圩(东 35 里)、大洋圩(西 45 里)。

(三) 不少集市最终发展为镇、县

如唐代的永贞、黄连、归化三镇,及梅溪、感德、归德、大同、桃林、武德六场,先后升为罗源、建宁、泰宁、闽清、宁德、德化、同安、永春、长泰九县。宋代

---

① 见《闽台岁时节日风俗》,陈国强主编,厦门大学出版社 1992 年版。

也有不少场上升为县,如上杭场于宋淳化五年(994)升为县,宋代元符元年(1098)莲城村升为莲城堡,绍兴三年(1133)升为莲城县。集市上升为镇、县的原因很多,除了成为当地的商业和交通中心外,还因其具有其他一些功能。一是办学功能。宋代就有不少以书院形式出现的草市镇学校,如建阳县麻沙镇的瑞樟书院、书市崇化里的同文书院、莆田县涵头镇的涵江书院、南安县石井镇的石井书院等。二是娱乐功能。宋代刘克庄曾住莆田县城北后埭草市,他的不少诗记录了草市中傀儡、杂剧、砑鼓和小儿队的种种演出,可见当时草市中的娱乐活动已有相当规模。三是休闲功能。不少村民把集市作为休闲的场所,如黄仲昭《八闽通志》卷十四引北宋黄伯厚描写邵武县椒屯圩的诗句:"乔木村墟十里秋,鱼盐微利竞蝇头。平坡浅草眠黄犊,小渚轻波泛白鸥。竹外客喧山市散,柳阴人醉酒旗收。清幽仿佛西湖上,惆怅归来独倚楼。"作者把圩市当作山村风景画欣赏,表达了一种闲逸的心境。福建集市贸易对福建经济的影响是多方面的:一是调剂了农民的经济生活;二是推动了技艺劳动的发展;三是促进了商贩的频繁活动,由此把本地区的经济与外地联系起来。

第五节　福建区域经济

一、福建区域经济的界定

福建省位于祖国东南沿海。最南端为东山县的陈城,最北端为浦城县忠信乡的无名坑,最西边为武平县东留乡的南坑,最东边为福鼎县台山列岛的门前屿。陆地北与浙江为邻,西与江西为邻,南与广东为邻;东濒东海,隔台湾海峡与台湾省相望,距台湾本岛最近处仅135公里。福州至基隆港航程仅149海里,厦门至高雄港航程仅165海里。福建全省面积12.14万平方公里,约占全国土地总面积的1.26%,全省陆地面积中,山地占53.38%,丘陵占29.01%,其余为平原和水面。渔场的面积为13.6万平方公里。对福建区域经济的界定和划分,一般有以下几种:

(一)按方位划分

按全省东西南北的布局,将福建分为四个经济区,即:(1)闽东经济区,包括福州市、宁德市及南平市的政和县、松溪县;(2)闽南经济区,包括莆田、泉州、漳州、厦门等市;(3)闽北经济区,包括南平市(除政和县、松溪县)、三明市的建宁县、泰宁县、将乐县、尤溪县;(4)闽西经济区,包括三明市(除尤溪县、将乐县、建宁县、泰宁县)和龙岩市。

（二）按文化特征区域划分

按习俗、语言等文化特征,将福建分为六个经济区,即:(1)福州经济区;(2)莆田经济区;(3)闽南经济区,包括泉州、漳州、厦门等市;(4)闽东经济区,专指宁德市;(5)闽北经济区,包括南平市和三明市的建宁县、泰宁县、将乐县、尤溪县;(6)闽西经济区,包括龙岩市和三明市(除尤溪县、将乐县、建宁县、泰宁县)。

（三）按开放层次、开放功能、发展速度划分

按开放层次、开放功能、发展速度,可将福建分为两个经济区,即:(1)闽东南经济区,包括厦门、福州、泉州、漳州、莆田五市;(2)闽西北经济区,包括三明、南平、龙岩、宁德等四个山区市。

（四）按山海地域划分

按沿海、山区的特点,可划分为两个经济特区,即:(1)沿海经济区,包括厦门市,福州市市区及所辖的沿海县,泉州市市区及所辖的各沿海县市,莆田市市区,漳州市市区及所辖的沿海县,宁德市所辖的沿海县;(2)山区经济区,包括三明市、南平市、龙岩市,以及泉州、漳州、莆田、宁德四市所辖的山区县。

（五）按经济协作密切程度划分

按经济协作密切程度,可划分为两个经济区,即:(1)闽东北经济区,即1996年11月成立的由福州市、莆田市、三明市、南平市、宁德市组成的闽东北五市经济协作区;(2)闽西南经济区,即1994年12月成立的由厦门市、漳州市、泉州市、龙岩市、三明市组成的闽西南五市区域经济合作区。

（六）按设区市划分

按设区市,可分为九个经济区,即:(1)福州经济区,下辖5个区,8个县(含县级市);(2)厦门经济区,下辖6个区;(3)莆田经济区,下辖4个区,1个县;(4)三明市,下辖2个区,10个县(含县级市);(5)泉州经济区,下辖4个区,8个县(含县级市);(6)漳州经济区,下辖2个区,9个县;(7)南平经济区,下辖1个区,9个县(含县级市);(8)宁德经济区,下辖1个区,8个县(含县级市);(9)龙岩经济区,下辖1个区,6个县。

二、福建区域经济的特点

（一）不平衡性

其不平衡性表现在许多方面:

从全省区域角度考察,无论是以何种标准、从何种角度划分的经济区,没

有一个经济区发展是平衡的,以按设区市划分的九个经济区为例,2001年各经济区GDP总量(亿元)分别为:泉州1125.10;福州1076.08;厦门556.39;漳州526.71;三明272.67;南平241.61;宁德237.70;龙岩233.65;莆田220.13。2001年,福州、厦门、泉州、漳州四个市的GDP占全省七成以上。以按发展速度划分的两个经济区为例,据有关方面的统计,从发展速度上看,1997年与1985年相比,闽东南GDP增长18.8倍,同期山区仅增长9.9倍;从GDP占全省比重来看,闽东南从1985年的62.5%,上升到1990年的64.4%,再上升到1997年的75.1%;山区则从1985年的37.5%,下降到1990年的35.6%,再下降到1997年的24.9%。从人均GDP来看,1985年闽东南比山区低4%,到1990年反而高2%,到1997年更高出68.5%。从闽东南和山区地方预算内财政收入之比看,1985年为1.68:1,1990年上升到2.01:1,1997年再上升到2.94:1。从农民人均纯收入看,1985年山区是闽东南的94.90%,但到1996年山区只及闽东南的78.7%。再以按山海地域划分的经济区为例,1995年山区和沿海GDP分别占全省总额的26.1%和73.9%,2001年山区所占份额下降到22%,而沿海所占比重上升到78%。山区人均GDP与沿海差额更为明显,2001山区人均GDP为8332元,仅为沿海16390元的50.8%。山区GDP只及全省人均水平的66.1%,比1990年下降19.4个百分点;人均财力沿海大约是山区的1.4倍。①

从各县收入角度考察,其不平衡性也是明显的。

从某个经济区角度考察,其内部发展也是不平衡的。以泉州经济区为例,石狮、晋江的经济与惠安、南安、安溪、永春、德化的不一样;而惠安、南安、德化的又与安溪、永春的不一样。以福州经济区为例,福清、长乐的经济与闽侯、闽清、永泰、平潭、连江、罗源的大不一样;而闽侯、连江、平潭的经济也与闽清、永泰、罗源的不一样。

(二) 多元性

从各县从事经济活动的方式上看,因其自然条件和自然资源的不同,其各自的生产方式和存在方式也各有不同,现按九个设区市分别简述如下:

从福州八县看,长乐有水产养殖和海洋捕捞;罗源有茶叶(如"七境绿茶")和海洋捕捞、水产养殖;连江的海水养殖和水产品加工(如连江鱼丸)有特点;永泰因有建筑建材的优势而被称为"建筑之乡";闽清因其储有大量适合生产高压电瓷的高岭土而成为生产日用瓷的重镇;闽侯的茉莉花产量占福州市的一半;福清有水产养殖和花生等油料作物;平潭有海洋捕捞和海水、淡

---

① 何绵山主编:《福建区域经济》,厦门大学出版社2002年版。

水养殖等。

厦门同安的海蛎交售国家和提供出口的占全省40%。

莆田市的莆田县(现为莆田的荔城区、秀屿区、城厢区、涵江区)除了湄洲岛的旅游业外,水产养殖和水产品加工、木雕、兴化米粉和兴化桂圆等都很有特色;仙游的甘蔗和制糖工业在福建省占有重要地位。

三明市的清流以农业为主,是福建商品粮基地之一,林业也是全县经济优势之一;宁化以农业为主,除稻谷外,烤烟、油菜籽、辣椒干、薏米等也是大宗产品;永安为新兴工业基地,其水泥、合成纤维、原煤、化肥等生产都有一定规模;大田的生猪饲养、原煤生产有优势;明溪以农业、林业为主;将乐的林业资源丰富,为提供大量原木的主要基地;沙县有130多种小吃,不仅遍布全省,还延伸至省外,县政府近年已将小吃作为第三产业支柱,列入经济发展的规划;泰宁是全省商品粮基地之一,除了粮食、木材外,莲子、茶叶等也占有很大比例;建宁以农林业为主,其莲子、笋干、猕猴桃、红花油茶等是当地名产;尤溪是全国林业重点县之一,有特色的工业产品大多与林业有关,如造纸、松香、松节油等。

宁德市福安的茉莉花曾在农民收入中占有重要比重,蘑菇、油菜、绿笋等皆为拳头产品;福鼎的茶叶产量居全省第三,为全国茶叶生产基地,槟榔芋曾获外贸部优质奖,在油料方面为全省油料作物基地县之一,长毛兔曾为县三大拳头产品之一;霞浦渔产占全省的四分之一,是全省渔业第三产区;宁德县的对虾等养殖业兴极一时,茶、茉莉花、水果、笋干等在经济作物中占相当比重;寿宁的马铃薯别具特色,曾远销港澳,当地因丰富的森林资源而被定为省商品材生产基地;周宁以农林业为主,主要经济作物有茶叶等,黄花菜因品质居全省之冠而被省供销社定为"周宁花";屏南以农、林业为主,养牛业也很发达,仙山牛场是福建养牛畜牧基地之一,名产红曲远销东南亚,年出口量占全省同类产品的80%以上;古田以农林业为主,林副产品银耳产值曾为林产产值的近9成;柘荣的茶、花生、晒烟、原材等经济作物种植面积曾居全省第二,其草席、剪刀等为工业名牌产品,畅销全国。

泉州市的德化因储有一亿多吨适合建筑用的高岭土而使瓷器驰名中外,曾与江西景德镇、湖南醴陵并列为中国三大瓷都;永春是全国的柑橘基地县之一,药材出口居全国之首,小水电建设闻名全国,天湖山煤田是省主要无烟煤基地之一;安溪的铁观音茶叶是拳头产品,为全县经济重要收入,其各种水果及米粉、红曲等,也独具特色;南安的石料、蚝油、茶叶、水果等都颇具特色;惠安的石雕、渔业以及花生等经济作物生产等都是经济收入的主要来源;晋江的小商品市场和以瓷器、服装、鞋帽、电子、玩具等为代表的乡镇工业已成为经济的重要支柱；石狮为全国最大的小商品市场之一，其服装市场全国闻名。

南平市所属地区以林业为生产优势，造纸、纺织都曾在经济中占有重要比重；建阳的茶叶、莲子、竹木等颇有特色；武夷山的旅游业成为当地主要经济支柱，茶叶、冬笋、香菇等土特产交易也日趋活跃；浦城以生产粮食为主，为福建省重点商品粮生产基地之一；建瓯的茶叶、竹笋、香菇、莲子、泽泻等都为主要经济作物，特别是泽泻，因远销东南亚而被称为"泽泻之乡"；邵武盛产稻米、木材、毛竹、笋干等，为福建省商品粮基地之一；光泽以稻米为主，为福建省商品粮基地之一，有特色的产品有松香、笋干、蕲蛇酒、蛇干等；松溪以生产稻米为主，绿茶、香菇、笋干、大理石等也为经济收入的主要来源；政和在生产稻米的同时，也种植茉莉花、花生、油菜籽、芝麻、晒烟等经济作物，其茶叶以制工精细而驰名；顺昌林业发达，除了毛竹、木材外，每年还生产大量的松香、笋干、香菇、茶油、桐油、白木耳等林副产品。

龙岩市的新罗区以烤烟、花生、药材及沉缸酒为特点；漳平在林业方面为南方重点林县之一，矿产以铁矿石为主，茶叶、青仁豆、荆芥及永福花卉等在经济收入中占有一定比重；永定为全国四个优质烟基地之一，烤烟在全县经济中占有举足轻重的地位，大小煤矿布满全县；上杭是福建林业重点县之一，可提供大量木材、毛竹及笋干、桐油、香菇等林副产品；武平以农林为主并有松香、笋干等产品，畜牧业以牛为主，猪胆干为本县特产；长汀以农林业为主，主要经济作物有油菜籽、花生、茶叶、烟叶等；林业除了生产木材外，还生产与之相关的松脂、土纸、香菇；连城以农林业为主，有特色的产品包括红心地瓜干、松香、土纸等。

漳州市芗城区的经济作物以甘蔗、花生、水果、花卉为主，水果有天宝香蕉、漳州芦柑、浦南文旦柚，工业以八宝印泥、片仔癀、风油精等闻名；龙海四季不断的各类水果为经济注入了活力；长泰为福建省商品粮基地县之一，除粮食外，芦柑、生姜、烟叶、龙眼、银耳、蜂蜜、桐油等一直是其主打产品；漳浦以粮食为主，油料和粮蔗也占较大比重，是福建省油料作物生产基地和粮蔗生产基地之一，同时以荔枝、龙眼为代表的水果，以红鲟、牡蛎为代表的海产养殖持续发展；华安除粮食外，水果一直占有很大比重，坪山柚为世界著名四大柚之一；东山的渔业一直是其主要经济支柱，龙虾、石斑鱼、鱿鱼、海螺等闻名海外；云霄的水稻、水果、渔业等都较有特色，其下河金枣、下坂枇杷、竹塔泥蚶等都饮誉省内外及东南亚；平和以种植业为主，除了水稻、大小麦、薯类外，甘蔗、花生、烟叶、油茶、柑橘等不断增产，被福建省列为柑橘、蜜柚、夏橙生产的基地县之一；诏安经济除以农业、渔业为支柱外，橡胶和南药等也因成功种植而收到效益。

三、福建区域经济特点的形成

（一）自然地理环境

福建的自然地理环境特点有三：

第一，山岭众多，素有"东南山国"之称。福建海拔 200 米以上的山丘陵地约占 85%，主要有两列山脉，一列为武夷山脉，另一列为鹫峰山—戴云山—博平岭山脉。武夷山脉的最高峰，也是我国大陆东南部的最高峰。从东北到西南，有洞宫山、武夷山、杉岭山，中有纵贯南北的鹫峰山、戴云山、博平岭。层层山脉，挡住了北方冷空气的入侵，除少数高山地区外，八闽大地冬季无严寒，霜雪少见，隆冬季节仍然郁郁葱葱。但过多的崇山峻岭使福建交通不便，与内陆联系较为困难，因此较为封闭。缺少广阔平原也使福建大面积的粮食种植业难以发展。

第二，海岸绵长，素有"闽海雄风"之称。福建海岸线实际长度 3000 多公里，仅次于山东而居全国第二，但曲率达 1∶5.7，居全国首位。福建海岸可分为半封闭港湾海岸、开敞港湾海岸和平直海岸三种。蜿蜒曲折的海岸，形成大小约 125 个天然良港。绵长曲折的海岸线不仅使福建沿海人民有可充分利用的富饶海洋资源，也是与海外沟通的得天独厚的条件。

第三，江河纵横，素有"闽水泱泱"之称。在福建 12 万多平方公里的土地上，有 29 个水系、663 条河流，大小河流总长达 1 万多公里，流域面积在 50 平方公里以上的河流有 597 条，其河网密度为每平方公里 100 米，密度之大，为全国罕见。福建河流最主要特点是"粗而壮"，如黄河流域面积超过闽江 12 倍，但流量仅为闽江的五分之四。福建的几大江河水系单元相对独立，自成系统，各地都有自己的主河流，如闽江流经闽北、闽中；九龙江流经闽西、闽南；晋江流经闽南；汀江流经闽西；交溪流经闽东。以上著名江河使福建河流常流不断，即使在枯水季节也有一定水流，无论人均占有水资源量还是亩均占有水资源量，都远远超出全国平均水平。

福建自然地理这种封闭又开放的形态，对福建经济的影响是显而易见的。一方面，高山急流把福建分隔成几片自然区域，各区域内又由于山脉河流走向，再被划为若干个闭塞的小区，因此难以交流、沟通；另一方面，由于绵长曲折的海岸线使沿海一带与海外往来十分便利，故能长期直趋海外，领风气之先。一方面，山区虽然矿产资源较为丰富，但由于交通不便、通信不灵、信息滞后、技术人才匮乏、生产和生活条件较差等不利因素，影响了自然资源的开发，资源无法成为经济增长优势。另一方面，沿海地区由于华侨众多、资金雄厚、通信网络发达、交通便利、对外联系渠道较为广阔、信息灵通、技术水平较高，发展步伐快。

(二) 海外、境外的闽籍移民祖地的分布不一

福建经济的发展,与侨、台、港、澳关系密切。据最新统计,福建在海外的华人、华侨有1030万;台湾有80%左右的人祖籍福建,港、澳也有相当比例的人为闽籍。这些海外、境外的闽籍移民大多来自沿海及闽西部分客家地区,如仅泉州市分布在世界各地的华侨、华人就有600多万人,占福建省华侨总数的76%;台湾同胞有44.8%约900多万人祖籍泉州,泉州旅居香港的有65万人,旅居澳门的有5万人。再如莆田市,也有78万侨胞和港澳台同胞,这些海外、境外闽籍移民在祖地注入资金、招商办厂、输入技术、以外引外等方面起了积极作用。由于内陆、山区的海外、境外移民远远少于沿海,这在得风气之先、得资金技术便利等方面就大大逊于沿海地区。

(三) 经济开发的多样性

福建地狭人稠,早在宋代,福建就因人口增长太快而出现了过剩,《东涧集》卷十三载:"闽、浙之邦,土狭人稠,田无不耕。"福建一方面适于耕种良田少,另一方面,山区资源、海洋资源十分丰富,因此除了发展农业外,还要开发山区矿物资源、森林资源、竹木资源、水利资源及海洋资源,要全面发展矿冶、造纸、制茶等手工业生产,种植业、手工业、渔业、海上贸易等形式互为补充,不可或缺。

(四) 区域文化不同

各区域经济发展不平衡,与人的素质观念、人所受的文化熏陶有密切关系。在同等条件下,不同文化层次的人的个性、文化心理、行为特征、精神风貌、教养趣味等,都对经济发展产生重要影响。福建省入选第二届全国县域经济基本竞争力百强县(市)的八县(市)为晋江市(第6名)、福清市(第16名)、南安市(第26名)、惠安县(第32名)、石狮市(第49名)、龙海市(第70名)、长乐市(第96名)、安溪县(第99名)。以晋江市为例,"三分天注定,七分靠打拼"几乎成为市歌,"不想当老板的不是男子汉",一般人有十万元,往往留五万元做本,投资五万元办企业,而晋江人不仅会倾十万元而出,而且会再借十万元投资。再以石狮为例,该地区之所以一直为改革开放的弄潮儿,是因为它将闽南文化、华侨文化、商品经济的文化消费观融为一体,以敢闯、敢冒、敢战的改革精神使"敢为天下先、爱拼才会赢"成为一种时尚,出自石狮的"七匹狼"公司的广告以凶猛的狼为标志,而且不只是一匹,而是前奔后窜的七匹狼,颇有"与狼共舞,方显出英雄本色"之磅礴气势。这恰恰成了石狮精神的绝好注脚。石狮人以"人无我有,人有我优,人优我廉,人廉我转"的经营

策略,将当地建成全国最大的小商品市场之一,并要建亚洲最大的服装城,其政府与企业关系为:"你投资,我欢迎;你赚钱,我收税;你违法,我查处;你亏本,我同情。"再如福清人、长乐人也是以敢冒风险、吃苦耐劳、永不满足而著称。福建一些贫困区资源丰富,自然条件优越,但有的地方收下稻谷后,人们旋即三五成群地坐在门口晒太阳,一晒就是半天,面不改色心不跳,一副悠然自得的神态,颇有"白头宫女在,闲坐说玄宗"之晚唐遗风。日复一日、年复一年,何时才能改变面貌?

怎样实现人的现代化?福建许多区域在制定发展战略时,都将此列上日常议程,列举其弊端(如小农意识、小富则安意识、小团体利益意识、小步慢跑意识、小家子气意识、小处着眼意识、小打小闹意识、谨小慎微意识),力图更新其观念(如大开放、大开发、大让利、大协作、大市场、大服务、大发展)。只有在先进文化土壤中培育出来的具有优良素质的人,才能真正推动经济的发展。

第十二章
科 技

第一节 闽籍著名科学家

福建虽然地处东海一隅,但科技人才辈出,一些人物在我国科技史上占有重要地位。仅宋代,有代表性的就有曾公亮、蔡襄、苏颂、宋慈等人。

曾公亮,字明仲,晋江人,宋仁宗天圣二年(1024)进士,前后为官47年,毕生为实现强兵富国的理想而奋斗。曾公亮与丁度等人奉敕修撰的《武经总要》,是我国古代一部军事科学的大百科全书,也是世界上最重要的古军事著作之一。此书共四十卷,分前后两集,前集二十卷,论述军事组织、军事制度、步骑兵教练、行军、营阵、战略、战术、武器的制造和使用、边防地理等。后集二十卷,记载历代用兵经验,论述阴阳占候,保存了许多珍贵的军事史资料。《武经总要》记载制造火药的三个详细配方(火炮火药法、毒药烟球火药法和蒺藜火球火药法),即以硫黄、焰硝(硝酸钾)、松脂和其他不同的物质按一定的比例和操作程序制成不同用途的火药,是世界上最早的火药配方和工艺程序的文献,英国当代著名中国科技史专家李约瑟博士对《武经总要》中火药的记载予以高度评价。《武经总要》记载的许多新式火器,如火箭、引火球、蒺藜火球、霹雳火球、铁嘴火鹞、竹火鹞、毒药烟球等,对现代武器的产生有或多或少的启发,如一种以石油制品"猛火油"作为燃料的原始火焰喷射器"猛火油柜",为现代火焰喷射器的前身。书中记载"指南鱼"的制作方法,是世界上利用磁场进行人工磁化的最早记载,可见我国早在公元11世纪就已掌握了地磁倾角原理,并能用以制造指南仪器。而欧洲至1544年才由德国人哈特曼发现地磁倾角。明代嘉靖年间,晋江人俞大猷在抗倭战斗中运用前人兵法,总结自己经验,将老师赵本学所著的《韬钤内外篇》及自著《兵法发微》《剑经》等合编为《续武经总要》,亦为我国重要的军事学书籍。

蔡襄,字君谟,仙游人,宋仁宗天圣九年(1031)进士,曾任福州、泉州、漳州等地郡守。蔡襄对福建科技的贡献是多方面的。第一,兴修水利工程。在泉州洛阳江入海口的江面,用六年八个月时间,建造了著名的洛阳桥,开创了在江水入海口上架桥的先例。第二,促进福建茶叶的发展。蔡襄亲自监制建宁府建安县的北苑贡茶,改造了北苑茶的品质和花色,选择鲜嫩茶芽,将过去八饼为一斤的茶饼改为二十饼为一斤的"小龙团",使建安北苑茶誉满京城,建宁府建安成为全国制茶和茶学中心,推动了福建茶叶的发展。为了推动闽中茶叶发展,蔡襄写成了我国继陆羽之后的又一部茶叶专著《茶录》,论述了茶叶品质、茶叶保存、品评方法、制茶工具、品茶器具等,书中所列制茶、品茶工具如茶焙、茶笼、砧椎、茶钤、茶碾、茶罗、茶盏和茶匙等,均为研究茶叶科技史的珍贵史料。第三,撰写《荔枝谱》。蔡襄在为官之余,曾命画工根据不同品名荔枝写生,收集既多乃作此谱。书中详叙荔枝的品种、分布、栽培、鉴定、品评、加工、贮存和防治病虫害等方法,对一些珍贵荔枝品种,无不予以恰到好处之品评,详述荔枝以此书为始。故后人称蔡襄的《荔枝谱》不仅为我国第一部果树志专著,也是流传下来的世界上最早一部果树栽培学著作。

苏颂,字子容,泉州南安人,北宋庆历四年(1044)进士。《宋史·苏颂传》称他"自书、契以来,经史、九流、百家之说,至于图纬律吕、星历、算法、山经、本草,无所不通"。英国著名中国科技史专家李约瑟博士称苏颂是中国古代和中世纪最伟大的博物学家和科学家之一,是一位突出的重视科学规律的学者。苏颂对我国科技的贡献,主要表现在天文学、机械制造学、药物学三个方面。苏颂撰述的《新仪象法要》,是我国现存最详尽的古代天文仪专著,集中反映了11世纪我国天文学领域的新成就。全书分三卷,卷上说明浑仪的设计、构造及其发展史;卷中介绍浑象的由来、设计、构造和星图;卷下描述水运仪象台的总体与分体的构造、功能及工作情况。全书共有64幅图。苏颂主持创制的水运仪象台,把浑仪、浑象和报时装置结合在一起,并以水力驱动,通过多级齿轮变速、传动系统各部件,使上述各机构的运转,保持与天上日视运动同步,集计时、天文观测和天象演示功能于一体。李约瑟在《中国科学技术史》(科学出版社1975年版)第四卷中高度评价了水运仪象台,认为:"苏颂把时钟机械和观察用浑仪结合起来,在原理上已经完全成功;因此可以说,他比罗伯特·胡克先行了六个世纪,比方和斐先行了七个半世纪。"苏颂还增补《开宝本草》,并奉旨编撰了《本草图经》二十一卷,不仅为辨识近似的药物而绘制了近千幅药图,还系统地收录了大量的单方、验方,详述其炮炙、配制和用法,集中反映了北宋中期医学成就。

宋慈,字惠父,建阳童游人,宋嘉定十年(1217)进士。宋慈一生四度出任刑法官,他根据自己任刑法官所积累的知识,再大量收集了前人的经验,于宋淳祐七年(1247)写成了世界上第一部系统的法医学著作《洗冤集录》。全书五卷五十三条(附一章),主要内容分三部分:第一部分是宋代颁行的关于现场勘验、尸体检验的《条令》;第二部分收集了许多丰富的实践经验,论述初检、验尸、验女尸、验腐尸、验无名尸、掘墓、填报尸单等程序,对许多疑似之问,列有详细检验分辨的办法;第三部分论述"辟秽"和"救死",收集了自缢、水溺、渴死、冻死、杀伤及胎动等抢救办法及单方。书中叙述的范围几乎涉及现代法医学的所有分支科目,如内科、外科、妇科、儿科、骨科、解剖、生理、病理、药理治疗、诊断、急救等,具有重要的科学价值和应用价值。书中应用外科解剖学提出的科学的辨别、鉴定方法,至今仍有借鉴意义。书中所提供的一些抢救办法及单方,通过证明是可行的,有些与今日人工呼吸法几乎完全一致。书中介绍的致毒症状和解毒方法,一般符合现代毒物学原理,某些还是行之有效的。《洗冤集录》成为当时刑狱官吏和元、明、清三代王朝刑法官必备之书。它比欧洲最早法医学专著还早三百五十多年,被公认为世界上最早的法医学专著,并被译为日、法、英等近十种文字,在世界上产生了广泛影响,宋慈本人也因此被称为世界法医学鼻祖。

福建杰出的科技人才还有:李宏,侯官人,北宋水利专家,经八年时间修筑莆田木兰陂水利工程,使莆田南洋平原成旱涝保收之地。何去非,字正通,浦城人,北宋军事理论家,校《兵法七书》,著《司马法讲义》等。杨士瀛,字登父,三山(今福州)人,南宋医学家,著有《仁斋直指方论》等医书多种,其医说为金、元、明、清以来多数医学界所推崇。朱端章,长乐人,南宋医学家,收集唐宋以来产科经验,辑成《卫生家宝产科方》八卷。李迅,字嗣立,晋江人,南宋医学家,精外科,尤善治背疽,编有《集验背疽方》。刘信甫,号桃溪居士,邵武人,南宋医学家,编有《活人事证方》等医书。邹铉,字冰壑,元代医学家,编有《寿亲养老新书》,论述老年养生,所引方药亦多奇秘。叶汝楠,字子林,瓯宁(今建瓯)人,元代医学家,尤擅痘科,所治全活者众。许宏,字宗道,建安(今建瓯)人,明代医学家,编著有《金镜内台方议》十二卷,并将民间本草汤药有效验方汇集成《湖海奇方》八卷。王景弘,宁洋(今漳平)人,明代航海家,足迹遍30余国。谢杰,字汉甫,长乐人,明代造船专家。熊宗立,字道轩,建阳人,明代医学家,编著各类医书20余种,主要有《名方类证医书大全》等。何朝宗,德化人,明代制瓷艺人,其烧制的瓷雕为中国古代瓷器的上品。王景韩,字逊魏,宁化人,明代医学家,著有《神验医宗舌镜》,叙述舌象100余种。俞良甫,莆田人,明代刻书家,曾东渡日本刻书,传播了中国的雕版技术。谢肇淛,字在杭,长乐人,明代科学家,对天文、地理、水利、农艺等均有研究,其《北河纪略》记载了河流原委和历代治河利病,是明代水利学的重要著述。陈振龙,长乐人,明代农作物引种家,将番薯由吕宋引进福建。其五世孙陈世元编有《金薯传习录》,为我国有关番薯种植的第一部专著。沈佺期,字云又,同安人,明末医学家,曾入台湾施药济众,被誉为"台湾医祖"。游艺,字子六,建阳人,清初天文学家,著《天经或问》多卷。林开燧,字慕我,闽县(今福州)人,清代医学家,其著《林氏活人录汇编》,详述多种病症虚实缓急之脉证病因。陈师镐,字道雍,侯官(今福州)人,清代医学家,专精小儿科,尤善治痘疹。李清时,字授侯,安溪人,清代治水专家,对修坝分洪、利用灌田诸方面多有建树,著有《治河事宜》等。陈念祖,字修园,长乐人,清代医学家,著有《陈修园医书》十六种。林作建,字和斋,福州人,清代医学家,对温湿病等有研究,著有《和斋医案》等。沈绍安,侯官(今福州)人,清代民间漆艺家,为福州脱胎器的创始者。魏瀚,侯官人,近代造船专家,曾主持设计第一艘钢甲舰"龙威"号。丁拱辰,字淑原,晋江人,近代兵器专家,曾主持铸造大炮和训练炮手工作,所撰《演炮图说辑要》,为我国近代史上第一部详尽介绍西方军械技术的专著。

值得注意的是,除了以上人物外,还有不少闽人留下了丰富的科技文献。以荔枝为例,继蔡襄《荔枝谱》后,明代闽县(今福州)人徐𤊹撰写了《荔枝谱》七卷,叙述了闽中四郡的荔枝品种(福州四十一种、兴化二十五种、泉州二十一种、漳州十三种),并叙述了荔枝的种植、食用、保藏、加工等。明代福州人邓道协撰《荔枝谱》,叙述了各地种植荔枝的果农和他自己的经验;清代长乐人陈定国撰《荔谱》,分为辨种、辨名、辨地、辨时、辨核、辨运等六项叙述。清代晋江人林嗣环撰《荔枝话》,叙述了买青苗、采荔枝的习俗等。再以茶为例,宋代朱子安撰《东溪试茶录》,对建安东溪茶事进行了详细的叙述。宋代建安(今建瓯)人黄儒撰《品茶要录》,叙述了建茶的采制、烹试方法,并指出制茶的疵病和售茶的欺诈。宋代建阳人熊蕃撰《宣和北苑贡茶录》,简述了建安茶的沿革,贡茶的变迁,茶芽的等级。

第二节　福建造船技术

一、福建早期造船业

造船业在福建有着悠久的历史。《汉书》卷六四载:古闽越族以"习于水斗,便于用舟"。早在石器时代,他们就发明了独木舟。1973年连江浦口公社山堂大队曾发现一只独木舟,长7.1米,前宽1.1米,后宽1.5米,由樟树树干制成,据中国科学院贵阳地球化学研究所对舟体木材测定,其上限为公元前290年,下限为公元前100年。考古学家曾从武夷山白崖岩取下船棺的结构和形式,据福建省博物馆介绍,"船棺是用两根完整的楠木刳成,通长4.6米,通高0.78米(盖高0.37米,底高0.41米),宽0.52米,分为棺盖与棺身两部分,盖作半圆形,象征船篷;棺身如棱形,中间挖空,成为长方形的槽,以殓尸体,其首尾两端,上翘如舟。"①三千多年前古越族人的舟具生产技术,令人惊叹。正如《越绝书》卷八所记,闽越人"以船为车,以楫为马。"

三国时期,孙吴把福建当作造船基地,在福州设立典船校尉,在今霞浦县设立温麻船屯,负责督造船只。孙吴在福建的造船工场规模大,种类多,设备好,所造之船,小曰舟,大曰船。大船一般都以合樟木五板为船底,装载容量在七百石左右,使福建成为当时造船中心。晋代,民间造船取代官府造船,福建造船业继续向前发展。东晋后期,起义军制造了一种高四层十余丈,船底舱为八个隔槽的战舰,在闽南沿海与东晋军相持。南朝时期,福建已能制造远洋木船,驶往印度和南洋。唐代,福州和泉州成为造船中心。天宝年间,泉州等地制造了一批高大华丽的大海船,其长十八丈,次面宽四丈二尺许,高四五尺,底宽二丈,为尖圆形,银镶舱舷十五格,可贮货品二至四万担。当时东渡日本的僧人都设法到福建购买这种大海船。

二、宋代福建造船业

宋代福建造船业达到新的高峰,以至宋人徐梦莘在《三朝北盟会编》(卷一百七十六)惊叹"海舟以福建为上"。当时造船业以民营为主,正如《宋会要辑稿》刑法二之一三七载:"嘉定五年九月二十八日臣僚言:'漳、泉、福、兴化,凡自备财力,兴贩牟利而已。'"宋代福建造船技术在全国居领先地位,故吕颐浩在《忠穆集·二论舟楫之利》中称:"南方木性,与水相宜,故海舟以福建为上,广东、西路次之,温、明船又次之。"1974年8月,泉州东郊后渚港出土了一艘宋代海船,残骸长24.20米,宽9.15米,深1.98米,载重量为370吨左右,为福建当时中型商船。

据宋代文献记载和出土的宋代海船实物,可看出宋代福建造船技术的特点:(1)船体规模庞大,载重吨位多。据《宋会要辑稿》刑法二之一二一所载,当时福建已能建造面宽达八丈以上的大海船。按比例,其船长应为五十丈左右,则可推算出载重量当在500吨以上。宋代徐兢《宣和奉使高丽图经》卷三十四中,记述了所征用福建客舟:"长十余丈,深三丈,阔二丈五尺;"而使臣乘坐的神舟三倍于客舟,按此,神舟长约四十丈,深约九丈,阔约七丈五尺。(2)船型设计合理,在航行中能保持较好的稳定性。徐兢《宣和奉使高丽图

---

① 《福建崇安武夷山白岩洞清理简报》,《文物》1980年第6期。

经》中指出福建客舟:"上平如衡,下侧如刃,贵其可以破浪而行也"。1974 年泉州后渚出土的宋船,船型特点是底尖,船身扁阔,长宽比小,平面近椭圆形。这与宋代文献中有关海船的记载相符。这种面宽底尖的海船,吃水深,破浪性能好,在海中受到阻力较小,航行速度较快,在花费同样材料的条件下,可取得最佳负载能力。由于吃水深,可确保航行中的稳定性。(3) 船体结构坚固,抗沉能力强。据《泉州湾宋代海船发掘与研究》(海洋出版社 1987 年版)中发掘报告所介绍,1974 年泉州后渚出土的宋船,船体用材主要为杉、松和樟三种,龙骨用两段松木连接而成,全长 17.65 米,它由两段粗大松木接合而成,将船头、船身至船尾一以贯之,有力地支撑起来,成为整个船体的主干,在横向结构上,全船设 12 道隔舱壁,用粗大的樟木制成肋骨附贴在隔舱板与船壳板的交接处,俨然是一个十分坚固的"三角支架",符合现代结构力学和材料力学的构型原理。12 道隔舱壁将全船分成十三舱,隔舱板一般厚度为 10—11 厘米,各舱都有水密设施,当船的一部分受损时,不至于影响到其他部分。舱壁近龙骨处都留有 12×12 厘米的水眼,这是福建船工的发明创造之一。(4) 船板连接紧密,用料讲究。如出土的宋船外板采用搭接与平接相结合的方法,船板间用六种类型的铁钉加固,板缝间用麻丝、竹茹和桐油灰精心捣制的艌料黏合,这在今天都不失为一种理想的胶粘剂。由此可见,宋代福建造船技术居世界领先地位,其中水密隔舱结构要比欧洲早一千多年。

三、元代福建造船业

元代福建造船业随着海外贸易的频繁而更加兴旺。据《元史·世祖本纪》载,泉州为元代四大海舶建造基地之一,元世祖至元二十六年(1289)泉州市舶都转运司统有海船 1.5 万艘,其中大部分无疑为本地所造。至正年间(1341—1368),朝廷又在福州设立船场,制造了许多大型海船。福建制造的船只,承当了元朝政府的许多任务,如至元十六年(1279)忽必烈征日本,至元二十九年征爪哇,都下令福建提供大量战船;元朝为解决南粮北运而开辟海路,也依靠福建提供海船。

摩洛哥大旅行家伊本·白图泰曾到过泉州,对泉州造船业有着深刻印象,他在《伊本·白图泰游记》中描述过中国船只:"中国船只共分三等,大的称为艟克(复数是朱努克),中者为艚,小者为舸舸姆,大船有十帆,至小是三帆,帆系用藤篾编织,其状如席,常挂不落,顺风调帆,下锚时亦不落帆,每一大船役使千人,其中海员六百,战士四百……随从每一大船,有小船三艘,半大者,三分之一大者,四分之一大者,此种巨船只在中国的刺桐城(泉州)制造,或在隋尼凯兰(广州)建造……船上皆有甲板四层,内有房舱、官舱和商人舱,官舱的主室附有厕所,并有门锁,旅客可携带妇女、女婢,闭门居住……水手们则携带眷属子女,并在木槽内种植蔬菜鲜姜。"①当时泉州港是世界首屈一指的通商大港,造船业也必然同步发展。

四、明清福建造船业

明代福建仍然是全国造船中心之一,福建造船工业在全国继续居领先地位,据《明成祖实录》卷一九、二六载,郑和下西洋时,朝廷曾令福建造新船:"永乐元年(1403)五月辛巳,命福建都司造船三十七艘","永乐二年……癸亥,将遣使西洋诸国,命福建造海船五艘"。据《长乐县志》载:"明永乐年间,太监郑和通西洋,造巨舶于此,奏改太平港。"据有关文献表明:郑和船队中大多数船舶,特别是大型宝船,应是福船船型。此外,由于抗倭的需要,及官方朝贡贸易和私人海上贸易的兴盛,进一步促进了福建造船业的发展。

明代福建造船业特点有:(1)形式多样。有官营、民营、官召商营等形式。其中官营造船业工场规模最大,主要营造战船和册封琉球的"册封舟"。民营造船主要用于贸易和运粮,有时也出售。官召商营,即官方用商人私有资本按政府规定的船形制造运输船,仅用于盐业运输。(2)技术先进。一是船体规模大,性能优良,如战船高大如楼,可载士兵百人以上,明军在海上与倭寇交战时,扬帆猛撞倭船,倭船应声而碎。册封船多次出使琉球,均无舟覆记录。如明代陈侃出使琉球时所乘的座船,长十五丈,宽二丈六尺,深一丈三尺,主桅高七丈三尺,前后五桅,共二十三舱,可载数百人,船上生活设施齐全,犹如一座活动的水上城堡。民用船中的载重量,可达二十万斤。二是型号齐全。仅福州船舶就有多种型号,战船如福船、哨船、冬船、鸟船、快船等,民用船如钓槽大船、盐船、渔船、牛船、剥船、白艚船等。三是造船厂家众多,分布广泛,造船手工日趋专业化。福州、漳州、泉州的造船人员互相促进,进一步推动了造船技术的发展。

清初,统治者实施"迁界",打击了福建航运业,造船业也惨遭殃及。后随着海禁松弛和迁界撤销,福建造船业逐渐恢复,厦门成为福建造船中心,造船工人数以万计,建造了数以千计的横洋船、贩槽船、洋船等大型船舰,有的载重量可达八百吨左右。但清政府规定出海航载只许在五百石以下,船的梁头不得超过一丈八尺,大大抑制了造船技术的发展。当时,外国在造船上大量采用科学技术,这是中国旧式造船业所难以企及的。同治五年(1866),清政府在福州马尾设立福建船政局,开始仿造新式轮船,共造出兵船32艘,商船8艘,

---

① 转引自汶江:《元代的开放政策与我国海外交通的发展》,《海交史研究》1987年第2期。

最小载重50吨,最大2200吨。但此时福建造船业已远远落后于西方,所造兵船也悉数毁于后来的中法战争和甲午战争中。

第三节 福建桥梁建造

一、福建古桥建造历史

我国古代桥梁建筑历史悠久,成就卓越,在10世纪以前一直处于领先地位。福建地形多山,江河纵横,又东濒大海,所以桥梁建造一直兴盛不衰。福建古代桥梁在长度、跨度、重量、建造速度、施工技术、桥型和桥梁基础等方面,都达到很高水平,在我国的古桥建筑史中占有重要的地位。明人王世懋的《闽部疏》中有"闽中桥梁甲天下"之誉。清人周亮工的《闽小记·桥梁》称:"闽中桥梁最为巨丽。"

福建的桥梁建造起步较晚,但在唐代还处于开发阶段就已建造出高质量的桥梁。如建于唐大历六年(771)的福州城门镇连坂村前的连坂桥,全长15米,面宽14.1米,两岸边的桥台呈长方形,均用条石叠砌在直径40厘米的木桩上,两桥台之间架两条大石梁。始建于唐代的福州闽安镇的回龙桥,长66米,面宽4.8米,四墩五孔,全部用花岗石砌造,墩间各铺5根石梁,厚度均达0.8米左右。桥虽经多次修缮,但墩、梁及栏柱等,仍多为唐宋遗物。这种五孔以上的唐桥在中国建桥史上是罕见的。值得注意的是,一些北方极有价值的桥梁随着时间的推移在北方湮没,但由于中原文化的南移,造桥技术在福建传播,一些中原样式的桥梁在福建保存至今。如北宋汴梁的虹桥不用支柱,用木梁相接而成,既易架设又便于通航。这种被称为"虹梁结构"的跨长径木桥建筑不仅在中国桥梁史上占有极其重要的地位,在桥梁史上也是十分罕见的。但北宋灭亡后,再也没有发现汴河虹桥的任何记载。而当今有关专家学者在调查时发现福建屏南县的千乘桥是类似虹桥的木拱桥。潘洪萱在《十大名桥》中指出:"这可能是随着宋朝政治文化中心南移杭州,匠人们把建造虹桥的技艺从黄河之滨传到了南方。"在与福建交界的浙江地段也发现了这类桥梁,但从一些桥屋梁桥上所留下的工匠名字来看,是出于福建匠师之手。福建古代桥梁之多,居全国前列。据《福建通志》统计,自唐至清代,福建共建造桥梁2694座。这里统计显然不完全,因据《龙岩地方志》载,地处偏僻的龙岩地区古桥就有594座。但仅此数目,也是令人惊叹的。这在当时技术条件差的情况下,确实是了不起的成就。正如英国科技史专家李约瑟博士在《中国科技史》中指出的:"特别是福建省,在中国其他地区或国外任何地方,都找不到和它们相比的。"

二、福建古桥的特点

福建古桥不仅历史悠久，数量众多，而且风格各异，博采众长，取得了很大的成就。其特点主要有以下六个方面：

（一）长短不拘

从桥的长度上看，福建古桥有全国最长的，也有全国最短的。属长桥的，如泉州安平桥长八百十一丈（约2300米），把闽南的安海和水头之间原来以舟渡往来的五里海湾连接起来，被认为"天下无桥长此桥"，在1925年郑州黄河大桥建成之前的七八百年间，它一直是我国最长的一座大桥（也有专家认为，南宋绍兴年间所建的泉州南门外长一千余丈的玉澜桥和长两千四百丈的苏埭桥的长度均超过了安平桥）。泉州洛阳桥长三百六十余丈（约1106米）、惠安屿桥长五里许（约2300米），潮涨时淹没，潮落时可行人；福州万寿桥长一百七十四丈（约522米），福清龙江桥长一百八十丈（约553米）；漳州府流冈桥长二百六十丈（约799米），虎渡桥长二百丈（约614米）。短的桥总长仅3米，如华安华丰镇湖底村的单孔坦弧石拱桥，总长3米，跨度不到1米，小巧玲珑。

（二）用料多样

从用料上看，有以石料为主的，有以木料为主的，也有石木结合的。有石梁桥，如始建于宋绍熙年间（1190—1194）的漳州虎渡桥；有石拱桥，如建于宋绍定元年（1228）的建宁镇安桥，最大跨径18米，至今仍通汽车。始建于明成化十九年（1483）的福清波澜桥，是一座单孔石拱桥，净跨6.6米，宽2.15米，拱高3.3米，站在桥的一端看不到桥的另一端。位于福州八一七南路的薄拱桥（也称"小桥"），始建于元代，跨径7.2米，拱圈厚度仅20厘米，比用现代的桥梁设计理论计算的要小得多，至今每天经过桥上车超千辆而无恙，被现代桥梁专家称为奇迹。以木料为主的桥，如古田县鹤塘乡西洋村的沉字桥，建于南宋德祐元年（1275），桥梁全用水松木架设，经久不腐，保存完整。石木结合的桥，如建宁县伊家乡兰溪村的兰溪桥，建于明嘉靖三十六年（1557），桥宽6.5米，高12米，长75米。石墩上井字形木架四层，木轴条层出尺许，亘以大木为梁。再如武平县西东留乡的大阳桥，始建时间不详，今存为清咸丰五年（1855）重造，桥身长数丈，宽一丈，巨石砌成的两座桥墩上有数层杉木架构，形似斗拱，风格别致。

(三) 样式多种

从样式上看,除了以上提到的虹桥、石拱桥外,还有其他各种样式,如浮桥,建于明永乐八年(1410)的建阳县东津浮桥,用三十几根铁索将三十几艘大船连为一体。铁索固定在两岸石柱上,使水东与城坊连为一体。福建有许多桥早先都为浮桥,如位于漳州市区南隅的南桥,宋绍兴年间(1131—1162)始建时为浮桥,于嘉定年间才改为石桥。位于龙海市北溪下游的虎渡桥(也称江东桥、通济桥),于宋绍熙年间(1190—1194)始建时亦为浮桥。此外,还有样式各异的吊桥、交通桥、独木桥、踏步桥等。

(四) 将实用与艺术和谐地融为一体

福建古桥建造注重与环境的协调。如宋元时期建的石墩石梁桥,这些桥梁大都地处入海口,江面开阔,风大浪高,古朴凝重的石墩石梁,一如压海之长堤,气势磅礴,雄伟壮观。如潘洪萱在《十大古桥》中所言:"福建泉州'天下无桥长此桥'的安平石梁桥,凌跨于安海港海湾上,如压海长堤,具有'玉帛千丈天投虹,直栏横槛翔虚空'的观感,与四周环境形成了'水秀山明桥跨海'的美景。"再如始建于元末元统二年(1334)的莆田县桥兜村的宁海桥,横跨木兰溪奔注兴化湾的入海处,每当旭日东升之时,霞光映照江水,犹如金龙下海,跃浪腾波,景象壮观,被称之为"宁海初日",为莆田二十景之一。始建于宋建炎元年(1127)的莆田县延寿村附近的延寿桥,两岸风光如画,桥下碧波荡漾,为历代文人雅士赏景赋诗、游艇垂钓的佳境,被誉为"寿溪钓艇",自古就是莆田二十景之一。

(五) 附属建筑和石作雕刻工艺精湛

福建古代桥梁建造者多注重观赏性,桥上往往以石雕、碑记、亭、塔幢、扶栏等艺术品来装饰。点缀在福建古桥之上的石雕作品,无论是镇桥的石将或镇水兽,还是象征民族不屈精神的石狮子;无论是具有纪念意义的人物造像,还是表现宗教题材的坐佛、莲花,或威武庄严,或生动自然,或神圣肃穆,或清新秀丽、线条优美,衬托出长桥结构的雄伟,又在气吞山河的气魄中透露出一股清秀之气。特别是建在伸臂式桥上的建筑,更给人"飞阁流丹,下临无地"的感觉。泉州洛阳桥最为典型,据刘浩然《洛阳万安桥志》介绍,洛阳桥上的附属建筑有:原位于中亭处明代姜志礼生祠前的"功侔忠惠"坊,原建于明代的镜虹阁,位于南北两端的镇风塔,位于南北两端的北宋石介士4尊,元代所建的泉南佛国亭,今人所建的中亭,位于中亭西侧的甘雨碑亭,位于蔡忠惠祠前西侧的重修蔡忠惠祠碑亭,位于蔡忠惠祠前东侧的舆庆堂去思碑亭,桥两侧石塔8座,两边扶栏分别有形态各异的石狮子28只,塔亭等建筑物上姿态各异的菩萨81尊等，虽然今天有的已被毁坏，但仅是保存下来的石塔、雕像、碑记及蔡襄书写的《万安桥记》碑等，已令人赞叹，真酷似一座小型博物馆。这种融观赏性和实用性为一体的古桥，在福建比比皆是。如坐落在漳州至华安公路干线上，横跨九龙江的金山大桥，具有很高的艺术欣赏价值。全桥采用精制的石料，优美的造型，以奇巧的构筑方法建造而成。净跨100米的大拱如长虹下凡横跨江面；大拱上面又筑有28个城门式的小拱，这28个小拱每两个为一组，从大到小，直插大拱拱端，从远处看像一座座小巧玲珑的小石拱桥，架设在长虹式的大拱上面，形成了桥上桥的壮丽景观；桥两头各筑一座桥头堡，两边装上精美的石栏。全桥整体结构严谨、造型轻巧、宏伟壮观。元至正年间（1341—1368）再造的晋江市御赐桥，桥端有附属的石人雕刻及石塔。建于明弘治九年（1496）的大田县城东通马四桥，桥上亭阁的顶部绘有龙凤呈祥图案，雕饰有动物、花鸟、人物等，工艺精细。福州的回龙桥亭内有3通石碑，福清市龙江桥南端建有两座镇佛塔，浮雕有佛像、侏儒、莲花、狮子等。福州万寿桥建有风雨亭，桥栏石柱雕有形态各异的狮子。

（六）极富魅力的屋桥

在福建各种样式的古桥中，最有特点的要算是屋桥（也称风雨桥）了。即在桥上有桥屋、桥廊或桥楼。正如清代周亮工在《闽小记》中所记："桥上架屋，翼翼楚楚，无处不堪图画……第以闽地多雨，欲便于憩足者，两檐下类覆以木板，深辄数尺，俯栏有致，游目无余，似畏人见好山色故障之者。"在闽西，最有代表性的屋桥，如位于连城县罗坊村口的云龙桥，此桥建于清乾隆三十七年（1772），长81米，宽5米，桥面用鹅卵石铺面，两旁排列64对楹柱，木栏杆外有上下两层木篷雨盖，用以遮风挡雨，桥两端有亭阁式门楼，桥中央建有高10米的文昌阁。位于连城县城南门外的文川桥，始建于宋绍兴年间（1131—1162），长50余米，宽4米，桥上架屋17间，中间正殿祀观音大士，殿顶为两层式葫芦顶。在闽北，有代表性的如位于政和县坂头蟠溪的坂头花桥，建于明正德六年（1511），长38米，宽10米，高16米，为楼阁式屋桥，主楼三层，两侧偏楼双层，楼东面为文昌阁，有柱子80根，每根柱上都有楹联。位于光泽县司前溪上的司前棚桥（又名太安蓬桥），清乾隆二十三年（1758）始建，桥长约100米，宽2.5米，高2米，桥廊两边列椅，可供休息。位于明溪县城东的白沙桥（也称龙门桥），始建于明成化八年（1472），长五十余丈，宽三丈，桥上盖有39间桥屋，当中有一座三层六角楼阁，可惜1933年春毁于山洪，再建后未盖桥屋。在闽东，有代表性的如位于古田县鹤塘乡西洋村的沉字桥，建于南宋德祐元年（1275），桥长55米，宽4米，桥屋首尾计17间，上为双劈屋顶，两廊有长椅。在闽南,有代表性的如位于永春县东平乡东美村的东关桥,始建于南宋绍兴十五年(1145),桥长85米,宽5米,于明弘治十三年(1500)建桥屋,共有20套整齐划一的木屋架,分25开间,屋顶用当地出产的黏土小青瓦铺面,青砖砌脊。位于安溪县蓝田乡进德村的瑞云桥,建于明崇祯三年(1630),桥长14.7米,宽5.1米,桥上建廊,廊外两边各设两层雨披,廊内陈设坐椅。中有天竺亭,梁架均雕花彩绘。

三、福建古桥的技术成就

福建古代桥梁建筑在技术上取得了重大的突破,为发展我国以至世界古代桥梁技术作出了不可磨灭的贡献。其突出技术成就主要表现在以下六个方面:

(一)创"筏形基础"

桥梁的筑基向来是建造桥梁的关键。洛阳桥位于洛阳江入海口,江面开阔,江水与海水交汇,水急浪高,在这样的地段上建桥是史无前例的,工程艰巨,而且有许多技术上的困难。为了解决桥梁基础稳固的问题,建造时首创了"筏形基础"。即在江底沿桥位纵线抛掷数万立方米的大石块,筑成一条宽20多米,长500米的石堤,提升了江底标高3米以上,然后在石堤上筑桥墩,有效地防止桥墩基础被急流冲走。这在桥梁史上是一大创新。

(二)创"种蛎固基"法

在没有现代速凝水泥的条件下,要解决桥基和桥墩联结稳固的问题是一大难题,建桥工匠们发挥了惊人的才智,巧妙地发明了"种蛎固基"的方法。在桥基和桥墩上养殖海生动物牡蛎,利用牡蛎以石灰质贝壳附着在石块间繁殖生长的特性,使桥基和桥墩的石块通过牡蛎壳相互联结成一个坚固的整体。这种方法顺利地解决了石灰浆在水中不能凝结,而用如腰铁或铸件等办法联结石块,铸铁很快就会被海水腐蚀的难题。

(三)创"浮运架梁"法

宋代,福建的许多桥梁都是在波涛险恶的江海中用石材建造的。洛阳桥的石梁共有300余块,每根石梁长约12米,宽厚均在0.5米以上,重7—8吨,在宋代科技尚不发达,运输工具简陋的情况下,建桥工匠们发挥聪明才智,创造了"浮运架梁法"。即把重达七八吨的石梁,置于木排之上,利用海潮的涨落进行运送、砌筑和架设。趁退潮时砌筑桥墩,趁涨潮时将载有石梁的木排驶入两个桥墩之间,待潮退,木排下降,石梁即被装在桥墩上的木绞车吊起,再慢慢放置在石墩上,并用木绞车校正好所放的位置。

(四) 创"睡木沉基"法

在桥梁基础方面，工匠们创造了一种"睡木沉基"法。即：在水位下降时，将墩基泥沙整平，将纵横交叉编成的木筏，固定在墩位处，再在木筏上垒筑墩石，随着墩身逐渐加高加重，木筏也随之下沉至江底。如位于九日山下、跨越于晋江之上的金鸡桥便是采用这种沉基的方式。在山区河流，河床控至最低水位以下时，则直接将墩石置于基坑上。也有用木笼填石为基的，如始建于元大德七年（1303）的福州万寿桥，在桥墩处先下木笼，然后在笼内密填石块为基。

(五) 桥墩形式多样

从桥墩结构方面看，石墩桥往往是外圈砌块石或条石，中间用大小不等和强度不一的碎石块作填充料，其砌筑方法为一丁一顺交叉叠置。有的还用石灰浆或糯米猪血等胶凝嵌砌。一般桥墩和形式大多为船形墩，即上游尖下游平，如始建于北宋元祐四年（1089）的福州盖山乡阳岐村的午桥，始建于北宋元丰元年（1078）的福清县上径乡的躞云桥，始建于北宋政和三年（1113）的福清县海口镇的龙江桥，始建于元元统二年（1334）的莆田县黄石镇桥兜村的宁海桥，始建于明嘉靖三十三年（1554）的华安县梨仔坪的云水桥，始建于明万历七年（1579）的诏安县城东郊的洋尾桥等。也有两头尖的船形墩，如始建于唐末的福州市郊闽安镇的回龙桥。也有以多种墩形组合而成的，如著名的晋江市安海安平桥，桥墩以条石砌成，或四方形，或长方形，或单边、双边船形。桥墩在石梁支座处，将顶上三四层条石，均向左右排出 20—30 厘米，用以承托石梁，使石梁跨径缩短，提高石梁强度。

(六) 桥梁结构有创意

从桥梁结构上看，或用木材在墩上层层平排或斜插，逐渐向跨中伸出，以缩短跨径后再承托大梁。如重建于清咸丰五年（1855）的武平县西东留乡的大阳桥，在墩上铺以数层杉木，形似斗拱，风格别致。建于元代元统年间（1334）的邵武乡铜青桥，在 4 个墩上纵横架木 11 层以承托木梁。或在石梁上加铺石板，如建于宋绍兴三十年（1160）的福清市海口镇龙江桥，6 条石梁并排铺设在墩顶帽石上，石梁之上再横铺石桥板。

第四节 福建雕版印刷

一、福建雕版印刷的特点

(一) 历史悠久,分布广泛

我国雕版印刷发源于唐代,而唐代福建,就开始有刻书业。据叶德辉《书林清话》记载:"建安余氏靖安刊于勤有堂,乃南北朝余祖焕,始居闽中。十四世徙建安书林,习其业。二十五世余文兴以旧有堂名号勤有居士。盖建安自唐时为书肆所萃。"可见福建在唐朝就有了书肆。闽国时期,闽地个人的文学书籍已有人刻印出售,如莆田人徐寅有"拙赋编闻镂印卖,恶诗亲见画图呈"(《钓矶文集》卷六)的诗句,说明当时有人在私自刻印出售他的赋。至北宋,福建印刷业进一步发展,始于北宋元丰三年(1080),至崇宁二年(1103)竣工的《崇宁藏》,由福州东禅等觉禅院住持冲真发起劝募,共6434卷。始于北宋政和二年(112),至南宋绍兴二十一年(1151)竣工的《毗卢藏》,由福州开元禅寺住持本明等劝募,共6132卷。《崇宁藏》"淡"字函与"灵"字函,《毗卢藏》"盈"字函与"染"字函,分别有关于雕造《崇宁藏》和《毗卢藏》印版的记载。南宋政和四年(1123),由闽县报恩光孝观刻的《政和万寿道藏》,共5481卷,以镂版进京。这三部经藏,刻工精美,卷帙浩繁,可见当时福建印刷术已达到一定规模和水平。宋福建建安麻沙刻书规模居全国之首,与成都、临安成为我国三大刻书中心,正如叶德清在《书林清话》中所言:"宋刻书之盛,首推闽中,而闽中尤以建安为最。"南宋叶梦德在《石林燕语》中言"福建本几遍天下",可见福建刻书量之多。明代福建刻书仍很繁盛,一直延续到清代乾隆年间,清人朱彝尊在《经义考》中说:"福建本几遍天下,有字朗质坚莹然可贵者。"康熙《建阳县志》对当时书市的繁华有过记载:"书坊书籍比屋为之,天下书商皆集。"在长达700多年的福建刻书史上,其分布面之广,也是十分罕见的。

建阳书坊被视为福建刻书的代表,但著名的刻书地点还如:(1) 汀州四堡。四堡古属长汀县辖,今在连城县境。四堡雕版印刷源于南宋,明清极盛。清杨澜所著《临汀汇考》载:"长汀四堡乡,皆以书籍为业,家有藏板,岁一刷行,贩行远近。虽未及建安之盛行,而经业应用典籍以及课艺应试之文,一一皆备。"据马卡丹介绍,四堡著名的大书坊有四十余家,中小书坊星罗棋布,从事印刷业的男女老少不少于1200人,约占当时总人口的60%以上,几乎家家户户都从事印刷业。① 已查知雕版书籍约 225 种以上,几乎垄断了明末清初南中国的印刷业,为明清之际中国四大雕版印刷基地之一。(2) 福州。福州刻书以规模浩大著称。除了上述印《崇宁藏》《毗卢藏》《万寿道藏》等卷帙浩繁的佛道经典外,还刻了许多书籍,如福州于元至正七年(1347) 所刻《礼记》150 卷,《乐书》200 卷等。福州一些刻本颇具特色,如元至元二十六至二十八年(1289—1291) 魏天佑刻《资治通鉴》,字体貌似颜体,开展舒朗,世称魏天佑刻本。(3) 泉州。宋代泉州就为雕版刻刷的重点地区,如张秀民在《中国印刷史》(上海人民出版社 1989 年版) 称,宋代泉州刻印的书籍如:《孙氏六帖》《莆阳居士蔡公文集》《司马文正公集》《潜虚》《沈忠敏公龟溪集》《演繁露》《考古编》《读史管见》《程尚书经进禹贡论》《梁溪先生集》《资治通鉴纲目》、真德秀《心经》、刘克庄选《唐本朝中兴五七言绝句》等。自宋以后,泉州有的地方逐渐形成以雕版为业的村庄,如泉州近郊的田庵、淮口、后坂三个村,至清中叶,雕版工人达三百多人。有的全族人从事雕版业。据清乾隆二十八年重修的《泉州府志》和乾隆三十年重修的《晋江县志》载,泉州刻工都出自这三个村。(4) 莆田。莆田的雕版印刷起于唐末、五代,而一直盛于清,出版图书极为丰富,但大量流失。据谢如明《莆田传统文化》(厦门大学出版社 1993 年版) 介绍,目前基本可确定为莆田刻版的古籍有 296 部 3345 卷,其中唐、五代刊本 8 部 83 卷,宋代刊本 60 部 871 卷,元代刊本 7 部 162 卷,明代刊本 128 部 1528 卷,清代刊本 93 部 961 卷。据民国时期张琴《莆田县志·艺文志》所统计的资料,这些数字是大大小于实际刊刻数量的。除了上述几处外,福建刻书地点遍布全省,仅南宋刻书地还如:侯官、怀安、永福、福清、福鼎、崇安、晋江、南安、同安、南剑州、尤溪、漳州、汀州、宁化、邵武、莆田等。

(二) 规模宏大,种类繁多

福建刻书动辄百余卷以上,如《太平御览》1000 卷,清陆心源皕宋楼曾藏有南宋闽刻本 351 卷。再以元代为例,福建刊刻巨著如郑樵《通志》200 卷、《汉书》100 卷、《诸臣奏议》150 卷、《朱子语类》140 卷、《艺文类聚》246 卷等。福建刻书内容丰富,种类繁多,仅建阳余氏所刻之书,所见知的就有 213 种。据汀州四堡所印目录,目前可查的书籍约达 225 种以上,如:(1) 启蒙读物;(2) 各类经书,供科举之用;(3) 各类文集、诗集;(4) 各种农、医、杂书;(5) 小说、戏曲、话本等;(6) 佛经道藏;(7) 经像版画;(8) 外文,如建阳书林双峰堂余文台万历二十六年纂刻的《海篇正宗》卷一,载有日本文;(9) 字帖。

---

① 马卡丹:《四堡雕版印刷业初探》,《福建文史》总第五期。

(三) 多种方式的刻书途径

(1) 书坊刻书。这是福建刻书的主要方式。福建由宋至清,书坊之多,在全国不为多见。如南宋建宁路之建安、建阳两县,书坊约37家,元代可考约42家,其中最著名的为建阳余氏书坊,惜所刻之书大多散佚,今日可见知者,宋代为16种,元代为34种,明代为160种,清代为3种,内容多样,流通极广。余氏从北宋开始刻书,世代相传,历经宋元明三代,时间长达600年之久。建阳书坊的历史是中国书坊刻书史的缩影。坊刻以刻书为主要谋生手段,所以大多刻印的内容为广大群众喜闻乐见,有的为速售加快雕刻速度,难免出现些错误。但面对激烈的竞争,大部分坊刻还是注意质量,注意社会需求,重视市场功能,机动灵活,不断创新。不少书坊由于历史悠久而有较为雄厚的技术力量和生产能力,还承接了为官府刻书的任务。

(2) 官府刻书。官刻是指官方用公款投资所刻之书。福建转运司于宋绍兴十七年(1147)刻印《太平圣惠方》100卷。明代福州府布政司、按察司、盐运司等均有刻书,有的不一定是业务需要,如盐运司刻《丹溪医案》《地理管见》《陆宣公奏议》等,均与盐政无关。由于拥有较为雄厚的资金,官府刻印了不少有学术价值、版本价值的珍本。此外,凭借官府优势,一些卷帙浩繁、多部头、多卷本的书籍也多由官府刊刻和发行。宋代从事接待过往官员的"公使库"也从事刻版印刷,史称公使库本。如泉州公使库于淳熙十年(1183)刻印司马光《传家集》80卷。宋代福建路的建安、泉州、南剑州、莆田、建阳等州、县政府也刻印了大量的书籍,史称"郡斋本",如泉州嘉定六年(1213)刻《梁溪先生集》180卷,附录6卷;南剑州宝庆三年(1227)刻《朱文公校昌黎先生文集》40卷,外集10卷,集传、遗文各1卷。宋代福建各类官办学校都刻有大量的书,史称州军学本、郡庠本、县学本、学宫本、书院本等。

(3) 其他类型刻本。福建刻书途径还有多方面:一是家塾刻书。以宋代建安为例,黄善夫家塾于绍熙年间刻《史记正义》130卷,刘元起家塾于庆元年间刻《汉书注》120卷等。二是私宅刻书。如魏仲立宅刻印《新唐书》225卷。三是寺院刻书。由于佛教在福建兴盛,寺院刻书在福建极为重要,并较为普及,仅福清黄檗山万福寺就曾辟有印刷楼,并贮有大量经版,经年印刷。据周书荣《福清黄檗山万福寺的刻经及其目录》(未刊稿)介绍,目前可查万福寺共刻经24种,其如:《黄檗山断际禅师传山法要》1卷,《庞居士语录》3卷,《白云守端禅师语录》2卷,《虎丘绍隆禅师语录》1卷,《三教平心论》2卷,《石屋清珙禅师语录》2卷,《天音童云禅师语录》,《费隐通容禅师语录》25卷,《祖庭钳锤录》2卷,《般若心经研轮解》1卷,《禅关策进》1卷,《禅灯世谱》9卷,《黄檗隐元禅师语录》2卷,《隐元禅师又录》2卷,《黄檗隐元禅师云涛集》1册,

《禅林宝训》4卷等。

二、福建雕版印刷的创新

（一）在刻书形式上多有创新

（1）经注合刊。即将正文与注文刻在一起，用大字刻正文，下刻小字（一般双行）为注释，方便读者上下对照。这是书籍版式编排上的一大进步。

（2）书籍封面装饰和实用相结合。第一，采用带插图封面。元代建安书坊刻印的各种小说、平话，封面上刻有插图。这种形式在宋代是没有的，为后代书籍封面配图开了先河。第二，封面印有带宣传性文字。建安书坊不少书籍封面不仅在书名上横排"校正无误"字样，还印有书的内容特点，如在《广韵》封面印上"五音四声切韵国语详明"字样等。第三，封面上刊出广告。如明代万历建阳双峰堂余文台刻印的《锲三台山人芸窗汇爽万锦情林》，上方为图像，下方并列《汇锤情丽集》等七种书，旁有小字："更有汇集诗词歌赋、诸家小说甚多，难以全录于汇上，海内士子，一展而知之。"

（3）多有附带内容。除正文外，福建出版的许多书籍在全国较早印有刊记、刊语、牌子等附带文字，其内容如介绍刻书由来、书坊字号、刻书时间地点等，目的是为了宣传竞售。如宋代建宁龙山书堂《挥尘录》刊记为："此书浙间所刊，止前录四卷，学士大夫恨不得见全书。今得王知府宅真本全帙，四录条章无遗，诚冠世之异书也。敬三复校正，锓木以衍其传，览者幸鉴龙山书堂谨咨。"刊语则明白标明书坊字号，如宋版《老子道德经》篇目末印有"建安虞氏刊于家塾"；《五臣注扬子法言》题目终印有"麻沙刘通判宅刻梓于仰高堂"。刊语外面四周环以墨围，通称"牌子"或"牌记"，如建安黄善夫刻《史记集解索隐正义》牌子为"建安黄善夫刊于家塾之敬宝"，南宋建阳崇化书坊陈八郎宅刻本《文选注》书序后牌记称"谨将监本与古本参校考正，的无舛错"，明显带有促销性质。

（二）字体多样

宋代建本图书字体学柳，如黄善夫所刻《史记集解索隐正义》等书，笔势间架，酷似柳体。当代书法家刘建称："建本图书书体介于颜柳之间，笔画横轻竖重，严谨有度，结构方正。"[①]而宋代在福州所刻的经书，字体方整，与建本迥异，这是因为许多刻工来自浙江，受浙刻学派影响。元代建本中的《乐府新编阳春白雪》《古今翰墨大全》等书及小说等采用简字、俗字。英国牛津大学

---

① 刘建：《大潭书》，文物出版社1994年版，第128页。

龙彼得教授在英国剑桥大学图书馆和德国萨克森州立图书馆发现明代福建漳州、海澄等地所刻《明刊闽南戏曲弦管选本三种》(即:《新刻增补戏队锦曲大全满天春》2卷、《精选时尚新锦曲摘队》1卷、《新刊弦管时尚摘要集》3卷),可看出其中运用了大量的方言俗字,如:阮(我们)、当(你)、伊(他)、乞(给)、姿娘(女人)、今旦(今天)、事志(事情)等。建本图书有专门大字本,舒朗雅洁,白口单边;也有专门小字本,密而不挤,细黑口双边,携带方便。

(三)图文并茂

元代建本就开始在书中插以图画,以帮助读者理解正文,增加图书的通俗性、趣味性。如建安虞氏书坊所刻"全相平话"5种,统一为上图下文,图占版面的三分之一,文占三分之二。人物形象生动传神,构图连续有序。至明代,这种木刻插图的本子更为兴盛。如《明刊闽南戏曲弦管选本三种》中的《新刻增补戏队锦曲大全满天春》,有13处上部为唱曲,中间为插图,下部为道白和唱词,图中人物形态生动,很好地表现了戏中的内容。

"海舟以福建为上","闽中桥梁甲天下",建安"号为图书之府",道出了福建在造船、架桥、刻书方面的杰出贡献。除此之外,福建的水利工程、制瓷业、矿冶业、造纸业、制糖业、纺织业、制茶业、制盐业等都取得过一定成就,在中国科技史上都占有一定地位。

主要参考书目

《安溪县志》,清乾隆二十二年刻本。
《长乐县志》,民国六年铅印本。
《长泰县志》,清乾隆十五年刻本。
陈衍等修纂:《福建通志》,民国二十七年刻本。
《崇安县新志》,民国三十一年铅印本。
《大田县志》,民国二十年铅印本。
《德化县志》,清乾隆十一年刻本。
《福安县志》,清光绪十年刻本。
《福清县志》,清光绪二十四年刻本。
《古田县志》,清乾隆十六年刻本。
《光泽县志》,清康熙三十三年增订本。
《建宁府志》,清康熙三十二年刻本。
《建宁县志》,民国八年铅印本。
《建瓯县志》,民国十八年铅印本。
《建阳县志》,民国十八年铅印本。
《连江县志》,民国二十三年铅印本。
《龙溪县志》,清乾隆二十七年刻本。
《罗源县志》,清道光十一年刻本。
《闽侯县志》,民国二十二年刻本。
《闽清县志》,民国十年铅印本。
《明溪县志》,民国三十二年铅印本。
《南平县志》,清嘉庆十五年刻本。
《平和县志》,清康熙五十八年刻本。
《平潭县志》,民国十二年铅印本。
《乾隆宁德县志》,一九八三年铅印本。
《泉州府志》,民国十六年补刻本。
《上杭县志》,民国二十八年铅印本。

《顺昌县志》,清光绪七年刻本。
《四库全书总目》,影印本,中华书局1965年版。
《松溪县志》,民国十七年活字印本。
《藤山志》,民国三十七年铅印本。
《同安县志》,民国十八年铅印本。
《同治金门志》,一九五九年北京中国书店油印本。
《武平县志》,清康熙三十八年刻本。
《霞浦县志》,民国十八年铅印本。
《厦门志》,清道光十九年刻本。
《仙游县志》,清同治十二年刻本。
《兴化府莆田志》,民国十年刻本。
《续修浦城县志》,清光绪十三年刻本。
《永安县志》,清道光十三年刻本。
《永春县》,民国十九年铅印本。
《永福县志》,清乾隆十四年刻本。
《漳平县志》,民国二十四年铅印本。
《漳浦县志》,民国二十七年铅印本。
《漳州府志》,清光绪三年刻本。
《诏安县志》,民国三十一年铅印本。
《政和县志》,民国八年铅印本。

北京大学南亚研究所编:《中国载籍中南亚史料汇编》(下),上海古籍出版社1994年版。
曹于恩、何爱先、林茂铨编纂:《福清市志》,厦门大学出版社1994年版。
陈村富主编:《宗教与文化论丛》,东方出版社1995年版。
陈国强、田富达、林瑶棋、周立方:《高山族史研究》,中国人类学学会编印。
陈国强主编:《陈埭回族史研究》,中国社会科学出版社1990年版。
陈国强主编:《福建侨乡民俗》,厦门大学出版社1994年版。
陈国强主编:《闽台岁时节日风俗》,厦门大学出版社1992年版。
陈骏驹:《莆仙戏史略》,福建人民出版社1996年版。
陈开俊等译:《马可·波罗游记》,福建科技出版社1981年版。
陈雷、刘湘如、林瑞武:《福建地方戏剧》,福建人民出版社1997年版。
陈秋平:《福建民间美术》,福建人民出版社1993年版。
陈石怀主编:《福建历代作家评传》,福建人民出版社1990年版。
陈衍主纂:《福建通志·金石志》(30卷),1937年版。
陈兆复:《中国岩画发现史》,上海人民出版社1991年版。
陈支平:《福建族谱》,福建人民出版社1996年版。

陈支平:《近500年来福建的家族社会文化》,三联书店上海分店1991年版。
陈支平、李少明:《基督教与福建民间社会》,厦门大学出版社1992年版。
陈支平主编:《福建宗教史》,福建教育出版社1996年版。
德礼贤:《中国天主教传教史》,商务印书馆1934年版。
丁世良、赵放主编:《中国地方志民俗资料汇编》,书目文献出版社1995年版。
方彦寿编著:《武夷山冲佑观》,鹭江出版社1996年版。
福建省考古博物馆学会编:《福建华安仙字潭摩崖石刻研究》,中央民族学院出版社1990年版。
福建省泉州海外交通史博物馆、泉州市泉州历史研究会编:《泉州伊斯兰教研究论文选》,福建人民出版社1983年版。
福建师范大学中文系编:《福建文学史》1961年油印本。
〔日〕福井康顺等监修《道教》(第三卷),上海古籍出版社1992年版。
福州市地方志编纂委员会整理:《鼓山艺文志》,海风出版社2001年版。
傅宗文:《宋代草市镇研究》,福建人民出版社1989年版。
刚恒毅:《在中国耕耘》(上),台湾天主教主徒会1978年版。
高令印、陈其芳:《福建朱子学》,福建人民出版社1986年版。
高铭群主编:《石狮商工文化研究》,厦门大学出版社1995年版。
《高僧传合集》,上海古籍出版社1991年版。
顾海:《厦门港》,福建人民出版社2001年版。
顾延培、吴熙棠主编:《中国古塔鉴赏》,同济大学出版社1996年版。
观本:《鼓山涌泉禅寺经板目录》,1932年刻本。
郭沫若、周扬编:《红旗歌谣》,红旗杂志社1959年版。
郭齐、尹波点校:《朱熹集》,四川教育出版社1996年版。
何绵山:《八闽文化》,辽宁教育出版社1998年版。
[明]何乔远编撰:《闽书》,福建人民出版社1994年版。
黄汉民:《老房子·福建民居》,江苏美术出版社1994年版。
黄启权主编:《福州乡土文化汇编》,1990年铅印本。
[明]黄仲昭修纂:《八闽通志》(上、下),福建人民出版社1990年版。
霍旭东、赵呈元、阿芷主编:《历代辞赋鉴赏辞典》,安徽文艺出版社1992年版。
季仲主编:《中国民间故事集成·福建卷》,中国ISBN中心1998年版。
姜培玉:《中国海港经贸风云》,海洋出版社1992年版。
金宜久主编:《伊斯兰教史》,中国社会科学出版社1990年版。
柯子铭主编:《中国戏曲志·福建卷》,文化艺术出版社1993年版。
蓝吉福主编:《大藏经补编》(28),台湾华宇出版社1986年版。
蓝炯熹总纂:《福安畲族志》,福建教育出版社1995年版。
[明]李光缙:《景璧集》(上),福建人民出版社2012年版。
李金明:《漳州港》,福建人民出版社2001年版。

李金明:《漳州港》,福建人民出版社2001年版。
李联明主编:《中国民间歌曲集成·福建卷》,中国ISBN中心1996年版。
李联明主编:《中国民族民间舞蹈集成·福建卷》,中国ISBN中心1996年版。
李玉昆:《泉州海外交通史略》,厦门大学出版社1995年版。
李志刚:《基督教早期在华传教史》,台湾商务印书馆1985年版。
《莲宗十三祖传略》,上海佛学书局1995年版。
[宋]梁克家修纂:《三山志》,海风出版社2000年版。
梁湘润、黄宏介编集的《台湾佛教史》,台湾行卯出版社1993年版。
林国平、彭文宇:《福建民间信仰》,福建人民出版社1993年版。
林国平主编:《福建民俗志》,方志出版社1997年版。
林金水主编:《福建对外文化交流史》,福建人民出版社1997年版。
刘春曙、王耀华编著:《福建民间音乐简论》,上海文艺出版社1986年版。
刘海峰、庄明水:《福建教育史》,福建人民出版社1996年版。
刘浩然:《闽南侨乡风情录》,香港闽南人出版有限公司1998年版。
刘建:《大潭书》,文物出版社1994年版。
刘九庵编著:《宋元明清书画家传世作品年表》,上海书画出版社1997年版。
刘树勋主编:《闽学源流》,福建教育出版社1993年版。
刘枝万:《中国民间信仰论集》,台湾"中央研究院"民族研究所专刊之二十二,1974年版。
龙岩地区地方志编纂委员会编:《龙岩地区志》(下),上海人民出版社1992年版。
罗光:《教廷与中国使节史》,台湾传记文学出版社1983年版。
罗树宝编著:《中国古代印刷史》,印刷工业出版社1993年版。
马金鹏译:《伊本·白图泰游记》,宁夏人民出版社1985年版。
潘洪萱:《十大名桥》,上海古籍出版社1991年版。
邱荣洲主编:《福建古代史》,北京广播学院出版社1995年版。
《全唐诗》卷二○八,中华书局1979年重印本。
泉州对外文化交流协会、泉州市文化局编:《泉州南音音乐艺术》,海峡文艺出版社1998年版。
《泉州海外交通史料汇编》,1983年铅印本。
泉州通淮关岳庙董事会、泉州市区道教文化研究会合编:《泉州通淮关岳庙志》,1991年铅印本。
上海新四军历史研究会印刷印钞分会编:《历代刻书概况》,印刷工业出版社1991年版。
施宣圆等主编:《千古之谜——中国文化史500疑案》,中州古籍出版社1991年版。
石峻等编:《中国佛教思想资料选编》(第二卷第四册),中华书局1991年版。
石峻等编:《中国佛教思想资料选编》(第三卷第三册),中华书局1991年版。
[元]释大圭:《紫云开士传》(卷二),1929年刻本。

孙星群:《千古绝唱——福建南音探究》,海峡文艺出版社1996年版。
唐文基主编:《福建古代经济史》,福建教育出版社1995年版。
田仲成一:《中国的宗族与戏剧》,上海古籍出版社1992年版。
〔日〕窪德忠:《道教史》,上海译文出版社1987年版。
汪大渊著,苏继庼校释:《岛夷志略校释》,中华书局2000年版。
王秋桂主编:《中国传统科仪本汇编》(一),台湾新文丰出版股份有限公司1996年版。
王文径:《漳浦历代碑刻》,漳浦县博物馆1994年版。
王运熙、杨明:《隋唐五代文学批评史》,上海古籍出版社1994年版。
温玉成:《中国石窟与文化艺术》,上海人民美术出版社1993年版。
翁其银:《上海中药材东洋庄研究》,上海社会科学院出版社2001年版。
吴凤斌主编:《东南亚华侨通史》,福建人民出版社1994年版。
吴捷秋:《梨园戏艺术史论》,中国戏剧出版社1996年版。
厦门大学历史研究所中国社会经济史研究室编著:《福建经济发展史》,厦门大学出版社1989年版。
谢水顺、李珽:《福建古代刻书》,福建人民出版社1997年版。
熊月之:《西学东渐》,上海人民出版社1994年版。
徐晓望主编:《福建思想文化史纲》,福建教育出版社1996年版。
许长安、李熙泰:《厦门话文》,鹭江出版社1993年版。
阎智亭、李养正主编:《道教大辞典》,华夏出版社1994年版。
杨琮:《闽越国文化》,福建人民出版社1998年版。
杨国桢:《闽在海中》,江西高校出版社1998年版。
杨力、叶小敦:《东南亚的福建人》,福建人民出版社1993年版。
杨慕震:《锁歌 傩舞 茶灯戏》,中国武夷文化研究所1996年铅印本。
杨天宏:《口岸开放与社会变革》,中华书局2002年版。
《耶稣会士书信集选本》(Choix des Lettres Edifiantes)(中国部分第2卷),巴黎聋哑印刷所1808年版。
《永定土楼》编写组:《永定土楼》,福建人民出版社1990年版。
尤玉柱主编:《漳州史前文化》,福建人民出版社1991年版。
喻常森:《元代海外贸易》,西北大学出版社1994年版。
[明]元贤:《泉州开元寺志》,1927年刻本。
[宋]赞宁:《宋高僧传》,中华书局1993年版。
张本政主编:《〈清实录〉台湾史资料专辑》,福建人民出版社1993年版。
张梁主编:《福建省志·对外经贸志》,中国社会科学出版社1999年版。
张秀民:《中国印刷史》,上海人民出版社1989年版。
张璋、黄畬编:《全唐五代词》,上海古籍出版社1986年版。
张紫晨:《歌谣小史》,福建人民出版社1981年版。
[宋]赵汝适著,杨博文校释:《诸蕃志校释》,中华书局1996年版。

郑国栋、林胜利、陈垂成编:《泉州道教》,鹭江出版社1993年版。
中国佛教协会编:《中国佛教》(一),知识出版社1980年版。
朱国宏:《中国的海外移民》,复旦大学出版社1994年版。
朱维幹:《福建史稿》,福建教育出版社1985年版。
[宋]祝穆:《宋本方舆胜览》,上海古籍出版社1991年版。
庄为玑、郑山玉主编:《泉州谱牒华侨史料与研究》,中国华侨出版社1998年版。

后　记

　　我所以对闽文化产生兴趣,并长期不自量力地进行了一些尝试性的肤浅探讨,主要有这几个方面因素:一是我是河南固始人,而河南固始与福建有着极为密切的关系。早在福建开发时期,以河南固始人为主的中原人士就分批分期进入闽地,对福建的发展做出了积极贡献,我为我的祖辈感到自豪,对祖辈创造的灿烂文化倍感亲切。二是我曾长期担任福建省闽文化研究会会长兼法人代表,在同道的支持下,或发起、或策划、或呼应、或参与了许多与闽文化有关的活动,长期把宣传、研究闽文化作为生活中一项不可或缺的内容。还因各种机缘,我有机会走遍了福建的山山水水,由此越发感受到闽文化的独特魅力和深厚内涵,也由此更加热爱、迷恋上了瑰丽多姿的闽文化。三是我所承担的多项科研项目也都与闽文化有关,客观上也迫使我不得不对闽文化进行深入思考和认真研究。如我单独承担的五个国家社科基金项目,其三个国家社科一般项目:"闽台文化艺术源流",必须对"源"(闽文化)进行深入研究,才能讲清"流"(台文化)的传承演变过程;"台湾佛教与台湾社会的变迁",只有对福建佛教深入了解,才能清楚把握在历史上与福建佛教关系极深的台湾佛教;"美国华人宗教研究",盖因闽台新移民在美国华人中无论是人数还是影响都占有重要地位,而美国华人宗教的发展与闽台宗教在美国的延伸和流播是分不开的,对闽台宗教深度了解对圆满完成此课题的重要性是不言而喻的。还有两项国家社科规划办公室特别委托项目的子课题:"闽台文化史""闽台五缘文化",与福建的密切关系更是一目了然。如果不对闽文化进行深入研究和思考,这些课题是无法完成的。正是通过长期或被动或主动的不断思考、探究,我积累了大量的闽文化资料,并不断产生自己的想法,也就时有一吐为快的冲动。——这也许是我长期探讨闽文化的主要原因吧。而写作这本小书的直接动力和原因,也是缘于为了更好地宣传闽文化。在上级领导的高度重视下,有关部门拨出专款,拟将闽文化主要内容进行全媒体数字化处理,要求我在本人在已出版闽文化相关著作的基础上提供一本新著,而我正好也一直有对过去已出版的著作进行重新思考和修订的考量。于是,在北大出版社的大力支持下,就有了这本极为肤浅的小书。

  需要提到的是,接受任务后,我日常工作极为繁忙,又因为要完成"闽文化在海外的延播"等相关系列课题,必须抓紧时间到福建移民较为集中的国家实地考察和收集资料,因此书中许多内容是在国外一些图书馆断断续续完成的。我要感谢新加坡国立大学中文图书馆、澳大利亚天主教大学图书馆、墨尔本大学东亚图书馆、莫那什大学亚洲图书馆、拉筹伯大学图书馆、斯坦福大学东亚图书馆、加州大学伯克利分校东亚图书馆、哥伦比亚大学东亚图书馆、普林斯顿大学东亚图书馆,他们在我写作过程中提供了极大的便利,有的文献更是在我自己都放弃的情况下被图书馆中的"义工"百折不挠地找到的。我因此顺利地查阅了大量资料,度过了许多美好的时光。但因为时间关系,所收集的珍贵文献有的还来不及消化而无法体现在此书中。希望这个遗憾可在我正应邀撰写的《闽文化史》书中得以弥补,也算是对给我提供各种方便的图书馆工作人员的一个回报。

  完稿之际,特别是将本书内容进行全媒体数字化处理正在顺利推进之时,我尤其要感谢业师林可夫教授的关心和建议。林老师"文革"前毕业于中国人民大学新闻系,他不仅是中国现代写作学的开拓者,对现代传播学也有异乎寻常的职业敏感。记得多年前年拙作《闽文化概论》出版后,林老师认为闽文化在中国地域文化中别具价值,鼓励我通过现代传媒的多种方式,积极向社会推介书中内容,以便让更多的人知晓闽文化。即使在他病重之时,也多次与我谈及此事。林老师已魂归道山多年,现在我终于可以告慰,在有关部门的高度重视和大力支持下,本书内容已进行了多媒体数字化处理,正在被制作成利用移动终端或网站等各种不同媒介形态、通过图文声像画等多种媒体表现手段的资源载体。今后无论是手机,或是平板电脑等终端设备,都可形象化地呈现书中内容。用现代传媒等多种方式来传播闽文化已成现实,而不再是奢望。

  愿福建的明天更美好!

2015 年 11 月 9 日傍晚于北京顺义
时夜幕降临,又到华灯初上时